PENTIGILY

Mae'n rhaid i bob enaid cryf wrth dawelwch ac unigedd
i wynebu ei fywyd a dewis ei frenin.

ELUNED MORGAN, *Dringo'r Andes*

Crwydro Llwybr Arfordir Sir Benfro

PENTIGILY

HEFIN WYN

y Lolfa

Llyfrau taith eraill gan Hefin Wyn:

Lle Mynno'r Gwynt (Bolifia)
Pwy Biau'r Ddeilen? (Canada)

Argraffiad cyntaf: 2008
⊕ Hawlfraint Hefin Wyn a'r Lolfa Cyf., 2008

Dymuna'r cyhoeddwyr gydnabod cymorth ariannol
Cyngor Llyfrau Cymru

Lluniau'r clawr: Fran Vickery
Cynllun y clawr: Robat Gruffudd

Lluniau eraill gan Fran Vickery a Stuart Ladd
a thrwy law Simon Hancock, Roy Lewis, Keith Johnson, Vicky Mollër,
Bonni Davies, Eirian Short, Roy Watkins, Heini Gruffudd
ac Awdurdod Parc Cenedlaethol Arfordir Penfro

Dymuna'r awdur ddiolch i'r Academi Gymreig am nawdd i'w alluogi i
dreulio cyfnod yn canolbwyntio ar baratoi'r llyfr ac i Awdurdod Parc
Cenedlaethol Arfordir Penfro am bob cefnogaeth

Rhif Llyfr Rhyngwladol: 9781847710420

Cyhoeddwyd, rhwymwyd ac argraffwyd yng Nghymru
gan Y Lolfa Cyf., Talybont, Ceredigion SY24 5AP
gwefan www.ylolfa.com
e-bost ylolfa@ylolfa.com
ffôn 01970 832 304
ffacs 832 782

Cynnwys

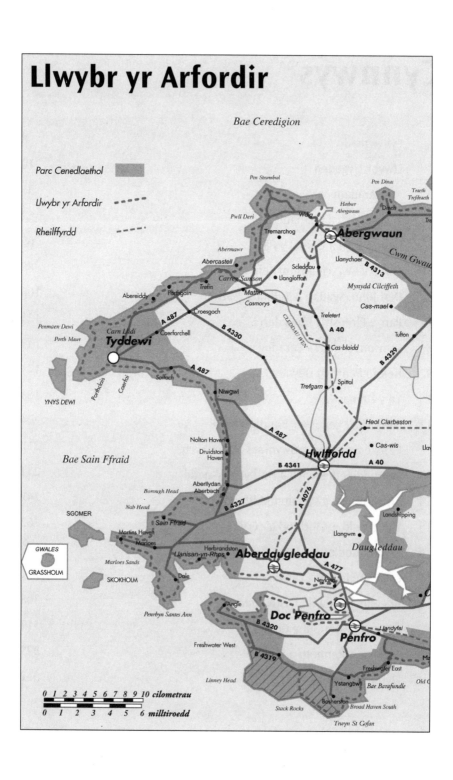

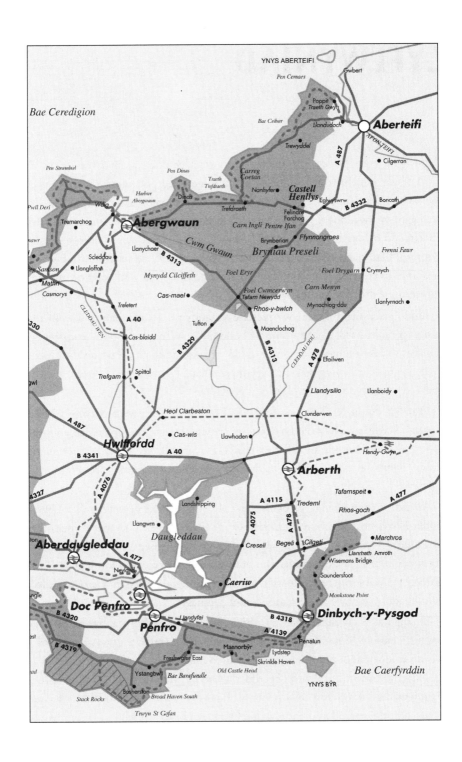

CYFLWYNIAD

FAINT O DRIGOLION SIR Benfro sydd wedi cerdded ar hyd rhan o Lwybr Arfordir ysblennydd y sir, heb sôn am ei gerdded bob cam? Ychydig, mae'n siŵr. Synno ffurflenni'r Cyfrifiad yn chwennych manylion gwerthfawr felly. Eto, ers ei agor yn swyddogol yn 1970, gŵyr y brodorion ei fod yno, yn ymestyn 186 o filltiroedd o Poppit – neu'r Traeth Gwyn – ger Llandudoch i Amroth, neu yn Gymraeg, Llanrhath, tu hwnt i Ddinbych-y-pysgod. Os nad ydyn nhw'n bwrw ati i'w dramwyo eu hunain maen nhw'n ddigon bodlon i weld y miloedd o ymwelwyr yn heidio i'w droedio a'i dreulio bob haf.

Eiddo gwenoliaid dynol yw'r pleser o ymgodymu â'r elfennau, y mwynhad o flasu gogoniant natur ar dir a môr, a'r boddhad o sychu chwys oddi ar dalcennau a gorffwys coesau blinedig ar derfyn dydd wrth loddesta yn un o'r nifer cynyddol o dai bwyta sy'n cynnig seigiau o gynnyrch lleol. Yn y cyfamser mae'r haul yn machlud yn golsyn ym Môr Iwerddon gerllaw.

Ond yn union fel llawer o drigolion Eryri, sydd ond wedi edrych o hirbell ar gopa'r Wyddfa yn hytrach na'i goncro, fe fyddai trigolion Sir Benfro yn gweld eisiau Llwybr yr Arfordir pe diflannai. Er bod yr Wyddfa yn fynych o dan orchudd o niwl, byddai ei diflaniad hithau dros nos yn glatshen farwol i economi cylch Llanberis.

Ac nid yn unig byddai Sir Benfro yn colli ei hased haf penna o golli'r Llwybr, byddai hefyd yn colli rhan amhrisiadwy o'i hetifeddiaeth. Yn wir, cymaint yw arwyddocâd Llwybr yr Arfordir yng ngolwg yr awdur hwn nes ei fod o'r farn na ddylai neb honni y medr wasanaethu buddiannau'r sir yn effeithlon heb yn gyntaf gerdded y llwybr cyflawn. Pa well ffordd o adnabod dwy ran y sir, y gogledd traddodiadol Gymraeg a'r de traddodiadol Saesneg?

Yn ogystal â cherdded darnau ohono ar ei liwt ei hun, a hynny fwy nag unwaith, ymunodd â nifer o bererinion amrywiol eraill, a dywysid gan rai o weision a morynion cyflog gwarchodwr a chynhaliwr y llwybr, Awdurdod Parc Cenedlaethol Arfordirol Penfro, i gerdded y llwybr cyfan dros gyfnod o bythefnos. O ganlyniad ystyria ei hun bellach yn Shir Benfröwr anobeithiol. Gall hefyd, o dan wasgfa, adrodd cerdd dafodieithol gyfoethog Dewi Emrys, 'Pwllderi' – cymhwyster allweddol arall i'r sawl sydd am wasanaethu'r sir!

Ymunwch ag ef i gerdded y 186 milltir pentigily gan rannu ei brofiadau a'i wybodaeth am hanes diwylliannol y penrhyn sy'n gyfoethog o ran ei ddoe ond sy'n betrusgar o ran ei yfory. Yn bennaf oll rhyfeddwch at rin y gwyllt a'r garw yn gymysg â'r hudolus a'r hefinol. Yn wir, gall y daith brofi'n bererindod ysbrydol oherwydd, wedi'r cyfan, pa ddiben byw os na ellir chwilio am fawredd ac, o'i gael, ei gostrelu ar ffurf profiad yn yr enaid.

Ebrill 2008

LLWYBR LLYGODEN

A FUOCH CHI ERIOED AR hyd Llwybr Llygoden? Naddo, ddim erioed? Damed mwy nag y buoch chi erioed efallai yn 'Alltcafan' yng nghwmni dychymyg y bardd. Wel, fuoch chi erioed ym mhentref Llandudoch 'te? Do. Wel, sut na fuoch chi'n pwlffagan i gyrraedd pen y gidel gul? Siŵr iawn, mae cropian ar hyd y Llwybr yn her i'r fegin a rhaid wrth hyrfa a phabwr os am gyrraedd y copa heb gymryd hoe. Mae'r un mor anodd cerdded ar ei gwaered heb golli gafael a chael codwm.

Tebyg eich bod wedi synhwyro nad yw Llwybr Llygoden gyda'r hawsaf o lwybrau i'w ddringo. Prin y gellir ei goncro trwy gerdded yn ling-di-long gan oedi i fwrw golwg ar yr aber obry neu i syllu'n freuddwydiol i gyfeiriad Ynys Aberteifi. Oedi i adennill eich gwynt sy'n fwyaf tebygol a rhaid i'r dieithryn banso'n jogel wrth dramwyo ar ei hyd, a hynny er ei fyrred.

Mae Llandudoch, neu Lland'och i'r cyfarwydd, yn wynebu tref Aberteifi ar draws yr afon a dyma'r pentref sydd yn eich croesawu i Sir Benfro wrth deithio ar hyd yr arfordir o gyfeiriad y Gogledd. Dyma'r adwy i'r sir sy'n llifeirio o hud a lledrith o ran ei thirwedd a'i phobol. Beth am ymuno â mi ar daith ar hyd arfordir y sir pentigily gan gychwyn ym mogel pentre Lland'och ar gopa Llwybr Llygoden? Dewch, wir, ar eich union.

Heriodd cenedlaethau o blant y pentref ei gilydd ar hyd Llwybr Llygoden gan ail-fyw sawl brwydr a welwyd mewn ffilmiau cowbois a ddangoswyd yn sinema'r Pavilion yn Aberteifi. Yn aml y clywid dynwared y Lone Ranger a'i gyfaill triw, Tonto, yn carlamu i fuddugoliaeth, ac yn yngan ambell frawddeg ddramatig megis *you're dead, buddy*. Tebyg i'r rhocynnau lleol setlo ambell hen sgôr fwy personol hefyd trwy bledi cerrig a graean at ei gilydd i ennill goruchafiaeth. Dyna a ddigwyddai mewn oes pan na ddenai cyfrifiaduron sylw'r oriau chwarae a phan na ddeuai'r miri i ben nes i gysgodion y nos ddisgyn ac y clywid lleisiau'r mamau'n galw o ddrysau'r tai.

A does dim prinder plant yn y pentref hyd at y dydd heddi. Clywir yn agos i gant ohonyn nhw'n sgrechen a gweiddi ar yr iard yn yr ysgol obry sydd o fewn tafliad carreg i'r afon a Thafarn y Teifi – neu'r Neppwl fel y'i hadwaenir ar lafar. Camp yr athrawon yw meithrin pob disgybl i fod yn hyderus ddwyieithog erbyn gadael yr ysgol am borfeydd yr ysgolion uwchradd. Camp nid hawdd o orfod delio â nifer cynyddol o hwyrddyfodiaid o ymfudwyr a phlant na chlywant fawr o Gymraeg ar eu haelwydydd mwyach.

Yn ôl Cyfrifiad 2001 dim ond 51 y cant o drigolion y pentref sydd bellach yn medru'r Gymraeg. Doedd dim amau mai pentref Cymraeg oedd Lland'och yn 1971 pan gofrestrwyd 77 y cant o drigolion yn medru'r Gymraeg ond ni ellir defnyddio'r disgrifiad hwnnw gyda'r un sicrwydd mwyach. Er yr ymdrechion ymwybodol a wneir i gynnal a defnyddio'r Gymraeg yn gyhoeddus, ni ellir osgoi'r casgliad bod ei dyfodol, heb os, ar groesffordd yn sicr o ran parhau fel iaith y gymuned. Mae patrwm y newid poblogaeth yn milwrio yn erbyn ei ffyniant fel iaith mwyafrif y 'barlats' – enw a ddefnyddir i ddisgrifio'r trigolion ar lafar gwlad.

Ond ymddengys fod dyfodol yr ysgol, beth bynnag, yn ddiogel gan fod ysgol gynradd gyfagos yn Nhrewyddel wedi ei chau'n ddiweddar fel rhan o bolisi Cyngor Sir Penfro o greu ysgolion ardal er mwyn canoli adnoddau dysgu. Yn ei ddydd rhoes y prifathro presennol, Aled Davies, gyfrif da ohono ei hun ar y cae rygbi a hynny yn enw ei wlad yn ystod ei ddyddiau ysgol, gan wynebu'r brodyr Ella o Awstralia ar yr hen Barc yr Arfau ar un achlysur. Mae mewn olyniaeth nifer o brifathrawon a arferai chwarae rhan gyflawn ym mywyd y pentref. Roedd hynny yn y dyddiau pan oedd 'mishtir', neu 'sgwlyn', yn adnabyddus i bawb o'r trigolion, ac yntau'n adnabod y rhan fwyaf o'r teuluoedd.

Pan ddathlwyd canrif a chwarter yr ysgol yn 1994, o dan brifathrawiaeth Terwyn Tomos, agorwyd y botel gadw a osodwyd o dan y garreg sylfaen. Ynddi roedd hanes y sefydlu a rhan o araith Syr T. D. Lloyd, yr aelod seneddol Rhyddfrydol a thirfeddiannwr Plas y Bronwydd, ar achlysur yr agoriad swyddogol ym mis Mehefin 1869. Penderfynwyd ychwanegu deunydd gan gynnwys soned o waith un o weinidogion Anghydffurfiol y pentref, y Parch. D. J. Thomas, cyn ailgladdu'r botel.

Parod oedd y prifathro cyntaf, D. M. Evans, i arwain gwrthryfel petai angen ac yn 1876 fe arweiniodd griw o fechgyn Lland'och i brotestio yn erbyn bwriad Cyngor Tref Aberteifi i lanhau gwely'r afon. Y canlyniad, trwy bleidlais fwrw'r cadeirydd, oedd peidio â bwrw mlân â'r bwriad am y credid y byddai'n wastraff ar arian o gofio mai ar gledrau'r rheilffordd ac nid ar ddŵr y môr y byddid yn cludo masnach y dyfodol. Un o'i ddilynwyr ynghanol y 1930au oedd y dihafal T. H.

Evans, sgadenyn o brifathro yn ôl rhai ond, yng ngolwg y genedl, ymgorfforiad o'r Parch. Eli Jenkins, y gweinidog yn nrama-leisiau Dylan Thomas, *Under Milk Wood*. Bu galw mawr am ei wasanaeth fel actor a sgriptiwr, yn arbennig ar ôl ei ymddeoliad. Pwy sy'n cofio'r cyfresi radio cynnar hynny *Teulu Tŷ Coch* a *Teulu'r Mans*?

Am fod y cof amdano'n dal yn fyw caiff straeon amdano eu hadrodd o hyd. Pe na bai'n cael rhyw lawer o hwyl ar y wers dywedir na fyddai'n ddim i'w weld e'n sleifio o'r ysgol i Dafarn y Neppwl gerllaw i gael diferyn o frown êl i fod yn ffon gymorth. Byddai mwy o asbri yn y wers wedyn pan ddychwelai i'r ystafell ddosbarth. Ond y stori a adroddir amlaf yw honno amdano'n delio â'r Arolygwr Ysgolion yn galw heibio. Roedd yr 'Inspector' yn gwbl benstiff fod rhaid iddo weld gardd yr ysgol, a doedd yr un esgus ar ran y prifathro i geisio ei arwain ar drywydd arall yn gwneud y tro. Dyma daro ar gynllun cyfrwys. Yn ei lais llwyfan gorau dyma T. H. yn gorchymyn yr 'Inspector' i aros yn ei unfan tra byddai'n cyrchu'r allwedd i'r ardd.

Croesodd y prifathro'r ffordd at Mrs Bowen gan ddweud wrthi fod yn rhaid iddo fenthyg ei gardd am getyn. Hithau'n ffwndro ac yn methu deall pam yr holl daerineb a'r hast.

'Fe gewch chi wybod pam rhywbryd eto, Mrs Bowen fach, ond ma rhaid i fi fenthyg eich gardd ar unwaith,' meddai'r prifathro'n ymbilgar.

'Ond Mistar Ifans bach, be sy'n bod? Odych chi wedi bod yn tablenna 'to?' mynte honno.

'Mrs Bowen, ga i fenthyg eich gardd am chwarter awr? Dwi am dywys gŵr bonheddig i'w gweld ac fe gewch wybod pam maes o law,' meddai'n awdurdodol.

Doedd gan wraig un o arddwyr gorau'r pentref ddim dewis. Fe dywyswyd yr Arolygwr i'r ardd a bu T. H. wrthi'n ddramatig yn cyfeirio at y rhychiau tatws a'r llysiau amrywiol ac yn porthi canmoliaeth y gŵr bonheddig am ymdrechion clodwiw'r disgyblion o dan oruchwyliaeth y prifathro. Mynych wedyn y byddai T. H. yn bwrw golwg ar gynnwys adroddiad yr Arolygwr lle mae'n tynnu sylw arbennig at ardd yr ysgol, yn yr iaith fain, 'Gardd yr ysgol mewn cyflwr ardderchog'.

Un arall o'r prifathrawon oedd un o Fois y Cilie, John M. O. Jones, a gydiodd yn yr awenau yn 1977 ar ôl iddo fwrw ei brentisiaeth yn Llundain a'r Amwythig. Torrodd ei gŵys ei hun petai ond am y ffaith na symudodd i fyw i'r pentref. Deil i gredu bod teithio'n ddyddiol o'i gartref yng nghyffiniau Llangrannog wedi bod yn fanteisiol i'w brifathrawiaeth yn Lland'och.

'Golygai hynny 'mod i'n cyrraedd yn ffres a brwdfrydig bob bore Llun os nad bob bore o'r wythnos. Petawn i'n byw yn Lland'och byddai'n ofynnol i mishtir fod yn aelod o'r pwyllgor hwn a'r mudiad arall a hynny'n medru bod yn llethol o ran cyflawni ei briod waith,' meddai.

Ond doedd hynny ddim i ddweud na chwaraeodd ran amlwg ym mywyd y pentref. Do, gadawodd ei ôl yn ystod ei deyrnasiad fel prifathro. Taclodd y dirywiad yn y defnydd o'r Gymraeg yn y pentref drwy sefydlu ffrwd Gymraeg er mwyn dysgu pob gwers trwy gyfrwng y Gymraeg. Sicrhaodd fod y ffrwd Gymraeg mor llwyddiannus nes bod rhieni di-Gymraeg yn deisyf arno i osod eu plant yn sŵn cyson yr iaith.

Yn naturiol, yn unol ag anian pob un o'i wehelyth, roedd yna binsiad go gryf o annibyniaeth barn a dawn dweud yn perthyn iddo. Doedd llawlyfrau a doethinebu damcaniaethol ynghylch datblygiad plentyn ar sail yr astudiaeth yma a'r holiadur arall ddim yn apelio rhyw lawer ato. Cymerai olwg ehangach gan ddyfynnu adnod o Ddameg yr Had yn Tyfu yn Efengyl Marc: 'Bydd dyn yn bwrw'r had ar y ddaear ac yna'n cysgu'r nos a chodi'r dydd, a'r had yn egino ac yn tyfu mewn modd nas gŵyr ef. Ohoni ei hun y mae'r ddaear yn dwyn ffrwyth, eginyn yn gyntaf, yna dywysen, yna ŷd llawn yn y dywysen,' meddai.

Ond cred bod y newid pennaf a welodd yng nghymeriad y pentref yn ymwneud â natur y cysylltiad oesol â'r afon oherwydd pan bylodd dibyniaeth y pentref ar gynnyrch yr afon a'r môr fe newidiodd lliw a naws Llandudoch.

'Wi'n cofio yn ystod y blynyddoedd cynnar fe fyddai unrhyw gymwynas a wnaed yn cael ei chydnabod gyda samwn ffres ben bore ac ambell drowtin yn disgleirio wedyn bryd arall. Ond erbyn diwedd fy nghyfnod fe fyddwn yn fwy tebygol o dderbyn rhywfaint o gynnyrch yr ardd am fy ymdrechion yn hytrach na'r hyn yr arferid ei godi o'r afon.'

Serch hynny, am fod gwynt yr heli yn ei ffroenau erioed, aeth ati i fawrygu arferion morwrol y pentref. Ailddechreuodd John M. yr arfer o wahodd y rheithor lleol i fendithio'r afon ar ddechrau'r tymor pysgota sân, a rhoes urddas o'r newydd i'r seremoni trwy gyfansoddi emyn yn deisyf bendith yr Hollalluog, yn ogystal â gosod enwau pyllau'r afon ar gof a chadw mewn dau o'r saith o benillion. Ac os am roi cynnig ar ei chanu ar lan yr aber, ger Glanteifion, yna Siant Troyte yw'r dôn:

> Rôl cymryd 'shot', mewn llestri sân
> I Bwll y Rhwyd, a Nawpis glân,

I Sama draw, a'r draill yn dynn
O fedi'r lli, os Duw a'i myn.

Pwll Wil y Gof, a Phwll y Brig
O'r Rhipyn Coch i lethrau'r wig,
Pwll Niwcyn, Cranc, a phyllau Cam
Nis gwelir mwy, dim naid na llam.

Ond ni ddaw'r un pysgotwr yn agos at y seremoni. Mae yna hen goel na ddaw lwc o ran y cynhaeaf pysgod os gwelir offeiriad ar lan yr afon. A'r un modd petai yna 'ladi wen' yn cael ei gweld yno, sef dynes wedi ei gwisgo mewn dillad gwyn. A chan ein bod wedi crybwyll y gair dieithr yna – sân – gwell oedi i esbonio ei darddiad a'i arwyddocâd. Mae ganddo gysylltiad ag afon Seine yn Ffrainc ac o bosib y gair Lladin am rwyd sef *sagena*. Yn anffodus, prin yw'r cyfleoedd i weld y weithred o bysgota sân mwyach ond byddai'r arfer wastad yn cychwyn wrth ymyl Tafarn y Neppwl obry.

Byddai capteiniaid y llestri sân – y cychod pysgota – yn cyfarfod wrth y dafarn i 'gymryd shot' er mwyn penderfynu ym mha bwll byddai pawb yn pysgota'r wythnos ganlynol. 'Cymryd shot' oedd mater o osod rhifau'r llestri mewn cwdyn a'r rhif cyntaf i'w dynnu mas fyddai'n pysgota ym Mhwll y Castell, islaw'r Pingo gerllaw, y pwll dyfnaf o tua 25 troedfedd a ffefryn y pysgotwyr, wrth gwrs, lle byddai'r helfa fwyaf o bysgod gan amlaf.

Lluniwyd rheolau'r pysgota sân yn 1893 a'u cofnodi'n uniaith Gymraeg. Yr adeg honno roedd tua 50 o griwiau'n ennill eu bywoliaeth drwy bysgota yn y pentref. Ond erbyn 1939 dim ond 13 o gychod oedd wedi eu cofrestru ac erbyn 1976 disgynnodd y nifer i chwech ac erbyn heddiw does ond pedair trwydded a synno pob un o'r rheiny'n sicr o gael eu codi bob tymor.

Yn ôl Alan Giles, sy wedi ceisio cadw'r traddodiad teuluol a hwnnw'n ymestyn 'nôl tair cenhedlaeth, synno hi'n talu ffordd i gydio yn y rhwydi mwyach. Fe gyst dros £600 i brynu trwydded oddi wrth Asiantaeth yr Amgylchedd, ac am fod yr Asiantaeth yn cyfyngu ar yr hawl i godi eogiaid i ychydig wythnosau, yn hytrach nag ar hyd y tymor, o fis Mawrth i ddiwedd mis Awst fel yr arferid, mae'r siawns o ddal digon o bysgod i dalu am y drwydded yn prinhau. Does dim y medr hen fois y sân ei wneud ond hiraethu am y dyddiau da. Mae eu rhwydi'n segur.

Ac fe wnân nhw sôn am y beilïaid dŵr gyda'r un dirmyg ag y gwnân nhw sôn am y pysgotwyr gwialenni ym mhen ucha afon Teifi uwchlaw pont Llechryd. Yn ystod y tymhorau diwethaf bu'r beilïaid yn defnyddio camerâu fideo cudd i gasglu tystiolaeth am y pysgotwyr sân yn torri is-ddeddfau trwy daflu ergydion yn y dull anghywir. Do, bu rhaid i nifer o fois y sân, ac Alan Giles yn eu plith, ymddangos gerbron cwrt Aberteifi. Penderfynwyd nad oedd digon o dystiolaeth yn ei erbyn ac fe ollyngwyd yr achos, ac er i'r mater gael ei godi yn llysoedd Llundain yn ddiweddarach, ni chafodd y penderfyniad gwreiddiol ei wyrdroi.

'Ma bois y gwialenni wastad yn bwrw'r bai arnon ni pan ma nhw'n cael tymor gwael. Ma nhw'n gweud bo ni'n dala pob samwn cyn 'i fod yn cael cyfle i fwrw lan yr afon. Ond nonsens yw hynny. Dwi wedi gofyn droeon i rai o'r bois gwialenni ddod mas 'da ni i weld cyn lleied byddwn ni'n 'u dala. Sdim un ohonyn nhw'n dod wrth gwrs. Synnon ni mas ar ôl bob teid beth bynnag. Y gwir amdani ma 'na brinder samwn. Synno'r eog i ga'l fel wêdd e slawer dydd. Sdim un ohonon ni'n neud bywoliaeth ohoni,' meddai Alan, gyda chryn ddicter yn ei lais.

'Hobi yw e i bob pwrpas ond ma Asiantaeth yr Amgylchedd am ddibennu ein hobi. Ma nhw'n benderfynol o ladd hen draddodiad sy'n mystyn 'nôl ganrifoedd. Sdim pwynt codi leisens a ninne'n gorfod towlu pob samwn ddaw i'r rhwydi 'nôl i'r afon nes bod hi'n fis Mehefin – dim ond y brithyll 'ŷn ni'n gallu ei godi yn ystod wythnose cynta'r tymor ch'wel. A dim ond Pwll Nawpis yng Nglanteifion fan'na a Phwll Sama mhellach mas yn yr aber o dan Gwbert sy'n werth 'u pysgota erbyn hyn. Ma'r lleill yn llawn llaid.'

Byddai gweision cyflog Asiantaeth yr Amgylchedd yn dadlau mai eu dyletswydd nhw yw gwarchod y stoc bysgod a chyfyngu ar arfer y pysgota sân, a hynny trwy erlyn yn y llysoedd pan fo hynny'n briodol. Ond rhaid cofio fod yna ddulliau mwy soffistigedig o bysgota yn y môr mawr erbyn heddiw o'i gymharu â dyddiau'r cychod rhwyfo. Trwy ddefnyddio cyfarpar radar gall pysgotwyr ganfod union leoliad yr heigiau o fewn byr amser yn hytrach na dod ar eu traws ar sail greddf neu fater o hap a damwain fel roedd hi slawer dydd. Hynny sydd i gyfrif bod llai o bysgod yn cyrraedd yr aberoedd mwyach.

Wrth gwrs, dyw ymddangos gerbron y fainc ddim yn brofiad dieithr i rai ohonyn nhw am eu bod, yn eu tro, dros y blynyddoedd, wedi cael eu herlyn am botsian. Ond stori arall yw honno a stori y buasai David George, ewythr Alan, yn ddigon parod i'w hadrodd ond gan ychwanegu na chafodd e erioed ei ddal.

'Dysges i botsian cyn dysgu pysgota a falle cyn dysgu cered yn iawn. Gesum i fy magu i botsian achos wê 'nhad yn byw a bod ar yr afon. Wêdd un goes bren 'dag e ond wê hynny ddim yn 'i gadw fe draw o'r afon. Wêdd e'n cadw ci ac wedi'i ddysgu fe i'w rybuddio fe os wêdd y beili obutu'r lle. Wi'n cofio rhoi rhwyd yn grôs yr afon rhyw nosweth a dala 37 o samwns. We hynny'n dipyn haws ch'wel na mynd mas â rhwyd fowr a bwrw ergyd. We gofyn bo chi'n deall y teid a gwbod ble wêdd y samwns yn trafaelu achos wê gyda nhw 'u llwybre ar hyd yr afon. Ond synno'r pysgod i gâl heddi fel wêdd hi slawer dy', o nadyn.'

Odi, mae hynafiaeth yr arfer o bysgota sân yn mynd 'nôl i'r cyfnod pan gyrhaeddodd mynachod Urdd y Benedictiaid y pentref o Tiron ar lan afon Seine yng ngogledd Ffrainc tua dechrau'r ddeuddegfed ganrif. Cododd dwsin ohonyn nhw fynachlog ar safle'r 'clas' Celtaidd a hynny gyda chaniatâd a nawdd Arglwydd Cemaes, Robert FitzMartin, cynrychiolydd y goresgynwyr Normanaidd. Hwsmonaeth a gwaith corfforol caled oedd rhawd y Brodyr Duon.

Dyrchafwyd statws y fynachlog i abaty pan ddaeth abad yno yn 1120 a newidiwyd lliw'r abid o ddu i lwyd i adlewyrchu'r closio at ddelfrydau mwy cydnaws â'r byd ysbrydol o eiddo Urdd y Sistersiaid. Rhoddodd Fitzmartin diroedd i'r abaty mewn ardaloedd mor bell i ffwrdd â Dyfnaint a Wexford yn ogystal â Mynachlog-ddu ar lethrau'r Preselau, ac roedd y fynachlog ar Ynys Bŷr yn cael ei hystyried yn briordy i'r abaty hefyd. Roedd y tiroedd hyn, o'u gosod ar rent, yn gyfrwng i ddod ag incwm cyson sylweddol er mwyn galluogi ymestyn, cynnal a chadw'r abaty ysblennydd.

Purion fyddai mynd at lan yr afon i geisio dychmygu cynnal traddodiad y canrifoedd. Ar fore Llun, pan fyddai'r llanw ar drai, y cychwynnai'r dasg. Byddai pump neu fwy o bysgotwyr yn gysylltiedig â phob cwch. Byddai'r pastynwr, yr aelod lleiaf profiadol o'r tîm gan amlaf, yn aros ar y lan yn dal un pen i'r rhwyd. Byddai pen arall y rhwyd yn cael ei dal yn y cwch ac yn cael ei ryddhau'n raddol ar ffurf hanner lleuad o gwmpas pwll penodol. Dyna'r weithred sy'n cael ei galw'n fwrw neu daflu ergyd. Byddai disgwyl i'r pysgotwyr eraill fod hyd eu bogeiliau, os nad yn uwch, yn y dŵr yn cynorthwyo i dynnu'r rhwyd.

Gall y rhwyd fod yn gymaint â 200 llath o hyd a'i lled tua 10 i 12 troedfedd. Bydd yn gorwedd rhwng dwy raff ac yn cael ei dal i fyny'n union yn y dŵr gan gyrc ar ei ben. Clymir darnau o blwm neu garreg ar hyd ei godre rhag iddi godi i'r wyneb. Mae'r rhwyd yn ddarnau sy'n mesur tua 35 llath ac yn cael eu murio, sef eu clymu at ei gilydd i greu dwy rwyd glust, un bob pen, a dwy rwyd fraich a rhwyd got yn y canol. Mae'r rhwyd got wedi ei gwneud o ddefnydd cryfach am mai hi sy'n codi'r pysgod i'r lan. Mae llygaid y rhwyd yn mesur rhwng dwy a phedair modfedd yr un.

Rhai o'r termau sydd mewn perygl o fynd i ddifancoll gyda diflaniad yr arfer yw 'traill', sef y dŵr o gylch y pwll, a'r 'cnocwr', sef y darn o bren a ddefnyddir i daro'r

Bois y sân yn tynnu'r ergyd

pysgodyn. Y termau cyfatebol Saesneg fyddai 'trawl' neu 'dredge' a 'priest'. Ar ôl i'r rhwyd gael ei chau a'r helfa o bysgod, os daliwyd rhywbeth o gwbl, wedi ei glanio, eir ati i ledu'r rhwyd a bwrw ergyd eto. Ond mae'r rheolau'n llym am na chaniateir cerdded fwy na hyn a hyn o lathenni ar hyd y lan wrth daflu ergyd. Mae'n rhaid oedi chwarter awr hefyd rhwng pob ergyd er mwyn rhoi rhywfaint o siawns i'r pysgod fynd heibio. Yn hynny o beth y gwnaeth y pysgotwyr dramgwyddo yn ystod y tymhorau diwethaf a chanfod eu hunain yn wynebu'r fainc. Mae'r rheolau newydd wedi eu cyflwyno i ffafrio siawns yr eog o gyrraedd glennydd yr afonydd yn hytrach na siawns y pysgotwyr rhwydi o'u dal.

Yn ystod y misoedd hynny pan na fyddai'r eog yn rhedeg, a physgota sân wedi ei wahardd, arferai'r pysgotwyr fentro i'r bae i gyfeiriad Cwmyreglwys i'r de ac Aberporth i'r gogledd i ddal sgadan a pha bysgod bynnag eraill y gellid eu denu i'r rhwydi. Ond y sân yw'r llinyn cysylltiol di-dor rhwng heddiw a ddoe cynnar y pentref ac sy'n cynnig ymdeimlad o barhad a sicrwydd o wreiddiau dyfnion, waeth pa mor hir y pery.

Ta beth, gellir dychmygu hwyl y pysgotwyr yn Nhafarn y Neppwl ar nos Sadwrn, ar ôl wythnos dda o sgota, yn torri'r syched cythreulig hwnnw a achosir gan weithio mewn dŵr hallt. Byddai'r straeon a'r cwrw'n llifo'n rhwydd a'r tynnu coes yn ddidrugaredd. Byddai rhywun yn siŵr o sôn am yr helfa fawr honno a gofnodwyd yn 1883 pan ddaliwyd hanner tunnell o eogiaid ger Pwll y Brig gan frolian efallai fod un o'i gyndeidiau ymhlith y criw fu'n ymlafnio i gael yr helfa i'r lan. 'Ie, dyw'r hen bysgod ddim fel y buon nhw bois,' fyddai dyfarniad y lleill.

A byddai rhywun yn ddigon eofn i awgrymu mai ailddechrau seremoni 'Bendithio'r Afon' sydd i gyfrif am ddiflaniad yr helfeydd. 'Dylid gad'el pethe fel 'ny i gyfnod yr abad slawer dy' a pheido â cha'l y ffeirad a phregethwrs heddi i ddablan yn y mater,' fyddai'r dyfarniad. 'Synno'r arfer o roi samwn cynta'r tymor i'r ffeirad wedi neud affliw o les ta p'un i,' medd llais arall. 'Ie, ie, tase'r sgwlyn 'na ddim wedi dechre busnesan . . .' medd arall wrth i'r cwch gael ei wthio i'r dwfn o ran y diarhebu.

Ac o hiraethu am y dyddiau da bydde rhywun yn siŵr o sôn pa mor wyliadwrus oedd rhaid bod wrth lanio helfa ar y Gnwcwll a pheidio â thaflu'r pysgod rhywsut rhywle os byddai rhai o'r gwragedd stowt o amgylch. Fyddai'n ddim gan un o'r rheiny hwpo samwn o dan ei sgert fowr lydan a'i ddal wrth y bachyn oedd yn sownd am ei morddwyd a'i sgidadlan hi am adre i fwynhau moethyn o bryd bwyd!

Rhoddid cryn sylw i'r arwyddion tywydd lleol sydd mor allweddol i fywyd pob pysgotwr. Petai'r môr yn dywyll i gyfeiriad Ceibwr i'r de a'r 'pysgod duon', fel y gelwir y twmblers a'r môr-hychod, yn dod i'r golwg, fe fyddai'n siŵr o droi'n storm. Yr un modd, petai'r brain yn 'cynnal cymanfa' yn y coed gydol y bore ni fyddai argoel o dywydd ffein. A hefyd, gwell fyddai peidio â mentro i bysgota pe gwelid y 'brain môr', fel y gelwir y mulfrain, ar y tir mawr yn hedfan mewn cylchoedd.

Ac er yr holl rialtwch byddai'r sôn am stormydd yn siŵr o sobreiddio'r criw am getyn wrth feddwl am y bywydau a gollwyd dros y blynyddoedd. Mae mynwentydd yr ardal yn dyst i'r niferoedd a aeth i'w haped yn y môr. Dyna'r trychineb hwnnw yn hydref 1872 pan gollodd pump o fechgyn y pentref eu bywydau mewn storm ger Aberporth. Dau yn unig a achubwyd. Yn fuan wedyn fe werthwyd galargan yn yr ardal, gan awdur anhysbys, er mwyn codi arian i deuluoedd yr ymadawedig.

Ond y trychineb gwaethaf oedd hwnnw yn 1789 pan gollwyd saith ar hugain o fywydau ar ôl i'r pysgotwyr anwybyddu rhybudd y fôr-forwyn honedig a fu'n siarad â Phergrin. Honnai Pergrin iddo ddal môr-forwyn yn ei rwyd yn y bae un diwrnod a chyn iddo ei gollwng yn rhydd fe'i rhybuddiodd rhag stormydd geirwon. Anwybyddu'r broffwydoliaeth a wnaeth y saith ar hugain y gwelir eu henwau yn llyfrau'r eglwys.

Er tristwch y digwyddiad, fe dyfodd hanes Pergrin a'r fôr-forwyn yn gymaint o chwedl nes i Gwmni Drama Llandudoch, o dan arweiniad Terwyn Tomos, lunio cyflwyniad yn seiliedig ar yr hanes. Fe'i llwyfannwyd yn y Neuadd obry, ger yr ysgol myn'co, yn ogystal â mynd ar daith, ar draws yr afon i Theatr y Mwldan, Aberteifi. Fel rhan o'r rhialtwch honnir bod un o ddisgynyddion uniongyrchol Pergrin wedi ymchwilio'n drwyadl fanwl i'r amgylchiadau ac felly'n medru traethu'n dra awdurdodol ar y mater.

Ei enw yw y Gwir Anrhydeddus Barchedig Arglwydd Athro Theophilus Nostrodamus Peregrine-Bullock, neu 'Theo'r Bustach' fel y'i hadwaenir ymhlith ei gydnabod yn ardal Cipyn sy'n gyfarwydd â'i anallu i ynganu'r llythyren 'r' yn eglur, ymhlith nifer o nodweddion hynod eraill. Er ei gymwysterau academaidd a diwinyddol aruthrol (yn ei dyb ei hun beth bynnag!) rhaid wrth binsied helaeth o halen y môr wrth wrando ar ei ddoethinebu ym mherson Hywel Roderick. Ond wedyn pan gyll cymdeithas y gallu i chwerthin am ei phen ei hun fe gyll ymhell.

Ac os oes rhywun yn amau bodolaeth y fôr-forwyn, wel, mae yna gerflun ohoni i'w weld yng Nglanteifion yn ymyl y ffordd, o wneuthuriad cerflunydd lleol, John Clarke. Mae golwg go swil arni fel petai'n dyheu am ddychwelyd i eigion y môr.

Rhaid dychwelyd at y straeon sân er mwyn cadw'r chwedlau hynny'n fyw. Glywsoch chi am dafarnwraig Yr Hydd Gwyn yn y pentref yn cael ei phoenydio gan frain a jac-dos ar y to ac yn yr ardd yn ddyddiol? Fe gynigiodd beint am ddim am bob aderyn y byddai unrhyw un o'i chwsmeriaid yn ei ddifa. Daeth un o fois y sân ar draws brân farw ar y traeth un diwrnod, a chan weld ei gyfle dyma fe'n cyflwyno'r corff ac yn hawlio ei beint am ddim. Yn wir, gwnaeth hyn bron yn ddyddiol am yn agos i bythefnos … nes i'r dafarnwraig sylweddoli nad oedd poblogaeth yr adar i'w weld yn gostwng yn gymesur â'r nifer o gyrff marw a gâi eu cyflwyno iddi. Fe ddeallodd wedyn pam fod y frân a gyflwynid iddi'n ddyddiol yn drewi'n fwyfwy o ddydd i ddydd ac nad cael ei chladdu oedd ei hynt yn unol ag addewid y pysgotwr sân ond yn hytrach ei hailgyflwyno.

Gewch chi holi am hanes y pysgotwr a gollodd ei bibell yn yr afon a'i chanfod wedyn yn gorwedd yn ymyl samwn braf yn y rhwyd. Hwyrach, os cewch hwyl arni, y cewch hanes y pysgotwr hwnnw a gadwai gyfran o'r arian sân yn sistern y tŷ bach mas heb yn wybod i'w wraig nes i honno dynnu'r tsain un diwrnod a chanfod bwndel o arian papur gwlyb sopen yn diflannu'n gymysg â'r carthion, a'r pysgotwr arall a aeth adref un noson yn ei feddwdod i'r aelwyd anghywir, ac i'r gwely anghywir.

Synno'r gwŷr mewn abid a chwfl yn brasgamu ar hyd y feidrioedd o'r abaty i'r afon yn rhan o'r cof llwythol i'r un graddau ag y mae'r pysgota sân. Daeth cyfnod y mynaich i ben gyda Diddymu'r Mynachlogydd yn 1536 wrth i Harri'r VIII geisio llacio gafael Eglwys Rufain a phan oedd nifer y deiliaid wedi gostwng i wyth ynghyd ag abad. Gwerthwyd yr abaty i ŵr o'r enw John Bradshaw, o Lanandras, ac aeth yntau ati i ddinistrio'r rhan helaethaf o'r adeilad gan ddefnyddio llawer o'r meini i godi maenordy crand iddo'i hun. Ond deil olion yr abaty yn ogystal â'r llyn a gloddiwyd gan y mynaich diwyd, a deil hwyaid a 'barlats' i nofio ar ei wyneb. Roedd ganddyn nhw berllan nodedig hefyd a goroesodd nifer o'r coed afalau hynod: shinw, biam, cot ledr, bysedd y forwyn, pren glas, pig y glomen a phig y deryn. Yn ôl y gwybodusion bydd ffrwyth yr olaf yn siŵr o fragu seidir da.

Hawdd dychmygu'r prysurdeb a'r duwioldeb oedd yno yn yr Oesoedd Canol Cynnar: byddai'r mynaich yn plygu glin i dalu gwrogaeth i'r Creawdwr a phlygu bôn braich i gyflawni gorchwylion hwsmonaeth. Does dim dwywaith i Landudoch flodeuo fel mangre o fri yn ystod arhosiad y mynaich. Dywed Gerallt Gymro na chafodd samwn mwy blasus erioed na'r un a roddwyd ger ei fron gan y mynachod yn ystod taith yng nghwmni'r Archesgob Baldwin i hudo milwyr i'r Drydedd Groesgad yn 1188. Cafodd groeso'r un mor bendefigaidd yng Nghastell Aberteifi gan ei ewythr, yr Arglwydd Rhys, a thystiodd fod yna afainc i'w gweld yn gyffredin ar hyd yr afon yn y cyfnod hwnnw.

Ond doedd buchedd y mynachod ddim bob amser i'w gymeradwyo oherwydd pan ddaeth Esgob More, cynrychiolydd yr Eglwys Babyddol, heibio yn 1401, gwelodd fod bywyd ysbrydol aelodau'r abaty wedi dirywio'n enbyd: roedden nhw'n diota byth a beunydd yn y tafarndai ac roedd yna wragedd yn byw a bod yn y fynachlog. Yn amlwg, roedden nhw wedi esgeuluso eu dyletswyddau o ran hwsmonaeth a disgyblaeth ysbrydol eu bywydau. Câi arian rhent y tiroedd ei wario ar oferedd. Ar yr un pryd, ni pheidiodd yr arfer o bysgota sân gan fod yr hynafiaethydd George Owen yn nodi ei fod yn dal mewn bri ddwy ganrif yn ddiweddarach yn 1603, wedi ei fabwysiadu'n amlwg, erbyn hynny, gan bysgotwyr lleol.

Ond gellir olrhain tarddiad y pentref 'nôl i'r chweched ganrif pan oedd Dogmael, mab Ithel ap Ceredig ap Cunedda Wledig, yn breswylydd. Dywedir bod ei hen fam-gu, Gwawl gwraig Cunedda, yn ferch i Goel Godebog, arwr y gân '*Old King Cole was a merry old soul …*' Anodd esbonio pam fod Dogmael wedi datblygu'n enw Saesneg ar y pentref a 'Llandudoch' yn cael ei arfer yn Gymraeg. Tybed a oedd yna gysylltiad hefyd â Sant Tydecho a gysylltir yn bennaf â Llanymawddwy ym Meirionnydd ynteu a oedd yna sant o'r enw Tudoch yn troedio daear yr ardal? Mae'r ansicrwydd a'r amwyster ynghylch tarddiad y ddau enw'n ychwanegu at y dirgelwch a'r hudoliaeth. Yn 987 dinistriodd y Llychlynwyr y clas neu'r gell feudwy a sefydlwyd gan Dogmael ac erbyn heddiw gwelir cerflun ohono'n sefyll yn ymyl y llyn heb fod nepell o fynedfa'r hen abaty, sydd bellach yng ngofal yr asiantaeth gwarchod hynafiaethau, CADW. Gwnaed y cerflun gan John Clarke fel gwaith comisiwn ar archiad gŵr lleol, Ian Gollop, er mwyn dathlu jiwbilî teyrnasiad y Frenhines Elizabeth II yn 2003.

Mae'r eglwys sydd yn cael ei defnyddio heddiw wedi ei chysegru i Sant Thomas y Merthyr ond, eto, yn dal cysylltiad â'r canrifoedd cynnar am fod yna garreg ogam i'w gweld yno. Ers ei chyfnod fel carreg fedd Sagrani fab Cunotami, pennaeth un o'r llwythau lleol, yn ôl pob tebyg, fe fu yn ei thro yn bost iet ac yn bont dros afon Degwel gerllaw. Am fod yr arysgrifen ddwyieithog, Lladin ac Ogham (Gwyddeleg cynnar), ar ei bol a hithau'n gorwedd ar ei bol ar draws yr afon, drwy hap y daethpwyd i sylweddoli ei harwyddocâd. Hi yw'r allwedd i ddeall arysgrifen Ogham sy'n cynnwys ugain o lythrennau yn ei gwyddor. Symudwyd y garreg i'r eglwys yn fuan ar ôl cysegru'r adeilad yn 1848.

Yn ystod teyrnasiad brenhinoedd Lloegr roedd disgwyl i'r 'barlats', yn ddiwahân, dalu gwrogaeth i'r eglwys wladol. Ond gyda lledaeniad Protestaniaeth ar draws Ewrop a chaniatáu'r Ddeddf Goddefiad yn 1689 gwelwyd sefydlu tai cwrdd gan yr Anghydffurfwyr, yn rhannu eu hunain yn enwadau ar sail dadleu diwinyddol, a hwnnw'n ddadleu ffyrnig ar adegau. Bellach ymddengys fod rhawd y rheiny ar fin dod i ben gan fod y cynulleidfaoedd yn lleihau, yr arferion o ran cynnal Cymanfaoedd a chyfarfodydd amrywiol yn pylu, ac erbyn hyn does yna'r un o gapeli'r pentref yn cynnal ei weinidog ei hun. Yn nyddiau anterth bwrlwm y capeli byddai'r gweinidogion ordeiniedig yn wŷr amlwg a dylanwadol o fewn y gymdeithas ond bellach edwinodd swyn a chyfaredd y pulpud.

Mae Seion, man cyfarfod y Methodistiaid, a sefydlwyd yn 1838, wedi hen gau a'i droi'n ddau dŷ annedd. Saif ar waelod y pentref gyferbyn â'r felin, sy'n dal i falu blawd cyflawn, a thu cefn i dafarn Yr Hydd Gwyn. Erys y cof am y gweinidogion, yn arbennig yr hanesydd, y Parch. Gomer Roberts, cyn-löwr o Landybïe, a oedd yn awdur toreithiog ac yn enillydd steddfodol cyson. Perthynai i draddodiad llengar Anghydffurfiaeth ac ysgrifennodd yn helaeth am gyfnod Williams Pantycelyn. Dywedir iddo gyfansoddi'r emyn poblogaidd hwnnw yn moli Duw, creawdwr a chynhaliwr byd natur, 'Mae'r Arglwydd yn cofio y dryw yn y drain', wrth iddo weld adar yn yr ardd ac yntau'n bwyta ei frecwast.

Y Bedyddwyr oedd y cryfaf o'r enwadau yn y pentref, fel sy'n gyffredinol wir am y sir gyfan, ac roedd ganddynt ddau dŷ cwrdd yn Lland'och. Lleolir Capel

Blaenwaun fry uwchlaw'r pentref ar fangre lle bu Bedyddwyr yn cyfarfod a chymuno yn y dirgel er 1706. Fe'i codwyd yn 1745 a'i helaethu yn 1885, a chodwyd adeilad llai, Bethsaida, yn 1838, ynghanol y pentref. Defnyddid y naill ar gyfer oedfaon gweinyddu'r ordinhad a'r llall, sy bellach wedi'i werthu, gan amlaf ar gyfer oedfaon nos Sul. Gweinidog cyntaf yr eglwys oedd y crydd o Gilgerran, y Parch. Titus Lewis, awdur yr emyn mawreddog 'Mawr oedd Crist mewn tragwyddoldeb' y bu canu cyhyrog arno ar emyn-dôn o waith J. Morgan Nicholas, 'Bryn Myrddin'. Bedyddiwyd Titus ym medyddfa Blaenwaun ym mis Mehefin 1794 a'i ordeinio yn weinidog yno yn 1798.

Yn fuan ar ôl iddo gymryd gwraig bu'n rhaid i Titus symud i Gaerfyrddin oherwydd hiraeth Elizabeth am y dref honno. Marchogaeth i Landudoch bob pythefnos i weinidogaethu fu ei hanes wedyn tan ei farwolaeth yn 38 oed yn 1811. Bu farw ei weddw flwyddyn yn ddiweddarach ac yn arwain y galarwyr ar ddiwrnod ei hangladd ym mynwent y Tabernacl, Caerfyrddin, roedd y ddau blentyn amddifad, y naill, Titus, yn cario Beibl, a'r llall, Mary, yn cario llyfr emynau.

Yn y cyfnod cynnar hwnnw byddai'r Saint yn aml yn diaelodi'r sawl a fyddai'n cyfeiliorni o ran Athrawiaeth neu'n closio at enwad arall. Cafodd un o aelodau Blaenwaun ei ddiarddel am 'amlygu tuedd', sef closio at y Methodistiaid Calfinaidd, ac un arall 'am fethu cario'r groes' trwy glosio at yr Annibynwyr. Diarddelid tua wyth aelod fesul blwyddyn a chyfran ohonynt yn wragedd a oedd wedi beichiogi y tu fas i briodas. Does dim sôn i'r 'tadau' gael yr un driniaeth. Diarddelwyd 553 o aelodau Blaenwaun dros gyfnod o 70 mlynedd ond, ar yr un pryd, adferwyd 517 ohonynt i gyflawn aelodaeth. Roedd maddeuant i'w gael.

Trosedd dwsin o wragedd un tro oedd 'camarfer y Beibl trwy glymu arian ynddo ac adrodd adnodau er gwybod pwy a briodent'. O gofio bod ymhell dros 500 o aelodau yng Nghapel Blaenwaun ar un cyfnod, anodd bellach dychmygu awyrgylch oedfa gymun pan fyddai'r mwyafrif o'r rheiny'n bresennol.

Ond un o'r anwylaf o weinidogion Blaenwaun, ac sy'n dal o fewn cof y to hŷn, oedd y Parch. John Thomas, un o wir hoelion wyth y pulpud. Dywedir amdano'n traethu am awr a hanner heb nodyn ac yna'n oedi i ganfod pibren yn ei boced gan ddweud, 'a nawr dwi'n dod at yr ail bwynt'! Sonnir amdano'n cyhoeddi'n groyw bod dyn heb Dduw yn greadur anobeithiol, ac yna bod Duw heb ddyn yn greadur aneffeithiol ond bod Duw a dyn, mewn cytgord â'i gilydd, yn ffurfio partneriaeth anorchfygol.

Dangosai dueddfryd crefyddol yn gynnar iawn oherwydd cafodd ei anfon adref am wrthod carthu'r beudy ar fore Sul ar fferm Dyffryn Trogin yn ei gynefin yn ardal Llandysilio. Fe'i magwyd mewn bwthyn o'r enw Crugiau, a safai yn ymyl y fan lle heddiw gwelir beddfaen Waldo Williams ym mynwent Capel Blaenconin. Cyn troi at y weinidogaeth aeth i'r gweithfeydd yn grwtyn ifanc a bu'n gweithio o dan ddaear yn Nhreharris ger Merthyr am getyn.

Daeth i Flaenwaun yn 1926 ar addewid o £300 o gyflog a mans ar ôl treulio 14 mlynedd ym Methesda, Glanaman, ac fel 'John Thomas, Blaenwaun' y'i hadwaenid weddill ei yrfa hir. Cafodd yr aelodau o dan ei ofal oedfaon pen y mynydd cyson yn ystod ei fugeiliaeth wrth iddo droedio 'nôl a blaen yn aflonydd gan arddangos arabedd y pulpud Cymreig ar ei orau. 'Un o actorion proffesiynol olaf y pregethu poblogaidd' oedd dyfarniad y Parch. W. J. Gruffydd (yr Archdderwydd Elerydd) amdano yn ei gyfrol *James a John – Dau Frawd, Dau Broffwyd*. A chyfansoddodd gerdd i'w eilun a allai fod yn bortread teilwng o nifer o gewri eraill y pulpud Cymraeg yn y cyfnod:

Ysgwyddau aflonydd, ac yn wên i gyd,
A het a ffon yn bugeilio'r stryd.

Saesneg bonheddig, Cymraeg gramadegol,
Gwario ansoddeiriau fel arian degol.

Glân a dilychwin ei ddillad parch,
A'i weddi yn ddagrau wrth dalcen arch.

Gosgeiddig mewn pulpud; cynghanedd a dawns;
A'r Awen wibiog yn cymryd ei siawns.

Canfyddir llawer o hanes ardal yn ei mynwentydd ac yn aml iawn dogn helaeth o'i smaldod: synno mynwent Capel Blaenwaun yn eithriad yn hynny o beth. Ceir yno garreg fedd postfeistr Llandudoch, gŵr a adwaenid fel Capten Lloyd, ac arni'r geiriau: 'Gwasanaethodd Eglwys Blaenwaun gyda ffyddlondeb a theyrngarwch. Ffyddlondeb eithriadol i'w ymrwymiadau oedd prif nod ei fywyd'. Does dim yn hynod yn y geiriau meddech chi, ond, yr hyn sydd yn hynod yw bod Capten Lloyd wedi gosod y geiriau cyn ei farwolaeth, a dim ond ychwanegu dyddiad ei huno – 21/10/1935 – roedd ei angen!

Un o'i 'ymrwymiadau' yn ystod ei oes fu trefnu gosod goleuadau stryd ar hyd y pentref ar achlysur coroni'r Brenin Edward yn 1902. Ond byr fu hanes y lampau nwy am na ellid penderfynu pwy ddylai fod yn gyfrifol am eu cynnal ar ôl eu gosod! Trefnodd wedyn i godi cofgolofn yn fuan ar ôl y Rhyfel Byd Cyntaf.

Gwnaeth yn sicr fod ei enw ei hun i'w weld yn amlwg ar y gofgolofn ond doedd e ddim yn fodlon gosod arni enwau'r milwyr lleol na ddychwelodd o faes y gad gan ddadlau 'y byddai eu teuluoedd yn eu cofio nhw'. Dymchwelwyd y gofgolofn yn ddamweiniol garlibwns pan darodd lorri yn ei herbyn yn 1968. Does dim sicrwydd pam y'i gelwid yn 'Capten' ond yn sicr doedd e ddim yn arweinydd a hoffai loetran yn gwylio'r teid. Âi ati i gyflawni er mai golchi drosto a wnâi'r don pan ddeuai'r llanw.

Dyw'r pentre ddim yn brin o gapteniaid môr go iawn ac fe sylwch fod enwau nifer o'r tai ar hyd y brif stryd yn adlewyrchu'r cysylltiad â'r môr. Dyna i chi Milo, Brittania, Lyon ac Almora yn enwau ar longau y bu meibion y pentre yn eu hwylio. Dywedir bod y Capten David Williams wedi torri tair record cyflymdra wrth hwylio o amgylch y byd. Dyna i chi'r Capten William Thomas wedyn a weithiai i'r White Star Line a ddewiswyd yn gapten ar y *Titanic* ond, yn anffodus, a fu farw cyn iddi hwylio. O gofio bod y Capten Thomas yn llwyrymwrthodwr ac yn ddyn duwiol yn deillio o'i fagwraeth grefyddol ym Mlaenwaun, barn y trigolion lleol oedd na fyddai'r llong *Titanic* wedi suddo ar ei thaith gyntaf i'r Unol Daleithiau yn 1912 pe bai ef wedi bod yn gapten. Byddai natur garcus William Thomas wedi sicrhau na fyddai ar ruthr gwyllt i gwblhau'r siwrnai.

Mae Tony Bowen yn byw drws nesaf i hen gartre'r Capten Thomas, yr hen 'Sloop Inn', a does neb yn fwy o awdurdod ar draddodiad morwrol Lland'och nag yntau. Arferai ei dad, ei dad-cu a'i hen dad-cu dywys llongau ar hyd yr aber i angori ym mhorthladd Aberteifi a hynny ar gownt eu gwybodaeth fanwl o natur y teidiau. Etifeddodd yntau'r ddawn a'r wybodaeth am gyflwr y teidiau ac ar sail ei brofiad y llwyddodd ei fab, Richard, i dywys llong hwylio 90 troedfedd i mewn i Aberteifi'n ddiweddar.

Peidiodd prysurdeb yr afon ers tro ac ni welir byth eto'r un cyffro yno ag oedd, dyweder, yn 1815 pan oedd 323 o longau wedi eu cofrestru yn Aberteifi. Yn 1819 hwyliodd 27 o deuluoedd yr ardal i New Brunswick i chwilio am well byd rhag y tlodi a lethai'r byd amaethyddol yn fuan ar ôl Rhyfel Napoleon. Mentrodd un o weinidogion Blaenwaun, y Parch. Dafydd Phillips, i'r wlad a dybid y llifeiriai o laeth a mêl yn 1822 ond dychwelodd yr un flwyddyn ac am iddo golli ei fab arhosodd yn ei famwlad.

Saif Capel Degwel, yr Annibynwyr, rhyw ganllath i'r chwith o riniog Llwybr Llygoden, a chodwyd yr adeilad gwreiddiol yn 1835. Y gweinidog a fu yno hwyaf oedd y Parch. E. J. Lloyd a roes 40 mlynedd o wasanaeth tan ei ymddeoliad yn 1931. Yn ystod y cyfnod hwnnw bu'n olygydd Blwyddiadur blynyddol ei enwad am ugain mlynedd ac yn Ysgrifennydd Undeb yr Ysgolion Sul am 30 mlynedd. Troes ei olynydd, y Parch. T. M. Thomas, at yr Eglwys yng Nghymru yn 1938 ac fe'i holynwyd yntau gan dri gweinidog amser llawn hyd nes i'r achos benderfynu rhannu gweinidogaeth â chapel Annibynwyr cyfagos, Bethel, Trewyddel, yn 1965.

Does dim dwywaith y bu gweithgarwch diwylliannol aruthrol yn gysylltiedig â chapeli'r pentref a'u bod, dros gyfnod o amser, yn ogystal â chynnig arweiniad moesol, wedi ymestyn einioes y Gymraeg gan roddi iddi ei 'gwisg Sabothol' yn ogystal â gwedd dafodieithol gref. Credai'r Parch. D. J. Roberts, wrth ysgrifennu *Braslun o Hanes Annibynwyr Gogledd Penfro a De Aberteifi* yn 1970, mai dechrau'r ugeinfed ganrif oedd yr oes aur: 'Yr oedd yr eglwysi'n gryf, yn hyglyw eu tystiolaeth ac yn sicr eu ffydd. Yr oedd yr eglwysi'n ddylanwad moesol treiddgar, yn ganolfannau diwylliant Cymraeg, ac yn gymdeithasau elusennol i'r boblogaeth o'u cwmpas.'

Ie, llywodraeth y gweinidog oedd hi i raddau helaeth yn y cyfnod hwnnw am y byddai'n barod â'i gerydd i'r troseddwr moesol ac yn huawdl ei gymhelliad wrth gyflwyno deunydd cnoi cul o'r pulpud. Yr un pryd meithrinwyd doniau cyhoeddus a chynhaliwyd breichiau'r gymdogaeth dda a hynny yn sŵn a swae Cymreictod naturiol. Ond arwyr newydd sy'n troedio'r llwybrau ac yn ennyn edmygedd erbyn hyn. Codwyd dau bencampwr byd yn y pentref.

Camp Jonathan Jones, y bancwr, oedd cipio Pencampwriaeth Byd Cychod Cyflym ar bedwar achlysur yn 1986, 1989, 1991 a 1998. Dyna'r gamp ar ddŵr sy'n cyfateb i'r rasio cerbydau Grand Prix ar dir. Camp ddrud a pheryglus a drutach fyth oni bai iddo ennill pencampwriaethau a denu nawdd sylweddol. Roedd gan Jonathan dîm o fecanics a chynorthwywyr profiadol yn ei hebrwng i bob man. Mynych cyn y tymor rasio, a chyn hedfan i borthladdoedd ar hyd a lled Ewrop, y Dwyrain Canol a'r Dwyrain Pell, byddai chwyrnu injan ei gwch i'w glywed ar hyd yr aber wrth iddo ei mireinio i'r eithaf.

Dibynnu ar ei gryfder corfforol a wnâi Aled Rees, cefnder un o bendefigion ein maswyr cenedlaethol, Jonathan Davies. Enillodd fedal aur y pencampwriaethau achub bywyd, 'Ras y Traeth', yng Nghernyw yn 1994 ac yn Ne Affrica yn 1996. Yn ei anterth bu'n cymryd rhan mewn amrywiaeth o gystadlaethau ledled y byd fel capten Tîm Ras Antur Cymru a fyddai'n brawf ar ei egni a'i gryfder corfforol a meddyliol ar dir a môr.

Purion nodi bod gan y dramodydd a gysylltir â Lerpwl, Alun Owen, gysylltiad clòs â Lland'och am iddo dreulio cyfnod yn y pentre fel ifaciwî adeg y rhyfel a dychwelodd yn y 1960au i fyw mewn tŷ crand ar waelod y pentref. Hiwmor a chaledi'r Sgowser sydd i'w glywed mewn drama lwyfan fel *Maggie May* a drama deledu fel *No Trams to Lime Street*. Daeth i amlygrwydd ar ôl sgriptio ffilm y Beatles, *A Hard Day's Night*. Yn 1960 enillodd y gŵr, a oedd yn fab i Gymry Cymraeg, wobr 'Y Dramodydd Teledu Gorau'. Roedd ei ychydig ddramâu Cymreig megis *After the Funeral* a *Dare to be a Daniel* yn y 1960au, yn cymharu gwerthoedd tref fach ag eiddo'r byd mawr draw dros y don, ac efallai, i raddau, yn ffrwyth ei brofiadau yn Lland'och.

Mae'r mwyafrif o drigolion Lland'och bellach yn falch o gyhoeddi mai Sir Benfrowyr digyfaddawd ydyn nhw. Mae'r gri draddodiadol pan ofynnir y cwestiwn 'O ble ydych chi'n dod?' yn cael ei hateb gyda mwy o arddeliad nag erioed – 'O Lland'och, yn Sir Benfro, i Dduw bo'r diolch'. Tan yn ddiweddar roedd traean y pentref yn Sir Geredigion a byddai lorïau sbwriel y Cardis yn mynd trwy ganol y pentref sydd yn Sir Benfro, i gyrraedd patshyn o Geredigion i gyfeiriad Poppit. Am resymau etholiadol rhannwyd y pentref rhwng y ddwy sir yn 1832 ac er gwaetha ymdrechion y 'barlats' i ddychwelyd i Sir Benfro yn 1885 a 1976 bu'n rhaid rhoi trydydd cynnig arni cyn i'r Comisiwn Ffiniau orfodi'r Cardis i lacio eu gafael yn 2002.

Ac er bragian pobol Aberteifi ynghylch eu castell, gall y 'barlats' ymhyfrydu mai yn ymyl Pwll y Castell yr oedd y castell mot-a-beili gwreiddiol, Din Geraint, cyn dyddiau'r Arglwydd Rhys. 'Na, pobol sy'n garcus â'n harian odyn ni yn hytrach nag yn gybyddlyd,' medden nhw wrth y Cardis yr ochor draw i'r afon.

Ond mae Sir Benfro gyfan yn ymhŵedd. Er, mae'n siŵr, o loetran ymhellach wrth fariau'r Neppwl, Yr Hydd Gwyn a'r Fferi, deuem i wybod mwy am arferion sy'n gysylltiedig â'r sân, arferion y mae'n amlwg nad yw'r brodorion yn rhy eiddgar i'w datgelu yn eu crynswth. Mae'n rhaid bod yna farchnad ddu go lewyrchus a threfniant nad oedd yn wybyddus, ond i'r trigolion, ynglŷn â'r diwydiant sân ar un adeg.

Tan ychydig o flynyddoedd 'nôl roedd yna ddrws arbennig yn arddangos blwch llythyrau mwy o faint na'r cyffredin yn hongian yn un o'r tai wrth ymyl y felin hynafol. Y tu ôl i'r drws, yn union o dan y blwch, gosodwyd padell ac ynddi wely o wellt. Ni chafodd llythyr ei adael yn y badell erioed ond weithiau byddai samwn braf yn gorwedd yn wlyb sopen ynddi. Roedd hi'n arfer i daflu ambell eog trwy'r blwch pan oedd yn annoeth cario'r pysgodyn trwy'r pentref. Un o'r adegau hynny fyddai rhwng chwech o'r gloch ar fore Sadwrn a hanner dydd ar ddydd Llun pan oedd yn anghyfreithlon i ddal samwn.

Ac onid yw hi'n rhyfedd fel y mae hanes yn dod yn fyw weithiau ar adeg annisgwyl. Gwrandewch sut y gwnaeth cofnod di-nod mewn dyddiadur gyfoethogi gwybodaeth y cyn-brifathro, John M. O. Jones.

'Dwi'n cofio gofyn i'r disgyblion gadw dyddiadur ac un rhoces yn nodi droeon fod y papur wal yn ei chartref wedi cwympo. Newydd symud i'r pentref roedd y teulu a'r fam yn amlwg yn papuro'r stafelloedd ond yn methu'n deg â chael y papur i aros ar y wal. Nawr, doeddwn i ddim i wybod ai diffyg llefeleth y fam oedd yn gyfrifol am yr annibendod neu beidio ond dyma fi'n sôn am hyn wrth un o'r hen do. Cefais yr esboniad ar unwaith fod yna halltu sgadan wedi bod yn digwydd yn y tŷ hwnnw, ac felly, am fod cymaint o halen yn y wal doedd dim modd i'r papur sefyll. Dwi'n credu i'r teulu benderfynu paentio'r welydd wedyn!'

Hwyrach, os gwnewch chi wilibowan yn ddigon hir yn Lland'och y gwnaiff rhywun ddangos copi prin o bapur bro'r pentref, *Y Sân*, i chi, a ymddangosodd am gyfnod byr yn ystod y 1970au yn ganlyniad ymdrech un gŵr, Myrfyn Phillips, a symudodd wedyn i fyw i Gernyw. Erbyn heddiw cynhwysir Lland'och o fewn dalgylch papur bro'r Preselau, *Clebran*, sydd unwaith eto yn tanlinellu'r ffaith mai pentref Sir Benfro yw Llandudoch erioed. Roedd un o breswylwyr y pentref, Terwyn Tomos, ynghyd â'i wraig, Marged, ymhlith yr arloeswyr a sefydlodd y papur yn 1974.

O gopa Llwybr Llygoden mae'r naws hanesyddol i'w deimlo'n dew yn gymysg â bwrlwm hamddenol cyfoes; mae fel petai'n ysgwyd llaw â phawb sy'n loetran yma. O hedfan draw i'r dwyrain, naill ai i gyfeiriad pont Aberteifi neu Heol Briscwm, ac edrych 'nôl ar y pentref, does dim eisiau llawer o ddychymyg i gredu ein bod yn wynebu naill ai Sorrento neu Amalfi yn yr Eidal. Mae'r rhesi o dai ar hyd y llechwedd yn ddigon o ryfeddod ar fore clir. Hawdd credu bod rhywun rywbryd wedi cymryd hansh sylweddol o'r dirwedd fel petai'n cnoi afal. O edrych ar yr afon ddioglyd gellid dychmygu am eiliad ein bod yn syllu ar un o ddarluniau nodedig Richard Wilson. Wedi'r cyfan, gwyddom y bu'r Cymro yn y cyffiniau am iddo dynnu llun o Gilgerran a'i gastell sydd ond ychydig filltiroedd i fyny'r afon.

Oes yna grychydd ungoes oediog i'w weld draw ar y moryd? Petai gennyf sbienddrych pwerus medrwn gadarnhau ai dyna a welwn yn y pellter. Efalle mai dyma'r union aderyn oedd gan Reggie Smart mewn golwg pan ddyfarnwyd ef yn gyd-fuddugol yn y gystadleuaeth cyfansoddi cerdd fer rydd ar y testun 'Y Gwyliwr', yn Eisteddfod Genedlaethol Aberystwyth, yn 1992. Camp 'Y Cwncwll' (ffugenw Reggie) meddai'r Athro Gwyn Thomas yn ei feirniadaeth, 'yw gwneud inni ei weld o'r newydd unwaith eto'.

GWYLIWR

Mae'n sefyll yn llonydd
Yn ymyl cyffro'r dŵr
Yn gerflun byw,
A'i lygaid oer
Yn llygadrythu i ferw'r afon;
Y lladdwr amyneddgar
A'i big bladurog
Yn barod i dorri'r dyfnder
Ym mhen munud,
Neu ym mhen awr;
Y pysgotwr llygatgraff
Nad yw'n gweld dim o'i gwmpas,
Dim ond y dyfnder llydan
Sy'n rhuthro heibio
Ei goesau brwynog.

A hawdd deall fod Reggie Smart, sy wedi cartrefu lawr obry gyferbyn â'r neuadd, yn gweld y crychydd o'r newydd oherwydd mab y mynydd yw o ran ei fagwraeth. Deil yn gystadleuydd dansherus yn eisteddfodau'r cylch mewn cystadlaethau barddoniaeth a rhyddiaith, yn arbennig pan sonia am brofiadau cynnar ar lethrau'r Frenni Fawr.

Mewn cyfnod pan welir pylu ar steddfodau bach mentrodd y 'barlats' i'r dwfn a chynnig £1,000 yn wobr yn y gystadleuaeth gorawl yn Eisteddfod Llandudoch, a hynny dros gyfnod o bum mlynedd ar draul y ffilanthropydd lleol, Ian Gollop. Wel, gan fod y cadeirydd, Terwyn Tomos, hefyd yn gadeirydd Cymdeithas Eisteddfodau Bach Cymru, roedd rhaid gwneud rhyw strocen gwlei, a beth sydd yn well nag arwain trwy esiampl?

Hyd y gwn ni fu helynt 'Tart No. 1 Parc-y-prat' yn destun yr un gystadleuaeth yn eisteddfod y pentref hyd yma. Gellid llunio cerdd neu ysgrif afaelgar am berthynas cyn-ymgeisydd seneddol Torïaidd mewn gwth o oedran a chywgyfreithwraig bengoch, ifanc. Fel hyn y bu. Pan gerddai Kathryn George-Harries heibio i ffermdy hynafol Parc-y-prat, sydd ychydig tu hwnt i gyrion dwyreiniol Llandudoch, cynigiodd y ffermwr bonheddig ei chario i Aberteifi yn ei gar. O'r cyfarfyddiad hwnnw, yn deillio o garedigrwydd y cyn-ynad heddwch priod, datblygodd carwriaeth danbaid dros gyfnod o ddwy flynedd. Erbyn gwanwyn

1990 roedd Graham Partridge am ddiddymu'r berthynas ond doedd y groten 27 oed ddim am golli'r label o 'gariad penna' y gŵr 75 oed.

Ym mis Mai'r flwyddyn honno pan hebryngwyd Mr Partridge adref i Barc-y-prat gan wraig weddw 39 oed yn oriau mân y bore, ar ôl bod yn ciniawa yng nghartref cyfeillion, pwy oedd yn ei ddisgwyl ond Kathryn. Gwahoddodd y ddwy i'r tŷ a chynnig gwydraid o win iddynt. Buan y cyhuddodd y ddynes iau y ddynes hŷn o gysgu gyda'r hynafgwr mwyn. Synhwyrai Mr Partridge fod storm ar dorri a phenderfynodd gilio trwy ofyn i Patricia Plewes ei yrru 'nôl i gartref eu ffrindiau i dreulio'r hyn a oedd yn weddill o'r nos. Ei obaith oedd y byddai llid a chynddaredd wedi peidio erbyn toriad gwawr ac y medrai ddychwelyd i'w gartref heb wynebu'r un trafferth.

Roedd yn gywir i ddyfalu y byddai rhyferthwy'r storm wedi gostegu ond prin y disgwyliai weld y fath lanastr, sef gwerth £18,000 o ddifrod yn ôl yr hyn a ddywedwyd yn yr achos llys dilynol. Torrwyd llestri ac addurniadau'n deilchion ledled y tŷ, difrodwyd carpedi a dodrefn gan gynnwys y gwely, rhwygwyd dillad Mr Partridge gan gynnwys 28 o grysau a thaflwyd wyau ar hyd y waliau. Bu'r ferch nwydwyllt o Langoedmor yn brysur yn rhacsan eiddo ei chariad yn jibidêrs. Ac yn ôl y dystiolaeth yn yr achos llys cynheuwyd ei chynddaredd ar gam am nad oedd sail i'w honiadau ynghylch perthynas Mr Partridge a Mrs Plewes. Am ei throsedd dedfrydwyd Kathryn i chwe mis o garchar a bu rhaid iddi roi'r gorau i'w gwaith cyfreithiol gyda Chyngor Dosbarth Preseli Penfro.

Wrth edrych i gyfeiriad y môr o ben Llwybr Llygoden ni fedraf lai na theimlo pang o gydwybod o gofio am y modd roedden ni gryts Crymych, i bob pwrpas, yn llawenhau pan glywsom ar ddiwedd y 1960au bod rhocyn o Land'och wedi boddi. Roedd David Biggs yn fachgen yr oedd arnom ei ofn pan ddeuem ar ei draws mewn dawnsfeydd yng Nghilgerran ac Aberteifi. Yr adeg hynny, yn nyddiau glaslencyndod hwyr, roedd cynnal gelyniaeth diriogaethol yn fater o reidrwydd a chlatsho ac amddiffyn eich tir yn fater o anrhydedd. Do, collodd Dai ei fywyd a ninnau yn ein gwendid yn gorfoleddu. Ond ni thâl meddylu'n rhy hir am gamweddau ddoe.

Er y tuchan o ddringo Llwybr Llygoden synhwyraf rywsut y bydd yna lawer mwy o ochneidio a chrefu am anadl yn ystod y dyddiau sydd i ddod wrth i'r fegin ddygymod â llwybr tipyn hwy o ran ei hyd. Rhaid ymorol am gymysgfa o dywydd hefyd, yn amrywio o haul crasboeth i wyntoedd cryfion a chawodydd disymwth. Sgwn i a ydi hi'n bosib dioddef o salwch môr wrth edrych arno oddi ar y creigiau uwch ei ben? Bant â ni ar ein siwrnai gyffrous i flasu gogoniant natur a rhin yr oesoedd ar hyd 180 milltir o lwybr cul a chreigiog.

Ond hawyr bach, arhoswch eiliad, fedrwn ni ddim ffarwelio â Lland'och heb gael gair â brenhines y pentre, Mair Garnon James, a hithe'r bumed genhedlaeth o'i theulu i fyw yn yr un tŷ, fry uwchben adfeilion yr abaty, ar hyd yr heol gefn gul i gyfeiriad Cwm Degwel. Mae'r enw Bell View – 'wêdd hi'n ffasiynol i ddewis enwe Sisneg yng nghyfnod Da-cu ch'wel' – yn gyfeiriad at y ffaith y gellid gweld cloch yr abaty o'r drws ffrynt. Ac mae Mair yn ddynes sy'n llenwi pob ystafell â'i chynhesrwydd a gweddus yw ei pharabl bob amser. Etifeddodd gof ei chyndeidiau a gall draethu'n rhydd a rhwydd am hynodion y darn o ddaear sy'n annwyl iddi.

'Wi'n cofio Mam ch'wel yn adrodd stori am y Shingri lawr fan 'co. Ŷch chi'n gweld y tŷ mowr gwyn lawr yn y gwaelodion. Gwynfa yw 'i enw fe heddi. 'Na lle ma Terwyn a Marged Tomos in byw. Wel,' na chi ardal y Shingri. Nawr, wêdd Da-cu'n fasiwn a fe gododd Gwynfa. Bydde fe'n dod getre fan hyn wedyn i ga'l cino. A jiw, rhyw ddwarnod, a fynte'n ca'l cino, 'ma dou o'r cryts wê'n gwitho 'da fe in gweiddi o Barc-y-felin o dan y tŷ fan hyn, 'Beth ŷn ni fod i neud â'r rhain, Dafi Dafis?' A beth wê 'da nhw, chi'n gweld, wêdd bobo benglog o dan 'u ceseilie. Wel, nawr 'te, ma rhaid bod y Shingri yn rhyw fath o gladdfa yn gysylltiedig â'r abaty ch'wel.'

Mae hanes yn fyw ar leferydd Mair wrth iddi sôn am gysylltiadau'r oesoedd gan gyfeirio at y fan a'r fan o'i chadair yn y gornel wrth y ffenestr. Geilw i gof arferion a thraddodiadau sy'n gysylltiedig â'r pentref ac sy'n rhan o'i chynhysgaeth hi ei hun. Wedi'r cyfan mae Lland'och yn hynafol yn hytrach nag yn glwstwr o dai a godwyd yn ddiweddar gan ddatblygwr.

'Ŷch chi'n dyall nawr, wêdd dim un o gryts y pentre in ystyried 'i hunan yn ddyn nes bod e wedi mynd ar o leia un daith ar y môr, a hinny tase ond lan ar hyd yr arfordir. Fe gollw'd 45 o fywyde o'r pentre yn yr Ail Ryfel Byd ch'wel a'r rhan fwya o'r rheiny yn fois y môr yn aelode o'r Llynges. Nawr, ma pawb wedi dysgu cadw llygad ar yr afon ac ar y don honno sy'n dynodi bod y trai yn newid i'r llanw – ar y bar, yn dyfe, lan fan'na o dan westy'r Gwbert. Ma'r don honno pan fydd y llanw'n dod miwn a'r afon ishe mynd mas wedi moelyd amal i gwch ch'wel.'

Does ond angen crybwyll y gair 'sipsiwn' ac fe fydd Mair yn sôn yn hiraethus ac yn annwyl am ymweliadau aelodau teulu'r Lovells â'u carafanau lliwgar mewn oes a fu.

'Bydden nhw'n dod ddwywaith y flwyddyn ac yn aros am ryw dair w'thnos ar y tro ar damed o dir comin yng Nghwm Degwel fan'na. Fe ddelen nhw ddechre mish Gorffennaf a byse Mam wastad in gweud "os wyt ti ishe tarten llusi duon bach, cer ati i gasglu nawr, w'ath fydd y sipsiwn 'ma mewn dou neu dri dwarnod". A 'na chi waith deir wêdd casglu llusi. A dyna chi pam fydde'r Lovells yn dod pyr'ny. We nhw'n gwbod ble wêdd llysie a ffrwythe gwyllt yn tyfu ch'wel.

A wedyn wêdd ffermwyr yr ardal yn falch o'u gweld nhw'n dod achos wêdd moddion ac eli 'da nhw i wella anhwyldere ar geffyle. Os na wêdd gwella ar geffyl fe fydden nhw'n dweud hinny a bydde rhaid 'i ddifa fe wedyn. Na, wêdd dim ofan y sipsiwn arna i. Falle taw rhyw dri theulu fydde 'ma ar y tro a phan fydden nhw'n dod 'nôl ym mis Tachwedd wedyn, bydde'r gwrywod yn helpu i godi tato ar y ffermydd. Bydde'r gwragedd yn dod i ddryse'r tai gyda phegs a blode i'w gwerthu a falle dweud eich ffortiwn os cesen nhw hwyl arnoch chi.

Ond y rheswm penna dros ddod ym mish Tachwedd ch'wel, wêdd am fod y samwn yn bwrw lan yr afonydd i ddodwy, ac ma'r potsiers yn gweud mai dyna'r amser gore i'w dala nhw am 'u bod yn gorwe mewn dŵr bas. Cofiwch, hano'r sipsi'n credu 'i fod e'n torri'r gyfreth am fod y Romani'n credu mai ffordd Duw o ddarparu ar 'i gyfer oedd llenwi'r afonydd â samwns. Bydde teulu'r Lovells yn b'yta'n fras pyr'ny ac yn halltu a chochi'r eog i'w gadw wedyn. O bydden. A bydden nhw wedyn yn rhoi dail dynad mewn cawl. A gweud y gwir, bydde Mam-gu Pencâr yn neud hinny 'fyd. Lot o fitamin C ynddo ch'wel.'

Mae'n rhaid bod Mair Garnon yn ffrindie â phawb waeth beth yw eu tras ac fe sieryd gyda'r un afiaith am Gapel Blaenwaun gan ddatgan gyda balchder mai'r hynod John Thomas wnaeth ei bedyddio a'i phriodi.

'I chi'n gwbod nawr te pan wêdd John Thomas yn ei anterth os na fydde chi'n cwrdd dy' Sul fe fydde'n galw i'ch gweld chi bore dy' Llun. Cofiwch, bydde fe'n galw i weld Twm yr Allt yn amal ar fore Llun a fynte wedi bod yn y cwrdd. Wêdd tipyn o ben ar Twm ch'wel, a wêdd 'dag e arfer yn y cwrdd, os na wêdd e'n cytuno â rhyw bwynt yn y bregeth, bydde fe'n yngan rhyw 'o' uchel amheus. Pan fydde hinny'n digwydd bydde John Thomas yn cau'r Beibl yn glap ac yn gweud 'Tomos Griffiths, fe fyddwn ni'n trafod hwn bore fory. A fel 'ny fydde hi.

Pysgotwr wêdd Twm, mas i gifeiriad Pen Cemaes ffor'na. Wi'n cofio fe'n dod i'r tŷ ac yn arllwys bwndel o grancod byw fan hyn a dim ond 'u crafange nhw wedi 'u clwmu. Bydde Mam yn gofyn iddo, 'Shwt dywy' mas sha'r bar heddi Tomos?' A fynte'n ateb, 'O, wê brain Trecŵn yn gorfod cered getre heddi'. Hynny yw, wêdd hi mor wyntog fel na alle'r brain hedfan, a ffarm yn ymyl yr arfordir lan sha Cippyn wêdd Trecŵn ch'wel.

Ie, ond sôn am Blaenweun wên ni nawr yn dyfe. Fe ddathlwyd 300 mlynedd yr achos ym mis Gorffennaf 2006 pan oedden ni'n rhyw 80 o aelode ar y llyfre o gymharu â 639 ar y mwyaf ch'wel. Ma shwr o fod 'u hanner nhw'n byw bant a falle tua hanner y rhai'n sy'n byw yn lleol wedyn sy'n dod yn rheolaidd nawr. Wêdd dim gweinidog 'da ni ar y pryd ers pum mlyne'. Ond wêdd shwr o fod 300 yn y Cwrdd Dathlu a'r hyn wêdd in rhifedd ch'wel bod rhywun wedi rhoi siec am £300 yn y casgliad a synnon ni'n gwbod pwy. Wêdd hi ddim yn bosib deall y llofnod ond ma'r siec wedi mynd trw'r banc ta p'un i.'

Mae Mair yn cadw'r chwedlau'n fyw a phan gyll cymuned unigolion sy'n medru dolennu heddiw â ddoe fe gyll y cof sy'n euro yfory. Ond cyn ffarwelio ag Ysgrifennydd Blaenwaun, rhaid i mi grybwyll fy nghywilydd o led-lawenhau pan foddodd Dai Biggs slawer dydd:

'Ie, wi'n cofio David yn dda pan wên i'n athrawes yn Lland'och 'ma. Bachgen galluog ond, shwt weda i, ddim wedi ca'l y cyfle na'r breintie gore falle. Wi'n cofio siarsio'r plant nawr i fyta brecwast da cyn dod i'r ysgol i sefyll yr arholiad 11 plus, achos wên i'n gwbod bod lot ohonyn nhw'n dod â'u bolie'n wag bob dydd. Fe dda'th David wedi gwisgo'n eitha trwsiadus, whare teg, a ma fe'n gweud wrtha i, 'Miss, dwi wedi ca'l brecwast heddi'. 'Wel, da machgen i,' meddwn i, 'A beth gest ti i frecwast?' 'O, pacyn o grisps' wêdd yr ateb.

'Ond chi'n gwbod be sy'n rhyfedd, fe ddes i ar draws whâr David beth amser 'nôl yn Nhyddewi. A dyma fi'n holi hynt ei mab, achos dwi'n cofio iddi ga'l plentyn a hithe prin yn bwmtheg wêd. Fe ges w'bod ei bod wedi ei enwi'n David er cof am 'i brawd a'i fod wedi disgleirio yn y byd addysg gan raddio'n uchel. Wedyn, ma enw David yn para trwy ei nai a wêdd hi'n braf gwbod ei fod yn neud gystel.'

Mae olion yr abaty obry, yr ychydig furiau uchel, trwchus, a'r sylfeini eang sydd yn y golwg, yn brawf o anferthedd yr adeilad ar un adeg. Mae Eglwys Sant Thomas, sydd ag iddi ei cheinder ei hun, yn rhannu safle â phresenoldeb hynafol yr abaty. Mentraf o gwmpas y cerrig beddau gan feddwl, efallai, y dof ar draws man gorffwys David Benjamin Biggs. Ond chwiliais yn ofer er i mi weld beddfaen ei fam ddibriod, Ivy. Roedd y mater yn fy nghnoi erbyn hyn a cherddais 'nôl a mlaen ac ar hyd ac ar draws y rhesi droeon, yn gynyddol rhwystredig fy nhymer. Roeddwn yn benderfynol o ddod ar draws gorweddfan y llanc ugain oed, ond ofer y chwilio.

Gwelais fod yna oleuni y tu fewn i'r eglwys ac o glustfeinio clywn leisiau. Cilagorais y drws a gwelwn griw o bobl ar eu heistedd yn amlwg wedi ymgynnull ar gyfer cyfarfod a chaeais y drws yn dawel drachefn rhag tarfu ar y trafod. Wrth i mi dindroi tra ceisiwn benderfynu beth i'w wneud nesaf daeth un o blith y gynulleidfa mas i holi fy hynt. Fe'm gwahoddodd i ymuno â'r pererinion oedd yn gwrando ar y ficer yn traethu am hanes y fangre. Esboniais fy nghenadwri a mynnodd y ddynes fod David wedi ei gladdu ym mynwent yr eglwys oherwydd fe gofiai dristwch yr achlysur. Cynigiodd fy hebrwng i'r fan lle credai roedd ei fedd ond nis gwelsom. Ni rannai orweddfan ei fam am ei bod hithau wedi ei oroesi o dros ugain mlynedd ac wedi ei chladdu yn y 'fynwent newydd'.

Cynigiodd y ddynes archwilio cofrestr yr eglwys, a oedd o dan glo, pan ddôi sgwrs y ficer i ben. Oedais yn amyneddgar gan glywed chwerthin harti o'r tu fewn o bryd i'w gilydd. Gwyddwn nad oedd y Parch. Dorrien Davies yn un i dorri stori dda'n fyr a'i fod yn adnabyddus am ei arabedd wrth draethu. Nid sychdduwiol mo'r disgrifiad cywir o'r gŵr coler gron hwn. Yn wir, rhaid bod y ddynes wedi ildio disgwyl iddo roi pen ar y mwdwl gan iddi ddod mas unwaith eto yn cario'r gofrestr. Dangosai'r llyfr fod David Biggs wedi ei gladdu yn y fynwent ym mis Gorffennaf 1968 a hynny yn yr un bedd â'i dad-cu a'i fam-gu yn y drydedd res ar ddeg yn yr 'hen fynwent'. Manylwyd ymhellach mai'r trydydd beddfaen yn y rhes oedd eu gorweddfan. Ar yr olwg gyntaf ymddengys fod y mater wedi ei ddatrys ac ysgafnhawyd fy nghalon am eiliad.

Ond ni fedrai'r ddynes ddweud ym mha ben o'r 'hen fynwent' y dylid dechrau cyfri'r rhesi na chwaith ym mha ben o'r rhes y dylid dechrau cyfrif y beddau. Roedd yr 'hen fynwent' sawl rhes yn brin o dri ar ddeg bellach waeth pa ben y cychwynnwn gyfrif. Archwiliais y trydydd bedd o bob pen i'r rhesi ond doedd dim yn tycio. Sylwais fod yna ambell fwlch lle nad oedd yna garreg fedd mwyach a thybiais efallai mai dyna lle gorweddai'r dirgelwch. Ond am nad oedd yna dystiolaeth bendant ni wyddwn lle y byddai'n gymwys i mi oedi a chynnig rhywfaint o iawn am fy nylni'n ddeunaw oed. Ni wyddwn lle i offrymu gweddi dawel am fod yn ddibris o fywyd.

Ni fyddai'n ddrwg o beth i loetran yn Lland'och am y rhan helaetha o'r dydd a gohirio cychwyn cerdded Llwybr yr Arfordir tan drannoeth. Mae yna lwybrau hwy na Llwybr Llygoden i'w tramwyo a hynny tuag i fyny ac a rydd olygfeydd ysblennydd o'r pentref a'r moryd o edrych 'nôl. Yn y mannau gwlypaf ac yn eu tymor fe welwch wnifeintoedd o flodau'r brain, geletsh y gerddi, bara can a llaeth, a llysiau'r forwyn. Hwyrach y dowch ar draws tŷ wedi ei godi o fyrnau gwair ar ymyl un o'r llwybrau sy'n gartref cyfreithlon i Rachel Whitehead, a fydd yn fwy na pharod i restru rhagoriaethau adeiledd amgen o'r fath sy'n brin o gyfleusterau modern. Popeth yn iawn cyhyd â bo'r llygod yn cadw draw ac yn gwrthod y demtasiwn o ddechrau nythu yn y gwair.

Bydd rhywun yn siŵr o sôn am y tirlithriad a frawychodd yr ardal dros gyfnod o fisoedd yn 1994. Bu'n rhaid i nifer symud o'u cartrefi pan ymddangosodd craciau mewn waliau a ffosydd dros nos ar hyd y perci. Ni ddioddefodd neb yn waeth na Wyn a Caryl Davies am iddyn nhw orfod symud o ffermdy Pencnwc fry uwchben y pentref a chartrefu'n barhaol mewn carafán ar ran arall o'u tir. Rhoes y digwyddiad gnoc i'w gobeithion o fagu anifeiliaid o dras a hwythau wedi dychwelyd i'r ardal ar ôl ffermio am getyn yng Nghaliffornia. Ffenomen ddaearegol naturiol a all ddigwydd unwaith yn y pedwar gwynt medd rhai ond mynnai eraill fod gan ffynhonnau tanddaearol o waith dyn rywbeth i'w wneud â chreu gwasgfa a orfodai'r tir i lithro. Am gyfnod, prin fod yna werth ar dai yn rhan uchaf y pentref a thasg anodd i'r asiantwyr oedd gwerthu unrhyw eiddo uwchben yr Abaty.

Ewch am dro i gyfeiriad y Mwtsiwr wedyn nid nepell o'r abaty. Mae'r enw ei hun yn brawf o ddylanwadau ieithyddol amrywiol ar y pentref ar hyd y canrifoedd. Ai deillio o'r Ffrangeg 'moutier' pan oedd dylanwad y Normaniaid yn gryf yn yr ardal a wna ynteu a yw'n llygriad hefyd o'r Lladin 'monasterium'? Pwy a ŵyr i sicrwydd? Synno'r pair ieithyddol wedi peidio oherwydd, hwyrach, os dewch ar draws Alun 'Tobruck' Jones mi gewch sgwrs mewn Arabeg.

AWN AMDANI

O GEFNU AR LANDUDOCH AWN i gyfeiriad y Traeth Gwyn neu Boppit a Bwlch-y-dychryn, sef yr hen enw ar 'Y Bar' gan ddymuno hei lwc y caiff Alan Giles a'i gyfeillion, a'u disgynyddion, fwrw wnifeintoedd o ergydion eto yn y dyfodol a chael llond y rhwyd sân o bysgod braf. Ond amheuaf a ddigwydd hynny o dan oruchwyliaeth lem Asiantaeth yr Amgylchedd sy'n gorbrisio'r trwyddedau mor afresymol. Haws rhagweld tranc yr arfer yn hytrach na'i barhad.

Tra dyfalwn am oroesiad un o arferion ddoe, wrth deithio ar hyd glan yr afon, gellir galw gydag arlunydd lleol, yn Llainprenafalau, ger Glanteifion, sy'n gosod gogoniant heddiw ar gynfas ar gyfer ei werthfawrogi yfory. Blodeuo'n hwyr o ran cydio mewn brws paent fu hanes Iwan Dafis. Ond eisoes mae ei ddarluniau acrylic gyda'u teitlau awgrymog megis 'Noswyl Sir Benfro', 'Bu'r Angylion Yma' a 'Mae'n Gwawrio' yn taro tant fel cofnod o olygfeydd môr a mynydd. Mae'r teitlau uniaith Gymraeg ynddynt eu hunain yn awgrymu unoliaeth â thirwedd ei gynefin.

Does dim prinder arlunwyr sy wedi'u hudo gan yr arfordir ac wedi heidio i'r ardal i chwilio am ysbrydoliaeth gan y tirlun a chyfle i ennill bywoliaeth trwy werthu eu cynnyrch i'r llu ymwelwyr. Bydd yr holl orielau y deuwn ar eu traws ar hyd yr arfordir yn brawf fod yna ddiwydiant arlunio wedi ei sefydlu bellach. Ond hanu o'r tir hwn yw hanes Iwan ac yn hynny o beth mae'n eithriad o blith y frawdoliaeth niferus sydd wedi'u denu i'r ardal. Mae yntau'n gwbl glir ei weledigaeth ar sail gwreiddiau ei deulu ym mhridd yr ardal sy'n ymestyn yn ôl rhyw dri chan mlynedd.

'Er gwaethaf llawer o ansicrwydd cyfoes mae rhai pethe megis iaith a diwylliant, crefydd, teulu, tir a gwerthfawrogiad o lenyddiaeth a barddoniaeth yn ein clymu wrth ein cyndeidiau. Ceisio gwerthfawrogi'r hyn sy gennym yn ein cynefin mewn byd bregus o ruthr gwyllt yw byrdwn fy ngwaith.'

Dyw ei rychwant ddim eto wedi ymestyn i gynnwys bois y sân ar yr afon na chwaith bortreadau o'r bobl hynny sy'n etifeddion tri chan mlynedd o fyw yn y filltir sgwâr. Ond mae ei luniau'n crisialu perthynas ag ardal, yn dathlu prydferthwch ardal ac yn rhoi cyfle i oedi a synfyfyrio ynghylch goroesiad ardal. Mae'n rhaid gen i y bydd ei dirluniau tymhorol yn harddu aml i ystafell o eiddo'r rhai fydd yn cerdded Llwybr yr Arfordir dros y blynyddoedd nesaf. Bydd rhaid cadw ei waith mewn cof wrth gerdded y Llwybr ac yna ddychwelyd rhyw ddydd i'w oriel gyda llyfr siec yn fy llaw. Mae'n siŵr y bydd ei ddarluniau'n gerrig ateb praff o brofiadau pwy bynnag a wnaiff gerdded ar hyd yr arfordir.

Ceir plac yng Nglanteifion sy'n dynodi man cychwyn Llwybr Arfordir Penfro ond prin y gwna neb, ar wahân i'r mwyaf pybyr a chrintachlyd o gerddwyr, gychwyn cerdded o'r fan honno. Nid yw cerdded dwy filltir ar darmac a chwarae mig â thrafnidiaeth bob wip stitsh yn hytrach na chadw golwg ar y moryd a rhyferthwy Bwlch-y-dychryn draw yn baratoad cymwys ar gyfer cerdded 186 o filltiroedd o arfordir. Gwell gyrru i'r Traeth Gwyn a pharcio yno cyn gwisgo'r esgidiau cydnerth a pharatoi am un filltir ar bymtheg o gerdded i gyfeiriad Trefdraeth. Ond gair o rybudd cyn cychwyn: paratowch, a pharatowch yn drwyadl. Yn wahanol i'r awdur hwn, os ydych yn ymuno â'r daith gerdded flynyddol a drefnir gan y Parc Cenedlaethol, gwnewch yn siŵr eich bod yn darllen y cyfarwyddiadau'n gywir. Byddwch drefnus. Na fyddwch esgeulus.

Y drefn yw cyfarfod ben bore yn y man lle bydd y daith yn gorffen ar y diwrnod ac yna cael eich cludo mewn bws i fan cychwyn y daith y diwrnod hwnnw. Dyna a ddigwydd gydol y pythefnos o gerdded a golyga hynny y bydd eich car yn eich disgwyl yn gyfleus ar ddiwedd y siwrnai bob dydd. Trefn ddigon synhwyrol waeth pa ben o'r Llwybr y cychwynnir. Dim ond rhyw fras ddarllen y cyfarwyddyd wnethum i wrth gwrs. Dyna le roeddwn ar fore Sadwrn ar ddechrau mis Mehefin yn chwilio am griw o bobl mewn dillad cerdded, rhychsachau ar eu cefnau a ffyn yn hongian wrth eu garddyrnau. Roeddwn wedi cyrraedd Llanrhath yn ddigon cynnar a doedd dim posib eu bod wedi cychwyn hebddof meddyliwn.

Gwawriodd arnaf y dylwn fod wedi mynd i'r fan lle roedd y daith i fod i gwpla'r diwrnod hwnnw yng nghyffiniau Maenorbŷr ond am nad oedd modd i mi gysylltu â neb yno penderfynais mai gwell fyddai i mi aros yn fy unfan rhag peri dryswch pellach wrth geisio cyfarfod â'r bws rywle ar y ffordd. Parciais mewn man lled amlwg ac wrth wisgo fy nillad cerdded gyrrodd bws heibio a pharcio o fewn hanner canllath i mi. Cerddais i'w gyfeiriad yn wylaidd a sylwais fod un o'r tywyswyr ar ei draed yn y pen blaen yn amlwg yn cynnig cyfarwyddyd i'r darpar gerddwyr. Straffagliais i agor drws y bws a chyfarch pwy bynnag a wnâi wrando trwy ddweud, 'Bore da. Hefin Wyn ydw i'.

'Ie, roeddwn i'n amau hynny,' meddai llais nad oedd yn swnio'n orgroesawgar.

'Dewch i mewn a chymrwch sedd. Ma rhai pethe mae'n rhaid i mi eu hesbonio cyn dechrau,' meddai'n awdurdodol.

Anelais am sedd wag gan obeithio y medrwn guddio yno rhag yr holl barau o lygaid a syllai arnaf. Teimlwn fod pob llygad yn dweud wrthyf, 'ie, ie, mae'n rhaid i bob cwmni wrth un person lletchwith'. A oeddwn eisoes wedi fy medyddio'n 'niwsans' am y bythefnos nesaf tybed? Pylodd fy mhenbleth ynghylch sut y buaswn yn dychwelyd at fy ngherbyd ar ddiwedd y dydd pan fyddai pawb arall yn medru datod carrai eu hesgidiau a diosg eu dillad a'u gosod yn eu cerbydau. Digon i'r bore ei ddrwg ei hun. Mi fedrwn gerdded 'nôl yr holl ffordd petai rhaid mae'n siŵr hyd yn oed pe cymerai hynny tan hanner nos. Byddai hynny'n gosb gymwys am fy nghamwedd. Ond fyddech chi ddim yn caniatáu i chi eich hun fod yn y fath bicil, na fyddech? Felly, cofiwch ddarllen pob cyfarwyddyd a phob bripsyn o wybodaeth yn fanwl droeon. Byddwch ddoeth. Na fyddwch yn ddihidiol.

Rhybudd pellach os ydych yn cychwyn o'r pen gogleddol: boed ar y daith swyddogol, mewn cwmni dethol neu ar eich pen eich hun, ewch â chyflenwad helaeth o fwyd yn eich sgrepan. Ar wahân i Fae Ceibwr, ger pentref Trewyddel, lle nad oes yna gaffi na siop, beth bynnag, ni fyddwch mewn cysylltiad â gwareiddiad modern gydol y daith a gymer rhwng pump ac wyth awr i'w chwblhau, yn dibynnu ar eich brys. O ran trefniant pen y daith medrwch fwrw golwg ar amserlen deithio Roced Poppit rhag blaen, am ei bod yn teithio 'nôl a blaen rhwng Trefdraeth a'r Traeth Gwyn sawl gwaith y dydd yn ystod yr haf. Gwna gwasanaeth gwennol y Parc Cenedlaethol hynny'n bwrpasol er mwyn hwyluso trefniadau'r cerddwyr. Gadewch eich car, waeth beth yw'r amgylchiadau, mewn man hwylus at eich dibenion chi ar ddiwedd y dydd. Efallai y byddwch yn dyheu am bryd o fwyd sylweddol yn un o amryfal dai bwyta a thafarndai Trefdraeth erbyn diwedd y siwrnai ac y bydd parcio'r car yno ben bore'n ddymunol.

Tyn am i fyny yw hi wrth gefnu ar faes parcio'r Parc Cenedlaethol a'r tŷ bwyta yn y Traeth Gwyn ar hyd y feidir darmac fydd yn ein tywys heibio i nifer o fythynnod a Hostel Ieuenctid, cyn cyrraedd fferm a maes gwersylla Allt-y-coed lle mae'r Llwybr yn llwybr go iawn. O edrych i gyfeiriad y môr adleisiwn eiriau'r Prifardd Eirwyn George wrth iddo yntau deimlo nerth a gafael y lli a'r tonnau:

> Onid yma
> uwch cors o wymon a graean,
> y teimlwn egnïon y môr yn y mêr a'r ymennydd,

ein greddfau a'n hemosiynau o dan fantell ei wenyg,
a chymhlethdodau isymwybod yr hil
yn gryndod ar wely'r glannau?

Wrth gyrraedd man gwastad fe ddown at Glan-y-mor Fach a hwyrach y bydd
Bertram Wynn o flaen clos y bwthyn, lle bu'n byw ers ei eni, yn edrych trwy ei
sbienddrych i gyfeiriad y môr. Gwnewch yn siŵr eich bod yn tynnu sgwrs ag ef.

'Be sy'n digwydd mas sha'r môr 'na heddi?

'O ma rhywbeth gwahanol i'w weld mas 'na bob dydd. Sdim dou ddwarnod
r'un peth ch'wel. Y môr yw'r mishtir bob amser. Wês, ma'n rhaid 'i barchu fe. Ma'r
tonne'n rowlo heddi a galle fod yn ddansherus. Fe fuo'r bad achub mas gynne fach.
Synno hi'n edrych yn dda mas sha'r bar 'na. Byse hi'n well i bob cwch gadw'n glir
o fan'ny ar hyn o bryd. Ma tipyn o sigin i'w weld yn y môr,' meddai.

Sieryd gydag awdurdod gŵr sy wedi byw yng ngolwg y môr gydol ei oes. Tebyg
ei fod wedi treulio ei siâr o amser arno'n pysgota hefyd.

'Wês tipyn o wrec yn debyg o ddod i'r lan cyn nos chi'n feddwl?'

'Na, synna i'n meddwl 'ny. Ma dyddie'r gwrec wedi pennu. Sdim llonge
masnach mowr rhynt 500 ac 800 tunnell yn dod miwn i Aberteifi rhagor yn cario
pob math o nwydde. Arhoswch chi nawr, wi'n cofio'r sôn am y llong hinny a'th ar
dir sych mewn môr garw yn cario glo. Wêdd rhaid 'i dadlwytho hi cyn y gallid 'i
symud hi ar y teid nesa. Wel, wên nhw lawr 'na gyda'u ceffyle a'u ceirt ac yn carto
tunelli lawer o lo. Mewn rhyw w'thnos neu ddwy wêdd rhywun yn cerdded trwy
bentre Lland'och ac yn sylwi bod drws pob tŷ led y pen ar agor a mwg rhyfedda'n
dod mas. Glo stêm wêdd e ch'wel a ddim yn llosgi'n iawn. Wi'n cofio Mam yn
gweud y stori honno lawer gwaith.'

'Wês tipyn o bysgod yn ca'l 'u dala mas 'na'r dyddie 'ma?'

'O, fe gewch tipyn o facrel ond mynd yn llai ma'r pysgod. Sdim byd tebyg wedi bod
ers y tymor ar ôl yr eira mowr 'na yn 1947. Wêdd bois y sân yn dala cwmint â hanner
cant o samwns mewn un ergyd pyr'ny a wên nhw wrthi pob teid, ddydd a nos.'

'Beth am gyffurie nawr? Wês tipyn yn ca'l 'i smyglo miwn o'r môr chi'n
feddwl?'

'Wel, pwy all 'weud. Wi'n gweld ambell i iot go fowr wedi angori mas 'na'n
hwyr ambell nosweth. Erbyn tranno'th fe fydd hi 'di mynd. Synno ni'n gwbod pwy
neu beth 'ŷn nhw ch'wel ...'

Erbyn hyn mae Bertram yn pwyso'n jycôs ar reilen y clawdd ffens ac yn barod
i ddweud mwy.

'… wi'n cofio cered getre o Lland'och ar ddechre'r 1980au a hithe'n arllwys y glaw. A'th car Porsche heibo, a nid yn amal fyddech chi'n gweld y rheiny pry'ny. Feddylies i ddim lot am y peth ar wahân i feddwl pam na fyse fe wedi 'nghodi i. Jiawch, mewn dwarnod neu ddou wên i'n ishte wrth y ffenest yn y tŷ fan'na a da'th y Porsche heibo 'to. Cadwes lygad arno a da'th 'nôl heibo'r tŷ liweth ac aros wedyn ar y sgwâr fan'co am hanner awr fel tase fe'n dishgwl am rywun. Feddylies i ddim lot am y peth ond dyma fi'n digwydd gweud wrth ambell un yn Lland'och 'co, a jiawch, pan ddes i mas o un o'r siope 'na ryw ddwarnod wêdd plismon ishe'n holi fi. Nawr, wên i ddim wedi neud nodyn o'i rif, dim ond meddwl 'i bod hi'n od gweld shwd gar yn yr ardal. Ond o dipyn i beth des i ddeall bod lot o blismyn obutu'r lle a'r rhan fwya ohonyn nhw yn 'u dillad 'u hunen.

'O holi wedi 'ny fe ddealles fod lot o fois y môr lawr sha Tudrath ffor'na wedi gweld pethe od yn Tra'th Coch. Rhywun wedi gweld tarpawlin ac injan cwch ar y tra'th a bachan yn dod mas o'r graig a gweud bo nhw'n paratoi i ffilmo morloi'n magu. Wel, wêdd hi adeg anghywir o'r flwyddyn a nid dyna'r man gore i weld morloi ta beth. Wêdd clyche'n dechre canu wedyn ac wrth gwrs mewn sbel fe gafwyd Operation Seal Bay yn do fe. Cas sawl un jâl yn diwedd … wel, ie, pwy all 'weud os wês rhwbeth tebyg yn digwydd o hyd?' meddai Bertram gan edrych yn feddylgar.

Wrth edrych mas i gyfeiriad y môr yn ei gwmni, ac yn arbennig tuag at Bwlch-y-dychryn, ni fedrwn beidio â sôn am y trychineb hwnnw a gofiwn yn ystod haf 1968. Yn wir, roedd ganddo gof gloyw am y digwyddiad.

'Dwi'n cofio'r dwarnod yn iawn. P'nawn dydd Gwener wêdd hi. Wên i getre fan hyn ac yn cadw llygad ar y môr ac yn gweld cwch pysgota'n mentro at y bar pan fydde hi'n well iddo beido. Wêdd fy mhartner, Marshall Nugent, 'da fi fan hyn. Pan welon ni'r cwch yn moelyd elon ni mas i'r môr yn weddol handi. Fe godon ni Beverley Jones o'r dŵr. Wêdd e wedi dala'n sownd wrth y cwch pymtheg troedfedd. Ond wêdd 'i bartner Dai Biggs ar goll. Ffaelon ni 'i weld e'n unman. Wêdd e wedi mynd i banig a dechre mofiad i'r lan yn ôl Bev. Wên i'n gwbod bod Dai'n fofedwr cryf ac yn meddwl falle bo fe wedi'i gneud hi. Ond, gwaetha'r modd, bore Sul cafwyd hyd i'w gorff ar graig draw yn Ogo Ladis yng Ngwbert fan'co. Wêdd dim ffordd lan y graig fan'ny. Wên i'n nabod 'i dylwyth i gyd.

Wêdd dim siaced achub 'da'r un o'r ddou ch'wel. A 'na ddwedwd yn y cwest wedyn, y bydde Dai wedi'i achub os byse fe'n gwisgo siaced achub. A liweth os bysen nhw wedi dod miwn ar ochr Poppit, wrth i'r môr droi'n arw, mae'n bosib na fydden nhw wedi mynd i drafferth. Ta beth, wêdd dim bad achub i ga'l 'ma pry'ny ac ar ôl y trychineb yr awd ati i glasgu enwe, ac fe gafwyd bad fan hyn yn Poppit wedyn o fewn rhyw dair blyne.'

Mae'n anodd gadael cwmni Bertram oherwydd, wedi'r cyfan, mae'n amheuthun cael cwmni rhywun sy'n nabod ei batshin o dir a môr ar erchwyn Llwybr yr Arfordir fel cefn ei law. Cyfoethoga fy mhrofiad. Mentraf un cwestiwn arall cyn ffarwelio wrth ei weld yn cydio yn ei sbienddrych unwaith eto.

'Odych chi'n gallu gweld a wês ieir bach yr haf ar Ynys Aberteifi yn y pellter wrth drwyn Gwbert fan'co?'

'Ddim cweit ond wi'n gallu gweld yr ychydig ddefed gwyllt Soay sy arni. Wir i chi, ma mwy o gig ar fframin beic'…'

Ffarwél Bertram Wynn a'i dafodiaith bert.

'Pob hwyl ar y daith. A cofiwch fi at Hywel Biddyr draw yn Allt-y-cwêd. Fe a fi yw'r unig rai yn yr ardal sy'n byw yn yr un tŷ lle ceson ni'n geni a'n magu, ch'wel.'

Byddai prysurdeb gwahanol ar hyd y feidir hon mewn dyddiau a fu pan fyddai pob tyddyn a fferm ar ei hyd yn gwerthu llaeth. Byddai'n rhaid ei gyrchu i Poppit i'w roi ar y lorri bob bore a byddai yna gyfle i'r ffermwyr gael tipyn o swae bob dydd wedyn. Cerbydau ymwelwyr a pherchnogion y tai haf sy'n tramwyo ar ei hyd heddiw. Mae'r clatsh-y-cŵn a'r blodyn menyn ar hyd y cloddiau ar ddechrau'r haf yn ernes o'r carped o flodau fydd i'w gweld ar rannau o'r llwybr arfordirol nes ymlaen. Ar derfyn y ffordd gyhoeddus dowch ar draws sticil gyntaf y daith ac fe welwch y rhif 479 arni. Fedrwch chi ddim gyrru ymhellach na chlos fferm Allt-y-coed ac fe aiff Llwybr yr Arfordir trwy ei ganol. Gan amlaf fydd Hywel Biddyr ddim mhellach na phellter gwaedd o'r clos os yw ei gerbyd o fewn golwg.

Fe fu Hywel yn ei dro yn destun y rhaglen *Cefn Gwlad* a chafodd Dai Jones ar ddeall ei fod wedi arallgyfeirio ymhell cyn i'r gair ddod yn ffasiynol. Pan agorwyd Llwybr yr Arfordir yn 1970 gwelodd Hywel ei gyfle ac aeth ati i droi nifer o'r perci'n feysydd gwersylla ar gyfer y cerddwyr. Fyddai'r Parc Cenedlaethol ddim yn caniatáu iddo gartrefu carafannau ar ei dir am y byddai hynny'n anharddu'r tirwedd. Ac yn gyfnewid am ganiatáu i'r cerddwyr fynd trwy'r clos yn ddirwystr mynnodd fod y Parc Cenedlaethol yn gosod tarmac ar wyneb y feidir hyd at ei gartref. Arwydd o ba mor anghysbell oedd y lle ar un adeg yw'r ffaith na ddechreuodd Hywel ysgolia nes ei fod yn saith oed. Ond synno ffarmwriaeth wedi peidio'n llwyr yn Allt-y-coed: mae hwyaid, cŵn, ceffylau a cholomennod wastad i'w gweld o gwmpas y clos. Y ffordd orau o dorri'r garw yw ei holi am gyflwr y môr lawr obry.

'Ma fe'n lopyn bach o fôr nawr heddi. Fydde hi ddim yn bleserus i fynd iddo. Lot o donne bach yn torri. Cofiwch, ma fe fel gwydr ambell i ddwarnod a falle cwmint â hanner cant o gwche i'w gweld yr un pryd mas yn y bae. Ma fe'n bert iawn pry'ny. Ond pan fydd gwynt grym deg yn whythu o'r gogledd mae'n fôr mowr wedyn. O wês, ma sawl natur iddo fe. Dyw e ddim yn un i whare 'dag e.'

'Ond fyddech chi'n gallu byw hebddo rhagor?'

'Wel, synna i'n ddibynnol arno fe am 'y mywoliaeth. Synna i'n pysgota. Ond ar ôl bod fan hyn dros drigen mlynedd fe fydde hi'n whithig iawn i fynd o'i olwg e. Ma fe 'ma bob bore pan dwi'n codi a bob nos pan dwi'n mynd i'r gwely. Ma rhwbeth yn wanhieth i'w weld bob dy'. Ambell i ddwarnod fe welwch chi haid o ddolffinied yn codi o'r dŵr. Ŷch chi'n gwbod wedyn bod y samwn wrthi'n crafu llau oddi ar 'i gefen ar y creigie 'na. A sdim lot o facrels obutu'r lle os yw'r dolffinied 'ma'.

'Beth am y creigie a'r traethe bach ffor' hyn wedyn, wês 'da chi enwe iddyn nhw?'

'Wel, lawr oddi tanon ni fan hyn ma Carreg Lydan neu ma ambell i bysgotwr yn 'i alw fe'n Bae Biddyr erbyn heddi! Wedyn draw tu hwnt i Ben Cemaes ma 'da chi Traeth Godir Coch, Pen yr Afr a'r Cowrw. Dim ond unweth dwi wedi bod lawr ar Dra'th Cowrw a hinny pan wên i'n bwmtheg wêd. Lle bitw bach yw e a pishyn o hen graig dene, dene i'w chroesi i'w gyrraedd. Wên i'n cripan ar 'i draws ar 'y mhedwar tra wêd Bertram yn 'i gered yn whimwth. Wêdd dim ofan uchder arno fe. Byth 'to wedes i wrth 'yn hunan. Cofiwch, bydde rhai'n mynd lawr 'na i wreca amser rhyfel. Wedyn ma Pwll-y-granant nes mlân 'to a tamed o sgwd ddŵr fan'ny. Wêdd grisie yn y graig a phwll mowr o ddŵr ar y gwaelod. Wêdd e'n le da i fynd i foefad nawr ar fore Sul pan wên i'n grwt. Wêdd y dŵr wastad yn dwym. Wi'n cofio hala ambell b'nawn cyfan lawr 'na yn cario plance mowr o gwêd wêdd wedi 'u golchi i'r lan.'

Mae ei ffôn feidir yn canu eto a rhywun arall fyth yn holi sut mae cyrraedd ei faes gwersylla. Gwell i ninnau ei throi hi hefyd a chychwyn ar y llwybr go iawn lle mae'n rheidrwydd cerdded fesul un ac un a hynny fel geifr mewn ambell fan. O'r holl rannau o Lwybr yr Arfordir y darn hwn yw'r anoddaf o ran bod yn serth. Bydd pastwn neu ffon yn fantais i gadw ar eich traed mewn ambell fan. Wrth gefnu ar Allt-y-coed cofiaf fod Hywel am gyfnod yn y 1960au a'r 1970au yn adnabyddus fel bownsar mewn dawnsfeydd ledled Sir Benfro. Sgwn i a wnaeth e gydio yn fy ngwar i ryw dro?

Wrth edrych 'nôl dros ysgwydd yr arfordir ac i gyfeiriad Ynys Aberteifi a chroesi ail sticil y daith rhaid nodi menter Lyn Jenkins ar fferm Clun-yr-ynys gyferbyn.

Newidiodd enw'r fferm i bob pwrpas yn Barc Fferm Ynys Aberteifi a rhoes y gorau i godi tatws cynnar i gynaeafu ymwelwyr. Mae'n syndod nad yw wedi ennill yr un wobr am ei ddyfeisgarwch. Wrth sefydlu'r atyniad nid âi ar yr un daith rygbi, boed i Gaerdydd neu i Lundain, heb fynd â bwndel o bosteri i'w plastro ymhob man posib, a gadael bwndeli o daflenni yn y gwestyau mwyaf moethus. Dyw Lyn ddim yn un i laesu dwylo nac i ddisgwyl i eraill weithredu ar ei ran.

Pan ddihangodd pâr o walabïaid a gadwai ar un adeg ni fu'n hir yn troi'r anffawd yn fantais. Pan gysylltai gorsafoedd radio masnachol Canolbarth Lloegr yn ddyddiol, i holi hynt Bruce a Kevin, roedd bwletinau Lyn yn gyhoeddusrwydd rhad a fyddai'n talu ar ei ganfed pan ddeuai'r tymor ymwelwyr. Synno enw'r fenter yn gwbl gamarweiniol chwaith. Mae Ynys Aberteifi i'w gweld o'r perci sydd ar ei dir uwchlaw'r creigiau er na ellir croesi iddi. Nid yw ei pherchnogion, Yr Ymddiriedolaeth Genedlaethol, yn trefnu teithiau, a hynny am nad oes yna fawr ddim i'w weld arni, beth bynnag.

Ar un adeg roedd pla o lygod mawr wedi ymgartrefu ar yr ynys ar ôl iddyn nhw ddianc o'r llong ager *Herefordshire* pan aeth i drafferthion ar y creigiau yn 1934. Lladdwyd dros fil ohonyn nhw trwy ddefnyddio gwenwyn warfarin yn 1968 a dechreuodd yr adar ddychwelyd i nythu. Ond yr atyniad heddiw yw anifeiliaid y môr megis morloi, môr-hychod a thwmblers sydd i'w gweld islaw'r creigiau o bryd i'w gilydd. Medrwch eu gwylio o'r tu ôl i ddiogelwch ffens. Pan ddaw ymwelwyr i'r maes parcio a holi'n llawn brwdfrydedd a yw'r llamhidyddion i'w gweld, ateb Lyn bron yn ddieithriad yw, 'O, wedodd rhywun ei fod wedi'u gweld nhw rhyw awr nôl'. Does yna'r un Cardi'n mynd i droi ymwelwyr o'i faes parcio cyn iddyn nhw dalu am eu lle.

Pan nad yw'n croesawu ymwelwyr bydd Lyn wrthi'n anfon llythyrau i'r wasg. Prin yr â wythnos heibio pan nad yw ei enw i'w weld mewn rhyw golofn lythyrau yn rhywle neu'i gilydd, boed yn y papurau wythnosol lleol, y papurau Prydeinig dyddiol neu hyd yn oed y *New York Times*. Condemnio ffermydd gwynt a rhoi clusten i bwy bynnag a feiddia fychanu'r Cymry yw byrdwn y rhelyw o'i lythyrau. Gwna'r ddeubeth yn ddi-flewyn-ar-dafod ac mae'r ffeithiau ar flaenau ei fysedd a does dim pall ar ei daerineb.

Rhaid rhoi'r gorau i edrych tuag at y gorwel a chanolbwyntio ar yr hyn sydd o dan draed. Mae'n garegog ac yn greigiog a gofal piau hi. A phetai'r gwynt yn rhuo a'r glaw'n pistyllio fel y digwyddodd ym mhrofiad yr arch sgwennwr teithio, Jim Perrin, a'i ast, byddai'n rhaid rhoi'r gorau iddi'n ddiymdroi. Ond roedd hynny ym mis Bach ac oni ddylai wybod yn well pan wêl storm yn chwythu o'r de? Yn ôl ei gyfaddefiad ei hun teimlai ewyn y môr yn chwythu yn ei wyneb a hynny er ei fod 300 troedfedd uwchlaw'r môr a pha ryfedd felly iddo gripian ar ei bedwar ar adegau er mwyn ei ddiogelwch ei hun, a'r ast, y Chwannen, yn dynwared osgo crocodeil. Nid rhyfedd iddynt ill dau ddewis dilyn y llwybrau moch daear i gyfeiriad y tir mawr yng nghyffiniau Pwll-y-granant a hwythau'n wlypach na gwlyb sopen. Mae'n rhyfedd pa mor ynfyd y gall dyn sy'n ymdeimlo â chyfriniaeth tirwedd ymddwyn wrth herio'r elfennau cyn ildio i'w goruchafiaeth.

Yn wir, rhaid i ninnau, a hithau'n ganol haf crasboeth, gymryd hoe ar ben ambell ripyn i adennill nerth cyn cario mlân tuag at Drwyn Pen Cemaes a phrin fod yna wyntyn yn yr awel. Bydd y llygaid craff yn medru tynnu sylw at yr hyn a elwir yn llyfndir cyfordraeth mewn ambell fan, sef mannau ar y graig sy'n dipyn uwch na marc y llanw cyfoes lle yr arferai'r tonnau daro tua 70,000 mlynedd 'nôl rhwng cyfnodau o rewlifiad. Dyry hynny ymdeimlad o ddinodedd dyn yn syth bìn wrth sylweddoli pa mor hen yw tirwedd yr arfordir.

O oedi ar y Trwyn a gosod eich troed ar yr union fan cywir mae'n bosib bwrw golwg ar wlad Plant Rhys Dwfn, sef yr enw lleol ar Dylwyth Teg, rhywle mas ym Mae Ceredigion, medden nhw. Ond synno'r union droedfan wedi'i nodi ac ofer ceisio taro ar yr union fan ar hap mae'n siŵr. Ni thâl chwaith chwilio am Ogof Frâg Leisa Watkins fel y'i gelwir yn lleol. Rhaid derbyn ei bod yno'n rhywle. Yn ôl y sôn roedd Leisa'n bragu cwrw yn y dirgel ar y godir gerllaw pan sylwodd swyddogion tollau fod yna fwg yn codi o'r fan. Roedden nhw'n gwylio oddi ar yr arfordir gyferbyn draw yng Ngwbert. Draw â nhw ar eu hunion a dal Leisa wrth y gorchwyl. Y canlyniad fu iddi gael ei hanfon i garchar Hwlffordd am bythefnos. Yn ôl y sôn roedd Leisa wedi mwynhau ei chyfnod o dan glo a'i hunig gŵyn oedd iddi orfod cerdded yr holl ffordd adref ar ôl cael ei rhyddhau.

Nid cwrw yw'r cyffur a gynhyrchir yn anghyfreithlon yn yr ardal heddiw ond yn hytrach planhigion canabis a'r rheiny wrth y dwsinau. Ers yr 1980au gwerthwyd llawer o dyddynnod yn ardal Cippyn a Glan-rhyd i ffoaduriaid o'r dinasoedd a chwiliai am dawelwch a llonyddwch wrth gefnu ar ffordd o fyw a âi'n gynyddol ddryslyd. Bron yn ddieithriad deuent â'u harferion a'u diwylliant eu hunain i'w canlyn am nad oedd cydymffurfio â ffordd y brodorion o fyw ar eu hagenda. Prin y gwyddent fawr ddim am yr ardal heb sôn am ei Chymreictod cyn cyrraedd. Doedd chwilio am waith ddim yn flaenoriaeth yng ngolwg y mwyafrif am eu bod yn cael budd-daliadau cyson o law'r wladwriaeth neu'n hanu o deuluoedd cyfoethog.

Yn eu plith roedd Lee Spalding a'i gymar, Kay Walters. Fuon nhw fawr o dro yn troi bwthyn Bryndeifio, sydd ar ymyl y ffordd, yn ffatri cynhyrchu canabis. Pan alwodd yr heddlu heibio fe welon nhw ddail y planhigyn yn gorwedd o gwmpas y tŷ a phan aed i'r llofft roedd dwy ystafell wedi eu neilltuo ar gyfer tyfu'r planhigyn. Roedd yno oleuadau cryfion, gwyntyllau, pibellau dŵr a mesurwyr tymheredd, sef yr offer angenrheidiol ar gyfer tyfu'r cnwd. Roedd labordy cyffelyb yn un o'r tai mas hefyd a chyfrifwyd cyfanswm o 195 o blanhigion canabis yn y tyddyn a amcangyfrifid y byddai'n werth dros £1,500 ar y pryd yn 1999.

Yn yr achos llys cyfaddefodd y gŵr 34 oed mai hwn oedd ei bumed cnwd ond mynnodd nad oedd yn ei ddyfu ar gyfer ei werthu ond ei fod yn ei ddefnyddio'n bennaf i leddfu'r boen a ddioddefai ar ôl torri ei belfis mewn damwain car pan oedd yn grwt. Wrth ddyfu'n hŷn roedd symud yn mynd yn gynyddol anodd i Lee Spalding, yn ôl ei fargyfreithiwr, ac roedd yn ystyried fod rhinweddau'r ddeilen, o'i smygu, yn cyflawni'r hyn na fedrai llawer o feddyginiaethau confensiynol ei wneud. Ategai'r farn feddygol erbyn hynny fod smygu canabis yn lleddfu tostrwydd sy'n effeithio'r cymalau. Er i'r barnwr ei rybuddio iddo gyflawni trosedd ddifrifol ac y byddai'n sicr o gael ei garcharu pe dôi eto gerbron y llys am yr un drosedd, rhoddwyd credyd iddo am bledio'n euog, a'i orchymyn i gwblhau 200 awr o wasanaeth cymunedol. Byddai'n ddiddorol gwybod pa wasanaeth a gyflawnwyd gan Lee Spalding ar ran y gymuned yn ardal Cippyn.

Does ond angen un cip sydyn ar y tir mawr i sylwi fod perci mawr llydan y ffermydd cyfagos yn dynodi tir da ar gyfer tyfu cnydau a cheir sawl buches laeth helaeth yn yr ardal. Mae Trefigin yn godro tua 500 o dda a ffermydd megis Trefaes Isaf, Granant a Phantirion wedyn yn dynn wrth ei chwt. Wrth ddisgyn i Fae Ceibwr priodol fyddai craffu i weld a oes yna ben bychan du yn codi i'r wyneb o bryd i'w gilydd am fod y bae bychan, cysgodol, yn gynefin i forloi. Bûm yn ddigon ffodus i weld morlo yno ar un achlysur a bûm yn ei wylio am yn agos i ugain munud yn chwarae yn y dŵr yn ddi-hid o'r pâr o lygaid dynol a ddotiai at ei gampau. Pe bawn yn englynwr fe baentiwn lun ohono mewn geiriau. Ceibwr yw'r unig fan ar y darn hwn o'r Llwybr rhwng y Traeth Gwyn a Threfdraeth lle deuir i olwg y ffordd fawr. Os byddwch yn cerdded gyda'r daith swyddogol byddwch yn cyfarfod â'r cerbyd fydd yn eich dilyn yn y fan hyn, i gael cyflenwad o ddŵr croyw, fydd wedi ei gadw mewn oergell yng nghist y cerbyd. Bydd yna fawr ddrachtio ohono os bydd yn ddiwrnod crasboeth yn ogystal â llenwi eich poteli er mwyn torri syched yn ystod gweddill y siwrnai.

Mae'n fan hwylus i gymryd hoe a phicnic ac i orwedd yn eich hyd wrth Garreg Wylan am getyn i wrando ar sŵn tonnau'r môr a chri ambell wylan. Beth sy'n well nag atgoffa'ch hun o'r straeon yr arferai Charles Ladd eu hadrodd wrth bwy bynnag a fynnai wrando arno? Roedd Charles yn byw ar fferm Dre-fach yn Nhrewyddel ond roedd wedi teithio tipyn yn ei amser gan dreulio cyfnod ym Mhatagonia. Dywedai iddo fod yn aredig yno trwy ddilyn arad ddwbl a thri cheffyl i'r un cyfeiriad o fore gwyn tan nos. Cynnau tân wedyn dros nos er mwyn cadw'r llewod draw a chysgu ar sach yng ngolau'r sêr. Byddai'n treulio trannoeth ar ei hyd yn torri cwys i'r cyfeiriad arall am yn ôl i gyfeiriad y pen talar.

Os nad oedd hynny'n ddigon o brawf o anferthedd y Wladfa arferai adrodd hanes y pedyll pres. Roedd y pedyll mas yno'n anferth o'u cymharu â'r rhai a ddefnyddid i ferwi dŵr i ladd mochyn neu ferwi cabetsh ar ffermydd Trewyddel. Fyddai'r dyn a weithiai ar un ochr y badell ddim yn medru gweld y dyn a weithiai'r ochr draw. Ond gwyddai ei fod yno am y gallai deimlo'r cryndod yn teithio o amgylch yr ymylon wrth iddo ffusto. Doedden nhw ddim yn cadw moch mewn twlc mas yno ond yn hytrach mewn pydewau mawr ac yn gollwng bwyd mewn bwced ar raff i'w arllwys i'r cafan. Pan fyddai'r moch yn ddigon tew i'w lladd byddai dau ddyn yn treulio tridiau'n torri gwter i mewn i'r pydew er mwyn eu tynnu mas. Ac, wrth gwrs, roedd ambell gabetshen mas yno yn ddigon mawr i gysgodi oddi tani ynghanol storom drwste. Os mentro ei dweud hi, ei dweud hi gwlei, oedd arwyddair Charlie Ladd.

Fry uwchben Trewyddel draw mae hen blas Pantsaeson lle trigai Alys Matilda Langland Williams, neu Mallt fel y dymunai gael ei hadnabod. Hanai o deulu milwrol ond fe gofleidiodd Gymreictod gyda thanbeidrwydd a dysgu'r Gymraeg. Doedd dim pall ar ei haelioni yn anfon sieciau di-ri at O. M. Edwards a'i fab, Ifan, pan geisiai'r naill sefydlu cylchgronau i blant Cymru a'r llall yn ceisio sefydlu gwersylloedd i blant. Defnyddiai gwilsen fawr i ysgrifennu pob siec a gwisgai ddillad brethyn yn ddieithriad. Ar Ddydd Gŵyl Dewi fe'i gwelid mewn gwisg Gymreig a hat uchel a chantel lydan ar ei phen wedi ei chlymu â rhuban o dan ei gên. Byddai'n arferiad ganddi roi stracen drwy'r gair 'Postcard' ac ysgrifennu 'Cerdyn Post' yn ei le cyn ei phostio. Bu farw yn 1953.

Perthyn hynodrwydd i un o gaeau Pantsaeson am mai ym Mharc-y-ffortiwn y gwelwyd yr ornest saethu er anrhydedd ddiwethaf yng Nghymru yn 1799. Samuel Symonds Fortune oedd y gŵr a saethwyd yn gelain gan John James. Er ei gyhuddo o gyflawni llofruddiaeth dihangodd John James i'r cyfandir ond dychwelodd ymhen blynyddoedd i etifeddu ei ystad ac i fod yn gyrnol parchus yn y militia.

Os nad yw amser yn eich gormesu, priodol yw cerdded y filltir neu fwy i bentref Trewyddel neu *Moylegrove* fel y'i hadwaenir yn Saesneg. Er pam bod angen enw

Saesneg arno hefyd nis gwn am ein bod ynghanol ardal a arferid ei galw, tan yn ddiweddar, yn 'Fro Gymraeg'. Ond tebyg yr arferai fod yn 'Fro Wyddelig' ar un adeg hefyd pan oedd marsiandwyr o'r Ynys Werdd wedi ymsefydlu yno ac yn allforio sgadan wedi eu halltu a'u cochi. Mewn cyfnod cynharach fyth nodwyd rhywle mai *Molde Grove* oedd yr enw a hynny efallai'n brawf o ddylanwad Normanaidd yn ymestyn o gyfeiriad Llandudoch.

Codiad haul a machlud haul yw'r pegynau amser delfrydol wrth gerdded Llwybr yr Arfordir yn hytrach nag amserlen gaeth o ran cyrraedd y fan a'r fan erbyn pryd a phryd. Os na fedrwch lolian a wilibowan rhyw ychydig fe gollwch y profiadau annisgwyl hynny sy'n gwneud eich diwrnod yn ddiwrnod i'w gofio. Ofer dilyn cyfarwyddiadau 'run llawlyfr taith i'r llythyren a byddwch barod i wyro oddi ar y canllawiau ysgrifenedig a dilyn eich trwyn am getyn. Tebyg bod hynny'n anodd i'r dieithryn nad oes ganddo ysfa gynnes yn ei wythiennau tuag at rinweddau'r ardal ac nad yw'r enwau, anodd eu hynganu, yn ddim mwy na niwsans yn ei olwg yn hytrach nag yn gytseiniaid a llafariaid i'w hanwesu wrth eu datgan.

O fwrw i gyfeiriad y pentref ewch heibio fferm Glandwr Ceibwr a hwyrach y gwelwch Janet Thomas oddeutu'r clos. Bydd yn fwy na pharod i dorri gair â chi, yn arbennig os gwnewch ei chyfarch yn Gymraeg. Hwyrach y bydd yn tywys eu hasynnod anwes i bori ac fe ddywed eu hanes a'i hanes hithau'n ymserchu ynddynt. Cydiodd y dwymyn pan oedd yn groten chwech oed ar draeth Pentywyn lle gwelodd asyn am y tro cyntaf erioed. Ni fu taw arni nes i'w thad brynu asyn iddi ac fe ofalodd am y creadur hwnnw tan iddo farw'n 35 oed. Hawdd deall bod yna ddealltwriaeth rhyngddi hi a'r asynnod wrth ei gweld yn eu tywys. Mae'n rhyfedd fel y gall dyn a chreadur fod mor gytunus. Medrant ddeall anian ei gilydd i'r blewyn pan nad yw disgwyliadau'r naill na'r llall yn ormesol ar ei gilydd. Ond nid yw'r darlun a grëir gan Janet o'r hyn fydd yn eich disgwyl ym mhentref Trewyddel yn un sy'n llonni'r galon.

'Ma'r ysgol wedi cau a sdim siop na gweithdy'r un crefftwr yn y pentre rhagor. Synno chi'n gallid mynd draw 'na a gwbod y cewch chi sgwrs 'da rhywun am fynd a dod yr ardal. Ma'r rhan fwya o'r tai o beth digon naill ai'n dai gwylie neu'n gartrefi i ddynion dwâd erbyn hyn. Synna i'n 'u nabod nhw. Ma'r pentre wedi newid yn grwn wrth fel wêdd e.'

Yn wir, wrth gyrraedd y groesffordd a chymryd pip i bob cyfeiriad, yr hyn sy'n eich taro yw cymhendod y tai. Mae yna fasgedi a photiau blodau wrth ddrysau a ffenestri'r mwyafrif o'r tai, ac mae'r tai i gyd yn edrych fel darlun olew, naill ai wedi eu gwyngalchu neu wedi eu paentio'n loyw lân. Oni bai am eu henwau hawdd credu eich bod rywle yn y Cotswolds. Byddai, fe fyddai Trewyddel yn bendant ar y brig pe cynhelid cystadleuaeth 'Y Pentre Perta'. Ond mae golwg y tai yn brin o draul byw a bod. Arwyddion cyfoeth ac oriau o segurdod i alluogi cadw pob dim fel pìn mewn papur a welir.

Nid magu plant a chynnal cymdeithas a wna deiliad y tai hyn. Mater o hwylustod yw pob dim iddynt a'r hwylustod hwnnw wedi ei brynu gan arian nad oes gan drigolion lleol mohono i fedru cystadlu yn y farchnad dai. Mae orig achlysurol yn nhawelwch y pentref ymhell o ruthr bywyd dinasoedd yn brofiad nefolaidd iddynt, yn falm i'w heneidiau, ac ni wnaf warafun hynny. Byr gan amlaf yw arhosiad y rhelyw sy'n symud i fyw yma ar ôl ymddeol oherwydd pan ddaw llesgedd ar eu traws dychwelant i fyw'n nes at eu hanwyliaid oni bai bod y rheiny hefyd wedi sicrhau swyddi rhywle o fewn siwrnai hwylus.

Gellir cymharu siâp tirwedd y pentref i eiddo bowlen am fod yna bant dwfn yn y gwaelod a dring am i fyny yw hi i bob cyfeiriad wrth adael y pentref. Mae'n siŵr gen i y byddai cerdded o'r naill ben i'r llall yn dreth ar fegin y mwyaf heini. Saif Capel Bethel, yr Annibynwyr, ar gornel y troad i'r Ceibwr a Chapel Tabernacl, y Bedyddwyr, ar y gwastad yn y gwaelod. Er yn raenus eu gwedd, yn unol â'r adeileddau eraill, cofgolofnau i ffordd o fyw a fu ydynt mwyach ac anfynych y cynhelir oedfaon erbyn hyn, a dim ond dyrnaid sy'n addoli hyd yn oed pan lwyddir i drefnu pregethwr gwadd. Mae'n oedfa dda yn Nhabernacl os bydd hanner y pedwar ar ddeg sy'n aelodau'n bresennol. Deil rhai i gofio'r oedfaon gwlithog pan fyddai'r orielau'n llawn ar achlysuron Cymanfaoedd Canu, Cyrddau Mawr neu Gyrddau Ordeinio a Sefydlu: atgof fydd y rheiny mwyach a phrin y gellir rhag-weld sefydlu gweinidog eto o ran cynnal y patrwm traddodiadol o weinidogaeth.

Prin fod gan y mwyafrif o drigolion y pentref ddiddordeb yn hanes y ddau gapel na dirnadaeth o'u swyddogaeth ym mywydau'r trigolion ar un adeg. Mae Bethel ymhlith yr hynaf o achosion yr Annibynwyr yn yr ardal ac o dan weinidogaeth y Parch. D. T. Lewis dathlwyd 250 mlynedd yr achos yn 1943. Llwyddodd un o'i ragflaenwyr, y Parch. William Jones, gau pedair o'r pump tafarn oedd yn y pentref yn yr 1870au. Fe'i hystyrid yn ddiwygiwr cymdeithasol ac roedd yr arfer o facsu cwrw ar y ffermydd a rhannu 'cwrw lwfans' pan ddadlwythid glo a chalch ar y traethau lleol yn ei flino'n fawr. Roedd capel diarffordd Bryn Salem, Cippyn, hefyd yn rhan o'r ofalaeth a deil yr adeilad a godwyd yn 1853 ar ei draed ac agorir ei ddrysau i gynnal oedfa'n achlysurol o hyd.

Bu'r capeli Anghydffurfiol erioed yn llestri ar gyfer cynnal bywyd diwylliannol ac roedd y Gymdeithas Ddiwylliadol a sefydlwyd gan y Parch. T. E. Jones ar ôl y Rhyfel Byd Cyntaf yn dra adnabyddus a llewyrchus. Codwyd nifer o blith yr aelodau i'r weinidogaeth yng nghyfnod anterth Anghydffurfiaeth yn ystod hanner cyntaf y ganrif ddiwethaf er, yn ddigon rhyfedd, mewn capeli Saesneg, ym Mryste a'r de-ddwyrain, y bu E. Griffith Davies a Benjamin Lodwig Davies yn gwasanaethu. Troes J. Derfel Rees i fod yn athro ysgol yng Nghwm Rhondda ar ôl dim ond cyfnod byr yn y weinidogaeth. Onid yn ôl nifer eu gweinidogion ordeiniedig y gwerthusid rhinweddau cymdogaeth ar un adeg?

Gwelir baner y Ddraig Goch yn cwhwfan yn dalog yng ngardd tŷ y tu ôl i Tabernacl a hynny'n arwydd o'r arfer cynyddol ymhlith yr ychydig Gymry, sy'n dal i fyw mewn pentrefi a oresgynnwyd gan fewnfudwyr, i gyhoeddi eu bodolaeth. Rydyn ni yma o hyd, yw'r gri er o brin. Bydd aelodau Capel Tabernacl, a godwyd yn 1894, yn trefnu oedfa ar y cyd ag un o gapeli eraill y Bedyddwyr yn yr ardal o bryd i'w gilydd. Gan amlaf golyga hynny gynulleidfa o fwy na dwsin. Ond er y gwanhau dros y blynyddoedd, a chydnabyddiaeth ers tro na ellir cynnal gweinidog amser llawn, ni chafwyd y weledigaeth i uno â chapel neu gapeli'r enwadau eraill yn y cylch. Prin fod gwahaniaethau diwinyddol o bwys bellach o ran cynnal hanfod yr efengyl, ac yng ngoleuni dealltwriaeth heddiw mae'n anodd deall pam bod ymrannu'n enwadau wedi digwydd yn y lle cyntaf. Un gwaddol o'r ymrannu oedd ei gwneud yn anodd i bwyllgor honedig anenwadol gytuno ar yr un dim.

Ond mae'r faner yn y cefn yn dynodi taw Cymry sy'n byw yn y Tŷ Capel bach twt o hyd. A'r un modd yn nes draw lle gwelir baner arall dipyn yn frau. Yn wir mae perchennog y tŷ haf sy rhwng y ddau yn ots i'r cyffredin am ei bod hithau hefyd yn Gymraes o'r iawn ryw. Lilian Jones oedd Pennaeth yr ysgol gyfun ddwyieithog gyntaf i'w sefydlu yng Ngwent, sef Ysgol Gyfun Gwynlliw yn Abercarn, a thebyg bod ei golygon hi ar y pentref yn wahanol i eiddo'r rhelyw o'i chyd-berchnogion tai haf. Sieryd fel pwll y môr a hynny gyda chroeso twymgalon wrth iddi esbonio'r hyn a'i denodd i'r ardal, a'r boddhad a gafodd yno dros y blynyddoedd wrth iddi hi a'i theulu ddod 'nôl dro ar ôl tro i Frodeg.

'Dwi'n hanu o Gwmafan ac roeddem fel teulu, Geoff, fy niweddar ŵr, a'r ddau grwt, Geraint a Gareth, yn byw yng Ngwent ar ddechrau'r 1970au. Er bod Geoff yn ddi-Gymraeg roedd y ddau ohonom yn benderfynol o fagu'r meibion yn Gymry Cymraeg. Roedd hynny'n anodd am na chlywai'r bechgyn Gymraeg tu fas i'r ysgol ac felly roeddem am iddyn nhw dreulio amser mewn ardal lle byddai'r Gymraeg i'w chlywed yn gwbl naturiol. Rhywle ar hyd arfordir y gorllewin oedd gyda ni mewn golwg a hynny oherwydd fod fy athrawes Gymraeg yn Ysgol Uwchradd Glanafan, Miss Annie Jane Davies, yn hanu o Fferm Blaenfflyman ym Mwnt.

Roedd hi'n berson llawn bwrlwm a dwi'n ei chofio'n mynd â ni i gynnal Noson Lawen yn Neuadd Aberporth, a ninne'n cyfarfod â'r holl ffermwyr yma, a dod i ddeall ein bod mewn ardal o Gymru oedd yn hollol wahanol i Gwm Afan.

'Nawr 'te, pan aethon ni o gwmpas yr ardal yng nghwmni Fred Rees, yr arwerthwr, i edrych ar dai, doedd dim ishe meddwl ddwywaith ar ôl gweld Ceibwr mai dyma'r ardal roedden ni am i'r bechgyn dreulio amser ynddi. 'Nôl yn y 1970au cynnar roedd Trewyddel yn bentre Cymreigaidd iawn ac roedd hi'n agoriad llygad i'r bechgyn glywed Cymraeg yn cael ei siarad yn hollol naturiol. Jiw, bydde pobl y Swyddfa Bost yn croesi'r ffordd i moyn dŵr o'r ffynnon i ferwi'r tegell er mwyn gwneud te a bydden ni'n cael orie o gwmni Glanville Morris yn adrodd pob math o hanesion. Roedd yna ddireidi yn ei lyged bob amser a bydde fe wastad yn dweud wrth fy ngŵr, 'Now then, Jones …' wrth ddechrau sgwrs. Atgofion melys iawn.

'Ond dwi ddim yn dod lawr mor gyson nawr a dwi'n sylwi bod natur y pentre wedi newid. Ma disgwyliadau a gobeithion y Saeson yn wahanol rhywsut, yn sicr yn wahanol i'r hyn roedden ni fel teulu'n ei werthfawrogi yma. Dwi'n cael y teimlad eu bod am i Drewyddel fod yn rhyw fath o bentre bach bocs siocled a d'yn nhw ddim i gyd yn hoff o weld y tractors yn mynd 'nôl a mlân trwy'r pentre. Falle nad 'yn nhw i gyd yn gyfarwydd â'r hyn yw bywyd gwledig a falle eu bod nhw'n rhy barod i fynnu eu ffordd eu hunain yn hytrach na thoddi i mewn i'r gymdeithas. Dwi'n sylwi eu bod wedi dechrau cyhoeddi eu 'papur bro' eu hunain ac o fwrw cip ar un neu ddau rifyn gellid yn hawdd credu eu bod wedi eu cyhoeddi yng nghefn gwlad Sussex neu Suffolk. O'm rhan i fy hun, wel, er fy mod wedi ymddeol dwi ddim yn gweld y byddaf yn symud yma i fyw ta p'un i am fod gen i bum ŵyr yn ardal Trecelyn, a fydden i ddim yn gweld llawer ohonyn nhw wedyn.'

Os oes gennych stumog i fentro lan y rhiw ar y chwith fe ddowch i fferm Penrallt Ceibwr lle cewch bryd o fwyd, ac os bu gwirionedd erioed i'r dywediad 'daw bola'n gefen', hwyrach y profwch hynny wrth wynebu'r siwrnai 'nôl lan y tyle'r ochr draw pan fydd Llwybr yr Arfordir yn ymwhêdd unwaith eto. Bydd clustfeinio ar sgwrs neu ymateb i gyfarchiad o ddrysau'r tai wrth duchan eich ffordd 'nôl yn cadarnhau mai brodorion yr iaith fain o ymhell y tu hwnt i Glawdd Offa yw'r trigolion.

Mae Geoff Lloyd ym Mron-y-môr wedi gwneud defnydd helaeth o wenyn yr ardal ers symud i'r pentref o Were yn Swydd Hertford yn y 1980au. Dilyn crefft ei dad a wna fel gwenynwr ac ar un adeg roedd ganddo cynifer â 60 o gychod 'nôl yn ei gynefin ond 15 fu'r mwyaf a fu ganddo mewn perllannau lleol. Bu ei botiau 'Mêl Sir Benfro', ac yntau'n ymhyfrydu yn ei fêl gwyllt wedi'i gynhyrchu o flodau'r arfordir, yn cael ei daenu ar dost brodorion ac ymwelwyr fel ei gilydd, yn amlwg yn siopau'r ardal dros y blynyddoedd.

Mae'n chwith meddwl a dychmygu pa mor wahanol oedd y swae a'r stŵr yn y pentref hanner canrif a mwy 'nôl, ac na ddychwel y swae a'r stŵr Cymraeg hwnnw fyth eto. Na, ni ddaw ddoe fyth yn ôl. Ac nid eithriad o bentref yw Trewyddel yn hyn o beth wrth i ni dramwyo ar hyd yr arfordir i gyfeiriad Tyddewi.

Erbyn hyn, mae'n siŵr y bydd Janet Glandwr Ceibwr yn cyrchu'r da i'w godro gan weiddi 'trwy fach, trwy fach' yn addfwyn anogol wrth iddyn nhw ddirwyn eu ffordd i'r glowty. Hawdd credu y bydd yn trin y trigain â'r un gofal â phetai'n trin eu dau fab pan oedden nhw'n fychan. Haws gwneud hynny pan yw'r fuches yn ddigon bach o ran nifer i fod yn deuluol ei naws. Ni wnaiff dderbyn yr un cynnig i gyd-gerdded y Llwybr ond fe gyffesa iddi unwaith ei gerdded cyn belled â Threfdraeth a bod ei gŵr, Arwyn, yn ei adnabod fel cefn ei law cyn belled â'r Traeth Gwyn am ei fod yn un o Wylwyr y Glannau.

Mynych y gwelir yng nghyffiniau Ceibwr ŵr talsyth â sbienddrych pwerus neu hyd yn oed delesgop yn ei ddwylo yn edrych i gyfeiriad y môr neu ar hollt rywle yn y graig. Gwêl batrwm gosgeiddig diffwdan yr wylan o hedfan neu gywion yn paratoi i ledu eu hadenydd a gadael eu nyth. Dro arall hwyrach y bydd ganddo bensel drwchus yn ei law wrth iddo eistedd ar graig yn ceisio gosod ar bapur yr hyn a wêl â'i lygad a'i ddychymyg, gan ychwanegu nodiadau manwl am brofiad yr eiliad, a hynny, yn Gymraeg. Hwyrach mai llyfr fydd yn ei arffed bryd arall a hwnnw'n un o gyfrolau barddoniaeth R. S. Thomas, gwaith un o feirdd y Cilie, *Dail Pren* Waldo Williams neu gerddi o waith y Llydawes, Angela Duval. Peidiwch â bod yn swil, mynnwch air â Wynmor Owen. Na hidiwch ynghylch torri ar draws ei fyfyrdod. Bydd yr arlunydd môr yn fwy na pharod i rannu ei ryfeddod. Fyddwch chi ddim ar eich colled waeth pa mor hwyr yn y dydd fydd hi.

'Fe fydda i'n hala lot o amser ar hyd yr arfordir fan hyn yn tynnu sgetshys diddiwedd o'r creigie a'r adar môr. Mater o gefnu ar y tywyllwch a dod i gwmni'r goleuni lle ma bywyd yn dragwyddol yw hyn i fi. Wyddoch chi, nes mlân ma Traeth Hywel a Traeth Cell Hywel, a ma hala amser fan'ny yn mynd â fi nôl ganrifoedd. Un o farchogion Arthur oedd Hywel a sgwn i beth oedd y gell – carchar neu le i fyfyrio yn 'i ddyddie fe? Un enw ar y frân goesgoch yw brain Arthur a sgwn i a yw ysbryd Arthur yn dal yn 'u hadenydd achos ma'r brain hyn wedi bod ar hyd y creigie hyn yn ddi-dor ers y cyfnod cynnar hwnnw? Fe fydda i weithie'n tynnu sgets o curragh â hwyl sigledig arni'n cyrraedd Traeth Hywel, ac yn dychmygu Hywel a'i gyfeillion yn cerdded ar hyd y traeth bychan, caregog, a falle 'i fod ynte hefyd ar drywydd y goleuni.

'Ceisio cydio yn y pelydre o oleuni wdw i fel y dôn nhw heibio. Ma pob dim yn bwerus ym myd natur a beth wedodd Waldo nawr, 'nid oes yng ngwreiddyn bod yr un wywedigaeth', ac wedi'r cyfan ma bywyd yn parhau a'r goleuni'n dal i dreiddio. Edrychwch chi ar y saer coch nawr – dyna'n enw ni yn Llangrannog ar y bioden fôr –yn 'dyw hi'n rhyfeddod fel mae'n medru hedfan a hynny mor llyfn uwchben y dŵr? Fe fydda i'n mynd lawr i'r un lefel â'r dŵr bob hyn a hyn i geisio astudio patrwm hedfan y saer coch wrth iddo sgimo wyneb y don. Pan fyddwch chi'n treulio orie fan hyn fe fyddwch chi'n teimlo'r cyfanfyd yn dod yn un. Fan hyn fydda i'n whysu'r llunie a'r cerflunie fydda i'n 'u gwneud yn ddiweddarach 'nôl yn y gweithdy yn Tudra'th.

'Sylwch chi ar y frân goesgoch wedyn fel mae'n crymanu'r awyr wrth iddi hedfan, ac yn 'i wneud e mor rhwydd. Fe fydda i'n rhyfeddu wedyn at yr ynni a'r positifrwydd sy'n perthyn i'r cywion bach pan fyddan nhw'n paratoi i adael 'u nythod ar y creigie. Ma'r cwbl yn rhyfeddod yn union fel ma'r cregyn a'r cerrig mân sy wedi 'u golchi'n llyfn gan ganrifoedd o lanw a thrai. Na, sdim byd tebyg i weld haid o adar yn hedfan dros y môr a dim swnyn yn unman. Sdim sŵn injin 'da nhw wrth hedfan, dim ond ti a nhw fan hyn a neb arall o fewn golwg, nawr; 'na beth yw brecwast da i fi,' meddai.

Pe digwydd i Wynmor eich gwahodd i'w weithdy a'i oriel gwnewch yn fawr o'r cyfle i werthfawrogi ei gerfluniau derw o'r frân goesgoch â'i hadenydd ar led. Mae'n syndod fel y try pren amrwd llawn colfenni'n ddarn o gelfyddyd llyfn a gosgeiddig sy'n costreli ysbryd aderyn uwchlaw tonnau'r môr ar drugaredd y gwynt, heb ddim i'w atal rhag plymio i'r dyfnderoedd ond ei allu a'i reddf ei hun. Ac wedi'r cyfan onid wrth iddo hedfan y gwerthfawrogir gogoniant aderyn o'r fath rhagor nag edrych arno'n sefyll ar ddarn o graig? Cewch werthfawrogi agweddau eraill o gelfyddyd sy'n ymwneud â bywyd y môr a hynny o waith gŵr na ddechreuodd chwilio am y goleuni tan yn hwyr yn ei yrfa, ar ôl ymddeol yn gynnar o'i waith yng nghanolfan arfau Aberporth. Er 1996 profodd mynych grwydriadau Wynmor ar hyd y darn hwn o'r arfordir ei fod yn ceisio gwneud iawn am yr amser a gollwyd. Pa well tystiolaeth o ogoniant natur ar hyd Llwybr Arfordir Penfro na brân goesgoch bren Wynmor Owen ar eich seld? Mae gwrando ar dystiolaeth eraill am eu profiadau ar hyd yr arfordir ynddo'i hun yn cyfoethogi eich profiad chi eich hun ohono. Ni ellir peidio â pharchu ymroddiad gŵr sy wedi ymgolli yn ei grefft ac sy'n barod i aberthu er mwyn ei mireinio.

PENNOD 3

TRAETH COCH
A CHANABIS

B ORE O HAF DIGON cyffredin oedd y bore hwnnw yn 1983 pan gyrhaeddais ystafell newyddion y BBC yng Nghaerdydd ben bore i baratoi'r bwletinau newyddion cynnar. Yn unol â'r arfer roedd crynswth y bwletin wedi ei olygu a'i adael ar fy nghyfer gan bwy bynnag a oedd yn gweithio'n hwyr y noson cynt. Roedd pob dim yn ei le. Roedd yno straeon a fyddai'n cael sylw helaethach yn y rhaglen ac ambell un a oedd yn dalfyriad o'r prif straeon a ddarlledwyd y diwrnod blaenorol yn gymysg â darnau byrion dwy frawddeg, yn cynnig gwybodaeth i'r gwrandawyr, ond na fyddid yn eu gwyntyllu ymhellach.

Fy nhasg i wedyn oedd cysylltu â'r heddluoedd, gwylwyr y glannau a'r frigâd dân ledled Cymru i ganfod a oedd rhywbeth wedi digwydd dros nos a haeddai ei gynnwys yn y bwletinau, a rhaid oedd i mi fod yn ddigon effro i ddeialu'r rhifau cywir ar y cynnig cyntaf. Roedd pawb yn yr ystafell newyddion yn dal i sôn am y tro hwnnw pan ddeialwyd rhif ben bore a llais dynes gysglyd yn ateb ymhen hir a hwyr am hanner awr wedi pump y bore. Hithau'n clywed y cyfarchiad a'r cwestiwn arferol 'Rhywbeth cyffrous wedi digwydd dros nos?' ac yn ateb 'Wel, tase chi ddim wedi ffonio nawr, falle byse rhywbeth cyffrous wedi digwydd erbyn hyn'!

Cefais air â phawb yn eu tro'n ddidramgwydd y bore hwnnw a doedd yna ddim byd syfrdanol i'w gofnodi a fyddai'n golygu newid natur na'r bwletin na'r rhaglen. Fy nhasg nesaf oedd trosi'r prif straeon a ddarlledid gan y BBC yn Llundain a fyddai'n cyrraedd ar argraffydd chwap wedi chwech o'r gloch. Ar ôl hynny, wrth i'r tîm llawn o gyflwynwyr, cynhyrchwyr ac ysgrifenyddesau gyrraedd, byddai'n ofynnol i mi fwrw golwg ar y papurau rhag ofn fod yna rywbeth ynddynt y dylen i hefyd roi sylw iddo.

A'r bore hwnnw fe'm tarodd yn sydyn. Rhaid oedd rhoi'r gorau i led-orwedd a chodi ar fy nhraed i ddarllen y stori yn ei chyflawnder. Roedd y gair *exclusive* i'w weld yn amlwg ar dudalen flaen y *Daily Express* ac roedd y stori arbennig yn cael ei thadogi i newyddiadurwr o'r enw John Christopher. Honnai'r hac o'r iawn ryw o gyffiniau Abertawe fod yr heddlu'n weithgar ar hyd arfordir Sir Benfro a bod yna awgrym o fewnforio cyffuriau. Yn wir roedd e'n dyfynnu gŵr o Drefdraeth a honnai iddo weld pethau rhyfedd ar hyd yr arfordir i gyfeiriad y gogledd, ac enw'r gŵr hwnnw oedd Essex Havard. Doedd y stori ddim i'w gweld yn yr un o'r papurau eraill.

Rhaid oedd gweithredu'n gyflym i geisio cadarnhau cywirdeb y stori os oeddem i'w ddarlledu ben bore. Doedd llefarydd Heddlu Dyfed-Powys ddim wedi dweud affliw o ddim am hyn yn gynharach. O gysylltu eto mynnai fod yr wybodaeth yn y papur yn gymaint o syndod iddo ef ag oedd i ni. Ychwanegodd y byddai'n rhai oriau'n ddiweddarach cyn y gallai holi uwch-swyddogion a llunio datganiad ar ein cyfer. Holi'n ofer a wnaem am gael rhywun i'w gyfweld ar ran yr Heddlu mor gynnar yn y dydd. Er y byddai'r stori'n amlwg o ddiddordeb i'n gwrandawyr doedd rheolau'r Gorfforaeth ddim yn caniatáu darlledu deunydd o'r fath cyn y gellid ei gadarnhau'n swyddogol. Gwyddem fod gan John Christopher enw am dorri straeon a oedd yn ymwneud â throseddau a phlismona a bod ganddo gysylltiadau clòs yn y meysydd hynny. Gwyddem y byddai wedi gwirio gwybodaeth ei ffynonellau droeon cyn cyhoeddi, ond rheol oedd rheol o ran darlledu.

O dan amgylchiadau o'r fath byddai'n fentrus ar ein rhan i gyfweld Essex Havard hyd yn oed petaem yn cael gafael arno. Ac o gael gafael arno, prin y buasai gŵr â'r fath enw'n siarad Cymraeg, beth bynnag, meddwn wrth fy nghyd-weithwyr. Gwyddwn eisoes nad wrth ei big mae adnabod cyffylog ac erbyn diwedd y bore roedd rhaid i mi gydnabod nad wrth ei enw mae nabod Cymro chwaith. Er gwaethaf ei enw roedd Essex yn Gymro glân gloyw ac yn un o bobl Tudra'th erioed yn medru brolio bod nifer o'i gyndeidiau'n gorwedd ym mynwent y plwyf.

Dyna'r meddyliau a ddeuai i mi wrth ailgydio yn Llwybr yr Arfordir a brasgamu heibio Carreg Yspar a Charreg Bica gan wybod mai yn y cyffiniau hyn y digwyddodd yr hyn a adwaenir bellach fel *Operation Seal Bay*. Ac os nad oedd y cyfryngau'n cael llawer o wybodaeth am yr hyn roedd yr heddlu'n ymchwilio iddo'r bore hwnnw, ymhen y rhawg byddai BBC Cymru yn ennill gwobr y Gymdeithas Deledu Frenhinol am y rhaglen ddogfen materion cyfoes rhanbarthol orau, ar ôl i Jeffrey Iverson a Bob Humphreys ail-greu holl hanes rhyfeddol carcharu ciwed o smyglwyr cyffuriau oedd â chysylltiadau â phob rhan o'r byd, a hynny o ganlyniad i chwilfrydedd pysgotwyr Sir Benfro.

Dechreuodd y cwbl pan na fedrai pysgotwr lleol ddirnad pam bod ei botiau cimychiaid yn y cyffiniau wastad yn weigion pan nad oedd yna brinder yn unman arall ar hyd yr arfordir lle gollyngai ei botiau. Aeth y swae am bicil Andrew Burgess ar led a dechreuodd gwŷr eraill y môr gadw llygad ar y traethellau. Yn wir, ar fwy nag un achlysur gwelwyd dieithriaid a hyd yn oed offer soffistigedig mewn ambell fan a chael yr esboniadau amrywiol 'eu bod yn paratoi i ffilmio morloi'n esgor' ac 'yn hyfforddi ar gyfer taith i'r Antartig maes o law'. Doedd yr un esboniad yn taro deuddeg yng ngolwg dynion môr profiadol megis Essex Havard. A phan fyddai un o'r 'dieithriaid' gerbron Llys y Goron Abertawe ymhen blwyddyn deuai esboniad rhyfeddach fyth, ond yr un mor anghredadwy, i'r fei. O leiaf roedd y pysgotwyr nawr yn medru dyfalu mai'r bobl yma oedd yn gwacáu cynnwys y potiau cimwch, beth bynnag.

Cysylltwyd â'r heddlu ac o ran chwilfrydedd dechreuodd nifer o ffermwyr yr ardal gadw llygad ar Lwybr yr Arfordir ac ar y creigiau uwchben Traeth Coch a Chell Hywel a'r cyffiniau. Gwelwyd rhyw fynd a dod digon amheus ac, unwaith eto, esboniadau digon chwit-chwat gan y dieithriaid y torrwyd gair â nhw ynghylch eu presenoldeb yn yr ardal. Daethpwyd i ddeall fod nifer o'r bobl hyn yn byw'n fras gyda'r nos yn nhafarndai a thai bwyta'r cylch a bob amser yn talu gyda phapurau £50, a'r rheiny'n newydd sbon, a heb boeni rhyw lawer ynghylch derbyn newid. Yn ddiweddarach byddai Edgar Yates yn dod ar draws dros £5,000 o dan garreg fawr a hyrddiwyd o'i lle gan wartheg a hwythau'n damsang ar yr arian papur yn y mwd o dan eu carnau yn un o'r perci uwchben y clogwyni.

Ond y darganfyddiad rhyfeddaf oll, a hynny ar hap, oedd cell danddaearol ar gildraeth Cell Hywel. Roedd nifer o ffermwyr yn gymysg â phlismyn, ac Essex Havard yn eu plith, yn archwilio'r fan pan ddechreuodd un ohonyn nhw daflu cregyn yn ddifeddwl tuag at fynedfa ogof fechan a chlywed sŵn cou wrth i nifer ohonyn nhw ddisgyn. O archwilio'r fan gwelwyd bod yna ddrws pren y gellid ei godi, ac oddi mewn roedd ystafell helaeth wedi'i choedio a'i gorchuddio â gwydr ffibr, a fyddai'n addas i storio rhywbeth neu'i gilydd … ond storio beth oedd y dirgelwch ar y pryd?

Dros yr wythnosau nesaf byddai ymchwiliadau Heddlu Dyfed–Powys yn eu harwain i Lundain, Ynys Manaw, Ffrainc, Sbaen a'r Iseldiroedd ar drywydd rhai o'r mewnforwyr cyffuriau mwyaf yn y byd ar y pryd. Yn y cyfamser roedd y 'dieithriaid' wedi'u harestio a'u cadw yn y ddalfa ond doedd y rhai o'u plith oedd â chysylltiadau rhyngwladol ddim yn barod i gynorthwyo'r heddlu na chyfaddef i unrhyw ymwneud â chyffuriau, er bod yna dystiolaeth gynyddol yn eu herbyn. Serch hynny, roedd y darnau'n dechrau disgyn i'w lle yn sgil ymholiadau'r heddlu a stori ryfeddol yn dod i'r golwg. Rai misoedd ynghynt golchwyd pelen o ganabis o'r math gorau, *Lebanese Gold*, yr amcangyfrifid ei fod yn werth tua £100,000 ar y farchnad anghyfreithlon, i'r lan ar Draeth Trefdraeth mewn storm. Doedd dim amheuaeth ym marn yr heddlu mai bwriad y gell danddaearol oedd storio gwerth miliynau o bunnau o ganabis. Daethpwyd i ddeall bod un o'r rhai a oedd o dan glo yn gwerthu arfau i wrthryfelwyr yn Libanus yn gyfnewid am gyflenwadau helaeth o ganabis.

Ond gwendid amlwg achos arfaethedig yr heddlu oedd y ffaith nad oedd cyffuriau wedi eu canfod yn y gell danddaearol. Roedden nhw wedi taro ychydig oriau'n rhy gynnar oherwydd ar noson fyrra'r flwyddyn clywyd neges ar radio un o'r rhai a arestiwyd yn dweud, 'This is Mother. This is Mother. I'm ready to come in and get this dirt off my hands'. Ond am na chafodd y negesydd yr ateb a ddisgwyliai ar donfedd y radio, a oedd nawr ym mherchnogaeth yr heddlu, diflannodd y llong, a chanddi gyflenwad enfawr o ganabis ar ei bwrdd, i ganol niwl Môr Iwerddon. Am nad oedd gan Heddlu Dyfed-Powys hofrennydd ar y pryd doedd dim modd dilyn y llong ac felly dihangodd y prae pwysicaf oll. O'r herwydd cyhuddiad o gynllwynio i fewnforio cyffuriau yn hytrach na chyhuddiad o fod â chyffuriau yn eu meddiant oedd yn wynebu'r diffynyddion yn Llys y Goron Abertawe ym mis Mehefin 1984.

Yn ystod yr achos, a barodd am dros fis, mynnodd Robin Boswell nad oedd a wnelo'r gell danddaearol ddim oll â smyglo cyffuriau. Roedd yr holl fater mor gyfrinachol nes bod y manylion wedi eu celu rhag y diffynyddion eraill hyd yn oed meddai. Chwilio am long danfor Almaenig, y credid iddi suddo yn y cyffiniau, gyda bariau o aur ar ei bwrdd oedd y bwriad. Soniodd gyda chryn fanylder am y dystiolaeth a oedd ar gael ynghylch hyn ac esboniodd ymhellach mai dyna'r rheswm pam ei fod yntau, a rhai o'r lleill, wedi defnyddio cynifer o enwau ffug wrth bwrcasu eiddo ar gyfer y fenter yn ystod y misoedd blaenorol. Roedden nhw'n pryderu y byddai yna Natsïaid yn dial arnynt pan ddeuai eu gorchest yn codi'r bariau aur o wely'r môr i'r amlwg.

Ymhellach cynigiodd yr wybodaeth mai gŵr o'r enw Dave Klein oedd yn gyfrifol am yr holl fenter o ran ei threfnu a'i hariannu a'i fod e felly'n golchi ei ddwylo o unrhyw gyfrifoldeb. Doedd Dave Klein ddim wedi ei wysio i gyflwyno ei hun gerbron y rheithgor a gobaith Robin Boswell, felly, oedd y byddai'r rheithgor yn llyncu ei stori ac y byddai'n cerdded o'r Llys yn ddyn rhydd. Wedi'r cyfan, gwyddai bod cryn wahaniaeth o ran y gosb y gellid ei dedfrydu o ran cyhuddiad o gynllwynio i smyglo cyffuriau a chyhuddiad o fod â chyffuriau yn ei feddiant.

Doedd yr heddlu ddim wedi cyflwyno'r un owns o ganabis gerbron y llys yn dystiolaeth iddo gael ei ddarganfod ar draethell Cell Hywel.

Roedd cyfreithwyr yr erlyniad wedi eu hysgwyd gan yr esboniad annisgwyl hwn ac am ei bod yn ofynnol iddyn nhw wrthbrofi'r honiad roedd yn ddigon posib na fyddai gan y rheithgor ddewis ond credu stori Robin Boswell. Ond o leiaf doedd crybwyll yr enw Dave Klein ddim yn hollol annisgwyl oherwydd, er nad oedd gerbron y llys yn wynebu'r un cyhuddiad, roedd yr heddlu ar ei drywydd ac roedd y bargyfreithwyr yn medru cyfeirio ato fel Dave Frijs wrth groesholi Boswell. Daeth y Ditectif Ringyll John Daniels o hyd i'r gŵr a hanai o Dde Affrica trwy gymryd mantais o'r lwc hwnnw a ddaw i ran pob plismon diwyd o dro i dro. Yn ystod ei ymholiadau ar y cyfandir daeth ar draws cyweiriwr llongau yn Cannes, a oedd fel yntau'n Gymro Cymraeg, ac o fewn byr o dro o ddangos llun Dave Frijs iddo fe'i cyfeiriwyd gan y gŵr o Sir Fôn at y bariau yfed lle byddai'n debyg o ddod naill ai ar ei draws yn bersonol neu ar draws cydnabod neu ddau iddo. Y canlyniad, ymhen hir a hwyr, oedd arestio Frijs a'i wysio gerbron llys ym mis Chwefror 1984.

Os rhoes hynny blufyn anferth yng nghapan John Daniels o ran ei ddygnwch a'i ddyfalbarhad fel ditectif, rhoes y modd y deliwyd â'r honiadau ynghylch y llong danfor sicrwydd o'r newydd y buasai'r chwedloniaeth ynghylch y Prif Dditectif Arolygwr, Pennaeth CID Dyfed–Powys, Pat Molloy, yn parhau tra bydd plismyn yn chwedleua. Erbyn i'r achos gyrraedd y llys roedd Pat Molloy wedi ymddeol ond, yn naturiol, roedd yn dilyn y datblygiadau o ddydd i ddydd trwy gyfrwng y wasg a'r cyfryngau. Pan ddarllenodd am amddiffyniad Boswell yn y llys fore trannoeth roedd rhywbeth yn canu cloch yn ddiymdroi. Cofiodd iddo ddarllen llyfr o'r enw *Iron Coffins* am yr union bwnc ychydig wythnosau ynghynt.

Aeth i lyfrgell Abergwaun a'i ganfod ar y silff a'i fenthyca eto. Roedd y llyfr ym meddiant bargyfreithwyr yr erlyniad yn Abertawe, diolch i dri cherbyd heddlu yn teithio am yn ail ar wib â'u goleuadau'n fflachio, mewn pryd i fedru cyfeirio at ei gynnwys cyn gorffen croesholi Boswell. Y llyfr oedd ffynhonnell ei wybodaeth ond, wrth gwrs, roedd wedi dewis a dethol yr wybodaeth a gyflwynai i'r rheithgor er mwyn ceisio taflu llwch i'w llygaid. Trwy groen eu dannedd a thrwy ddyfeisgarwch Pat Molloy y llwyddodd yr erlyniad i hau hadau amheuaeth ynghylch stori Boswell ym meddyliau'r rheithgor. Gwir y dywedwyd nad yw gwir blisman fyth yn ymddeol.

Dedfrydwyd Robin Boswell i ddeng mlynedd o garchar a'i orchymyn i dalu dirwy o £75,000 a swm cyffelyb tuag at gostau'r achos. O gofio iddo hefyd y diwrnod hwnnw, wrth ddisgwyl cael ei alw i glywed ei ddedfryd, gael cais gan Gyllid y Wlad i dalu dros filiwn o bunnau, a hynny ar ben y £100,000 roedd wedi ei neilltuo ar gyfer talu'r bargyfreithwyr roedd wedi eu llogi, doedd dim dwywaith, er ei gyfoeth helaeth, ei fod wedi ei flingo'n ariannol.

Dedfrydwyd y Daniad, Søren Berg-Arnbak, a oedd yn filiwnydd sawl gwaith drosodd, i wyth mlynedd o garchar a'i orchymyn i gael ei alltudio. Y syndod i'r rhai a'i hadwaenai oedd iddo gael ei ddal yn y lle cyntaf ac iddo ddangos arwyddion o nerfusrwydd pan gafodd ei holi am ei fwriadau gan un o'r ffermwyr lleol a'i gwelodd yn cerdded Llwybr yr Arfordir. Yn y gorffennol roedd ei gefndir fel actor wedi ei alluogi, yn rhith dynes mewn sodlau uchel a gwallt ffug, i godi arian o fanc yn y Swistir o dan drwynau'r heddlu.

Dedfrydwyd Donald Holmes i ddeunaw mis o garchar a'i orchymyn i dalu £10,000 mewn dirwyon a chostau. Am ei fod eisoes wedi treulio dros flwyddyn yng ngharchar yn disgwyl yr achos doedd ganddo ond cwta bythefnos arall i'w dreulio o dan glo. Roedd y tri wedi pledio'n ddieuog i'r cyhuddiadau yn eu herbyn.

Dedfrydwyd Susan Gough, a arferai fod yn wraig i Boswell, ac a ryddhawyd ar fechnïaeth tra disgwyliai'r achos, i ddwy flynedd o garchar am geisio gwyrdroi cwrs cyfiawnder, a'r tad a'r mab, Kenneth a Kash Dewar, i bum mlynedd yr un ar ôl iddyn nhw bledio'n euog. Cafodd yr unig berson lleol a gyhuddwyd, Paul Jenkins, a oedd yn byw mewn carafán yn Llanisan-yn-Rhos, ger Dale, ddedfryd o chwe blynedd o garchar a'i orchymyn i dalu £2,000 tuag at y Gronfa Cymorth Gyfreithiol. Roedd wedi pledio'n euog ac wedi cyfaddef ei ran yn adeiladu'r gell danddaearol a gosod cuddfannau i gludo cyffuriau yng ngherbydau Boswell. Roedd hefyd wedi ei erlyn droeon am werthu cyffuriau'n lleol.

Am mai ymylol oedd rhan George Rowlands, ac nad oedd tystiolaeth iddo fod yn Sir Benfro, rhoddwyd dedfryd o chwe mis o garchar iddo wedi ei ohirio am ddwy flynedd a hynny ar ôl ei gyhuddo o geisio gwyrdroi cwrs cyfiawnder. Ei anffawd oedd iddo fod yn gymydog i'r Boswells a'i fod wedi ei hudo gan Susan ar un adeg ac wedi caniatáu i'w heiddo gael ei gladdu yn ei ardd. Yn ddiweddarach rhoddwyd dedfryd o ddwy flynedd a hanner o garchar i Dave Frijs.

Rhyfedd meddwl wrth edrych ar y môr a'r creigiau obry fod ganddynt gynifer o gyfrinachau i'w datgelu a'n bod ninnau'n troedio ar hyd Llwybr lle bu cymaint o gyffro yn ystod haf 1983. Pitw oedd gorchest Leisa Watkins a'i hogof frâg slawer dydd o gymharu â menter y criw rhyngwladol yng Nghell Hywel ychydig yn is i lawr yr arfordir. Egyr Pat Molloy ei lyfr, sy'n croniclo'r hanes, trwy ddweud 'Daeth yr haf yn gynnar i Orllewin Cymru yn 1983' ac â yn ei flaen i gysylltu digwyddiadau yn yr ardal, sy'n nodedig am brydferthwch treigl y tymhorau, â'r farchnad gyffuriau rhyngwladol sy'n nodedig am ei gyfoeth ac am ei drueni. Dengys ei fod yn gymaint o lenor ag oedd o dditectif wrth iddo ddatgelu'r stori.

Prawf o amlygrwydd y fintai a garcharwyd yn y farchnad gyffuriau oedd adroddiadau yn y wasg yn sôn am absenoldeb cyffuriau yng Ngharnifal Notting Hill yn Llundain yn ystod haf 1983; ni roddwyd cyfle i'r cyflenwyr ddod o hyd i ffynhonnell arall o ganabis mewn pryd ar gyfer y dathlu Caribïaidd. Oedd, roedd yna sgil-effeithiau i'r ymdrech aflwyddiannus i'w fewnforio i draethell Cell Hywel, a'r bwriad mae'n siŵr oedd defnyddio'r gell danddaearol yn stordy parhaol i gyflenwi'r farchnad ganabis yn y wlad hon yn ôl y galw a'r gofyn.

Pe na bai'r giwed wedi bod mor afradlon, yn esgeulus ac yn ddihidiol o anian naturiol fusneslyd trigolion cefn gwlad, mae'n bosib, o fewn wythnos arall, na fydden nhw wedi cael eu gweld ond yn achlysurol yn yr ardal. Byddai'r holl fynd a dod wedyn wedi digwydd o ochr y môr. Ond os cewch y fraint o glywed yr holl hanes anturus o enau un o dywysyddion y Parc Cenedlaethol, Derek Rowland, fe gewch glywed bod ganddo gysylltiad anuniongyrchol â'r holl gyffro. Roedd y criw'n ymweld â Phenmynydd Uchaf ar lethrau Mynydd Dinas yn gyson oherwydd mai yno y trigai mam Kash Dewar ac, yn wir, yno yr arestiwyd Berg-Arnbak. Gall Derek adrodd ambell stori hefyd gydag afiaith am y fam, Pat Tivy, cyn-breswylydd y bwthyn sy'n gartref iddo bellach.

Yn sicr, doedd yr un o'r troseddwyr wedi ymglywed â rhin oesol Traeth Cell Hywel yn y modd y gwna Wynmor Owen ddehongli'r pelydrau o oleuni a wêl yno sy'n ei gysylltu â chanrifoedd coll. Arall yw cymhelliad y smyglwr cyffuriau sy ar drywydd ffortiwn sydyn o'i gymharu ag eiddo'r arlunydd sy ar drywydd yr hyn sy'n oesol.

Os oedd hi'n amser godro arnom yn gadael Ceibwr, a hynny ganol haf, bydd cysgodion y nos wedi hen ddisgyn erbyn i Fynydd Carn Ingli a thref Tudra'th ddod i'r golwg. Er taw Trefdraeth yw'r sillafiad a'r ynganiad swyddogol, yn union yr un fath â phentref ar Ynys Môn, bydd trigolion lleol yn ddieithriad yn ei ynganu fel Tudra'th ac yn edrych yn hurt os gwna un o'u plith ei ynganu yn y dull swyddogol. Dros y blynyddoedd bu'r ffaith ei fod yn rhannu enw â'r pentref ar Ynys Môn, yn ogystal â'r ffaith bod ei enw Saesneg, sef *Newport*, yr un ag eiddo tref nid anenwog yn y de-ddwyrain, yn dipyn o ben tost i'r Swyddfa Bost a'r cwmnïau gwasanaethau ffôn.

Dros y blynyddoedd hefyd bu ymdrech rhai o gyflwynwyr y cyfryngau i'w ynganu yn y dull brodorol yn destun chwilfrydedd os nad sbri. Prin y gwna acen perfeddion Ynys Môn neu ben draw Llŷn gymharu'n ffafriol â'r acen leol yn hyn o beth. Ar un adeg yn y 1970au a'r 1980au roedd pobl y cyfryngau'n cael eu denu i Dudra'th fel huddyg i botes. Gwesty'r Llew Aur oedd y cyrchfan ac roedd hynny yn y dyddiau pan oedd gweithio i'r cyfryngau yn gyfystyr â slochian di-ben-draw.

Wrth nesáu at ddiwedd y siwrnai am y diwrnod ar hyd darnau gweddol wastad o'r Llwybr, hwyrach, y gwelir merlod mynydd yn pori ar y naill ochr iddo ynghanol y rhedyn a'r grug. Maen nhw yno fel rhan o bolisi cadwraeth y Parc Cenedlaethol am fod y modd y pora'r merlyn yn help i gynnal y bioamrywiaeth y ceisir ei warchod a'i hybu. Rhaid bod y merlod yn sicr iawn eu cerddediad o weld un ohonynt yn chwilota ymhlith y rhedyn talsyth fodfeddi yn unig o ymyl y graig a'r dwnshwn obry a fyddai'n ei arwain i nunlle ond ebargofiant.

Ofnwn y gallai syllu'n rhy hir i gyfeiriad y gwaelodion arwain at bwl o'r bendro a wnâi i mi golli fy nhroed a rowlio'n garlibwns ddwmbwr-dambar dros y dibyn. Diolchaf nad oes gennyf yr anian i bori mewn mannau gwyllt ac anghysbell. Ond er y daioni a wneir gan y merlod mae'r ffaith eu bod yn dueddol o gerdded ar hyd y Llwybr yn gyson yn golygu bod y Llwybr yn fwdlyd a hynny'n arbennig ar gyfnodau o dywydd gwlyb. Byddwch ofalus rhag damshel ar ambell bentwr o ddom ceffyl tra byddwch wedi eich hudo gan y degau o ieir bach yr haf fydd yn hedfan yma a thraw.

Er cyrraedd cyrion Tudra'th bydd un o'r darnau anoddaf yn dal o'ch blaenau rhwng cyffiniau Godir-y-bwch hyd at y Cesig Duon o ran serthni ac ambell raddiant lle bydd y pastwn yn ddefnyddiol a hynny ar y goriwaered. Ychydig cyn Godir-y-bwch a chyn cyrraedd Trwyn y Bwa byddwch wedi mynd heibio Foel Hendre a Foel Goch, a'r naill yw'r man uchaf ar hyd yr holl arfordir yn codi hyd at 175 metr (574 tr.). Byddwch wedi tramwyo ar hyd y rhan anoddaf o'r Llwybr ar eich diwrnod cyntaf a dylai'r cerdded fod yn haws ar ôl hynny. Os teimlwch elfen o banig am fod y nos a niwl y môr yn eich amgylchynu awgrymaf eich bod yn canu'r emyn hwnnw a gyfansoddwyd gan Williams Pantycelyn pan oedd yn aros ym Maenor Llwyngwair gerllaw ar un o'i fynych deithiau'n pregethu a gwerthu te.

> Dros y bryniau tywyll niwlog,
> Yn dawel, f'enaid edrych draw,
> Ar addewidion sydd i esgor
> Ar ryw ddyddiau braf gerllaw:
> Nefol Jiwbil,
> Gad im weld y bore wawr.

Dywedir i'r geiriau ddod iddo wrth farchogaeth tuag at gartre'r Boweniaid ynghanol niwl dudew ar ôl ceisio cymodi rhwng dau ffermwr cynhenllyd yn ardal Eglwyswrw. Erbyn bore trannoeth roedd yn canu'r emyn wrth y bwrdd brecwast gydag arddeliad a Twm yr ostler wedi'i lwyr gyfareddu nes iddo ddatgan droeon ar ôl hynny iddo brofi tröedigaeth. Ni wariodd y pishyn grot a roes Williams iddo am ofalu am ei geffyl ac fe'i dangosai i bawb a wrandawai arno'n adrodd hanes y bore rhyfeddol hwnnw yn ei fywyd, ac fe'i hadroddai'n fynych.

Os deil ymffurfiad Trefdraeth yn lled amlwg yn y gwyll gwelwch ei fod yn amgylchynu harbwr bychan a bod yna dai i'w gweld hyd yn oed ar lechweddau Carn Ingli draw. Tebyg y byddwch yn rhy flinedig i ystyried dringo i'w gopa sy'n codi hyd at 319 metr (1,046tr.) er mwyn cyfarfod â'r angylion y noson honno. Ers yr honiad bod Sant Brynach yn cwmnïa ag angylion yno, 'nôl yn y chweched ganrif, ni fu prinder gwirfoddolwyr pan drefnai ambell unigolyn mwy ecsentrig na'i gilydd wylnos ar y copa. Pwy sydd i ddweud nad ydych yn y cyflwr hwnnw rhwng cwsg ac effro yn yr oriau mân, pan fydd breuddwydion a'r isymwybod yn eich rheoli, mewn cymundeb ag angylion? Mae'r awdur, Brian John, o Gilgwyn gerllaw, yn ei gyfres o bump o nofelau hanesyddol yn Saesneg, sy'n ymwneud â'r ardal, wedi godro ffenomen yr angylion i'r eithaf. Mae ei arwres, Martha Morgan, yn ymweld â phen y mynydd yn gyson ac, yn wir, haera Brian i'r syniad am y nofelau ddod iddo yntau mewn breuddwyd.

Os am flas o dafodiaith yr ardal, yn ogystal â thynnu sgwrs â rhai o'r brodorion, dylech chwilio am ysgrifau a straeon byrion John Lewis. Yn anffodus, synno'r cyn-bregethwr a'r darlithydd coleg, sy bellach yn byw yng Nghaerfyrddin, wedi cyhoeddi cyfrol o'i waith hyd yma a rhaid chwilota mewn ôl-rifynnau o'r papurau bro lleol, naill ai *Clebran* neu'r *Llien Gwyn,* lle cyhoeddwyd rhai o'i ymdrechion buddugol niferus yn steddfodau'r sir. Mae'r darn hwn yn sôn am ei brofiadau'n rhocyn yn chwarae yn yr afon ger ei gartref:

'Ma un cof 'da fi sy'n aros in fwy byw na'r lleill – er na chês i ddim 'nghosbi siwrne'ny. Wên i wedi mynd ffwl pelt am Afon y Felin y bore hwnnw, a wê'r dŵr in ddigon ishel – a heb rew ar 'i wmed, hyd in wê os wê' llidrew trwchus ar y bance y ddwy ochr i'r nant – achos nant fach wêdd hi, ddim afon; on' fel Afon y Felin wên ni i gyd in 'i nabod 'i. Wên i'n galler gweld dou drowtyn in glir, un in fowr a'r llall in fach. Arhoses i i ddrichyd arnyn nhw am sbel, a wên nhw'n 'neud pŵer o foshiwns od in y towod a'r grafel wêdd ar weilod yr afon. Silweddoles i wedyn ta' dedwy wye wê'r un fowr, a'r un bach in 'u ffrwythloni nhw. Giâr a cheilog wê'r ddou fridyll.'

Erbyn hyn byddwch wedi taro eich llygaid ar y cyntaf o draethau hir, llydan a thywodlyd Sir Benfro y deuwch ar eu traws yn ystod y daith. Caniateir gyrru cerbydau i'w parcio ar dywod y Tra'th Mowr, a does dim lle gwell ar gyfer barcuta, nofio'n ddiogel yn y dŵr cymharol fas, a chyflawni pob mathau o gampau corfforol sy'n cryfhau'r cyhyrau. Dyma draeth sydd yn ôl yr eirfa gyfoes yn 'deuluol-gyfeillgar', a chyda'r nos mae'r twyni'n boblogaidd ar gyfer cynnal barbiciws. Un o gymwynasau'r Parc Cenedlaethol fu plannu moresg ar hyd y twyni er mwyn atal yr erydu. Mae bwrw golwg sydyn ar hyd y traeth yn awgrymu y gellir cerdded ar ei draws pan fydd y llanw mas cyn belled â Thudra'th ei hun ond twyllodrus yw hynny am y byddai angen cwch arnoch, yn ôl pob tebyg, i groesi'r aber lle llifa afon Nyfer i'r môr. Rhaid yw cerdded trwy'r twyni tywod ac ar draws rhan o dir y clwb golff gan oedi os oes golffwyr yn barod i anelu taro'r bêl i'ch cyfeiriad at y twll nesaf.

Bydd rhan olaf y daith ar hyd llwybr coediog gyda glan yr afon nes cyrraedd y bont haearn, ond doethach, ar ôl diwrnod blinedig, fyddai trefnu cludiant i'r dref o faes parcio'r fynedfa i'r Traeth Mawr, a dychwelyd i'r fan fore trannoeth wrth anelu i gyfeiriad Abergwaun. Does dim prinder llefydd bwyta yn y dref a does yr un yn rhagori ar y llall er bod y bwydlenni a'r prisiau'n gwahaniaethu. Erbyn hyn tebyg mai dyheu am fwyd a wnewch yn union fel y gwna trên stêm sy ar fin diffygio ddyheu am gyflenwad o lo. Rhaid wrth danwydd i gadw corff ac enaid yn un.

Ond os bydd yn eich bryd i gyfarfod â'r annwyl Essex Robert John Havard, yna, rhaid eich siomi, trwy ddweud ei fod wedi ein gadael bellach er 1999. Tebyg y bydd y siop yr arferai ei chadw yn y brif stryd yn gwerthu tipyn o bob dim o dan gochl yr enw *ironmongers* wedi cau erbyn iddi dywyllu. Mae'r perchnogion presennol yn arddel oriau agor a chau rhesymol tebyg i siopau eraill ond doedd amser na threfn erioed yn uchel ar restr blaenoriaethau Essex wrth iddo fyw ei fywyd yn ôl ei anian, a hynny wastad mewn trywsus byr boed haf neu aeaf. Cofiaf ei weld hyd yn oed ar Nos Galan yn ei drywsus gwyn, byr, a hithau'n rhewi'n gorn. Arferid gweld ei goesau bwaog yn gyson, hyd yn oed ar ôl iddo groesi oed yr addewid, yn rhedeg i gyfeiriad Bedd Morys ar y ffordd dros y mynydd i Gwm Gwaun, a'r un modd yn moefad yn y môr neu'n cynorthwyo gyda gwaith y Clwb Achub Bywydau.

Roedd Essex yn ddyn crwn na chaniataodd i'w feddwl dyfu'n hŷn na 35 oed erioed ac erys y cof am yr anwylaf o feibion dynion yn loyw. Pan gafodd ei ethol yn gynghorydd sir, tua diwedd ei oes, ni fu ei gyd-gynghorwyr yn hir cyn ymserchu yn ei anwyldeb er prin ei fod wedi ei dorri i fod yn rhan o'r cyfaddawdu a'r bargeinio y tu ôl i ddrysau caeedig sy'n nodweddiadol o fyd llywodraeth leol. Edrydd ei weddw, Margaret, dystiolaeth hyfryd am lwyddiant eu priodas yn magu saith o blant.

'Ŷch chi'n gweld, prin fyddwn i'n gweld Essex pan oedd y plant yn iau. Pryd hynny bydde fe'n ymweld â ffermydd yr ardal yn gwerthu offer fferm. Byddai'n hwyr iawn arno'n cyrraedd getre bob nos. Ond roeddwn i'n rhyfedd o falch i'w weld e'n dod bob amser achos wedyn byddwn i'n cael hanes yr holl helyntion yn ystod y dydd. Byddwn i'n teimlo wedyn 'mod i wedi bod yn rhan o'i ddiwrnod, ac er nad wedi cyfarfod â'r ffermwyr, yn teimlo 'mod yn 'u hadnabod i gyd 'run peth. A cofiwch, siarad yn dda gyda chwerthiniad iach fyddai Essex am bawb,' meddai Margaret.

Essex Havard

Doedd hi fawr o syndod i neb a'i hadwaenai iddo, ar ei ben ei hun ac yntau yn ei saithdegau, achub rheithor y plwyf a'i gyfaill pan aeth eu cwch i drafferthion yn y bae. Wedi'r cyfan, roedd Essex Havard yn hynafgwr heini, dewr, a chymwynasgar ac wedi ei hyfforddi os nad ei eni i gyflawni gwrhydri o'r fath. Llwyr haeddai'r anrhydedd a ddaeth i'w ran mewn seremoni yn Llundain i nodi gwrhydri gwŷr dros drigain oed ar y môr. Ar yr un achlysur gwobrwywyd Tony Bullimore am iddo oroesi ar ei ben ei hun am gyfnod hir yn y môr mawr, a chwbl nodweddiadol o Essex oedd iddo ffurfio cyfeillgarwch â Tony Bullimore y diwrnod hwnnw, a barodd tra bu byw.

Mater o ryfeddod beunyddiol oedd bywyd i Essex a thynnid ei goes yn gyson ond bob amser mewn modd gogleisiol. Dyna'r tro hwnnw y penderfynodd y dyn llaeth lleol, yn ystod wythnos gyntaf mis Awst un flwyddyn, hysbysu ei holl gwsmeriaid ben bore ei fod wedi clywed yn gyfrinachol mai Essex oedd wedi ennill y Gadair yn yr Eisteddfod Genedlaethol y diwrnod hwnnw. Fu yna erioed y fath faldodi ohono ac Essex, wedi'r cyfan, ar ei gyfaddefiad ei hun, fyddai'r cynganeddwr arobryn mwyaf annhebygol posib ond chwarddai'n harti wrth i bawb ei longyfarch heb erioed feddwl am dalu'r pwyth yn ôl i'r dyn llaeth.

Os yw gwydraid o frandi wedi eich dadebru ar ôl gloddesta a chwithau'n chwennych ychydig o fywyd nos yr ardal ni fedraf argymell dim yn well, a derbyn ei bod yn noson braf a heb dywyllu'n llwyr, na thaith mewn cerbyd i gyfeiriad pentref Dinas ar y ffordd i Abergwaun a throi i'r chwith pan welwch arwydd yn cyfeirio at Gwm Gwaun. O gyrraedd gwylltineb y man uchaf, a sylwi ar ambell ferlyn mynydd yn pori'n hamddenol, medrwch uniaethu â cherdd Wil Ifan am y merlyn hwnnw a ddyheai am gael ei ryddhau o'r rheffyn a'i ddaliai'n glwm rhag dychwelyd i ryddid y mynydd.

Ond y rhyfeddod pennaf fydd gwylio'r colsyn o haul yn suddo'n araf wyrthiol dros ddibyn y môr ar y gorwel draw yn y gorllewin, a gallwch ganu un o ganeuon cynnar Edward H Dafis, 'Tyrd i Edrych', un o gyfansoddiadau nodweddiadol breuddwydiol Dewi Pws, wrth ddrachtio'r olygfa ysblennydd. Wnaiff yr un arlunydd fyth baentio'r fath olygfa. Ni wna'r un camera digidol gipio'r union eiliad o orfoledd a deimlir o fod yn un â'r greadigaeth. Os buoch yn ddigon ffodus i gipio'r eiliad ar eich ymweliad cyntaf, yna, melys gwsg cawl erfin fydd hi wedyn wrth i niwl y môr ddechrau gorchuddio'r glannau. Digon i'r diwrnod ei ddrwg ei hun a bydd un filltir ar bymtheg o gerdded yn sicr wedi cryfhau'r coesau, a bydd yfory'n ymhŵedd a Thudra'th i'w archwilio 'mhellach ac Abergweun yn gyrchfan cyn terfyn dydd wrth i'r bererindod barhau.

Ond, gyda llaw, cyn mentro i'r cae sgwâr, os oes rhai ohonoch yn dyfalu sut y bu arnaf innau'r diwrnod cyntaf hwnnw pan ddechreuais gerdded y Llwybr o'r pen arall, a minnau wedi gadael fy nghar yn y pen anghywir ben bore, brysiaf i ddweud fy mod wedi canfod Samariad trugarog ymhlith fy nghyd-gerddwyr. Mater o dynnu sgwrs â hwn a'r llall yw hi yn ystod yr oriau cynnar gan holi'r manylion ynghylch enwau a chefndir. Ond doedd fawr o hynny'n bosib yn ystod y cerdded cynnar am fod y glaw yn ein hwynebau a rhai ohonom yn dechrau dyfalu ai danto byddai'n rhawd petai pob diwrnod o'r pythefnos yn wlyb a diflas. Tra tynnwyd penwisgoedd wrth gymryd hoe ganol bore, yng nghysgod creigiau ar draeth Saundersfoot, daeth cyfle i fod yn fwy cymdeithasol.

Y syndod pennaf oedd medru rhoi enw i lais a swniai'n lled gyfarwydd yn gynharach ond am nad oedd yr wyneb i'w weld ar y pryd ni fedrwn ddatrys y dirgelwch. Arferai David Setchfield weithio yn ystafell newyddion y BBC yng Nghaerdydd a doedden ni heb weld ein gilydd ers tua ugain mlynedd. Fel finnau roedd yntau'n wyryf o ran cerdded Llwybr yr Arfordir ar ei hyd ar un cynnig. Fe'i denwyd o'i gartref yng Nghaerloyw gan gysylltiadau teuluol yn Abergwaun ac am ei fod wedi dringo'r Wyddfa droeon roedd hefyd am flasu gogoniannau glân-y-môr Cymru, a pha ffordd well i wneud hynny na cherdded Llwybr Arfordir Parc Cenedlaethol Penfro.

Aeth fy mhicil ynghylch canfod ffordd nôl at fy nghar o Faenorbŷr i Lanrhath yn angof weddill y bore ond daeth ymwared yn y prynhawn. Roedd nifer o'r cerddwyr yn adnabod ei gilydd yn lled dda am eu bod wedi rhannu'r profiad o gerdded y Llwybr ar ei hyd yn y gorffennol, a chefais fy nghyflwyno i Ken James a oedd yn byw yn Nhafarnspeit heb fod ymhell o Lanrhath. Fyddai'n ddim trafferth iddo meddai i fynd milltir neu ddwy o'i ffordd ac felly y bu. Roedd Ken yn un o'r 'down belows' o doriad ei fogail ac er ei fod yn gweithio yng ngorsaf bŵer Aberddawan, ger y Barri, roedd y cefndir amaethyddol yn dal yn gryf yn ei gyfansoddiad. Hawdd ei ddychmygu yn pwyso ar reiliau lloc mewn marchnad gyda'i gapan bron yn cuddio ei lygaid yn llygadu dieithryn, ac yn syllu arno i'w herian i dorri'r garw gyntaf. Yn ystod y pythefnos hwnnw profodd Kenny'n gyfaill triw wrth iddo fy nghynghori'n ddyddiol ynghylch trin y pothelli ar fysedd fy nhraed a'r hyn fyddai orau i'w wisgo i arbed y traed rhag y gwaethaf. Hynny a'i hiwmor gogleisiol, a fedrai dynnu'r mwyaf ffansïol a ffroenuchel ei ogwydd i lefel caib a rhaw os nad y gwter ar amrant, fu'n fy nghynnal yn ystod oriau tywyllaf y daith.

JOHN, SATISH A DANIEL Y PANT

O AILDDECHRAU BEN BORE YM maes parcio'r Traeth Mawr, Tudra'th, o fewn golwg i'r clwb golff, tebyg y bydd y tirmon wrthi'n archwilio'r cwrs ac yn torri ambell flewyn o borfa yma a thraw. Os gwnaiff eich gweld, bydd Elfyn Davies yn siŵr o dorri sgwrs serchog a dymuno'n dda i chi ar eich taith a'ch atgoffa, ar yr un pryd, i fod yn wyliadwrus os bydd rhai golffwyr eisoes wedi codi mas. Hawdd ei adnabod oherwydd petai'n bosib ad-drefnu'r rhwydwaith ffyrdd yn Nhrefdraeth, er mwyn lleddfu'r tagfeydd affwysol ar hyd y brif stryd, byddai Elfyn yn gymwys i fod yn gylchdro addas ar y sgwâr.

Ond o gychwyn o gyffiniau'r bont haearn uwch aber afon Nyfer, yn ôl pob tebyg, bydd yno adar rhydio, ambell alarch, hwyaid neu wyddau gwyllt, ym misoedd y gaeaf, i'w gwylio'n llyfnhau eu plu. Purion atgoffa'n hunain bod yna bysgota sân yn draddodiad rhwng fan hyn a'r môr hefyd. Arferid dechrau pysgota deirawr wedi'r llanw pan fyddai'r gwymon ar y Garreg Fach i'w weld ar wyneb y dŵr neu, yn ôl yr ymadrodd lleol, 'pan fydde Ynys Patmos yn dangos ei whisgers'. Gwneid pum 'tyn' neu 'ergyd' ar hyd y traeth o Gwm Dewi i Bistyll Brynach, a gelwid y rhain yn eu tro: Y Llygad wrth enau'r afon ac yna'r Dor, Tyn Segur, Bennet a Phen Ucha'r Tra'th.

Y cyntaf fyddai'r mwyaf addawol bob amser am mai oddi yno byddai'r eogiaid yn anelu am yr afon. Mae rhai o'r hen do yn dal i gofio rhai o'r hen bysgotwyr a wnâi fywoliaeth o'r sân, ac am ateb parod Ifan Deina pan ofynnid iddo a oedd wedi cael helfa dda.

'Dim scalin, 'machan mowr i. Ma'r hen bysgod fel 'sen nhw wedi ca'l 'u rh'ibo. Dim diawl o ddim ond hen leden a phencwn, a choeled o wymon. Ma'r samwns wedi mynd mas o'r môr.' Fe'i gelwid yn Ifan Deina am mai dyna oedd enw ei wraig a hithe oedd meistres yr aelwyd. O'r herwydd gelwid eu meibion yn Wil Deina,

Wil Bach yr Hendy a'r samwn

Twm Deina a Danny Deina.

A beth sy'n fwy rhyfeddol am batrwm byw o fewn y greadigaeth na threfn bywyd yr eog? Ers canrifoedd bu dal brenin y pysgod yn her i bysgotwyr ac yn foethyn i bob bwyty i'w roi ar blat y gloddestwr. Ond ystyriwch, yn wir, amdano'n hadu a phrifio yn yr afonydd, cyn teithio miloedd o filltiroedd yn y môr mawr, ac yna'n dychwelyd, ar sail greddf, i geulannau'r union un afon, i ddeor. Dim rhyfedd mai hwn yw ffefryn y pysgotwr gwialen a does dim teimlad tebyg, i'r sawl sydd â physgota yn ei waed, na chanfod samwn wedi cydio yn y bachyn ac yna'r frwydr i'w gael i'r lan wrth iddo geisio gwingo'n rhydd.

Pan fydd pysgotwyr afon Nyfer yn chwedleua ni pharablir yn hir, cyn y crybwyllir enw Wil Bach yr Hendy. Doedd dim dwywaith mai ceulannau afon Nyfer oedd cynefin Caleb William Lewis a gwyddai am bob pwll ar ei hyd fel cefn ei law. Meddai ar hen ysfa'r heliwr ac roedd pob pysgodyn a ddaliai'n fuddugoliaeth, a phob un a gollai'n fater o wae. Adroddir hanesion amdano, ei fod bob amser yn cadw llygad barcud ar lif yr afon, ac yn llygadu ambell samwn braf wrth fentro ar ei bedwar, os nad yn ei hyd, i ambell bwll er mwyn dal ei brae, ag arf amgen, na gwialen bysgota o bryd i'w gilydd. Rhoddodd ei gyfaill Jack Francis deyrnged syml iddo yn ei ddisgrifio i'r dim, mewn dau bennill pan fu farw yn 84 oed yn 1997:

Trwy ei oes, bob nos bron,
Ymwelodd â gwely'r afon.
Dod yn ôl yn ŵr llon
Yn ddistaw lusgo samon.

Nid oedd pwll yn y fro
Na wyddai Wil amdano,
A gwn ni ddaw neb eto
I ddilyn ei lwybrau o.

Heb fod ymhell o'r bont i gyfeiriad y dref, ac o droi i'r dde heibio nifer o dai, sydd wedi eu codi'n ddiweddar, mae cromlech Carreg Coetan Arthur sy'n werth ei gweld o ran synhwyro ffordd o fyw, neu'n hytrach ffordd o farw, hen wareiddiad. Byddai pridd yn gorchuddio'r fan hyd at uchder y garreg gapan, pan gafodd y gromlech ei chodi tua 3,500 cc. Mae'n ddirgelwch sut y llwyddwyd i godi'r garreg gapan mewn cyfnod pan nad oedd yna beiriannau i hwyluso'r gwaith. Y stori yw bod Arthur wedi ei thaflu yno mor rhwydd â phetai'n cydio mewn coeten.

Mae yna gromlechi eraill yn yr ardal sy'n dyst i bresenoldeb pobloedd lled sefydlog, a gredai y dylid claddu cyrff eu harweinwyr mewn claddfeydd crand, yn hytrach na'u gadael i bydru ar drugaredd yr elfennau. Yr enwocaf o'r rhain yw Cromlech Pentre Ifan, yng nghyffiniau Brynberian, sy'n croesawu heidiau o ymwelwyr gydol y flwyddyn i ryfeddu at ei chadernid yn gwrthsefyll holl wyntoedd a stormydd y canrifoedd, ac i ddyfalu pa nifer a phwy gafodd eu claddu yno. Pa fath o seremonïau claddu a oedd gan y gwŷr cyntefig ac ar ba gredoau y seiliwyd hwy? Pryd a pham y peidiodd yr arfer? A gawsant eu disodli gan ryw arferion 'modern'? Fyddai yna gannoedd ohonyn nhw'n ymgynnull o amgylch y bryncyn, yn gorfoleddu neu'n galaru am yr ymadawedig? Ai rhyw shaman ysbrydol fyddai'n gweinyddu'r ddefod ac yn hebrwng enaid yr ymadawedig i synna i'n gwybod ble? Chawn ni ddim gwybod i sicrwydd fyth mwy.

Cymaint oedd poblogrwydd Cromlech Pentre Ifan dros ddegawd 'nôl, nes i ladron ganfod fod dwyn o gerbydau wrth y fynedfa'n ystryw broffidiol, a hir y bu'r heddlu cyn eu dal – deng mlynedd a mwy. Yn y diwedd rhoddwyd camera cudd mewn clawdd gyferbyn â'r man parcio, ac, yn wir, o fewn ychydig oriau gwelwyd rhywun yn torri ffenestr cefn car, yn cymryd eiddo, ac yn gyrru oddi yno, o fewn ychydig eiliadau. Roedd y weithred wedi ei ffilmio'n ogystal â rhif cofrestru cerbyd y lleidr. Ymhen ychydig ddyddiau ym mis Gorffennaf 1999 gwelwyd y car gan ddau blisman, a chyda chymorth cŵn yr heddlu, llwyddwyd i ddal y lleidr, a chanfod ei fod newydd ddwyn eiddo o gerbyd yng Nghasblaidd. Mae'n debyg mai arfer y gŵr oedd dwyn llyfrau siec, ac yna eu postio'n syth bìn, i'w gyfeiriad cartref yn Lerpwl, rhag ei fod yn cael ei ddal ag eiddo wedi ei ddwyn yn ei feddiant. Cafodd John Arthur Clarke, 33 oed, o Wallasey, a gyhuddwyd o gynllwynio a dwyn, gyfnod haeddiannol o garchar i ynteu ddwys ystyried ei gamweddau neu i ddysgu oddi wrth ei gyd-garcharorion am ddulliau dyfeisgar eraill o ddwyn.

Yn ôl y sôn, roedd yna Gapel Sant Curig a Ffynnon Gurig rywle yng nghyffiniau Carreg Coetan yn y canrifoedd cynnar, ac yn gyrchfannau i bererinion ar eu ffordd i Dyddewi. Byddai'r dŵr gloyw yn eu disychedu, ac yn cryfhau eu cyrff, a'r orig yn y capel, yn diwallu a chryfhau eu heneidiau. Pwy, sgwn i, oedd y pererinion gwydn hyn a beth oedd eu cefndiroedd? O ba le y deuent a beth oedd eu cymhellion dros gerdded pellteroedd meithion? Oedden nhw'n griwiau a fyddai'n trampan yn llawen neu'n finteioedd blin a grwgnachlyd? Nid yw eu hanes ar glawr o'i gymharu â hanes y pendefigion a fyddai'n ymgiprys grym i reoli'r ardaloedd, ac, yn aml iawn, heb hidio ffeuen sut y gwneid hynny. Braf fyddai gorymdeithio gyda'r pererinion am getyn. Fydden nhw ddim yn cerdded ar hyd llwybr wedi ei gynnal a'i gadw gan weision cyflog yr un Parc Cenedlaethol, ac ni fyddai ganddyn nhw'r esgidiau, y dillad a'r geriach i ysgafnhau'r baich, waeth beth fyddai'r tywydd. Ond rhaid eu bod yn wydn, a chyhyrog ac yn ewyllysio cyrraedd pen y daith waeth beth fyddai'r anawsterau.

Rhaid dychwelyd i gyfeiriad y bont er mwyn ailgydio yn Llwybr yr Arfordir, sydd eto'n dilyn glan yr afon i gyfeiriad y Parrog a'r Clwb Hwylio, yr hen odyn galch a'r fan lle byddai bwrlwm bywyd yn y dyddiau pan fyddai llongau cargo'n galw heibio. Yn y cyffiniau hyn y byddai pump o dafarndai swyddogol – heb sôn am ambell smwglyn. Ond pan ddisodlwyd y llongau masnach ar y môr gan drenau ar gledrau, newidiodd golwg yr harbwr wrth i'r sguboriau a'r storfeydd gael eu haddasu'n dai moethus. Y cyfoethog sy yma heddiw, am fod y rhelyw o dai'r Parrog bellach, yn dai haf a'u prisiau, pan fyddant ar y farchnad, ymhell o gyrraedd y trigolion lleol, sy'n ennill cyflogau tipyn llai na phobl y dinasoedd a de-ddwyrain Lloegr.

Bu'r anghyfartaledd hwn yn destun pryder ers tro, ac amcangyfrifir bellach fod o leiaf traean o stoc dai'r dref yn dai gwyliau neu'n breswylfeydd i fewnfudwyr wedi ymddeol, er teg dweud bod canran bychan o'r mewnfudwyr hyn yn Gymry neu'n bobl sydd â chysylltiadau â'r ardal rywle yn yr ach. Er bod hyn yn cyflwyno arian newydd i economi'r dref, mae hefyd yn glastwreiddio Cymreictod yr ardal a gwanhau a wna'r ceyrydd Cymreictod traddodiadol, sef y capeli. Mae aelodaeth Bethlehem, y Bedyddwyr, ac Ebeneser, yr Annibynwyr, wedi gostwng i tua 80 ac onid y tebygolrwydd yw y bydd drysau'r ddau adeilad yn cau o fewn ugain mlynedd wrth i'r ddau gapel gladdu mwy o aelodau nag y byddan nhw'n eu derbyn o aelodau newydd.

Mae gan Bethlehem tua'r un nifer o aelodau nawr, ag oedd pan gafodd ei ymgorffori yn 1795. Bu'r gweinidogion a fu yno hwyaf, David Jones a Jabes Jenkins, yn gweinidogaethu am 44 mlynedd yr un. Rhag taro tant rhy dywyll mae'r ffaith fod yno weinidog gweithgar ym mherson y Parch. Alwyn Daniels a phlant yn mynychu Ysgol Sul yn rheolaidd, yn argoeli y gallai fod yna barhad tros gyfnod hwy nag ugain mlynedd. Codwyd Ebeneser yn 1844 gan ddefnyddio coed wedi eu mewnforio o Québec, a cherrig o gwarrau lleol Llystyn. Am gyfnod byddai rhai aelodau'n cyfarfod yng Nghapel y Mynydd, ond bellach, fe'i trowyd yn dŷ haf ers meitin. Ar ôl yr Ail Ryfel Byd, dymchwelwyd y pulpud crand er mwyn rhoi lle i organ bib newydd a brynwyd o un o gapeli Llundain, a gawsai ei ddifrodi gan fomiau. Ar un adeg, yn ystod y cyfnod, pan oedd bron pawb yn mynychu'r eglwys neu'n aelod mewn rhyw gapel neu'i gilydd, roedd tua 700 o aelodau yn Ebeneser.

Gŵr a dreuliodd y rhan hwyaf o'i yrfa yng Nghanada yw'r gweinidog a wahoddwyd i ofalu am anghenion ysbrydol yr aelodau bellach, a hynny ar y cyd â chlwstwr o gapeli eraill. Er yn 80 oed, yn cydio yn yr awenau, ymddengys y Parch. Cerwyn Davies, mor sionc â gŵr hanner ei oed.

Trowyd Tabernacl, y Methodistiaid, yn 'achos Saesneg' erbyn hyn am nad oedd modd cadw'r drysau ar agor heb estyn croeso i'r Anghydffurfwyr ymhlith y mewnfudwyr, nad oedd am addoli yn yr eglwys. Yn y blynyddoedd cynnar, wrth gwrs, goddefid y Methodistiaid o fewn yr eglwys, a chodwyd Capel yr Eglwys at eu defnydd yn 1799, ond, o fewn deuddeng mlynedd, torrwyd yn rhydd o'r Eglwys Wladol a chodi Tabernacl, ac yn ddiweddarach, codwyd cangen yn y wlad o'r enw Gethsemane, a chadwyd ei drysau ar agor tan 1965. Tua ugain o aelodau sydd yn Tabernacl ar hyn o bryd ond tybed ai cynyddu'n hytrach na gostwng a wna'r nifer er nad oes yna weinidog ordeiniedig?

Oherwydd natur y boblogaeth, does dim prinder lle, yn adeilad newydd sbon Ysgol Gynradd Bro Ingli, a doedd dim anhawster cymryd disgyblion o ysgolion cyfagos pan gawsant eu cau'n ddiweddar. Er mai Cymraeg yw prif gyfrwng dysgu yn yr ysgol Categori A, mae'n hysbys nad yw'r rhelyw o'r disgyblion yn cysylltu'r Gymraeg ag unrhyw weithgaredd y tu fas i'r ystafell ddosbarth.

Pan fu Ifor ap Glyn yn tramwyo trwy Gymru benbaladr gyda'r bwriad o siarad

Cymraeg â phawb ar gyfer cyfres deledu o'r enw *Popeth yn Gymraeg*, cofier taw yn Nhudra'th y daeth ar draws y gŵr hynod hwnnw o fewnfudwr a ddywedodd nad oedd wedi canfod unrhyw reidrwydd erioed i feistroli'r Gymraeg wrth redeg busnes yn yr ardal. Ar wahân i arddangos agwedd drahaus imperialaidd, nad yw'r iaith frodorol yn werth ymboeni â hi, tebyg y dengys hefyd rywfaint o waseidd-dra a diffyg hyder y brodorion na fydden nhw wedi ei gwneud hi'n angenrheidiol i'r gŵr weld y byddai o fantais iddo i fracsan y Gymraeg. Nid rhyfedd bod Ifor yn tynnu gwallt ei ben mewn anghrediniaeth a rhwystredigaeth o glywed datganiad lled ynfyd y gŵr bonheddig. Ond o leiaf roedd comisiynu rhaglen o'r fath ynddo ei hun yn brawf bod yna hyder o'r newydd yn y tir ynghylch y priodoldeb o ddefnyddio'r iaith ac nad rhywbeth i'w chadw mewn jwg ar sêl mohoni bellach, wrth i'w statws cyfreithiol a chyhoeddus gryfhau.

Er mwyn ceisio lleddfu'r broblem o brinder tai fforddiadwy ar gyfer ieuenctid a chyplau sy'n prynu eu cartref cyntaf, aed ati i sefydlu mudiad o'r enw To Gwyrdd yn yr ardal. Ei broffes yw canfod ffyrdd cymharol rad a chynaliadwy o godi tai, a chanfod darnau o dir yn lled ganolog yn Nhrefdraeth i'w codi, gan gynnig amrywiaeth o delerau perchnogaeth. Trwy wneud hynny y nod yw sicrhau cartrefi i o leiaf canran o ieuenctid lleol, fel eu bod yn medru aros yn eu cynefin ac, yn eu tro, yn bwydo'r ysgol â chenhedlaeth newydd o blant. Mae'r nod yn gymeradwy ond y ffordd yn galed a charegog ac, yn ôl llawer, nid yw agwedd Awdurdod y Parc Cenedlaethol yn dangos cydymdeimlad bob amser wrth gyrchu at y nod hwnnw.

Mae rheolau cynllunio'r Parc yn llymach nag eiddo'r awdurdod sir, a hynny am fod ganddo'r ddyletswydd ychwanegol o ddiogelu a hyrwyddo'r tirwedd. Dynodwyd Trefdraeth, fel nifer o'r trefi glan y môr sydd yn y Parc Cenedlaethol, yn Ardal Gadwraeth ac mae'r rheolau ynghylch y deunyddiau y caniateir eu defnyddio yn lled gaeth. Ofer fyddai i'r un cwmni gosod ffenestri plastig neu aliminiwm chwilio am fywoliaeth yn y Parc Cenedlaethol oherwydd mae'n rhaid wrth safon a chreffwaith sy'n adlewyrchu treftadaeth adeileddol pan eir ati i godi o'r newydd, yn ôl llawlyfr cynllunio'r Parc.

Ni welwyd y gwrthdaro rhwng yr awydd i godi tai eithafol o amgylcheddol a'r arfer o lynu'n dynn wrth y *status quo* yn amlycach nag yn helynt fferm Brithdir Mawr. Ar hap y daeth swyddogion y Parc ar draws y tai anghyfreithlon ar dir y fferm, a hynny pan welwyd darn o wydr yn disgleirio ym mhelydrau'r haul o hofrennydd. Mae'n arfer gan Awdurdod y Parc o bryd i'w gilydd i hurio hofrennydd er mwyn chwilio am garafannau wedi'u lleoli heb ganiatâd cynllunio mewn rhyw gilfach, nad yw prin i'w gweld ond o'r awyr. O archwilio'r gwydr yn fanylach gwelwyd bod yno ffurf ar annedd, mewn cornel cae wedi ei chodi o goed a thyweirch, a bod yna bobl yn byw yno. Dyna fu dechrau brwydr hir rhwng Tony Wrench a'i bartner, Jane Faith, a'r Parc Cenedlaethol, ynghylch yr hawl i gadw'r adeilad amrwd ar ei draed. Dadl Tony oedd ei fod yn ddiddig a chyffyrddus yn ei Dŷ Crwn, ac nad oedd yn ddymuniad ganddo fyw mewn tŷ confensiynol. Mynnai ei fod yn creu prototeip ar gyfer y dyfodol, o ran adeilad, gan ei fod yn un â'r amgylchedd yn hytrach nag yn amharu arno. Gan ei fod mewn man anghysbell ni fedrai'r un cymydog gwyno ac, o ran ecoleg, ni ellid wrth ddim amgenach, am y byddai'r adeilad, ar ôl iddo oroesi ei ddefnyddioldeb, yn datgymalu a phydru'n naturiol, ac ni fyddai ei olion i'w gweld.

Ond nid felly y gwelai swyddogion nac aelodau Awdurdod Parc Cenedlaethol Arfordir Penfro hi. Roedden nhw'n ddig nad oedd yna gais cynllunio wedi ei gyflwyno cyn mynd ati i godi'r adeilad, yn unol â'r drefn arferol, a'u bod wedi blino delio â cheisiadau cynllunio ôl-weithredol, byth a beunydd. Gwrthodwyd dadl Tony Wrench nad oedd angen caniatâd ar gyfer adeilad nad oedd o reidrwydd yn barhaol, ac nad oedd yn defnyddio'r un gwasanaeth cyhoeddus megis trydan neu garthffosiaeth. Ymhellach, roedd y cynghorwyr yn flin y gallai hyn osod cynsail i bob Dic, Twm a Harri i godi ar unrhyw ddarn o dir, yr hyn y gellid ei alw'n dŷ. Os oedd yna reolau, yna, roedd rhaid eu cadw, ac ni ellid gwneud eithriad. Meddylier am yr holl ffermwyr wrth wneud diwrnod gonest o waith, yn gorfod plygu i reolau cynllunio byth a beunydd, gan gyfyngu'n aml ar eu heffeithiolrwydd, a lluosogrwydd eu cynnyrch. Brensiach annwyl, doedd y rhain yn gwneud dim ond segura, ac yna'n ddigon haerllug i anwybyddu pob rheol cynllunio.

Ychwanegwyd at gynddaredd y swyddogion, pan ddaethpwyd o hyd i adeiladau eraill oedd wedi eu codi heb ganiatâd, ac yn eu plith, adeilad a ddisgrifiwyd fel encil a feddydiwyd yn Dŷ Ysbrydol. Rhoddwyd fawr o bwys i'r honiad bod yma gymuned ryngwladol a ddefnyddiai'r ffermdy, fel canolbwynt, er mwyn ceisio dyrchafu ffordd o fyw a roddai bwyslais ar symlrwydd, cynaliadwyedd, ac ysbrydolrwydd. Os oedden nhw'n gweld eu hunain fel delfrydwyr, rhamantwyr neu arloeswyr, doedden nhw'n ddim ond pobl od, ac ecsentrig yng ngolwg eraill, ac yn anwybyddu'r rheolau roedd disgwyl i bob dinesydd gwerth ei halen eu harddel, er mwyn osgoi anhrefn ac anarchiaeth.

Yn wir, roedd y disgrifiad ohonyn nhw fel pobl ecsentrig, yn taro tant ymhlith llawer o'r trigolion lleol, am fod eu rhagflaenwyr ym Mrithdir Mawr, Tom, Garfield a Mabel Howells, dau frawd a chwaer, wedi haeddu'r un disgrifiad. Ni thorrai Garfield air â neb a chuddiai tu ôl i'r cloddiau rhag wynebu pobl ddieithr ond roedd graen eithriadol ar ei erddi mae'n debyg. Cofia aml i grefftwr, a alwyd i'r fferm yn achlysurol, am y profiad o weld cysgod Garfield yn mynd heibio'r ffenestr, lats y drws cefn yn cael ei godi, efallai, ond yna ni ddeuai fyth i'r golwg ac ni chlywid ei lais. Cael ei siomi mewn cariad pan oedd yn grwt ifanc oedd un esboniad am ei ymddygiad. Prynwyd y fferm gan eu tad, John Howells, oddi wrth Ystâd Llwyngwair ond wedyn fe'i gwerthodd i'w nai yn y 1930au gan barhau i fyw yno fel tenant nes ei brynu 'nôl yn y 1960au.

Ond yn groes i'r gred gyffredinol doedd y deiliaid newydd ddim yn ddibynnol ar fudd-daliadau'r wladwriaeth o ran cynhaliaeth. Ni ellid eu cyhuddo o fyw ar gefn y wlad. Rhoddent fri ar fyw yn agos i'r tir, gan dyfu eu cynnyrch organig eu hunain, a defnyddio ceffylau gwedd i wneud y gwaith trwm. Gwahoddant bobl i dreulio amser yn eu cwmni i flasu ffordd amgen o fyw ac, yn wir, medrwch aros dros nos yno. Mae'r telerau'n rhad ond fe'ch cynghorir i ddod â'ch sach gysgu eich hun, er y gellir dod o hyd i rai blancedi a chynfasau yn yr hostel ecolegol, a bod lle i ddwsin o bobl gysgu mewn dwy llofft.

O ddod ar draws Emma Orbach ni ellwch beidio â chael eich syfrdanu gan ei deallusrwydd a'i hymroddiad wrth sôn am yr angen i'r byd cyfan newid ei ffordd o fyw, os am ddiogelu'r blaned. Gall esbonio hynny mewn Cymraeg croyw, wrth iddi oedi, tra chwilia gelloedd ei hymennydd am yr union air, a ddeisyfa i esbonio ei gweledigaeth. Am iddi ennill gradd ddisglair yn iaith Mandarin Tseina yn Rhydychen, tebyg nad oedd angen fawr mwy na phenwythnos arni i ddysgu Cymraeg. Ei syniad o wyliau yw treulio wythnos yn teithio ar hyd feidiroedd gogledd Sir Benfro mewn cart a cheffyl.

Un arall o'r trigolion parhaol sy wedi dysgu Cymraeg yn rhugl ac sydd yn ei dro wedi ei arestio yn ystod un o ymgyrchoedd Cymdeithas yr Iaith Gymraeg yw Tony Haigh. A chyn ymuno â'r gymuned, cafodd y Sais o Harrow hefyd ei erlyn am dyfu canabis at ei ddefnydd ei hun, a chael dirwy o £200 ar ôl cyflwyno ei dystiolaeth gerbron Llys Ynadon Castellnewydd Emlyn trwy gyfrwng y Gymraeg. Talodd y ddirwy ond gwrthododd dalu'r costau am nad oedd wedi ei erlyn trwy gyfrwng y Gymraeg. Ni chredai fod y Gymraeg yn cael tegwch. Fe'i defnyddid bob amser pan gâi ei erlyn fel aelod o Gymdeithas yr Iaith, ond yn Saesneg y câi ei erlyn, pan oedd wedi cyflawni trosedd nad oedd yn ymwneud â'r iaith ei hun.

Tebyg y gallai yntau hefyd fod mewn swydd fras yn gwisgo siwt binstreip bob dydd am fod ganddo radd Mathemateg o Gaergrawnt. Ond gwell ganddo fyw ymhlith cymuned, gan wneud ychydig o waith fel plymwr yn yr ardal, yn hytrach na phoeni am gyflwr y farchnad stoc a'r cyfranddaliadau. Tystiai'r gŵr, sydd i'w weld gan amlaf yn gwisgo siwmper a chapan gwlân ar ei ben, mai anadlu mwg y ddeilen ganabis oedd yn ei alluogi i werthfawrogi cerddoriaeth ac yn ei symbylu i fwrw ati i arddio. Oherwydd eu hymlyniad at fyw'n agos at y fam ddaear nid rhyfedd i'r criw brith sy'n rhan o'r gymuned hon gael eu disgrifio gan y cyfryngau ar draws y byd fel 'y llwyth coll'. Eto i gyd maen nhw'n barod, fel rhan o'u gwasanaeth i ddynolryw, i werthu ac allforio hadau llawer o'r llysiau a dyfir ganddynt, i arddwyr ym mhob rhan o'r byd sy'n dymuno purdeb genynnol. Mynnwch gopi o'u catalog hadau.

Mae'r adeiladau amrwd ar dir Brithdir Mawr ac amgylchiadau eu codi yn y 1990au hwyr yn dipyn gwahanol i adeilad y castell ac amgylchiadau ei godi yntau yn

Tony Haigh

Nhrefdraeth yn yr 1190au. Dichell a brad oedd y tu ôl i benderfyniad William Martin, mab yr Eingl-Norman, Robert FitzMartin, sef y gŵr a sefydlodd abaty yn Llandudoch gyda chaniatâd abad Tiron yn Ffrainc, i godi'r castell y trowyd ei weddillion bellach yn dŷ annedd. Yn y cyfnod hwnnw roedd hi'n rhyfela cyson rhwng y tywysogion Cymreig a'r goresgynwyr Normanaidd gyda chadoediadau o bryd i'w gilydd wrth i bwy bynnag oedd ar yr orsedd yn Lloegr gyhoeddi breintiau yn gyfnewid am deyrngarwch.

Un o'r achlysuron hynny oedd penderfyniad Harri'r II i roi teitl 'Tywysog y Deheubarth' i Rys ap Gruffydd a oedd wedi ad-feddiannu cestyll Aberteifi a Chilgerran. Yn unol â thacteg gwladweinydd, penderfynodd Rhys gynnig llaw ei ferch, Angharad, i William Martin a oedd yn arglwyddiaethu Cemaes o'i gastell yn Nanhyfer. Roedd hynny'n sicrhau heddwch rhyngddo a'i gymydog am y tro, ond pan fu farw'r brenin yn 1189, ni chredai Rhys ei bod yn ofynnol iddo barchu coron Lloegr mwyach. Doedd teyrngarwch yn ddim mwy nag ystryw wleidyddol,

73

na fyddai'n parhau'n hwy nag oedd yn fanteisiol, a dwy flynedd yn ddiweddarach ymosododd Rhys ar gastell Nanhyfer gan erlid ei fab-yng-nghyfraith oddi yno.

Rhoes Rhys ap Gruffydd Gastell Nanhyfer yng ngofal ei fab a'i etifedd, Gruffydd. Ond er mwyn amlygu tuedd y Cymry o gynhenna ymhlith ei gilydd byth a hefyd, rhaid nodi bod ei frodyr ei hun, Maelgwn a Hywel Sais, wedi ymosod ar y castell dair blynedd yn ddiweddarach a chadw eu tad yn gaeth yno am gyfnod byr ond, yna, oherwydd pryder cynyddol fod yr Eingl-Normaniaid yn cryfhau unwaith eto, penderfynodd Hywel Sais ddinistrio'r castell yn llwyr yn 1195. Fe'i gelwid yn Hywel Sais am iddo dreulio cyfnod yn wystl yn llys Harri'r II. Bu farw Rhys ap Gruffudd ymhen dwy flynedd ac o fewn dwy flynedd arall bu'n rhaid i Maelgwn ildio Castell Aberteifi i feddiant y brenin. Yna yn 1204 lladdwyd Hywel gan wŷr Maelgwn. Yn y cyfamser, yn Nhrefdraeth, roedd William Martin wedi hen sefydlu ei gastell, gyda chymorth nawdd y brenin, ac wedi cadw a chryfhau ei afael ar Gemaes. Yn unol â'r arfer priododd sawl cenhedlaeth o'i ddisgynyddion ag aelodau o deuluoedd bonedd, gan amlaf o Loegr, gan sicrhau parhad arglwyddiaeth Cemaes – er na fydden nhw'n treulio llawer o'u hamser yn y farwniaeth. Fodd bynnag, cafodd yr Arglwydd Audley ei ddienyddio am deyrnfradwriaeth yn 1497, ac am gyfnod cafodd barwniaeth Cemaes ei rhoi ar les i ŵr o'r enw William ab Owen. Ymhen canrif, bu cyfreithia gan yr Oweniaid i brofi mai nhw, ar sail cytundebau honedig a lofnodwyd, oedd gwir berchnogion y farwniaeth. Roedd y castell erbyn hynny i bob pwrpas yn furddun, gan fod byddinoedd Llywelyn Fawr a Llywelyn ap Gruffydd, y Llyw Olaf, ac Owain Glyndŵr yn ddiweddarach, wedi ymosod arno am iddynt ei ystyried yn symbol o orthrwm y Cymry. Cafodd ei ddefnyddio fel carchar am gyfnod, ond ni chafodd ei adfer i fod yn annedd-dy, tan ail hanner y bedwaredd ganrif ar bymtheg, a hynny gan Thomas David Lloyd, a fu'n AS Rhyddfrydol Ceredigion, ac a oedd yn llinach yr Oweniaid.

Wrth ddychmygu'r holl fwrlwm fu ar hyd y Parrog mewn canrifoedd a fu, purion fyddai atgoffa'n hunain o'r arfer o chwarae cnapan, a oedd yn gamp bron yr un mor waedlyd â'r ymrafael gwleidyddol yn yr hen oesoedd. Rydym yn ddyledus i George Owen, yr enwocaf o Oweniaid Henllys, am ei ddisgrifiad o'r gêm yn ei *Description of Pembrokeshire,* a gyhoeddwyd yn wreiddiol yn 1795, er ei fod ar gael ar ffurf llawysgrif er 1603.

Byddai dau dîm yn ymrafael â'i gilydd i gludo pêl wedi ei llunio o bren caled, ychydig yn fwy o ran maint na phêl griced, i ble bynnag a nodwyd yn derfynau'r chwarae – gan amlaf drysau eglwysi'r ddau blwyf. Oherwydd hyd maes y gad, caniateid i chwaraewyr farchogaeth ceffylau. Nodwedd fileinig o'r chwarae oedd y pastynau derw neu ynn a ddefnyddid gan y chwaraewyr i golbio'i gilydd yn ddidrugaredd, er mwyn cael gafael ar y bêl, a dywed George Owen, fod ganddo greithiau lluosog ar ei gorff i brofi iddo gymryd rhan yn yr arfer barbaraidd. Nid oes sôn am reolau sefydlog na chwaith ddyfarnwr o unrhyw fath i reoli'r chwarae, a chredir i'r arfer ddod i ben erbyn diwedd yr ail ganrif ar bymtheg a hynny oherwydd y mynych anafiadau a'r defnydd a wneid yn aml iawn o'r chwarae i setlo hen gwerylon. Deil yr enw i gael ei arfer am fod bwyty'r Cnapan yn un o lefydd bwyta gorau'r dref.

Roedd George Owen yn hynafiaethydd o fri a ddefnyddiodd y gynneddf honno'n greadigol, i geisio profi bod ei dad, wedi etifeddu Barwniaeth Cemaes yn hytrach nag wedi ei phrynu. Treuliodd ran helaeth o'i oes yn cyfreithia i'r perwyl hwnnw. Roedd yn ddyn dysgedig, yn gyfarwydd â llysoedd cyfraith Llundain, a bu'n frwd dros wella cyflwr amaethyddiaeth yn ei ardal. Lluniodd arfbais iddo'i hun mewn ymgais i hyrwyddo tras uchelwrol ei deulu, a chawn ganddo dystiolaeth amhrisiadwy am ffordd o fyw ein cyndeidiau yn ei ddisgrifiad manwl o fywyd yn Sir Benfro, cyn ac yn ystod ei oes. Byddai ei gartref yn Henllys, ger Nanhyfer, yn estyn croeso i'r beirdd a gwyddai'r cywyddwyr sut i ganu ei glodydd yn gydnabyddiaeth am ei haelioni. Does dim dwywaith ei fod yn ddyn anturus a gweithgar. Cenhedlodd ddeg o blant yn ystod ei briodas ag Elizabeth, un o deulu Philippiaid Castell Pictwn, a chwech arall yn ystod ei briodas ag Angharad, a oedd eisoes wedi esgor ar saith plentyn anghyfreithlon tra bu'n feistres iddo. Yn hynny o beth, roedd yn efelychu ei dad William a genhedlodd fab a merch o'i briodas ac yna naw o blant anghyfreithlon yn cynnwys saith oddi wrth ei feistres yn Amwythig.

Deil eu disgynyddion i arddel teitl seremonïol Arglwydd neu Arglwyddes y Farwniaeth a chynhelir Cwrt Lît o hyd i ddewis maer a hynny o dan siartr brenhinol sy'n dyddio 'nôl i ddyddiau mab ac ŵyr William Martin. Deilydd y swydd anrhydeddus ar hyn o bryd yw Hyacinthe Naione Hawkesworth, sy'n byw yng Nghaerlŷr ac roedd ei mam, Joan Henllys, yn arddel y cysylltiad teuluol yn ei henw. Pery'r arfer o 'Gerdded y Ffiniau' yn rhan o ddyletswyddau seremonïol blynyddol y farwniaeth, ac erbyn hyn, datblygodd yn atyniad twristaidd o fri wrth i nifer ddewis marchogaeth ar hyd y ffiniau.

Mae'n rhaid bod yna ganeuon môr wedi eu canu yn nhafarndai'r Parrog slawer dydd, wrth i forwyr o barthau eraill fwrw angor a chodi hwyl, ac roedd gan Dudra'th ei chân fôr ei hun, a fu bron â mynd i ddifancoll oni bai i forwr o bentre Dinas gerllaw ei chlywed ar hap yn New Orleans. Daeth â hi 'nôl i'w chynefin a'i chanu ar alaw 'Ffarwel i Ddociau Lerpwl':

Am y cynta' i lawr i'r Parrog
I weld y 'Seventy Four',
Mae'i bows hi ar y Castell
A'i starn hi ar y môr.
Ffarwel i draethau Penfro
A'r merched ifainc llon;
'Rwy'n mynd yn awr heb oedi
I nofio ar y don.

O dewch, Mari,
I forio ar y llyn;
Mae'r awel wedi codi
I lanw'r lliain gwyn.

Ffarwel hen Afon Nyfer,
Ffarwel fy mam a 'nhad,
Mae'r awydd wedi codi
Ymado wnaf â'm gwlad.
Ffarwel i dŵr Carningli,
Ffarwel i'r bwthyn bach;
Ffarwel i'r merched perta,
Rwy'n awr yn canu'n iach.

Ychwanegwyd yr ail bennill gan Dillwyn Miles a bu cryn ganu arni pan oedd
Cantorion Ingli yn eu bri a Mansel Owen, y baswr dwfn, yn morio ei chanu. Yn
wir, fel brodor o'r dref cyflawnodd Dillwyn Miles, y cyn-Arwyddfardd a Cheidwad
Cledd yr Orsedd, sawl cymwynas ar ei ran. Fe'i penodwyd yn glerc y cyngor
plwyf pan oedd ond yn 16 oed a bu'n faer ar bedwar achlysur, gan roi bri o'r
newydd ar rai o'r hen arferion cysylltiedig â'r farwniaeth. Am iddo fyw am gyfnod
yn y castell, mae'n rhaid iddo ymdeimlo â hen hanes ei gynefin, a mynd ati i
ysgrifennu'n helaeth am yr ardal yn ogystal â Sir Benfro gyfan. Does neb wedi
ysgrifennu'n helaethach nag ef am y sir yn yr iaith fain. Roedd yn olynydd teilwng
i George Owen fel hynafiaethydd a lladmerydd ar ran y sir, a bu ei ymdrechion
yn allweddol i sefydlu Parc Cenedlaethol Arfordir Penfro yn 1953 a Llwybr yr
Arfordir yn ddiweddarach.

Mae'n drueni na fyddai'r ddwy chwaer ddawnus, Nerys a Llinos Richards, yma nawr i chwarae alaw'r shanti fôr ar y soddgrwth. Mae merched un o berchnogion y cwmni bysiau lleol bellach yn gwneud eu marc ar lwyfannau cyngherddau clasurol yn chwarae'r soddgrwth, ac yn hynny o beth yn dilyn ôl traed y delynores Susan Drake, un arall o blant dawnus y dref. Pe gellid denu cyfnither y chwiorydd, y Fonesig Margaret Price, i lawr o gartref ei hymddeoliad yng Ngheibwr, ger Trewyddel, gallem drefnu cymanfa o sesiwn. A phetai'r diweddar Harold Davies wrthi'n wilibowan o gwmpas yr harbwr, fel yr arferai wneud tan iddo gyrraedd oedran teg, fe fyddai'n siŵr o dynnu sgwrs a'n goleuo ynghylch ei gampau ar hyd ei oes ar draws y byd, boed yn trefnu cyflenwad dŵr i drueiniaid mewn sychdwr yn un o'r gwledydd pell neu'n achub rhyw bŵr dab o'r môr yn Nhudra'th. Beth sy'n well na dawn dweud gydag ambell englyn wedi ei daflu i'r pair gan rywun nad yw'n caniatáu i'r traethu gael ei lethu gan orddibyniaeth ar gywirdeb ffeithiau? Wedi'r cyfan, i ba bwrpas y rhoddwyd i ni ddychymyg oni fedrwn ei ddefnyddio heb ei lyffetheirio wrth ddiddanu?

Nid yw Tudra'th yn wahanol i'r un ardal arall yn ei gallu i gynhyrchu dynion dawnus mewn amryfal feysydd. Dyna i chi'r Parch. T. M. Rees a anwyd yn Brithdir Mawr yn 1853 ac a fu'n weinidog gyda'r Bedyddwyr mewn nifer o lefydd gan gynnwys yr Unol Daleithiau am gyfnod byr. Yn wir, cyfnodau byr a dreuliai bron ymhobman yn ystod ei weinidogaeth mewn wyth o ardaloedd gan gynnwys Casllwchwr a Chaergybi ddwywaith, ond dychwelyd i ofalu am Gapel y Morwyr yn y porthladd yn hytrach na Chapel Bethel i ddiweddu ei yrfa. Magodd naw o blant a daeth o leiaf un ohonyn nhw'n amlwg yn ei faes, yn ôl y llythrennau wrth gwt ei enw beth bynnag: Major General Thomas Wynford (Dagger) Rees, CB, CIE, DSO Bar, MC a oedd yn arwain y 19th Indian Division yn Burma yn ystod yr Ail Ryfel Byd.

Cafodd John Grono fywyd cyffrous ar ôl ymfudo i Awstralia yn 1798 yn 25 oed gan wneud enw iddo'i hun fel heliwr morloi a dal degau o filoedd ohonyn nhw. Dywedir iddo achub pedwar heliwr morloi a dreuliodd bedair blynedd ar ynys bellennig ar ôl llongddrylliad. Ar ôl iddo fynd â nhw adref at ei deulu, penderfynodd dau ohonyn nhw briodi yn y man â dwy o'i saith o ferched. Roedd Joseph Hughes wedyn yn giwrat mewn eglwysi yn ardaloedd Huddersfield, Lerpwl, a Meltham yn Swydd Efrog lle bu'n byw am 27 mlynedd tan ei farwolaeth yn 1863 gan arddel yr enw barddol Carn Ingli. Roedd yn aelod o'r Orsedd ac enillodd Fedal y Cymmrodorion yn 1826 am gyfansoddi traethawd ar y testun 'Calondid. 'Mae trigolion Meltham yn dal i drysori ei lyfr *The History of Meltham*.

John Seymour

Treuliodd y Parch. William Morgan ei weinidogaeth ar Ynys Môn ac ysgrifennodd gofiant i Christmas Evans gan gyflwyno elw'r gwerthiant i weddw'r pregethwr grymus a gollodd ei lygad mewn ysgarmes ffair pan oedd yn ifanc. Ond ei orchest pennaf cyn ei farwolaeth yn 1872 yn 71 oed oedd cyhoeddi llyfr o 672 o dudalennau o dan y teitl, *Cysondeb y Ffydd.* Hanai'r cenhadwr Thomas Evans o'r dre a bu farw'n 80 oed yn 1906 yn Uttar Pradesh yn India a dwy flynedd yn ddiweddarach cyhoeddwyd cofiant iddo o dan y teitl *A Welshman in India.* I'r un perwyl yr aeth William Davies yn genhadwr i India, Ieuan Maurice i'r Congo a'r un modd Hamer Jenkins i Montroulez yn Llydaw. Rhan o linyn mesur gafael rhyfeddol crefydd ar fywydau'r Cymry, ar un adeg oedd yr ysfa i fynd â'r efengyl i blith pobloedd gwledydd eraill lle roedd yna ffordd o fyw, diwylliant a chrefydd cwbl wahanol. Codwyd cenedlaethau o blant Ysgolion Sul i gredu mai'r arwyr i'w hedmygu oedd cenhadon ac na ellid gwell uchelgais na dilyn ôl eu traed.

Yr un mor berthnasol wrth sawru gwynt yr heli ar hyd y llwybr yw galw i gof y rhai hynny a symudodd i'r ardal a chyflawni gorchestion yn eu meysydd. Dyna i chi John Seymour, pleidiwr y ffordd hunangynhaliol o fyw yn agos at natur, y cofiaf weld ei lyfrau mewn cartrefi pobl broffesiynol yn ninasoedd Canada hyd yn oed. Ymgartrefodd yn Fachongle Isaf nid nepell o gapel Caersalem Dyfed, ar drothwy Cwm Gwaun, gan ddenu pobl yno o bedwar ban byd i fyw'n gynnil ac i weithio ar y tir gyda chyn lleied â phosib o beiriannau, ac i dalu am y profiad o wneud hynny. Byddai rhai o'r ffermwyr lleol yn edmygu ei grebwyll yn perswadio pobl ddi-glem i dalu am wneud yr ychydig waith a wnaed ar y fferm tra byddai yntau'n eistedd wrth ei deipiadur yn ysgrifennu llyfrau. Yn eu golwg nhw doedd hynny ddim yn waith am mai gorchwyl i ddynion segur oedd ysgrifennu a darllen llyfrau beth bynnag.

I bobl a oedd wedi syrffedu ar fywyd dinas, roedd John Seymour yn arloeswr ecolegol, ac o'r farn taw rhywbeth sy'n cael ei drosglwyddo o genhedlaeth i genhedlaeth yw gwybodaeth a diwylliant yn ei hanfod, yn hytrach na chynnydd ar sail dyfeisgarwch dyn. Mae'r llyfr a'i gwnaeth yn fyd-enwog yn ei faes, *The Complete Book of Self Sufficiency*, a gyhoeddwyd gyntaf yn 1976, yn dal yn boblogaidd yng nghartrefi'r rhai sydd am gefnu ar batrwm byw dinesig.

Treuliodd gyfnod mewn coleg amaethyddol cyn symud i Dde Affrica i weithio ar fferm ddefaid, mewn cloddfa gopor, ac i adran filfeddygol y llywodraeth, a chael ei swyno eto fyth gan ffordd o fyw y brodorion hynny a oedd yn byw trwy hela, heb gymryd oddi ar natur ond yr hyn roedd ei angen arnyn nhw i oroesi. Doedden nhw ddim yn ecsploetio natur a bu hynny'n gonglfaen i'w athroniaeth, a ddyfnhawyd gan ei brofiadau yn teithio ar draws Ewrop i India yn treulio amser ymysg gwerin bobl a oedd yn byw oddi ar y tir.

Ar ddiwedd y 1950au ymsefydlodd yntau a'i wraig gyntaf, Sally, a'u tair merch, ar fferm pum cyfer yn Woodbridge, Suffolk, ond ar ôl symud i Sir Benfro yn y 1970au, ac ar ôl y pryderon a godwyd yn ystod yr argyfwng olew, a streic y glowyr, y blodeuodd ei syniadau a chydio mewn cynulleidfa. Ofnwyd y byddai tanwyddau yn prinhau ac y byddai'n rhaid i ni chwilio unwaith eto am y gynneddf honno i dyfu ein bwydydd ein hunain er mwyn cynhaliaeth. Gellid dweud mai hanfod ei holl lyfrau oedd dysgu'r sgiliau hynny megis tyfu llysiau a chynhyrchu caws a aeth yn angof ymhlith preswylwyr y dinasoedd. Ar yr un pryd roedd yn darlledu'n gyson a thrwy hynny'n sicrhau proffil uchel iddo'i hun a'i syniadau. Un o'r rhai a ddenwyd i Fachongle Isaf yn 1979 oedd Vicky Mollër a deil yno, ac wedi marwolaeth John yn 2004, hi bellach yw un o aelodau'r gymuned sy'n 'cadw ysbryd John yn fyw'. Dyma ei thystiolaeth hi.

'Roeddwn i'n byw yn Llundain ond wedi treulio peth amser ar fferm fechan ar Ynys Môn ac yn dyheu am fyw yn y wlad. Pan welais yr hysbyseb yn 1979 am yr hyn a oedd yn cael ei gynnig yn Fachongle fe ddes i lawr ar unwaith. Ces i dipyn o syndod o weld yr annibendod oedd yma pan godais y bore cyntaf a dim golwg o neb yn unman a finne ar y pryd ddim yn gyfarwydd â byw fel hippi. Fe ddaeth John o rywle a dwi'n cofio paratoi brecwast mawr iddo – cyn pen tridiau roedd e am fy mhriodi. Fe ddes i a'm tri phlentyn yma a bues i'n gymar iddo am amser hir nes iddo symud i Iwerddon ar ddiwedd yr 1980au. Roedd John yn ddyn arbennig iawn ond roedd wastad mewn dyled a hynny am ei fod bob amser mor hael. Byddai breindaliadau'r llyfrau wedi eu gwario cyn pen dim am ei fod yn gwybod sut i drefnu partïon da.

Mae'r partïon hynny'n dal yn rhan o chwedloniaeth yr ardal a byddai yma lawer o hwyl wrth i gymdogion gymysgu gyda'r bobl a gâi eu denu yma gan John. Byddai wastad yn dweud ei fod yn gartrefol yma am ei fod ymhlith pobl oedd yn dal i ladd moch a macsu cwrw. Doedd pawb ddim yn ein hystyried yn *freaks* a bydde John yn dysgu llawer wrth rai o'r ffermwyr lleol am yr hen ddulliau o amaethu. Dwi'n falch iddo ddod 'nôl fan hyn atom ni i dreulio ei ddeunaw mis olaf ac fe barodd ei barti pen-blwydd yn 90 oed am wythnos gyfan. Ond ar ôl hynny fe benderfynodd nad oedd am fyw, ac fe wrthododd fwyta. Bob tro y gofynnem iddo a oedd am rywbeth, ei ateb oedd, 'marwolaeth'. Roedd yr wythnosau olaf hynny'n arbennig iawn wrth i lawer ohonom sgwrsio'n dawel ag ef am y pethau a oedd yn agos at ei galon a hynny yng ngolau canhwyllau. Yn ei ddydd roedd John yn sgwrsiwr heb ei ail wrth iddo sôn am ei brofiadau ar y môr a chanu caneuon môr.

Ond yn y dyddiau olaf hynny roedd yn ddagreuol am ei fod yn teimlo na fedrai newid y byd rhagor. Roedd am dorri ei fedd ei hun ac yn rhwystredig am nad oedd ganddo'r nerth i wneud hynny ar ôl i mi brynu rhaw iddo ond ymdawelodd wedyn ar ôl i'w ferch, Annie, esbonio iddo mai dyletswydd aelodau ei deulu oedd gwneud hynny. Bu'n croesawu ffrindiau i'w weld wedyn er mwyn ffarwelio â nhw. Yn rhyfedd iawn chyrhaeddodd mo'r coffin go iawn mewn pryd ar gyfer ei angladd a bu'n rhaid i ni wneud elor o flancedi i gario ei gorff i'w fedd mewn parc drws nesaf i'w gartref. Pan dorrwyd y bedd daeth y bechgyn ar draws carreg go fawr a honno yw ei garreg fedd erbyn hyn. Yn ymyl ei fedd ceir sedd garreg i bwy bynnag sydd am eistedd i fyfyrio. Roedd hyd yn oed angladd John yn hunangynhaliol yn unol ag athroniaeth ei fywyd. A does dim dwywaith ei fod wedi gadael tipyn o waddol ar ei ôl er nid yn yr ystyr faterol ond yn y ffordd y treuliodd ei fywyd a'r hyn roedd e'n ei gredu ynddo.'

Erbyn hyn dysgodd Vicky siarad Cymraeg yn rhyfeddol o dda, ac ni chyll gyfle i fracsan arni na chwaith i hyrwyddo gwleidyddiaeth werdd yn y cyffiniau.

Ar wahân i'r 'mentrau annibynnol' o ran byw amgen, megis yn Fachongle ac yn Brithdir Mawr, tebyg nad cyd-ddigwyddiad yw bod Canolfan Eco Gorllewin Cymru wedi'i sefydlu yn Nhrefdraeth gyda nawdd a sêl bendith awdurdodau lleol, ac sy'n rhannu hen adeilad yr ysgol gynradd gyda hostel ieuenctid sy'n cynnig 28 o welyau a hynny gydol y flwyddyn. Mae'r Ganolfan Eco'n canolbwyntio ar annog defnydd o ynni adnewyddol ar bob cyfle, a chynnig cyngor i breswylwyr ar sut i beidio â bod yn wastraffus, wrth ddefnyddio trydan yn eu cartrefi, a cheir yno'r orsaf ynni solar leiaf yng ngwledydd Prydain.

O ganfod llecyn uchel ar hyd y Llwybr, gellir gweld nifer o fythynnod ar ochr y mynydd a'r mwyafrif ohonyn nhw bellach yn dai haf. Ymddengys Cerrig ychydig yn ots i'r lleill am nad oes bwthyn i'w weld yno fel y cyfryw ond gweddillion hen garafán a sièd amaethyddol go fawr nad oedd y Parc Cenedlaethol yn rhy awyddus i ganiatáu ei chodi. Prin y gellid meddwl am fan mwy anial, gwyntog ac oer yn nhrymder gaeaf, a phrin bod yr ychydig erwau o dir yn ffrwythlon o ran cynnal bywoliaeth. Ond yma y bu Geraint Evans yn crafu byw am flynyddoedd a chynnig ei hun yn fentor i ddulliau John Seymour o amaethu. Gwyddai Geraint sut i gadw gwartheg, ceffylau, asynnod a geifr yn gymysg, er mwyn cadw clefydau draw yn ôl hen weddelau. Bu'n cadw baeddod gwyllt am gyfnod ar ei dir mynydd caregog, ond am nad oedd cloddiau'r ffin yn rhy gadarn tueddent i grwydro i fannau lle na ddylen nhw fynd.

Arddelai Geraint y ffordd syml o fyw yn agos at y fam ddaear, nid oherwydd ffasiwn y funud, ond yn hytrach am nad oedd yn un a oedd yn or-hoff o newid. Bu'n frwydr gyson rhyngddo ac awdurdod cynllunio'r Parc Cenedlaethol am nad oedd yn fodlon cydymffurfio â'u rheolau nhw, ac am nad oedden nhw'n caniatáu iddo wneud fel y dymunai. Yn y pen draw, aflwyddiannus fu ei frwydr i ddarbwyllo'r awdurdod cynllunio, bod y gweithgarwch amaethyddol ar y tyddyn yn gwarantu lleoli carafán breswyl yno'n amser llawn. Ni fynnai ildio ac ar ôl sawl ymddangosiad mewn llys fe'i dedfrydwyd i wythnos o garchar yn Abertawe, a'i ddyfarniad ar ôl ei ryddhau oedd na chafodd cystal llety erioed, am fod y prydau bwyd yn rheolaidd a maethlon, a'i fod wedi ei synnu gan haelioni'r sefydliad yn rhoi arian iddo dalu am docyn bws, a chondom am ddim, wrth ei ollwng. Tebyg fod diddosrwydd cell yng ngharchar Abertawe, yn rhagori ar garafán simsan yn rhyferthwy'r gwynt a'r cenllysg ar ochr mynydd, i ŵr yn ei drigeiniau waeth pa mor wydn y bo.

Yn nes 'nôl dipyn, bron yn union uwchben Tudra'th, mae bwthyn Coetllwyd a arferai fod yn gartref i'r arlunydd haniaethol o'r Almaen, Frederick Könekamp, am 26 mlynedd, wedi iddo symud yno ar ôl yr Ail Ryfel Byd yn 1948. Mynna rhai o drigolion hŷn yr ardal, fod y nofelydd, Richard Llewellyn, wedi byw yno am gyfnod cyn hynny, ond, fel gyda phob dim ynghylch gyrfa'r gŵr oedd â chysylltiad â Thyddewi, anodd yw cadarnhau hynny. Yng nghyfnod yr arlunydd, fodd bynnag, does dim gwadu bod yna afr yn trigo yno hefyd, a chyfrifoldeb ei bartner, Rosamund, fyddai ei godro a'i thendio. Coffa da am alw i'w gweld, ill tri, yn y 1970au cynnar pan benderfynais y byddai cyhoeddi portread o'r arlunydd yn *Llais y Lli*, papur Cymraeg myfyrwyr Coleg y Brifysgol, Aberystwyth, yn syniad da. Doedd hi ddim yn bosib gyrru car at ddrws y bwthyn, a mater o gerdded oedd hi ar hyd yr hanner milltir olaf.

Cofiaf weld cynfasau mawr o liwiau llachar a siapiau a ymddangosai'n fathemategol gywrain o boptu'r tŷ. Credwn y buasai'r Almaenwr yn fy ngoleuo ynghylch arwyddocâd ei ddarluniau yn ystod yr awr ddilynol ond, na, roedd fel ci'n dioddef o'r gynddaredd yn amneidio am fynd i rywle 'mwy priodol' i sgwrsio. A'r lle 'mwy priodol' hwnnw oedd tafarn. Credaf i ni alw heibio sawl tafarn ond heb aros yno am fod y croeso i'w synhwyro'n lled oeraidd, ac er mai lled anesmwyth oedd hi yn y dafarn yn Nanhyfer penderfynwyd y byddai'n addas at ein dibenion. Deuthum i'r casgliad mai anaml y byddai Frederick Könekamp yn gadael y bwthyn, a phan fyddai'n mynd ar sgawt i rai o'r tafarndai, doedd dim disgwyl iddo ddychwelyd iddynt ar frys. Ni chofiaf affliw o ddim am y portread nac yn wir os cafodd ei sgrifennu o gwbl.

Pam mae'r ardal yn denu cynifer o bobl ecsentrig, wahanol ac annibynnol eu barn dywedwch? Ar yr olwg gyntaf hwyrach y credwch mai enw ar grŵp roc yw Satish Kumar ond, na, fe fu'r gwron o India'n byw ac yn athronyddu yn ffermdy Pentre Ifan. Roedd camp ei fab, Mukti yn dysgu Cymraeg mewn ysgol gynradd leol yn dipyn o ryfeddod 'nôl yn y 1970au ond rhyfeddach fyth oedd cefndir Satish ei hun, am ei fod wedi'i ddisgrifio'n gwbl gymwys fel mynach, heddychwr, pererindotwr anghyffredin ac ymgyrchydd ecolegol. Fe'i ganwyd yn 1936 ac ymunodd ag urdd mynaich y Jain yn naw oed ac yna ei gadael yn 18 oed i ymgyrchu dros ddiwygiadau tir yn unol â gweledigaeth Gandhi. Aeth ar bererindod heddwch dros 8,000 o filltiroedd o India i America heb geiniog yn ei logell, a chyflwyno 'pecynnau te' heddwch i wladweinwyr y pedair gwlad oedd wedi datblygu arfau niwclear ar y pryd. Pan ymgymerodd Satish â'r dasg o olygu'r cylchgrawn ecolegol *Resurgence* penderfynodd mai yng nghefn gwlad ac nid mewn amgylchfyd trefol y dylid gwneud hynny, a thrwy haelioni Peggy Hemming, economegydd o Rydychen, a gefnogai ei weledigaeth ecolegol, ymgartrefodd ym Mhentre Ifan, ynghyd â phedair gafr a buwch, yn 1976.

Delfrydwyr pur a ffermwyr anobeithiol oedd Satish a'i griw yng ngolwg ei gymdogion. Bydden nhw'n naturiol yn fwy tebygol o ddarllen y *Farmer's Weekly* na dibynnu ar gyhoeddiad fel *Resurgence,* gan na welid ynddo'r un erthygl yn tafoli rhinweddau tractorau na'r peiriannau diweddara a fyddai'n gwneud ffermio'n haws ac yn fwy cost-effeithiol. Buan y surodd amgylchiadau ym Mhentre Ifan wrth i rai aelodau o'r gymuned yno ddadlau dros yr hawl o gael defnyddio rhywfaint o offer mecanyddol er mwyn gwneud defnydd llawn o'r 96 cyfer tra glynai Satish yn ddigyfaddawd wrth ei weledigaeth o ddefnyddio offer llaw'n unig, a

Satish Kumar

denu rhagor o bobl i gyflawni'r gwaith hwnnw. Cytunwyd i gyfaddawdu a rhentu'r rhan fwyaf o'r tir i ffermwr cyfagos a chadw deg cyfer at eu dibenion eu hunain. Gadawodd rhai ac o fewn blwyddyn ymddengys fod Peggy Hemming wedi colli ffydd yn y fenter, a throdd ei chefn gan gyhoeddi ei bod am roi'r fferm at ddefnydd Urdd Gobaith Cymru. Bu cyfreithia dwys am gyfnod ac yn y pen draw cynigiwyd £9,000 o iawndal i Satish a'i deulu a chyfnod o flwyddyn iddo ganfod cartref newydd.

Y canlyniad fu iddyn nhw symud i Ogledd Dyfnaint gan barhau i olygu'r cylchgrawn, a chyhoeddi mai'r gwaddol pennaf o'r cyfnod a dreuliwyd yng nghysgod Carn Ingli oedd sylweddoli bod arferion y seintiau Celtaidd yn debyg iawn i gredoau duwiau India, am fod y naill garfan a'r llall yn cyfathrebu â physgod y môr a chreaduriaid y tir, gan gredu eu bod yn aelodau o'r teulu dwyfol a chyfriniol. Ar eu ffordd i'w cartref newydd diffygiodd y fan a yrrid gan John Seymour yng nghyffiniau Abertawe, a phan gyrhaeddodd dyn yr AA ymhen hir a hwyr, fe'u hysbysodd, ar ôl archwilio'r hyn a oedd o dan y boned yn drylwyr, nad oedd tanwydd yn y tanc. Tanlinellai hynny'r ffaith nad oedd na Satish na John yn perthyn yn llwyr i'r byd hwn.

Deil Urdd Gobaith Cymru i wneud defnydd o'r eiddo, ac addaswyd y sgubor hynafol, sy'n cynnwys trawst yn dyddio 'nôl i'r Canol Oesoedd, yn ganolfan gynadledda fodern a hwylus ar gyfer cynnal cyrsiau preswyl o bob math. Mae ddoe a heddiw ynghlwm yn y fangre hon ac ychwanegir at ein synnwyr o hanes o wybod am y llinach fu'n byw yma. Gall Dilys Parry o Hwlffordd frolio bod ei hen dad-cu yn yr ail ach ar bymtheg, Llywelyn ab Owen, yn byw ym Mhentre Ifan yn y bedwaredd ganrif ar ddeg ac roedd yntau yn llinach Cuhelyn Fardd, a elwid yn broffwyd neu'n ddoeth, ac yn fab i Gwynfardd Dyfed. A phwy oedd hwnnw nawr 'te meddech chi? Wel, neb llai na mab Pwyll Pendefig Dyfed ap Meurig Brenin Dyfed ap Arcel Law Hir ap Pyrr y Dwyrain ap Lliw Hen, yn ôl Llyfrau Gelli Aur. Mae rhyw rin rhyfedd i'w deimlo wrth sefyll ar y clos yng nghwmni cysgodion y nos a dychmygu'r hyn a ddigwyddai yma mewn oesau a fu; hawdd cael eich ysgogi i lefaru geiriau cerdd adnabyddus Waldo Williams, 'Cofio', sydd hithau'n llawn o wae a chynnwrf oesol.

> O, genedlaethau dirifedi daear,
> A'u breuddwyd dwyfol a'u dwyfoldeb brau,
> A erys ond tawelwch i'r calonnau
> Fu gynt yn llawenychu a thristáu?

> Mynych ym mrig yr hwyr, a mi yn unig,
> Daw hiraeth am eich 'nabod chi bob un;
> A oes a'ch deil o hyd mewn cof a chalon,
> Hen bethau anghofiedig teulu dyn?

Does ond eisiau sefyll yn stond am ychydig a gwrando ar sibrydion yr awel i deimlo fod yma bresenoldeb sy'n feichiog o hanes. Sgathra cwningen o'r glaswellt i'w gwâl ac o glywed siffrwd y dail ar lawr draw tybed ai mochyn daear cynta'r nos sy'n synhwyro'r hen a'r digyfnewid wrth ffroeni'r awel? Cofleidier yr eiliadau prin hynny pan fyddo'r gallu i gysylltu â thonfeddi eraill wedi'i fireinio i'r eithaf a ninnau, hwyrach, yn teimlo ein bod ar ymylon bydoedd dieithr. Does ond haen o niwl neu belydr o olau'n ein gwahanu. Mae düwch y nos a goleuni'r wawr yn aml yn ddrysau sy'n ein harwain tuag at ac oddi wrth y bydoedd hyn gan foelyd pob rhesymeg a damcaniaethau oeraidd o ran ein dealltwriaeth o'r byd a'i bethau.

O osod eich trwyn a'ch bysedd ar y trawst hynafol yn y storws, a drowyd yn neuadd fodern, deffry cynyrfiadau cyntefig yn gymysg â hiraeth am wybod a theimlo sut yr oedd hi slawer, slawer dydd. A fu yma fardd crwydrol rywbryd yn canu clodydd ei noddwr hyd at yr wythfed a'r nawfed ach ynghanol miri a gloddesta canol oesol? Tery llygaid syn gwdihŵ frech ar lwyn gerllaw ymdeimlad o arswyd a braw yn y galon sy'n dygyfor byd y bwganod ac ellyllon. Gwell dychwelyd at yr hyn a ddeil o fewn y cof a ffiniau amser nad ydynt yn cwmpasu'r tragwyddol.

Does dim rhaid i drigolion Tudr'ath dyrchu 'nôl i'r canrifoedd cynnar os ydynt am sôn am gymeriadau brith a chofiadwy oherwydd ni ellid neb rhagorach na Daniel y Pant am ddychymyg a gallu i gwyro stori, er mi fyddai'r hen garan ei hun yn mynnu nad oedd yn cyflawni'r un orchest mwy nag ailadrodd yr hyn a welodd â'i

Daniel y Pant

lygaid ei hun ac a glywodd â'i glustiau ei hun. Do, fe welodd forfil mawr yn gorwedd yn ei hyd ar draws y bae rhwng Pen Morfa a Phen Dinas, ac yn atal y llanw rhag dod i mewn am ddiwrnodau, a physgod marw'n blastar ar y traeth. Pwy feiddiai ofyn iddo am ddyddiad y digwyddiad hwnnw na holi rhyw fân gwestiynau ffeithiol dibwys felly rhagor na rhyfeddu at haerllugrwydd y morfil a'r ffaith fod Daniel Thomas wedi bod yn ddigon ffodus i fod yn dyst i'r digwyddiad annisgwyl dros gyfnod o ddyddiau.

Treuliodd ei ddyddiau olaf yng nghartref ei ferch yn y Parrog, a deil ambell un o'r to hŷn i gofio amdano yn ei henaint cyn iddo farw yn 1930 ac yntau'n tynnu at ei bedwar ugain. Dychmygwch yr hen Ddaniel yn pwyso ar ei bastwn ar noson o haf wrth i niwl y môr amgylchynu Carreg y Drewi ac yntau â'i olygon yn pallu yn gweld trwy'r gorchudd llwyd y tu hwnt i'r porthladdoedd pell hynny na fu erioed ar eu cyfyl. Saif yn stond gan wrando ar gri gyfarwydd y gylfinir a brawl bratiog y seiri coch ar y moryd y tu draw i'r Parrog a hynny fel petai'n un â'u patrwm byw tymhorol. Cael digon ar y pensynnu wedyn a throi ei gefn ar y môr gan lusgo ei draed blinderus yn shifft-shaffl ar hyd y graean llaith, a rhyw fwmial dweud o dan ei anadl, 'deued e 'accen i, deued e 'accen i', yn ei ddull dihafal ei hun, a fyddai'n gyfystyr â gwahoddiad i rannu ei gwmni yng nghegin ei gartref.

O'i weld yn gollwng ei hun yn garlibwns ar y sgiw dderi wrth y pentan fe welwch ei fod yn eillio'n rheolaidd o dan ei drwyn ac o dan ei ên ond bod ganddo wisgeren wen drwchus ar hyd ei gern. Mae'r staeniau drifls ar ei wasgod ddiraen a'r dannedd bychain, melynddu, yn brawf o arfer oes o gnoi tybaco, a'r olion gresh ar ei drywsus rib a'r hadau gwair a'r ffrwcs mân ar ei war yn brawf ei fod yn ei galon yn ddyn y tir. Rhy boerad sydyn i lygad y tân cwlwm a phan deimla ei fod yn gyffyrddus a phan gred fod ganddo gynulleidfa eiddgar fe edrydd stori.

'Rhyw nosweth tebyg i heno wêdd hi 'da'r niwl in dod miwn o'r môr. Weles i ddim tebyg 'accen i, wêdd draenogod y môr wedi dod lan ir afon fel tasen nhw wedi ca'l 'u herlid o'r môr. Wi'n cofio'n iawn fel tase hi dwe. Dy' Sul wêdd hi a phan euthum i mas, 'accen i, fe welwn i'r dŵr in corddi in wyllt in ir afon. Pan euthum i lawr i'r afon, cred ti fi, wên nhw mor dew nes 'mod i'n gallid cered ar 'u cefne'n grôs ir afon heb fwy na g'lychu gwadne 'nghlocs.'

A dim ond dechre oedd hynny wrth iddo gynhesu at ei dasg gan gymryd ambell saib i ailgynnau'r bib fel rhan o'r ddefod, a gwae'r gwrandawr ped amheuai'r un manylyn. Tebyg y soniai am y cynhaeaf gwair toreithiog hwnnw 'rhywbryd cin i Rhifel' pan fu chwech dyn wrthi o doriad gwawr tan yn hwyr y nos yn lladd gwair â'u pladuriau, a phan ddaeth hi'n ddiwrnod cywain roedd deg cart a cheffyl wrthi trwy'r dydd, ac erbyn cwpla'r rhic, ac ynte ar ei phen hi, roedd e'n medru gweld tref Aberteifi'n rhwydd. A doedd dim awgrym o wên ar ei wyneb yn ystod y dweud ac ni thalai i'r gwrandawr holi sut y daeth Daniel y Pant i lawr o ben y rhic os oedd hi mor uchel. Taw piau hi a disgwyl am berl arall.

Peryg unrhyw amau yw na cheid y pleser o glywed ei stori orchestol am Siwsan yr Hwch yn yfed tablen sur nes y bu'n rhaid ei llusgo yn ei medd-dod rheibus mas i'r môr, a'i gadael yno yn ei chynddaredd. Ac roedd yna fantais i Daniel o'r anffawd o golli ei hwch o dan amgylchiadau mor amhosib hefyd: dychrynwyd yr holl bysgod gan stranciau'r hwch wallgof nes iddyn nhw ddiengyd i'r lan o'i golwg, ac roedd cymaint yno nes i Daniel dreulio pedwar diwrnod, gyda chart a dau geffyl, yn eu cludo i Grymych i ddal y trên, a gwnaeth fwy o arian yn ystod y pedwar diwrnod hynny nag a wnaeth yn ystod deng mlynedd o ffermio. Mae'r stori wedi ei chofnodi yn ei gogoniant yn un o lyfrau'r gyfres *Wês, Wês*.

Prin y byddai'r un Sais hinon haf yn medru gwerthfawrogi gorchestion o'r fath o enau Cymro uniaith, ac, yn wir, mae'n anodd i'r Cymro pybyr cyfoes werthfawrogi'r cyfoeth tafodieithol fyddai'n perthyn i'r dweud, y cwyro a'r amseru slawer dydd. Peidied neb â bychanu ei gelwydd golau na dieithrio ei ddawn ond yn hytrach cofleidied ei ddychymyg ac anwylo ei leferydd a'i anrhydeddu am iddo roi i ni fabinogi ysblennydd.

Hwyrach y bydd y llengar yn eich plith am nodi bod o leiaf un cynganeddwr lled ddiweddar yn cael ei gysylltu â Thudra'th. Onid enillodd Alwyn Griffiths wobrau yn Eisteddfod Genedlaethol Ystradgynlais 1954 am gyfansoddi cywydd, englynion beddargraff a dychangerdd? Er iddo gael ei eni yn y dref treuliodd ran helaeth o'i fagwraeth yn Senghennydd cyn dychwelyd i'r ardal i orffen ei yrfa ysgol. Gwasanaethodd fel gweinidog gyda'r Bedyddwyr Saesneg mewn nifer o ofalaethau am gyfnod cyn troi'n athro a gorffen ei yrfa mewn ysgol yn Coventry. Dyma un o'i englynion buddugol:

Morwr

Er i'r môr, ei rym a'i hedd, – ei ddenu

O ddiddanwch tirwedd,

Daear faddeugar diwedd

Ei grwydr iach mwyach a'i medd.

PENNOD 5

LLWYD Y GWRYCH A DOM CEFFYLE

YMSERCHODD KAREN MEATYARD DROS ei phen a'i chlustiau yn Llwybr yr Arfordir oddeutu Tudra'th, ac yn ystod yr ychydig flynyddoedd ers iddi symud i'r ardal, o gefn gwlad Gwlad yr Haf, daeth i adnabod pob modfedd ohono, i gyfeiriad Ceibwr i'r gogledd ac i gyfeiriad Cwmyreglwys i'r gorllewin. Nid rhyfedd ei bod wedi ymuno â'r pythefnos o daith er mwyn adnabod y Llwybr cyfan, a chwbl amhrisiadwy yw ei gwybodaeth am adar y môr a'r adar rhydio, yn ogystal ag adar mân y tir mawr, am y gall wahaniaethu rhwng y gwryw a'r fenyw hyd yn oed o bellter. Roedd yn wyddoniadur ar ddwy droed ac o'i hannog medrai gyflwyno darlith fyrfyfyr ar amrant am hynodion ambell rywogaeth.

Pan fyddech chi a fi yn ystyried pnawn o hamddena yn Nhudra'th yn gyfystyr â loetran ar hyd y Parrog, yn llyfu hufen iâ ac yn gwylio'r byd yn mynd heibio neu'n whilmentan yn y siop lyfrau ail-law ardderchog yn y brif stryd, petai'n bwrw glaw mân, gan obeithio cael gafael ar gryno-ddisg brin o Gantorion Carn Ingli, rhai o lyfrau lluniau hanesyddol yr ardal gan Martin Lewis neu un o nofelau Menna Galley, a fu'n byw yn yr ardal am gyfnod, byddai Karen wedi brasgamu ychydig filltiroedd, i'r naill gyfeiriad neu'r llall, ar hyd y Llwybr cyn pen chwinciad. Pleser pur yw ymuno â hi ar yr achlysuron hynny am ei bod yn llawn brwdfrydedd plentyn ar ei dyfiant sy newydd ddarganfod darn o afon lle gŵyr fod pob cilfach a phwll yn llawn dirgelwch. Gŵyr am y cerrig yn y nentydd lle bydd baw dyfrgwn a gall adnabod mân adar y coedydd o glywed eu cân. Rhaid wrth bobl o bob anian a gwybodaeth er mwyn llwyr werthfawrogi gogoniant y Llwybr.

Trwy rannu ei gwybodaeth am adar deuir i'w hadnabod nid yn gymaint fel gwrthrychau sy'n meddu ar esgyll i'w galluogi i hedfan ond hefyd fel creaduriaid o gig a gwaed sydd â'u hynodrwydd a'u personoliaethau eu hunain, yn wendidau ac yn rhagoriaethau. Gwn bellach fod y frân yn perthyn i deulu o rywogaeth fawr, a chigfran yw honno a welir gan amlaf uwchben creigiau'r arfordir. Ac oes, mae yna brydferthwch yn perthyn i'w phlu du sgleiniog er yr olwg fygythiol hynafol a wna eich taro ar yr edrychiad cyntaf; hawdd dychmygu'r gigfran yn trawsffurfio ei hun yn hen ŵr doeth a dysgedig yn ei gwman yn unol â mytholeg y Celtiaid.

Wrth gerdded yng nghwmni Karen mae peryg i'ch trem gael ei hoelio ar y dŵr nes eich gwneud yn ddall i grefft y waliau cerrig wedi'u gosod ar i fyny yn hytrach na'r lletraws arferol, ar hyd darn cyntaf y llwybr wrth adael y Parrog, heibio'r tai crand a godwyd yn gartrefi i gapteniaid môr ond sy bellach, gan mwyaf, yn dai haf. Sylwch ar eu henwau yn enwau Cymraeg gan mwyaf yn gysylltiedig â'r môr – 'Sŵn-y-don', 'Deffrobani', 'Glan-y-Werydd' a 'Craig-y-môr'. A does dim dwywaith bod llawer o'r capteiniaid a'r morwyr yn gymeriadau brith.

Dyna i chi John Ernest Morris a dreuliai ei amser, pan fyddai adref o'r môr, yn eistedd yn ystafell gefn y Llew Aur yn adrodd straeon am ei brofiadau gan euro'r dweud, mae'n siŵr, er diddanu'r criw dethol o wrandawyr a alwai eu hunain yn aelodau o Glwb y Peint. Mae'n debyg yr arferai eistedd mewn cadair isel ar ochr chwith y tân, yn tynnu'n braf ar ei bib gan boeri i sbitŵn briodol, wedi'i gosod wrth ei draed, am yn ail â sôn am brofiadau mewn porthladdoedd pellennig. Pan fyddai'n barod i godi hwyl, un o'i gwestiynau agoriadol oedd, 'A wedes i wrthoch chi am y tro hwnnw 'nethon ni feddwi cyn cyrraedd Awstralia?' O gael yr ymateb a ddymunai â yn ei flaen gan ddweud 'a gweud y gwir wên ni wedi meddwi cyn i ni gyrraedd Crymych!'

Roedd hynny'n gyfeiriad at yr hyn a elwid 'Y Shah', sef coets fawr a dynnid gan geffylau a fyddai'n cludo teithwyr at yr orsaf reilffordd agosaf yng Nghrymych, a chychwyn siwrnai'r morwyr i ymuno â'u llongau ym mha borthladd bynnag bydden nhw wedi'u hangori. Byddai'r goets yn oedi wrth ddrws sawl tafarn i godi neu ollwng teithwyr, a disychedu eraill, yn ystod y siwrnai i Grymych. Does dim cofnod o stori John Ernest wedi goroesi ond mae cerdd tri phennill ar ddeg wedi'i chadw yn canu clodydd 'Y Shah' o waith Iohannes Towy – offeiriad y bu'n rhaid iddo adael ei ofalaeth. Beth a roeswn am glywed stori'r adyn ac yn wir am glywed y gân yn cael ei chanu yn ei chrynswth unwaith eto? Dywedai Dillwyn Miles iddo glywed saer llongau lleol, James Thomas Isaac, yn ei chanu ar ei hyd ym mis Ionawr 1952, ac yntau'n 72 oed. Am ei fod yn 'offeiriad peripatetig' roedd y Parch. John Jones yn ddibynnol ar y goets fawr i'w gludo i'w gyhoeddiadau.

Fe ddowch ar draws olion gorsaf yr hen fad achub a godwyd yn 1884 ar ôl i long Norwyaidd, *Oline*, fynd i drybini a cholli pump o fywydau ddwy flynedd ynghynt. Yn ôl y sôn, roedd bad achub Aberteifi wedi gwrthod ateb yr alwad y noson honno ym mis Mawrth 1882, am fod y tywydd yn rhy ddrwg. Rhoes bad achub Abergwaun gynnig ar gyrraedd y llong ond cymerwyd teirawr i rwyfo at Ben Dinas ac awr arall i gyrraedd Cwmyreglwys am bedwar o'r gloch y bore. Ar ôl hoe mentrwyd eto ond taflwyd dau o'r criw i'r môr gan don anferth ac ar ôl eu codi aed 'nôl i Gwmyreglwys. Yn y cyfamser, roedd morwyr Trefdraeth yn ergydio rhaffau at y llong ond roedden nhw'n syrthio'n fyr ar bob cynnig. Roedd y criw wedi dringo i ben y mast ond am wyth y bore cwympodd y mast ac aeth y pump i'w haped a thrigolion Trefdraeth yn gwylio'r trychineb o'r lan yn gwbl ddiymadferth. Nid rhyfedd y bu yna alw am sefydlu gorsaf bad achub yn lleol ond byr fu ei hoes am nad oedd yn bosib lansio'r bad achub oni bai fod yna lanw uchel. Byddai gwyntoedd cryfion o'r gogledd a'r gorllewin yn dipyn o rwystr hefyd. Dim ond teirgwaith y llwyddwyd i'w lansio yn ystod 11 mlynedd ei bodolaeth.

Ond ar fore sych, rhewllyd, yn nhrymder gaeaf mae Karen am dynnu ein sylw at haid o wiwellod yn codi o'r dŵr yn un gawod drefnus liwgar megis bwa'r arch. Byddai rhaid i ffotograffydd wrth oriau lawer o ddisgwyl ac amynedd Job i gipio'r eiliad ar gamera a'r arlunydd yntau ddiwrnodau lawer o grefft i osod yr olygfa ar gynfas. Fe fyddan nhw'n gaeafu yn yr ardal cyn dychwelyd i Wastadeddau Siberia yn y gwanwyn i fagu eu cywion, a'r rhyfeddod yw bod greddf wedi caniatáu iddyn nhw wneud hynny ers canrifoedd. Does dim angen yr un cwmpawd, map na dyfais electronig o eiddo dyn arnynt i gyflawni eu campau.

Mae'r fulfran yn gyfarwydd iddi o bell yn ôl patrwm ei ehediad ac fe'i hystyrir yn un o'r adar preswyl sy'n magu cywion ar y creigiau, ond yn aml yn heidio i glwydo mewn coedlannau ar y tir mawr, cyn dychwelyd i bysgota yn y baeau bas ac ar hyd aberoedd yr afonydd ben bore. Ond yr wybodaeth a gynigiodd Karen am lwyd y gwrych a welid gerllaw a ogleisiodd y cerddwyr un prynhawn. Mae'n debyg ei fod yn aderyn llamsachus tu hwnt a'r fenyw'n fwy na pharod i gynnig ffafrau i ba geiliog bynnag a ddaw heibio, hyd yn oed pan fydd yn gori ar ei nyth. Ac mae'r ceiliog yntau'r un mor ddiwyd yn rhannu ei serch ymhlith amryfal bartneriaid. Does ryfedd fod yna boblogaeth niferus ohonyn nhw.

Sylwer ar nifer o chwareli môr wrth gerdded heibio Aber Rhigian ac Aber Fforest; byddid yn cludo'r cerrig o'r rhain mewn badau 'nôl i Drefdraeth. Mewn un man ceir gardd goffa i lanc gafodd ei ladd ar ôl i griw o lanciau ei daflu dros Bont Hammersmith yn Llundain ym mis Mehefin 1999. Roedd ei rieni'n byw yn un o'r tai gerllaw ac fel modd o ddygymod â cholli eu hunig blentyn aeth Lynda Baxter ati i gyfansoddi cyfrol o gerddi yn mynegi eu hiraeth a'u galar, *Losing Timo*. Roedd Timothy Raoul Baxter eisoes wedi ennill gradd anrhydedd mewn

Athroniaeth a'i fwriad oedd mynd ati i astudio'r gyfraith y mis Medi dilynol. Cafodd angladd ddyneiddiol ac fe'i rhoddwyd i orwedd yn y pridd gerllaw mewn basged wiail. Plannwyd coed o amgylch y fan a gosodwyd sedd goffa yno o waith gof lleol, Eifion Thomas.

Mewn cyfnod tipyn cynt codwyd cyfres o bump o gromlechi a adwaenir wrth yr enw Cerrig y Gof yng nghyffiniau Aber Rhigian. Mae'r mwyafrif wedi'u dymchwel erbyn hyn ond fe wêl y llygaid craff olion rhai ohonynt trwy'r gwrych. Yn rhyfedd iawn ceir cysylltiad rhwng un o erchyll ddigwyddiadau eraill Llundain a'r ardal. Yn 1986 y diflannodd Suzy Lamplugh, y ferch a weithiai i gwmni o asiantwyr tai, pan aeth i gwrdd â chleient er mwyn dangos tŷ ar werth iddo. Ni chafwyd esboniad ynghylch ei diflaniad hyd at y dydd heddiw ac ni ddaethpwyd o hyd i'w chorff. Roedd ei rhieni hithau wedi ymgartrefu yn yr ardal a châi'r ymddiriedolaeth a sefydlwyd yn ei henw ei gysylltu ag ardal Trefdraeth yn y dyddiau cynnar. Bellach mae Ymddiriedolaeth Suzy Lamplugh yn cyflogi dros ddwsin o bobl mewn swyddfa yn Llundain ac yn cynghori mudiadau a sefydliadau ar ddiogelwch unigolion.

Wrth agosáu at Gwmyreglwys rhaid cerdded yr hanner milltir olaf ar hyd y ffordd darmac lefn, sy'n brofiad chwithig ar ôl cerdded cyhyd ar hyd y Llwybr caregog, i'r pentref bychan darluniadol y gellid yn hawdd ei alw yn 'Lloegr Fach' erbyn hyn. Ar y chwith gwelir olion gardd Siapaneaidd a blannwyd gan ddynes a ddyfarnwyd yn euog o lofruddio ei gŵr yn Yokohama yn 1897. Ond er i Edith May Hallowell Carew gael ei dedfrydu i farwolaeth penderfynodd yr Ymherawdr ei hun ymyrryd yn y mater a chyhoeddi y byddai carchar am oes yn rheitiach cosb. Canfuwyd y gwenwyn arsenig yng nghorff Mr Carew ond roedd peth amheuaeth iddo ef ei hun ei gymryd i drin clwy gwenerol. Ar ôl treulio cyfnodau mewn carchardai yn Hong Kong a Lloegr daeth Edith May i Gwmyreglwys yn 1932 i chwennych llonyddwch a bu farw yma yn 1958 yn 90 oed gan gadw ei chyfrinach hyd y diwedd. Ar ôl iddi fynd i'w haped y daeth ei chefndir yn wybyddus a hynny mewn llyfr a ysgrifennwyd gan Molly Whittington Egan o'r enw *Murder on the Bluff*.

Ond atyniad penna'r pentref yw'r eglwys y bu bron iddi gael ei golchi'n grwn i'r môr yn ystod storm enbyd yn 1859 gan adael ond un wal, a'r clochdy, sy'n dal i sefyll heddiw. Mae'n debyg bod y storm honno ym mis Hydref gyda'r gwaethaf erioed o blith y rhai sy wedi eu cofnodi gan fod dros 700 o longau wedi'u malurio a dros fil o fywydau wedi'u colli ar hyd arfordir Cymru a Lloegr – gan gynnwys yr enwog *Royal Charter* oddi ar arfordir Môn. I'w haped hefyd yr aeth criw sgwner o'r enw *Matilda*, o Geinewydd, ar draeth gerllaw. Trist oedd yr olygfa drannoeth y gyflafan am ei bod yn amlwg na ellid defnyddio'r adeilad, a gysegrwyd yn enw Sant Brynach, ar gyfer addoli mwyach, ac roedd eirch o'r fynwent yn arnofio yn y môr. Cynhaliwyd gwasanaeth coffa o amgylch yr adfeilion gan mlynedd yn ddiweddarach a chyfansoddwyd emyn pwrpasol ar gyfer yr achlysur gan Waldo Williams. Fe fu'r bardd a'r gweledydd, nad yw'r un rhan o Sir Benfro'n amddifad o'i swyn, yn athro am gyfnod yn Ysgol Gynradd Dinas. Deng mlynedd arall yn ddiweddarach achoswyd difrod pellach gan storm i'r hyn a oedd yn weddill, a chanlyniad hynny oedd canfod olion cist o dan y sylfeini a brofai y bu yno addoli a chladdu ar y llecyn hwn yn yr Oesoedd Cynnar.

Roedd y darganfyddiad hwnnw'n fater o lawenydd i Rex Harries sy'n bwrw ati gyda sêl a brwdfrydedd y cenhadwr i baratoi llyfr ar sail ei waith ymchwil manwl ar hanes Cwmyreglwys. Ond o ystyried mai 25 o dai sy yno, ac mai'r eglwys oedd yr unig gyrchfan cyhoeddus, mae'n anodd credu y bydd yn llyfr swmpus. Etyb yn llawn afiaith wrth eistedd ar un o'r seddau a osodwyd yn yr hen fynwent yn edrych mas dros y môr.

'O, bydd e shwr o fod bwtu 100 tudalen dwi'n meddwl. Dwi wedi bod yn edrych miwn i hanes bob un o'r tai. Dwi wedi ca'l gafel ar lawer o'r gweithredo'dd, wel, pob un ond dou, a dwi wedi ca'l gafel ar lunie o'r tai mewn gwahanol gyfnode, a wedi ffindo mas pwy sy wedi byw ynddyn nhw dros y blynydde. Ma ache pawb 'da fi'n weddol gyflawn 'nôl dros dair canrif.'

Daearegwr yw Rex yn ôl ei hyfforddiant ond yn ystod y cyfnod y bu'n ddarlithydd yn Plymouth bu hefyd yn astudio pensaernïaeth, a bydd cyfuno'r diddordeb yn naeareg ac adeileddau'r ardal yn sicr o greu llyfr nodedig. Y cyfnod hir hwnnw, o dros chwarter canrif o alltudiaeth, cyn dychwelyd i fro ei febyd sy'n gyfrifol am y ffaith fod yr acen a'r dafodiaith yn dal yn biwr ar ei wefusau yn union fel yr arferai ei chlywed ym mhentref Dinas gerllaw yn nyddiau ei blentyndod.

'Sai'n gwbod pam es i bant i Llunden yn 19 wêd. Dylen i fod wedi aros 'ma. Ond fel 'ny wêd hi pry'ny. Sai'n mynd i unman nawr ond Abergweun unweth pob pythownos a Ga'fyrddin unweth y flwyddyn. Cofiwch, wi'n ofni galla i ddim sgrifennu'r llyfr yn Gwmrâg. Gesum i ddim fowr o Gwmrâg ar ôl gadel Ysgol Dinas a rhyw ddrychyd lawr ar yr iaith wêdd hi'n Ysgol Abergweun pry'ny. Ma plant 'yn whâr yn sgrifennu llawer gwell Cwmrâg 'na dwi'n galler neud.

Odi, ma'r ardal wedi newid yn imbed. Gwerthwyd y tŷ cynta i Saeson yng Nghwmyreglwys yn 1906 ac erbyn y 1950au wêdd y pentre cyfan yn nwylo pobol o bant. Ma'r un peth yn digwydd heddi yn Tudra'th a Dinas. Sai'n meddwl bod mwy na 20 y cant o bobol Dinas yn Gymry Cymrâg ac er bod rhai o'r plant yn gallu siarad rhyw siort o Gwmrâg mae'n anodd perswadio nhw i siarad Cwmrâg â'i gily' yn y Clwb Ieuenctid nawr. Na, mewn rhyw ugen mlyne to, ar ôl 'y nghenedleth i, prin y clywch chi'r iaith yn y pentre, dim ond ar ambell aelwyd falle.'

'Ond er bod yr ysgol wedi cau onid yw'r capeli'n mynd i gynnal yr iaith yn Dinas?'

'Sai'n deall pam ei bod yn well 'da pobol weld capeli'n cau yn hytrach na dod at ei gilydd. Fe ddyle hi fod yn un capel ym mhob pentre ers y 1960au. Wyddech chi fod dwy ardal gyfagos o gapeli'r Bedyddwyr yn cynnal Cymanfa ar yr un noson? Ma rhyw hanner dwsin wedyn yn mynd i gapel bach yr Annibynwyr, Gideon. Wel, pwy sens sy'n hynny? Sai'n credu yn hunan, ond fe fydda i'n mynd i Tabor ambell waith i glywed y Gymanfa Ganu a'r Gymanfa Bwnc neu pan fydd rhywbeth diwylliadol mlân 'na. 'Na fe, ma mwy o bobol o'r Home Counties yn Dinas nawr nag sy o Gymry,' meddai'n ddi-flewyn ar dafod.

Traetha Rex yr un mor huawdl am y canrifoedd cynnar ac fel ditectif hanes mae'n cyfleu darlun eglur.

'Falle bod rhai'n ffaelu deall pam y codwyd eglwys mor agos at y môr. Wel, mae'n rhaid cofio nad oedd y môr mor agos pry'ny a bod yr hyn sy'n dra'th heddi'n dir yr adeg hynny. Falle mai eglwys bren wêdd hi i ddechre. Pryd codwyd yr eglwys garreg? Wel, mae'n amhosib dyddio cerrig ond yn ôl pob tebyg yn ystod cyfnod y Normaniaid. Bydde rhywun wedi cerfio cerrig y clochdy'n syth ar ôl eu codi o'r ddaear pan fydden nhw'n dal yn feddal. Cofiwch taw'r môr wêdd y draffordd o ran teithio a chludo nwyddau a phob dim. Pobol y môr fydde'r rhan fwyaf o ddynion tai Cwmyreglwys. Pan fydde llonge masnach yn teithio i bob rhan o'r byd pan wêdd yr Ymerodreth ar ei hanterth bydde'r gwragedd gartre'n codi'r tai a'r gwŷr yn hala 'chydig wythnose getre bob rhyw ddeunaw mis.

Ma bachan wêdd yn sgrifennu o dan yr enw Gwynrug – y Parch. David Charles Jones a fu'n weinidog ar Gapel y Borough yn Llundain – wedi cofnodi lot o hanes Cwmyreglwys ym mhapur lleol Abergweun ar ddechre'r ugeinfed ganrif. Wêdd 'i wraig wedi'i chodi yn y pentre. Falle bod e'n tueddu i gymysgu lot o hanes a chrefydd achos 'i fod e'n bregethwr, ac ambell i gyfraniad yn troi'n bregeth wedyn, ond ma fe'n sôn lot am ardaloedd fel Bwlchmawr, Jericho a'r Fron.'

Mae gwrando ar Rex Harries yn traethu'n wybodus, wrth i'r tonnau dorri ar y traeth o dan ein traed, yn rhoi persbectif hynod ar hanes y darn hwn o arfordir ac o rawd amser. Cwyd awch am weld ei lyfr wedi'i gyhoeddi a rhy ddeunydd cnoi cil wrth baratoi i ailgydio yn y Llwybr ar ôl llyncu brechdan neu ddwy. A gyda llaw, chlywch chi fyth neb yn treiglo'r enw 'Dinas' waeth beth fydd y cyd-destun ieithyddol na'r gystrawen. Does yna neb erioed sy'n gyfarwydd â'r ardal wedi treulio noson 'yn Ninas' na chwaith wedi mynd lawr am dro 'i Ddinas'.

Mae yna ddewis o ddau lwybr i'w dilyn wrth anelu i gyfeiriad Pwllgwaelod; y llwybr byr cymharol hawdd, ac addas ar gyfer rhai mathau o gadeiriau olwyn hyd yn oed, trwy Gwm Dewi, neu'r llwybr hirach sy'n golygu dringo i uchder o 400 tr. a disgyn eto i lefel y môr o amgylch darn o dir a adwaenir wrth yr enw Ynys Dinas. Nid yw'n ynys mewn gwirionedd ond yn hytrach yn benrhyn ond mae yno fferm o'r enw Ynys Dinas lle bu'r naturiaethwr R. M. Lockley'n amaethu am gyfnod gan ysgrifennu llyfrau am ei brofiad megis *Island Farmers* a *The Golden Year*. Cyhoeddodd gŵr o'r enw David Hay nofel o'r enw *Dinas Island* a oedd wedi'i lleoli fan hyn hefyd.

Arferai Ynys Dinas fod yn faenor o dan oruchwyliaeth plasty Pentre Ifan ar un adeg. Does dim angen pendroni pa lwybr y cymer y cerddwr mentrus a thalog sy'n dyheu am sialens. A rhaid wrth ofal tra cribinir heibio ambell ddwnshwn serth yn ymyl Pig y Baw, Craig y Nodwydd, Ogof Pig-y-mêl a Phwll Glas gerllaw, a chymryd arnoch fod gennych draed geifr wrth esgyn a disgyn o fewn golwg i'r Cafnau uwchben Aber Pensidan ac i lawr ar eich pen i gyfeiriad Pwllgwaelod. Ystyriwch yn ddwys cyn mentro ar hyd Grisiau'r Diafol ym mhen eithaf y penrhyn am eu bod bron o'r golwg mewn hollt ddofn yn y graig; ni ddylech ystyried eich hun yn fursennaidd wrth ymwrthod â'r demtasiwn i'w throedio.

Ar ddiwrnod braf mae golygfeydd ysblennydd i'w gweld tuag at gopaon y Preselau a hyd yn oed yr Ynys Werdd o Ben-clawdd ar Ben Dinas. Hwyrach y bydd y gludlys arfor a chlustog Mair yn garped trwchus o dan eich traed yn ogystal â môr o facse'r brain, grug lledlwyd, tegeiriannau porffor y gwanwyn, llysiau'r ddimai, clafrllys y defaid a chlystyrau o flodau'r gwynt, meillion gwlanog a glas yr heli yn eu tymor, ac fe welwch fulfrain gwyrdd, llurs, adar drycin y graig a gwylogod yn nythu mewn ambell fan na fyddai'r un bod dynol yn debyg o'i gyrraedd. Ar adeg arall hwyrach y bydd yn demtasiwn cymryd y llwybr byrrach ar draws y tir. Wel, ond yw hi'n naturiol eich bod am brofi'r ddau, bid siŵr?

Dywedir bod Cwm Dewi wedi'i ffurfio tua 18,000 o flynyddoedd 'nôl yn y cyfnod Pleistosenaidd hwyr wrth i weddillion rhewlif mawr Oes yr Iâ greu Bae Trefdraeth. Wrth i afonydd iâ a dŵr tawdd lifo tua'r gorllewin o dan yr haenau iâ a thorri drwy'r dywodfaen a'r garreg glai Ordofigaidd y ffurfiwyd y dyffryn. Mae'r daith hon yn wynfyd i'r naturiaethwr am fod y cwm yn hafan i fywyd gwyllt. Clywir cân amryw o deloriaid y byddai Karen yn medru gwahaniaethu rhyngddynt mae'n siŵr ar sail eu chwibanu. Diau bod yna nythfeydd di-ri gan yr adar mân yng nghrombil yr holl dyfiant lle cânt lonydd. Dewch ar draws nythle brain yn uchelfannau'r coed ac mae'n werth oedi am getyn yn nhrymder haf i werthfawrogi prydferthwch amrywiaeth o ieir bach yr haf y byddai'n gryn gamp i fathu enwau ysblennydd ar eu cyfer; yn eu plith mae rhai sy'n arddangos nodweddion paun a chrwban ac un arall yn llawn cochni tanbaid. Cyflawnodd eu gwneuthurwr cryn gamp a rhaid rhyfeddu ar eu campau adeiniog; mae hon yn filltir o daith sy'n gyfoethog ei phrofiadau.

Digwyddodd nifer o drychinebau oddi ar y penrhyn garw dros y canrifoedd megis ym mis Tachwedd 1954 pan suddodd y llong fasnach *Gramsbergen* a hithau wedi bwrw angor wrth ragweld storm enbyd. Torrodd cadwyn yr angor mewn môr gwyllt tua dau o'r gloch y bore a tharodd y llong yn erbyn y creigiau cyn i'r criw lwyddo i danio'r injan. Llwyddodd morwr o'r Iseldiroedd i nofio tua deugain llath, gyda rhaff am ei ganol, at y creigiau lle roedd ffermwr lleol yn ei ddisgwyl. Cyrhaeddodd bad achub Abergwaun o fewn byr o dro i godi'r Capten a gweddill y criw oddi ar fwrdd y llong ac yn ddiweddarach fe suddodd mewn chwe gwryd o ddŵr.

Wrth gyrraedd Pwllgwaelod does dim angen llawer o ddychymyg i gredu bod y bae bychan yn hafan i smyglwyr a môr-ladron mewn cyfnod pan nad oedd plismona yn digwydd ar y môr. Er i'r Tuduriaid benodi nifer o Is-lyngeswyr i fod yn gyfrifol am y tollau ac i gomisiynwyr gael eu penodi gan y Frenhines Elisabeth i archwilio'r arfordiroedd ynghanol yr unfed ganrif ar bymtheg, gwelwyd bod lladrata ac ysbeilio llongau'r un mor rhemp oddi ar arfordir Sir Benfro ag oedd ymhobman arall. Mae'n rhaid bod yna ddynion garw a dichellgar wedi glanio yma ynghanol niwloedd y gorffennol, ac wedi treulio amser ac arian yn y Sailors Safety, y gwyddys ei fod yno ers o leiaf 1593, neu pa dafarn bynnag oedd yma yn y cyfnod hwnnw. Ond os ydych chi â'ch bryd ar gael pryd o fwyd yma i dorri'r daith i Abergwaun ac am ail-fyw awyrgylch fyglyd oesoedd a fu'n llawn rhegi a bytheirio gwyllt, yna, cewch lond eich bol o fwyd maethlon mewn awyrgylch di-fwg yn y dafarn – ond rhaid i chi wneud y rhegi a'r bytheirio eich hun.

Dyma lle daethom ar draws un o forynion cyflog Awdurdod y Parc. Nid yw'r ffaith ei bod yn fain, yn fychan o gorff ac yn eiddil yr olwg, yn rhwystr i Carol Owen rhag bod ymhlith y gwytnaf o Barcmyn. Yn wir, anodd ei dychmygu'n gyforiog o finlliw, mewn gwisg rwysgfawr a sgidiau sodlau uchel. Merch yr awyr agored yw'r lodes a fagwyd yn y Bontfaen ond sy bellach yn dweud 'wêr', 'cwêd' a 'gwrês' mor naturiol â brodor o Gwm Gweun. Mae'n rhan o'i dyletswyddau i gyfarch cerddwyr y Llwybr a sicrhau eu bod yn ddedwydd.

'Fe fyddwn ni'n gweithio'n glòs iawn gyda'r gwirfoddolwyr sy'n cadw golwg ar y Llwybr er mwyn ei gynnal a'i gadw. Gwaith strimo'r tyfiant sy i'w wneud yn bennaf yn yr haf ond wedyn yn y gaeaf bydd gwaith trwsio'r stigile neu hyd yn oed symud ambell ddarn o'r Llwybr yn ôl yr angen ar hyd y 186 o filltiroedd. Ma miloedd o bobl yn cerdded ar eu liwt eu hunain, wrth gwrs, ond pan fydd teithiau'n cael eu harwain gan rai o'n gwirfoddolwyr fe fyddwn ni'n ymuno ar hyd ambell getyn o gerdded. Fe fyddwn ni hefyd yn gwneud llawer o waith gyda phlant, naill ai'n ymweld â nhw yn yr ysgolion neu'n eu gwahodd mas i ryw ddarn o'r Parc. Cofiwch, ma 'da ni wnifeintoedd o lwybrau ar hyd y tir mawr hefyd ac ar draws Moelydd y Preselau,' meddai, gan awgrymu'n gryf bod yna ogoniannau ar wahân i Lwybr yr Arfordir y dylid eu blasu.

Fe'm taniwyd o'r newydd gan uniongyrchedd Carol, ond tyn am i fyny yw hi wrth adael Pwllgwaelod, a dyma le y dysgais i beidio â bod yn orchestgar. Bu'n rhaid i mi dalu'r pris am geisio bowndio fel ewig ar hyd y grisiau gan wybod na thalai i mi oedi hanner ffordd rhag ofn na fedrwn ailgychwyn a chodi stêm eto. Grym penderfyniad yn unig a'm dygodd i'r copa a theimlwn yn ddiolchgar bod yno sticil ar fy nghyfer i led-orwedd arni i geisio adennill fy ngwynt cyn y deuai'r gweddill ar fy ngwarthaf. Ond na, roedd y fegin yn dal i wichian a doedd dim modd i mi ymddangos yn hunanfeddiannol ac wedi ymlacio pan gyrhaeddodd y cyntaf os nad yr olaf o'r criw. Gwell tacteg y crwban na'r sgyfarnog yn y fan hon eto, gwlei; o na bawn bwyllog! Gwnewch chwithau'n siŵr mai gan bwyll bach y mae mynd ymhell ar hyd yr anoddaf o lwybrau.

Erbyn hyn roedd pawb wedi hen gynhesu at y straeon y byddai un o'r tywysyddion, Derek Rowland, yn eu hadrodd o bryd i'w gilydd, a hynny gyda mesur helaeth o hiwmor. Gwyddem pan fyddai direidi i'w weld yn ei lygaid, ac yntau'n sefyll yn stond gan bwyso ar ei bastwn, bod yna ddisgwyl i ni grynhoi o'i gwmpas i wrando ar berl arall. Ni fedrai wadu'r ddisgyblaeth a orfodwyd arno ar ôl dilyn gyrfa yn y Llynges. Roedd trefnusrwydd a phrydlondeb yn ail natur i'r brodor o Gaint ond ar yr un pryd nid oedd yn un i golli cyfle i dynnu coes. Roedd ei straeon am rai o'r nodweddion ar hyd y Llwybr wedi'u hymchwilio'n drwyadl ac roedd cryn gamp ar y dweud bob amser. Byddai Derek yn ddi-ffael yn panso ymhob dim a gyflawnai. Ond y tro hwn nid ein goleuo a'n haddysgu ynghylch rhyw agwedd o ogoniant y Llwybr a wnâi ond yn hytrach sôn amdano'i hun trwy gyfeirio at ffermdy Pen-y-mynydd draw ar Fynydd Dinas lle roedd e a'i wraig Mary wedi ymgartrefu. 'Dwi am ddweud stori ddoniol wrthoch chi nawr,' meddai, yn ei ddull dihafal, a ninnau rywle rhwng y Cerrig Duon ac Aber Bach, ac yn llawn dyhead i'w chlywed.

'O'n tŷ ni fe welwch chi longau'r fferi'n dod mewn i Abergwaun. Dwi wedi treulio oriau'n eistedd wrth y ffenestr, ers symud yno yn 1995, yn gwylio'r fferi'n dod i mewn i'r harbwr. Roeddwn i'n gwbl gyfarwydd â'r drefn o'i gweld hi ddydd ar ôl dydd. Un diwrnod mae'n rhaid fy mod i'n teimlo'n fwy drygionus nag arfer, coeliwch neu beidio. Codais y ffôn a ffonio'r harbwr. Gofynnais i'r llais y pen arall i'r ffôn 'pam mae'r fferi wedi ei pharcio go chwith heddiw?' Roeddwn i wedi hanner disgwyl na fyddai'r un ateb yn cael ei gynnig nes bod rhywun yn cael ei anfon i edrych i mewn i'r mater ac uchel swyddog efallai'n fy ffonio 'nôl. Ond fel bwled daeth yr ateb, 'O, 'ŷn ni'n paentio'r llong heddi a ma'r paent yn sychu'n well o'i throi hi rownd fel hyn'. Er fy syndod cefais ddigon o ras i ofyn i'r gŵr y pen arall, cyn iddo roi'r ffôn i lawr, beth oedd ei enw. 'Cled Davies' oedd yr ateb, a gyda hynny y dechreuodd cyfeillgarwch hir a ffrwythlon rhyngom,' meddai, wrth i bawb ohonom chwerthin.

Nid y lleiaf o'r rhesymau dros ein difyrrwch oedd y ffaith mai 'Cled Davies' oedd ein 'dyn dŵr' ar y daith. Lle bynnag y deuai'r Llwybr yn agos at y ffordd fawr byddai Cled yno â chyflenwad o ddŵr oer ar ein cyfer yn ei gerbyd crand, a mawr oedd yr edrych ymlaen at ei gyfarfod ambell brynhawn pan fyddai'r haul yn ei anterth a'n gwefusau'n sych grimp. Un arall o wirfoddolwyr brwd y Parc Cenedlaethol yn nyddiau ei ymddeoliad oedd Cled a buan y daethom i ddeall bod y sesiynau *de-briefing* cwbl angenrheidiol hynny beunos, ar ôl diwrnod o gerdded yn achos Derek, a diwrnod o yrru yn achos Cled, yn un o dafarndai Dinas, yn ddigwyddiadau lled-chwedlonol.

Ond mewn syberdod, ar ôl ein diddanu, roedd Derek am dynnu ein sylw at adeilad lled bitw'r olwg i lawr obry ar y creigiau ar un o'r traethellau bychain. Eglwys neu gapel wedi'i godi o gerrig oedd yr adeilad ac roedd yn amlwg na ellid mynd ato'n hawdd ond o'r môr. O ben y clogwyni ni roddai'r argraff ei fod yn ddigon mawr i gamu i mewn iddo ond efallai y byddai hynny'n bosib pe llwyddid i fynd yn nes ato. Roedd ei bresenoldeb mewn man mor annisgwyl yn ddirgelwch. Does dim sôn ei fod yn cael ei gysylltu â'r seintiau cynnar a does dim sôn bod y Parc Cenedlaethol wedi rhoi caniatâd cynllunio ar ei gyfer yn y blynyddoedd diweddar. Un esboniad yw bod saer maen a dreuliai ei wyliau yn yr ardal wedi'i godi fel mater o chwiw ond dywed eraill mai gŵr a oedd yn byw fel meudwy yn y cyffiniau oedd yr adeiladydd. Mae rhai o drigolion yr ardal, sy bellach yn eu 60au, yn cofio amdano pan oedden nhw'n blant yn straffaglu lawr yno dros y graig i nofio. Deallir bod dau frawd o faswniaid lleol, Tim a Julian Parkes, sy hefyd yn gollwng potiau cimychiaid yn yr ardal, wedi cario ychydig o forter mewn cwch i'r fan ychydig flynyddoedd 'nôl er mwyn trwsio'r adeilad ond parhau y mae'r ymchwil i'w gefndir.

Hwyrach, pe aed yn ddigon agos ato, bod yno lofnod neu wybodaeth wedi'i nodi ar y cerrig neu mewn rhyw gornel y tu fewn yn esbonio'r cefndir ac yn datgelu'r dirgelwch. Ond pwy wna fentro i lawr yno i weld? Yn ôl rhai mae yno ffenestr wydr lliw, fechan.

Mae Aber Bach, neu Hesgwm fel y'i gelwir yn lleol, yn groes i'w enw, yn aber go fawr ac yn fan lle yr arferid dadlwytho nwyddau oddi ar longau slawer dydd. Yn 1858 dywedir bod gweinidog o Sir Fôn a gafodd alwad gan y Bedyddwyr yn Nhabor wedi cyrraedd ei ofalaeth newydd, gyda'i ddodrefn a'i eiddo, ei wraig a phum plentyn, mewn llong ar y Llungwyn, ac wedi glanio yn y fan hon. Rhaid bod dyfodiad y Parch. G. H. Roberts yn y fath fodd wedi plesio'r diaconiaid gan mai capteniaid môr oedden nhw bron yn ddieithriad. Byddai yntau wedi gwerthfawrogi aberth rhai o'r Bedyddwyr cynnar yn y cylch yn mynd ar gefn ychen dros y Preselau i gapel Rhydwilym ar lan afon Cleddau Ddu i gael cymundeb ar ddiwedd yr ail ganrif ar bymtheg cymaint oedd arwyddocâd y sacrament i gredinwyr cynnar.

Un o olynwyr y morwr o weinidog yn y pulpud am gyfnod byr yn y 1960au oedd y bardd a'r llenor y Parch. Rhydwen Williams a dywedir i'w weinidogaeth fod yn 'lliwgar'. Ac o sôn am lenor oedd â'i wreiddiau yng Nghwm Rhondda, fe fu un arall, sef y Parch. Glynfab Williams, yn ficer yn y plwyf am gyfnod, gan gyhoeddi nifer o gyfrolau'n cynnwys *Ni'n Dou* yn nhafodiaith y Rhondda. Brodorion o'r ardal oedd John Griffiths a Dafydd Bowen, y naill yn gynhyrchydd radio o fri yn nyddiau cynnar y cyfrwng ac yn awdur nifer o ddramâu radio oedd â chysylltiad â'r môr megis *Penllanw* ac *Wncwl Ben*, a'r llall yn ysgolhaig a fu'n aelod o Adran y Gymraeg yng Ngholeg y Brifysgol, Aberystwyth, am 35 mlynedd, a chael ei gydnabod yn awdurdod ar farddoniaeth Dafydd ap Gwilym a Gruffudd Hiraethog o'r Oesoedd Canol.

Nid beirdd a gweinidogion llengar sy'n britho'r ardal heddiw ond artistiaid a chrefftwyr cain. Ymhlith y rhai brodorol mae'r crochenydd Len Rees, ac Eirian Short sy'n gweithio mewn brodwaith gan mwyaf ac yn dal cysylltiad â chefndir llenyddol crefyddol yr ardal am fod ei thad-cu, y Parch. H. T. Jacob, Abergwaun, yn un o hoelion wyth enwad yr Annibynwyr. Yn wir, tan yn ddiweddar ni fyddai'n anarferol gweld Eirian a'i gŵr Denys yn ymdrochi yn y môr yn ddyddiol fel rhan

Y Parch. H. T. Jacob ym mhulpud Tabernacl, Abergwaun

o'u paratoadau ar gyfer gweithio'n greadigol.

'Dwi'n dwlu ar y môr. Dwi bob amser ishe mynd iddo fe pan fydd yn edrych fel gwydr. Bydde Denys a fi'n mynd lawr i draeth bach o siâp hanner cylch lle nad oes dim tywod ond lot o lechi a cherrig. Tra'th Pwllgwylog, o dan fferm Ffynnonofi, fydden ni'n 'i alw a bydden ni'n treulio amser wedyn yn codi rhyw dai bach cerrig o bob siâp ar ymyl y dŵr,' meddai hi.

Does dim rhyfedd bod dylanwad y môr i'w weld yn amlwg yn y creadigaethau maen nhw'n eu harddangos yn barhaol yn y cae wrth ymyl y stiwdio a'r gweithdy yng Nghastell Bach. Mae yno dros 80 o'r hyn y mae'n rhaid eu disgrifio fel porfa dur di-staen sy'n llinynnau'n chwifio'n y gwynt. Ceir amrywiaeth o gerfluniau o waith Denys eto sy'n adlewyrchu tonnau'r môr mewn caleidosgop o liw gan droelli a chwibanu yn y gwynt a gwneud eu gwylio'n brofiad synhwyrus.

Cred y ddau mai cefnu ar Lundain ynghanol y 1980au fu'r penderfyniad doethaf iddyn nhw ei wneud er mwyn caniatáu i dirwedd Dinas ddylanwadu ar eu gweledigaethau artistig. Mae un o weithiau mwyaf Eirian, 'Brain', sy'n 150 cm^2 yn eiddo i'r Llyfrgell Genedlaethol, yn union fel y mae gwaith llai o faint, 'Tabernacl', yn seiliedig ar gapel ei thad-cu. Er taw brodor o Biddeford, yn Nyfnaint, yw Denys, dysgodd Gymraeg a chafodd ei urddo i'r Orsedd yn gydnabyddiaeth am ei ddawn artistig, ac ymhlith ei gyd-orseddigion etyb i'r enw 'Denys o'r Dinas'. Ac mae'r ddau'n cofio'n annwyl iawn am 'Da-cu' Jacob.

'Odd e dros ei 90 wêd yn dod i Lunden i'n priodi ni yn Radnor Walk. Odd e'n cyfieithu'r gwasanaeth wrth fynd ymlaen er mwyn Denys a'i deulu. Wedyn pan oen i'n roces bydde fe wastad yn sgrifennu penillion i fi ar 'y mhen-blwydd. Odd e shwd gymeriad ŷch chi'n gwbod, ond anodd i fyw gyda fe cofiwch, ond yn ddifyr iawn nawr wrth y ford fwyd. Strict iawn wedyn am na fydde neb yn cael smygu na darllen papure ar y Sul. Dwi'n cofio ar ôl iddo fe ymddeol bydde rhaid cynnal gwasanaeth yn y parlwr ar fore Sul. Bydde Mam-gu'n whare'r harmoniwm a phawb yn penlinio i weddïo a chymryd rhan ... Ma rhaid i fi gyfaddef, er 'mod i'n aelod yn eì hen gapel, Tabernacl, synna i'n cymryd rhan. Alla i ddim mynd i wrando ar rywbeth synna i'n credu ynddo a finne'n anghredadun rhonc i bob pwrpas. Y cysylltiad teuluol sy'n cadw fi 'na ... ond wedyn dwi'n gallu blasu cwningen Mam-gu nawr, gyda tamed o facwn bob ochr; odd e yn ffein,' meddai wrth i'r atgofion lifo 'nôl a hithau fel Denys wedi croesi'r pedwar ugain.

Roedd 'Jacob Abergweun', fel y'i hadwaenid gan yr hen do, yn ddarlithydd nodedig yn ogystal ag yn bregethwr ac yr oedd galw mawr am ei wasanaeth yn yr uchel wyliau. Yn y cyfnod hwnnw byddai galw am ddarlithwyr poblogaidd yn y llu o gymdeithasau diwylliadol oedd yn gysylltiedig â'r capeli anghydffurfiol. 'Stori 'Nhad' a'r 'Hen Godwr Canu' oedd dwy o'i ddarlithiau ac mae'n debyg i'r BBC eu recordio rywbryd yng nghapel Bethesda, Tymbl. H. T. Jacob oedd y cyntaf i ddarlledu oedfa radio ymneilltuol o Sir Benfro ar 11 Medi 1932. Ar nos Sul y darlledid oedfaon y pryd hynny a doedd dim cyfyngu ar amser. Ar ôl ymddeol i bentref Dinas yn 1935 cafodd y brodor o Dreorci, a ddysgodd grefft y gof cyn troi at y weinidogaeth, ei ethol yn gadeirydd Pwyllgor Gwaith yr Eisteddfod Genedlaethol fyddai'n ymweld ag Abergwaun ymhen blwyddyn.

Mae'n rhaid wrth ambell orig ar graig o'r neilltu wrth dorri am hoe yng nghwmni fy nghyd-gerddwyr o bryd i'w gilydd. Prin y medran nhw ddirnad y cyffro oedd yn Abergwaun pan gynhelid yr Eisteddfod Genedlaethol yno yn 1986 heb sôn am 1936. Tebyg y byddai'n rhaid esbonio beth yw gŵyl o'r fath i'r mwyafrif o'r pererinion o ystyried eu cefndiroedd a'r ffaith fod un o'n plith, Kathleen McLaren, wedi hedfan o Tasmania er mwyn bod yn rhan o'r cwmni. Prin y bydden nhw chwaith yn medru amgyffred y cyfnod pan fyddai heolydd Dinas yn ddu gan addolwyr ar fore Sul a huodledd Cymraeg i'w glywed o'r pulpudau am yn ail â chanu cynulleidfaol cydnerth yn atsain ar hyd yr aleau. Byddai'r Gymraeg yr un mor bersain pan draddodid darlith gan wŷr gwadd ar noson waith yn yr ysgoldai a chwerthin yn diasbedain o glywed eu harabedd a'u gwreiddioldeb. Rhaid i minnau gael fy eiliad o hiraeth am yr hyn a fu ac na ddaw yn ôl cyn i bawb godi a symud ymlaen. Dychwelaf i'r byd cyfoes ac ystwytho'r cyhyrau unwaith eto'n barod am y cetyn olaf o'r daith am y diwrnod i dre'r sgadan.

Mae'r llwybr yn gymharol wastad heibio Penrhyn Erw-goch a Phenrhyn Ychen ac er yr enwau digamsyniol Gymraeg hyn ar rannau o'r dirwedd, does dim sy'n awgrymu bod y Gymraeg yn iaith fyw wrth i ni gerdded drwy'r Fishguard Caravan Park, lle ceir amryw o garafannau moethus mewn man hudolus, ar gyfer y sawl sydd am dawelwch llethol a golygfa hudolus wrth segura. Ceir tipyn o dyfiant o ran rhedyn ac eithin a grug uwchben y creigiau, a gwelir olion carnau ceffylau yn ogystal â thail yr anifeiliaid ar rannau o'r Llwybr. Yn wir, mae'r ceffylau yma i bwrpas ac os yw'r dom yn tramgwyddo ambell gerddwr, wel, rhaid pwysleisio na ellir dweud wrth geffyl ble i wneud ei fusnes, a bod ei gyfraniad fel porwr ar hyd y pentir yn dipyn mwy na'r hyn a ystyrir yn niwsans gan ambell un. Rhywle ar dir Trecinni a Phenrhyn sy'n ffinio â'r môr, o dan fferm Cilshafe, sy'n werth ei nodi petai ond am hynodrwydd yr enw, gall Geraint Jones, hwlcyn o Gymro twymgalon, a Swyddog Gwarchodaeth Fferm Awdurdod y Parc Cenedlaethol, esbonio rhagoriaeth y merlyn mynydd.

'Ma cyfraniad y merlod yn allweddol er mwyn rheoli'r cynefinoedd gwyllt uwchben y clogwyni. Dros y degawdau diweddar ma ffermwyr wedi canolbwyntio eu hymdrechion ar y tir gore gan adael y tir ar yr ymyl – y godiroedd. O ganlyniad ma'r eithin a'r rhedyn a'r drysni wedi cael llonydd i dra-arglwyddiaethu ar draul bywyd gwyllt. Fe gollwyd rheolaeth ohono ond nawr ma'r merlod a'r gwartheg duon Cymreig yn cynorthwyo i'w reoli unwaith eto. Ma'r merlod yn pori'n grop a ma hynny'n gwella ansawdd y cynefinoedd ac yn eu gwneud yn fwy addas ar gyfer amrywiaeth o rywogaethau o fywyd gwyllt.

Eisoes ma niferoedd y frân goesgoch wedi cynyddu. Ma dom yr anifeiliaid, sy'n gynefin i lu o bryfetach, yn creu pryd parod iddyn nhw a'r pori yn creu mannau agored o fewn y llystyfiant gan ganiatáu i'r adar fwydo. Ma pori hefyd yn rhoi cyfle i amrywiaeth ehangach o blanhigion ddatblygu. Os yw'r frân goesgoch yn ffynnu 'ma, yna bydd rhywogaethau eraill yn ffynnu. Bydd hebogiaid tramor yn bwyta'r brain coesgoch ac felly ma mwy o'r hebogiaid yn cael eu denu i'r ardal. Ma fe'n gylch cadarnhaol o reolaeth wedyn. Cofiwch, nid rhywbeth newydd na chwyldroadol mo'r drefn 'ma achos dyna oedd yn bodoli deugain mlynedd 'nôl ac ma'r ffermwyr yn ein hatgoffa o hynny'n aml.'

Mae Geraint yn lladmerydd huawdl ac yn genhadwr brwd dros ogoniannau Llwybr yr Arfordir, a'r ffordd o fyw sy'n gysylltiedig â gwarchod a chynaliadwyedd ar hyd yr arfordir. Eto i gyd llwydda i ymgadw rhag rhamanteiddio a phaentio pob dim yn glaerwyn. Gŵyr nad oedd pob dim yn wynfyd yn y gorffennol er y demtasiwn i gredu hynny.

'Ma llawer o sôn wedi bod am yr odynnau calch ar hyd yr arfordir a'r modd y byddai pobol yn crynhoi wrth y tanllwyth o dân i adrodd straeon a chael hwyl a sbri. Wel, y gwir amdani, byddai'r rhan fwyaf o geidwaid yr odynnau'n marw yn eu hugeiniau am fod llwch y calch mor afiach ac yn llosgi eu perfedd wrth iddyn nhw ei anadlu. Wêdd bywyd yn galed a dansherus i lawer a llafur caled oedd cludo'r nwydde fydde'n cyrraedd ac yn gadael y porthladdoedd. Sdim dowt ma tipyn o straffagl oedd bywyd a doedd pob dim ddim yn loyw lân o bell ffordd.'

Mae Geraint yn ymgorfforiad o'r hyn sydd orau am fywyd yr ardal ac wedi tyfu i werthfawrogi'r hyn roedd e'n ei gymryd yn ganiataol pan oedd e'n grwt yn Llandudoch.

'Bydden i'n mynd am wâc falle i Ben Cemaes neu'n mofiad ym Mhenrhyn Bach heb feddwl bod dim byd yn arbennig am y Llwybr pry'ny. Ond, wedyn, wrth fynd yn hŷn dwi'n sylweddoli pa mor amrywiol yw Sir Benfro wrth ei hadnabod ar hyd y Llwybr. Ma'r sir yn ddiddorol o ran ei daeareg. Creigie gwaddodol sy yn y pen ucha fan hyn ond pan ewch chi i'r pen gwaelod fe welwch chi'r tywodfaen coch a chalchfaen. Fe welwch chi fod y llystyfiant yn amrywio, ac ma'r bobol yn wahanol wedyn, wrth gymharu dyweder ffermwyr Dale a ffermwyr Pen-caer nawr.

Ma'r bobol sy'n dod i dreulio eu gwyliau'n amrywio wedyn a'u cymhellion dros ddod yn amrywio. Dwi'n cofio un bachan yn cysgu dros nos mewn maes parcio yn Tudra'th a finne'n Barcmon bach ifanc ar y pryd â'r dasg o esbonio iddo nad oedd yn gyfreithlon iddo wneud hynny. Mae'n debyg ei fod yn astudio'r cernydd ar Garn Ingli am fod ganddo ddamcaniaeth mai cerfluniau o'r fam ddaear o waith dyn cynrefig oedden nhw i gyd. O edrych yn hir arnyn nhw falle ei bod hi'n bosib gweld ffurf digon amrwd o'r fam yn paratoi i esgor … cysgu mewn fan Vauxhall Viva wêdd y boi bach.'

Mae'n amlwg fod ganddo sawl stori y buasai'n medru eu hadrodd o ran difyrrwch dros beint, ac mae'r un mor amlwg y buasai Geraint Halket Jones yn ased pe buasai'n ymuno â ni am weddill y daith, ond mae ganddo ddyletswyddau eraill. Ar wahân i'w ymrwymiad i'r Parc Cenedlaethol mae wedi hen ymrwymo ei hun i gyfrannu i weithgarwch cymdeithasol a chrefyddol ei ardal. Prin fod yna gynhyrchiad gan Gwmni Drama'r Mochyn Du yn Ffynnongroes na Chwmni Drama'r Gromlech yng Nghrymych nad oes ganddo ran allweddol ynddo, ac o bryd i'w gilydd fe gydia yn ei gitâr pan fydd am ail-fyw'r dyddiau pan oedd yn aelod o grwpiau gwerin a roc.

O wrando arno'n traethu am ei waith synhwyrir ymdeimlad o barhad a sefydlogrwydd wrth iddo arddel rhythmau byw cenedlaethau a'i rhagflaenodd. Ond cr yr ymdeimlad hwn o sicrwydd ac anferthedd, rhaid cofio y gall ambell dro sydyn ddifetha pob dim yn garlibwns. Dyna ddigwyddodd i bedwar pysgotwr ar brynhawn tawel o fewn golwg i Ben Cemaes heb brin yr un crych ar y môr ar 6 Medi, 1988.

Roedd Terry Jones newydd dalu £14,000 am gwch pysgota o'r enw *Inspire*, wedi'i lywio 'nôl o Ddyfnaint, ac yn ei ddefnyddio am y tro cyntaf i ollwng a chodi'r cewyll cimychiaid a gadwai ar hyd y baeau bychain. Yn unol â'r arfer roedd ei dad-yng-nghyfraith, Ronald Laugharne, a David Webster yn ei gynorthwyo, ac am nad oedd y trydydd partner arferol ar gael, roedd wedi gwahodd Sam Skinner, llongwr profiadol chwe throedfedd o daldra a 16 stôn o ran pwysau, i fod yn rhan o'r criw. Dim ond Sam ddychwelodd i adrodd yr hanes a chael a chael oedd hi i'r gŵr 29 oed oroesi. Trawyd yr *Inspire* gan don anferth, cwbl annisgwyl, am tua phedwar o'r gloch ar brynhawn tawel pan oedd y môr yn llyfn, a thaflwyd y pedwar i'r môr wrth i'r cwch suddo. Ceisiwyd anfon neges frys at Wylwyr y Glannau ond roedd batris y radio yn y dŵr eisoes. Cafodd Ronald Laugharne drawiad ar y galon a bu'r tri'n ceisio ei adfer am gyfnod cyn gorfod ei adael.

Am ei bod yn ddiwrnod braf doedd dim pryder ymhlith teuluoedd y criw ar y lan. Ond wrth iddi dywyllu roedd rhai o bysgotwyr Abergwaun yn dechrau pryderu am hynt y pedwar, am nad oedden nhw wedi dychwelyd yn unol â'r disgwyl, ac am nad oedd yn bosib cael gafael arnyn nhw ar y radio. Cysylltwyd â Gwylwyr y Glannau a dechreuwyd chwilio am yr *Inspire* tua deg o'r gloch. Ychydig cyn tri o'r gloch y bore daethpwyd o hyd i Sam Skinner yn glynu wrth botyn cimychiaid yn dioddef o oerfel, ac ar fin colli gafael wrth i flinder ei lethu. Llwyddodd i wrthsefyll cwsg am fod morlo gwryw yn ceisio cnoi cwlffyn o'i droed bob hyn a hyn. Doedd dim golwg o'r lleill. Roedd un wraig a phlant wedi colli gŵr a thad 29 oed a thad a thad-cu 67 oed. Mynnai Sam ei fod wedi clywed Dai Webster yn chwibanu rhyw hanner awr cyn iddo gael ei achub ond ofer fu chwilio pellach am y gŵr 43 oed.

Roedd y digwyddiad yn ddirgelwch i drigolion yr arfordir am nad oedd esboniad amlwg pam y digwyddodd y trychineb. Derbyniai morwyr profiadol nad oedd ton annisgwyl yn amhosib er yn anarferol ar fôr tawel ond ton ddeugain troedfedd o hyd a dwy droedfedd a hanner o uchder, yn ôl disgrifiad Sam Skinner ohoni? Doedd dim eglurhad amlwg a buan y dechreuodd y dyfalu bod y don, yn ôl pob tebyg, wedi'i hachosi gan long danfor yn symud o dan wyneb y môr yn y cyffiniau. Yn wir, pan gynhaliwyd cwest y mis Gorffennaf canlynol dros dridiau, yn Llys Ynadon Llanbedr Pont Steffan, mynnai cynrychiolydd cyfreithiol Sam Skinner mai gweithred o eiddo sybmarîn oedd y ddamcaniaeth fwyaf tebygol i esbonio'r hyn a ddigwyddodd.

Mynnai'r Weinyddiaeth Amddiffyn nad oedd llongau tanfor yn y cyffiniau ar y diwrnod hwnnw. Ond roedd y Gyngres Geltaidd yn rhoi hygrededd i'r ddamcaniaeth trwy ddweud bod nifer o ddigwyddiadau wedi eu cofnodi dros y blynyddoedd o longau pysgota'n diflannu a physgotwyr yn colli eu bywydau mewn amgylchiadau lle nad oedd esboniadau dilys iddynt. Cofier bod llong danfor yn pwyso tua 8,000 tunnell, yn mesur 400 troedfedd o hyd a 40 troedfedd o uchder ac yn teithio ar gyflymdra o 30 not ac onid rhesymol credu y medrai anghenfil o'r fath achosi newid ym mhatrwm y môr wrth deithio'n agos i'r wyneb, a tharfu ar beth bynnag fyddai uwch ei ben?

Awgrymwyd y gallai un o sybmarîns 'y gelyn' fod yn y cyffiniau yn ddiarwybod i bawb ond mynnai'r awdurdodau nad oedd sylwedd yn y ddamcaniaeth honno chwaith am y byddai eu hoffer soffistigedig wedi sylwi ar bresenoldeb llong danfor ddieithr. Er hynny roedd y Llynges wedi mynd i'r drafferth i archwilio'r *Inspire* i weld a oedd yna olion gwrthdrawiad neu unrhyw arwyddion a fedrai gynnig esboniad am y digwyddiad. Wfftio honiad un tyst ei fod wedi gweld ton annisgwyl mewn un rhan o'r bae tua'r un amser y prynhawn hwnnw a wnaeth Sam Skinner gan dybio'n gryf, fel y gwna hyd y dydd heddiw, fod a wnelo'r llongau tanfor, y gwyddys eu bod yn teithio ar hyd Môr Iwerddon yn gyson, rywbeth â'r digwyddiad.

Cofnodwyd rheithfarn o farwolaeth ddamweiniol trwy foddi yn achos Ronald Laugharne a marwolaeth trwy anffawd yn achos Terry Jones a David Webster ar derfyn y cwest. Ond mae'r dyfalu ynglŷn â'r hyn a ddigwyddodd ar y prynhawn Llun hwnnw, pan oedd y môr fel gwydr, yn parhau, a deil llawer i gredu bod yna elfen o esboniad na ddaeth i'r golwg hyd yma. Gyda llaw, daeth yn hysbys yn ystod y cwest bod Canolfan Gwylwyr y Glannau yn Dale wedi derbyn neges frys a oedd yn rhy aneglur i'w deall ac na chafodd ei hailadrodd, a hynny pan oedd y gwaith gwrando'n cael ei drosglwyddo o un person i'r llall. Bernid y gallai fod yn neges a drosglwyddwyd o arfordir Iwerddon neu yn neges ffug.

Bellach mae Abergwaun yn ymhŵedd a ninnau wedi mynd heibio Coch y Ceiliog ar y naill law, ar yr arfordir, a Charn y Frân, ar y llaw arall, ar y tir mawr, a heibio i annedd annisgwyl yr olwg a arferai fod yn fangre gwylio'r arfordir am y gelyn yn ystod y Rhyfel Byd Cyntaf, led cae i ffwrdd, ac o fewn golwg i'r Hen Gaer yn edrych lawr ar y Cwm. Gosodwyd magnelau yn y fan hon er mwyn amddiffyn yr harbwr bychan islaw rhag môr-ladron ac ysbeilwyr a hynny ar ôl ymweliad, yn ôl rhai, gan fôr-leidr enwog o'r enw John Paul Jones, sefydlydd Llynges America yn ddiweddarach, a hwyliai long o'r enw *Black Prince*. Ond yn ôl eraill gŵr o'r enw Stephen Mankart oedd y gwalch am fod Paul Jones ar y pryd, ym mis Medi 1779, yng Nghaeredin yn ceisio cyflawni'r un weithred ysbeilgar yno. Beth bynnag, dywedir bod naill ai Jones neu Mankart, yn mynnu pridwerth am long fasnach roedd un o'r ddau wedi'i meddiannu a bod dwy ergyd wedi'u hanelu tuag at y Cwm gan daro rhai simneiau ac anafu Mary Fenton, chwaer yr awdur Richard Fenton. Ond mae gan Derek Rowland ychwanegiad at y stori ac yn wir ran yn hanes diweddar y magnelau sy'n dyst ei fod yn ddyn sy'n gweithredu'n ogystal â dweud. Mater o falchder iddo yw'r ffaith mai ei gyflogwyr cyn iddo ymddeol, Bwrdd Ordnans y Llynges, oedd yn gyfrifol am awdurdodi a gosod y magnelau yn eu lle, ac am hynny bydd y dasg flynyddol o'u paentio'n rhoi pleser ychwanegol iddo.

Fe fu heddiw'n ddiwrnod i'w gofio a'r Llwybr ar ei orau yn gymysgedd o olygfeydd syfrdanol ar draws y bae – yn lesni asur, yn wylltineb garw ar hyd y creigiau oddi tanom – a'r esgyn a'r disgyn, nad oedd yn ormod o dreth o ymarfer pwyll, yn wrthgyferbyniad dymunol i'r darnau cymharol wastad o gerdded ar hyd ymyl y perci lle gorweddai ambell yrr o warthedg blithion. A phwy allai eu beio am gnoi cil yn fodlon eu byd? Gwelsom flodau lu a chael gwybod am eraill sy'n blodeuo yn eu tymor. Dyma gynefin llysiau'r bogail, blodyn neidr, tegeiriannau, clustog Mair, bywlys, gludlys, ysgall, clafrllys, pys y coed, grug a chlatsh y cŵn. Ac ni chredaf i mi erioed weld sianis blewog mor fawr ar hyd y darn hwn o'r Llwybr. Bonws oedd cyfarfod â chynifer o bobl a ymserchai yn rhagoriaethau'r Llwybr, a hynny am resymau gwahanol, ac ar yr un pryd gael cyfle i alw i gof y dyddiau a fu. Hawdd fydd ymdoddi yn fy hyd mewn baddon o ddŵr halen â digonedd o wablin sebon i ymlacio'r cyhyrau cyn swpera ac archwilio Abergwaun.

PENNOD 6

DEFI JOHN, SGADAN A 'BULLDOG' GARNON

N ID YW ABERGWAUN YN rhan o'r Parc Cenedlaethol ond nid yw hynny i ddweud nad yw heb ei rinweddau. Tan ddechrau'r ugeinfed ganrif y Cwm yng nghesail y Slâd oedd canolbwynt yr ardal ac oddi yma, ers yr unfed ganrif ar bymtheg, yr aed â thunelli o sgadan neu benwaig i'w gwerthu yn Iwerddon, a phorthladdoedd eraill ar hyd yr arfordir. Gelwid sgadan wedi'u halltu'n 'sgadan gwyn' a sgadan wedi'u cochi'n 'sgadan coch' a byddid yn eu gwerthu fesul 'mwys' sef y term a ddefnyddid am fesur o 520 o bysgod. Yn 1905 honnwyd bod dwy long, ar ddechrau'r tymor ym mis Hydref, wedi dal 200,000 o sgadan yr un mewn un helfa. Byddai hynny, mae'n debyg, yn gyfystyr â chyfanswm o 240 o gasgenni neu 40 tunnell o bysgod ac yn werth dros £400 mewn arian sychion.

Erbyn heddiw troes y porthladd yn harbwr plesera ac atgof yn unig o'r prysurdeb a fu yw clywed ambell berson yn cael ei ddisgrifio'n 'sgadenyn hallt' pan gaiff ei ystyried yn dipyn o wâg. Cul yw genau'r afon a does yna ddim aber na bar fel y cyfryw. Mae'r cwm ei hun yn enghraifft glasurol o orlifiad rhew wrth i dunelli lawer o ddŵr tawdd, darnau anferth o iâ a chreigiau, hyrddio eu hunain i gyfeiriad y môr gan greu hollt yn y dirwedd 15,000 o flynyddoedd 'nôl. Wedi cyfnod prysur o adeiladu llongau yn ystod chwarter cyntaf y bedwaredd ganrif ar bymtheg, cyfyng oedd y defnydd y gellid ei wneud o'r porthladd mewn cystadleuaeth â phorthladdoedd mwy.

Perthyn i'r Cwm o hyd ei gyfaredd; mae yna ymdeimlad o hanes yma a rhyw deimlad bod amser wedi sefyll yn stond. Fe'ch tery'n unionsyth wrth gamu drwy ddrws tafarn y Ship lle gwelir lluniau o actorion adnabyddus pan oedden nhw'n ffilmio yn yr ardal. Roedd Richard Burton, Peter O'Toole, Ryan Davies, a bron pawb o bwys yn y byd actio Cymreig, yma yn 1971, yn ffilmio *Under Milk Wood*, y ddrama eiriau o waith Dylan Thomas. Dyma fangre'r cyfarfod enwog hwnnw rhwng y newyddiadurwr Lyn Ebenezer a'r actor o Bont-rhyd-y-fen, Richard Burton. Sicrhawyd sgŵp i bapur *Y Cymro* wrth i gamera Raymond Daniel dynnu llun o'r ddau'n rhannu peint yn y Dinas Arms.

Am fod yr hynafgwr T. H. Evans, y gŵr a chwaraeodd ran Eli Jenkins yn y cynhyrchiad llwyfan cyntaf yn Llundain, hefyd yn y cwmni, hysbyswyd y cyfarwyddwr, Andrew Sinclair gan Richard, na fyddai yna ragor o ffilmio'n digwydd y prynhawn hwnnw. Ymneilltuodd y tri i ystafell gefn lle bu mab Dic Bach y Saer yn eu diddori trwy ddynwared rhai o gewri'r pulpud, megis Mathews Ewenni, Phillip Jones a J. Caerau Rees. Pwy ddywedodd nad oedd dawn yr actor i'w gweld ym mhulpudau Cymru? Roedd ansawdd llais Richard Burton y prynhawn hwnnw, yn ôl disgrifiad Lyn Ebenezer, wrth iddo gyflwyno'r athrylith yn ei erthygl yn 'gymysgedd o Guinness a mêl'. O na bai'r sesiwn wedi'i recordio. Cyn hynny roedd Gregory Peck wedi bod yn yr ardal yn ffilmio *Moby Dick* yn 1954 ac ers sefydlu S4C ffilmiwyd rhannau o'r gyfres deledu *Halen yn y Gwaed* yn y cyffiniau.

Mae'n werth gadael y Ship cyn iddi dywyllu er mwyn crwydro ar hyd y ffordd i fyny'r Cwm nad yw'n arwain i unman ond at Blas Glyn-y-mêl a hynny am fod y plasty a'i erddi'n ddigon o ryfeddod. Yn ôl y sôn codwyd y tŷ ysblennydd ar ddechrau'r bedwaredd ganrif ar bymtheg gan Richard Fenton er mwyn rhoi gwaith i drigolion yr ardal pan oedden nhw'n dioddef o ganlyniad i gyfres o gynaeafau gwael ar y tir ac ar y môr. Ond cofir amdano'n bennaf fel hanesydd ac awdur y gyfrol *A Historical Tour Through Pembrokeshire*, a gyhoeddwyd yn 1811, ac sy'n profi cymaint roedd wedi ffoli ar hynodrwydd y sir. Prin y gellid dweud hynny am rai o awduron nodedig eraill y cyfnod megis Benjamin Halkin a dreuliodd noson yn Abergwaun yn 1803. Ei gyngor ef i deithwyr oedd peidio â lletya yno am fod y lle'n frwnt, y tai wedi'u hadeiladu blith-draphlith a'r bobol yn amddifad o unrhyw arwyddion o warineb, ac yn dueddol o wastraffu eu hamser yn llymeitian. Doedd ei landlord am y noson, gŵr o'r enw Capten Laughorn, mae'n amlwg, ddim wedi ei anwylo ei hun iddo chwaith am iddo ei ddisgrifio fel person 'anfoesgar'.

Petai wedi galw heibio ymhen rhyw ganrif a hanner ac wedi lletya mewn hen dafarn o'r enw y Bristol Trader, uwchben y Cwm, tebyg y byddai ei adwaith yn wahanol. Yno, lle na arllwysid peint mwyach, y trigai'r cenedlaetholwr a'r llenor annwyl D. J. Williams, a'i wraig Siân. Roedd y croeso ar yr aelwyd yn ddiarhebol a pharabl Defi John yn ddi-ball fel y tystia E. Llwyd Williams pan alwodd heibio wrth baratoi ei gyfrolau, *Crwydro Sir Benfro*: ' ... coelcerth o Gymro ac ysgweier o lenor, athro wedi ymddeol ond yn dal i lunio gwersi, amaethwr heb ffarm yn llygadu ceffylau, a phroffwyd sy'n gyfuniad o Amos a Hosea. Y mae'r aelwyd hon yn sicr o benblethu pob rhaglen amser, a chefais drafferth i gyfyngu'r sgwrs i dref Abergwaun ...'

Y trueni mawr yw na lwyddodd y gŵr, a wisgai wên na phylid gan amser yn ogystal â phâr o sbectols crwn doniol, i lunio hunangofiant yn croniclo'r cyfnod maith y bu'n byw yn Abergwaun. Ac yntau wedi ei benodi'n athro Saesneg yn yr ysgol uwchradd leol yn 1919, byddai'r atgofion hynny wedi bod yn ychwanegiad at ei ddwy gyfrol flaenorol ysblennydd am ei filltir sgwâr yn Rhydcymerau a chyfnod ei ieuenctid yn y Rhondda. Trueni pellach yw fod y siop gwerthu llyfrau Cymraeg yn Abergwaun a gymerodd ei enw, Siop D. J., wedi cau ar ddiwedd 2006 am nad oedd yn gwneud elw. Petai'n sgrifennu heddiw byddai'n rhaid i D. J. ei hun ailystyried ei ddisgrifiad o Abergwaun fel 'Prifddinas Penfro Gymraeg' fel y nododd yn ei ragair i *Restr Testunau Eisteddfod yr Urdd* 1951 neu dderbyn mai arall yw'r diffiniad cyfoes o Gymreictod. Tua 30 y cant yw'r amcangyfrif o ganran poblogaeth y dref sy'n medru'r Gymraeg bellach a rhaid cofio bod capeli Saesneg ac eglwys Gatholig wedi'u sefydlu yn y dref ers dechrau'r ganrif ddiwethaf, a hynny'n adlewyrchu dyfodiad mewnfudwyr o dde'r sir ac o Iwerddon yn dilyn y dorth pan oedd angen gweithwyr i godi porthladd newydd.

Ond petai Defi John yn dal ar dir y byw diau y byddai wedi cyfeirio at ei gapel ei hun gerllaw, Pen-towr, y Methodistiaid Calfinaidd, gan ddweud mai dyna ofalaeth gyntaf un y pregethwr huotlaf a fu ym mhulpudau Cymru ac y bu cryn ddynwared ar ei ddawn, sef y Parch. Phillip Jones (Porthcawl, yn ddiweddarach). Defnyddiai dafodiaith Morgannwg er creu effaith i'r eithaf, yn union fel Mathews Ewenni o'i flaen, ac roedd rhai o'i eglurebau'n syfrdanol o wreiddiol. Dywedodd rhywun fod ei ddull o bregethu'n apelio at gynulleidfaoedd na cheisient berlesmair ysbrydol na her foesol. Un o'i olynwyr oedd y Parch. J. T. Jôb, gŵr a enillodd dair cadair genedlaethol yn ogystal â choron yr Ŵyl, a deil deg o'i emynau yng nghaniedydd *Caneuon Ffydd*. Byddai treulio orig yn y Bristol Trader yng nghwmni'r 'Shirgarwr anobeithiol' wedi ymestyn cryn dipyn ar ein harhosiad yn Abergwaun a ninnau'n gyfoethocach ein byd o wrando arno'n adrodd yr hanes am ei ran yn llosgi'r Ysgol Fomio ger Penyberth, yn Llŷn, a'i ddedfrydu i naw mis yng ngharchar o'r herwydd, a holl helyntion ei oes wrth iddo ymgyrchu'n ddiflino yn enw Plaid Cymru.

Un arall o arwyr y dref yw Bill 'Bulldog' Garnon a ymladdodd ddwywaith am un o bencampwriaethau reslo'r byd yn yr Unol Daleithiau. Yn ôl y sôn roedd yn 16 pwys pan gafodd ei eni a phan oedd yn ei anterth yn ystod gyrfa'n ymestyn dros 20 mlynedd roedd yn 17 stôn, a'i frest yn mesur 54 modfedd a'i wddf yn 19 modfedd. Hwyliodd 'Bulldog' ar draws Môr Iwerydd i fentro ei lwc yn Efrog Newydd a

*D. J., y Shirgâr anobeithiol a dreuliodd y rhan
helaethaf o'i oes yn Sir Benfro*

'Bulldog' Garnon

chafodd ornest o fewn deuddydd ar ôl cyrraedd yno yn erbyn reslwr enwog o'r enw Wun-Buk-Chung, a'i drechu o fewn 40 munud. Doedd dim prinder gwrthwynebwyr ar ei gyfer wedyn ac yn ystod ei gyfnod yn y wlad enillodd 33 o'i 35 o ornestau. Roedd torf o 22,000 yn ei wylio yn Madison Square Garden wrth iddo golli yn erbyn y pencampwr byd, Jim Londis. Colli gornest oherwydd iddo gael ei wahardd fyddai ei dynged fel arfer. Doedd e ddim bob amser yn boblogaidd a phan fu'n ymladd gerbron 2,000 o garcharorion yng ngharchar Sin Sin bu'n rhaid i'r wardeniaid fygwth defnyddio nwy dagrau i gadw trefn.

Daeth ei yrfa i ben yn 1953 wedi iddo gael ei daro gan fws deulawr pan gollodd y gyrrwr reolaeth ohono. Oni bai am ei gryfder anarferol ni fyddai wedi goroesi'r ddamwain yn ôl y meddygon. Bu'n arwr y tu fas i'r sgwâr reslo yn ogystal, a hynny oherwydd ei allu anhygoel i symud tomenni o rwbel adeg y Blitz yn Llundain. Pan ymddeolodd i Abergwaun edrydd hynafgwyr heddiw, a hwythau'n gryts ar y pryd, straeon am ei allu syfrdanol yn gwasgu orennau'n ddim mewn chwinciad ac yn gorfodi'r cryfaf o ddynion i droi'n llipryn llipa ar lawr trwy wasgu ei gorff mewn rhyw fannau cudd. Codwyd plac er cof am William Garnon yn Neuadd y Dref a charreg i goffáu D. J. Williams ar lecyn glas ynghanol y dref mewn man a elwir 'Y Wesh'.

Ym Mhenslâd y triga John Edwards na chlywais mohono'n tuchan na chwyno gydol y pythefnos o gerdded. Rhodiai'n ysgafn gan gymryd pob dim yn ei bwyll boed law neu hindda. Gŵr bonheddig o gyn-athro ffiseg yn hanu o Went a fwynheai bethau gorau bywyd, yn gerddoriaeth glasurol ac yn win aeddfed. Pa ddisgrifiad ond bonheddig y gellir ei gynnig am ŵr a'n croesawodd ben bore wrth ymadael ag Abergwaun trwy gynnig dewis o naill ai wydraid o siampaen neu sudd oren, neu gymysgedd o'r ddau, ar lan y Parrog yn Wdig i'n hebrwng ar ein taith?

Pa warineb uwch y gellid ei gynnig am naw o'r gloch y bore ganol haf?

Mae'n werth loetran ar Sgwâr Abergwaun i weld y byd yn mynd heibio. A pha well ffordd o wneud hynny nag wrth ffenestri'r tri thafarn sy'n wynebu ei gilydd? Gwesty Abergwaun yw'r mwyaf mawreddog ac sy'n dal sylw'r ymwelydd yn syth bìn. Tybiaf mai'r adegau mwyaf diddorol o'r dydd i'w treulio mewn tafarn yw ychydig cyn amser cinio a thua'r diwetydd, a hynny am fod yna ymdeimlad o baratoi at brysurdeb sydd i ddod, a rhyw ddyfalu ynghylch pwy a ddaw trwy'r drws. Bydd ambell bererin fel finnau yn falch o'r cyfle i synfyfyrio mewn llonyddwch a cheisio gwneud synnwyr o'r hyn sy'n digwydd o'n hamgylch, ac mae'r awyrgylch lled dywyll a'r gerddoriaeth reggae lled isel yn y cefndir yng Ngwesty Abergwaun yn benthyg ei hun ar gyfer y fath berwyl.

Gellir rhyfeddu at daldra'r landlord sy'n gorfod sefyll yn ei blyg tra saif wrth far ei dafarn ei hun rhag taro ei gorun yn erbyn y nenfwd ac ymddengys y gwydr peint y deil â'i fys, nid â'i law, fel gwniadur yn ei afael. Rhaid ei fod yn glo cadarn a garw ar y cae rygbi rhyw ddydd, yn peri ofn a chodi arswyd ymhlith y gwrthwynebwyr o'r eiliad y deuai trwy ddrws yr ystafell newid, a phwy feiddiai ei daclo tybed? Gogoniant eistedd mewn cornel tafarn yw dyfalu a dychmygu hynt rhai o'ch cyd-lymeitwyr heb dynnu sgwrs â nhw, a phetawn blentyn byddwn yn dychmygu mai hwn oedd y cawr yn stori Jac a'r Goeden Ffa.

Hwyrach y daw'r gŵr sy'n gwisgo'i grys gyda'r botymau ar agor hyd at ei fogel haf a gaeaf heibio ac ambell un arall sy'n gymaint rhan o'r lle ag yw'r dodrefn. Hawdd adnabod y dieithriaid, sy'n taro heibio o ran chwilfrydedd neu er mwyn lladd amser cyn dal y fferi i Iwerddon, am y byddan nhw'n pendroni'n hir ar ôl archebu wrth y bar ynghylch y lle mwyaf hwylus i roi eu pwys i lawr. O eistedd yn wynebu'r ffenestri ni chymer yn hir i chi sylweddoli bod Abergwaun yn dref lle mae pobol yn adnabod ei gilydd yn dda oherwydd gwelir dau neu dri'n oedi i sgwrsio yma ac acw ar y stryd, ac eraill yn cyfarch ei gilydd wrth fynd heibio.

Os am weld pwy sy'n disgwyl bws gwell eistedd wrth ffenestr tafarn y Dderwen Frenhinol ar draws y Sgwâr yn wynebu'r arhosfan bws. Gan amlder y bysiau prin yw'r adegau pan nad oes rhywun yno'n disgwyl. Gellwch ddyfalu hynt y teithwyr wrth fwyta un o seigiau blasus y dafarn lle dywed rhai i gytundeb gael ei arwyddo gan y Cyrnol William Tate yn 1797 yn ildio bwriad y Ffrancod i geisio goresgyn yr ardal. Dywed eraill nad oes tystiolaeth i hynny ddigwydd yn y fan hon ac mai'r tebygolrwydd yw iddo gael ei lunio yn y dafarn gan yr Arglwydd Cawdor ond ei lofnodi gan y Cyrnol ar aelwyd un o ffermydd Pen-caer lle roedd wedi sefydlu ei bencadlys.

Ond y tebyg yw y byddai arwres y digwyddiad, y crydd o gorffolaeth mwy na'r cyffredin, Jemeima Niclas, yn gyfarwydd â'r dafarn a hithau droeon mae'n siŵr wedi adrodd ei gwrhydri pan oedd yn 35 oed yn arestio hanner dwsin, os nad rhagor, o'r milwyr Ffrengig trwy eu bygwth â phicwarch. Codwyd carreg goffa i'r arwres ym mynwent Eglwys y Santes Fair gerllaw ar ôl iddi huno'n 82 oed yn 1832. Ond mae Jemeima gyfoes i'w gweld yn rhith Yvonne Fox a'i phicwarch pan gynhelir achlysur o bwys yn y dref oherwydd ni roes y gorau i'w dyletswyddau ar derfyn dathlu'r daucanmlwyddiant yn 1997, a pharod yw i wisgo ei siol ar amrant pan gyfyd cyfle. Ac erbyn hyn mae'r tapestri ysblennydd, can troedfedd o hyd, a wnaed gan wragedd y cylch o dan arweiniad Elizabeth Cramp, ar achlysur dathlu daucanmlwyddiant y goresgyniad aflwyddiannus, i'w weld yn barhaol yn y Llyfrgell ar y Sgwâr. Bydd yn atyniad twristaidd unigryw i'w gymharu'n unig â thapestri Bayeux yn Ffrainc.

Y Royal Oak, yn ôl y posteri a'r wybodaeth ar y wal, yw cartref Clwb Gwerin Abergwaun ond Gwyddelig yn hytrach na Chymreig yw naws yr arlwy yn ôl pob golwg. Yn wir, prin bod dylanwad Menter Iaith Sir Benfro, sydd â'i phrif swyddfa yn y dre, wedi gadael ei ôl ar arwyddion y dafarn hon chwaith am y gellid yn hawdd tybio nad yng Nghymru mae'r fangre oni bai ein bod yn bwrw golwg drwy'r ffenestr ar yr arwyddion ffyrdd ar ganol Y Sgwâr. Os rhywbeth ceir awyrgylch ychydig yn fwy cartrefol yn y Farmers Arms gyferbyn, a chyfle i gael sgwrs yn Gymraeg ymhlith rhai o'r cwsmeriaid. Yn sicr ddigon fe fyddai yma fwrlwm o Gymraeg yn y dafarn pan ddinistriwyd tollbyrth y dref droeon yn ystod Terfysg y Beca yn 1843.

Wedi dinistrio'r ddwy glwyd yn nau ben y dref ar Fedi'r 8ed rhybuddiodd y Beca y byddai'n dychwelyd ymhen rhai dyddiau oni fyddid yn rhoi'r gorau i gasglu trethi wrth deithwyr. Ymgasglodd torf o tua 600 i wireddu'r bygythiad cwbl agored a gorfodwyd y ceidwaid i gymryd eu heiddo a'u sgidadlan hi cyn i'r Beca fwrw ati i ddinistrio'r symbolau o orthrwm. Er 'y cyhoeddiad' rhag blaen doedd yna'r un ynad na chwnstabl i'w gweld yn ceisio atal y terfysgwyr ac, yn wir, amcangyfrifid bod torf o tua 3,000 wedi ymgasglu ar hyd strydoedd y dref i ddangos eu cefnogaeth i'r weithred. Ddeufis yn ddiweddarach penderfynodd un o'r trigolion lleol, Thomas Williams, a oedd yn awyddus i hawlio'r wobr a gynigid am wybodaeth, ddatgelu enwau'r arweinwyr i'r awdurdodau. Fe'u harestiwyd a'u rhyddhau ar fechnïaeth ond pan gynhaliwyd yr achos llys bu'n rhaid eu rhyddhau am nad oedd digon o dystiolaeth yn eu herbyn. Ar y llaw arall bu'n rhaid i Thomas Williams adael Abergwaun oherwydd pryder y byddid yn dial arno am yr hyn a ystyrid yn weithred o frad ar ei ran.

Defi John, Sgadan a 'Bulldog' Garnon

Ni ellir ffarwelio â Sgwâr Abergwaun liw dydd heb alw yng Nghaffi'r Cornel i flasu tartenni cartref blasus un o feibion y Mans, Gareth Rowlands; cewch ganddo ddewis o dartenni rhiwbob, ceirios, cwrens du, afal neu fwyar neu gyfuniad ohonyn nhw. Does mo'u hafal ar y daflod gyda thwlpyn o gwstard a byddwch yn bwyta nes eich bod yn driflo briwsion. Ceir dewis o dai bwyta ar y ffordd sy'n arwain i gyfeiriad Hwlffordd ac ar y chwith fe welir un o adeiladau mwyaf y dref, sef Capel Hermon, y Bedyddwyr. Diau bod ei ddirfawr angen ar ddechrau'r ganrif ddiwethaf pan oedd rhif yr aelodaeth yn gyson dros 500 ac, ar un adeg, yn 1934, yn 748. Byddid yn bedyddio yn afon Gwaun a chan amlaf tua dwsin ar y mwyaf a fedyddid ar y tro ond, ym mis Ionawr 1905, ar anterth y Diwygiad, dywedir bod y Parch. Dan Davies wedi bedyddio 92 ar yr un achlysur, a hynny meddid mewn 25 munud, er anodd credu bod hynny'n fathemategol bosib hyd yn oed os oedd yr oerfel yn mynnu na ellid caniatáu whilibowan.

Pan gytunodd y Parch. Richard Owen dderbyn galwad yn 1839 doedd dim yn fwy naturiol iddo na hwylio ar hyd yr arfordir o Bwllheli, gyda'i deulu a'i eiddo, a bwrw angor yn y Cwm. Erbyn heddiw mae rhif yr aelodaeth oddeutu 180 ond dyrnaid o blant sy'n mynychu'r Ysgol Sul. Sefydlwyd y bugail presennol, y Parch. Carl Williams, sy'n hanu o Gwm Gwendraeth, yn 1982, ac mae ymweliad â'r Mans, sydd o fewn tafliad carreg i'r capel, yn gyfystyr â tharo ar werddon o ddysg a diwylliant gan fod ei wraig, Rita, o Wauncaegurwen, yn fawr ei pharch ym maes ysgolheictod o ran ei gwybodaeth am lenyddiaeth Llydaw yn ogystal ag am ei hymroddiad yn cynnal y trefniant gefeillio rhwng Abergwaun a Loctudy. Mae Carl ei hun hefyd wedi cwblhau gwaith ymchwil ar hanes cynnar Anghydffurfiaeth yn yr ardal, sy'n taflu goleuni diddorol ar gefndir goresgyniad y Ffrancod a'r cydymdeimlad honedig a fodolai yn yr ardal ymhlith rhai carfanau tuag at ddymchwel y Frenhiniaeth a sefydlu gweriniaeth fel y gwnaed yn Ffrainc.

Dywedir mai cenfigen a dialedd a barodd i Fethodistiaid ac Eglwyswyr ledaenu straeon maleisus am rai o arweinwyr yr Anghydffurfwyr drwy honni eu bod yn cynorthwyo'r gelyn yn y dirgel. Llosgwyd delw o'r Parch. Henry Davies, un o weinidogion cyntaf y Bedyddwyr yn yr ardal, ar Sgwâr Abergwaun ar noson ffair, ac fe garcharwyd Annibynnwr o'r enw Samuel Griffiths a Bedyddiwr o'r enw Thomas John. Daw'r dystiolaeth bennaf ynghylch yr erlid o ddogfen o'r enw 'Cwyn y Cystuddiedig a Griddfannau y Carcharorion Dieuog' (*The Triumph of Innocency*) gan ŵr o gyffiniau Hwlffordd, sef William Richards, a ystyrid yn radical rhonc. Dengys traethawd ymchwil MTh y Parch. Carl Williams fod y carcharorion wedi'u rhyddhau heb eu dyfarnu'n euog mewn llys barn, a hynny'n awgrymu'n gryf bod yr awdurdodau'n cydnabod eu camwri. Doedd fawr o werthoedd Cristnogol sylfaenol yn cael eu hamlygu yn ystod yr ymrannu a diau mai Eglwyswyr a Methodistiaid, fel pobl y sefydliad, a oedd yn rheoli grym yn y llysoedd a chyfundrefn cyfraith a threfn.

'Mae dogfen William Richards o bwys mawr oherwydd amlygir ynddi ysbryd dialgar a chreulon Methodistiaid ac Eglwyswyr y cyfnod tuag at yr ymneilltuwyr. Â William Richards mor bell â honni mai gwŷr bonedd ac offeiriadon y fro a ysgogai hyn a'u bod hyd yn oed wedi ymostwng mor isel â llwgrwobrwyo'r Ffrancwyr am ddwyn camdystiolaeth yn erbyn yr ymneilltuwyr yn y llys. Yr hyn sydd yn ddadlennol yn y ddogfen yw fod Siarl Prudhomme, Prif Swyddog y Ffrancod, yn tystio ar ran ei gyd-filwyr na welson nhw mo'r ddeuddyn 'cyn dydd Gwener pan oeddem yn mynd i roi ein harfau i lawr'. Nodir hefyd i Prudhomme addef iddo gael addewid o symiau o arian am dyngu yn eu herbyn. Yn y diwedd gollyngwyd y ddau garcharor yn rhydd adeg y Brawdlys ym mis Hydref 1797, ar ôl eu cadw o dan glo ers mis Mawrth, am nad oedd digon o dystiolaeth yn eu herbyn. Roedd swyddogion y Llywodraeth, ar y pryd, yn barod i wrando ar bob si o ddrwgdybiaeth yn erbyn yr anghydffurfwyr, yn enwedig y Bedyddwyr, ac yn taenu cyhuddiadau anghyfiawn drwy'r ardaloedd,' meddai'r Parch. Carl Williams.

Wrth edmygu pensaernïaeth Capel Hermon gyda'i bileri Groegaidd nid drwg o beth fyddai croesi'r ffordd i dafarn y Llong a'r Angor er mwyn syllu ar y nenfwd yno. Gwelwch ddarluniad o fap Saxton 1578 wedi'i dynnu'n gywrain gan Maxwell Jones yn 1982 ac o holi cewch wybod am beth wmbreth o furluniau a dynnwyd gan yr arlunydd lleol.

Diau fod y sawl sy wedi ymweld ag Abergwaun yn gyson wedi cael y profiad o weld y creadur hynod hwnnw a adwaenir wrth yr enw 'Togo' yn mynd trwy'i bethau. Dychmygwch un o bentrefi Sbaen pan ollyngir teirw ar hyd y strydoedd ond, yn y cyswllt hwn, dychmygwch fustach bychan deudroed yn rhydd ar strydoedd Abergwaun ond sy'n medru cadw cymaint o fwstwr â bustach yn ei lawn faintioli. Yr un yw ei foichen. Ar un adeg roedd Raymond Wynfford John yn paratoi ar gyfer yr offeiriadaeth a phan fydd yn ei sobrwydd dengys fod ganddo wybodaeth eang am amrywiaeth o bynciau. Rwy'n ddyledus iddo am fy ngoleuo taw'r gair Cymraeg am bysgodyn albino yw 'llithwen'. Ond pan fydd yn ei ddiod bydd Togo'n rhuo a drysau'r siopau'n cau'n glep un ar ôl y llall o'i weld yn baldorddi ar hyd y stryd gan gadw reiat y byddai angen hanner dwsin i'w greu gan amlaf.

Pan na lwydda plismon i'w dawelu a'i dywys adref mae'n ofynnol ei arestio a'i gadw mewn cell ac yna daw ymddangosiad llys ac mae'r rheiny'n gofiadwy.

Weithiau ni fydd yn cydnabod awdurdod y llys am ei fod yn arddel Cyfraith Hywel Dda. Droeon bu o fewn trwch blewyn o gael ei gyhuddo o ddirmygu'r llys. Ar un achlysur gorchmynnwyd pawb a oedd yng nghyffiniau'r llys i sefyll o'r neilltu er mwyn rhoi lle i'r Uchel Siryf a'i osgordd. Ymateb Togo oedd gweiddi'n uchel, 'Pam, odi hi'n Sul y Palmwydd?'

Cafodd y gŵr sydd yn ei drigeiniau hwyr ei ddyfarnu'n euog o leiaf 108 o weithiau am droseddau'n ymwneud â meddwdod a thorri amodau mechnïaeth. Rhoddwyd gorchymyn ASBO iddo yn 2006 a gwaharddiad rhag yfed yn Sir Benfro. Yna, ar Ragfyr 29, am ddeg o'r gloch y bore, ac ynte prin yn medru sefyll ar ei draed, cafodd ei arestio mewn ciosg yn Aberaeron, ar ôl iddo wneud nifer o alwadau i'r gwasanaethau argyfwng. Wrth ei amddiffyn ei hun yn yr achos llys dilynol yn Aberteifi, cyfeiriodd y pensiynwr at Saddam Hussein ac at adnodau yn y Beibl, cyn cyfaddef ei fod, pan gafodd ei arestio, ychydig yn feddw ond ar ei ffordd adref. Wrth dderbyn dirwy o £50 dymunodd Flwyddyn Newydd Dda i'r ynadon yn un ac oll ac aeth ar ei hynt i wynebu blwyddyn arall.

Mae'n hen bryd bwrw ein golygon i gyfeiriad Wdig er mwyn ailgydio yn Llwybr yr Arfordir. Ceir cyfle i oedi ar hyd y Parrog eto wrth syllu ar y darnau mosaig o dan eich traed sy'n darlunio agweddau arwyddocaol o hanes yr ardal; glaniad y Ffrancod, y ffilmiau adnabyddus, camp Denys Corbett Wilson yn hedfan ar ei ben ei hun o Wdig i Enniscothy yn Wexford ym mis Ebrill 1912 gan hawlio mai fe oedd y dyn cyntaf erioed i hedfan o dir mawr Prydain i Iwerddon, a'r diwydiant sgadan a'r traddodiad morwrol. Deil y traddodiad morwrol yn gryf am fod y fferi'n hwylio ddwywaith y dydd i Rosslare trwy'r flwyddyn a'r catamaran hefyd yn cludo teithwyr yn yr haf, y naill yn cwblhau'r siwrnai o fewn tair awr a'r llall o fewn awr a hanner.

Ar ddechrau'r ganrif flaenorol roedd yna obeithion mawr ynghylch sefydlu gwasanaeth ar gyfer hwylio i'r Unol Daleithiau trwy greu porthladd yn Abergwaun a fyddai mor enwog â phorthladdoedd Southampton a Lerpwl. Ym mis Ebrill 1909 bwriodd y llong-ager *Mauretania* ei hangor yn Abergwaun, ar ôl croesi o Efrog Newydd i Iwerddon yn gynt na'r un llong arall, mewn pedwar diwrnod, 14 awr a 27 munud. Ar ôl dadlwytho cargo a theithwyr o fewn awr a hanner – ychydig cyn tri o'r gloch y prynhawn – roedd y teithwyr wedi cyrraedd pen eu siwrnai ar orsaf Paddington ddwy funud cyn hanner awr wedi saith y nos. Medrai'r cwmni llongau Cunard a'r Great Western Railway frolio na wnaed y siwrnai o Efrog Newydd i Lundain erioed yn gyflymach. Ond er i'r freuddwyd honno bylu pan dorrodd y Rhyfel Byd Cyntaf nid ofer fu defnyddio 800 tunnell o graig, fesul troedfedd, i greu morglawdd hanner milltir o hyd ar gyfer cysgodi llongau am fod y cysylltiad ag Iwerddon wedi para.

Cyflogwyd yn agos at 500 o ddynion, a'r rhelyw o'r rheiny'n Wyddelod, dros gyfnod o ddwy flynedd i danio'r graig er mwyn llunio'r lanfa a'r orsaf, a defnyddiwyd craen i ollwng darnau anferth o graig, yn pwyso cymaint â 15 tunnell, i ddyfnder o 70 troedfedd i ffurfio'r morglawdd. Yn ystod yr un cyfnod penderfynodd y GWR fod angen gwesty moethus ar gyfer teithwyr pe sefydlid y cysylltiad ag Efrog Newydd. Roedd Gwesty Bae Abergwaun, fel y'i gelwir heddiw, fry uwchlaw'r porthladd yn hawlio golygfeydd ysblennydd, ac yn cynnwys 40 o ystafelloedd gyda theleffon ymhob ystafell ac yn cyflogi 25 o staff pan agorwyd y lle. Cododd y GWR bentre cyfan uwchben y clogwyni ar gyfer eu gweithwyr sy'n dal i gael ei adnabod fel Pentre'r Harbwr.

Yn ystod blynyddoedd y Rhyfel Byd Cyntaf bu sôn am godi purfa olew ym Manorowen gerllaw ond penderfynodd awdurdod y porthladd y byddai'r tanceri olew yn amharu ar y fasnach deithio i America pan ddisgwylid i honno ail-gychwyn wedi'r rhyfel. O ganlyniad, codwyd y burfa olew yn Llandarsi, ger Abertawe, ond ni ddychwelodd y leinars mawr i groesi'r Iwerydd chwaith a hynny'n bennaf am fod y llaid a'r silt a grëwyd wrth adeiladu'r morglawdd dwyreiniol yn ei gwneud hi'n amhosib i'r llongau mawr ddod i mewn i'r harbwr.

Diau y byddai gweithwyr cynnar y porthladd wedi clywed straeon am un o drigolion hynotaf Wdig, Shemi Wâd, a fu farw yn 1887 ac, yn wir, caiff y chwedlau amdano eu hadrodd hyd yn oed heddiw pan geir clust parod. Doedd mo'i debyg am ddifyrru trwy adrodd yr helyntion rhyfeddaf amdano'i hun. Mynna Dewi Emrys nad oedd hafal i James Wade am draddodi stori dal ac, wrth gwrs, byddai'n rhagymadroddi trwy nodi union ddyddiad a lleoliad pob digwyddiad. Pe mentrai un o'r gwrandawyr wrth bistyll y pentref amau ei eirwiredd, ni fyddai'n ddim iddo saethu bwled o sudd tybaco'n syth i'w lygad. Yn wir, yn ei gyfrol *Ysgrifau* mae Dewi Emrys yn adrodd 'Stori Canon Milffwrt' bron air am air fel y clywsai hi gan yr hen garan. A pha ots os nad oedd erioed wedi hwylio o olwg y tir mawr pan fedrai wau mabinogi mor anhygoel? Rhy Dewi ddisgrifiad ar sail ei gof plentyn ohono:

'Barf gadwynog, yn cylchu ei wyneb o glust i glust, oedd ganddo, a'i ddwy foch yn lân loyw, fel dwy ynys binc ynghanol ewynlliw tonnau. Dyna'r unig fannau glân ar ei holl gorff, mi dybiaf … Rhyw stwlcyn byr ydoedd yn ymwisgo beunydd mewn siersi las a het Souwester, a sbwt o bibell glai, mor ddu â'i hen gwch tarrog, yn hongian, bowlen i waered, o gornel ei wefl.

Mae'n debyg y defnyddiai glawr lledr esboniad melynlliw o Lyfr y Datguddiad i hogi ei rasel bob yn ail fore, ac roedd ei fynych arfer o godi ei ysgwyddau yn brawf fod chwain yn ymgartrefu yn y dillad na fyddai fyth yn eu diosg.

Glywsoch chi am Shemi Wâd yn derbyn her i gymryd rhan mewn gornest yfed? Mae'n debyg iddi fynd yn dipyn o drafodaeth yn nhafarn y Rose and Crown p'un a fedrai Shemi yfed wyth peint o gwrw heb gymryd saib. Mynnai'r hen greadur na fyddai hynny'n drafferth yn y byd iddo. Trefnwyd y byddai Shemi'n cyflawni'r gamp y noson ganlynol a rhoddwyd dwy sofren aur yng ngofal y tafarnwr er mwyn eu rhoi iddo pan fyddai'r wyth peint wedi diflannu i lawr y lôn goch. Bu'r betio'n drwm ymhlith y ffyddloniaid, a'r noson ganlynol ar yr amser penodedig roedd y dafarn dan ei sang. Ond doedd dim golwg o Shemi. Yn wir, daethpwyd i'r casgliad nad oedd am roi cynnig arni wedi'r cwbl a dechreuwyd chwerthin am ei ben a'i ddishmoli.

Ond yna'n hwyr yn y nos, pan oedd yr ornest wedi mynd yn angof, pwy ddaeth i'r drws ond Shemi Wâd a dechreuodd y gwatwar yn ddiymdroi, 'C'wilydd arnot ti, Shemi', 'ddim yn ddigon o foi i gadw'i air', 'ma wyth peint yn ormod iddo ar y tro, bois'. Ond wrth i Shemi sefyll yno'n stond yn wynebu'r gwatwarwyr cafwyd tawelwch llethol ymhen y rhawg ac o enau'r athrylith daeth y geiriau, 'Na, na, bois bach, synno wyth peint yn broblem,' ac yna saib feichiog wrth iddo edrych o gwmpas yr ystafell a thawelu grwgnach ei feirniaid unwaith eto, 'na, na, ddim yn broblem bois bach. 'Wy wedi bod yn yr Hope and Anchor drws nesa yn ca'l tamed bach o bractis. Nawr 'wy'n barod, ble ma'r wyth pot peint 'na nawr 'te?'

Ni fedraf ffarwelio ag Wdig heb alw i gof un o straeon y Cynghorydd Alwyn Luke. I mi mae'r ffaith iddo fod yn gynghorydd llywodraeth leol ers dros ddeugain mlynedd, ac yn ymgeisydd annibynnol yn etholiadau cyntaf y Cynulliad, yn pylu yn ymyl ei orchest yn adrodd stori'r ffeirad, y forwyn a'r gwas. Os digwydd i chi ei weld, cofiwch ofyn iddo a yw'r bustach coch wedi dod i glawr erbyn hyn? Hwyrach mai'r ffaith iddo ei thraddodi ar achlysur annisgwyl sy'n mynnu ei bod wedi glynu yn fy nghof. Tebyg ein bod, ar y pryd, yn trafod twneli

Shemi Wâd

tanddaearol hen storfa arfau Tre-cŵn gerllaw, a'r bygythiad y byddent yn cael eu defnyddio i storio gwastraff niwclear. Fel fflach o ysgafnder mynnai ei fod yn cofio stori am ffeirad yr ardal slawer dydd.

Yn unol ag arfer ffeiradon slawer dydd wêdd y ffeirad penodol hwn yn cadw morwyn a gwas ac roedd y tri'n bwrw mlân mewn oedran, a chymaint y gallen nhw ei wneud bellach oedd cyflawni'r dyletswydde angenrheidiol i gadw'r lle rhag troi'n ddiffeithwch llwyr. Bydde'r gwas yn godro'r fuwch a'r forwyn yn corddi'r menyn a'r ffeirad yn gofalu am anghenion ysbrydol ei blwyfolion gorau medrai. Wêdd ychydig o fustych yn rhedeg yn rhydd gyda'r fuwch ac yn eu plith bustach coch yr oedd gan y ffeirad gryn feddwl ohono. Fe sylwodd y gwas rhyw ganol wythnos nad oedd y bustach i'w weld, a doedd e ddim i'w weld trannoeth chwaith na thradwy. Felly, bore dydd Gwener, dyma'r gwas yn penderfynu mai doeth fyddai dweud wrth y ffeirad fod y bustach coch ar goll. Fe'i gorchmynnwyd gan ei feistr i chwilio amdano ymhob twll a chornel nes y deuid o hyd iddo.

Dyna a wnaeth y gwas yn ôl ei bwysau ond doedd dim yn tycio. Dyma fe'n adrodd yr un stori fore Sadwrn a chael ei siarsio eto i ddilyn pob clawdd ffin a chadw golwg ar berci'r cymdogion. Dim lwc, a'r un oedd ei stori fore Sul. Yr un oedd y gorchymyn hefyd ac esboniad gan y ffeirad ei fod e'n rhy glymhercyn i gymryd rhan yn y chwilio ei hun. Wel, doedd y gwas ddim yn awyddus i dreulio'r Sul yn cerdded ar hyd y perci a'r cloddiau ffin, ac felly, dyma fe'n penderfynu mynd i'r sgubor, ac i'r ddowlad gan feddwl bwrw ei flinder tra byddai'r ffeirad yn yr eglwys.

Nawr, o'r diwedd, dyma'r forwyn yn dod i'r stori. Pwy ddaeth i mewn i'r sgubor yn cario padell, er mwyn codi tato i'w crafu ar gyfer cinio, tra oedd y gwas yn cwato uwchben, ond y forwyn. Popeth yn iawn. Ond wrth i'r gwas ddechrau paratoi i freuddwydio dyma fe'n clywed y mwstwr rhyfedda obry. Roedd y ffeirad wedi galw heibio ac wedi gweld y forwyn yn ei phlyg â'i phen a'i hysgwydde bron o'r golwg yn codi tato o waelod y gasgen. Dyma'r ffeirad yn gweld ei gyfle. Cydiodd yn dynn amdani am ei chanol fel feis ac roedd yn amlwg na fyddai'n gollwng gafael am getyn.

'Ffeirad bach, ffeirad bach, wir, be sy mlân 'da chi,' mynte'r forwyn wrth geisio codi ei phen mas o'r gasgen.

'O, merch fach i, peid'wch â symud, wir. Dwi'n gweld y byd yn grwn,' atebodd y ffeirad.

A'r eiliad honno dyma lais y gwas yn dod o'r dowlad:

'Os odych chi'n gweld y byd yn grwn, cymrwch bip i weld ble ma'r bustach coch.'

Ni wn am yr un bustach coch enwocach yn y byd crwn – ac mae'n dal ar goll!

Bu Waldo'n lletya gyda'i chwaer, Dilys, yn Heol Plas-y-gamil, yn Wdig, a bu'n athro yn ysgol y pentref yn ogystal ag yn Ysgol Gynradd Gatholig Abergwaun. Yn Wdig, gyda chwech o'r bechgyn o'i amgylch ac yntau â'i olygon ar eu direidi, y tynnwyd y llun enwog hwnnw a wnaed yn boster enfawr gan Gyngor y Celfyddydau, ac a fyddai'n harddu ystafelloedd myfyrwyr yn y 1970au. Y chwe chrwt yn y llun oedd Emyr Davies, Chris Harries, Clive Kinsella, Teifion Cotton, Robert Reynolds a

Waldo a chryts Ysgol Wdig

Nicky Howells. Bu'n rhaid i'r prifathro ar y pryd, Lloyd Evans, archebu wigwam fel cyfarpar dysgu, trwy'r swyddfa addysg, a hynny am fod Waldo am ei gosod ar ganol llawr y dosbarth a chynnig mynediad iddi fel gwobr i'r plant o bryd i'w gilydd. Mae'n siŵr bod Waldo yntau, fel rhan o hwyl y dosbarth, wedi mentro ar ei bedwar, yn ei dro, i gartre'r Indiaid Cochion, yng ngwres y wers.

Ar wahân i ymhyfrydu yn niniweidrwydd plant byddai Waldo'n gresynu a thristáu o weld creulondeb dynion tuag at ei gilydd, ac i'r gweledydd hydeiml fel ag yr oedd, symbol o ddinistr dyn oedd y cladd arfau draw yn Nhre-cŵn. Yma, yng nghartre ei chwaer, y cyfansoddodd ei gerdd olaf, yn dystiolaeth bellach o'i gred mewn heddychiaeth a brawdoliaeth dyn. Mae'r soned 'Llandysilio-yn-Nyfed' yn cyfeirio at benderfyniad Tysilio i ymwrthod â chodi arfau er mwyn etifeddu brenhiniaeth yn ei gynefin ym Meifod. Ni chanodd Waldo erioed gerddi yn clodfori tywysogion ymladdgar Cymru, a pha ryfedd o gofio ei bod yn arfer yn eu plith i ddallu a sbaddu brodyr, er mwyn etifeddu llinach, am na fyddai Cyfraith Hywel yn caniatáu i fab na fedrai genhedlu etifeddu tywysogaeth, a phrin y medrai tywysog dall gyflawni'r un dim yn yr hinsawdd ryfelgar oedd ohoni.

Buddiol cofio mai yn Abergwaun, yn Undeb Bedyddwyr Cymru yn 1956, y traddododd Waldo anerchiad ar y testun, 'Brenhiniaeth a Brawdoliaeth', a fyddai'n cynnig allwedd i ddeall a gwerthfawrogi ei awen fawr pan fyddid yn cyhoeddi'r gyfrol, *Dail Pren*, ymhen ychydig fisoedd. Yn eironig, ar fyr rybudd y traddododd yr anerchiad gerbron aelodau'r Gymdeithas Heddwch am fod ei gyfaill mawr, D. J. Williams, oherwydd salwch, wedi methu cadw ei gyhoeddiad i draethu ar y testun, 'Cymru a'r Trydydd Gwersyll'.

Mae diwrnod arall o gerdded yn ymhŵedd i gyfeiriad Pen-caer ac o bosib un o rannau mwyaf hudolus a chyntefig yr arfordir. Wrth sipian diodydd ar y Parrog, a ddarparwyd drwy haelioni John Edwards, a'i wraig, Gaynor, yng ngwenau haul y bore, daw un arall o weision y Parc Cenedlaethol, y tro hwn yr Uwch Barcmon, Geraint Harries, i gyfarch gwell. Ceir llond pen o Gymraeg tafodieithol ganddo ac mae'n ddigon eofn i draethu yn y Gymraeg am ddwy neu dair munud cyn troi i'r Saesneg er hwylustod i bawb. Tebyg ei fod am bwysleisio'r ffaith fod y Gymraeg yn iaith fyw yn yr ardal a bod Awdurdod y Parc Cenedlaethol, o dipyn i beth, yn ei hystyried yn rhan o'i ddyletswydd i'w gwarchod a'i hybu fel rhan o'r dreftadaeth ddiwylliannol.

Er taw'r wlad o Abergwaun i'r Traeth Gwyn yw ei diriogaeth mae ei ddefnydd o ambell arddodiad megis 'at ddod' i ddynodi bod disgwyl 'i rywun gyrraedd' yn datgelu mai'r wlad i gyfeiriad Tyddewi yw ei gynefin. Rhaid chwilio am gopi o gyfrol brin W. Meredith Morris, *A Glossary of the Demetian Dialect*, sy'n nodi hynodrwydd y Ddyfedeg fel y clywodd yr awdur hi yn ei gynefin yn yr ardal hon, ar ddiwedd y bedwaredd ganrif ar bymtheg, ac yna ei chofnodi yn ystod ei fywoliaethau Eglwysig yn Sir Forgannwg, a'i chyhoeddi yn 1910. Does dim dwywaith fod y dafodiaith yn rhan o ogoniant y Llwybr hefyd yn arbennig wrth i ni nesáu at Bwllderi a Thyddewi.

Bant â ni ar hyd rhodfa'r môr i gyfeiriad adeiladau porthladd y fferi, croesi'r bont droed ddur ar draws llwybr y cerbydau a'r rheilffordd, a throi i'r dde ar hyd y ffordd nad yw'n arwain i unman, nes gwelir bwlch yn y wal, ac yna dilyn y llwybr igam-ogam am i fyny trwy allt goediog. A diolch ei fod yn igam-ogamu neu byddai angen hoe go sylweddol ar rai ohonom ar ôl cyrraedd y brig ym Mhentre'r Harbwr. Ond mae'r haul yn chwarae mig rhwng y dail, yr adar yn ein cyfarch yn llon a phob dim i'w weld yn ei le. Harmoni sy'n gorseddu ar anterth y bore. O edrych 'nôl i gyfeiriad Abergwaun – neu Fishguard os am arddel ei enw Saesneg, sy mewn gwirionedd yn tarddu o'r gair *fiskigadr* a ddefnyddid gan oresgynwyr

Sgandinafaidd i ddynodi 'gored' – fe welir adeilad Ysgol Uwchradd Bro Gwaun a'r Ganolfan Hamdden yn amlwg uwchben Penyraber, a gwyddys mai'r tu ôl iddyn nhw mae Parc Lota a cherrig yr orsedd yn dyst i gynnal yr Eisteddfod Genedlaethol yno yn 1936. Ar gyfer y steddfod honno perswadiwyd Waldo i anfon awdl a luniodd mewn penwythnos, ar y testun 'Tyddewi', i gystadleuaeth y Gadair, a chael beirniadaeth ganmoliaethus er yr olion brys a'r esgeulustod yma a thraw. Fe'i gosodwyd yn ail i gerdd fuddugol y Parch. Simon B. Jones a chyhoeddwyd hi'n ddiweddarach, wedi'i chaboli, yn y gyfrol *Dail Pren*.

Roedd yr arlunydd, Augustus John, yn beirniadu'r gwaith celf yn yr Eisteddfod, ac roedd diwrnod ei ymweliad â'r dref yn nodedig am yr hyn a ddigwyddodd yn ystod y siwrnai adref. Roedd Dylan Thomas a Fred Janes, arlunydd o Abertawe, yn teithio adref mewn car a gâi ei yrru gan Fred, ac yna Augustus a Caitlin Macnamara mewn cerbyd pwerus a gâi ei yrru gan Augustus. Yn Sanclêr fe bwdodd car Fred a bu'n rhaid i Dylan deithio i Gaerfyrddin yng ngherbyd Augustus gan adael Fred yng ngofal car ei dad. Tra oedd yr arlunydd adnabyddus wrth y llyw roedd y ddau iau yn lapswchan yn jogel yn y cefn. Cafwyd saib yng Nghaerfyrddin i fwyta neu, yn ôl pob tebyg, i ddiota ymhellach. Pan ddaeth yn amser ymadael mynnodd Dylan ei fod yntau, yn hytrach na chanfod ei ffordd adref i Abertawe, hefyd yn dychwelyd i Dalacharn i gartref y llenor Richard Hughes, gyda'r ddau arall. Ond roedd Augustus yn chwyrn yn erbyn hynny ac aeth yn ddyrnau rhwng y ddau ddyn yn y maes parcio.

Yn ôl un ffynhonnell roedd gohebydd swanc y *Daily Herald*, Hannen Swaffer, wedi gorfod gwahanu'r ddau'n gynharach cyn iddyn nhw adael Abergwaun. Dylan gafodd y gwaethaf er ei fod 40 mlynedd yn iau na'r arlunydd a bu'n rhaid iddo ffarwelio â Caitlin am y tro. Roedd Augustus naill ai'n eiddigeddus o weld y ddau iau'n fflyrtian yn agored ac am gadw Caitlin iddo'i hun, o gofio am ei awch ddi-ben-draw am ferched, neu roedd yn ymddwyn yn dadol tuag at y Wyddeles am ei fod yn gwybod fod y bardd o Gwmdonkin yn dioddef o glwyf gwenerol ar y pryd. Er gwaethaf cyffro'r noson ni lwyddodd i'w cadw ar wahân am yn hir ac fe arweiniodd cyfarfyddiad y ddau yn ystod ymweliad ag Eisteddfod Genedlaethol at briodas o fewn blwyddyn a pherthynas hir a stormus.

Ar yr un safle yn Abergwaun dros gyfnod o dridiau bymtheng mlynedd yn ddiweddarach y cynhaliwyd Eisteddfod Genedlaethol yr Urdd. Ar wahân i'r cyngerdd Gwyddelig yn y Pafiliwn ar y nos Wener, gan gôr o bedwar ugain o leisiau o'r Weriniaeth, roedd yr ŵyl hefyd yn nodedig am fod Pedwarawd Aelwyd Aberporth o dan ddeunaw oed wedi cael marciau llawn am ganu, 'Y Fam a'i

Baban'. Mae'n rhaid bod datganiad Alun Tegryn Davies, Beryl Davies, Dic Jones a'i chwaer Rhiannon, yn gyfystyr â pherffeithrwydd ym meddwl y beirniad, Mrs W. W. Davies, ac yn glod aruchel i'w hyfforddwraig, Mrs Tegryn Davies. Ar gae Hendre Wen, tu hwnt i bentref Manorowen, ar gyrion Abergwaun, y cynhaliwyd Eisteddfod Genedlaethol 1986. Yn ystod yr wythnos penderfynodd y gohebydd teledu, Gwilym Owen, danlinellu pa mor fwdlyd oedd y maes trwy gyflwyno adroddiad ac yntau'n eistedd mewn cwrwgl – gan sicrhau na wnaeth anwylo'i hun i garedigion yr ŵyl.

Yn yr un modd ni phlesiwyd Sanhedrin yr ŵyl gan benderfyniad y *Western Mail*, y papur dyddiol cenedlaethol, i gyhoeddi enw enillydd y Gadair gan ddweud bod yr enw'n wybyddys i bawb ers tro byd, ac nad oedd felly'n gyfrinach rhagor. Roedd y buddugwr, Gwynn ap Gwilym, yn ddiarwybod i swyddogion yr Eisteddfod, eisoes wedi cytuno i gydweithio gydag un o gynhyrchwyr cwmni teledu HTV, Eifion Lloyd Jones, ar raglen fyddai'n darluniuo ei awdl fuddugol ar y testun, 'Y Cwmwl', er mwyn ei darlledu yn ystod wythnos yr Eisteddfod. O ganlyniad i drafodaethau brys rhwng prif swyddog yr ŵyl, Emyr Jenkins, a swyddogion y cwmni teledu, bu'n rhaid gwneud newidiadau dirfawr munud olaf i'r rhaglen. Cyfyngwyd ar yr hawl i ddarlledu'r awdl i'r ychydig linellau a ddyfynnwyd oddi ar y llwyfan yn ystod y seremoni am nad oedd cyfrol *Y Cyfansoddiadau* wedi'i chyhoeddi. O gadw at y trefniant gwreiddiol o ddarlledu llais y bardd yn llefaru darnau helaeth o'i waith arobryn byddai'r Eisteddfod yn hawlio cymaint â £10,000 o hawlfraint darlledu yn hytrach na'r £200 arferol. Yn ôl Mr Jenkins roedd yn rhaid cymryd y camau hynny er mwyn pwysleisio bod egwyddor peidio â datgelu enw'r buddugwr yn gwbl sanctaidd ac yn rhan anntaod o'r ŵyl.

Hwyrach mai digwyddiad mwyaf arwyddocaol yr wythnos oedd gweithred W. C. Elvet Thomas yn agor Pabell y Dysgwyr ar y Maes am fod sefydlu adran ar gyfer dysgwyr Cymraeg ynddo'i hun yn brawf o newid agwedd a fu o fewn oes un dyn. Er iddo dreulio'r rhan helaethaf o'i oes yng Nghaerdydd roedd ei wreiddiau'n ddwfn yn naear yr ardal, ac roedd yr anrhydedd a roddwyd iddo yn gydnabyddiaeth o oes o lafur diflino fel athro Cymraeg Ysgol Uwchradd y Bechgyn Caerdydd, a fu'n gyfrifol am gyflwyno'r iaith i Bobi Jones, Tedi Millward, Billy Raybould a Geraint Jarman, ymysg llu o rai eraill, a'r rheiny'n ddiweddarach yn defnyddio'r iaith yn eu byw bob dydd. Cofiai gael ei ddwrdio am siarad Cymraeg ar y stryd pan oedd yn grwt yng Nghaerdydd a chofiai'r awdures Moelona, a oedd yn athrawes arno, yn ei dagrau oherwydd y modd y sarheid yr iaith gan 'sbarbil bach blonegog o brifathro'. Bu Elvet yn gyfrifol am droi'r rhod rhyw ychydig.

Mae oedi bob hyn a hyn er mwyn bwrw cilwg yn ôl rhwng y dail, hyd yn oed os na fedraf rannu'r holl fanylion gyda'r lleill, yn fy atgoffa bod gennyf ddoe cyfoethog o brofiadau lle bynnag y syrth fy llygaid. Tebyg mai cwbl wahanol yw myfyrdod y rhelyw o'm cyd-gerddwyr gan ganolbwyntio, yn ôl pob tebyg, ar y dasg sy mewn llaw am nad oes i'r dirwedd ei gysylltiadau iddyn nhw. O leiaf medraf rannu'r profiad o fynychu'r Ffair Gynhaeaf a gynhaliwyd ddiwedd mis Awst 1996 ar gan cyfer o dir ar ymyl y ffordd sy'n dirwyn o Abergwaun i Hwlffordd draw. Rhwng y gwynt a'r glaw a'r anawsterau i gynnal trefn troes pob dim yn fwd, yn fedlam ac yn anarchiaeth cyn y diwedd.

Dyna'r unig dro yn ystod gyrfa o chwarter canrif fel gohebydd y bu'n rhaid cyflogi gwarchodwr i'n hebrwng o gwmpas y maes rhag ofn y buasai rhywun yn cymryd ffansi at yr offer camera ac yn penderfynu ei ddifrodi. Ond yr anhawster pennaf oedd perswadio'r gwarchodwr nad annog ymrafael ond yn hytrach ei osgoi oedd ei ddyletswydd wrth i ambell unigolyn, yn amlwg o dan ddylanwad moddionach cryfach nag asprin, ein llygadu a'n rhegi.

Roedd y trefnydd uchelgeisiol, Chris Pace, druan, heb ddod i drefniant gyda'r heddlu a oedd wedi gwrthwynebu caniatáu trwydded i'r digwyddiad o'r dechrau. Doedd ganddyn nhw mo'r gweithlu digonol i blismona, medden nhw, am fod Gŵyl Jazz Aberhonddu yn cael ei chynnal ar yr un pryd, a doedden nhw ddim wedi'u hargyhoeddi bod y trefniadau'n ddigonol ar gyfer delio â'r miloedd a ddisgwylid. Arestiwyd dros gant o bobl am fod â chyffuriau yn eu meddiant wrth i blismyn archwilio eu cerbydau ger y fynedfa.

Dadleuai'r trefnydd iddo ddechrau colli rheolaeth pan gafodd ei orfodi'n groes i'w ewyllys i ganiatáu confoi o Deithwyr yr Oes Newydd ar y maes ar y nos Iau, gyda'u systemau sain anferth a'u hamharodrwydd i barchu unrhyw reol. Dirywiodd y trefniadau a dechreuodd cannoedd ganfod eu fford i'r maes trwy'r gwrychoedd nes prin y medrai'r stiwardiaid atal a rheoli'r llif wrth y fynedfa swyddogol. Yn wir, dechreuodd y stiwardiaid wrthryfela ac ymwrthod â'u cyfrifoldebau. Efallai nad oedd yn argoeli'n dda o'r cychwyn ei bod yn ofynnol iddyn nhw dalu £30 i'r trefnydd rhagblaen fel sicrwydd y bydden nhw'n cyflawni eu dyletswyddau. Y syniad oedd y byddai'r arian sicrwydd yn cael ei ddychwelyd, ynghyd â thâl cyflog, ar derfyn yr ŵyl, ond o weld yr annibendod a'r anhawster i ddod o hyd i'r trefnwyr, penderfynodd llawer hepgor hyd yn oed y £30 a'u sgidadlan hi oddi yno.

Er na ellid defnyddio'r toiledau ar ôl bracsan trwy fôr o fwd dros eich bigyrnau i'w cyrraedd, barn llawer o'r mynychwyr oedd bod yna ysbryd o ryddid, llawenydd a brawdgarwch i'w deimlo yn y Ffair Gynhaeaf, a gynheuai awydd ynddynt i fentro i wyliau cyffelyb ar raddfa fwy megis Gŵyl Glastonbury rhyw dro. O leiaf, roedd y diweddar Bowen George, a oedd bob amser yn llawn chwilfrydedd, yn rhyfeddu wrth weld haid o blantos yn rhedeg i'r fan hyn a'r fan draw, gan wau drwy'r torfeydd yn llawn afiaith a diniweidrwydd, yn rhydd o ofal ac o olwg eu rhieni. Credai iddo weld cip ar y math o le y syniai oedd Gardd Eden neu wersylloedd trigolion y paith yng Ngogledd America slawer dydd.

Clywir sŵn cryts lawr obry rhywle'n cicio pêl yn llawn afiaith a hwyrach bod yna bêl-droediwr rhyngwladol y dyfodol yn eu plith yn union fel yr arwr lleol Mark Delaney a arferai hawlio'i le yn amddiffyn tîm Cymru'n gyson. Yn wir, hwyrach bod rhai o'i neiaint ymhlith y criw brwdfrydig a oedd wrthi'n ceisio efelychu campau eu harwr. Os felly, gobeithio na chânt yr un anhap â'u hwncwl o ran anafiadau a'i rhwystrodd rhag gwisgo'r crys coch yn llawer amlach.

PARC Y FFRENSH A PHWLLDERI

Rhaid rhoi'r gorau i edrych 'nôl a thindroi yn y gorffennol er mwyn canolbwyntio ar y presennol gan fwrw ein camrau tuag at ymlaen a thuag at y dyfodol. Hawdd credu mai'r darn hwn o amgylch Pen Strwmbwl, Pencaer a Phwllderi yw'r darn godidocaf o Lwybr yr Arfordir ar gownt ei wylltineb, ei unigedd a'i bobl. Mae'r heolydd yn gul, yn gwau drwy'i gilydd, a does dim gormod o arwyddion ffyrdd i'w gweld. Rhaid bod hynny, yn y gorffennol o leiaf, wedi rhwystro ymwelwyr rhag heidio i'r penrhyn. Does mo'u rhwystro bellach a phan gaiff bwthyn neu ffermdy ei werthu 'y bobol o bant' sydd a'r llyfr siec brasaf yn amlach na pheidio. Dyna i chi Drehilyn a brynwyd gan yr actor a'r cyflwynydd teledu Gruff Rhys Jones yn ddiweddar, ac yntau'n gwario £250,000 ar ei adnewyddu i'w gyflwr gwreiddiol gyda'i do traddodiadol er mwyn ei osod i'r ymwelwyr cyfoethocaf.

Yn wir, un o nodweddion yr ardal yw enwau'r tai a llawer o'r rheiny'n enwau Cymraeg na cheir yn yr un rhan arall o Gymru. Gall hynny, efallai, adlewyrchu'r dylanwad Gwyddelig sy'n mynd 'nôl i'r drydedd a'r bedwaredd ganrif pan oresgynnwyd yr ardal gan lwythau'r Deisi. Gwrandewch ar y penillion a luniwyd gan Rachel Philipps James, Cadeirydd Pwyllgor Gwaith Eisteddfod Abergwaun 1986, ar sail yr enwau:

> Treguddylan, Cranged, Carn Segan,
> Garn Barcud, Garn Ogof, Garn Llys,
> Garn Gowil, Garn Glotas, Garn Fechan,
> Llanwnnwr, Caire a Thre-llys.

Tre-gwynt, Plas y Binc a Phenysgwarn,
Penbwchdu, Pen-parc a Phen-dre,
Pen-ffordd, Pen-y-groes a Threfelgarn,
Tresinwen, Glandŵr, Felindre.

Felin Fowr, Salem a Rhosywel,
Rhosloyw, Caer-lem, Trelimin,
Tresisillt, Ginon a Threhowel,
Trefaser, Bristgarn, Trehilin.

Treathro, Treronw, Dancastell,
Danymwni, Gelli, Tai-bach,
Garngilfach, Harmoni a Chastell,
Trefisheg, Tŷ-Coch, Morfa Fach.

Bryneglwys, Brynefail, Galnffynnon,
Llwyn On, 'North Pole' a Llys-y-frân,
Llysyronnen, Gwtws, Lanffynnon,
Llanferran, 'Goodhope' a Goitan.

Bwcidwll, Carne, Pontiago,
Pwllnadrodd, Cile a Thŷ-gwyn,
Tŷ'r Henner, Banc a Sandiego,
Penrhyn, Garreg-lwyd, Gwndwn-gwyn.

Llanwnda, Llanfenws, Pwllcrochan,
Pwllddawnau, Tŷ-llwyd, Pwllderi,
Tŷ Capel, Garnfolch a Phorth Ddwgan,
Rhydyfferem a Lliged Corgi.

Gofercei, Llanrhidian, Tremarchog,
Trenewy, Panteurig, Dôlgâr,
Garn Fowr, Pantybeudy, Trefeyog,
A'r lleoedd bob un ym Mhen-câr.

Enw hynod arall ar ddarn o'r arfordir yw Pen Anglais lle ceir creigiau *dolerit* a adwaenir wrth yr enw 'torthe ceinioge' yn lleol a hynny am fod cynifer o ochrau iddyn nhw. Ffurfiwyd y 'torthe' pan oerodd y creigiau llosg filoedd o flynyddoedd lawer yn ôl yn union fel y gwelir mwd yn crasu a chracio o dan haul crasboeth. Mae'n rhaid bod gan yr enw Ffrangeg *Anglais*, wedyn, rhyw gysylltiad â goresgyniad brawychus ond aflwyddiannus lluoedd milwrol Ffrainc yn y cyffiniau 'nôl yn 1797. Yn wir, mae gweld llong fferi Sealink yn symud ar draws y môr yn y pellter yn creu rhywfaint o'r arswyd a deimlwyd am ddeg o'r gloch y bore hwnnw o Chwefror pan sylwodd Tomos Williams, Trelethin, ger Penrhyn Dewi, ac yntau'n ynad heddwch ac yn forwr yn ei ieuenctid, ar dair llong rhyfel a lyger yn hwylio heibio.

Gwelsai filwyr ar eu byrddau a gwyddai mai llongau Ffrengig oedden nhw er eu bod yn chwifio baneri Prydeinig. Anfonodd ei was i gadw golwg arnynt a'u dilyn ar hyd yr arfordir gan dorri'r newyddion i bawb yn yr ardal. Ond yn hytrach nag ailadrodd yr hyn a ddywedir mewn llyfrau hanes, dewch gyda mi i bentref Pontiago i gwrdd â John Williams, neu Jac Pontiago fel y'i hadwaenir gan bawb yn ddiwahân, a chawn glywed yr hanes yn fyw. O gadw llygad effro am fynwent cerbydau wrth dalcen y garej fe ddown o hyd i drigfan a gŵr a arferai fod yn of ac sy'n dal yn hebryngwr, yn hanesydd ac yn dywysydd. Arddela'r un enw â'i dad-cu ac arddelai ei dad-cu'r un enw â'i dad-cu yntau, ac mae aelodau o'r pum cenhedlaeth yn gyfarwydd â threigl y tymhorau o fewn golwg i'r môr ym Mhencaer ym mhlwyf Llanwnda.

Fe ddywed wrthym ei fod yn perthyn i hen wehelyth o ofaint yn ymestyn 'nôl dros 300 mlynedd ym Mhontiago – neu 'Pantiago' sy'n fwy tebygol o fod yn gywir meddai am nad oes 'pont' yn agos i'r lle. Ychwanega mai dyna'r dystiolaeth a ganfu ei gyfaill, Bertie Charles, a dreuliodd ei oes yn gweithio yn y Llyfrgell Genedlaethol yn paratoi dwy gyfrol swmpus ar darddiad enwau llefydd yn Sir Benfro. Ond ni lwyddodd Bertie Charles, a, hyd yma, ni lwyddodd Jac chwaith i hoelio'r 'Iago' y cyfeirir ato. Does dim arwydd ffordd yn cyfeirio at Bontiago, ond mae pawb sy'n adnabod Jac yn gwybod ble mae Pontiago.

Ers i dractore ddisodli ceffylau ar derfyn yr Ail Ryfel Byd, rhoes Jac heibio'r grefft o bedoli ac yn lle gwreichion daeth gresh yn nodwedd o'r gweithdy wrth iddo droi ei law at drwsio peiriannau fferm a cheir, a thros y blynyddoedd hebryngodd genedlaethau o blant yr ardal i ysgolion yn ei fysiau mini. Mae'n hanesydd wrth reddf am ei fod wedi meithrin cof ac wedi etifeddu stôr o wybodaeth. Braint plant yr ardal yw cael gwersi hanes byrfyfyr ar lafar ar eu ffordd i'r ysgol.

Mae Jac Pontiago yn dywysydd sy'n arwain ei ddilynwyr ar hyd Feidir Fowr

Trehywel i gilfachau cudd ac, ar yr un pryd, yn tywys y dychymyg 'nôl ddau can mlynedd a rhagor at ddigwyddiadau'r deuddydd helbulus hynny o fewn terfynau Pen-caer. Troediodd y feidir yn aml liw dydd yn ystod blwyddyn y daucanmlwyddiant wrth i finteioedd o blant ei ddilyn, a chyda'r cyfnos wedyn deuai canghennau Merched y Wawr ac amrywiol gymdeithasau ar ei ofyn.

Gwna'n siŵr fod pob iet a agorir yn cael ei chau'n ddarbodus, pob corden a ddatglymir yn cael ei hailglymu a phob clicied a godir yn cael ei gosod 'nôl yn ei chrud. Thâl hi ddim i demtio gwartheg Trehywel i grwydro i berci porfa adladd gan ddrysu'r patrwm amaethu, oherwydd, wedi'r cyfan, rhaid i bawb barchu arferion cefn gwlad. Bydd yr oedrannus yn manteisio ar y daith ling-di-long i brocio meddwl y tywysydd i gofio enwau'r blodau a welir yn y cloddiau.

Gwelir y clatsh y cŵn talsyth yn glystyrau cochbinc a rhaid i'r tywysydd esbonio ei fod yn defnyddio'r enw lleol am yr hyn a adwaenir yn ehangach yn fysedd y cŵn. Ceir cytundeb fod yna farf yr henwr yn tagu'r tyfiant ac wrth i'r cof ymddatod chwilia ambell un am ddail troed yr ebol mewn atgof o sawr mwg baco ambell drempyn slawer dydd. Gwelir peth wmbreth o ddail tafol a dynad yng nghlais y cloddiau ac fe'n hatgoffir am rinweddau'r naill i leddfu llosg y llall oddi ar y croen. Tybed, wedyn, ai plu'r gweunydd yw'r tywysennau gwynion a welir yn y tir corsiog draw? Dengys y siwmper las olau gydag arwyddlun yr aderyn pâl a wisgir gan Jac, ei fod, yn ei dro, yn tywys ambell daith ar ran Awdurdod y Parc Cenedlaethol ar hyd Llwybr yr Arfordir. Tebyg y daw ei wybodaeth am y tyfiant amrywiol llawn lliwiau tanbaid yn ddefnyddiol ar y troeon hynny.

Mae yma feillion, llygad y dydd, ysgall a blodau melyn boed yn ddant y llew, gelets, neu'n ragwts, yn gyforiog mewn rhan o weirglodd a fyddai'n ffurfio talar petai'r tir wedi teimlo llafn swch aradr. Awgryma holl flodau'r maes na ddigwyddodd hynny ers sawl gwanwyn. Does gan yr yrr o fustych porthiannus yr inclin lleiaf i godi eu pennau o afael y blewyn glas i fwrw golwg ar y tresmaswyr, heb sôn am gampro i'n cyfeiriad i synhwyro'n fusneslyd. Ond dyw'r tywysydd ddim am ddweud fawr ddim penodol nes cyrraedd y fan fry uwchlaw'r dwnshwn creigiog lle codwyd carreg i goffáu'r digwyddiadau rhyfedd.

'Carreg Wastad yw'r enw ar y map a dyna sy ar y garreg ond hanon ni'n lleol yn arfer yr enw hwnnw. 'Camp y Ffrensh' yw'r enw 'da ni a dim ond i chi ddrychyd o amgylch fe welwch chi'r ardal gyfan ble wêdd yr holl gyffro.

Ŷch chi'n siŵr o fod yn gwbod hanes y cefndir. Wêdd y Pembrokeshire Yeomanry a'r Fishguard Fencibles wedi'u ffurfio at y pwrpas o amddiffyn yr ardal rhag ymosodiade gan y Ffrancwyr. Hawyr bach, wêdd Ffrainc wedi cael gwared ar y Frenhiniaeth a'r gred wêdd, wrth i'r elyniaeth rhwng y Sais a'r Ffrancwr barhau, fe fydde 'na oresgyniad siŵr o ddigwydd reit i wala. Ond synna i'n golygu mynd mewn i holl bolitics y mater ... wêdd sôn ch'wel bod rhai o'r Bedyddwyr cynnar ffordd hyn – yr Arminiaid – yn dwym o blaid sefydlu Gweriniaeth ... ond 'na gyd alla i ddweud wrthoch chi yw beth yn gwmws ddigwyddodd fan hyn o fewn terfyne'r hyn a wêl y llygad.

Jac Pantiago

Wel, nawr'te, ŷch chi siŵr o fod yn ffaelu deall shwt da'th pymtheg cant o filwyr lan y creigie fan hyn. Wel, weda i wrthoch chi. Yn arwen lan o Dra'th Aberdani obry ma gidel fach – 'na beth ŷn ni'n 'i ddweud ffordd hyn am lwybr cul ch'wel – a 'na shwt ddethon nhw lan wrth iddi dywyllu ar nos Fercher dawel ym mish Bach 1797. Ie, yr ail ar hugen wêdd hi. Fe godwyd gwersyll fan hyn wedyn a fe alla i ddychmygu bod tipyn o fwstwr 'ma achos, wedi'r cyfan, sdim dishgwl i haid o filwyr fod yn dawel fel llygod eglwys, wês e nawr?

Cyn sôn beth ddigwyddodd wedyn ŷch chi siŵr o fod yn ceisio dyfalu pam ddewison nhw lanio fan hyn. Falle bo chi wedi llyncu'r stori iddyn nhw geisio glanio ar dra'th Wdig ac iddyn nhw ga'l ofan o feddwl fod yna amddiffynfa yno ar ôl i ergyd neu ddwy gael eu tanio o ben y gaer. Wel, synnon ni'n siŵr o bwtu hynny achos, ŷch chi'n gweld, wêdd bachan o'r enw John Owen yn hwylio slŵp mas yn y bae'r prynhawn hwnnw, a wêdd e wedi gweld wyneb hen was Trehywel, Jâms Bowen, ar fwrdd un o longau'r Ffrancwyr. Wêdd Jâms druan wedi ca'l 'i alltudio am ddwyn ceffyle. Nawr, ai fe wêdd wedi 'u harwen at bishyn o'r arfordir yn ffinio â thir Trehywel, gan gredu y bydden nhw'n ca'l croeso gan deulu'r Mortimeriaid?

Falle bod y Cyrnol William Tate, arweinydd y fintai, wedi bod mewn cysylltiad â'r teulu ymlaen llaw, ch'wel, i drefnu'r goresgyniad, ond dyfalu yw hynny wrth gwrs a synnon ni'n gwbod mwy. Wedi'r cyfan, o lanio yn yr ardal 'ma, fe fydde hi'n fwy hwylus glanio ym Mhorthsychan draw fan'co,' meddai Jac, gan hau sawl hedyn o amheuaeth ynghylch cymhelliad y fintai.

Bydd 'Pontiago' am gyfeirio at fangreoedd eraill i lawr obry cyn troi 'nôl at y tir mawr. Fe ddywed fod Abermorgan wedi'i enwi ar ôl llong a ddrylliodd yno a phwysleisia fod Allt-y-ffynnon yn lle da am wreca. Yn wir, mynna fod llongddrylliad wedi digwydd ychydig cyn y Glaniad a bod trigolion yr ardal, yn ôl yr arfer, wedi cynaeafu casgliad da o winoedd o Bortiwgal, a gellir yn hawdd eu dychmygu yn eu cludo o ben pob 'gidel' mewn whilberi a cheirt. O droi at y tir mawr a chyfeirio at Fferm Trehywel dywed fod llond seler o win yno hefyd am fod John Mortimer â'i fryd ar briodi. A yw hynny felly'n rhoi'r damper ar y ddamcaniaeth fod y Mortimeriaid hefyd â'u bryd ar hybu chwyldro Cyrnol Tate a Jâms Bowen? Onid paratoi neithior gofiadwy i'r gwahoddedigion oedd flaenaf yn eu meddyliau yn hytrach na chroesawu, bwyda a disychedu haid o filwyr barus? Beth bynnag, gadawer i Jac Pontiago barhau â'i sgwrs.

'Sdim dowt taw yn Nhrehywel y sefydlodd Tate a'i swyddogion 'u pencadlys tra bo'r milwyr, gyda dros 'u hanner, cofiwch, newy' ga'l eu gollwng o'r jâl, yn gwersylla ar hyd Carnwnda. Wêdd mo'r swae yn hir cyn mynd ar led bod y Ffrancwyr wedi glanio. Wêdd tipyn o arswyd i'w deimlo yn nhre Abergweun a fe fu'n rhaid i'r Cyrnol Thomas Knox, arweinydd y Fishguard Fencibles, adael cinio a dawns gan y byddigions ym Mhlasty Tre-gwynt, ger Tremarchog, yn go sydyn. Ond wêdd y milwyr ch'wel wedi ca'l gafael ar y gwinoedd yn y bythynnod ac yn helpu 'u hunen i'r ffowls a'r gwydde. Ma'n rhaid 'u bod nhw'n plufio gered, a wêdd y gwin, siŵr o fod, yn help i gadw naws llwydrew'r bore rhag eu sythu!'

Mae'r elfen o ddoniolwch yn torri'r garw ac yn ei gwneud yn haws i godi cwestiwn. 'Faint o fygythiad oedd y sowldiwrs mewn gwirionedd?' yw cwestiwn cyson y sawl a swynir gan y stori a'r traethu sionc. Ac meddai gan gychwyn cerdded yn dalog:

'Wel, nawr 'te, fe weda i wrthoch chi'n gowir shwd wêdd pethe. Wêdd problem iaith 'ma ch'wel, nage, nid y Gwmrâg wêdd yn dramgwydd ond y Ffrangeg, a diffyg gwybodaeth Cyrnol Tate a'i swyddogion ohoni. Wêdd rheoli milwyr a'r rhan fwya o'r rheiny newy' ddod mas o'r jâl yn ddigon anodd heb yr anfantais bellach o ffaelu cyfathrebu â nhw. A sdim dowt 'u bod nhw wedi cnapo'n jogel, ch'wel. Ma 'na storais amdanyn nhw'n gloddesta trwy ferwi cwennod mewn crochan o fenyn, a bant â hi. Nawr 'te, fe awn ni 'nôl lan i hiôl – 'na'n gair ni ffor' hyn am glos ffarm – Trehywel, a wedyn draw i weld tystiolaeth o'u hannibendod yn nhŷ ffarm Bristgarn.'

Er ei fod wedi croesi oed yr addewid deil Jac yn ddigon wingil i dywys y criw yn union fel petai'n filgi. Nid yw'n rhoi cyfle i fawr neb loetran hyd yn oed petaen

Y garreg sy'n dynodi lle glaniodd y Ffrancod yn 1797

nhw ar dân am sefyllian i geisio dychmygu'r olygfa ddwy ganrif 'nôl yng nghysgod Carnwnda. Ond fe ddywed fod y rhan fwyaf o'r bythynnod wedi hen fynd â'u pen iddyn nhw ac nad disgynyddion teulu'r Mortimeriaid sydd yn Nhrehywel bellach. Ychwanega at chwilfrydedd bob criw trwy ddweud bod Bristgarn yn dal yn nwylo'r un teulu a mawr yw'r edrych ymlaen wedyn i gwrdd â'r Llewheliniaid.

Ar ôl cyrraedd Trehywel cyhoedda Jac Pontiago mai yno y llofnododd Cyrnol Tate y ddogfen a oedd yn cadarnhau ei fod yn ildio'i arfau, ac yn caniatáu iddynt gymryd ei filwyr i garchardai yn Hwlffordd. Hyd yn oed pan fydd un o'r criw yn sicr o ddweud mai yn nhafarn y Dderwen Frenhinol, ar Sgwâr Abergwaun, y llofnodwyd y cytundeb, deil Jac at ei ddatganiad yn llawn argyhoeddiad.

Does dim tystiolaeth fod Cyrnol Tate wedi bod yn agos i ganol Abergwaun. Fan hyn roedd ei bencadlys a'r fan hyn yr ildiodd ei hun i'r Pembrokeshire Yeomanry o dan arweiniad John Campbell a wnaed yn Arglwydd Cawdor yn ddiweddarach.

Ta beth, mae croeso Bristgarn bob amser yn gyfystyr ag ymdeimlad o falchder o gael bod yn rhan o hanes. Caiff pob criw eu siarsio cyn cyrraedd y bydd y drws ffrynt ar agor er mwyn i bawb gael golwg ar 'y cloc', hyd yn oed os na fydd neb yn y tŷ. Yr hyn sy'n hynod am y cloc wyth niwrnod yw'r twll bwled sydd ynddo wedi'i achosi gan filwr meddw yn ergydio'n wyllt ar ôl tybied fod rhywun yn cwato yn ei

131

grombil. Hwyrach y daw Raymond Llewhelin i'r golwg o'r tai mas i groesawu pawb ond gesyd ei swildod cynhenid yr hawl i Jac draethu'r hanes. Synhwyrir bod yna gyd-ddealltwriaeth megis eiddo dau frawd rhyngddynt sy'n eu galluogi i hepgor y cyfarchion arferol o holi hynt ac yngan gair neu ddau am gyflwr y tywydd.

Saif y cloc yn yr union fan yn y pasej ag roedd dros ddau gan mlynedd 'nôl a deil i gerdded heb golli amser. Does dim angen byseddu'r pren i deimlo'r twll am ei fod i'w weld yn amlwg, a chan na fu erioed ymgais i'w drwsio, mae'n amlwg ei fod yn cael ei ystyried yn drysor o dwll. Rhyfedd meddwl fod y Cyrnol Tate a'i swyddogion Gwyddelig wedi sefyll yn yr union fan yn ceisio trefnu cyrch ar Abergwaun gan obeithio codi cefnogaeth yn y wlad i fartsio i gyfeiriad Caer a Lerpwl. Rhyfeddach fyth yw dychmygu haid o rapsgaliwns meddw ar y clos a chyfeddach wyllt ar hyd y pentir; prin eu bod yn cynnal enw'r 'La Légion Noire' o fod yn un o fyddinoedd mwyaf effeithiol a brawychus eu dydd.

'Oes hanes o unrhyw anhap arall yn yr ardal?' fydd un o'r cwestiynau cyson a deflir i gyfeiriad Jac.

'Wel, os drychwch chi i gyfeiriad Carngowil ma 'na barc fan'na sy'n cael 'i alw'n Barc y Ffrenshman, a hynny am fod sowldiwr wedi ca'l 'i ladd 'na, a hynny trwy 'i esgeulustod 'i hunan yn fwy na dim. Wedyn, wêdd sôn fod Mary Williams, Caer-lem, wedi'i saethu yn ei choes wrth iddi dreial jengyd ch'wel, a fe gas hi iawndal gan y llywodraeth hefyd am iddi ga'l 'i threisio ond synna i'n gwbod faint yn gwmws chwaith. Cofiwch, fe gas y Mortimeriaid iawndal o £133 am fod 'u trefniade priodas a'u gwin wedi'u sarnu. Wêdd hynny'n swm jogel o arian bryd 'ny. Wêdd lle bach o'r enw Gwtws wedyn ble wêdd menyw newy' roi genedigaeth ond fe adawyd llonydd iddi hi. Wedyn fe gas y cwpan cymun 'i ddwyn o Eglwys Llanwnda a sdim llawer ers iddo ddod i glawr mewn siop hen bethe yng Nghaerfyrddin. Ond ma fe nôl yn yr eglwys nawr.'

Un cwestiwn y bydd Jac yn rhyw gloffi wrth ei ateb yw rhan yr arwres Jemeima Niclas yn gwastrodi'r Ffrancwyr. Synno fe'n amau bodolaeth y greadures ond ceir yr argraff bendant mai stori wedi ei chwyro'n jogel yw arwriaeth honedig Jemeima Fowr yn dal rhyw ddwsin o filwyr ar ei phen ei hun, yng ngolwg gwŷr Pen-caer. Efalle fod milwyr meddw, o fwrw eu llygaid ar Jemeima, yn gweld mwy nag un, ac o'r herwydd wedi ildio fel ŵyn swci. Mae'n bosib mai dyna'r stori gafodd ei nithio yn nhafarndai Abergwaun ac yng ngharchardai Hwlffordd a'i hanfon ar draws gwlad.

Os amheuir gorchest Jemeima ni ellir amau gorchest Jac Pontiago yn cynnau brwdfrydedd a chreu cyffro ynghylch yr hyn a ddigwyddodd yn ei filltir sgwâr ymhlith minteioedd sydd am wybod a theimlo hanes diweddar helbulus. Does gan Jac yr un trysor wedi ei gadw ers deuddydd y Glaniad ar wahân i'r cof a etifeddodd. Pan dyr y nos a syrth y gwlith wrth i'r machlud fwrw ei gysgod dros Garnglotas, y Globen Fowr a Champ y Ffrensh mae Jac Pontiago ar ben ei ddigon yng nghwmni ei gydnabod. Ymddengys y cropau eithin sydd i'w gweld ar y gorwel yng ngolau lleuad smwglers megis sofrenni melyn, ac mor euraid loyw â chof John Williams.

Oherwydd mai diymffrost a diymhongar yw ei sgwrs, heb fyth syrthio i'r demtasiwn o frodio'r un digwyddiad, er mwyn ei fawrygu ei hun neu ei deulu, ni ŵyr neb, ond trwy arall, mai Jac â'i law ei hun a luniodd y bicwarch sydd yn nwylo'r Jemeima fodern. Fe hefyd, er ni wna hwtran hynny, a sicrhaodd y garreg goffa i'r Glaniad sydd i'w gweld ar 'Y Filltir Aur' ar Y Wesh yn Abergwaun gerllaw'r garreg goffa, sydd hefyd yn dod o Ben-caer trwy law Jac, i'w hen gyfaill D. J. Williams. Yn union fel y bugail, yng ngherdd dafodieithol un arall o'i gyfeillion a gysylltir â Phen-caer, na ddywedai ddim amdano ei hun, 'yn achub y wên o'r graig a'r drysi', nid yw 'Pontiago' i'w glywed yn brolio ei orchestion ei hun.

Do, tywysodd y bugail yr oen i ddiogelwch uwchben Pwllderi yn ôl Dewi Emrys a thywysodd Jac Pontiago 'pŵer o dacle diarth' pentigily ar hyd deuddydd o hanes Pen-caer, a ddigwyddodd dros ddauganmlynedd 'nôl. Ac, wrth gwrs, nid yw'n rhydd o ddireidi oherwydd pan aeth y cogydd Dudley Newbury i'r drafferth o goginio cwningen iddo yn yr awyr agored ar gyfer un o'i raglenni teledu, a hynny yn y dull yr arferai Jac gofio ei fam-gu'n coginio cwningen, ni phetrusodd pan ofynnwyd iddo gan Dudley p'un ai ei 'gwningen e' neu 'cwningen ei fam-gu' oedd y mwyaf blasus – 'o, cwningen Mam-gu glei'! Ond roedd hynny ar ôl iddo fwyta 'cwningen Dudley' bob bripsyn yn loyw lân.

Prin bellach yw'r bobl ar hyd Pen Strwmbwl a Phen-caer megis Jac Williams a Raymond Llewhelin sydd ag amser i sgwrsio a chanddynt stori i'w dweud. Maen nhw'n jycôs eu byd ac yn un â'r dirwedd yn wahanol i'r 'tacle dŵad', chwedl Jac, sydd yn aml ar ffrwst ac yn byw fel petai yna ddim yfory. Does ganddyn nhw ddim gorffennol yn yr ardal ac o'r herwydd maen nhw'n ceisio creu ffordd o fyw sy'n groes i rythm y canrifoedd. Mae'n anodd i ddynion y dre werthfawrogi grym newid y tymhorau ar batrwm byw bob dydd, a byddai o les iddyn nhw oedi am getyn wrth garej Pontiago i fwrw golwg ar y rhes o gerbydau Morus Mil, sy'n annwyl yng ngolwg eu perchennog, ac sydd bob un â'i stori i'w hadrodd. Mae'r fynwent yn un o dirnodau hynod yr ardal a'i pherchennog yn ddyn sy'n creu a chyfleu naws ardal.

Tirnod arall sy'n addas ar gyfer hoe ganol y bore yw Pen Strwmbwl a gellir bwrw golwg ar y goleudy awtomatig sydd yno ar Ynys Meical yn ogystal â loetran a chysgodi yn y Ganolfan Gwylio Adar gan fod awel fain fel arfer fan hyn. Codwyd y goleudy gwreiddiol yn 1908 ar gost o £70,000, a than ei addasu i weithredu heb gymorth yr un pâr o ddwylo dynol yn 1980, roedd yna dri cheidwad yn gweithio yno. Anodd meddwl am fan mwy anghysbell ac unig i dreulio diwrnod gwaith. Gwelir golau'r goleudy'n fflachio bedair gwaith bob pymtheg eiliad, ac i'r anghyfarwydd rhy ymdeimlad o oerni afreal sy'n cyfleu arswyd bydoedd cyntefig. Pan yw'n briodol cenir y corn niwl bedair gwaith fesul munud, ac fe'i clywir dros bellter o bum milltir môr tra gwelir y golau dros bellter o 31 o filltiroedd môr.

O led-orwedd ar y glaswellt ni fyddwch yn hir cyn denu sylw gwylanod hy os penderfynwch fwyta byrbryd. Bydd yr adarwr am gyfeirio at yr heidiau o adar y môr ac adar ymfudo a welir o'r fan hyn yn eu tro, tra bydd y daearegwr am gyfeirio at y creigiau igneaidd y dywedir eu bod yn 3,500 troedfedd o drwch. Yn wir, ger y maes parcio gwelir lafa clustog, sef y deunydd a oerwyd gan ddŵr y môr ar ôl llifo o fynyddoedd tân o dan y môr, ac mae un o dyllau'r mynyddoedd tân i'w weld ger fferm Caer-lan gerllaw.

Ond prin bod hyn oll o ddiddordeb i un o'n plith am ei fod newydd gofio fod ganddo gysylltiad teuluol â'r ardal. Rhywle nes 'nôl wrth i ni gerdded heibio Porth Sychan dywedir bod yna fangre o'r enw Carreg Gibi wedi'i henwi ar ôl sant Cernyweg o'r enw Cybi a arferai hwylio ar hyd yr arfordiroedd, ac yn ôl Bill Gibby, o Bexhill yn Sussex, roedd yn *rhaid* ei fod yn un o'i hynafiaid. Yn wir, roedd yn argyhoeddedig o hynny am fod ei fab wedi gwneud gwaith ymchwil trylwyr i'w achau, a phan fyddai Bill yn gwneud penderfyniad neu ddatganiad daliai at hynny doed a ddelo. Er tegwch roedd wedi treulio cyfnodau o'i blentyndod yn fab i fancwr yng nghyffiniau Abergwaun a Thyddewi a phetai wedi'i wylltio'n ddirfawr mynnai y medrai ddal i ollwng ambell reg liwgar Gymraeg.

Ymhyfrydai ei fod yn lletya yn ystod y rhan fwyaf o'r bythefnos ar fferm yn Poyston Cross, ar gyrion Hwlffordd, a bod y wraig yn adnabod canghennau helaeth o'r Gibbiaid yn Sir Benfro. Roedd hynny'n llenwi ei gwpan ac yn gwneud iddo deimlo ei fod yng ngwlad ei gyndeidiau gydol y daith. O ddeall iddo ddioddef trawiad ar y galon ac yntau wedi cyrraedd oed yr addewid ni ellid ond edmygu ei blwc yn pwlffagan arni. Rhaid mai'r profiad o wasanaethu yn y Lluoedd Arfog, ac yn arbennig yng Nghyprus, oedd yn ei wneud mor styfnig o benderfynol. Gan amlaf pan ddeuid ar draws hyrfa go serth rhoddai gyfle i'r cerddwyr iau fynd o'i flaen ac yntau'n dilyn yn ôl ei bwysau gan ddefnyddio dau bastwn cerdded i gadw cydbwysedd; un gwydn ar y naw oedd Bill Gibby, yn gorfforol ac yn feddyliol.

Mae yna olion cromlechi a chladdfeydd hynafol yn ymyl rhai o'r cernydd ar hyd y pentir ond mae'n anodd dod o hyd iddyn nhw oni bai eich bod yng nghwmni'r digymar Athro Geoffrey Wainwright. Cafodd y gŵr byrgoes sy'n hanu o ardal Dale, yng ngwaelod y sir, ei benodi'n Brif Archeolegydd English Heritage yn 1990, ac ers ymddeol i Gwm Gwaun treulia'i amser yn archwilio pob arwydd o hynafiaeth yn yr ardal. Yn wir, cymaint yw ei sêl nes iddo, ar y cyd â'r Athro Tim Darvill, ddatblygu'r ddamcaniaeth fod a wnelo cerrig glas y Preselau, a allforiwyd i Gôr y Cewri, â galluoedd iacháu yn hytrach na marwolaeth. Mae enwau'r ffynhonnau sydd ar y llethrau, a'r cof gwerin sy'n gysylltiedig â nhw, yn awgrymu'n gryf fod eu dyfroedd yn iachusol … ond stori arall yw honno a rhaid i chi chwennych y cyfle i wrando ar yr Athro Wainwright yn traethu am ei ddamcaniaeth yn ei ddull dihafal o ddibrisio ei hun yn gymysg â dogn helaeth o hiwmor. Archwilio'r olion ar hyd y penrhyn er mwyn ceisio deall ffordd o fyw'r rhai a fu'n codi'r cerrig yw ei genhadaeth fawr.

Rhaid canolbwyntio ar y cerdded dros y tair milltir nesaf heibio Bae Carreg Onnen, Pen Brush ac uwchben Porth Maen Melyn i gyfeiriad Pwllderi am nad oes ei ragorach am wylltineb, a chael a chael yw hi i gadw eich traed mewn ambell fan. Ni thâl i faldorddi ac, yn wir, o ystyried nad oes yna neb na dim i'w weld ond chi ac aruthredd y môr, tebyg y cewch eich taro'n fud gan y golygfeydd ysblennydd. Hawdd cadw mân siarad tan rywbryd eto a rhyfeddu at yr hyn sydd o'ch amgylch, a hwyrach taro ar ben du ambell forlo i lawr obry. Wrth ddynesu at Bwllderi ei hun cofiwn mai dyma gynefin bachgendod y rhyfeddod hwnnw, Dewi Emrys, a brofodd yn dderyn drycin o fardd toreithiog na chyfansoddodd fawr ddim o werth parhaol, yn ôl y beirniaid, ar wahân i'r gerdd dafodieithol sy'n sôn am yr union fangre hon.

Ffrwyth cystadleuaeth cyfansoddi cerdd dafodieithol oedd 'Pwllderi' fel llawer o'i gynnyrch, yn Eisteddfod Genedlaethol Abertawe 1926 pan rannodd y wobr o blith 26 o ymgeision, o dan feirniadaeth Wil Ifan ac R. Williams Parry, M.A. Bu honno'n Eisteddfod dda i'r fforddolyn gan iddo ennill y Goron am gasgliad o gerddi, 'Rhigymau'r Ffordd Fawr' a gwobr am gyfansoddi cerdd ar y testun 'Y Ddrycin', gan gynaeafu cyfanswm o ychydig dros £37, ac yntau'n 45 oed ac yn byw bywyd afrad ar y pryd. Adlewyrchiad o'i dryblith ei hun mae'n siŵr yw'r ffaith bod dyddiad ei eni ar ei garreg goffa yn dweud 1879, sef dwy flynedd yn rhy fuan!

Ond rhag i ormod o wybodaeth am ei fuchedd lywio ein barn amdano'n ormodol a'n dallu rhag gwerthfawrogi camp ei gerdd gwell ceisio priodi'r geiriau â'r golygfeydd sydd o'n hamgylch. Gwir a ddywedodd na

> All ffrwlyn y cownter a'r brethyn ffansi
>
> Ddim cadw'i drâd uwchben Pwllderi.

Paentia ddarlun byw o'r arfordir yn ei wylltineb, ei harddwch a'i berygl yn ogystal â chynhesrwydd y bobl yng nghesail Garn Fawr.

> Dolgâr yw ei enw, hen orest o le,
>
> Ond man am reso a dished o de,
>
> Neu ffioled o gawl, a thina well bolied,
>
> Yn gennin a thato a sêrs ar 'i wmed.

Nid yr un yw'r croeso ac nid yr un yw'r ffordd o fyw yn Nolgâr a'r cyffiniau heddiw o gymharu ag yn nyddiau Wil Evans a'i wraig, a wyddai sut i wneud crochanaid o gawl, a phrin yw'r trigolion lleol a all ddeall y gerdd heb sôn am ei hadrodd. Ac oedd, roedd yna arddull benodol o ran ei hadrodd yn gywir hefyd yn ôl y cyfansoddwr ei hun. Wrth feirniadu mewn eisteddfodau, pan ddisgwylid i'r cystadleuwyr roi cynnig ar 'Pwllderi', byddai'n amlach na pheidio'n atal y wobr! Âi'r meistr ati wedyn i'w llefaru'n ddramatig yn llawn ystumiau corfforol gan edrych i lawr dros erchwyn y llwyfan wrth sôn 'am sefyll fry uwchben y dwnshwn'. Diflastod i'r cystadleuwyr ond rhialtwch i'r gynulleidfa a Dewi Emrys, bid siŵr, ar ben ei ddigon wrth glywed y bonllefau o gymeradwyaeth ar derfyn ei ddosbarth meistr byrfyfyr.

Moel yw'r garreg goffa a does yma ddim bwrdd dehongli wedi'i godi, yn unol â'r ffasiwn heddiw, i gofnodi ychydig o'i hanes ar gyfer y mwyafrif llethol a ddaw heibio i'r fan heb wybod dim amdano. Ar wahân i'w lwyddiannau Eisteddfodol mae yna hanes cythryblus i'w adrodd am ei fuchedd. Enillodd bedair cadair genedlaethol ac o'r herwydd penderfynwyd cyflwyno rheol yn gwahardd y beirdd rhag ennill mwy na dwy. Mynych y bu Dewi'n agos i'r brig hefyd yn y prif gystadlaethau, a doedd yna ddim gwaeth collwr, ac yntau yn mynd i'r afael â'r beirniaid ar dudalennau'r wasg, yn arbennig os oedden nhw'n academyddion megis yr Athro W. J. Gruffydd. Mynnai bob amser fod ganddo gefnogaeth y werin. A doedd dim gwell ailgylchwr llinellau barddonol wrth i'r ysfa i gystadlu er mwyn ennill clod ei genedl brofi'n drech na'i awen.

Am 16 mlynedd bu'n golygu colofn 'Y Babell Awen' yn *Y Cymro* a mawr fu dyled sawl cenhedlaeth o feirdd iddo am eu hannog a'u swcro i ddal ati. Yn ail flwyddyn y golofn yn 1937 cyhoeddodd lyfryn o dan y teitl *Odl a Chynghanedd* a fu'n demplat i bawb a geisiai feistroli'r mesurau caeth. Roedd y bardd hefyd yn ddarlithydd poblogaidd yn neuaddau a festrïoedd y wlad yn ogystal â bod yn bregethwr huawdl. Byddai bob amser wrth ei fodd yn diddori cynulleidfa ond ei anallu i ddal at ofynion yr urddau crefyddol a arweiniodd at ei gwymp oddi ar ras yn ôl llawer.

Er ei brentisio'n newyddiadurwr troes at y weinidogaeth a bu'n weinidog gyda'r Annibynwyr Cymraeg yn Lerpwl a Dowlais ac yna'n gweinidogaethu i'r Annibynwyr Saesneg ym Mwcle, Pontypridd a Llundain mewn cyfnod byr o 13 mlynedd cyn ymuno â'r Fyddin yn 1917 yn 36 oed. Cafodd ei ddiarddel o fewn dim o dro am anonestrwydd, ac yna bu'n byw bywyd bohemaidd yn Llundain gan hyrwyddo ei

Dewi Emrys, y bardd-bregethwr-drempyn

ddelwedd fel bardd a phregethwr gwrthodedig nes iddo ymgartrefu yn Nhalgarreg yn 1941, ac yno y bu tan ei farw yn 1952. Fe'i disgrifiwyd yn aml fel bardd-drempyn, a byddai'n drwm ei lach ar gapelwyr Llundain yn arbennig yn ystod y cyfnod pan dreuliai nosweithiau lawer yn cysgu ar yr Embankment yng nghwmni gwehilion cymdeithas.

Rhaid cofio hefyd ei fod, yn union fel ei dad, yn dioddef o'r falen fawr felltigedig o bryd i'w gilydd, ond pan oedd yn yr entrychion doedd mo'i hafal fel cwmpeini, yn arbennig ar yr achlysuron hynny pan oedd cadair neu goron eisteddfodol yn ei law, ac yntau wedi gwysio ei hen gyfaill, Daniel Rees, y baswr o Daibach, Pen-caer, i gyfrannu at y rhialtwch.Yn wir, yn ôl y sôn, roedd Daniel yn rhan o'r dathliadau yng Ngwesty'r Mackworth yn Abertawe yn 1926 pan fu'n rhaid i Ddewi wystlo'r goron er mwyn parhau â'r gyfeddach.

Ymhen y flwyddyn ymddangosodd gerbron llys barn yng Nghaerdydd a'i ddirwyo £10 am fynnu arian trwy dwyll, ac ar derfyn yr achos fe'i harestiwyd eto am beidio â sicrhau taliadau i gynnal ei wraig, Cissie, a'i ddau grwt, Alun a Gwyn. Roedd y briodas wedi hen ddirwyn i ben a phrin iddo weld ei fechgyn gydol gweddill ei oes. Ond fe anwyd iddo ferch, Dwynwen, yn ddiweddarach, o ganlyniad i'w berthynas â Dilys Cadwaladr, y ddynes gyntaf i ennill Coron yr Eisteddfod Genedlaethol. Dwynwen yn ddi-os oedd cannwyll ei lygad a chafodd lawer o'i chwmni yn y Bwthyn yn Nhalgarreg.

Er yr holl helbulon a'r dwyster a'i lethai ar adegau roedd wrth ei fodd ar lan afon pan oedd gwialen yn ei law. Yn wir, roedd ganddo lyfr ar bysgota'n barod i'w gyhoeddi pan fu farw ond, mwya'r piti, collwyd y llawysgrif. Does dim dwywaith fod y Parch. Dewi Emrys James yn adyn a bod ei ymddygiad wedi pegynnu barn amdano ar hyd ei oes. Pan gyhoeddwyd y llyfryn *Hanes Eglwys Heol Awst, Caerfyrddin* yn 1926 ni nodwyd ei fod yn un o'r rhai a godwyd i bregethu yno. Yn wir, ar ôl iddo adael Capel Finsbury Park, Llundain, ni chafodd groeso 'nôl i bulpudau'r Annibynwyr tan 1942, ac yn y cyfamser byddai'n pregethu'n gyson gerbron torfeydd o gannoedd yn oedfaon y Mudiad Ymosodol.

Petai ei fywyd wedi bod yn fwy sefydlog, ac yntau wedi cael addysg prifysgol, tybed a fyddai wedi ffrwyno ei awen? Ond hwyrach na fyddai wedi llunio'r un gerdd dafodieithol petai wedi dilyn llwybr academia ac felly ymfalchïwn yn ei orchest yn llunio 'Pwllderi', a'r ddwy linell sy'n ffurfio esgyll yr englyn i'r gorwel a welir draw:

> Hen linell bell nad yw'n bod
> Hen derfyn nad yw'n darfod.

Does dim amheuaeth bod y cymeriad a bortreadwyd gan yr actor Ifan Huw Dafydd yn y gyfres ddrama deledu, *Y Palmant Aur*, gan T. James Jones a Manon Rhys, ar S4C, wedi'i seilio ar Dewi Emrys gan roi iddo ryw fath o anfarwoldeb. Ac wedi'r cyfan oes disgwyl i fardd, gwaeth faint o anrhydeddau, cwpanau, cadeiriau a choronau a wna eu hennill yn ystod ei oes, gyfansoddi mwy nag un darn a fydd yn ei oroesi?

I'r Cymro, mae Pwllderi'n fan i loetran am getyn go lew o amser ac oherwydd ei gysylltiadau â'r gorffennol bydd sgrechfeydd y 'gwilanod, cirillod a chornicillod', yn yr hafan islaw, yn anfon 'isgryd wêr' ar hyd y meingefn, fel petaen nhw'n adleisio rhywfaint o drybestod Dewi Emrys ei hun. Dywed rhai o hynafgwyr yr ardal heddiw, o edrych 'nôl dros ysgwydd y blynyddoedd, eu bod yn rhyfeddu at eu gwrhydri a'u ffwlbri eu hunain yn nyddiau ieuengoed yn mentro lawr dros y graig at y 'pishyn bach o drâth' ac yn dychwelyd i ddiogelwch â'u gwynt yn eu dyrnau.

Does dim dwywaith ei fod yn lle i daenu 'meddilie', eu chwalu ar hyd y creigiau a'u golchi'n loyw lân yn y 'golchon sebon' o donnau obry, a hynny wrth i'r haul suddo'r ochr draw i'r 'hen linell bell'.

A rhaid peidio â danto'n llwyr ynghylch newid byd oherwydd er mai M. a K. Kurtz yw'r enwau a nodir uwch arwydd Tâl-y-gaer a Sŵn-y-morlo cewch lond pen o Gymraeg gan Sam a'i fam, Katherine, a hen deulu'r Llewheliniaid sy'n ffermio Treathro draw, a gall sawl un arall sôn am yr aelod seneddol lliwgar hwnnw, Desmond Donnelly, a arferai fyw ym Mhant-y-beudy gerllaw, uwchben Porth Maen-melyn.

Ganwyd y Gwyddel o dras yn Assam, India, lle roedd ei dad yn tyfu planhigion te ond cafodd y rhan fwyaf o'i addysg yn Lloegr, a bu'n cynrychioli Sir Benfro yn y senedd am ugain mlynedd ar ôl disodli'r Uwch-gapten Gwilym Lloyd George, mab y cyn-brifweinidog David Lloyd George. Fe'i hetholwyd fel aelod o'r Blaid Lafur ond collodd ei sedd yn 1970 i'r Tori, Nicholas Edwards, ar ôl iddo adael y Blaid Lafur a ffurfio ei blaid ei hun, Y Blaid Ddemocrataidd, ddwy flynedd ynghynt. Fe'i hystyrid yn wleidydd lliwgar a phendant ei farn os nad yn ddraenen yn ystlys y Blaid Lafur.

Tra oedd yn aelod seneddol roedd hefyd yn ohebydd gwleidyddol i rai o'r papurau Llundeinig, yn ymgynghorydd i gwmnïau peirianyddol David Brown, Philips Industries a banc masnachol Hill Samuel, yn ogystal â bod yn adolygydd toreithiog yn y wasg. Gwyddai sut i gael sylw a mynych ar benwythnosau âi draw i Wdig a sefyll ar y sgwâr i wneud datganiad gwleidyddol, ac yna cysylltu â'r wasg i ddweud ei fod newydd wneud datganiad cyhoeddus ar ryw bwnc o bwys, a byddai'n sicr o gael ei ddyfynnu yn y papurau trannoeth. Daeth ei yrfa i ben pan gyflawnodd hunanladdiad mewn gwesty ger maes awyr Heathrow ym mis Ebrill 1974.

I'r sawl sydd â diddordeb yn yr hen ffordd Gymreig o fyw yn y parthau hyn dylid nodi fod pump o aelodau wedi sefydlu capel Annibynwyr Rhosycaerau yn 1724, ond gyda'r twf cyffredinol mewn Anghydffurfiaeth yn y ganrif ddilynol sefydlwyd pedair o ganghennau i'r eglwys yn ogystal â chorffori Tabernacl, Abergwaun, yn eglwys yn 1826. Yn ystod naw mlynedd o weinidogaeth y Parch. T. Emrys James, tad Dewi Emrys, sefydlwyd cangen yn Wdig yn 1896 ac yn ddiweddarach yn 1924 fe'i corfforwyd yn eglwys ond gan ddal i rannu gweinidog â Rhosycaerau.

Erbyn heddiw mae'r rhod wedi troi ac mae'r ddwy eglwys wedi uno yn un ofalaeth gyda Thabernacl, Abergwaun, a does ond dyrnaid yn addoli yn Rhosycaerau ac Ebeneser bellach. Doedd hynny ddim yn rhwystr i aelodau Ebeneser ddathlu pen-blwydd yr eglwys yn 75 oed yn 2004 ond cyfaddefai'r Parch. Ddr. E. Stanley John, un o blant disgleiriaf yr eglwys, yn y llyfryn dathlu a luniwyd ganddo, nad yw'n debygol y gwêl Ebeneser ei ganfed pen-blwydd. Mewn llyfryn sy'n batrwm o waith ymchwil a dehongli cytbwys mae'n taro nodyn diriaethol wrth dafoli'r gorffennol ac wrth wynebu'r dyfodol.

'A beth amdanom ni a faged yn Ebeneser? Cymaint tlotach fyddem oni bai am y fagwraeth honno. Yno, yn ieuenctid ein dydd, clywsom Air Duw yn cael ei ddarllen a'i bregethu; gweddïau, a wlychwyd yn aml â dagrau, yn cael eu hoffrymu; profiadau personol, dwys, yn cael eu hadrodd. Yno, mewn Ysgol Sul agorwyd yr Ysgrythyrau inni gan athrawon na bu mo'u rhagorach. Onid yw hynny'n ddigon o reswm ynddo'i hun inni ddathlu pen-blwydd y Capel yn 75 oed, ac, wrth dathlu, diolch am yr etifeddiaeth gyfoethog a drosglwyddwyd inni?

Ni olyga cau Capeli ac Eglwysi ddiwedd ar y dystiolaeth Gristionogol yn eu broydd … y mae gennym yr hyder sicr y bydd rhyw 'weddill ffyddlon', â disgleirdeb Crist ar eu gruddiau, yn codi eu Hebeneser mewn annedd-dai, efallai, neu ar aelwydydd, i wneud peth mor bwerus o syml â darllen Gair Duw, gweddio ar Dduw a disgwyl oddi wrth Dduw. Ac y nhw, o dan arweiniad Duw, fydd lladmeryddion gwawr newydd ar grefydd yn ein gwlad,' meddai, wrth wynebu'r anorfod o ran cau'r drysau cyn hir.

Ond, tybed, onid amharodrwydd dyn i ddefnyddio a harneisio holl ddyfeisiadau gwaith ei law dros y ganrif ddiwethaf i gyflwyno a chyfleu profiadau ysbrydol o'r newydd sy'n bennaf cyfrifol am edwino crefydd cyfundrefnol? Aeth y gyfundrefn grefyddol anghydffurfiol yn dreuliedig, arhosodd addoliad yn ei unfan, tra llamodd y gyfundrefn addysg yn ei blaen gan gyflwyno a chyfleu profiadau seciwlar trwy gyfrwng llu o ddulliau amrywiol sy'n cyfoethogi ymwybod plentyn. Hwyrach mai rhai o'r dulliau hyn a ddefnyddir maes o law mewn 'annedd-dai, efallai, neu ar aelwydydd' i ddarganfod Gair Duw o'r newydd. Wedi'r cyfan, mae'n siŵr bod yna heddiw le i gyfrifiadur, rhyngrwyd a gwefan yn y gwaith o hyrwyddo'r efengyl yn yr eglwysi hynny a agorodd eu drysau ganrif a mwy yn ôl.

Wrth fwrw golwg yn ôl ar y traddodiad anghydffurfiol yn yr ardal ni ellir peidio â chrybwyll Llangloffan. Hwyrach i'r pentref fenthyg ei enw i fath arbennig o gaws cartref a enillodd wobrau di-ri i Leon Downey yn ystod ail hanner y ganrif ddiwethaf ond anwylir y lle gan Fedyddwyr fel mangre un o eglwysi cynharaf yr enwad yn Sir Benfro. Ymaelododd 206 o gredinwyr pan sefydlwyd yr achos yn Llangloffan yn 1745 a dychmygwch y canu ysbrydoledig yn codi o'r gynulleidfa yn y dyddiau cynnar hynny yn y llecyn coediog a diarffordd hwn. Wrth i rif yr addolwyr gynyddu a'r ysbryd ledaenu, esgorwyd ar dros ddwsin o eglwysi Bedyddiedig ar hyd yr afordir i gyfeiriad Trefdraeth i'r gogledd, a Thyddewi i'r de, yn ogystal â changhennau yn Nhremarchog a Mathri, yn uniongyrchol o dwf y gynulleidfa yn Llangloffan.

Ordeiniwyd a sefydlwyd ugain o weinidogion yn ystod y can mlynedd dilynol ond y cyntaf i'w gyflogi yn benodol fel gweinidog oedd Thomas Williams, yn 1848, ac ef oedd y gweinidog cyntaf na chafodd ei godi yn yr eglwys. Ond byddai'r rhai cynt yn cael cyflog am gynnal ysgol ddyddiol a oedd yn gysylltiedig â'r capel, ac yn derbyn rhodd ariannol o bryd i'w gilydd. Dywedir bod un o'r gweinidogion cynnar, y Parch. John Reynolds yn nodedig am na chododd geiniog am bregethu yn unman erioed ac na wnaeth erioed bregethu heb golli dagrau. Yn ystod y ganrif ddiwethaf daeth tro ar fyd ac erbyn ei diwedd roedd yr ofalaeth wedi ei hymestyn i gynnwys eglwysi Harmoni, Pen-caer, a'r Goedwig yn Wdig. Yn ddiweddarach, pan sefydlwyd gweinidog rhan-amser yn Harmoni, penderfynodd aelodau Llangloffan a'r Goedwig gynnal oedfa bob Sul yn y naill adeilad neu'r llall heb weinidog amser llawn.

Os yw trefn grefyddol yr ardal yn ymddatod a gofid ymhlith y ffyddloniaid ynghylch yr hyn a ddaw, hwyrach mai pryderon cyffelyb oedd gan drigolion ganrifoedd cynt pan oedd gwaddol Sant Cloffan a seintiau eraill y cylch yn pylu. Honnir mai Trefaser oedd cartref gŵr o'r enw Esgob Asser a oedd yn ysgolhaig ac yn gynghorwr i Alfred Fawr, Brenin Wessex, yn yr wythfed ganrif. Ac mae yna sôn hefyd bod yr ysgolhaig a'r llenor Gerallt Gymro wedi dechrau ei yrfa glerigol fel ficer Llanwnda, ac roedd Wnda'n frawd i Cloffan.

Wrth odre Garn Fawr mae'r hen ysgol wedi'i throi'n Hostel Ieuenctid er 1957. Agorwyd hi'n swyddogol gan Arglwydd Raglaw Sir Benfro, Comodor Awyr J. B. Bowen, C.B.E., Y.H., ac ar glos Dôlgâr neu Tâl-y-gaer gerllaw ceir twlc cerrig crwn a oedd yn ôl pob sôn yn gell meudwy yn wreiddiol. O blygu yn eich cwrcwd gellir mentro i mewn a dychmygu pa mor gysurus fyddai hi yno yn nannedd stormydd geirwon yn ystod y canrifoedd cynnar, ar ddarn o arfordir lle na cheir cysgod coed.

Ond rhaid bracsan arni draw i Benbwchdy, heibio Pwlldawnau obry, cadw llygad am forloi uwchlaw Trwyn Llwyd a Phwllcrochan islaw cyn mynd heibio Carreg Herefio, Llech Dafad a Charreg Golchfa, sydd oll â'u hanesion mae'n siŵr, gan geisio amsugno'r profiad cyfan, yn fôr o liw, yn neithdar o sawr ac yn ddistaw o synau, yn un cymundeb cyfan, er mwyn eu hail-fyw mewn atgofion rhyw ddydd a ddaw.

Ac yna cyrraedd Aber-bach lle daw Derek Rowland i'w lawn faintioli unwaith eto. Wrth ein paratoi ar gyfer stori fe'n siarsa i ddychmygu'r fan ar noson wyntog, wleb, yn nhrymder gaeaf pan oedd cant o blismyn yn cwato yn y cyffiniau, ac yn cadw golwg yn y tywyllwch ar y bae bychan. Yno roedden nhw'n disgwyl i griw o ddynion lanio cargo arbennig a allai fod yn werth cymaint â £4 miliwn o gael ei ddosbarthu a'i werthu ar y strydoedd yn anghyfreithlon; dyna'n wir a ddigwyddodd yn Aber-bach ar dair noson yn olynol ar ddechrau mis Tachwedd 1986. Daeth y manylion yn hysbys yn ddiweddarach pan gynhaliwyd achosion yn Llysoedd y Goron Abertawe a Chaerdydd, ac fel hyn y bu.

Bu'r heddlu a swyddogion tollau yn cadw golwg ers dwy flynedd ar nifer o bobl ar amheuaeth o fod yn ymwneud â'r fasnach gyffuriau. Daethpwyd i ddeall eu bod yn chwilio am fae diarffordd a chysgodol i fewnforio'r cyffuriau anghyfreithlon er mwyn eu gwerthu ar strydoedd y dinasoedd mawrion. Roedd 'na bobl yn eu plith â chysylltiadau clòs â gorllewin Cymru. Hanai Peter Frederick Welch o Abertawe – gŵr yn ei ddeugeiniau hwyr ac yn ei ystyried ei hun yn dipyn o gerddor pop. Yn wir, roedd un o'r cwmnïau recordio, ar sail ei berfformiadau ar radio a theledu, wedi rhoi cytundeb â £35,000 iddo i recordio albwm o'r enw *Just For The Crack* gyda chynhyrchydd o'r enw Graham Dixon, a fu'n gweithio gydag Elton John.

Roedd Peter Welch hefyd yn cadw siop hen bethau yng Nghastellnewydd Emlyn, a thrwy hynny y daeth i gysylltiad â merch leol yn ei hugeiniau, a fagwyd mewn ficerdy, o'r enw Delyth Eleri Davies. Datblygodd perthynas rhwng y cerddor a'r Delyth iau o Fanordeifi a dechreuodd y ddau dreulio mwy o'u hamser yng nghwmni ei gilydd a hynny yn Llundain. Datblygodd hithau hoffter o'r cyffur cocên a defnyddiai'r ddau y cyfenw Seymour. Honnai yntau ei fod yn wyddonydd yn gweithio i'r Gymuned Ewropeaidd, ei fod wedi arwyddo'r Ddeddf Gyfrinachau Swyddogol ac nad oedd felly'n ofynnol iddo ddatgelu gwybodaeth amdano'i hun. Teithiai'r ddau i Ibiza i gyfarfod â phobl o'r Unol Daleithiau, a fyddai'n medru hybu ei yrfa fel canwr pop. Dyna oedd eu hesboniad yn y llys, ond roedd yr heddlu o'r farn eu bod wedi cyfarfod hefyd â nifer o bobl nad oedd a wnelon nhw ddim â'r diwydiant recordiau. Un o'r bobl hynny oedd Dennis Wheeler a fyddai bob amser yn aros yn y gwestyau mwyaf moethus pan fyddai ar ei deithiau tramor. Yn ôl yr heddlu recriwtiwyd hefyd nifer o fewnfudwyr o ardal Castellnewydd Emlyn ar gyfer y gwaith o smyglo cyffuriau.

Gwyddai'r heddlu fod rhywbeth ar y gweill pan rentiwyd bwthyn haf gerllaw'r traeth gan un o'r fintai, a chafwyd achlust y câi'r cyffuriau eu mewnforio yn ystod wythnos gyntaf mis Tachwedd. Roedd trigain o blismyn Llundain ymhlith y 100 ar ddyletswydd o amgylch Aber-bach. Caewyd y ffyrdd yn yr ardal a disgwylid i rywbeth ddigwydd yn ystod y nos. Am fod y tywydd mor arw ni ddigwyddodd dim o bwys yn ystod y ddwy noson gyntaf a bu'n rhaid i'r holl blismyn ddiflannu cyn toriad gwawr rhag iddyn nhw gael eu gweld. Ar y trydydd diwrnod clywyd Peter Welch, Delyth Davies a Dennis Wheeler, mewn tafarn yn Llundain, yn dweud y byddai'n rhaid i rywbeth ddigwydd y noson honno doed a ddelo. Felly y bu.

Tua hanner nos clywyd lleisiau wrth ymyl y môr a gwelwyd goleuadau'n fflachio yn y dŵr yn agos at y lan. Deallwyd bod llong o'r enw *Minou* yn ceisio trosglwyddo ei chargo i ddau ddingi gerllaw. Ond roedd y môr yn arw, a thonnau nerthol yn ei gwneud hi'n anodd rheoli'r ddau ddingi, ac yn wir trodd un ohonyn nhw drosodd gan daflu'r ddau ynddi i mewn i'r môr. Diflannodd y *Minou* wedi dadlwytho ei chargo ond doedd y cyflenwad canabis ddim wedi cyrraedd y lan am fod yr holl ymdrech wedi bod yn annibendod llwyr o safbwynt y smyglwyr.

Erbyn toriad gwawr roedd yr heddlu wedi arestio gŵr o'r enw Neil Alexander Franks o Gaint yn y bwthyn ar rent ac wedi dod o hyd i ŵr o'r enw Robert William Turnbull (na ddatgelodd ei gyfeiriad), yn dalp o gryndod wrth ymyl craig ac yn mynnu cael gair gyda'i gyfreithiwr cyn cydweithredu gyda'r heddlu. Newidiodd ei gân pan sylweddolodd y gallai rynnu i farwolaeth oni wnâi dderbyn cynnig yr heddlu i'w gludo i gynhesrwydd yn fuan, yn hytrach nag aros yn yr oerfel nes y deuai ei gyfreithiwr i'r fei.

Daethpwyd o hyd i gyflenwad sylweddol o ganabis mewn bae gerllaw a daeth hofrennydd yr Awyrlu o hyd i ragor yn y môr. Ond bu bron i lywiwr y *Minou*, Robert Delbos, ddianc ar ôl iddo ddefnyddio dogfennau ffug i dwyllo'r awdurdodau yn Cork. Cael a chael fu hi i'w arestio ar y môr yn ddiweddarach.

Am eu trafferth cafodd Peter Welch ei ddedfrydu i 22 flynedd yng ngharchar a'i orchymyn i dalu £66,000 o blith ei asedau, cafodd Dennis Wheeler 12 mlynedd o garchar a gorchymyn i dalu £50,000 tuag at gostau'r achos a chafodd Delyth Davies ddedfryd o 14 blynedd o garchar a gorchymyn i dalu £3,000 o blith ei hasedau am mai hi oedd 'cyfrifydd' y fenter. Carcharwyd Robert Delbos am 12 mlynedd hefyd yn ogystal â gŵr o'r enw Barry Scott. Cafodd pedwar arall ddedfrydau tipyn llai gan y Barnwr Ustus Mars Jones gan gynnwys Franks a Turnbull, a ddedfrydwyd i 30 mis yr un, ond a ryddhawyd ar ddiwedd yr achos am eu bod eisoes wedi bod yn y ddalfa am y cyfnod hwnnw. Tebyg bod y lleill wedi eu gollwng o'r carchar erbyn hyn hefyd a does wybod beth yw eu hynt na pha enwau y maen nhw'n eu harddel bellach.

Gyda threigl y blynyddoedd perthyn rhywfaint o ramant i'r stori yn union fel yr hanes am ffermwr Treseisyllt yn dod ar draws môr-forwyn ar y traeth, ac yn ei chludo adref yn groes i'w hewyllys, a'i gosod mewn twba o ddŵr halen. Ond strancio a dyheu am ddychwelyd i'r môr mawr a wnâi'r fôr-forwyn yn hytrach na gwerthfawrogi lletygarwch Treseisyllt. Yn wir rhoes swyn ar y fferm yn gomedd geni'r un mab yno fyth eto, ac yn ei bryder penderfynodd y ffermwr ei chludo 'nôl i'r môr yn ddiymdroi. Ac os credwch chi hynny, wel, yna, rydych yn agored i gredu a llyncu unrhyw stori asgwrn pen llo, gwlei.

O ddilyn y feidir ddeiliog heibio i 'fwthyn y smyglwyr' fe ddowch mas i'r ffordd fawr gul ac o fewn hanner milltir fe ddowch at glos Melin neu Ffatri Wlân Tregwynt sy'n fan hwylus i gwpla siwrnai'r dydd – a derbyn eich bod wedi parcio'ch cerbyd yno ben bore ac wedi manteisio ar wasanaeth bws taith swyddogol y Parc Cenedlaethol i'ch cyrchu i fan cychwyn y cerdded.

O alw yn y felin cewch weld y gwehyddion wrthi'n cynhyrchu carthenni a chwiltiau fydd ymhen ychydig wythnosau ar werth yn rhai o siopau drudfawr Efrog Newydd a Llundain. Mae nerth trydan wedi disodli nerth y rhod ddŵr ers tro bellach a honno, yn ei thro, ddisodlodd y gwyddiau llaw slawer dydd a ddefnyddid gan Henry Griffiths, tad-cu'r perchennog presennol, pan gydiodd yn y fenter 'nôl yn 1912. Hi yw'r unig felin sy'n dal i weithio o blith dros 16 a ddibynnai ar ddŵr yr afon i droi pob rhod ar un adeg. Roedd y tad, Howard Griffiths, yn storïwr penigamp a medrai osod lliw go drwchus ar rai o'i helyntion bore oes yn mynd lawr i'r môr i wreca wedi ambell storom enbyd. Ar bob cyfrif ewch i mewn i'r siop a'r bwyty, ond er mor Gymreig yw cynnyrch a ffon gynnal y busnes, peidiwch â disgwyl gormod o Gymraeg dros y cownter. Gofynnais ddwywaith am hufen iâ a chefais edrychiad syn gan roces a ymddangosai fel petai wedi delwi o glywed llond pen o Almaeneg neu Iseldireg, cyn i mi orfod ildio i ddefnyddio'r iaith fain a chael fy ngweini. Roedd yr hufen iâ hefyd yn gynnyrch lleol o ogledd y sir ac yn flasus.

O dramwyo ar hyd feidiroedd cul yr ardal synnir at nifer y ffermydd mawr a'r tai crand sydd i'w gweld. Mae Plasty Tre-gwynt yn amlwg wedi cadw'i urddas ac ae gan yr adeilad ei stori i'w hadrodd ond gobeithio y cawn ei chlywed o enau gŵr y down ar ei draws trannoeth. O gyrraedd pentref Tremarchog ni thâl i fynd heibio Ynys Deullyn heb roi gwaedd ar Dafydd a Kay Williams, ac o gael gwahoddiad i gefn yr adeilad deellir pam y dewiswyd yr enw morwrol ar eu cartref, am fod Ynys Deullyn i'w gweld yn y pellter. Treuliodd Dafydd y rhan fwyaf o'i oes yn yr ardal, ar wahân i gyfnod o bum mlynedd yn Nyfnaint a Nottingham, a daeth Kay ato o bentref Llanychar, yr ochr draw i Abergwaun. Perthyn iddo urddas y gŵr bonheddig hyglod sydd â stori i'w hadrodd ac mae honno'n cychwyn ym mhorthladd Lota yn Chile.

'Dyna lle ganwyd fy nhad-cu. Wêdd fy hen-dacu'n gapten ar y môr a bydde'n mynd â'i wraig 'da fe ar ei deithie. Ar un achlysur pan wêdd hi'n feichiog wynebwyd storom enbyd wrth fynd Rownd yr Horn, a mynnodd fy hen-fam-gu gael ei chlymu wrth y mast, a dyna lle buodd hi am 24 awr. Wêdd hi ddim am foddi a hithe o dan y dec, chi'n gweld. Ond fe ddaeth trwyddi a ganwyd fy nhad-cu, Walter Levi, ar y tir mawr yno, ond fe'i magwyd yn Nhremarchog.

Bydde fe'n halio calch yn 14 wêd gyda chart a cheffyl o'r odyn yn Aber-bach a bryd arall bydde fe'n dadlwytho glo caled wedi dod o Langwm i'w bwyso ar y dafol yn y pentre.

Priododd ag etifeddes fferm gyfagos ac o dipyn i beth dechreuodd brynu a gwerthu nwydde, a sefydlu ei hun yn arwerthwr, ac yna yn ei ddeugeinie aeth ati i astudio'r gyfraith. Falle bo chi wedi clywed sôn am Parc Lota yn Abergweun, lle ma cerrig yr orsedd, yng nghenol y dre fan'na, wel, 'nhad-cu brynodd y tir hwnnw a'i alw ar ôl man ei eni, wrth gwrs.'

Afraid dweud bod pentref Tremarchog wedi newid yn ddirfawr ers dyddiau plentyndod Walter Levi Williams yno ymron i gant a deugain o flynyddoedd 'nôl; caewyd capel bychan Bethel, y Bedyddwyr, sy ar ganol y pentre a'r un modd yr ysgol, ac yn wir mae o leiaf hanner dwsin o ysgolion wedi'u cau rhwng Wdig a Thyddewi gan adael ond ysgolion Mathri a Chroesgoch ar agor. Mae nifer helaeth o'r tai'n dai haf a dyw'r Gymraeg ddim i'w chlywed cyn amled â chynt. Tybed, felly, a yw ei thranc fel iaith gymdeithasol yr ardal yn anochel?

'Wel, pwy all ddweud. Mae'n siŵr bod rhywrai'n gofyn yr un cwestiwn pan wêdd y Llychlynwyr yn ymosod ac yn ysbeilio'r ardaloedd hyn ond, wrth gwrs, wên nhw ddim yn aros yn hir. Cofiwch, Cymraeg wêdd iaith y plant pan wên i yn yr ysgol a da o beth wêdd hynny achos Saesneg wêdd yr iaith ar ein haelwyd ni am mai dyna oedd iaith fy mam. Ond o fewn pythownos yn yr ysgol wên inne wedi cael gafael arni am fod yr athrawes wedi fy rhoi yng ngofal un o'r plant hŷn. Wedyn, ma'n wyres ninne wedi dod 'nôl i fyw i'r ardal o'r Almaen ac, yn wir, o fewn byr amser yn Ysgol Croes-goch roedd ei gallu i siarad Cymraeg yn rhugl a'i sgrifennu wedi'i gadarnhau o fewn rhyw bythefnos. Felly, pwy a ŵyr beth sy'n mynd i ddigwydd o ran y Gymraeg. Er taw Saeson sy'n prynu'r tai a gaiff eu gwerthu am tua £1miliwn mae yna rai teuluoedd ifanc o Gymry yma hefyd.'

Bu yntau a Kay yn cadw siop y pentre am 22 flynedd gan werthu tipyn o bopeth ond cau fu ei thranc yn fuan ar ôl iddyn nhw ei gwerthu yn 1986, yn unol â'r drefn yng nghefn gwlad, wrth i archfarchnadoedd y trefi ddenu'r cwsmeriaid. Prin bod yna well lle i bwyso a mesur curiad calon cymdogaeth na thu ôl i'r cownter.

'Wêdd e'n gyfnod diddorol. Cwsmeriaid amrywiol. Ar un adeg wêdd yr arlunydd John Piper yn treulio tipyn o amser yn yr ardal ym mwthyn Garn Fawr, a phan fyddai'r teulu'n dychwelyd i Lundain byddai ei wraig, Myfanwy, bob amser yn prynu oen cyfan. Fe fydde hi'n ei hongian wedyn mewn seler sych am fisoedd, mae'n debyg, cyn mynd ati i'w lanhau a'i rostio. Ma hongian cig, wrth gwrs, yn grefft. Ond yr adeg fwyaf cyffrous falle wêdd cyfnod y smyglwyr cyffurie pan fydde'r heddlu'n aml yn galw yn y siop yn holi am wybodaeth. Wêdd sawl un yn synhwyro bod rhywbeth yn digwydd, ac mae'n debyg bod Mrs Perkins, Penysgwarne, wedi cysylltu â'r heddlu ar ôl i rywrai logi ei bwthyn am gyfnod hir gan dalu rhag blaen gyda phapurau £50. Wêdd hynny'n codi amheuon ar unwaith, chi'n gweld.

Ond wedyn wi'n cofio plismon yn y siop un p'nawn yn holi hynt fan wen wêdd wedi'i gweld yn y cyffinie. Pwy dda'th mewn ond Glyn Devonald, un o wehyddion ffatri Tre-gwynt, a dyma fe'n dweud ar unwaith ei fod wedi gweld y fan a dyma fe'n dweud beth oedd ei rhif cofrestru. Wêdd y plismon yn hynod o ddiolchgar ac yn barod i fynd wrth i Glyn ddweud wrtho bod rhif gwahanol ar du bla'n y fan, a dyma fe'n dyfynnu'r rhif hwnnw hefyd, a hynny gyda phendantrwydd. Wêdd y plismon wedi'i synnu.

Fe alwodd 'nôl ymhen ychydig ddyddie gyda'r newyddion bod y fan wedi ca'l ei gweld yn Llundain a bod yna ddau rif cofrestru arni a'u bod yr union rife a ddywedodd Glyn. Wêdd e'n dal i ryfeddu, yn arbennig gan fod Glyn wedi dweud mai dim ond unwaith wêdd e wedi gweld y fan wen. Beth na wydde'r plismon, wrth gwrs, wêdd bod Glyn yn delio â rhife trwy'r dydd. Pan fydde Howard Griffiths yn dweud wrtho pa batrwm fydde ei angen ar y brethyn fe fydde'n gwb'od ar unwaith heb edrych ar yr un llyfr pa rife fydde'n cyfateb i bob patrwm er mwyn gosod peirianne'r wŷdd. Wêdd cofio rhife'n ail-natur i Glyn chi'n gweld,' meddai Dafydd.

Wrth i gysgodion y nos ddisgyn gan guddio Ynys Deullyn draw a'r gwlith ysgafn wlychu ein traed try Dafydd yn athronyddol.

'Sdim dwywaith mae'n ardal braf i fyw ynddi. Ma Llwybr yr Arfordir yn ased a hawdd deall y rhesyme am hynny o ystyried ei brydferthwch a'r llonyddwch sy'n rhan ohono. Wedyn, sdim dwywaith bod Tremarchog yn altro ac mae'n gwestiwn, wrth gwrs, p'un ai ei enw Cymraeg neu ei enw Saesneg, St Nicholas, fydd yn cael ei arddel yn benna mewn blynyddoedd i ddod. Ma llawer o bobol hŷn yn symud i'r ardal ac yn rhoi cynnig ar ddysgu Cymraeg ond synnon nhw'n magu plant 'ma a sdim cwlwm naturiol rhyngddyn nhw a'r gymdeithas. Wedyn, ma 'na drafferthion yn y byd amaethyddol o ran sicrhau incwm. Ar un adeg wêd 70 o ffermydd yn cynhyrchu lla'th yn ardal Pen-caer ond dim ond pump neu chwech sy'n gwneud nawr. Os yw'r plant i aros ma rhaid wrth ddigon o incwm i gynnal dau deulu …' meddai'n gopsi ar y sgwrs, ac ar ddiwrnod arall o flasu rhin yr oesoedd.

Pa ffordd well o ymlacio gyda'r hwyr wrth dafoli profiadau'r diwrnod na chydio yn nofel Urien Wiliam, *Breuddwyd Rhy Bell*? Defnyddia'r awdur helynt Glaniad y Ffrancod yn gefndir gan wau hanes a dychymyg i greu rhamant a chodi amheuaeth fod a wnelo Mudiad Gwyddelod Unedig, a'r Arglwydd Edward Fitzgerald yn benodol, â'r digwyddiad arfaethedig. Cewch gwrdd â Peter Jenkins, y porthmon o Gas-mael a Gruff Llwyd o Eglwyswrw, Sarjant Evans, Iolo Morganwg yn Nhrefflemin, ac eraill, a phwy a ŵyr, efallai bod yna wirionedd yn ei ddamcaniaeth o gofio am yr hinsawdd gwleidyddol ar y pryd.

Mae'n deg nodi bod y cadfridog ifanc Lazare Hoche ar dân dros ymosod ar Loegr ar ôl i'r Saeson gefnogi'r Brenhinwyr yn ystod y Chwyldro Ffrengig a'i fod wedi cipio cyflenwad helaeth o arfau a gwisgoedd milwrol ar ôl atal un o longau'r llynges Brydeinig rhag glanio yn Quiberon yn 1795. Credai'n ddiysgog y byddai'n bosib codi'r werin a'r tlodion yn erbyn y cyfoethog a chreu rhyfel cartref er mwyn disodli'r Frenhiniaeth. Cynlluniodd ymosodiad triphlyg: byddai goreuon y fyddin Ffrengig yn cael eu hanfon i Iwerddon lle gwyddai fod yna fudiad gweriniaethol cryf a byddai'r gweddill yn cael eu hanfon i Newcastle-on-Tyne a naill ai Bryste neu Gymru. Oherwydd stormydd geirwon ni chyrhaeddodd yr un llong nac Iwerddon na Newcastle a gorfu i'r rhai na chawsant eu dryllio ddychwelyd i Ffrainc.

Ond chwe diwrnod ar ôl gadael Brest cyrhaeddodd y Cyrnol Tate a'i griw Ben-caer, a hynny'n rhannol am fod gwyntoedd dwyreiniol wedi ei gwneud hi'n amhosib iddyn nhw lanio ar hyd arfordir Bryste, ac mae'r hyn a ddigwyddodd wedyn, wrth gwrs, yn wybyddus, a phrofodd y goresgyniad arfaethedig ymhlith y cyrchoedd milwrol mwyaf trychinebus erioed. Mae'n rhaid bod Lazare Hoche o'r farn y medrai Cyrnol Tate efelychu camp Harri Tudur ond mae'n amlwg nad oedd yr un ffigwr tebyg i Rhys ap Gruffudd ar gael i'w groesawu a chynhyrfu'r

Cymry i godi arfau. Ac os oedd yna rinwedd yn y ddamcaniaeth bod disgwyl i Thomas Knox baratoi'r ffordd, wel, yna, roedd e wedi methu'n druenus oherwydd deisyf rhyddid ewyllys i addoli yn ôl eu cydwybod a wnâi'r Anghydffurfwyr, yn bennaf, wrth dorri'n rhydd oddi wrth yr Eglwys Wladol ac nid codi yn erbyn y Frenhiniaeth. Doedd gan y Cymry fawr o flas am chwyldro ar y pryd: roedd y Ffrancwyr wedi camddehongli'r sefyllfa'n llwyr.

Dewis arall yr un mor rhiniol o dreulio gyda'r nos fyddai dychwelyd i ben Garn Fowr i eistedd mewn llonyddwch ynghanol y bwnge eithin melyn yn blasu'r olygfa ysblennydd o dir a môr. Y bythynnod gwynion yn y pellter wedyn yn troi'n rhith yn y gwyll fel petaen nhw'n un o gynfasau John Knapp-Fisher wedi i hwnnw gipio eiliad oesol, ledrithiol, mewn paent. Fe welwch hefyd, o edrych yn fanwl, fod Garn Fowr yn un o fryn-geyrydd mwyaf rhyfeddol Oes yr Haearn gyda rhagfuriau eang wedi'u cysylltu â'r creigiau allanol ac olion gwteri a thai crwn yma ac acw. Do, clywid parablu dieithr ar y bryncyn ganrifoedd lawer 'nôl wrth i'r trigolion yn eu gwisgoedd crwyn weld Bryniau Wiclo i gyfeiriad y gorllewin a Phen Llŷn i gyfeiriad y gogledd ar ddiwrnod braf.

PENNOD 8

SAMSON, SIODEN A CARADOG

P ETAI ISAMBARD BRUNEL WEDI cael ei ffordd ni fyddai Abermawr yn draeth
tawel a digyffro heddiw ond yn fwrlwm o fywyd. Yn 1848 penderfynodd y
peiriannydd sifil a'r entrepreneur mai dyma fyddai pen pellaf ei reilffordd ar draws
De Cymru ac aed ati i wneud y gwaith dechreuol o osod seiliau, codi gorsaf,
gosod morgloddiau a glanfa ar gyfer y llongau fyddai'n gyswllt i'r trenau. Ond
tair blynedd yn ddiweddarach rhoddwyd y gorau i'r bwriad a hynny'n rhannol am
nad oedd yn gweld llawer o lewyrch yn y fasnach gydag Iwerddon wrth i filoedd
ymfudo oddi yno i'r Unol Daleithiau rhag llwgu o ganlyniad i fethiant y cynhaeaf
tatws. Fyddai neb am deithio i wlad a ddioddefai o newyn ac ni fyddai gan bobol
newynog y modd i deithio oddi cartref ac felly trodd Brunel ei olygon tuag at
Neyland.

Ond gwelai eraill bosibiliadau i'r fangre ac yn 1873 roedd yna gebl tanddwr
yn ymestyn o'r fan hon ar draws y dŵr i Iwerddon er mwyn cludo negeseuon
ffôn. Heddiw dim ond sgrechfeydd yr adar môr a sŵn y crensian cerrig o dan eich
traed sydd i'w clywed ar y traeth. Onid priodol felly, ar gychwyn diwrnod arall o
gerdded, fyddai canu rhai o emynau'r gwehydd William Lewis a oedd yn byw yn
yr ardal ar ddiwedd y ddeunawfed ganrif? Deil tair ohonynt yng nghyfrol *Caneuon
Ffydd*: 'Aed grym Efengyl Crist / yn nerthol trwy bob gwlad', 'Y mae trysorau gras
yn llifo fel y môr' a'r emyn cymun cyfarwydd, 'Cof am y cyfiawn Iesu, y Person
mwyaf hardd' a tebyg y medrai'r Bedyddiwr pybyr forio canu 'Pe meddwn aur
Periw / A pherlau'r India bell' hefyd.

Tebyg y gellid dadlau y bydd angen rhyw ychydig o gynhaliaeth ysbrydol ar
hyd y milltiroedd nesaf, yn ogystal â deheurwydd corfforol, am fod Llwybr yr
Arfordir yn codi'n sydyn hyd at gan troedfedd uwchlaw'r môr, a ninnau nawr yn
ffarwelio ag ardal Pencaer. Mae yna ddarnau sy'n hynod o agos at yr ymyl ac ni thâl

edrych i lawr yn ormodol os dioddefir o'r bendro. Pwyll piau hi a gadael digon o fwlch rhyngoch chi a'r sawl o'ch blaen yn ogystal â'r sawl sy'n dilyn rhag ofn i chi faglu ar draws eich gilydd a rowlio dros y dibyn i'r môr os nad i ebargofiant. Dyma lle dysgais na ddylid bod yn ffansïol eich gwisg a'ch gwedd rhag rhoi temtasiynau gerbron eich cyd-gerddwyr. Pa ots os yw eich rhychsach yn wahanol, yn lliwgar a chanddi stori i'w dweud am ei gwneuthuriad gan Indiaid Ayamara ym Molifia? Os oedd hi'n ddigon da iddyn nhw ar gyfer tramwyo am filltiroedd benbwygilydd oni ddylai fod yn ddigon da i mi?

Ond doedd y gwneuthurwyr ddim yn rhag-weld cymaint o demtasiwn y gallai'r ddau dasel a oedd yn hongian o'i genau fod i'r sawl a oedd yn fy nilyn i roi plwc sydyn. Dyna a wnâi Fran Vickery'n gyson yn ogystal ag un neu ddau arall o bryd i'w gilydd. Ond gan amlaf cawn rybudd o'r hyn oedd ar fin digwydd ac, felly, medrwn baratoi fy hun rhag colli cydbwysedd pan ddeuai'r plwc chwareus. Byddwch syber eich ffordd ar hyd Llwybr yr Arfordir rhag gosod temtasiynau fil gerbron y rhai sy'n eich dilyn. Pan ddigwyddai pryfocio o'r fath ceisiwn annog yr euog rai i fwrw ati naill ai i odro hwyaid neu o leiaf i loffa gwlân gan fod dyrnaid o wlân cwrs rhwng bysedd y traed, oherwydd yr olewau naturiol sydd yn y cnu, yn gymorth i rwystro pothelli.

Derbyniol iawn yw awel ysgafn wrth fentro uwchben Pwll Strodur a'i hanelu hi i gyfeiriad pentref Abercastell na phrin y gellid canfod ei lanach na'i bertach ar hyd yr arfordir yn unman. Dylai disgrifiad o'r fath ddweud wrthych ar amrant mai pentref gwyliau yw Abercastell ac odid bod pob un o'r tai tlws, a baentiwyd gyda gofal, yn gartrefi dros dro i berchnogion cyfoethog. Perthyn naws afreal i'r llecyn yn arbennig o wybod am y bwrlwm a berthynai iddo yn y gorffennol pan oedd yn borthladd gyda'i odyn galch a'i bysgotwyr prysur. Roedd Cwm Badau, sef yr enw a roddir ar y bae, yn hynod o brysur ynghanol yr unfed ganrif ar bymtheg, yn ôl yr hanesydd Richard Fenton, ac aed â llafur ac ymenyn oddi yma i Fryste ar ddechrau'r bedwaredd ganrif ar bymtheg.

Ond pa werth sôn wrth yr un o'r trigolion dros dro am arfer Tomos Dafis o alw llysywen fawr y môr yn 'gyhyren' a benyw cimwch yn 'sioden'? Roedd Tomos yn hanner cripil ac i bob pwrpas yn rowlio ei hun i mewn i'w gwch ond unwaith y câi'r ddwy rwyf yn ei ddwylo roedd yn ddigon jycôs; dau o'i wyrion, Lyn Davies a Trevor Evans, yw'r unig Gymry cynhenid sy'n byw'n barhaol yn y pentref mwyach.

'Dwi'n cofio amdano'n dda. Fuodd e farw yn 1948 yn 'i 90au. Fe symudodd o Aberbach aton ni fan hyn drwy gario'r moddion i gyd ar long ac fel Twm Aberbach wêdd e'n ca'l 'i nabod ariôd. Bydde fe'n dala cwningod yn y gaea a physgota yn yr haf. Bydde dwy ffon 'da fe i gered a rhyw ddiwel 'i hunan miwn i'r cwch wedyn trwy ishte ar 'i ochor a pan ddele'r teid lan dros 'i figwrne gillwn 'i hunan miwn. A dod 'nôl miwn i'r lan gyda'r teid fydde fe liweth. Pan wêdd llonge'n ca'l 'u taro gan dorpidos adeg y rhyfel wedyn bydden nhw'n dod i ofyn iddo fe ble fydde'r cyrff yn debyg o ga'l 'u golchi i'r lan. Dim ond iddo ga'l gwbod pryd ddigwyddodd y trawiad, achos 'i fod e'n dyall y teid, fe alle ddweud yn weddol gowir ar ba drathe ddylid

Tomos Dafis – Twm Aberbach

whilo am gyrff,' meddai Lyn, gan esbonio mai gair yr ardal am 'gelfi' neu 'ddodrefn' yw 'moddion'.

Tra sgwrsiem tu fâs i'w gartre yn Mill View gwelem baentwyr wrthi'r ochor draw'n harddu'r tai haf yn barod ar gyfer y tymor gwyliau. Cydnabu Lyn fod y pentref wedi newid yn enbyd yn ystod ei oes ac nad oes golau i'w weld yn y rhan fwyaf o'r tai yn ystod y rhan helaethaf o'r gaeaf ond ei bod hi'n bedlam brysur yn yr haf. A phan gaiff eiddo ei werthu bellach mae'r prisiau a ofynnir yn ddi-ffael ymhell tu hwnt i afael pobol leol.

''Na chi'r tŷ fan'co nawr – ma nhw'n gofyn £325,000 amdano fe. Ond wedyn ma'n rhaid dweud mai Cymry yw perchnogion rhai o'r tai a ma mwy o Gymry'n dod 'ma ar 'u gwylie'r blynyddo'dd dwetha nawr,' meddai, fel petai wedi hen ddygymod â'r anorfod ynghylch tynged ei gynefin, ac wrth i'r ast fach ddyheu iddo gwpla sgwrsio er mwyn mynd am dro draw at y môr. Ond parod yw i draethu ymhellach o'i holi am gyflwr crefydd yn yr ardal.

'Wel, dwi'n ysgrifennydd y Capel Bach – fel fyddwn ni'n 'i alw – Elim, y Bedyddwyr, draw yn Nhrefin, ac yn ca'l gwasanaeth bob yn ail brynhawn Sul fynycha. Cangen o gapel mwy Croesgoch yw'r Capel Bach a sdim gweinidog 'da ni ar hyn o bryd. Ma hi wedi mynd yn anodd i ryw 90 ohonon ni gynnal gweinidog ar gyflog o tua £20,000 nawr ch'wel. Wedyn, byddwn ni'n ca'l oedfa ar y cyd gydag aelodau Berea a Rehoboth, yr Annibynwyr, bob hyn a hyn, a ma hinny i weld yn gwitho'n dda. O leia bydd tua 30 ohonon ni gyda'n gilydd wedyn,' meddai, fel petai'n derbyn mai mater o drai yw hi ar hyn o bryd a dim golwg o'r llanw ar y gorwel.

Gwell gadael iddo yntau a'i gi oedrannus, sy'n groesiad o Labrador a chorgi Sir Aberteifi ac sy'n siglo'i gwt ers meitin, fentro i gyfeiriad y traeth gan wybod na thyr air â neb ynghylch byw a bod a hen gymeriadau'r pentref. Ond cyn mynd mynna ddweud un stori i brofi bod y chwedlau'n dal yn fyw yn Abercastell:

'Wêdd Ernest Death yn iwso byw ar dop y pentre fan'co. Da'th lawr yn ifaciwî amser rhyfel o ochre Llunden rhywle a buodd fyw nes 'i fod yn 93 wêd. Wêdd e wastad yn ishte tu fas drws mewn cader ar dowy ffein ch'wel. Pan wêdd e'n gwitho falle na fydde fe'n mynd i'r gwaith bob bore a bydde rhaid i Norman Perkins, 'i fishtir, wedyn fynd lan i Mathri i brynu owns o faco i'w roi iddo cyn ele fe i'r gwaith. 'No bacy, no work' wêdd hi 'dag e. Wêdd e'n eitha smala yn 'i ffordd a'r hyn wedodd e pan glywodd fod 'i fishtir wedi marw wêdd, *'Well, what will the man do next?'*"

Ar wal yr harbwr gwelir plac sy'n brawf nad cwbl ddi-nod mo Abercastell yn hanes morwriaeth rhyngwladol. Nodir mai dyma'r fan y glaniodd Alfred 'Centennial' Johnson ar 10 Awst 1876, ar ôl hwylio'r Iwerydd mewn cwch pysgota ar ei ben ei hun, gan hawlio mai fe oedd y cyntaf i gyflawni'r fath gamp. Dechreuodd ar ei siwrnai yn Gloucester, Massachussets, ddeufis ynghynt ar Fehefin 6. Ond mae Lyn Davies ymhlith yr olaf o drigolion Abercastell sy'n defnyddio termau megis 'sioden' a 'cyhyren' mor rhwydd ag anadlu.

Uwchben y pentre gwelir plasty o gartre modern gyda'r Ddraig Goch yn cwhwfan yn y gwynt i ddynodi fod y perchennog, Peter Perkins, gartref, dros dro o leiaf, ac os oes cyfeillion iddo'n aros yno, bydd baner eu gwlad hwy hefyd yn cwhwfan yn y gwynt yn Nhŷ Carreg. Byddant oll yn mynd i ymdrochi yn ei bwll nofio dan do ben bore drwy gerdded o'r tŷ ar hyd twnnel. Ond hyd yn oed ar ddiwrnod braf tery'r awyrgylch yn Abercastell ysgryd ar hyd y meingefn o sylweddoli nad oes yma haid o blant lleol yn cyd-chwarae na phrysurdeb pobol mewn dillad gwaith i'w gweld mwyach. Er mor gymen yr ymddengys pob dim fe synhwyra'r Cymro fod yma ymdeimlad rywsut nad yw Abercastell yn bod bellach a hynny, er nad oes yna'r un adfail i'w weld. Yr unig gyfleuster cyhoeddus yw ciosg coch i wneud iawn am anallu ambell ffôn feidir i ganfod tonfedd mewn ambell gilcyn.

Gŵr y mae'n rhaid wrth ei gwmni i lwyr werthfawrogi holl gyfoeth y rhan hon o'r arfordir yw Roy Lewis a dreuliodd oes yn ffureta gwybodaeth am bob

Roy Lewis yn astudio'r hyn a ganfuwyd gan ei ddatgelydd metel

math o bynciau a hynny mewn manylder. Nid chwilota mewn llyfrau, dogfennau a chofrestrau, a holi hwn a'r llall yn unig a wna, ond defnyddia ddatgelydd metel hefyd i ganfod trysorau yn y ddaear. Dyna'n gwmws a ddigwyddodd ar dir Plasty Tregwynt yn 1996.

'Do, do, fe ddowd o hyd i 500 o ddarne o arian wedi'u claddu yn 1648 adeg y Rhyfel Cartre, gan Llewelyn Harries yn ôl pob tebyg. Wêdd e'n ochri gyda'r Brenhinwyr a siŵr o fod yn ofni'r gwaetha ac wedi claddu ei gyfoeth. Fe benderfynodd y cwest yn Hwlffordd fod y trysor yn werth tua £30,000 ac fe rannwyd y swm hwnnw rhwng perchnogion y plasty ar y pryd, Mike ac Anne Sayer a finne, ond wrth gwrs yr Amgueddfa yng Nghaerdydd sy'n cadw'r arian.

Wedyn ch'wel wêdd Tregwynt yn y newyddion liweth ym mis Bach 1797. Wêdd dawns fawr gyda'r byddigions yno pan alwyd y Cyrnol Thomas Knox, Commander y Fishguard Fencibles, o'r gloddesta i ddelio â mater bach o Ffrancwyr yn glanio sha Abergweun. Ond a gweud y gwir troi 'nôl na'th e a'i 200 o ddynion ar ôl ca'l ofan yn ôl rhai ond dwi'n credu bod mwy iddi na hynny. Ma lle i gredu 'i fod e'n aelod o fudiad cyfrinachol o'r enw y Sea Sergeants a oedd yn barod i gydweithio gyda'r Ffrancod. Wên nhw'n fwy cyfrinachol na'r Seiri Rhyddion a rhaid cofio bod

Knox wedi'i gyhuddo wedyn o lwfrdra. Ta p'un 'ny ma Tregwynt ar 'i drâd o hyd a mewn cyflwr crand yn eiddo i fachan sy wedi neud 'i arian trwy redeg cadwyn o fferyllfeydd,' meddai Roy Lewis.

Does dim pall ar Roy Lewis yn canu clodydd y darn hwn o'r arfordir fel y godidocaf ohonyn nhw i gyd am fod yma hanes a bywyd gwyllt wedi eu gwau'n un – prydferthwch na fedrai dyn mo'i greu. Ond er mor dawel a diog yr ymddengys y môr wrth syllu i gyfeiriad Ynys Deullyn, rhaid iddo gyfaddef bod iddo ei gyfnodau cynddeiriog a thymhestlog hefyd, ac mai felly oedd hi ym mis Hydref 1825 pan gollodd pedwar morwr o Bwllheli eu bywydau.

'Dim ond yn ddiweddar ddes i ar draws yr hanes hwn. Digwydd dod ar draws hanes cost codi pedwar corff oddi ar y creige a'u claddu ym mynwent Mathri nesum i wrth whilio am rywbeth arall. Wel, nawr 'te, wêdd rhaid ffindio mas mwy 'yn odd e? Dim byd yn y llyfre sy'n sôn am llongddrylliade yn yr ardal ond fe dda'th ateb ar ôl drychyd yng nghofnodion claddu'r eglwys. Robert Roberts a'i fab, Morgan, a'r capten, Evan Ellis, ond dim enw i'r pedwerydd. Edrych ym mhapur y *Carmarthen Journal* wedyn a chael ar ddeall bod storom ofnadw wedi taro Shir Bemro ar Hydref 7fed a sawl llong wedi gorfod dod i'r lan i gysgodi ond dim ond criw *The Blessing* o Bwllheli gollodd 'u bywyde. Claddw'd y tad a'r mab ddeuddydd yn ddiweddarach, Evan Ellis ar y 10fed a'r pedwerydd morwr ar y 15fed ond sdim carreg fedd i'w gweld. Dwi wedi meddwl pŵer os wêdd y teuluoedd yn gwb'od beth wêdd wedi digwydd iddyn nhw. 'Na fe, ma'r môr yn fishtir arnon ni i gyd. Hano fe'n dawel o hyd ch'wel,' meddai gyda dwyster.

'Dwi wedi cered pŵer ar hyd y llwybr o amgylch Tyddewi. Ma rhwbeth gwahanol i'w weld rownd pob cornel a sdim un dou ddwarnod 'run peth. Ma'r hen fôr yn newid 'i liw a newid 'i fosiwns bob dydd gyda phob trai a llanw. Mish Mai yw'r gore pan fydd y blode yn 'u gogoniant. Fe welwch chi rai prin tebyg i'r *hairy greenweed* sy'n drychyd yn debyg i eithin heb y pigiade arno. 'Na chi felyn pert. Nawr, pan fyddwch chi lawr yn harbwr Porthgain whilwch am fricsen gydag enw'r pentre arni. Tipyn o job i ffindo un achos ma nhw'n gwerthu am dros £100 yr un ar e-bay erbyn hyn. Jiawch, fe ddelen i 'da chi oni bai bod yr hen fegin 'ma'n ffaelu bellach. Ma storiáis, ŷch chi'n gweld, yn gysylltiedig â phob twll a chornel a synnon nhw'n storiáis sy mewn llyfre. 'Na chi hanes Tra'th Pwll Llong nawr ar bwys Trefin.

Wi'n cofio un hen fachan yn dweud wrtha i am y tro y cas llong 'i tharo gan dorpido mas yn y môr ac fe olchw'd cyrff i'r lan. Fe olchw'd sigaréts a whisgi i'r lan 'fyd a dyma'r bachan 'ma'n penderfynu y byse fe'n mynd lawr wedi iddi dywyllu.

Wêdd e ddim yn dra'th hawdd i fynd ato ar y gore yng ngole ddydd a wêdd 'na fowr o leuad y noson honno. Wêdd cwmwle'n croesi'r awyr dowill wrth iddo fentro lawr gan bwyll bach ar hyd y clogwyn serth. Fe gyrhaeddodd y gwaelod yn saff a chynnu'r torts a gweld bod 'na wisgi a sigaréts yno. A'th ati i gasglu bwndel ond diawch fe gwympodd y torts o'i afel a diffodd.

Dim dewis nawr ond whilo ar y llawr gyda'i ddwylo yn y tywyllwch. Fe deimlodd 'i fys yn mynd miwn i soced llygad a cha'l ofan dychrynllyd. Ond wêdd rhaid para i whilmentan i ga'l gafel ar y torts. Ar ôl dod o hyd iddi wêdd y bylb wedi dibennu ond wêdd bylb sbâr i ga'l ynddi trwy lwc. Wêdd y dwylo'n crynu'n jogel nawr wrth newid y bylb a chynnu'r torts 'to. Beth welodd e ond llo marw. Wêdd e wedi secyd 'i fys i lygad llo marw. Gas e shwd gwmint o ofan fe anghofiodd e am y whisgi a'r sigaréts a dringo 'nôl lan y graig serth wedi cynhyrfu'n lân,' meddai, a hynny gydag arddeliad gŵr oedd wedi adrodd y stori droeon o'r blaen.

Rhaid cefnu ar Abercastell a'i naws cwbl estronol a ffarwelio â Roy Lewis ar ôl iddo ein cyfoethogi â'i hanesion am ffordd o fyw'r oes o'r blaen. A does dim modd cyrraedd Trefin heb unwaith eto gamu 'nôl i'r oesoedd cynnar trwy ymweld â chromlech Carreg Samson sydd ryw hanner milltir oddi ar y Llwybr ar dir fferm Long House. Oedwch o dan ei chysgod a rhyfeddwch at allu peiranyddol gŵyr yr oesoedd cynnar ac at wytnwch yr adeiledd yn gwrthsefyll pob drycin a storm ar draws y canrifoedd. Gosodwch eich dwylo meddal ar wyneb y garreg galed a'i hanwesu ac, yna, dychmygwch ddwylo garw dynion slawer dydd yn tuchan a rhegi i'w chodi. Byr oedd eu hoedl hwy o gymharu ag eiddo'r garreg. Cyffyrddwch â phob hollt a phant yn ei chadernid a breuddwydiwch am y gwytnwch a'r dyfalbarhad cyntefig fu'n gyfrifol am ci chodi.

Wrth gwrs, mae yna chwedlau'n gysylltiedig â'r gromlech hon. Samson, a oedd mae'n rhaid yn sant ac yn gawr, a gododd y garreg gapan â'i fys bach, mae'n debyg, a chafodd ei fys ei rwygo yn y broses ac, yna, ei gladdu ar Ynys y Castell gerllaw. Yn ôl y sôn roedd Samson mor lân a diwair ei fuchedd nes ennyn cenfigen ymhlith ei gyd-fynachod a hynny i'r fath raddau nes iddyn nhw gynllwynio yn ei erbyn. Y bwriad oedd ei wenwyno ond trwy ddwyfol ymyrraeth yfwyd y gwenwyn gan gath a rhag i'r berthynas rhyngddo a'i gyd-fynachod suro ymhellach cafodd Samson ei anfon i abaty Ynys Bŷr.

Mae yna hanes hir i Long House ei hun am yr arferai fod yn faenordy Esgob Tyddewi pan oedd Llys yr Esgob yn Nhrefin, ac yn gymharol ddiweddar, cyn i'r Ymddiriedolaeth Genedlaethol ei brynu, arferid tyfu miloedd o ddaffodiliau yno bob blwyddyn yn ogystal ag erwau lawer o datws cynnar. Fyddwn ni fawr o dro bellach cyn cyrraedd Trefin ar ôl segura ychydig ar Benrhyn Castell Coch i atgoffa'n hunain ein bod yn dal i synhwyro presenoldeb pobloedd y canrifoedd cynnar wrth ddamshel ar dir a arferai fod yn gaer Oes yr Haearn. Mae'n rhaid bod yna brysurdeb yma'r adeg hynny am fod yn agos i dair cyfer o dir wedi'u hamgylchynu gan gloddiau a ffosydd.

Anodd dychmygu y medrai'r un o'r gwŷr cyntefig hynny ddisgyn dros y creigiau serth i'r baeau obry waeth pa mor heini neu ddewr. Hwyrach mai dyna oedd rhagoriaeth y gaer am y gellid yn hawdd ei hamddiffyn rhag ysbeilwyr o'r môr. Rhag ymdrybaeddu'n ormodol yn ein ddoe pell rhy'r oedi gyfle i'n cyd-dywysydd, Rob Norman, y gyrrwr tacsi o'r Barri, ein sodro yn y presennol trwy dynnu ei lyfr bach du o'i rychsach i ddarllen esboniad tarddiad rhyw ddywediad cyfarwydd neu'i gilydd er difyrrwch. 'Wel, wydden i ddim o hynny nawr 'te,' fyddai'n dyfarniad oll o glywed bod un o'n mynych ddywediadau wedi ei ynganu gyntaf neu ei boblogeiddio gan filwyr Americanaidd neu bysgotwyr o ddwyrain Lloegr efallai.

Wel, a wyddech chi hyn? Ar un adeg byddai cwrw'n cael ei weini mewn cwpanau gyda whît yn sownd wrth yr ymyl neu'r ddolen. Nawr, pan fydde'r llymeitiwr am ragor o ddiod fe fydde'n chwythu'r whît i dynnu sylw - a dyna sut y daeth yr ymadrodd 'gwlychu'r whît' yn boblogaidd. Diddorol ynte?

Hawdd gwybod ein bod wedi cyrraedd Trefin pan welir adfeilion y felin a greodd gryn argraff ar y bardd Crwys, pan oedd ar ymweliad yn pregethu yn yr ardal yn 1918, a bu fawr o dro yn llunio telyneg ar fwrdd swper ei lety yn cofnodi gogoniant y murddun. Ynghyd â 'Dysgub y Dail', o waith yr un awdur, mae'n rhaid bod 'Melin Trefin' gyda'r mwyaf adnabyddus o gerddi a ddysgwyd ar eu cof gan genedlaethau o blant ysgol. Ond brodor o Gwm Tawe oedd y Parch. William Williams, a gipiodd dair Coron Genedlaethol ac a fu'n Archdderwydd am wyth mlynedd, a thebyg bod ei awen delynegol wedi'i hudo gan ramant y felin wrth ymyl y môr mewn modd na fyddai'n taro'r brodor gorgyfarwydd â'r olygfa. Llonyddodd rhod y felin yn 1918, ar ôl tua phum canrif o falu gwenith yn flawd a barlys yn borthiant gaeaf i anifeiliaid, wrth i felinau mwy yn y trefi a'r dinasoedd wneud y gwaith yn rhatach a chyflymach gyda pheiriannau nad oedd yn ddibynnol ar nerth dŵr. Mynna rhai o'r trigolion hŷn fod yna ladd-dy wrth ymyl y felin ar un adeg ac y byddid yn arllwys y gwaed a'r gweddillion i'r môr.

Gall y pentre frolio ei Archdderwydd ei hun ym mherson Edgar Phillips a fu'n dal y swydd am ddwy flynedd tan ei farwolaeth yn 1962. Cyn hynny bu 'Trefin' yn Geidwad y Cledd am 13 blynedd ond byr fu ei gysylltiad â'r pentref mewn gwirionedd am fod ei deulu wedi symud i Gaerdydd pan oedd yn 11 oed. Nid rhyfedd felly iddo sôn mewn cywydd moliant:

> Yng nghynnes fro fy ngeni
> Braidd y mae un bwrdd i mi,
> Na gwâl ddiddan o dan do
> Lle mae cyfaill i'm cofio.

Ond yr un modd dychwelodd i'r ardal i gael ei gladdu ym mynwent Capel Rehoboth, ger Croesgoch, ac roedd Crwys a Charadog Prichard ymhlith y rhai fu'n talu teyrnged iddo. Er ei fod yn gynganeddwr penigamp ac er iddo dreulio 30 mlynedd yn dysgu'r Gymraeg yn ysgolion Sir Fynwy, rhyw gael a chael oedd hi ei fod yn siarad Cymraeg o gwbl yn ei ddyddiau cynnar. Collodd ei fam pan oedd yn bedair oed a phan ailbriododd ei dad roedd ei lysfam, a hanai o un o ardaloedd y ffin ieithyddol yn Sir Benfro, yn hynod o wrth-Gymraeg. Ar ben hynny roedd ei dad yn forwr ac yn mynnu fod ei fynych gyfnodau hirion ar y môr wedi gwneud ei Gymraeg yn rhydlyd ac mai haws oedd iddo siarad Saesneg.

Yn wir, bu'n rhaid i'r mab aros nes iddo ennill ei unig Gadair Genedlaethol yn Eisteddfod Wrecsam yn 1933, ac yntau'n 44 oed, cyn i'w dad gytuno i siarad Cymraeg ag ef. Saesneg oedd iaith swyddogol ysgol y pentref yng nghyfnod ei fagwraeth gynnar ond, yn arwyddocaol, pan gafodd yr Edgar ieuanc ddewis o naill ai 'blas y gansen' neu 'ddysgu pishyn', am gyflawni rhyw drosedd neu'i gilydd, dangosodd ei ruddin trwy fwrw ati i osod 'Cywydd y Farn Fawr', o waith Goronwy Owen, ar ei gof. Yn ddiarwybod i'w rieni y dewisodd astudio Cymraeg yn Ysgol Sloper Road yng Nghaerdydd yn ddiweddarach ac er iddo ddisgleirio'n academaidd bu'n rhaid iddo, yn groes i'r graen, gytuno i'w brentisio'n deiliwr, yn unol â dymuniad ei dad a'i lysfam, yn hytrach na dilyn y llwybr addysgol yn yr Ysgol Sir.

Yr unig fantais o hynny ar y pryd oedd mai ei ewythr yn Nhrefin, J. W. Evans, a oedd yn gerddor nodedig, fyddai'n dysgu crefft y teiliwr iddo. Golygai hynny y byddai'n dychwelyd i'w ardal enedigol ac y deuai'n gyfarwydd â chlywed y Gymraeg unwaith eto. Yn wir, cafodd brofiad a danlinellai agwedd sgitsoffrenig y cyfnod tuag at yr iaith pan ddychwelodd i'r wlad ar ei wyliau rai blynyddoedd ynghynt. Roedd ei lysfam wedi ei osod yng ngofal rhyw wraig ffroenuchel ar y trên yng ngorsaf Caerdydd a'i siarsio i sicrhau y byddai Edgar yn newid i'r trên cywir yng Nghaerfyrddin er mwyn cyrraedd pen ei siwrnai. Mynnai'r ddynes siarad Saesneg gan ddwrdio'r crwt am yngan y gair lleiaf o Gymraeg.

Roedd gŵr bonheddig dieithr yn yr un compartment â hwy a dechreuodd sgwrsio yn Gymraeg gan oleuo'r bychan ynghylch hanes y bröydd y teithient trwyddynt. Cyfareddwyd yr Edgar ifanc ac, yn wir, erbyn cyrraedd Caerfyrddin, roedd y ddynes a ofalai amdano'n siarad Cymraeg hefyd. Ni wyddai pwy oedd y gŵr nes iddo ei gyfarfod eto ymhen blynyddoedd ar hap yng Nghaerdydd yn holi yn Gymraeg pa ffordd oedd cyrraedd rhyw fangre arbennig lle roedd i draddodi darlith. Esboniodd y gŵr ei fod bob amser yn holi yn Gymraeg er mwyn arbed Cymro rhag gorfod siarad Saesneg yn ei wlad ei hun. Aeth Edgar Phillips i'r ddarlith a chafodd gennad gan y darlithydd, sef neb llai nag O. M. Edwards, i ddarllen rhan o chwedl Pwyll Pendefig Dyfed yn ystod y noson.

Un o'i gyd-deilwriaid oedd Gwilym Davies, a arddelai'r enw barddol Gwilym Fflur, ac ailgyneuwyd diddordeb y prentis ifanc yn y gynghanedd ac mewn ysgrifennu telynegion. Roedd ei gefnder, D. D. Lloyd Evans, a ddyrchafwyd yn brif gaplan y Lluoedd Arfog yn ddiweddarach, hefyd yn rhannu'r un ysfa i farddoni a chystadlu mewn eisteddfodau. Ond mynd i'r môr oedd bwriad yr Edgar ifanc pan fyddai wedi hel digon o gelc ariannol. Un bore penderfynodd godi'n gynnar a'i baglu hi y tu mewn i'r cloddiau nes ei fod yn ddigon pell o Dre-fin, cerdded heibio i ddwy orsaf reilffordd a dal trên diwethaf y diwrnod yn y drydedd orsaf. Pan sylweddolwyd nad oedd ei flwch arian yn ei gartref deallwyd ei fod wedi jengyd ac aed ati i rybuddio pob gorsaf-feistr i gadw golwg amdano. Erbyn iddo gyrraedd Rhos-y-bwlch, ger Maenclochog, roedd Edgar wedi llwyr ymlâdd a syrthiodd i gysgu ym môn clawdd nes cael ei ddihuno gan hwter trên. Pan ruthrodd i godi tocyn yn yr orsaf fe'i hadwaenwyd gan y gorsaf-feistr. Rhoes ei fam-gu bryd o dafod iddo drannoeth a daeth y cyffro i ben pan fodlonodd i barhau â'i brentisiaeth ar ôl clywed am dranc ei dad-cu a'i ewythr ar y môr.

Bu'n uchelgeisiol fel teiliwr ac wedi cyfnodau'n gweithio yn y Cymoedd, Caerdydd a Llundain dychwelodd i Gaerdydd yn 1914 i sefydlu busnes mewn partneriaeth ond aeth yr hwch trwy'r siop o fewn blwyddyn ac ymunodd â'r fyddin. Cafodd ei glwyfo yn Ffrainc ymhen dwy flynedd a bu am gyfnod hir yn cryfhau. Tra oedd yn orweddiog mewn ysbyty ym Mryste daeth ei dad i roi tro amdano yr un pryd â'i ferch-yng-nghyfraith. Doedd y tad ddim yn gwybod bod ei fab wedi priodi! Ar ôl gwella rhoes ei fryd ar fod yn athro a thrwy ddylanwad Lloyd George cafodd le yng Ngholeg Caerllion yn 1921 a'i benodi'n athro Cymraeg mewn ysgol gynradd ym Mhengam cyn symud wedyn i Ysgol Eilradd Pontllanfraith. Nid oes cofnod am ei brofiad yn dysgu'r Gymraeg dros gyfnod o ddeng mlynedd ar hugain ar adeg pan oedd y diddordeb ynddi ar drai yng Ngwent.

Bu farw ei wraig gyntaf, Hannah Clements, yn 1943 gan ei adael i ofalu am eu hunig blentyn, Margaret Eluned. Ailbriododd yn 1946 ag athrawes o'r enw Violet Annie Burnell ond erbyn 1950 roedd wedi'i hysgaru ar dir enciliad ac ymhen y flwyddyn priododd yr awdures adnabyddus, Maxwell Fraser a chyd-fyw'n ddedwydd. Doedd yr un o'i wragedd yn medru'r Gymraeg. Treuliodd ei flynyddoedd olaf yn Slough lle clywai mwy o Gymraeg nag a wnâi yn y Coed-duon. Lluniodd ei gyfaill Dewi Emrys, yr englyn canlynol iddo yntau a Maxwell ar achlysur eu priodas:

> You are wed. Joined are your ways – in one road
> Now radiant with sunrays;
> May love's call lead you always
> To brighter and dearer days.

Yn ôl y rhai a'i hadwaenai'n dda roedd yn hoff o gymryd snisin ac o wisgo dici-bo ac roedd ei gofiannydd, Brinley Richards, o'r farn bod anian yr uchelwr yn gryf ynddo ond heb fanteision cyfoeth gŵr o'r fath fuchedd. Ond buddiol i'r sawl sydd am astudio'r grefft o gynganeddu fyddai bwrw golwg ar ei gywyddau ac yn arbennig ar ei ddefnydd o'r groes o gyswllt.

Cynganeddwr arall a gysylltir â Threfin am ei fod yn frodor o'r ardal, ac am iddo fod yn brifathro ysgol y pentref am un mlynedd ar bymtheg tan 1954, yw Idwal Lloyd. Bu'n brifathro Ysgol Gynradd Blaenffos, ger Crymych, am gyfnod pellach cyn troi i gadw gwesty yn Llundain. Canodd awdl ar y testun 'Atgof' yn clodfori'r Cymry yn y Llu Awyr am warchod rhyddid yn wyneb bygythiad Hitler a bu ond y dim iddi gipio cadair Eisteddfod Genedlaethol Dyffryn Clwyd 1973 er i'r beirniaid ei hadnabod fel 'hen gaseg'. Bu farw yn ei 90au ar ôl derbyn ymgeledd dros gyfnod hir mewn cartre i'r henoed o eiddo lleianod yn Abergwaun.

Yn Nhrefin hefyd y codwyd yr achyddwr nodedig Major Francis Jones, C.V.O., T.D., D.L., M.A., F.S.A., Herodr Arbennig Cymru, a gyfrannodd yn helaeth trwy dyrchu gwybodaeth am achau teuluoedd breiniol y sir, a hynny yn nhraddodiad haneswyr Sir Benfro ers dyddiau George Owen a Richard Fenton o ysgrifennu mewn Saesneg coeth. Er teg dweud iddo gyfrannu erthygl yn Gymraeg ar gyfer cyfrol a olygwyd gan Eirwyn George adeg Eisteddfod Genedlaethol Abergwaun 1986 yng nghyfres *Bro'r Eisteddfod*. Ymhyfrydai yn ei ddyletswyddau herodrol a'r gwisgoedd seremonïol y byddai'n ofynnol iddo eu gwisgo pan gymerai ran mewn digwyddiadau yn Nhŷ'r Arglwyddi ac, wrth gwrs, yn yr Arwisgiad yng Nghastell Caernarfon yn 1969.

Gŵr o Drefin oedd Ebeneser Richards, tad Henry Richard, yr Apostol Heddwch, y gwelir cofgolofn iddo ar sgwâr Tregaron. Heddiw, un o drigolion enwoca'r pentref yw Cerys Mathews a ddaeth i amlygrwydd fel lleisydd y grŵp roc Catatonia, cyn cyhoeddi cryno-ddisgiau ar ei liwt ei hun. Mae cartref ei theulu o fewn tafliad carreg i'r hen felin wrth ymyl cylch o gerrig sy'n rhoi'r argraff eu bod yn ffurfio cylch yr orsedd. Mae'n rhaid bod ei dehongliad o'r emyn cyfarwydd, 'Arglwydd dyma fi', sef cyfieithad Ieuan Gwyllt o gyfansoddiad Lewis Hartsough, sy'n ildiad llwyr o gyfamod i Grist, ar ei chryno-ddisg, *Cockahoop,* yn gyfaddefiad o droi ei chefn ar y bywyd hedonistaidd a nodweddai ei chyfnod gyda'r grŵp.

Pe mentrech i ben ucha'r pentref a chyrraedd yr Hostel Ieuenctid ar y chwith byddech yn sefyll ar y fangre lle gwelwyd diwygiad ysbrydol yn 1859; yn ôl y sôn bedyddiwyd dros 200 o 'bechaduriaid', a'r mwyafrif o'r rheiny o dan ugain oed. Dyblodd rhif aelodau'r capel Methodistaidd mewn byr amser. Rhoes nifer addewid i beidio â chyffwrdd â'r ddiod fain. Cynhaliwyd cyrddau yno'n ddyddiol a mawr fu'r gweddïo a'r canu am adnewyddiad ysbrydol mewn cyfnod pan ystyrid gogledd Sir Benfro yn brif gadarnle'r Methodistiaid Calfinaidd yng Nghymru.

Canu'r un mor orfoleddus a'm harweiniodd innau i Drefin un tro ar drywydd stori anghyffredin a gafodd sylw eang. Roedd yna geiliog bantam, yn unol ag arfer pob ceiliog gwerth ei halen, wedi magu'r arferiad o ganu nerth esgyrn ei ben ar doriad gwawr bob dydd. Digwyddai hynny'n go gynnar ym misoedd yr haf, a doedd ei seiniau ddim at ddant pawb yn y pentref. Roedd rhai mewnfudwyr, nad oedden nhw'n orgyfarwydd â ffyrdd o fyw cefn gwlad, o'u co, ac am roi tro yng ngwddf meinabs. Cysylltwyd â'r awdurdod lleol i gwyno am y cocldwdldŵ a'u hamddifadai o'u cwsg ar awr annaearol. Bu rhaid anfon swyddogion i recordio'r clochdar a phenderfynu a oedd perfformans boreol y ceiliog yn gyfystyr â niwsans swnllyd neu beidio.

Ond ni welai ei berchennog, John George, ddim o'i le ar yr hyn a wnâi'r ceiliog yn unol â'i reddf ac nid oedd yn barod i ildio i ddymuniadau'r sawl na werthfawrogai un o bleserau cefn gwlad. Ond fel cyfaddawd cytunodd i letya'i geiliog dros dro gyda'i gyfaill, Iori Harries, ar fferm Portheiddy, uwchben Abereiddi, ac yno ar y clos, neu'r hiôl chwedl y trigolion lleol, y bûm innau'n cwrso'r ceiliog i geisio ei berswadio i ymestyn ei fr est ar gyfer y meicroffon radio. Rhywsut nid oedd fel petai'n gwerthfawrogi difrifoldeb yr achlysur a'r enwogrwydd a oedd yn ei aros.

Rhuthrai i'r ydlan ac yna i'r glowty bob tro y deuwn yn lled agos ato, a phan ddechreuai ganu roeddwn yn rhy bell oddi wrtho i recordio sain a fyddai'n cyfleu arddeliad croesawu toriad gwawr o'r newydd. A pha ots ei bod yn ganol prynhawn, oni fedrai roi ychydig nodau a ffugio ei bod yn fore er mwyn bodloni dymuniadau cynhyrchwyr radio? Cael a chael oedd hi yn y diwedd i olygu'r ychydig glochdar a lwyddwyd i'w recordio o bryd i'w gilydd tra dilynwn y gwalch trwy'r dom a'r stecs. Do, fe glywyd clochdar ceiliog bantam Tre-fin ar donfeddi Radio 1, yn ogystal â Radio Cymru, o fewn ychydig oriau.

Ar un adeg roedd yna bennill yn cofáu'r digwyddiad i'w weld ar wal tŷ bach Tafarn y Llong ynghanol y pentref ynghyd â chwpledi, englynion a darnau o ryddiaith, oll yn chwaethus, yn gorchuddio'r muriau. Doedd yna'r un tŷ bach mwy gwaraidd na llenyddol yng Nghymru gyfan. Dyrchafwyd ansawdd graffiti i gynnwys ceinion ein llên a denwyd llên-garwyr o bell i dreulio orig yn yr oriel dra arbennig, diolch i ymdrechion yr hyrwyddwr iaith amser llawn, Dewi Rhys Jones, o Abergwaun. Ond, och a gwae, fandaleiddiwyd y fangre gan frws paent a does yna'r un wefr mwyach wrth gyflawni un o weithredoedd hanfodol y natur ddynol yn Nhafarn y Llong, Trefin. Darostyngwyd y dafarn i lefel cyffredinedd a phylodd gweledigaeth a roes blas o Sir Benfro go iawn i bwy bynnag a alwai am bryd o fwyd a chlonc.

Mae'r daith o Dre-fin i Borthgain, boed yr haul ar ein gwar neu ar ein talcen, gyda'r hyfrytaf wrth droedio o bant i bant heb fod yn rhy agos at y clogwyni y tro hwn. Bydd sioncrwydd ychwanegol yn eich cerddediad o wybod y bydd pryd o fwyd sylweddol a diod i dorri syched yn ein disgwyl yn Nhafarn y Sloop. Ond peidiwch â synnu os na fydd gan Morgan Miles a'i staff diwyd fawr o amser i sgwrsio gan gymaint y galw am enllyn o du'r cerddwyr a'r ymwelwyr sy'n heidio i'r fan. Os am flasu pysgodyn ffres o'r môr ewch draw i fwyty Rob Jones, Y Shed, lle gwna'r pysgotwr ffraeth eich goleuo mai ond ychydig oriau ynghynt y cafodd y cyfryw bysgodyn ei ddal yn un o'i rwydi neu yn ei gewyll. Tebyg nad y lleiaf o'r rhesymau pam yr enillodd ei fwyty gymaint o fri a gwobrau yw rhwyddineb trosglwyddo'r lleden neu'r crancyn o'r heli i'r plât.

Wrth dreulio eich bwyd galwch heibio Oriel Harbour Lights i weld gweithiau celf aneirif sy'n ymwneud â'r ardal. Mae'r oriel ar agor gydol y flwyddyn ac mae hynny ynddo'i hun yn brawf o atyniad Porthgain ymhlith ymwelwyr fel lle i fwyta a hamddena gwaeth beth yw ansawdd yr hin. Am bris go lew medrwch fod yn berchen ar un o luniau anferth Gillian McDonald sy wedi sefydlu stiwdio yn Abercastell gerllaw. Os gwelwch Caradog, y ci Mynydd Pyrenia gwyn, yn gorwedd tu fas i'r tai teras gerllaw a godwyd yn wreiddiol i letya chwarelwyr, fe wyddoch nad yw Alun Davies ymhell ac, o bosib, wrth ei waith yn arlunio yn yr oriel a'r stiwdio sy'n gartref iddo hefyd. Mae Caradog, fel ei ragflaenwyr, Llywelyn a Samson, yn un o dirnodau Porthgain.

Wrth gamu i'r Oriel, dros ben traed Caradog, sylwir ar amrant nad oriel gyffredin mo Oriel Alun Davies. Byddwch yn siŵr o ddiffodd eich ffôn feidir pan welwch y rhybudd wrth y drws ar y llaw aswy y caiff defnyddwyr teclynnau o'r fath eu saethu'n gelain yn y fan a'r lle. Cyn astudio'r darluniau cewch eich denu gan y dyfyniadau amrywiol sy wedi'u gwasgaru yma ac acw ac ambell doriad papur newydd gan gynnwys llun o'i bartner ysgol, Meic Stevens – gyda gwydraid o win yn ei law, wrth gwrs.

'Wêdd Meic a finne yn yr un dosbarth yn Ysgol Uwchradd Tyddewi, a Togo, hefyd, o ran hinny. Ma Meic wedi'n dodi ni'r Cymry ar y map. Wêdd amser pan na fydde fe'n ca'l mynd i bobman achos 'i wallt hir ond ma'r dalent sy 'dag e wedi cario'r dydd. Jiawch, ges i garden Nadolig 'da fe llyne – am y tro cynta ers ugen mlyne shwr o fod. Be sy arno fe? Ma fe shwr o fod yn mynd yn hen 'fyd, gwlei! Wi'n cofio pan wên i mas sha Bordeaux yn pigo grawnwin rhyw flwyddyn, a wedi bod draw yn y pentre rhyw nosweth ac yn barod i fynd getre, fe glywes i ganu yn dod o ddrws tafarn ac o wrando wêdd e'n ganu Cwmrâg. Pwy wêdd 'na ond Meic a bois Tyddewi, Alan Jenkins, Lyn Perkins a René Gruffudd. Yn wir, da'th Cymry o bob man – wên nhw'n gw'itho ar y cynhaeaf grawnwin ar y ffermydd erill. Wel, na nosweth, achos, fel ŷch chi'n gwbod, pan fydd Meic yn penderfynu ca'l owtin sdim bennu i fod. O un pert yw e Meical,' meddai Alun, wrth gofio'r dyddie a fu.

Gall Alun ei hun honni ei fod yn llinach difyrrwr o fri, sef y baledwr, Ben Bach Lochtwrffin, y cofia amdano'n dda'n cael ei fwydo ar aelwyd ei rieni ym mhentre Mesur-y-dorth ar ddydd Sul. Bu'r casglwyr caneuon gwerin megis Peter Kennedy ac Emrys Cleaver yn recordio rhan o repertoire Ben Phillips, ac un o'i ganeuon nodedig oedd 'Hen Ladi Fawr Benfelen', sy'n enghraifft brin o gân werin Gymraeg yn llawn o ddelweddau erotig. Tebyg y gallasai Ben Bach fod yr un mor adnabyddus â Bob Tai'r Felin petai'n byw yn nes at stiwdio recordio rhaglenni radio ei gyfnod.

'Un bach wêdd e 'fyd. Galla i weld e nawr yn pedlo ar 'i feic â'i drwêd prin yn cwrdd â'r pedals. Wêdd e'n eitha drygionus yn 'i ffordd ond yn dipyn o gerddor ar yr un pryd a hinny yn y capel yn

Ben Bach, Lochtwrffin

Groesgoch hefyd. Pan fydde fe'n dechre canu fydde dim paid arno fe. Os dechreue fe ar 'Y Mochyn Du' nawr fydde hi'n ddim iddo fe ganu 'bwty hanner cant o benillion, a hinny heb dynnu fowr o ana'l!' meddai Alun gan chwerthin.

Athro yw Alun yn ôl ei hyfforddiant ond rhoes y gorau iddi ar ôl rhyw ddeng mlynedd i ganolbwyntio ar baentio ar ddiwedd y 1970au a chanfod bod tirluniau John Knapp-Fisher yn dipyn o ddylanwad arno. Treuliodd gyfnodau'n teithio ar draws Ewrop a Gogledd Affrica ac ardal Andalusia, yn Sbaen, yn arbennig, gan sylwi ar y tirweddau amrywiol. Yn yr un modd treuliodd gyfnodau'n gweithio gydag adeiladwyr lleol ac yn 'seti tato newy' ar y ffermydd cyfagos yn ogystal â thorri beddau am bymtheng mlynedd nes y teimlai'n ddigon hyderus i fentro gwneud bywoliaeth drwy baentio. Ers hynny ymsefydlodd degau o arlunwyr ar hyd yr arfordir a phrin fod yna bentref bellach lle nad oes yna oriel. Ond mae Alun yn ots i'r rhelyw am fod ei enaid hefyd yn rhan o'r tirwedd y bydd yn ei osod ar gynfas.

'Paentio mewn dyfrlliw fydda i fwya a phen ac inc a *gouache* wedyn o bryd i'w gilydd. Y tirwedd rhwng Tyddewi a Phen-caer sy'n fy ysbrydoli ac yn arbennig, ar hyn o bryd, y bythynnod bychan. Ma nhw'n cynrychioli cymeriad Cymreig yr ardal dwi'n meddwl: sylwch ar y toeon wedi'u growtio a'r modd ma nhw fel bysen nhw wedi'u clymu'n sownd yn y tir. Ma'r môr wedyn, wrth gwrs: synna i'n gallu osgoi hwnnw achos ma fe'n rhan o gymeriad yr ardal,' meddai, wrth ailgydio yn ei frws a thaflu cewc trwy'r ffenestr rhag ofn bod Caradog yn dechrau ystwyrian ac am fynd am wâc.

Mae ehangder y llecyn glas ynghanol y pentref a'r parcio didrafferth yn denu pobol gan wybod y medran nhw hamddena, boed yn syllu ar y môr, yn eistedd ar un o'r ffwrwmau, yn bwrw golwg ar y gweithiau celf, yn bwyta a gwrando ar y sgyrsiau neu'n mentro am dro byr ar hyd Llwybr yr Arfordir. Mae ymweliad â Phorthgain yn gyfystyr â chyflwyniad i ogoniant arfordirol Sir Benfro a byddwch am ddychwelyd. Hwyrach y bydd y Cymro am ddychwelyd ar nos Sadwrn yn y gobaith y bydd criw Bois y Wlad wedi taro heibio'r Sloop i godi tonc ac ymarfer ar gyfer cyhoeddiad neu gyngerdd ar y gorwel. Y tebygolrwydd wedyn yw y bydd Ruth Barker a Robert Rees yno, y naill i ganu clodydd Porthgain fel y gwnaeth ar un o Senglau Sain 'nôl yn yr 1980au, a'r llall i ganu'r hen ffefrynnau a recordiwyd ganddo'n ddiweddar ar gryno-ddisgiau. Gall noson o'r fath fod cystal â honno a flaswyd gan Alun Davies yn St Émilion slawer dydd.

Priodol mynd am dro, yn arbennig yn hwyr yn y gwanwyn, i mewn i'r tir mawr cyn belled â Llanrhian petai ond i sylwi ar yr arwydd uniaith Gymraeg wrth fynedfa cartref Robert Rees, y drws nesaf i'w garej, sy'n dynodi 'Tato newy ar werth'. Bydd yn werth chweil bwrw golwg ar rai o'r hen beiriannau sy gan Rob, megis peiriant dyrnu, injan stêm a thractorau, ac ydyn, maen nhw'n tanio bob un. Ewch filltir ymhellach i'r dwyrain wedyn, i bentref Croesgoch, ac yn eich wynebu ar y groesffordd bydd oriel binc yr arlunydd nodedig, John Knapp-Fisher o Lundain, sy'n teilyngu cyfran o'ch amser. Onid yw ei baentiad o'r bythynnod gwynion gyda'r cefndir tywyll, bygythiol, stormus yna, neu o leiaf ei lun o'r gynulleidfa ddu tu fas i'r capel yn gymaint o eiconau Cymreig â 'Salem' Curnow Vosper erbyn hyn? Mae yna eglwys yn Llanrhian hefyd sy'n cynnwys bedyddfaen ac arni arfbais Syr Rhys ap Thomas, y siefron wedi'i hamgylchynu gan dair cigfran, ac, yn ôl y sôn, cyrchwyd y garreg gan y Tywysog ei hun o Jerwsalem.

Ar y ffordd 'nôl i Borthgain gwelir olion adeiladau a adwaenid yn ôl yr enw Tai Sgots lle ganwyd y Dr B. G. Charles, un o ysgolheigion pennaf y Llyfrgell Genedlaethol, a gyhoeddodd ddwy gyfrol drwchus yn olrhain ystyron enwau anheddau yn Sir Benfro. Saesneg yw cyfrwng yr esbonio, ysywaeth, am ei fod yntau hefyd fel nifer o Gymry Cymraeg Sir Benfro ei genhedlaeth yn ei chael yn anodd cyhoeddi yn Gymraeg. Mae'n chwithig darllen esboniadau am gynifer o enwau Cymraeg trwy gyfrwng y Saesneg. Uwchben yr adfeilion mae fferm Ynys y Barri, a arferai fod ym meddiant y tirfeddianwyr cefnog, Le Hunte o Wexford, ac y dywedir i'r Parch. William Reynolds, gweinidog y Bedyddwyr yn Felinganol, dalu £8,000 amdani yn 1895.

Wrth ganu'n iach i Alun a Caradog, cyn ailgydio yn y Llwybr, cyfeddyf yr arlunydd fod y nifer o dai sy'n cael eu troi'n dai haf a gwyliau yn cynyddu yn ei gynefin. Prin nad oes yr un fferm nad yw wedi addasu'r tai mas yn fythynnod gwyliau bellach. O leiaf dengys enwau megis Glowty'r Felin a Bwthyn y Melinydd ar fythynnod hardd yr olwg yn Llanrhian fod gan eu perchennog falchder yn nhreftadaeth yr ardal, ac mae'r arwydd ar ben feidir Llety Caerhafod yn ddwyieithog fras. Cyffesa Alun fod y mater wedi'i gynddeiriogi ar un adeg a rhaid cofio mai dyma'r ardal lle llosgwyd un o'r tai haf cyntaf ar 12 Rhagfyr 1979, yr un pryd â llosgi tŷ haf ym Mhen Llŷn, i ddynodi cychwyn ymgyrch Meibion Glyndŵr. Cofia Alun yr achlysur yn dda am i'r heddlu ei holi'n dwll ynghylch y digwyddiad, a hynny ar y sail nad oedd yn un i gadw'n dawel ynghylch ei ddaliadau gwladgarol, ac am iddo fod yn gweithio yn y tŷ a losgwyd yn lleol, Parcywest, yn Llanrhian, yn ystod yr haf y flwyddyn honno.

Ni chafodd neb ei gyhuddo o'r drosedd hyd y dydd heddiw a bellach mae Alun yn derbyn yr anorfod ac yn canmol y mewnfudwyr hynny sy'n barod i gyfrannu tuag at gynnal agweddau o'r gymdeithas leol. Mae hynny'n gyfeiriad at yr actor teledu Jerome Flynn, sy wedi ymgartrefu yn hen blasty Trevacoon gerllaw, ac sy wedi bod yn gaffaeliad i dîm criced Llanrhian ar sawl achlysur er mawr foddhad i Alun, ac yntau'n un o hoelion wyth y clwb ac wedi chwarae i ail dîm Morgannwg yn ei ddydd. Ond eto gwna un sylw sobreiddiol wrth ffarwelio sef nad yw'n argoeli'n dda am ddyfodol tymor hir y Gymraeg yn yr ardal. 'Synna i'n clwêd y plant yn whare'n Gwmrâg rhagor 'chan.'

Medrwch gyfrif trigain a chwech o risiau wrth adael Porthgain i gyfeiriad Abereiddi a hynny heibio i adfeilion y gwaith brics a'r gwaith mathru cerrig a roes gyflogau da i gannoedd ar un adeg, gan gynnwys Gwyddelod lu, ambell Albanwr, a Chymry o'r ardaloedd chwarelyddol yn y gogledd, yn gymysg â'r brodorion. Mae'n rhaid ei bod yn ferw gwyllt gan amlaf ar brynhawn Sadwrn tâl, a phan gyhoeddwyd y byddai'r Llungwyn yn 1877 yn ddiwrnod o ŵyl i'r 300 o weithwyr, aeth y dathliadau dros ben llestri pan anafwyd un gŵr yn ddifrifol yn ei ben mewn ymladdfa feddwol yng Nghroesgoch. Ond roedd yna adegau pan oedd tâl yn brin am i nifer o berchnogion cynnar y chwarel fynd i drafferthion ariannol. Gweithid y chwarel lechi leol ar y cyd â dwy arall, y naill yn Abereiddi a'r llall yn Nhrwyn-llwyd, ond doedd ansawdd y llechi ddim cystal â llechi Arfon, ac er yr hwylustod o fedru eu llwytho ar longau yn syth bìn, roedd y dulliau cynhyrchu braidd yn ffwndrus a chostus, ac er i dwnnel gael ei gloddio trwy'r graig o'r porthladd i'r chwarel, roedd yn anodd cystadlu yn y farchnad.

Gellir cyrraedd yr hyn sy'n weddill o'r chwarel lechi o fewn ychydig funudau o gerdded ar ôl brasgamu heibio'r copa, ac ymhen cetyn byr arall cyrhaeddir chwarel Penclegyr, lle cloddiwyd y gwenithfaen a gludid ar dramiau 'nôl i Borthgain i'w falu'n gerrig o amrywiol feintiau. Am fod yna gymaint o wastraff wrth gynhyrchu'r llechi aed ati i gynhyrchu briciau yn 1890, ac o'r cyfnod hwnnw tan y Rhyfel Byd Cyntaf, ar ôl gwella'r harbwr, y gwelwyd cyfnod diwydiannol mwyaf ffyniannus yr ardal. Hwyliai llongau o Borthgain i borthladdoedd megis Lerpwl, Folkestone ac Inverness yn rheolaidd, yn ogystal â phorthladdoedd ar hyd arfordir y de, yn cludo tunelli lawer o'r cerrig i'w defnyddio i osod seiliau ar ffyrdd ledled y wlad. Cofier bod yna bymtheg o finiau storio anferth wrth y cei a fedrai ddal 60,000 o dunelli o wenithfaen wedi'i falu a'i wagru. Ceid drysau yn yr ochr er mwyn arllwys eu cynnwys yn uniongyrchol i'r llongau. Cymaint oedd y llewyrch nes penderfynwyd codi Sefydliad y Gweithwyr yn y pentref i ddiwallu eu hanghenion oriau hamdden. Ond er bod llechi, briciau, gwenithfaen a choncrid oll yn cael eu cynhyrchu'n lleol fe godwyd yr adeilad o haearn gwrymiog.

Yn 1910 aed â 330 o lwythi o wenithfaen, pum llwyth o friciau a thri llwyth o slabiau concrid o'r harbwr a hynny i ddeugain o wahanol gyrchfannau gan danlinellu pa mor allweddol oedd y garreg galed i ffyniant y pentref. Peidiodd y galw am friciau a slabiau concrid y flwyddyn ddilynol yn union fel roedd y galw am lechi wedi peidio i bob pwrpas ers troad y ganrif. Cyflogid tua 80 o ddynion i gloddio a thrin y gwenithfaen gan gynhyrchu tua mil tunnell o gerrig o amrywiol faint ohono'n gyson bob wythnos yn y cyfnod hwn ond dirywiodd y diwydiant yn ystod y Rhyfel Byd Cyntaf, am fod llongau'n brin, a'r rhai a oedd ar gael yn gorfod wynebu'r perygl o gael eu taro gan ergydion llongau tanddwr. Cloffi fu hanes y diwydiant ar ôl y rhyfel a daeth y cloddio i ben yn 1931 a gwag fu pob siarad ar ôl hynny am ailagor y chwareli gan res o berchnogion a ystyriai fuddsoddi yn yr ardal.

Am fod y mwyafrif o fythynnod y pentref wedi'u codi gan y perchnogion cynnar yn gartrefi i'r gweithwyr roedden nhw'n dal yn eiddo i berchnogion y chwareli a bu rhaid i'r preswylwyr aros tan y 1980au cyn cael cyfle i'w prynu. Does yna neb ar ôl bellach sy'n cofio'r prysurdeb yn ei anterth ond mae'r trigolion lleol yn dal i gyfeirio at y ddwy chwarel, yn ôl eu henwau ar lafar, sef Jerwsalem a Chaersalem. Medrant sôn hefyd am un neu ddwy ddamwain angheuol a ddigwyddodd yn ogystal â'r modd y bu llofruddiaethau yn Lerpwl yn destun siarad yn lleol.

Ym mis Mawrth 1892 cyrhaeddodd y newyddion syfrdanol fod Mary James, a fagwyd yn y pentref, ynghyd â'i phedwar plentyn, wedi'u llofruddio yn y modd mwyaf erchyll gan ei gŵr, Frederick Denning. Torrwyd eu gyddfau a'u claddu o dan lawr cegin y bwthyn lle roedden nhw'n byw yn Rainhill. Yno hefyd roedd corff gwraig gyntaf Denning. Daeth eu tynged i'r golwg ar ôl i Denning gael ei arestio yn Melbourne am gyflawni llofruddiaeth arall a'i ddedfrydu i farwolaeth am hynny. Daethpwyd i ddeall fod Denning yn dwyllwr, yn ferchetwr ac yn lleidr a deithiai'r byd, weithiau yng nghwmni ei deulu, gan honni ei fod yn berchen ar nifer o fwyngloddiau aur ac yn denu pobl i fuddsoddi mewn busnesau nad oedden nhw'n bodoli.

Wrth anelu am Abereiddi fe ddown at lecyn godidog Traeth Llyfn gyda'i dywod melyn a grisiau'n disgyn iddo. Dyma fangre i ddychwelyd iddo am brynhawn gan y byddwch yn siŵr o deimlo, am na fydd fawr neb arall yno os bydd unrhyw un o gwbl, eich bod wedi canfod nefoedd o draeth yn rhydd o sŵn faniau hufen iâ a chyfarth cŵn. Golygfa arall a all achosi perlewyg wrth gyrraedd Abereiddi fydd y morlyn glas y byddwch yn edrych i lawr iddo gan ryfeddu at liw gwyrddlas y dŵr a achosir gan gemegolion yn diferu o'r llechi oddi amgylch. Arferai fod yn chwarel ond trwy ddefnyddio ffrwydron, lluniwyd mynedfa i'r môr, a mangre i gychod pysgota angori. Bellach mae'n boblogaidd gan ddeifwyr, ond peidiwch â sefyll yn rhy agos at yr ymyl os nad ydych yn gyfarwydd â neidio can troedfedd i ddŵr dwfn. Lluniodd y llenor o Hwlffordd, Robert Nisbet, stori fer am garwriaeth sy'n seiliedig ar ymweliad â'r morlyn glas. Byddaf yn ei darllen y tro nesaf mewn goleuni newydd.

Cawn ddisgyn i Abereiddi ei hun ar hyd dau ddwsin o risiau serth cyn cyrraedd darn gwastad o lwybr sy'n addas ar gyfer cadeiriau olwyn ac, ar ryw olwg, rhy'r bae caregog a'r adfeilion yr argraff nad yw'r llecyn wedi'i ddarganfod. Ond gwelir fan hufen iâ yn y pen draw, sy wedi cyrraedd ar archiad Derek, ein tywysydd trefnus, er mwyn i bawb gael mwynhau moethyn ar derfyn diwrnod arall o gerdded. Braf gweld bod ein cerbydau yno, a rhaid i bawb, yn unol â'r ddefod bellach, fwrw ati i ddiosg yr esgidiau a'r sanau trwchus a'u cyfnewid am droedwisg ysgafnach. Bydd ambell un, a minnau yn eu plith, yn rhoi ochenaid o ryddhad wrth sylweddoli bod rhyw bymtheg milltir arall wedi'u cwblhau.

Perthyn rhyw deimlad iasol i Abereiddi hefyd wrth i mi sylweddoli bod rhai o'r bythynnod adfeiliedig wedi bod yn wag ers i storm enbyd daro'r pentref yn 1937 a bod y pla gwyn wedi taro'r preswylwyr tua'r un adeg. Ond mae yna Gymraeg i'w glywed yma wrth i drigolion lleol gyrraedd yn eu cerbydau i fynd am dro ar derfyn dydd i anadlu gwynt yr heli. Dengys enwau'r tai ar hyd y ffordd o'r traeth, megis Uwch-y-garreg, Machlud Haul, Cwm-y-felin, a hyd yn oed Llanvirn, fod yma bobol sy'n dal yn falch o'u treftadaeth. Thâl hi ddim i fynd heibio Fferm Caerhys heb dorri gair gyda Gerald ac Ann Miles. 'Ma ni byth yn fishi', yw ymateb Gerald wrth ei gyfarch, yr hyn o'i aralleirio sy'n golygu, 'dwi'n parhau'n brysur'. Defnyddir y person cyntaf lluosog yn aml i gyfleu'r person cyntaf unigol yn ardal Tyddewi a thueddir wedyn i roi pwyslais ar y llafariad gyntaf mewn geiriau fel 'cŵed' (coed) a 'dŵe' (ddoe) yn hytrach nag ar yr ail lafariad fel y gwneir yn yr ardaloedd eraill yng ngogledd y sir.

Tybed ai yn yr ardal hon y clywir tafodiaith Sir Benfro ar ei mireiniaf a'i thlysaf pan ddeuir ar draws rhai o'r brodorion a hwythau wedi ymgolli mewn sgwrs? Defnyddir y gair 'byth' yn yr ystyr 'o hyd' yn hytrach na 'ddim o gwbwl' yn y rhan hon o Gymru. Heddiw, cadw busnes gwely a brecwast, cynnig stablau i bobl gartrefu'u ceffylau a chadw ychydig o wartheg Duon Cymreig yn gymysg â defaid tac a moch er mwyn gwerthu bacwn organig, a 'twddu' barlis organig, yw swm a sylwedd y busnes yng Nghaerhys. Er mwyn tynnu sgwrs mentrais awgrymu fod patrwm ffarmwriaeth wedi newid yn enbyd ers dyddiau ei blentyndod.

'O, machgen bach i, wedi newid yn imbed. Godro wêdd yn iwso bod yn asgwrn cewn y ffarm. Godro bwtu drigen o dda a wedyn seti tato ar bwti trigen a phump o erwe. Wên i'n drychyd nawr ar hen gownts y dwarnod o'r blân, 'nôl sha 1976, a ŷch chi'n gwbod beth wêdd prish lla'th pwrny? Weda i wrthoch chi – 16 ceinog y litr. Yr un brish ag yw e heddi ond ma prish popeth arall wedi mynd lan ar gownt cadw'r fuwch. Cofiwch wêdd dim dal ar y cynhaea tato. Un flyne dda ymhob saith wêdd hi fynycha ond wêdd galw am y tato pwr'ny. Odi, ma'r godro a'r twddu tato wedi bennu ma arna i ofan,' meddai Gerald.

'Gan eich bod chi'n lletya ceffyle 'ma nawr a sawl un i'w weld ar y perci odych chi felly'n cofio ceffyle gwedd ar y ffarm?'

'Ma 'da fi gof o Blac, a finne'n mynd ar 'i chewn neu ar 'i gwddwg pan wên i 'bwtu ddeg neu un ar ddeg wêd. Bydde hi'n tynnu car llusg er mwyn mynd â'r sache tato i ga'l 'u pwyso. Dim ond gweiddi 'mlân' a 'wow' wêdd ishe a wêdd hi'n symud neu'n stopo 'nôl y gofyn. Pan fydde hi'n gorfe wedyn yn Parc y Rofft fan'na fydden ni'n cripan lan ati a mynd ar 'i chewn a hithe'n codi, galapo tamed falle, a 'ngillwn i wedyn yn y bwlch. Amser hapus iawn.'

'Ond ma rhaid bod gosod a chodi tato yn waith blinderus i'r cefen yn y dyddie hynny?'

'Weda i wrthoch chi, wêdd y cewne in diodde a chewne menwod Maenclochog wêdd yn 'i cha'l hi waetha. Nhw fydde'n dod lawr 'ma bob gafel. Lot o sbort ch'wel ing ynghanol y gwaith caled. Wêdd un bachan 'da ni in giamster am dowlu taten o bellter. Falle fyddech chi'n clwmu gene sach nawr a sydyn reit fe ddele taten o rywle a tharo'ch dwylo chi. Wedyn bydde ni'n trefnu tamed bach o gystadleueth rhwng y cryts ifenc falle. Bydden nhw'n ca'l dreifo'r tractor am ddwarnod yn 'u tro i ga'l gweld pwy fydde'n gallu codi'r nifer mwya o sacheidi ar y palets yn barod i'w codi i'r lorri. Wi'n meddwl mai 26 tunnell wêdd y mwya mewn dwarnod a Rowland Phillips, y whariwr rygbi wedyn, pan wêdd e 'bwtu pwmtheg wêd, dda'th i ben â gwmint â hinny.

Chi'n gweld wêdd galw am daten Shir Bemro pry'ny. Wêdd hinny cyn i'r plastig ga'l 'i iwso bobman i dwddu tato a'u twddu nhw mas o sesn bron. Ma tato newy i ga'l trw'r flwyddyn nawr yn dod miwn o'r gwledydd pell a sdim lle i daten ginnar Shir Bemro oni bai bo chi wedi neud dêl 'da'r archfarchnadoedd. Wêdd hi'n amser gofidus yn y boreie pan wêch chi'n dishgwl y prynwyr i ffono i benderfynu ar brish y dwarnod. Os wên nhw'n ffono'n ginnar wêdd popeth yn iawn achos wêch chi'n gallyd pennu prish y dunnell wedyn. Ond os wên nhw'n ffono'n hwyr wêch chi'n gwbod wêdd ddim lot o alw a nhw wê'n pennu'r prish. Dim ond deg tunnell fyse 'i angen falle a menwod Maenclochog in dod lawr i neud hanner dwarnod o waith wedyn. Fel 'ny wêdd hi…'

'Ond pam troi at ffermio organig wedyn ac at y diwydiant ymwelwyr?'

'Wel, 'na'r ffordd mlân. Ma ffarmo organig yn iachach o ran pawb a phopeth. Wi'n credu'n gryf yndo er cofiwch gymrodd hi shŵr o fod ddwy flynedd i fi altro'n ffordd o feddwl cyn dod miwn iddi. Sdim lles miwn iwso'r holl gemege i dwddu cnyde achos ŷch chi'n strywan trefen natur. Ma nhw'n gweud bod 80 y cant o wenyn wedi marw nawr yn perllannau Pensylvania achos rhyw gemegyn neu gily a ma rhaid ca'l y wenynen i beillio'r blode a ma'r cemegyn hwnnw wedi'i wahardd yn Ffrainc. Wi'n cofio bwydo sgube llafur i fustechi slawer dydd am bod hinny'n neud yn shŵr na fydde nhw'n diodde o'r whech. Ma ateb 'da natur i bopeth ch'wel.'

Er nad yw Gerald yn debyg o hwtran ei hun, fe fu ar flaen y gad yn lleol ac yn genedlaethol, yn gwrthwynebu tyfu cnydau o hadau oedd wedi'u haddasu'n enynnol. Ar un adeg roedd yn fwriad gan gyn-aelod Torïaidd o Senedd Ewrop, Tony Marlowe, i dyfu cnydau *genetically modified*, fel y'u gelwid, ar dir o'i eiddo yng Nghastell Cenlas, yn ardal Mathri gerllaw, ac roedd Gerald gyda'r blaenaf yn ceisio ei ddarbwyllo i beidio.

'Wel, do, buodd sawl un ohonon ni draw 'da fe'n trafod y mater sawl gwaith. Wên ni bob amser yn gosod ein dadleuon ar wybodaeth wyddonol ac in credu y galle twddu hade india corn o'r fath heintio cnyde naturiol yn y perci ar bwys. Synna i'n credu bod twddu planhigion sy â genynne gwrthfiotig ynddyn nhw'n beth naturiol, a wir, fe enillon ni'r dydd in diwedd. A gweud y gwir wên i 'bwty ddanto'r amser hinny ond nawr synna i'n gweld pethe mor ddu. Wi wedi cwrdd â lot o bobol sy'n rhoi gobeth i fi y bydd yna well byd yn y pen draw. Wi'n cofio bod yng Ngŵyl Glastonbury a rhoces ifanc fan 'ny'n gweud ma'r hyn wêdd hi ishe neud â'i bowyd wêdd achub y blaned.'

Tebyg y bydd rhaid i chi atgoffa Gerald Miles iddo gymryd rhan flaenllaw yn y criwsâd yn erbyn cnydau wedi'u haddasu'n enynnol trwy yrru tractor am wyth niwrnod ar hyd 380 o filltiroedd, o Gaerhys i Lundain, i dynnu sylw at yr hyn a welai fel peryglon tyfu cnydau o'r fath. Bydd yr un mor barod i draethu ei feddyliau am y dull organig wrth bwy bynnag a ddaw heibio i gyfrwyo ei geffyl neu i aros ar wyliau.

'A gweud y gwir ar ôl cymryd ymwelwyr synno'r lle 'ma fel byse fe'n perthyn i ni rhagor. Ŷn ni'n gorfod 'i rannu fe ond ŷn ni'n eitha mwynhau hinny cofiwch. Ma ni'n gallyd gweud stori wrthyn nhw am hanes ffarmo lle bo nhw'n byw mewn amgylchedd archfarchnad trw'r amser. Y môr, yr olygfa, a Llwybr yr Arfordir, yw ased penna'r ffarmwr ffor' hyn heddi. Synno un o'r pedwar crwt yn gweitho getre ar hyn o bryd, cofiwch, ond pwy a ŵyr, rhyw ddwarnod falle bydd un ohonyn nhw'n cydio in y busnes,' meddai.

Wrth ffarwelio â'r gŵr mwyn nid yw'n rhyfeddod deall fod ganddo enwau anwes i'w faeddod organig Oxford Sandy Black ac y gall draethu am eu nodweddion fel petaen nhw'n fodau dynol. Henri oedd enw'r cyntaf yr arferwn holi ei hynt bob tro yr awn heibio ond bellach cafodd ei werthu am bunt i fferm arddangos anifeiliaid fferm gyfagos. Alfred yw'r baedd sy'n ennill ei le yng Nghaerhys erbyn hyn ac yn un go wahanol i'w ragflaenydd o ran ei gymeriad mae'n debyg. Ni fedrwn beidio â chyfeirio at dalcen Capel Berea'r Annibynwyr led parc i ffwrdd a holi Gerald a oedd e'n addoli yno ond bu'n pwslo'n hir cyn cynnig ateb ac, yna, cyfaddef yn bwyllog fod Anne yn ei gynrychioli yno yn yr oedfaon yn selog iawn. Cewch flasu ychydig o'r hud ychwanegol hwnnw sy'n perthyn i Lwybr yr Arfordir os rhowch waedd ar Gerald ac Ann yng Nghaerhys a hynny p'un a fyddan nhw 'byth yn fishi' neu beidio.

HEIBIO PENRHYN DEWI

G WELAIS Y MÔR AR ei fwyaf cynddeiriog ar draeth Abereiddi droeon a thro wrth i'r tonnau chwipio yn erbyn y creigiau draw nes poeri ewyn yn gawodydd breision. Ni fynnai ddofi nes arllwys ei holl aflonyddwch yn gymysg â'r tywod du y gellid yn hawdd ei gamgymryd am barddu sy'n gorchuddio'r lan. Yn wir, mae'r holl greigiau, y llechi a'r cerigos, sy'n dyddio 'nôl dros 460 o filiynau o flynyddoedd, yn gwisgo gwawl ddu. Rhydd hynny yn gymysg â'r unigedd a hen olion prysurdeb y lle, ymdeimlad o ddieithrwch bygythiol. Yn aml gwelir syrffiwr yn ymddangos o unman yn marchogaeth y ceffylau gwynion; un eiliad gallwn ei weld a'r eiliad nesaf diflanna gan wneud i chi holi ai eich llygaid sy'n chwarae mig yn y gwyll parhaol, neu ai ellyll neu gorrach sy yno'n bitw'i olwg yn y tonnau cawraidd? Amcangyfrifir bod dros 30 o gorwyntoedd sy'n gryfach na Grym 8 yn taro'r arfordir bob gaeaf; rhaid arfer dal gafael.

Ond hwn fyddai man cychwyn ein pumed diwrnod o gerdded o roi'n bryd ar dramwyo'r Llwybr cyfan yn ddi-dor a byddem hwyrach wedi gadael ein cerbydau uwchben Caerfai, yr ochr draw i Dyddewi, gan ei wneud yn gyrchfan ar gyfer diwedd y daith. Tebyg y byddai haul braf ac awel ysgafn yn ein croesawu am ddeg o'r gloch y bore ynghanol yr haf, a ninnau'n dyfalu sut y teimlai pererinion y canrifoedd cynnar o wybod eu bod o fewn ychydig oriau o gyrraedd pen eu taith yn Eglwys Gadeiriol Tyddewi. Pryderus a gorfoleddus mae'n siŵr o wybod bod cyflawni'r hyn a fu'n ddyhead oes, efallai, ar fin ei wireddu.

Tebyg y bydden nhw wedi codi'u pac yn nes at doriad gwawr er mwyn osgoi haul crasboeth canol dydd ac wedi trefnu ambell hoe i ddisychedu wrth ymyl y ffynhonnau y gwyddent am eu bodolaeth ar hyd y daith. Tebyg y byddent yn gwisgo sandalau lledr cadarn, clogynnau llaes a chyflau fyddai'n cysgodi eu gwarrau a'u hwynebau rhag yr haul tanbaid a'r oerwynt milain yn ôl y galw. Bydden nhw hefyd, bid siŵr, yn llafarganu salmau ac yn ymgrymu mewn gweddi o bryd i'w gilydd wrth i orfoledd pen y daith eu meddiannu.

Yn sicr, fyddai Phil Lees, un o uwch-barcmyn y Parc Cenedlaethol, ddim yma i'w cyfarch gyda llond pen o'r Gymraeg y bu'n ei dysgu ers pedair blynedd. Mae Phil yn effro i bob agwedd o'i amgylchedd ers symud i'r ardal o Salford, ger Manceinion, a gwêl dysgu'r Gymraeg fel rhan o'r broses o gofleidio holl brydferthwch a gogoniant y penrhyn a'r arfordir. Wrth gyfarch gwell i gerddwyr y bore, tynna ein sylw at y ffaith ei fod yn defnyddio cerbyd sy'n rhedeg ar danwydd bio-disel, a hynny fel rhan o gyfraniad y Parc Cenedlaethol i leihau allyriadau sy'n gwenwyno'r blaned. Mae cyfarfod â gŵr mor hawddgar, sy wedi ymrwymo i gynnal y gorau o waddol y Parc Cenedlaethol, yn rhoi sioncrwydd yn fy ngherddediad a dyhead i berswadio eraill i gyfrannu at barhad gogoniant yr arfordir yn ogystal â'i fwynhau. Nid cymryd a meddiannu a wna pob mewnfudwr a ddaw ar hyd yr M4 ond ymdoddi a chyfrannu hefyd, a does dim a rydd mwy o bleser i Phil na thywys teithiau ar gyfer dysgwyr Cymraeg ar hyd darnau o'r arfordir.

Da o beth cyn cychwyn pob siwrnai yw bwrw golwg ar y map er mwyn cyfarwyddo â'r daith. Ni thâl i bob siwrnai fod yn siwrnai ddirgel. Sylwch ar yr enwau ar hyd yr arfordir a gwnewch restr ohonyn nhw, ac ni fedrwch wadu nad yw'r enwau ar hyd y rhan hon o'r arfordir yn arbennig o gyfoethog: Carreg-gwylan-fach, Penclegyr, Dduallt, Carreg yr Afr, Penrhyn Ffynnon-las, Penllechwen, Trwyn-llwyd, Llechenhinen, Penlledwen a Thrwynhwrddyn, a'r cernydd wedyn: Carn Trellwyd, Carn Ffald, Carnedd Lleithr, Carn Hen, Carn Perfedd ac odid yr enwocaf ohonynt, Carn Llidi, a gellir ychwanegu at y rhestr. Pwy all wadu nad rhan o Gymru a chynefin y Gymraeg yw'r trwyn gorllewinol hwn ond, ysywaeth, diflannu oddi ar wefusau llawer o'r preswylwyr presennol a wna'r rhelyw o'r enwau mwyach.

O fewn byr amser o gerdded, wrth wynebu golygfeydd ysblennydd i gyfeiriad Porth Coch a thu hwnt, deuwn ar draws olion anheddiad Oes yr Haearn yng Nghaerau, sy'n dyddio 'nôl i 300 cc, o dan dir fferm Caerhys, ac arfogwch eich hun ar gyfer synhwyro presenoldeb pobloedd diflanedig eraill cyn diwedd y siwrnai; mae hanes yn fyw ar hyd y penrhyn cyfan a rhyw hen, hen wae yn gogordroi ac ystwyrian byth a beunydd o roi rhwydd hynt i'r synhwyrau. Aber Pwll, mae'n debyg, yw'r unig fan lle gellir disgyn yn ddiogel ar hyd gidel gul i'r môr ar hyd y darn hwn, ond prin ei fod yn fan addas ar gyfer nofio.

Does dim ond dirgelwch yma ac yn ymyl pentir y Ceffyl ac Ynys Gwair gwelir bras olion caer arall, Castell Coch, wedi'i gorchuddio gan dyfiant trwchus. Cyn hir deuwn i olwg rhai o'r cernydd sy'n ymddangos fel cornwydon bychain ar y tirwedd ond am fod y ddaear ar y cyfan yn wastad, perthyn iddynt fawredd annisgwyl tu hwnt i'w huchder. Dim ond 595 troedfedd yw uchder Carn Llidi, yr uchaf, ond maent oll yn nodedig ac yn tynnu sylw. O sylwi ar ambell fwthyn yn eu ceseiliau, yma a thraw, ceir yr argraff eu bod yn dirnodion sy'n teyrnasu.

Yn ôl y daearegwyr mae'n debyg bod y creigiau igneaidd hyn o'r cyfnod Ordofigaidd yn ynysoedd, tebyg i Ynys Dewi draw heddiw, pan oedd lefel y môr tua 200 troedfedd yn uwch. Rhy hynny her i'r dychymyg deithio 'nôl filiynau lawer o flynyddoedd: pa dywydd a pha greaduriaid oedd yn bodoli yn y cyffiniau ar y pryd a beth oedd eu porthiant a beth fu eu tynged? Perthyn i gyfnod cymharol ddiweddar a wna Ffos-y-mynach sy'n amgylchynu rhan o'r cyntaf o gernydd y deuwn ar eu traws, Carn Penberi. Credir bod y ffos yn ffurfio rhan o ffin Arglwyddiaeth Tyddewi ac oddi mewn iddi yn ystod yr Oesoedd Canol trigai'r taeogion, yn byw eu bywydau er lles a hwylustod yr arglwydd yn ôl yr hyn a nodir yn Llyfr Du Tyddewi.

Byddai'r ffos yn ymestyn cyn belled â'r môr i'r de yng nghyffiniau Caerfai. Rhaid fyddai i'r taeogion roi eu llafur yn ddigwestiwn yn ogystal â chyfranau o'u cnydau a thalu tollau am anifeiliaid a brynid ac a werthid, yn ogystal â gwasanaethu mewn rhyfeloedd pan fyddai angen. Dywedid bod gwŷr taeogdref Treteio gerllaw yn gorfod talu un swllt ar ddeg ac wyth geiniog bob Gŵyl Fihangel a deg ffowlyn y flwyddyn yng nghyfnod yr Esgob Iorwerth neu Gervase o 1215 hyd 1229. Tebyg bod enwau'r ffermydd sy wedi goroesi ac yn dechrau gyda 'tre' yn yr ardal yn gyfeiriad at y ffaith eu bod ar un adeg yn aneddiadau taeogion. Esboniad arall ynghylch arwyddocâd Ffos-y-mynach yw na chaniateid i fynachod groesi'r ffin ac y byddai pwy bynnag a fyddai'n chwennych noddfa yn ddiogel o'i mewn.

Dyma ardal sy'n gyforiog o flodau yn ystod misoedd yr haf ac o loetran uwchben Traeth Gesail Fawr ac edrych 'nôl dros y rhostir gwelir carped o liwiau. Peidiwch â phoeni os nad yw eu henwau'n wybyddus eithr edmygwch y lliwiau'n ymdoddi i'w gilydd ac eisteddwch yn eu mysg yn amsugno'r olygfa gyfan i'ch cyfansoddiad. Ceisiwch dafoli'r hyn a deimlodd yr arlunydd Graham Sutherland pan sylwodd ar ansawdd y goleuni yn y parthau hyn a oedd, yn ei farn ef yn lledrithiol a thrawsnewidiol, ac yn ddigon i'w hudo i ymsefydlu yn Sir Benfro yn y 1930au.

Roedd gweld pelydrau'r haul yn taro'r glannau wrth iddi nosi'n rhoi iddo ymdeimlad dwfn o lonyddwch. Roedd pob dim mor glir a thryloyw wrth iddo weld ar amrant y tu hwnt i'r llun ffotograff ar gerdyn post fel petai'n sylweddoli bod y dirwedd ar ymyl rhyw nerth neu rym arallfydol. Llwyddodd i fynegi hynny yn y cyffro sydd i'w deimlo yn ei luniau, ac yn ôl y rhai sy'n ymdeimlo ag ias hen oesau, mae'r goleuni ei hun yn allwedd i ddatgloi llawer o gyfrinachau'r gorffennol sy'n gudd yn y creigiau a'r pridd.

Ffolodd y diwinydd A. M. Allchin yntau ar ansawdd y goleuni Celtaidd, fel y'i galwai, yn y cyffiniau ac os ydych ar drywydd y cyfriniol pa well ffordd o gynnal cymundeb â'r oesoedd na dringo i ben Carn Llidi ar ddiwrnod braf gyda chopi o *Dail Pren* yn eich meddiant er mwyn darllen a myfyrio. Rhagymadroddwch trwy ddarllen yn uchel, waeth pwy sy'n gwrando, y gerdd ddiriaethol, ddisgrifiadol, 'Carn Llidi', cyn taclo'r awdl astrus 'Tyddewi', a cheisio dirnad beth oedd gan Waldo Williams mewn golwg wrth gyfleu holl wylltineb y darn hwn o dir a holl hanes y seintiau cynnar fu'n ei droedio. Cawn hefyd ganddo fynych gyfeiriadau at doriad gwawr, a'r awgrym bod hynny'n gyfystyr â gweld mawredd yr Atgyfodiad o'r newydd yn feunyddiol. Cyffesodd Waldo mewn rhaglen radio un tro iddo gael profiad ar ben Carn Llidi rhyw fis Medi, tebyg i'r hyn a brofodd Graham Sutherland yn yr ardal, o fod yn un â'r wlad o'i amgylch gan ei ddisgrifio fel 'cymundeb perffaith'.

Medrwch oedi i syllu ar Ynys Dewi gerllaw, ar holl ysblander yr arfordir, ac ar fynyddoedd Wiclo rhyw 85 milltir draw yn Iwerddon gan ddychmygu'r seintiau a rhyfelwyr yr oesoedd a hwyliodd ar frig y tonnau yn eu badau bregus. Er yr holl olion o geyrydd ac amddiffynfeydd oddi tanom, ni raid credu bod pob ymwelydd a ddeuai dros y môr ar berwyl drwg a bod ei fryd ar ddwyn, rheibio a meddiannu. Mynych, mae'n siŵr, y rhoddwyd croeso, gwahoddiad i rannu bara a chyfeddach, a chyfle i wrando ar gyfarwydd yn gwau straeon, a hynny ymhell cyn i'r Mabinogion gael eu cofnodi ac, o bosib, gan un o esgobion Tyddewi, Sulien Ddoeth, yn yr unfed ganrif ar ddeg.

Ond chwaraeodd Carn Llidi ei hun ei ran wrth ddelio â gelyn diweddar yn ystod dau ryfel byd y ganrif ddiwethaf. Ceir peth olion adeiladau milwrol yma a thraw o hyd a dywedir bod ffôn tanddwr, gydag offer clustfeinio arbennig, yn ymestyn o bellter yn y môr oddi ar Porth Melgan obry i adeilad ar Garn Llidi. Yn ôl y sôn bu'n gyfrwng i ddinistrio o leiaf bymtheg o longau tanfor yr Almaenwyr. Erbyn y Rhyfel dilynol roedd offer mwy soffistigedig fyth yn cael eu defnyddio mewn gorsaf radar i gadw golwg ar y gelyn.

Ond ni raid edrych i gyfeiriad y môr yn unig am olion o'n doe oherwydd i'r de gwelir tŵr yr Eglwys Gadeiriol yng Nglyn Rhosyn draw sy'n grud i'n crefydd Gristnogol ac yn gaffaeliad i dwristiaeth ysbrydol cyfoes. I'r gorllewin gwelir pentref Rhodiad-y-brenin lle ceir capel bychan a drowyd yn weithdy saer maen ar un adeg yn ddiweddar a fu'r un mor bwysig yn hanes crefydd anghydffurfiol diweddar yr ardal. Y gweinidog cyntaf i'w sefydlu yn Rhodiad oedd y Parch. John Roberts yn 1785, a oedd eisoes yn gofalu am gapel yr Annibynwyr yn Nhreffgarn a Rhosycaerau. Yr hyn sy'n nodedig am ei weinidogaeth yw iddo gyflogi llanc ifanc gydag enw anarferol, Azariah Shadrach, a hynny ar yr amod y byddai'n caniatáu i'r gwas ddarllen holl lyfrau ei lyfrgell yn ystod ei oriau hamdden.

Talodd yr addysg ar ei ganfed oherwydd erbyn 1841, ac yntau'n 67 oed, roedd y gŵr, a anwyd yn Llanychar ac a fagwyd gan ei fodryb yn Nhrewyddel, wedi cyhoeddi dau ddwsin o gyfrolau o natur grefyddol; rhai o'r teitlau oedd *Rhosyn Saron, Perlau Calfaria* a *Blodau y Ffigysbren* a chyhoeddodd hefyd hunangofiant o dan y teitl *Cerbyd o Goed Libanus*. Ni fu'r gweinidog fyw i weld ffrwyth llafur ei ddisgybl fodd bynnag am iddo ymfudo i Efrog Newydd yn 1795 a bu farw o fewn tair wythnos i lanio yno. Dywedir iddo dorri ei galon am fod y banc roedd wedi ymddiried y £400 a gafodd am werthu ei dŷ yn Nhreffgarn wedi mynd yn fethdalwr.

Ordeiniwyd saer coed lleol, William Harries, i'w olynu ond yn ystod ei weinidogaeth bu'n rhaid cau'r capel am gyfnod oherwydd gwrthwynebiad yr Eglwys Wladol. Daliodd y gweinidog ati ac erbyn 1815 roedd yr achos yn ddigon cryf i wahodd y Parch. James Griffiths, a oedd wedi ymgartrefu'n lleol yng nghartref ei wraig ers blwyddyn, i fod yn gyd-gyfrifol am gynnal yr achos. Yn ystod y bartneriaeth llwyddwyd i sefydlu Capel Ebenezer ynghanol Tyddewi ond datblygodd rhwyg rhwng y ddau ar faterion diwinyddol a arweiniodd at ymadawiad William Harries i ffurfio capel yn Solfach yn 1823. Dadleuai Griffiths fod achubiaeth ar gael i bawb ond dadleuai Harries mai ond y cyfryw rai y gellid eu hachub. Bu'n rhaid galw sanhedrin i drafod y mater a phenderfynwyd o blaid safbwynt Griffiths ond dywedir bod y ddau wedi cymodi a'u bod yn ben ffrindiau eto'n ddiweddarach.

Yn 1847 ordeiniwyd myfyriwr, J. Lloyd Jones, yn gyd-weinidog iddo ond wedi ymddeoliad y Parch. James Griffiths wyth mlynedd yn ddiweddarach edwino wnaeth yr achos yn y capel bychan unllawr. Penderfynodd y Parch. J. Lloyd Jones gymryd gofal llawn o Ebeneser ac anfynych y cynhelid oedfaon bellach yn Rhodiad. Cynhaliwyd Ysgol Sul yno'n rheolaidd tan y 1950au ond yna bu'n ddiddefnydd am ugain mlynedd nes cynnal oedfaon achlysurol unwaith eto. Credaf i minnau fod yn bresennol yn un o'r rhai olaf pan oedd y Parch. Elfed Lewys yn weinidog yn yr ardal yn y 1980au. Doedd dim trydan yn yr adeilad ac roedd cynnal plygain garolau yng ngolau cannwyll yn apelio at ddychymyg y baledwr a'r gwerinwr o weinidog. Medraf innau nawr, o ben Carn Llidi, sawru'r naws arbennig na fedrai neb ond Elfed ei greu ar achlysur o'r fath wrth forio canu'r carolau cyfarwydd gydag ambell dinc o'r traddodiad ym Maldwyn y gwyddai yntau'n dda amdano.

Rhoddwyd i Rhodiad ei enw llawn, gyda llaw, yn ôl traddodiad, am fod rhyw frenin – Henri II yn ôl pob tebyg yn 1171 – wedi disgyn oddi ar ei farch yn y fan a cherdded weddill y ffordd i Dyddewi mewn gostyngeiddrwydd yng nghwmni pob pererin arall a oedd ar droed. Yn ôl dyfalu Waldo, yn ei awdl, byddai'r pererinion a ddeuai o gyfeiriad Abergwaun yn gorffwys am y tro olaf yng nghyffiniau Dowrog. Rhy hynny'r argraff mai dilyn llwybrau fyddai'n gyfochrog â'r ffordd A487 gyfoes fyddai'r pererinion yn hytrach na dilyn yr arfordir yn glòs. Yn wir, 'nôl ym mhentref Mesur-y-dorth mae carreg ar ochr y ffordd gyda symbol croes a chylch wedi ei naddu arni a oedd yn arwyddnod i bererinion eu bod o fewn cyrraedd pen eu siwrnai.

Honnir i gomin Dowrog gael ei roi i Esgob Tyddewi gan Rhys ap Tewdwr, Tywysog y Deheubarth, yn yr unfed ganrif ar ddeg a'i fod ar un adeg yn fawnog ar gyfer codi mawn a gwneuthur cwlwm i'w losgi ar aelwydydd yr ardal. Bellach mae'n gynefin natur o dan reolaeth yr Ymddiriedolaeth Genedlaethol ac yn gartref i amrywiaeth o adar gwylltion pan fydd y rhan helaethaf ohono o dan ddŵr fel sy'n digwydd am gyfnodau hirion o'r flwyddyn. Gwelwyd pedwar ar ddeg o wahanol rywogaethau o weision y neidr ar y tir comin a'r un modd mae'n hafan i degeirianau o bob math.

O gael brodor gwybodus yn gwmni gellid enwi'r holl dai a ffermdai oddi amgylch mor bell ag y gwêl y llygad, a chywiro sillafiad rhai o'r enwau sy wedi'u llurgunio dros amser. Dyna i chi Dremynydd a Mynydd Du nad oes yna fryncyn heb sôn am fynydd yn agos iddynt. Mae'n debyg mai 'Tremwni' a 'Mwni Du' yw'r ynganiad a'r sillafiad cywir am ei fod yn air sy'n tarddu o'r Wyddeleg ac sy'n gyfystyr â 'pharc neu dir wedi'i aredig'. Yr un modd gwnaed cam â'r enw Llaethdy sy'n dal i gael ei lefaru ar lafar gwlad gan y to hŷn fel 'Lleitir' am ei fod eto'n tarddu o'r Wyddeleg ac yn gyfystyr â 'llethr'.

Wrth ddisgyn o ben Carn Llidi dychmygwch eich bod o bosib yn llythrennol yn dilyn ôl traed Dewi Sant oherwydd, yn ôl un ddamcaniaeth, mewn mynachlog o'r enw y Tŷ Gwyn ar lethr y garn yr addysgwyd Dewi, cyn iddo fynychu Ysgol Paulinus yn Hendy-gwyn ar Dâf. Ond mae dysg a dysg i'w gael. Braf wrth orweddian ar y godre yng nghwmni'r cyd-bererinion yw gwrando ar Rob Knowles unwaith eto'n darllen esboniad o ddywediad cyfarwydd sy'n rhan o slang byw.

Wel, a wyddech chi y byddid yn defnyddio rhaff slawer dydd i glymu matras wrth ffram y gwely? Wrth dynnu'r rhaff bydde'r matras yn tynhau ac yn ei wneud yn gadarnach i gysgu arno, ac, felly, dyna sut y deilliodd yr ymadrodd, 'Nos da, cysgwch yn sownd'.

Os taw pobol sy'n creu rhin ardal, yna, ni ellid gwell na rhoi gwaedd ar deulu'r

Jamsiaid yn Ysgeifiog ger Carnhedryn, y tu hwnt i Rodiad y Brenin yr ochr draw i'r A487, ar gyrion gogleddol Tyddewi. Camu 'nôl mewn amser a wneuthum wrth dreulio orig ar yr aelwyd yng nghwmni Ruthie, Ella, Jenny ac Emrys, tair chwaer a brawd, yn amrywio mewn oed, ar y pryd, o 96 i 82.

Ni chefais y fath wefr ers i mi ddod ar draws y brodyr Idris ac Elfed Jones, yn Rasbrynoer, fry uwchben Rhymni, o fewn tafliad carreg i ffordd Blaenau'r Cymoedd ar ddiwedd y 1980au. Prin y gwyddai'r un o steddfodwyr Eisteddfod Cwm Rhymni 1990 am y cyfoeth oedd yn guddiedig yn y coed o fewn lled parc i'r Maes. O gamu trwy'r drws fe'ch cyferchid gan dic toc y cloc wyth niwrnod nad oedd wedi rhoi'r gorau i gerdded ers dyddiau rhieni'r brodyr. A'r un oedd y dodrefn o hyd ar wahân i ambell ddarlun dyfrlliw o olygfeydd cyfarwydd cyfagos o waith Idris yn harddu ambell gornel. Os oedd y tŷ'n ddigyfnewid, felly hefyd patrwm yr ardd a oedd yn gyforiog o'r blodau hynny a gysylltir â thyddynnod, a'r patshyn rhiwbob yn cwato yn y gornel. Medrai'r ddau sôn am y Nosweithiau Llawen go iawn, byrfyfyr hynny, a gynhelid ar ffermydd Blaenau'r Cymoedd yn nyddiau plentyndod ar adeg cynaeafu. Oedd, roedd Rasbrynoer yn dalpyn o aur pur, a'r Wenhwyseg i'w chlywed yn diasbedain oddi ar y trawstiau ymhell wedi iddi ddiflannu o'r tai concrid yn y pentrefi obry.

Yma, yn Ysgeifiog hefyd, lle nythai'r brain yn y coed uchel, gan grawcian yn aflafar ar derfyn dydd, roedd yna ymdeimlad oesol o batrwm digyfnewid yn gorseddu. Ai rhybuddio oedden nhw, o fy ngweld i, fod yna ddieithryn yn y cyffiniau? Wedi'r cyfan nid yw'r ffordd i Ysgeifiog yn mynd i unman ond i Ysgeifiog a rhaid troi 'nôl i gyfeiriad Caerfarchell a Charnhedryn ar bob cynnig. Does yna fawr o fynd a dod yma ac ni eilw rhuthr y byd a'i bethau heibio. Dyma encil sy'n gyfrinach i'r ychydig rai a dyma noddfa a nyth y plant ers ymron i ganrif a'r un modd eu rhieni am gyfnod maith cyn hynny.

Rhoes Ruthie, yr hynaf, y gorau i yrru cerbyd pan oedd yn 90 oed a chyn hynny, ar hyd ei hoes, roedd ei gweld ar gefn beic yn achlysur cyffredin yng nghyffiniau Tyddewi. Rhaid bod gan hirhoedledd y pedwar rywbeth i'w wneud â'u dull lledhunangynhaliol o fyw o bobi eu bara eu hunain a dibynnu i raddau helaeth ar gynnyrch yr ardd, bwyd plaen a maethlon, yn ogystal â'r gallu i fyw'n gytûn. Golygfa hyfryd oedd gweld y chwiorydd yn eu bratiau yn y lolfa gysurus gyda'r nos tra disgwylid i'r brawd iau orffen rhyw orchwyl o gwmpas yr 'hiol' neu ddychwelyd o roi tro cymdogol yn rhywle gerllaw. Mae'r oedfa yng nghapel y Methodistiaid yng Nghaerfarchell ar bnawn Sul, lle claddwyd penglogau tri cheffyl o dan y llawr i waredu adlais yn ôl y sôn, yn gyrchfan rheolaidd. Mynych y dychmygaf y trafod

Tomi James, Ysgeifiog, yn gwadnu clocsen arall

ynghylch cyflwr y betws wedi dychwelyd, ac yna'r pedwar yn hepian wrth wrando ar raglen o gyfarchion ar y radio gyda'r nos. Ni chawsant erioed fawr o achos i siarad Saesneg ar yr aelwyd a phrin y gellid cael gwell graen ar dafodiaith y 'wês, wês' yn ei naturioldeb nag a geir wrth wrando ar y pedwar yn parablu.

Rhaid bod hynny'n rhan o'r hud a sbardunodd Waldo i gynganeddu cerdd gyfarch nodedig i'w rhieni, Tomi ac Anni, ar achlysur dathlu eu priodas aur ym mis Mawrth 1960. Cofia Ruthie'r achlysur yn dda ac edrydd am ei thad a hithau'n mynychu dosbarth nos yn Nhyddewi ar y nos Fercher, a rhywun yno yn sôn wrth Waldo am yr achlysur hapus fyddai'n digwydd yn Ysgeifiog ymhen tridiau, ac yna'r anrheg o gerdd yn cyrraedd ar y dydd Gwener. Cafodd y ddau un mlynedd ar hugain arall o fywyd priodasol a bu yntau farw'n 95 oed yn 1981 a hithau'n 101 oed yn 1988.

Roedd Tomi'n glocsiwr nodedig a'i weithdy'n gyrchfan i lawer nad oedden nhw o reidrwydd yn galw ar fusnes ond yn hytrach er mwyn chwedleua a dal pen rheswm. Meddai'r crefftwr y gallu hefyd i lywio sgwrs a chymell trafodaeth a thebyg i hynny fod yn addysg a choleg i lawer a alwai heibio. Deil y gweithdy ar ei draed a phob erfyn a thwlsyn a ddefnyddid gan y crydd yn eu lle o hyd. Mae Ysgeifiog yn nwylo'r teulu ers dyddiau hen dad-cu'r plant.

Tra pery'r Jamsiaid fe ddeil Ysgeifiog yn werddon o Gymreictod ac yn adlais o ffordd o fyw sy'n prysur ddiflannu yn y cyffiniau. Arwydd o'r newid ar fyd yw'r modd y llurguniwyd yr enw gwreddiol yn 'Skyfog' ar ambell arwydd.

Ond does dim modd anwybyddu'r olion hynafol ym mhen eithaf y penrhyn sy'n dyst i fenter a dyfalbarhad cenhedloedd y canrifoedd cynnar yn ogystal â ninnau yn eu holyniaeth. Tebyg bod y dystiolaeth wedi'i diogelu mor dda am nad oedd modd amaethu'r cornel caregog hwn trwy ddefnyddio peiriannau ar olwynion a gwelir olion trefn a phatrwm perci bychain o hyd lle byddid, oesoedd meithion yn ôl, yn trin y tir a thyfu cnydau gydag arfau nerth bôn braich. Siambr gladdu yn perthyn i Oes y Cerrig yw Carreg Coetan Arthur gyda'i charreg gopa'n mesur dros ddeuddeg troedfedd ac yn droedfedd o drwch, a byddai ei chodi tua 5,500 o flynyddoedd 'nôl yn gryn gamp beirianyddol. Y gamp gyfoes i'r ffotograffydd brwd yw disgyn i Borth Melgan obry a chanfod yr union fan i dynnu llun ohoni yn erbyn y ffurfafen.

Clawdd y Milwyr yw'r enw ar y darn eithaf o dir sy'n ymestyn i'r môr lle codwyd caer gan wŷr diweddarach Oes yr Haearn a chredir bod rhannau o'r clawdd wedi'u codi mor gynnar â 100 cc. Credir bod y clawdd cerrig gwreiddiol wedi'i godi i uchder o bymtheg troedfedd a'i fod yn ddeuddeg troedfedd o led wrth y bôn. Am mai'r môr oedd y draffordd yn y cyfnod hwnnw, gwnâi synnwyr i godi anheddle yn ei ymyl, a chan fod y man hwn mor amlwg roedd yn rhaid wrth amddiffynfeydd cadarn, boed rhag tymhestloedd geirwon yn gymaint ag oddi wrth ymosodwyr creulon. Gwelir olion y cabanau cerrig crwn o hyd sy'n awgrymu bod yr anheddiad gyda'r mwyaf soffistigedig o'i fath yn ei gyfnod a rhaid bod yno lawer o fynd a dod, o gynnal defodau a dathlu gwyliau.

Er ein bod ni'n cysylltu'r penrhyn â'n nawddsant fel modd o gadarnhau ein gwaddol Cristnogol ers y chweched ganrif roedd pobloedd gynt yn cyfeirio at Benrhyn Dewi fel Penrhyn yr Wyth Perygl, neu *Octopitarum Promonotarium* yn ôl y Groegwr Ptolemy o'r ail ganrif, wrth iddo lunio map o'r byd. Mae'r Wyth Perygl yn enw hwylus ar Graig yr Esgob a'r Clerigwyr, sy'n greigiau peryglus, yn ymestyn ar draws pellter o bedair milltir, rhwng man gyferbyn â'r Penrhyn ac i'r gorllewin o Ynys Dewi. Dylid eu hosgoi ar bob cyfrif. Mae'n bosib bod yr Wyth Perygl yng nghyfnod Ptolemy hefyd yn dynodi ymyl y byd lle na ddylai'r un morwr fentro tu draw iddo am nad oedd tir i'w weld tu hwnt i'r fan, ac nad oedd sicrwydd y byddai'r un bod byw yn dychwelyd oddi yno am mai syrthio i ddiddymdra mawr fyddai ei hynt.

Ni wyddys faint o gychod aeth i drybini yn y fan yn yr oesoedd cynnar ond yn 1854 tarodd y stemar *Morna* un o'r creigiau a cholli 20 o fywydau ac yn 1910 daeth y leiner 12,000 tunnell *Langton Grange* i ben ei rhawd ar y creigiau. Ers i'r Groegwyr o Fôr y Canoldir ganfod y fan y mae'r Cymry wedi gosod eu henwau eu hunain ar yr wyth perygl, sef Daufraich, Maen Daufraich, Cribog, Moelyn, Carreg Rhoson, Maen Rhoson, Llechau Isaf a Llechau Uchaf a dylid bod yn ofalus o Garreg-trai hefyd. Gyda llaw, cred rhai mai cyfeiriad at yr Eglwys Gadeiriol yw'r enw Craig yr Esgob a'r Clerigwyr ond y gwir amdani yw mai Myles Bishop a dau frawd gyda chyfenw Clarke a gollodd eu bywydau yn y fan ar ddechrau'r unfed ganrif ar bymtheg a roes eu henwau i'r man dansherus. Yr un mor beryglus yw'r Bitches rhwng y tir mawr ac Ynys Dewi ei hun a hawdd gweld o sylwi ar y llanw'n troi pa mor gyflym y rhed y dŵr ar draws. Rhaid i'r morwr mwyaf profiadol wrth ofal er mwyn osgoi trybini.

Ond erbyn cyrraedd Trwynhwrddyn, ar hyd y Llwybr, daw Traeth Porth Mawr i'r golwg ac odid y gorau o'r traethau a welsom ar hyd yr arfordir ers ffarwelio â Thraeth Mawr yn Nhrefdraeth. Does ond angen ychydig o haul i ddenu'r tyrfaoedd i dorheulo a syrffio. Ond ar ôl gogordroi cyhyd yn yr oesoedd pell cawn ein deffro i wynebu realiti'r presennol: y setiau radio a'r chwaraewyr cryno-ddisgiau yn baldaruo, ac acenion dieithr, os nad salw'r mamau'n gweiddi'n amrwd ar eu plant anystywallt. Doedd yna ddim hwliganiaid haf yn ystod Oes y Seintiau bid siŵr. Wrth araf fwyta brechdanau'r daith ceisiaf fwrw fy ngolygon tu hwnt i'r presennol trwy orfodi fy hun i fod yn gwbl fyddar i'r clindarddach cyfoes.

Ar y twyni wrth ddisgyn i'r traeth honnir bod capel wedi'i godi a'i gysegru i Sant Padrig a hynny ar y fan lle arferai sefyll ar garreg a fyddai'n ei alluogi i weld Iwerddon gyfan. Doedd sant ddim yn sant yn ôl awduron eu bucheddau diweddarach os na ellid tadogi rhyw alluoedd gwyrthiol i'w bywydau. Bychan oedd y capel ond arferai morwyr, a Gwyddelod yn benodol, benlinio yno a gadael offrwm wrth ddiolch am daith ddiogel dros y tonnau.

Yr un mor arwrol, os nad gwyrthiol, yw camp dringwyr cyfoes gyda chymorth taclau priodol, yn esgyn a disgyn ar hyd wynebau creigiau Trwyn Llwyd, Craig Carn Porth Llong, Mur Cenhinen a Chraig Coetan gerllaw, a hynny er gwaethaf y gwymon a'r llysnafedd gwyrdd sy'n cydio yn y gwenithfaen. Gadawaf hynny i'r rhai sy'n dal yn ddigon ifanc i fflyrtian â pherygl ac a gânt foddhad o gyflawni'r hyn a ymddengys yn amhosib. Nid yw bagad gofalon bywyd yn eu poeni hwy.

Wrth ymestyn cyhyrau ac ymlacio ganol dydd yn barod ar gyfer hyrfa arall mentra rhywun o'r cwmni ddweud fy mod yn anarferol o dawel gan amau cyflwr fy iechyd meddyliol a chorfforol. Y tro hwn ni fedraf roi fy ymateb arferol pan wneir y sylw tra bôm yn cerdded, sef fy mod yn ei chael yn amhosib i feddwl, siarad a cherdded yr un pryd. Rhaid i mi fod yn ochelgar o'm lletchwithdod cynhenid rhag i mi droi pigwrn neu waeth a cholli gweddill y daith. Ond ni wna'r esboniad hwnnw mo'r tro a ninnau ar ein heistedd ac ni fedraf gynnig mwy na gwên wrth bensynnu.

Mae'n rhaid gen i fod yr arswyd o sylweddoli bodolaeth cenedlaethau lawer ar hyd y Penrhyn, ymhell bell cyn fy nghenhedlaeth i, newydd fy nharo. Buont fyw ar drugaredd yr elfennau heb fanteision ein dyfeisiadau soffistigedig cyfoes i esmwytho ac ymestyn eu hoedl; mae'n rhyfeddod fel y mae'r hil ddynol o oes i oes, drwy ddyfeisgarwch cynhenid ac awydd greddfol i fentro, yn gwneud defnydd o'r newydd o'r hyn a wêl o'i amgylch. Mae'n rhaid na wnaeth yr un genhedlaeth cynt erioed ddringo wyneb Trwyn Llwyd a ffurfiwyd 470 o filiynau o flynyddoedd 'nôl. Ond mae'r goleuni a wêl yr arlunydd yn treiddio o'r Iwerydd, a'r undod a deimla'r bardd wrth loetran yn y cyffiniau, wedi bod yma erioed yn rymoedd pwerus i bwy bynnag ddymuna ymuniaethu â nhw. Hufen iâ amdani a sioncrwydd, os nad cân werin, i godi hwyl.

Wrth groesi'r traeth clywn fod cyrn carw coch ac asgwrn gên arth frown wedi'u canfod yn y tywod rywbryd a bod gweddillion boncyffion gelltydd cyn-hanes i'w gweld weithiau ar lanw isel. Wrth gerdded uwchben traethell Porthselau gwelwn mai Treleddyn yw'r fferm gyfagos ac yno y trigai Tomos Williams, y cyn-forwr hwnnw na chafodd ei dwyllo gan y llong Ffrengig a geisiai roi'r argraff ei bod yn hwylio o dan faner Prydain ym mis Chwefror 1797. Roedd ei wraig yr un mor nodedig am iddi ar un achlysur rwyfo ar ei phen ei hun o Borthselau i achub criw oddi ar long o Sweden mewn trafferthion oddi ar un o'r Clercod. Daeth â'r criw cyfan i'r lan a chynnig lletygarwch iddynt nes eu bod wedi ymgryfhau. Wrth ddod o amgylch Pencarnan gwelir Carreg Gafaeliog oddi tanom ac yn nes draw mae Ynys Gwahan lle y dywed traddodiad y byddai gwahanglwyfiaid yn cael eu cludo a'u gollwng ar lanw isel: nid yw'r ynys fechan i'w gweld ar lanw uchel.

Uwchben Porthstinan, lle lleolir Bad Achub Tyddewi, gwelir un o'r tai cyntaf yn Sir Benfro i'w werthu am dros £1 miliwn, yn ôl y sôn, a hynny i deulu cwmni cludiant W. F. Hall o Wdig. Mae'n glamp o adeilad ac, wrth gwrs, does dim maeddu'r olygfa. Does dim a wna amharu ar dawelwch a thangnefedd y fangre. Oddi isod y lansir y bad achub a gwneir hynny'n gyson petai ond er mwyn cynnal a chadw a sicrhau bod pob un o'r gwirfoddolwyr yn gybyddus â'r drefn. Ni wn a fedraf faddau i'r criw, a'r ysgrifennydd rhadlon, Jeff Davies, yn arbennig, am fy ngorfodi i ymuno â nhw ar un o'u hymarferiadau yn y môr mawr. Fel hyn y bu. Addewais lunio erthygl nodwedd am y criw bad achub ar gyfer y cyhoeddiad wythnosol *Golwg*, popeth yn iawn. Gwneuthum y trefniadau a chredwn y buaswn yn medru holi'r criw ar y lan cyn iddyn nhw lansio'r bad a byddai fy ngwaith ar ben. Cyrhaeddais Borthstinan yn ddigon buan i rannu paned o goffi ac i gymryd rhan yn y tynnu coes diarhebol yng nghwmni'r criw ond ni ddeallwn gyndynrwydd un neu ddau ar y pryd, gan gynnwys Jeff, i rannu gwybodaeth, er fy mod yn barod i gofnodi pob gair yn fy llyfr nodiadau.

Buan y deuthum i sylweddoli bod disgwyl i mi wisgo siaced a thrywsus oren pwrpasol er mwyn ymuno â nhw ar ddec y bad, ac ni wnâi faint bynnag o brotestio ar fy rhan laesu eu taerineb. Plediais ddiffyg amser, anhwylustod, heb baratoi'n ddigonol yn feddyliol, yn wir, pob dim ar wahân i gyfaddef fod arnaf ofn. Esboniwyd mai braint a gynigid i mi a'u bod bron yn ddieithriad yn gwahodd un neu ddau i ymuno â nhw ar foreau Sadwrn. Dyna oedd y traddodiad meddent: nid oedd gennyf ddewis felly ond ildio i'r drefn a mentro ar ddec y *Garside*.

Ofnwn salwch môr a doeddwn i ddim wedi llyncu'r tabledi hynny yr arferwn eu cymryd cyn hwylio ar fordaith, boed i'r Ynys Werdd neu Ynys Bŷr. Roedd fy mhartner gwahoddedig ar y siwrnai wedi paratoi'n bwrpasol trwy fwyta brecwast helaeth a thrwy gnoi darn o fara sych, a gadwai yn ei boced, o bryd i'w gilydd. Doedd dim amdani ond ymwregysu orau medrwn ond eisoes roedd y syniad o gyfweld rhai o'r bechgyn ar y cwch wedi mynd yn angof gan fy mod yn pryderu cymaint ynghylch gosod fy nhraed ar dir sych eto.

Ymddangosai'r môr yn ddigon llyfn yn haul y bore wrth hwylio heibio Carreg yr Esgob a Charreg Frân a Phenpleidiau yng nghyffiniau Solfach. Ceisiwn holi enwau'r baeau bychain a'r creigiau a welid yma ac acw uwchben y dŵr er mwyn ceisio rhoi'r argraff fod gen i ddiddordeb a 'mod i wir yn mwynhau mas draw. Ond penderfynwyd loetran am getyn a dyna pryd y penderfynais mai doeth fyddai i mi roi fy nannedd gosod yn fy mhoced.

Er bod y bad wedi'i angori nid oedd yn llonydd. Siglai 'nôl a blaen fel meddwyn a buan yr euthum innau i deimlo fel meddwyn wrth i'm hwyneb droi mor wyrdd â'r dŵr. Doedd dim angen i mi dynnu sylw at fy mhicil am ei fod yn amlwg i bawb wrth i mi gau fy llygaid, dal gafael yn y rheilen, a chwydu pawr i'r môr. Doedd yr un sgrin radar na chyfrifiadur soffistigedig yn medru rhwystro hynny rhag digwydd.

Peidiodd rhamant hwylio'r môr mawr am na fedrwn ond ei felltithio a dyheu am gyrraedd glan. Fe'm tywyswyd o un ochr i'r bad i'r llall bob hyn a hyn rhag fy mod yn gorfod dioddef y gwaethaf o'r cawodydd dŵr. David John, a fu'n aelod o'r criw ers iddo droi'n 18 oed, a wnaeth yn sicr fy mod yn cael fy nghlymu'n holbidag sownd wrth reilen bob tro fydden nhw'n delio â galwad frys ffug rhywle rhwng Carreg y Barcud a Dinas Fawr.

Doeddwn i ddim am weld Carreg Hanner Llanw'n dod i'r golwg bob hyn a hyn fel morlo'n bolaheulo. Nid oedd clywed acenion tafodieithol cryf y morwyr a geirfa, a swniai'n ddieithr i mi, yn fy swyno ar y pryd. Doedd y ffaith bod rhai na wyddwn eu bod yn medru'r Gymraeg yn ei pharablu'n rhydd a rhwydd ymysg ei gilydd o ddim diddordeb i mi. Ni fûm erioed yn falchach na phan daniwyd y peiriant unwaith eto a chychwyn 'nôl i gyfeiriad Maen Bachau ac o fewn golwg i'r orsaf. Coesau sigledig ond diolchgar adawodd y bad heb boeni ddim oll am erthygl nodwedd ar y pryd. Ni fedrai Henry Griffiths winsio'r *Garside* i'r sgubor yn ddigon cyflym wrth fy modd.

'Satan, satan,' meddai, o ddeall nad oeddwn i a'r môr mewn cytgord cyflawn. 'Pam na fydde fe wedi byta darn neu ddou o dost cyn mynd mas?'

'Dyna wnes i,' meddwn yn druenus, 'gyda phlastrad o fenyn arnyn nhw.'

'O, ie, ie, 'na'r drwg. Y menyn wedi troi'n gaws ... ond fydd e'n gwbod yn well tro nesa,' meddai'n gysurlon.

O weld y wên ar wyneb Jeff Davies gwyddwn fod y profiad o'm gweld ar ddec y bad wedi rhoi llawer mwy o bleser iddo na dim a fyddai wedi'i gyhoeddi mewn print maes o law. Doedd dim dwywaith bod y criw yn haid o sgadan hallt.

Pob clod i wŷr y badau achub a'u gwrhydri: ni fynnwn i gyfnewid lle â nhw. Ac mae stori gwŷr Tyddewi'n werth ei hadrodd ers y dyddiau cynnar pan gollwyd y bad achub *The Gem*, mewn storm enbyd yn y swnt yn 1910, ynghyd â'r cocs, John Stephens, a dau o'r criw, James Price a Henry Rowlands. Achubwyd criw badlong fechan y *Democrat* a llwyddodd y gweddill a daflwyd i'r môr i afael mewn creigiau yn ardal y Bitches yn agos at Ynys Dewi. Achubwyd 15 ymhen ychydig oriau ac anrhydeddwyd un o'u plith, Sydney Mortimer, nad oedd ond 18 oed, â Medal Arian Cymdeithas y Badau Achub yn ogystal â Medal Dewrder Morwrol y Brenin Siôr V. Fe'i gwnaed y cocs ieuengaf erioed ar hyd Ynysoedd Prydain i olynu'r gŵr a gollwyd yn y trychineb.

Erbyn cyrraedd Penmaenmelyn a Phen Dal Aderyn ar hyd y Llwybr wedi'i amgylchynu gan eithin, grug a rhedyn, byddwn wedi cyrraedd y man agosaf at Ynys Dewi neu Ynys Tyfanog a, hyd yn oed, Ynys yr Hyrddod, fel y'i gelwid ar un adeg, a hawdd gweld creigiau peryglus y Bitches rhwng traethellau Rhod Isaf ac Aberfelin draw o fewn hanner milltir. Y tu ôl i ni mae tir ffrwythlon tatws cynnar Treginnis ac yno rhywle mae olion gwaith mwyn Taflod lle cloddiwyd copr yn y ddeunawfed a'r bedwaredd ganrif ar bymtheg a'i anfon i Landŵr, ger Abertawe, i'w doddi.

Ond daeth y cloddio i ben yn 1883 ar ôl i un o'r mwynwyr, John Reynolds, gael ei anafu'n angheuol ar ôl i'r bwced a ddefnyddid i'w godi gael ei ysgwyd, wrth iddo esgyn, i'r fath raddau nes iddo syrthio i waelod y siafft a thorri ei wddf. Mynnodd ar ei wely angau mai ei gyd-weithwyr wrthi'n chwarae ffyliaid ac yn ei figitan oedd yn gyfrifol am y ddamwain yn hytrach na nam ar y driwc neu'r winsh. Er cyhuddo dau o'r pedwar, John Price a Henry Tegan, o ddynladdiad, cawsant eu rhyddhau am nad oedd digon o dystiolaeth yn eu herbyn a hwythau'n gwadu'r cyhuddiad.

O droi eich golygon nôl tua'r ynys hwyrach y gwelir nifer o gychod yn llawn o ymwelwyr yn ei hamgylchynu. Trefnir teithiau cyson o Borthstinan a hynny nid i'r ynys ond o'i chwmpas i weld y llu adar, y morloi a phatrymau'r creigiau Ordofigaidd. Ni chaiff heidiau o ymwelwyr eu cymell ar yr ynys ei hun am fod y rhan fwyaf o'r 600 cyfer yn cael ei bori a'i amaethu. Nid yw'r ynys hon yn wahanol i'r rhelyw o ran ei chysylltiadau â chrefydd y canrifoedd cynnar am y gwyddys fod dau gapel neu gelloedd meudwy yn ogystal â mynachlog yno ar un adeg. Sant Defynog a sefydlodd y fynachlog yn yr ail ganrif a chysylltir un o'r celloedd â'r meudwy Llydewig, Stinan. Dywedir iddo gyrraedd Tyddewi mewn cwrwgl tua 500 oc ac, yn ôl y traddodiad, roedd yr ynys yn un â'r tir mawr yr adeg hynny.

Am ei fod yn chwennych llonyddwch i fyw bywyd o hunanymwadiad llwyr yn ei gell aeth ati gyda bwyell i dorri'r holl greigiau ond collodd y fwyell ei hawch pan ddaeth at y Bitches. Er ei sancteiddrwydd, a'i berthynas â Dewi wrth weithredu fel cyffeswr neu beriglor iddo, cafodd ei ladd gan ei weision a thorrwyd ei ben. Serch hynny, penderfynodd gydio yn ei ben ei hun a'i gario ar draws y swnt cyn iddo farw a chael ei gladdu yn y fan sy wedi ei enwi ar ei ôl ger gorsaf y bad achub. Dywed y chwedl i'w erlidwyr farw o glefydau poenus a chythreulig ar Ynys Gwahan sy'n profi na ddylid amharu ar fuchedd sanctaidd yr un meudwy crefyddol.

Un rhyfeddod i'r ymwelydd o Gymro yw'r enwau a roddwyd i'r creigiau o amgylch Ynys Dewi a da o beth fyddai gwneud rhestr ohonyn nhw: Trwyn Siôn Owen, Trwyn Ogof Hen, Trwyn Drain Du, Trwyn Mynachdy, Ynys Gwelltog, Ynys Eilun, Ynys Cantwr, Bancyn Ffald a Meini Duon i nodi ond rhai. Ni wn be wna tywysyddion y teithiau mewn badau, wrth geisio ynganu a rhoi esboniadau i ymwelwyr, os cyfeirir atyn nhw o gwbl bellach. Tebyg y ceir mwy o hwyl ar adnabod ac enwi'r 30 o rywogaethau o adar sy'n nythu ar yr ynys a syllu o hirbell ar y morloi llwyd bychain ar hyd y traethellau'n gynnar yn yr hydref. Ond perthyn stori i bob un o'r enwau: pwy oedd Siôn Owen tybed? Clywch y dyfroedd yn chwyrlïo ar ras o saith not ar hyd y culfor gan daro'r Bitches wrth i'r llanw droi, a rhyfeddwch at nerth a gwamalrwydd y môr. Ni ellir ymddiried ynddo na throi cefn arno am funud.

Erbyn canol y prynhawn, bron yn ddieithriad, mae'r criw wedi ymestyn yn un stribed hir, ond yn crynhoi ynghyd pan ddaw'r gorchymyn gan Derek neu Rob bod yna stori i'w hadrodd. Yna fe ddigwydd yr un peth eto pan ailgychwynir wrth i bawb ganfod ei gyflymdra cyffyrddus ei hun. Y syndod ar hyd y darn hwn o'r Llwybr yw'r nifer o gerddwyr eraill sydd, yn ôl eu golwg, yn cyfyngu eu hunain i barthau Tyddewi. O leiaf nid oes ganddyn nhw'r geriach ar gyfer cerdded ymhell. Yn ôl fy arfer cyfarchaf hwy yn Gymraeg a chael fy synnu gan y nifer a etyb yn yr un iaith, er hwyrach na ddylwn synnu.

Wrth droi am Borthlysgi daw holl ysblander Bae San Ffraid a gogoniant Ynysoedd Sgomer a Gwales i'r golwg gan ein hatgoffa o'r her sydd i ddod a'r gwirionedd nad yw'r daith ymhell o fod wedi'i chwpla. Cyfyd hynny ymdeimlad cymysg o arswyd a boddhad wrth sylweddoli y bydd yn rhaid dal ati'n arwrol i gyrraedd pen y daith ac, ar yr un pryd, gydnabod nad ceiniog a dimai o Lwybr a dramwyir. Wrth syllu ar Drwyn Cynddeiriog, ger Porthclais, rhaid mabwysiadu'r un agwedd â'r enw er mwyn cyflawni'r her, doed a ddelo. Ni thâl diffygio na moelyd dyhead.

Mae'r cysylltiadau ag Iwerddon yn frith ar hyd y darn hwn o arfordir. Gwyddel oedd Lysgi a laddodd bennaeth Gwyddelig arall yn yr ardal, sef Boia, a fu'n ddraenen yn ystlys Dewi Sant ar un adeg. Mae'n werth galw heibio bryncyn Clegyr Boia gerllaw, wrth ymyl y ffordd, lle bu pobl yr Oes Neolithig yn cartrefu cyn goresgyniad y Gwyddel. Pan gloddiwyd yno yn y 1940au daethpwyd o hyd i fwyeill cerrig a phowlenni crwn yn ogystal â darnau o grochenwaith a awgrymai fod y ffordd o fyw yn y fan hyn yn debyg i ddiwylliannau cyfoes yn Iwerddon a Chernyw. Yno hefyd y mae Ffynnon Llygad sy wedi disychedu miloedd dros y canrifoedd ac, yn ôl y sôn, nid yw erioed wedi sychu wrth iddi ddilyn patrwm y llanw a'r trai. Tebyg na wna arllwys ambell ddiferyn ar eich llygad ddim drwg i'r iechyd chwaith.

Yn y cyffiniau yma'n rhywle ceir carreg arbennig. Cred rhai ei bod yn feteorit ac eraill ei bod yn faen picrite wedi'i chludo o Ogledd Cymru adeg Oes yr Iâ. Y dyfalu yw ei bod yn cael ei chadw mewn caets haearn rywle rhag iddi gael ei hysbeilio neu ei bod rywle ar Garreg Frân o afael y chwilotwr. Un o'r ychydig sy'n gwybod yw Roy Lewis ond cyndyn yw i ddatgelu'r union leoliad, a hynny rhag ofn y byddai chwilfrydedd yn drech nag ambell ddaearegwr, a fyddai'n siŵr o ymweld â'r fan gyda'i forthwyl er mwyn cymryd y darn lleiaf i'w archwilio mewn labordy. Wrth gwrs, byddai cymryd sawl darn bychan yn golygu na fyddai'r un darn bychan ar ôl yn y pen draw.

Deil Porthclais yn borthladd prysur er mai cychod pleser a welir yn cyrraedd a gadael bellach yn hytrach na'r cychod masnach a'r mynaich yn yr Oesoedd Cynnar yn tramwyo rhwng Llydaw, Cymru ac Iwerddon. Mae'n rhaid bod gan y mynd a dod hwnnw rywbeth i'w wneud â phenderfyniad Dewi i sefydlu urdd fynachaidd yng Nglyn Rhosyn gerllaw. Dywed chwedl wrthym mai yma y glaniodd y Twrch Trwyth cynddeiriog, gyda'i berchyll, cyn rhuo eu ffordd ar draws y Preselau ac i Gernyw wrth i farchogion Arthur geisio eu hymlid. Dychmygwch yr awyrgylch iasol yn y fan wrth i'r genfaint lanio a chodi arswyd ar bawb a phopeth, fel yr adroddir yr hanes yng Nghainc Culhwch ac Olwen.

Tebyg mai dyma lle glaniodd y Llychlynwyr a fu'n dinistrio'r eglwys gadeiriol gynnar yn ogystal ag achosi terfysg ar hyd yr arfordir. Bu'r odynnau calch yn brysur yno fel ymhobman a doedd dim prinder nwyddau'n cael eu dadlwytho yma rhwng y bymthegfed a'r ail ganrif ar bymtheg. Ond ni fu'n ddigon mawr na dwfn ar gyfer llongau stemar y ddeunawfed a'r bedwaredd ganrif ar bymtheg. Un o'r arwyddion rhyfeddaf yno heddiw, na ŵyr fawr neb ei arwyddocâd, yw'r hunanhysbyseb ynghylch gallu uwch na 'Dewi Sant a'r Ymherodraeth Brydeinig gyda'i gilydd' i iacháu; rhaid fydd mynd ar drywydd William 'Monty' Lewis pan geir cyfle i loetran yn y ddinas ei hun.

I'r Cymro sy'n ymfalchïo yn ei dras mae Bae Sant Non a'r tir o'i amgylch yn gyforiog o hanes am ein bod ar fin troedio'r fan lle rhoddodd Non, a hithau'n ddibriod, enedigaeth i faban a wnaed yn nawddsant ein cenedl yn ddiweddarach. Dywedir iddi gael ei threisio gan Sanctus, brenin Ceredigion, ac iddi fyw ar fara a dŵr ac ymwrthod â phleserau'r cnawd weddill ei bywyd ar ôl hynny. Mae Llwybr yr Arfordir yn dirwyn heibio'r fan lle dywedir i'r enedigaeth ddigwydd yn 462, ar adeg storm enbyd, a bod ffynnon wedi tarddu gerllaw. Gellir yfed ei dŵr hyd y dydd heddiw, a hynny er mwyn lleddfu a gwella anhwylderau'r llygaid a gwynegon, yn ôl y traddodiad. Dywedir bod olion dwylo'r fam wedi'u gwasgu ar y garreg y gafaelai ynddi, wrth iddi ddygymod â phoen yr esgor. Ymfudodd Non i Gernyw ac yna i Lydaw, gyda'i mab, yn fuan wedyn ac yn Dirinon yn Finistère, lle dywedir iddi gael ei chladdu, fe'i gwnaed yn nawddsantes.

Rhygyfarch, mab yr Esgob Sulien, oedd y gŵr a gofnododd ei hanes tua phedair canrif ar ôl ei hamser a'r gred yw ei fod wedi dewis a dethol yr hyn a gofnodwyd gan bwysleisio ei gwyryfdod, cyn ac ar ôl genedigaeth Dewi, er mwyn tynnu cymhariaeth rhyngddi a Mair, mam yr Iesu, a sefydlu'r syniad o fam-dduwies a chwlt ymwadiad. Dadleua'r offeiriad Patrick Thomas fod Ann Griffiths, ar ddechrau'r bedwaredd ganrif ar bymtheg, yn parhau'r traddodiad o'r 'fam dduwiol' trwy gyfansoddi'r emynau hynny a ryfeddai at berson Crist. Mae'r adfeilion yn y fan hon yn rhan o Gapel Santes Non a fu'n ffynhonnell incwm cyson i'r Eglwys Gadeiriol tan i bererinion gadw draw ar ôl y Diwygiad Protestannaidd. Tebyg ei bod yn Eglwys Geltaidd tan ei Christioneiddio. O amgylch y capel gwelir pump o feini sy'n awgrymu bod yma gylch cyflawn yng nghyfnod yr Oes Efydd o bosib.

Yn uwch i fyny'r tir, yn ystod y ganrif ddiwethaf, codwyd Encil Santes Non a bu Tadau'r Dioddefaint yn ei defnyddio am gyfnod i gynnig hyfforddiant ar gyfer cenadaethau cyn i'r Eglwys Gatholig ei defnyddio at bwrpas tebyg: bellach mae'n encilfan adnewyddiad ysbrydol ar gyfer pobl o bob gradd a chefndir. Ceir rhagor o ddeunydd cnoi cul crefyddol o dreulio orig yng Nghapel Ein Morwyn a Santes Non a godwyd eto yn y ganrif ddiwethaf gan ddefnyddio cerrig a fu'n rhan o gapeli a phriordai cynnar yn yr ardal. Nodwedd arwyddocaol ohoni yw'r ffenestr uwchlaw'r allor sy'n dynodi Santes Non a ffenestri eraill sy wedi'u cysegru i Dewi, Brynach, Winifred a Brîd.

Tra bydd cyfle i bensynnu uwchben natur sancteiddrwydd ac aruthredd yr hyn a ddigwyddodd yn y cyffiniau hyn o safbwynt ein saernïad fel cenedl, fe ddowch, o fewn hanner milltir heibio i Pen-y-cyfrwy, i Fae Caerfai a therfyn taith y diwrnod. Cyn troi i archwilio dirgelion Tyddewi gellir disgyn i'r traeth cysgodol obry a bwrw ati i olchi beiau a bwrw lludded yng ngolchon dŵr y môr: gwna'r ewyn sgrwbio'r enaid a'r defnynnau lanhau'r croen.

PENNOD 10

YN Y DDINAS

B E FEDRWN EI DDISGWYL wrth nesáu at Dyddewi? Wedi cerdded oddeutu'r ddinas ar hyd yr arfordir, ai dwysáu a wna ein disgwyliadau ynghylch y fangre a ystyrir yn grud ein Cristnogaeth? Fedrwn ni rannu'r un wefr â'r pererinion lu dramwyodd yma dros y canrifoedd? Yn sicr, roedd yr archsgwennwr hwnnw a oedd am 'godi'r hen wlad yn ei hôl', O. M. Edwards, wedi ymserchu yn y lle ar ddiwedd y bedwaredd ganrif ar bymtheg.

'Nid oes bosibl peidio â chofio ei hen enw wrth edrych arni, – 'Gwlad yr Hud'. Y niwl tenau, pellter diderfyn y môr, y creigiau ysgythrog acw – dyma deilwng gartref i ddefodau erchyll rhyw hen grefydd baganaidd, dyma wlad yr hoffai ysbryd

'Hen Ŵr Shir Bemro' yn gant oed

aflonydd rhyw hen fôr-leidr crwydrol aros am ennyd ynddi, ar ryw benrhyn neu ynys sydd eto'n dwyn ei enw. Gwlad hud a lledrith ydyw, wedi ei gwneuthur gan Ddewi yn wlad goleuni'r efengyl. Ond y mae ei swyn a'i phrydferthwch fel erioed.'

Tybed ai dyna oedd teimladau Stephen Lewis, a adwaenid wrth yr enw 'Hen Ŵr Shir Bemro', a gerddodd y 64 milltir o Eglwyswrw i Dyddewi ac yn ôl mewn diwrnod pan oedd yn dipyn iau na'i oed pan fu farw'n 103 yn 1924. Tebyg, os oedd yntau, a'i frawd, Griffith, ar gymaint o frys, nad oedden nhw wedi loetran i flasu rhyw lawer ar rin y lle. Pa ddiben i ni gwyno am flinder wedi taith fer o ddeunaw milltir o gymharu â gorchest Stephen Pant-y-garn? Ond mae'n rhaid y byddai synhwyrau'r brodyr hefyd yn effro a'u bod, ill dau, drannoeth, drennydd a thradwy'r drin, yn medru tafoli'r profiad ac adrodd eu straeon. Deil ei ddisgynyddion yng Ngharnhuan yn llawn ffrwst a ffwdan wrth groesawu'r ymwelwyr hinon haf a ddaw i weld y fferm geffylau, ac ni fydd pall ar y straeon am eu hen dad-cu, ac aelodau eraill o'r ach gan gynnwys Glynne Jones, maestro Côr Meibion Pendyrus, o ddirwyn y sgwrs i'r cyfeiriad iawn.

Tra pery'r Gymraeg yn dafodieithol gadarn ar glos Carnhuan mynna rhai fod yr iaith yn wynebu ei thranc yn ardal Tyddewi a'r tranc hwn wedi'i ragfynegi gan Alison Thomas mewn arolwg a wnaeth o Dafodiaith Plwyf Tyddewi yn 1987:

'Erbyn heddiw mae'r Gymraeg yn Nhyddewi yn gyfyngedig i sefyllfaoedd teuluol neu i sefyllfaoedd cwbl anffurfiol. Mae'r Gymraeg wedi colli nifer fawr o'i chyweiriau i'r Saesneg ac mae nifer y siaradwyr Cymraeg yn lleihau'n flynyddol. Ar sail y dystiolaeth a gafwyd yn ystod yr arolwg hwn, ni fydd y Gymraeg ond rhyw atgof yn y gymdeithas mewn rhyw ddeng mlynedd ar hugain neu lai.'

Yn wir, roedd geiriau un o feibion amlycaf Tyddewi, ymron i ddeng mlynedd ar hugain ynghynt, yn y gyfrol *Crwydro Sir Benfro (Y Rhan Gyntaf)*, yn ddamniol o safbwynt cynnal y wireb honno, a draethir yn aml ar Ddydd Gŵyl Dewi, mai yn Nhyddewi y canfyddir curiad calon Cymru. Dyma oedd dadansoddiad y James Nicholas ifanc ac yntau ar y pryd yn athro mathemateg yn Ysgol y Berwyn yn y Bala:

'Hanes Tyddewi yw hanes pob pentref glan y môr, ac yntau'n cael ei foddi nid gan lanw'r môr ond gan lanw'r ymwelwyr a'r Saeson a ddaw yno i dreulio'u gwyliau neu ddiwedydd eu bywyd. Y perygl ydyw derbyn y rhain gyda'u hiaith economaidd a'u hacen uchel-ael fel patrwm-ddynion.

Byddaf yn dal rhyw theori od fy hun – daliaf pe bai'r brif drafnidiaeth o Dyddewi i Abergwaun trwy wlad Gymreig Trefin ... Croesgoch ... yn lle o Dyddewi i Hwlffordd fel y mae, na fuasai Tyddewi mor Seisnigaidd. Y mae dylanwad Hwlffordd yn aruthrol, a gellwch ddweud yn ddibetrus fod cysgod y dref honno'n ymestyn ar hyd y briffordd i Dyddewi hyd at y môr.

A dyna'r fampir o erodrom yn Solfach a Breudeth – hon a ddiwreiddiodd fythynnod a ffermydd, darn gwir Gymreig o'r wlad, lle y bu rhai o'm hynafiaid i fy hun yn acennu'r iaith. Heddiw nid oes yno ond slang afiach gwŷr a ddysgwyd i ddibrisio bywyd. Mae'n debyg mai deffroad crefyddol yn ei hanfod a all achub ein cenedl, a rhaid i rywun ddweud pethau ysgubol am y gyfundrefn sydd ohoni, er i

Jâms Niclas, un o fechgyn Tyddewi

hynny fod yn amhoblogaidd, a chas gennyf feirniadu, ond y mae'r hen ddinas fach yn agos at fy nghalon i ac y mae ei hargyfwng yn argyfwng i mi.'

Dychweloddycyn-Archdderwydd a chyn-Gofiadur yr Orsedd at yr un thema mewn anerchiad ar achlysur cynnal yr Eisteddfod Genedlaethol yn ei henfro yn 2002 a chadarnhau'r hyn a ragdybiai.

'Ond y newid mwyaf sylfaenol o bell ffordd yw diflaniad yr iaith Gymraeg. Darfu'r Gymraeg yn famiaith plant y fro – gydag ychydig eithriadau – a darfu am y Gymraeg yn famiaith plant yn yr ysgolion – cynradd ac uwchradd. Y mae'n brofiad ysgytwol i mi pan ddychwelaf yma i sylweddoli bod darn o wareiddiad Cymraeg wedi ei ddifrodi o fewn hanner canrif,' meddai oddi ar lwyfan y brifwyl.

Ai gwir y dadansoddiad? Ai enwau'r pentiroedd a'r creigiau a welir ar fapiau yw'r unig waddol a erys o lawenydd y Gymraeg yn Nhyddewi bellach? Mae'n ffaith nad yw'n ofynnol i bennaeth yr ysgol uwchradd fedru'r Gymraeg mwyach. Yn nyddiau Jâms Niclas roedd y prifathro J. J. Evans yn gynganeddwr ac yn ramadegydd o fri y bu ei lyfrau'n fodd i sawl cenhedlaeth o ddisgyblion loywi eu Cymraeg. Unwyd y ddwy ysgol gynradd ond byddai'n gamp i ganfod disgybl yno a all ddweud mai'r Gymraeg yw ei iaith gyntaf ac nid yw'n ofynnol i holl aelodau'r staff fedru'r Gymraeg.

Ni roddir lle blaenllaw i'r iaith yng ngweithgareddau'r Eglwys Gadeiriol ac eithriad mwyach yw canfod aelod sy'n medru'r iaith ymhlith aelodau Côr y Gadeirlan a'r un modd eithriad yw ei chlywed ar y stryd, yn y siopau, y tai bwyta, y gwestyau a'r tafarndai yn anterth y tymor gwyliau pan dyrra'r heidiau i'r ardal. Prin hefyd yw'r gwasanaethau uniaith Gymraeg yn y capeli sy'n dal i gynnal oedfaon. Peidiodd papur bro'r ardal, *Pentigili*, yn 1985 ar ôl rhyw saith mlynedd o gyhoeddi a gyda hynny ildiodd y lliaws tyngedfennol i'r llanw Saesneg a ystyrid yn anochel. Y cilio hwn oedd gan Jâms Niclas mewn golwg yn un o'r gadwyn o englynion yn ei gerdd 'Myfyrdod yn Nyfed':

Sŵn marw cwyn sy'n y môr caeth, – yno daw
O'r dwfn fel hen hiraeth,
A phwn dyfal yr alaeth
Yn y twrw trist ar y traeth.

Ond … o ddod ar draws rhai o gyfoedion y bardd ceir llond pen o Gymraeg rhywiog ac atgofion cynnes am ddawn eu cyfaill fel storïwr wedi'i amgylchynu gan ei gyd-ddisgyblion yn ystod oriau cinio dyddiau ysgol. Ond yr un modd gresynant hwythau am y modd y diflannodd y Gymraeg rhwng eu dwylo rywsut. Cewch eich gweini yn Gymraeg yn y Swyddfa Bost, sy'n fwrlwm o fywyd gydol y dydd, ac mewn ambell fan dethol arall. Ond er bod y presenoldeb milwrol ym Mreudeth gerllaw wedi pylu mae effaith y mewnlifiad, a llawer ohono yng nghyfnod y Rhyfel Oer, wedi gadael ei ôl. Teg dweud mai'r mewnfudwyr, ar y cyfan, a welodd gyfle, o dan drwynau'r Cymry brodorol, i sefydlu busnesau fyddai'n elwa o'r fasnach wyliau.

Syndod i swyddogion yr Eisteddfod Genedlaethol oedd mynychu cyfarfodydd cyhoeddus yn y ddinas ar ddechrau'r milflwyddiant a chanfod mai Saesneg fyddai cyfrwng mynegiant mwyafrif y rhai hynny a oedd yn frwd dros wahodd yr Ŵyl i'r ardal. Yn eu plith roedd yr arlunydd dawnus Peter Daniels, a oedd yn nodweddiadol o'i wehelyth a wnaeth ymgartrefu yn yr ardal. Ei waith mwyaf uchelgeisiol oedd ei gomisiwn olaf sef murlun 1,200 troedfedd sgwâr ar gyfer Neuadd Gyngerdd Nimbus ger Mynwy. Roedd yn aelod o Gôr y Gadeirlan ac yn ei dro arweiniodd ymgyrch egnïol a llwyddiannus ymhlith ei gyd-artistiaid yn erbyn y bwriad i leoli mastiau radar ar y penrhyn, pan drefnodd arddangosfa brotest 'Arbedwch Tyddewi' a fu ar daith ledled Cymru ac yn Llundain a Bryste. Gwelai rinweddau mewn amddiffyn a diogelu harddwch yr ardal ac er ei fod mewn gwrthgyferbyniad hollol i'r steddfodwr traddodiadol gwelai y medrai'r Ŵyl gyflawni swyddogaeth gyffelyb yn yr ardal.

Diddorol oedd gwrando ar ddadleuon llawer o Gymry'r penrhyn wrth ddwrdio'r Eisteddfod am na ellid ei chynnal naill ai ym mis Mehefin neu ym mis Medi. Dadleuent nad oedd ei hangen yn anterth y tymor gwyliau ac mai rheitiach, o safbwynt economi'r ardal, fyddai ei chynnal y naill ben neu'r llall o'r tymor. Sylwch hefyd ar y nifer o ffermydd yn yr ardal a arferai fod yn 'uchaf' ac 'isaf' sy wedi troi'n 'upper' a 'lower' o flaen enw hollol Gymraeg a hynny'n arwydd, hwyrach, nad yw'r Cymry wedi anghofio eu bod, ar un adeg, wedi'u concro. Profodd y cyfarfodydd cynnar hynny pan drefnwyd i wahodd yr Eisteddfod Genedlaethol nad oedd y Gymraeg bellach yn iaith gymunedol yn Nhyddewi.

Nid y profiad annisgwyl a ddisgwyliwn oedd y profiad annisgwyl a gefais ar ôl cnocio ar ddrws cartref William Lewis yn y brif stryd ar y ffordd i mewn i'r ddinas o gyfeiriad Caerfai. Chwi gofiwch fod yna arwydd ym Mhorthclais yn tystio i allu, rhagorach nag eiddo'r Ymherodraeth Brydeinig a Dewi Sant ynghyd, y dywededig Mr Lewis i iacháu anhwylderau. Gwelwyd yr un dystiolaeth wedi'i hysgrifennu ar bosteri wedi'u glynu ar ffenestri'r tŷ. Bu bron i mi ddanto disgwyl i'r drws ffrynt agor, ar ôl canu'r gloch droeon, pan ddaeth gŵr bonheddig i'r adwy rywle o'r cefn a holi fy hynt. Esboniais fy mwriad ond cefais yr argraff nad oedd yn gyfleus i mi gael gair â William Lewis ar y pryd. Esboniodd Alan Owen ei fod ef a'i wraig yn galw gyda'r hynafgwr bob hyn a hyn er mwyn cymhennu tipyn ar y tŷ a'u bod wrthi trwy'r trwch ar y pryd yn ceisio cael trefn ar yr ardd a bod y bagiau du eisoes yn niferus.

Er i mi esbonio nad oeddwn am eu rhwystro ac y buaswn yn galw rywbryd eto roeddwn yn dal i sgwrsio â Mr Owen ar y palmant ymron i awr yn ddiweddarach ac yntau â'i fenig garddio yn dal am ei ddwylo. Cefais ar ddeall fod Alan Owen yn un o gyfoedion ysgol Gwyn Alf Williams yn Nowlais ac, yn wir, bod ei chwaer yn un o gariadon cynnar y cyw-hanesydd. Ymhellach, sgwarnog a godwyd gan yr Athro Gwyn Alf oedd yn mynd â bryd Alan Owen ar y pryd, sef y posibilrwydd fod y cyfreithiwr Edward Hall nid yn unig yn amddiffyn aelodau'r Beca ond hefyd yn gweithredu yn eu mysg yng Ngorllewin Cymru ynghanol y bedwaredd ganrif ar bymtheg. I'r perwyl hwnnw roedd yn treulio cymaint o amser â phosib yn lletya yn un o fythynnod teulu bonheddig y Fitzwilliams ar ystad y Cilgwyn, yn ardal Castellnewydd Emlyn, yn cribinio hanes y teulu trwy ddarllen papurau preifat yn ogystal â mynd ar fynych wib i'r Llyfrgell Genedlaethol i astudio papurau'r teulu sy dan glo yno.

Yn ystod yr orig cefais fy nhywys i Dde'r Affrig i glywed mewn manylder am hynt rhai o fechgyn y teulu yn Rhyfel y Boer, eu rhan yn haenau uchaf bywyd yn Llundain a'r rheswm dros benderfyniad Edward Crompton Lloyd i ollwng y cyfenw Hall a mabwysiadu Fitzwilliam. Mae'n debyg iddo bwdu pan na chafodd etifeddu eiddo sylweddol yn ardal Paddington a chyhoeddi ei fod yn cydio yn yr hyn a gredai oedd yr hen gyfenw teuluol yn Swydd Efrog. Doedd dim dwywaith ei fod yn gymeriad cymhleth ac am ei fod ar un adeg yn anfon adroddiadau cyson am

Cwmyreglwys lle golchwyd rhan o'r eglwys i'r môr

Yr 'eglwys' ar y creigiau ger Pwllgwaelod

Haenau o wyrddni a chochni clatsh-y-cŵn

Tegeiriannau pigfain

Pen Dinas yn niwl y bore

Un o'r Parcmyn, Carol Owen yn ein hannerch

Wrth gofgolofn Dewi Emrys, 'Hen linell bell nad yw'n bod...'

Cromlech Carreg Samson

Llonyddwch harbwr Porthgain

Rhaid disgyn yn garcus

Penrhyn Dewi golygfa i'r synhwyrau cyfan

Bill Gibby ar frys uwchben Niwgwl

Merlod Caerfai yng ngwenau'r haul

Marloes – un o'r traethau cudd

Tyn am y lan ling di long ben bore

Eglwys Pwllcrochan a'r burfa olew yn y cefndir

Rob Norman yn darllen o'i 'lyfr du'

Cefnu ar yr hagrwch diwydiannol

Ar hyd gwastadeddau Castellmartin

Dringwyr ar y graig

Sianis Blewog ar y berth

Broc môr a sbwriel

Rhaid dal ati – glaw neu hindda

Ar draeth Maenorbŷr

Y Cymro Anrhydeddus – Derek Rowland

Carped o liw ar y creigiau

Dinbych-y-pysgod darluniadol

Y cerddwyr yn un â'r dirwedd

Ymhlith y cerrig cyntefig

Y glustog Fair yn gyforiog

weithgareddau'r Beca at y Swyddfa Gartref rydym yn ddyledus iddo am ddarlun manwl o weithredoedd y terfysgwyr. Ond am ei fod yn eu hamddiffyn hefyd mewn achosion llys a oedd yn chwarae'r ffon ddwybig? Dyna oedd Alan Owen am ei ddatrys.

Credai i sicrwydd ei fod o leiaf yn cynorthwyo i lunio'r posteri hynny fyddai'r Beca'n eu gosod mewn mannau cyhoeddus i gyhoeddi eu bwriadau. O gofio y byddai'r mwyafrif o'r terfysgwyr yn anllythrennog yn y cyfnod hwnnw mae'n deg tybio y gallai cymorth cyfreithiwr fod yn fanteisiol i'r perwyl hwnnw. Ond y dirgelwch sy heb ei ddatrys yw a oedd Edward Hall hefyd yn annog os nad o bosib yn cynllunio a threfnu rhai o'r cyrchoedd? A beth am gymryd rhan ei hun os oedd yn medru anfon adroddiadau manwl at y Swyddfa Gartref?

Pwy fuasai'n meddwl y cawswn drafodaeth mor ddiddorol ar balmant prif stryd Tyddewi pan âi eraill heibio heb ddirnad ein bod yn trafod materion pwysig a ddigwyddodd ganrif a hanner 'nôl? Ac yn wir, pwy oedd yn eistedd ar sedd gyhoeddus ar y gornel gerllaw yn bytheirio o bryd i'w gilydd gyda'i farf laes, wen, yn gwneud iddo edrych fel un o uchel swyddogion y Taliban ond cymeriad brith arall, sef yr anfarwol Togo. Ond roedd fy nirgelwch i'n dal heb ei ddatrys, sef ai gwir oedd galluoedd William 'Monty' Lewis i adfer golygon ymhlith cyflawni gwyrthiau eraill o'r un maintioli â Dewi Sant. Cyndyn oedd Alan Owen i ateb ar ei ben.

'Wel, gwedwch e fel hyn, ma fe'n dweud iddo lwyddo i iacháu pobl. Dwi wedi'i holi droeon ynghylch y mater. A dweud y gwir, dwi wedi sgrifennu sawl pennod yn adrodd peth o hanes ei fywyd. Ma fe'n arddel y cyfenw Hicks-Lewis weithiau chw'el a hynny am ei fod yn llinach y daearegwr Henry Hicks a ddyddiodd y creigiau Cambriaidd. Ond, wedyn, bob tro dwi'n dangos neu'n darllen yr hyn dwi wedi'i sgrifennu amdano ma fe'n moyn newid popeth. Sdim dowt ei fod yn ddyn diddorol …' meddai.

'Wel, wês modd i fi gâl gair 'da fe, felly?' myntwn innau'n obeithiol a phetrusgar.

'Wel, dwi ddim yn meddwl fod heddi'n gyfleus. Rhaid i chi gofio ei fod e dros ei bedwar ugain a ddim mor ystwyth ag oedd e. Mae'n dibynnu ar ei hwylie wedyn. Falle mai'r peth gore fydde i chi ei ffonio rywbryd 'to i drefnu i alw.'

Diolchais iddo am y rhif ffôn ac am y sgwrs ddiddorol gan ddymuno y byddai'n llwybrau'n croesi rywbryd eto, ac wrth ffarwelio rhoes waedd arnaf.

'O ie, pan fyddwch yn ei ffonio, cofiwch ei fod yn drwm gythreulig ei glyw, a falle na fydd e'n clywed y ffôn yn canu.'

Yn yr un stryd mae bwyty crand o'r enw Cwtch y dywedir bod y nofelydd Richard Llewellyn wedi'i eni yno neu o leiaf roedd teulu un o'i rieni'n byw yno pan oedd yn dŷ annedd. Roedd awdur *How Green Was My Valley* yn nodedig am fod yn amwys ei wybodaeth am ffeithiau ei fywyd fel y cofiaf yn dda o'i holi yn ei ystafell yng Ngwesty'r Angel yng Nghaerdydd, ac yntau wedi'i lapio mewn tywel gwyn yn edrych fel fersiwn gwantan iawn o Mahatma Gandhi. Mynnai nad oedd ei enedigaeth wedi'i gofrestru yn y dull arferol ac mai ym Meibl y teulu'n unig y cofnodwyd y digwyddiad. Yn anffodus, cafodd hwnnw ei ddinistrio, ynghyd ag aelodau o'i deulu, yn ystod yr Ail Ryfel Byd pan oedden nhw'n byw yn Llundain, a doedd e chwaith ddim yn hollol sicr ei hun beth oedd ei enw bedydd cyflawn.

Treuliodd y rhan fwyaf o'i oes, ar ôl llwyddiant ei nofel gyntaf, yn Ne America, a hynny'n rhannol, o leiaf, oherwydd anawsterau trethiannol yn deillio o lwyddiant y nofel, a'r fersiwn ffilm a wnaed ohoni gan John Ford yn America a oedd yn nodedig am fod nifer o'r cymeriadau'n siarad mewn acen Wyddelig. Er yr ansicrwydd ynghylch dyddiad ei eni, rhywbryd ynghanol degawd gyntaf y ganrif ddiwethaf, o leiaf gwyddys mai yn 1983 y bu farw pan oedd yn byw yn Nulyn, a hynny, unwaith eto, am resymau trethiannol.

Ni chredir iddo fyw'n barhaol yng Nghymru erioed er mynna trigolion hŷn Trefdraeth iddo dreulio cyfnod ym mwthyn Cotllwyd, yn uchel ar lethrau Carn Ingli, cyn i'r arlunydd Frederick Könekamp symud yno. Mae'n debyg y byddai hynny'n fuan ar ôl cyhoeddi'r nofel a wnaeth iddo'i enw yn 1939 a'i fod yn bwrw ati i gyfansoddi rhai o'r ugain a mwy o nofelau a gyhoeddodd yn ystod ei yrfa. Gwnaed fersiynau teledu o'r nofel nodedig ac fe'u cofiwn am y portreadau cynnes o'r fam Gymreig yn angor y teulu glofaol gan Rachel Thomas a Siân Phillips yn eu tro.

O gyrraedd y groes Geltaidd ar sgwâr y ddinas, mae'n briodol cofio mai dyna'r fan y cychwynnodd ymgyrch etholiadol hanesyddol Waldo yn enw Plaid Cymru yn etholiad cyffredinol 1959, gyda phrin ddwsin yn gwrando arno'n areithio. Eto i gyd pan orffennodd yr ymgyrch honno trwy gynnal cyfarfod cyhoeddus yn Neuadd y Ddinas, roedd yno dorf sylweddol ac o ganlyniad casglodd gyfanswm o 2,250 o bleidleisiau. Cyflawnodd y gweledydd ei ymgyrch mewn cylch crwn, er amau unrhyw batrwm i'r ymgyrch a wnâi'r rhai hynny a fu'n ei gynorthwyo. Diolchai ei ymgyrchwyr nad oedd gobaith iddo ennill y sedd am y byddai, ar ryw olwg, yn un o'r aelodau seneddol mwyaf anhrefnus a fu erioed yn ôl pob tebyg. Wrth gwrs, rheitiach na threfnusrwydd oedd ei gryfderau.

O edrych draw i'r dde drwy'r coed sy'n llawn o nythfeydd brain gwelir Gwesty'r Old Cross y gellir eto ei gysylltu ag adyn o'r ardal. Dyma le da i fwyta a chael clonc gyda'r brodorion yr un pryd. Bydd gan bob un o'r selogion ei fersiwn ei hun o'r digwyddiad y nos Sul gyntaf honno ym mis Mawrth 2006 pan alwyd heddlu arfog a chŵn i'r gwesty ar ôl ffrwgwd rhwng y rheolwraig, Victoria Skeats, a'r canwr Meic Stevens, pan drafodwyd mater hiliaeth yn hynod drwyadl a thra emosiynol mewn cyfres o wrthgyhuddiadau milain. Mewn achos llys yn Hwlffordd ym mis Tachwedd cafwyd y canwr yn euog o ymddwyn yn fygythiol, ac ar ôl iddo ddweud na allai wneud gwaith cymunedol am ei fod yn dioddef yn enbyd o wynegon, cafodd

Dai'r Felin yn plygu'r gwiail

ddirwy o £500 a gorchymyn i dalu costau o £420.

Mewn unrhyw dref glan-y-môr lle ceir bad achub rhoddir y parch uchaf i'r rhai hynny sy'n gwirfoddoli i fod yn rhan o'r criw ac yn ei ddydd bu Dai Lewis yn aelod nodedig o griw bad achub Tyddewi. Fe'i hanrhydeddwyd â Medal Efydd am y modd y llywiodd y bad achub mewn storm ym mis Tachwedd 1956. Achubwyd wyth Ffrancwr oddi ar gwch pysgota ond, yn anffodus, collwyd un o aelodau'r criw, Ieuan Bateman, ac yntau ond yn 21 oed. Yn ôl y sôn oni bai bod Dai wedi clymu ei hun wrth y llyw'r noson honno, a hithau fel y fagddu ynghanol y storm enbyd, byddai mwy o fywydau wedi'u colli. Ddwy flynedd ynghynt roedd Dai'n ail-lywiwr pan achubwyd 35 o forwyr oddi ar dancer olew 20,000 tunnell, *World Concord*, wedi iddi hollti yn ei hanner. Cafodd y digwyddiad sylw ar draws y byd a rhoddwyd medal arian a dwy fedal efydd yn ogystal â geirda ar felwm i griw *Sŵn-y-môr* y diwrnod hwnnw.

Roedd Dai'r Felin yn aelod o'r criw am 33 mlynedd ac yn gocs am 13 o'r rheiny cyn iddo ymddeol yn 1969. Arferai ein hatgoffa mai wrth dalcen yr Old Cross y cedwid y bad achub cyntaf ac y byddid yn defnyddio ceffylau i'w dynnu er mwyn ei lansio o ble bynnag a oedd yn gyfleus er mwyn ateb yr alwad a phawb yn gorfod rhwyfo'r pryd hynny. Mae'n debyg mai un rheswm dros ei symud i fangre arall oedd y ffaith ei fod yn rhy gyfleus i'r sawl oedd am gyflawni hancipanci o dan ei gynfasau gyda'r nos. Medraf yn hawdd ddychmygu Dai'r Felin yn cerdded heibio, gyda fersiwn fechan o botyn gwiail dal cimychiaid o dan ei gesail y byddai wedi'i addo i rywun. Trysoraf y fasged gefais innau ganddo ac yntau yn ei 90au pan oedd wedi'i phlethu, a hynny am fod y dwylo cywrain hynny wedi cyflawni cymaint yn ystod ei oes.

Yn ogystal â bod yn bysgotwr profiadol roedd Dai, yn unol â'i enw, hefyd yn felinydd, yn Felin Isaf, ar lan afon Alun, uwchben Porthclais. Medrai ddisgrifio'r broses o falu mewn Cymraeg croyw yn ogystal ag adrodd storïau am yr hen gymeriadau. Dyna i chi Ben Sa'r a gadwai asyn er mwyn tynnu'r cart a gludai'r offer pan fyddai'n gweithio ar y ffermydd. Arferai'r asyn bori ar dir ffermwr cyfagos ond pan ddaeth perchennog newydd yno i ffermio, rhybuddiwyd Ben na châi'r asyn bori ar y tir rhagor. Ond dal i bori'n jycôs yn yr un man a wnâi'r asyn a hynny ar ôl sawl rhybudd y dylai newid ei borfa. Pan ofynnodd y perchennog newydd, ac yntau'n weddol ddiamynedd, i Ben a oedd wedi deall y gorchymyn, ei ateb oedd: 'Wdw, wdw, ond treiwch chi ddweud hynny wrth yr asyn'. Arferai Ben gadw cwlwm o ddynad neu sgubell o eithin yn ei gart er mwyn eu gwasgu o dan gynffon yr asyn pan fydden nhw'n mynd lan rhiw.

Ond gyda chryn ddwyster y soniai Dai amdano'i hun yn pysgota ym Mae Caerbwdi pan welodd yr hyn a gredai oedd yn fwi melyn. Wrth iddo nesáu ato gwelodd mai pen moel ydoedd, a bod y corff yn arnofio ar ei draed. Roedd yn rhy drwm i'w godi i'r cwch felly rhoes raff am ei ganol ac o dan ei freichiau a'i dynnu i'r lan. Doedd yna'r un enaid byw yno i'w helpu a bu rhaid iddo straffaglu i lusgo'r corff cyn belled ag y medrai, a chlymu'r rhaff wrth garreg fawr, rhag i'r corff gael ei olchi mas gyda'r llanw wedyn. Pan gyrhaeddodd dŷ'r plismon yn Nhyddewi i esbonio beth oedd wedi digwydd, cafodd ar ddeall bod yna sôn eisoes am ddyn a oedd ar goll.

Buan y cadarnhawyd mai'r dyn yn ei byjamas, wedi'i glymu wrth garreg ym Mae Caerfai gan Dai'r Felin, oedd y gŵr y bu chwilio amdano. Pan gynhaliwyd cwest i'r digwyddiad dyfarnodd y Crwner y dylid rhoi hanner coron i Dai am ei drafferth. Medrai hefyd ddifyrru gwrandawyr yn sôn amdano'i hun yn cludo can tunnell o lo cwlwm o Hook i Borthclais, ac amdano'n hwylio droeon i Dde America yn y 1920au gan brofi helyntion di-ri yn y porthladdoedd pellennig. Yn ogystal, dysgodd ei hun i chwarae'r gitâr ac roedd yn aelod o fand pres Tyddewi.

Prin fod yna neb yn Nhyddewi nad oedden nhw'n ystyried eu hunain yn ffrindiau â Dai.

Felly Lowri Lewis, sy'n cofio amdano'n dda yn ystod dyddiau ei phlentyndod, fel 'dyn annwyl iawn'. Er ei bod yn byw'n alltud uwchben Aberteifi, dychwel i ddinas ei magwraeth yn aml i gerdded hen lwybrau'n gymysg â'r ymwelwyr, ond gan arddel persbectif ychydig yn wahanol i'w heiddo nhw.

'Elwn nôl pob wythnos pe medrwn ac mae'n rhaid gen i taw'r hud a gysylltir â'r lle sy'n fy nenu. Ma na dangnefedd i'w deimlo yng Nglyn Rhosyn ac o amgylch yr Eglwys Gadeiriol na fedraf ei ddisgrifio. Dwi'n cofio'n dda mynd gyda fy nhad, gweinidog capel Ebeneser, i weld yr aelodau a galw mewn un bwthyn lle roedd yno lawr pridd o hyd a'r gwely codi wrth ymyl y lle tân. Byddai'r wraig yn arfer tynnu patryme yn y pridd gyda choes rhiwbob am ryw reswm. Roedd hi'n gyffredin wedyn i lawer gadw gwydde yn rhannol er mwyn eu lladd a'u bwyta ond hefyd am y bydden nhw'n cadw dieithriaid draw o'r cartre.

'O ran y Gwmrâg dwi'n cofio fel y bydde fy nhad yn gwaredu'n aml am fod nifer o deuluoedd Cymraeg ymhlith yr aelode'n penderfynu siarad Saesneg â'u plant. Synno'r plant hynny wedi colli'u iaith yn llwyr efalle, ond ma nhw'n efelychu patrwm eu rhieni trwy fagu eu plant eu hunain trwy gyfrwng y Saesneg. Bydde'r capeli wedyn yn colli aelode am fod yr Eglwys yn denu llawer o gantorion i ganu yn y côr, a nhw'n cael eu talu am wneud hynny, ac atyniad arall, sy'n para hyd heddi siŵr o fod, oedd cael priodi yn ysblander yr Eglwys Gadeiriol. Yn wir, mae'n rhyfeddod fod ymneilltuwyr teyrngar Tyddewi yn medru cadw drysau tri chapel Cymraeg ar agor, gan fod y mewnlifiad Saesneg yn parhau.'

Ond erys un atgof melys y mae'n ei drysori ynghylch un ymwelydd arbennig ar aelwyd y Mans a fyddai'n cwmnïa gyda hi a'i rhieni, Emrys a Linda Evans.

'Byddai Waldo'n galw yn fynych ac yn aros dros nos am y byddai, yn ôl ei arfer, wedi colli'r bws diwethaf nôl i Hwlffordd. Roedd fy nhad yn trefnu iddo gadw dosbarth nos yn ystod y gaeaf, ac am nad oedd amser yn cyfrif dim iddo, bydde fe'n aml yn dal i draddodi'r ddarlith ymhell ar ôl i'r bws adael. Fydde hi byth yn noson gwely cynnar pan fyddai Waldo'n aros. Roedd rhaid sgwrsio tan yr orie mân ond braidd yn ddwfwn fydde'r trafod i mi ar y pryd er dwi'n ei gofio fel cymeriad hoffus tu hwnt.'

Wrth ffarwelio â Lowri Lewis, ynghanol ei lledrith, priodol sôn am Waldo, unwaith yn rhagor, wrth ddisgyn ar hyd y deugain namyn un o risiau tuag at lawr yr Eglwys o gofio iddo fyfyrio'n ddwys a hir ynghylch bucheddau'r seintiau cynnar. Mae'r grisiau eu hunain yn cynrychioli'r tri deg a naw o erthyglau Credo'r Eglwys. Ni ellir peidio â rhyfeddu at ffurf ac adeiladwaith mawreddog yr eglwys o'r tu fas a'r tu mewn, ac adleisio llinellau cloi soned y Prifardd Eirwyn George i Sir Benfro:

> Pan fyddo'r byd yn fwrn, a chwerw'i ddant,
> Mae balm pob clwy ar randir Dewi Sant.

Does dim gwadu cysylltiad Dewi Sant â'r llecyn hwn o ddaear 'nôl yn y chweched ganrif. Rhy Rhygyfarch, mab Sulien, esgob Tyddewi, lun o gofiant ohono dros bedair canrif yn ddiweddarach sy'n tynnu sylw at y gwyrthiau honedig a gyflawnwyd gan y gŵr asetig, a arferai sefyll am gyfnodau hir mewn dŵr oer hyd at ei wddf, er mwyn gwanhau'r nwydau.

Pe deuem ar draws y Tra Pharchedig Wyn Evans, Deon yr Eglwys Gadeiriol er 1994, byddai am ein hatgoffa bod gan yr awdur gymhellion cryf dros gyflwyno darlun dyrchafedig o Ddewi. Er mwyn atal bwriad y Normaniaid i ddiddymu gorchestion ac annibyniaeth y gorffennol roedd rhaid profi bod yna'r fath sefydliad ag Eglwys Gymreig gynhenid ac na ddylid felly, ei huno â chyfundrefn Caergaint. Y dull amlwg o wneud hynny oedd tynnu sylw at yr hyn a gyflawnwyd gan y seintiau cynnar. A dyna, bid siŵr, yw un o gynghorion penna'r daith, a dderbynir trwy ras y Deon Wyn Evans, sef peidio â chymryd yr un dim a ddarllenir yn ddigwestiwn, a hynny ym mhob cyd-destun, am fod yn rhaid ystyried cymhellion awdur wrth gyflwyno ei ddatganiadau. Na fyddwch ddall na byddar i wendid dynol a all arwain y mwyaf pybyr i wyro neu lurgunio os gwêl fod yna fantais yn hynny o beth er mwyn hybu delwedd neu safbwynt.

Roedd Dewi, Teilo, Brynach, Padarn a'u tebyg wedi llwyr ymgysegru eu hunain i Grist ac yn byw bywyd syml a syber yn seiliedig ar addoliad a gwaith caled mewn gwrthgyferbyniad llwyr i lythni a chyfeddach y dyddiau cynt yng nghyfnod y Rhufeiniaid. Ond does dim sicrwydd beth oedd cyflwr yr eglwys Gristnogol yn y cyfnod rhwng marwolaeth Dewi, naill ai yn 589 neu yn 601 a chyfansoddi'r bywgraffiad ohono yn Lladin rywbryd rhwng 1080 a 1099. Ond o gofio bod yr eglwys yn Nhyddewi wedi'i hanrheithio dros ddwsin o droeon yn y cyfnod hwnnw, a bod y Llychlynwyr wedi lladd dau o'r esgobion, roedd hi'n amlwg bod yr eglwys Gymreig yn ei chael hi'n anodd cadw ei hunaniaeth. Oedd hi o dan warchae? O na bai'r meini hen yn medru siarad a datgelu'r hyn a welsant ac a glywsant yn y cyfnod tywyll hwnnw. Yn wir, am gyfnod roedd y fangre yn anghyfannedd llwyr ac ysbeiliwyd creirfa Dewi Sant fel rhan o'r ymgyrch i ddwyn anfri ar yr eglwys gynhenid.

Eglwys Gadeiriol Tyddewi lle gorwedd crud ein Cristnogaeth

Gwelwyd yr un tyndra yng nghyfnod Gerallt Gymro pan oedd yntau'n dadlau na ddylai'r eglwys yng Nghymru fod yn glwm wrth Gaergaint, ac yntau'n ymgiprys am gael ei wneud yn Esgob Tyddewi a'i ddyrchafu'n Archesgob, am y dadleuai yr arferai Tyddewi, neu Mynyw fel y'i gelwid, fod yn archesgobaeth yn y gorffennol. Aeth ar daith o amgylch Cymru yng nghwmni Archesgob Caergaint, Baldwin, yn 1188, i recriwtio milwyr ar gyfer y Drydedd Groesgad, ac yn hynny o beth rydym yn ddiolchgar iddo am ysgrifennu hanes y daith sy'n rhoi cipolwg ar fywyd yng Nghymru yn y cyfnod. Ond byddai'r Deon Wyn Evans yn ein rhybuddio, unwaith yn rhagor, i beidio â chredu pob dim a ddywed yn llythrennol, am ei fod yn ŵr uchelgeisiol, ac i raddau'n ysgrifennu er mwyn hyrwyddo delwedd gadarnhaol ohono'i hun yn ddyn goleuedig a chyfrifol.

Doedd dim dwywaith ei fod yn wleidydd eglwysig hefyd, a phwy a ŵyr, petai wedi'i benodi'n esgob, hwyrach na fyddai rhaid aros tan 1920 i ddatgysylltu'r Eglwys yng Nghymru. Roedd gan Gerallt gymwysterau teilwng fel Cambro-Norman a oedd yn ddisgynnydd o dywysogion y Deheubarth ac Arglwyddi'r Mers. Fe'i penodwyd yn ganon Tyddewi ac yn archddiacon Brycheiniog ac fe'i hesgusodwyd yntau ac Esgob Tyddewi, Peter de Leia, y trydydd esgob Normanaidd i'w benodi, rhag ymuno â'r groesgad ar yr amod eu bod yn goruchwylio'r gwaith o adeiladu'r gadeirlan newydd. Pan fu farw de Leia yn 1198 disgwyliai Gerallt gael ei benodi'n olynydd iddo fel Esgob fel mater o drefn. Ond ei rinweddau amlwg oedd yn milwrio yn ei erbyn yn ôl Wyn Evans.

'Roedd y rhinweddau hynny a ymddangosai mor fanteisiol iddo, a'i gwnâi'n addas i'r swydd, – ei allu meddyliol, ei allu i drefnu, a'i gysylltiadau teuluol, – yr union rai roedd Harri'r Ail a Hubert Walter, Archesgob Caergaint, yn eu hofni mewn esgob Cymreig. Oherwydd hynny, ac am eu bod yn gwybod ei fod am dorri'n rhydd o Gaergaint, methiant fu ei ymdrech i gael ei ddyrchafu'n esgob Tyddewi, er iddo ymladd ei achos o flaen y Pab yn Rhufain, hyd yn oed, a hynny ar dri achlysur.'

Ni fu'r Eglwys Gadeiriol erioed yn edrych mor ysblennydd nag y mae ar hyn o bryd, ac mae llawer o'r diolch am hynny yn ddyledus i'r Deon presennol, sy wedi goruchwylio rhaglen faith a chostus o adfer, adnewyddu ac ychwanegu er mwyn cyfuno gogoniant cyfoes â'r gogoniant a fu. Yn hynny o beth caiff ei gymharu â'r Esgob Gower a oruchwyliodd waith cyffelyb ar ddechrau'r drydedd ganrif ar ddeg. Erbyn ei gwblhau bydd tua £4 miliwn wedi'i wario a bydd yno fyrddau a chyfarpar dehongli di-ri ar gyfer y 300,000 a mwy o ymwelwyr blynyddol.

Gellid gosod tri neu bedwar capel anghydffurfiol o fewn yr adeilad sy'n ymestyn ymron dri chan troedfedd ar ei hyd ac ymron pum deg troedfedd ar draws. Er bod yno brysurdeb dyddiol o fynd a dod mae yno ymdeimlad o dawelwch a thangnefedd hefyd o amgylch yr allor. Ceisiwch ddyfalu sut byddai'r crefftwyr yn gosod y nenfwd o bren derw Gwyddelig yn ei le, ac yn naddu'r patrymau cywrain a welir uwchben yn y bwâu a'r crogau 'nôl yn yr unfed ganrif ar bymtheg? Pam nad yw eu henwau ar gof a chadw ac a gafwyd damweiniau erchyll wrth iddyn nhw weithio yn yr entrychion yw'r meddyliau a dery dyn wrth ryfeddu ar y ceinder. Cynhelir cyngherddau a datganiadau cyson yno a phrofiad i'w drysori yw clywed asio lleisiau côr meibion ar eu mwyaf nerthol yn y gadeirlan.

Prin y gellir dychmygu anrheithio'r adeilad fyth eto fel y digwyddodd mewn cyfnodau o newid gwleidyddol yn y gorffennol. Diflannodd llawer o greiriau sanctaidd adeg y Diwygiad Protestannaidd yn 1538 ac aed â phlwm oddi ar y to, a thorrwyd ffenestri, pan oedd Oliver Cromwell yn teyrnasu. Yn rhyfedd iawn, aed â pheth plwm oddi ar y to yn 1797 hefyd, a hynny gan wŷr lleol, er mwyn llunio bwledi i ddelio â'r Ffrancwyr a laniodd yng nghyffiniau Abergwaun. Cyflea'r holl furiau cerrig trwchus ymdeimlad o gadernid yn ogystal â symlrwydd sy'n gweddu i'r holl ganrifoedd o hanes a berthyn i'r lle. Nid gweddus fyddai defnyddio brics neu flociau concrid modern wrth drwsio neu ychwanegu at y fangre gysegredig hon ac, yn wir, aed i drafferth i sicrhau cyflenwad digonol o dywodfaen arbennig o chwareli clogwyn ger Caerfai a Chaerbwdi ar gyfer y gwaith trwsio.

Yng nghyffiniau'r seintwar, yn unol â'r arfer mewn eglwysi o'r fath, ceir nifer o arddelwau a beddrodau, a'r beddrod mwyaf yw eiddo Edmwnd Tudur, Iarll Richmond a thad Harri'r VII, a fu farw yn 1456. Fe'i claddwyd yn wreiddiol yn Eglwys Cwrt y Brodyr yng Nghaerfyrddin ond gorchmynnwyd symud ei weddillion i Dyddewi gan ei ŵyr, Harri'r VIII, pan orchmynnodd ddiddymu'r mynachlogydd ar draws y wlad. Bu'r dyddiadurwr brwd, Francis Kilvert, ar ymweliad â'r eglwys yn 1871, a nododd gyflwr truenus y beddrod gan ddweud iddo wthio pig ei ymbrela trwy dwll ac 'ysgwyd y llwch a edrychai fel pridd cyffredin'. Rhoddir lle amlwg hefyd i ddelw o'r Arglwydd Rhys, Tywysog y Deheubarth, a fu farw yn 1197 ond, yn ystod ei deyrnasiad, roedd ei berthynas â'r esgobion yn stormus ar brydiau.

Bu'n dipyn o dalihô rhwng Rhys ap Gruffydd a'r Esgob de Leia yn ystod blynyddoedd olaf ei deyrnasiad ac, yn wir, pan fu farw roedd wedi'i esgymuno o'r eglwys a hynny am iddo orchymyn ei feibion i godi'r esgob o'i wely yng Nghastell Llawhaden a'i lusgo'n hanner noeth trwy goedwig gerllaw. Roedden nhw wedi cipio castell yr esgob bum mlynedd ynghynt mewn dialedd oherwydd ei esgymuno'r adeg hynny hefyd gan yr esgob Normanaidd a hynny, yn ôl pob tebyg, am fod Rhys yn ymosod ar arglwyddiaethau'r Eingl-Normaniaid a choron Lloegr. Yn wir, roedd yr Arglwydd Rhys wedi anrheithio bywoliaeth Gerallt Gymro ym Mathri am ei fod o dan yr argraff mai'r archddiacon oedd y tu ôl i'r penderfyniad i'w esgymuno.

Pan fu farw bu'n rhaid i'w fab a'i olynydd, Gruffudd, ymgrymu gerbron coron Lloegr a chaniatáu gweithred o benyd ar ei gorff cyn diddymu'r esgymuniad a chaniatáu ei gladdu, yn unol â'i ddymuniad, ar dir cysegredig yn yr eglwys. Ceir arddelw un o'i feibion, Rhys Gryg, yno hefyd, ac mae ei ddwylo yntau, fel eiddo ei dad, wedi'u torri, a'i ben yn gorffwys ar biler a'i draed ar lew. Am gyfnod roedd yna goel bod esgyrn Dewi ei hun mewn cist yn y seintwar, ar ôl eu darganfod yn ystod gwaith adfer yn y bedwaredd ganrif ar bymtheg, ond dangosodd profion dyddio carbon diweddar mai esgyrn o'r unfed ganrif ar ddeg oedden nhw ac nid o'r chweched ganrif.

O gamu i olau dydd fe welwch Balas yr Esgob ar draws afon Alun sydd wedi adfer rhywfaint o'i urddas ers penderfyniad yr Esgob Barlow i symud cartref yr esgob i Abergwili ger Caerfyrddin, yn yr unfed ganrif ar bymtheg, am y byddai hynny'n fwy canolog i'r esgobaeth gyfan. Honnir bod Barlow ei hun wedi tynnu'r plwm oddi ar y to er mwyn sicrhau gwaddol teilwng i'w bump o ferched pan fydden nhw'n priodi. Ond mynna eraill nad oedd yr un o'r pump wedi'i geni pan benderfynodd symud cartref ac mae'n rhaid mai arall oedd ei gymhelliad dros werthu'r plwm. Serch hynny, yn y pen draw, priodwyd pob un o'i ferched ag esgobion.

Cyn bwysiced â gwaith yr esgob yn bennaeth y gymuned ffydd, a'r clerigwyr eraill sy'n gweithio'n amser llawn yn Nhyddewi, yw'r gwaith o gynnal a chadw'r wyth cyfer o dir oddi amgylch ac, yn amlach na pheidio, fe welwch Tony Pearce wrthi'n rhywle'n twtio a chymhennu. Bydd yr un mor barod i dorri gair ag yw i dorri'r borfa a chyn bwysiced â gwaith y deon yn trefnu'r ordinhadau eglwysig yw gwaith y gofalwr yn cynnal a chadw'r holl diroedd oddi amgylch, a bu Tony'n gwneud hynny er 1972. Yn fwy na hynny gwnaeth ei siâr o waith gwirfoddol yn y ddinas fel aelod o'r bad achub, y frigâd dân a gwylwyr y glannau yn ei dro ac mae'n bysgotwr glew hefyd.

Gall adrodd hanes y mwyafrif o'r bobol sy o dan y cerrig beddau yn ogystal â'u hachau a'r un modd gall enwi mannau ar hyd yr arfordir, megis Trwyn Cyndeiriog, Twll-y-gwyddyl, Twll-y-dillyn a Phorth-y-bwch, y byddai'n gamp i'w canfod ar unrhyw fap. Edrydd hyn i gyd mewn tafodiaith bersain gan ynganu'r gair 'ynys' yn 'inis' a 'niwl' yn 'nwyl' bob tro. Gwelodd newid syfrdanol yn Nhyddewi.

'Ma'r lle wedi altro ers pan wên i'n grwt. Cered ar y stryd pwr'ny a siarad Cwmrâg â phawb ond heddi mae'n syndod os gwna i siarad Cwmrâg â rhywun unweth yr wthnos. Wês, ma 'na newid imbed wedi bod. Ma tyrfaoedd mowron yn dod i weld yr eglwys o bob rhan o'r byd,' yw byrdwn ei ddyfarniad.

Yma, eto, does dim osgoi crawcian y cigfrain fry yn y coed pisgwydd i gyfeiriad y deondy sy'n ddigon i yrru arswyd ar hyd y meingefn. Maen nhw fel rhyw fotif Celtaidd hynafol yn byw eu bywydau annibynnol eu hunain ar draws y canrifoedd yn ddihidiol o'r hyn a ddigwydd yn yr adeilad mawreddog gerllaw. Pe byddem yn rhydio trwy ddŵr grisial afon Alun i gyfeiriad Porthclais medrem ddychmygu diwydrwydd y mynaich yng nghlas Dewi, yn eu dillad o grwyn, yn dewis defnyddio nerth bôn braich yn hytrach na nerth ychen i aredig, am yn ail â myfyrio ac addoli, a chadw corff ac enaid yn un trwy fwyta berw'r dŵr, pysgod a llysiau; symlrwydd a disgyblaeth lem yw awyddfryd y rhai a fynnant gynnal yr enaid a'r ysbryd yn ddilychwin.

O gyrraedd y fan lle rhed yr afon i'r môr gwyddom mai dyma lle bedyddiwyd Dewi pan oedd yn faban ac iddo, yn ôl y sôn, fod yn gyfrwng i adfer golwg naill ai'r sawl a oedd yn ei fedyddio, yr Esgob Aelfyw o Munster, neu'r sawl a oedd yn ei ddal, y mynach Movi, tra câi ei fedyddio. Tarddodd ffynnon yn yr union fan ac wrth olchi ei lygaid yn y dŵr sanctaidd troes y tywyllwch yn oleuni yn hanes y naill neu'r llall, a deil y ffynnon yno i'r sawl a fyn drochi ei hun yn ei dŵr.

Wrth ffarwelio â chrud ein Cristnogaeth yng Nglyn Rhosyn gellir hymian emyn-dôn John Francis, 'Tyddewi', a sisial ganu geiriau Williams Pantycelyn am fawredd y Groes, 'Mi dafla 'maich oddi ar fy ngwar wrth deimlo dwyfol loes', gan ei fod yn rhan yr un mor berthnasol o'n traddodiad crefyddol. A gyda llaw, 'Beverley' oedd enw'r emyn dôn yn wreiddiol pan gyhoeddwyd hi gyntaf yn 1855, a chredir iddi gael ei chyfansoddi yn 1827, ond rhoddwyd yr enw 'Tyddewi' iddi gan y cerddor John Hughes. Pan oedd yn arwain Cymanfa Ganu yng nghylch Tyddewi yn 1948 clywodd y Parch. Jubilee Young yn canu'r alaw ac roedd yntau yn ei dro wedi'i chlywed gan ei fam-gu. Ni wyddom ddim am John Francis ond aeth John Hughes ati i'w chaboli a'i hailenwi.

Mae'r naill draddodiad yn gwau i'r llall ac, yn wir, onid rheitiach fyddai cynnwys Bucheddau'r Saint yn rhan o'r Beibl Cymraeg, a hynny yn lle neu yn ogystal â'r Hen Destament, nad yw ei gynnwys fel dogfen hanesyddol yn gwbl angenrheidiol i grediniaeth y Cymro? Ar sail sancteiddrwydd tybiedig Pabyddol dywedwyd ar un adeg fod dwy bererindod i Dyddewi'n gyfystyr ag un i Rufain. Nid yw hynny'n berthnasol mwyach ac i'r Cymro mae pererindod i Dyddewi'n ddigonol.

PENNOD 11

NIWGWL A'R LANDSKER BONDIGRYBWYLL

PAN GYFARFU'R CRIW FORE trannoeth yng Nghaerfai, ar chweched diwrnod y daith, roedd gan bawb a arhosodd noson yng nghyffiniau Tyddewi stori ryfeddol i'w hadrodd am harddwch a chroeso a bwydlenni'r ddinas. A pha beth yn fwy sydd ei angen ar ymwelwyr na machlud mwyn ar ôl pryd maethlon a gwin serchus yng nghwmni pobol o gyffelyb anian cyn noswylio? A gŵyr Tyddewi bellach sut i drin a maldodi'r dieithriaid dros dro. Ymddengys mai esmwyth gwsg cawl erfin oedd hi ym mhrofiad y lliaws. Arwydd o lwyddiant oedd y moethusrwydd ar bob llaw yn eu golwg nhw gan na fyddent yn ymwybodol o'r modd y newidiwyd a niweidiwyd rhai agweddau o'r bywyd diwylliannol o ganlyniad. Ond ymlaen â'r daith ac roedd Derek am ein hatgoffa o hanes Goleudy'r Smalls a fu'n gyfrwng i newid arferion dyletswydd ar oleudai.

Lleolir Ynysoedd y Smalls, nad ydyn nhw'n fwy na chlwstwr o greigiau dansherus, rhyw ddwy filltir ar hugain o'r arfordir a does ond rhyw bedair troedfedd ohonynt yn y golwg pan fydd y llanw ar ei uchaf. Aeth cannoedd o forwyr i'w haped ar ôl i longau fynd i drafferthion ar y creigiau ac yn 1775 aed ati i godi goleudy yno er mwyn rhybuddio trafnidiaeth y môr i gadw draw o'r fan. Y drefn yr adeg honno oedd cyflogi dau ddyn i dreulio mis yn cynnau'r fflam ac yna dau ddyn arall i gyfnewid lle â nhw am y mis dilynol. Joseph Harry a Thomas Griffiths oedd ar ddyletswydd yn ystod un o fisoedd haf 1780 a doedden nhw ddim yn gytunus iawn. Roedd y naill yn fach ac yn eiddil a'r llall yn fawr a chydnerth ac yn tynnu'n groes ynghylch pob dim bron. Doedd hi ddim yn anarferol i gwch fethu cyrraedd y goleudy ar ben y mis oherwydd tywydd garw a byddai'r ddau'n disgwyl am rai wythnosau.

Yn y cyfamser gwaethygodd iechyd Joseph Harry a bu farw ond ofnai Thomas Griffiths ollwng ei gorff i'r môr rhag iddo gael ei gyhuddo o'i lofruddio. Rhoddodd gynnig ar lunio arch i osod y corff ynddo, a hwnnw erbyn hynny'n cynrhoni, a cheisiodd ei osod y tu fas rhag bod y drewdod yn ei lethu. Ond datgymalodd yr arch simsan yn nannedd y stormydd a'r canlyniad fu i Thomas Griffiths wallgofi'n llwyr erbyn ei godi o'r goleudy, ar ôl bod yno am drigain diwrnod, a threuliodd weddill ei oes mewn gwallgofdy. Claddwyd yr hyn a oedd yn weddill o gorff Joseph Harry ym mynwent Tregroes. Wedi hynny penderfynodd yr awdurdodau y dylid gosod tri cheidwad ar bob goleudy, gyda'i gilydd, rhag peri dychryn pe digwyddai anhap cyffelyb. Erbyn heddiw, wrth gwrs, mae'r goleudai'n gweithio'n awtomatig heb angen yr un presenoldeb dynol.

Am ddeg o'r gloch y bore does yna'r un argoel o storm wrth fwrw trem ar draws ehangder Bae San Ffraid. Mae'r môr yn las a llyfn a'r haul eisoes yn disgleirio oddi ar ei wyneb ac ar y gorwel draw gwelir tancer olew yn disgwyl ei thro i hwylio ar hyd yr hafan i borthladd Aberdaugleddau. Mae'r olygfa'n hudolus ac eto'n frawychus o ystyried y pellter sy eto i'w gerdded ond rhaid canolbwyntio ar y bum milltir nesaf hyd at Solfach yn hytrach na meddwl am y naw deg neu fwy cyn cyrraedd Llanrhath.

Mae'r awel yn goglais a'r coesau erbyn hyn yn ysu am gael eu rhyddid, y ddau bâr o sanau wedi'u gwisgo'n ofalus rhag i blet beri anesmwythyd i'r traed a phob pothell wedi'i thrin rhag i'r bysedd gwyno'n ormodol. Ystwythad sydyn o blygu gliniau a bant â ni'n un twr siaradus. Pwy fydd y cyntaf i weld brân goesgoch ar hyd y clogwyni tybed? A phwy o'n plith a adwaen blanhigion megis y gludlys arfog, y blucen felen a briweg y cerrig yn gymysg â'r grug a'r eithin cyfarwydd ar hyd ymyl y Llwybr heddiw?

Cyn disgyn i Fae Caerbwdi awn heibio Penpleidiau lle gwelir olion caer bentir sy'n ein hatgoffa fod yna bobloedd wedi gwerthfawrogi harddwch yr arfordir hwn ganrifoedd lawer cyn ein bodolaeth ni. Petai'r Athro Geoffrey Wainwright yn ein plith byddai wedi nodi union rediad rhagfuriau a ffosydd y gaer hynafol, yn ogystal â'r fynedfa ddwyreiniol, gan wneud y cwbl i ymddangos yn fyw o flaen ein llygaid fel petai'r fan yn ferw o fywyd ddoe ddiwethaf. Golygfa ryfedd yn y cyffiniau yw'r creigiau lliw siocled tywyll yn gymysg ag ambell wawr o goch, gwyrdd a phorffor. Dros y blynyddoedd cymerwyd cerrig oddi yma i'w defnyddio ar gyfer gwaith adfer yn yr Eglwys Gadeiriol. Tasg nid hawdd oedd eu cloddio oddi ar y clogwyni a'u cludo ar dir trwy glos Carnwchwn ond ychwanega at hynodrwydd yr Eglwys Gadeiriol.

Mater o bleser oedd hi i Elfed Griffiths fod tywodfaen unigryw oddi ar y creigiau o dan ei dir yn cael ci ddefnyddio yn yr adeilad lle byddai'n cymuno'n gyson. A phetaech wedi bod yn ddigon ffodus i dreulio orig yn ei gwmni buan y caech wybod am ei ymlyniad a'i deyrngarwch di-ildio i'r ardal. Tebyg y byddai wedi dangos y llun hwnnw ohono yn grwt bach a gyhoeddwyd ar dudalen flaen y cylchgrawn rhyfeddol hwnnw, y *Picture Post,* pan oedd yn byw ar Ynys Dewi. Cofnodi atgofion am ei fagwraeth ar yr ynys a wnâi pan gafodd ei oddiweddyd gan angau.

Mae Bae Caerbwdi ymhlith yr hyfrytaf o draethau pan nad yw'r llanw wedi'i orchuddio, ac am nad oes modd mynd â cherbyd yn agos iddo gellir ei ystyried yn draeth cudd, nad oes neb yn gwybod amdano. Mae'r darn hwn o arfordir yn frith o ogofâu ond anodd yw mynd yn agos atynt oni bai eich bod mewn cwch; dyna i chi Ogof y Ffos, Ogof Mŵn, Ogof Einon, cyn cyrraedd Porth y Rhaw, ac yna'r ochor draw Ogof Tybaco, y dywedir ei bod yn ymwneud â smyglwyr a gwreca a bod yna dwnnel yn arwain oddi yno i fferm Llanunwas.

Uwch eu pennau cerddwn drwy ddarn helaeth o weundir, sy ym mherchnogaeth yr Ymddiriedolaeth Genedlaethol fel rhannau helaeth o'r arfordir, ac sy'n cyfleu'r ymdeimlad hwnnw o wylltineb, sy'n rhan anhepgor o gerdded Llwybr yr Arfordir. O Ogof y Ffos dirwyn llwybr Ffos y Mynach am dair milltir i'r gogledd hyd at Benbiri ac, yn ôl pob tebyg, ar un adeg yn ffurfio ffin allanol Tyddewi ac yn dynodi tiriogaeth seintwar ganoloesol o bosib. I mewn i gyfeiriad y tir mawr, petaem yn dilyn yr A487, gwelem arwyddion yn dynodi pentrefi bychain megis Llandridion, Naw Ffynnon, sy'n awgrymu pwysigrwydd ffynhonnau yn yr ardal yn ystod yr Oesoedd Cynnar ac, yna, Fachelych, Cerbid a Thregroes.

Mae Bae Porth-y-rhaw eto'n apelio ac mae'n demtasiwn chwilio am lwybr gafr ar hyd y graig i'r traeth ond byddai'n dipyn anos esgyn. Ceir enghraifft nodedig o gaer bentir arall o Oes yr Haearn yn y fan hon eto ac oddi tano mae Ogof Castell yn fordwll. Dyma fan delfrydol i fwrw trem yn ôl ar hyd y creigiau ysgythrog i gyfeiriad pen deheuol Ynys Dewi, a chydnabod ein bod yn cefnu ar ddinas Dewi ac yn ymlwybro o'r Benfro draddodiadol Gymraeg at y Benfro draddodiadol Saesneg bellach.

Tra oeddem yn pensynnu am yr hyn a oedd o'n hôl ac am yr hyn a oedd o'n blaenau fe'n hysbyswyd y byddai cyfle i dorri syched ymhen dwy filltir ym mhentref Solfach gan fod y llwybr yn mynd heibio i ddrws un o'r tafarnau. Doedd dim angen mwy o sbardun ar Bill Gibby i hepgor ei safle arferol rywle yn y cefn a bwrw ati'n egnïol i arwain y daith waeth pa anawsterau a ddeuai i'w gyfarfod. Naddo, ni welwyd y fath ddycnwch gan ddringwyr yr Alpau wrth i gyn-aelod y Lluoedd Arfog ddefnyddio ei ddau bastwn glits-glats i gynnal rhythm a chadw cydbwysedd. Gwae'r sawl a ddeuai wyneb yn wyneb ag ef a'i orfodi i oedi. Nid oedd am glywed yr hanes am griw o chwarelwyr a welsant forwyn fôr yn plethu ei gwallt ar graig gerllaw tua 1780 a'i chlywed yn ailadrodd y geiriau 'medi yn Sir Benfro a chwynnu yn Sir Gâr', cyn diflannu i'r tonnau.

Ni fyddai Bill, ar y pryd chwaith, am wybod mai rhywle uwch ein pennau i gyfeiriad y tir mawr mae maes awyr Tyddewi lle cynhaliwyd yr Eisteddfod Genedlaethol yn 2002 pan enillodd y cynganeddwr gloyw, Myrddin ap Dafydd, ei ail gadair, a honno'n gadair ddadleuol ei chynllun o waith y saer coed a'r gwenynwr Robert Jones, ac enillodd Aled Jones Williams, y rheithor a'r dramodydd, y goron am bryddest annisgwyl ac arbrofol ei defnydd o iaith o dan dri o feirniaid, yn cynnwys y mwyaf traddodiadol o'n beirdd, Eirwyn George, a oedd yn hael ei glod. Ac yn sicr ni fyddai Bill wedi sylwi ar olion y tynfadau a ddrylliwyd yn Aber-llong yn 1986 pan oedden nhw ar daith o Lerpwl. Byddai wedi ei gwadnu hi heibio i Graig Friw, Cartws, Ogof Tarw, Traeth Gewni ac Ogof Cwm ac i lawr ar ei ben yn bendramwnwgl i Solfach.

Gwyddem nad oedd gennym obaith o'i ddal ac ni fedrem ond rhyfeddu at ei ddyfalbarhad a dyfalu sut gyflwr fyddai arno erbyn cyrraedd bar tafarn yr Harbwrfeistr. Yn wir, roedd gwên lydan o fodlonrwydd ar ei wyneb, a rhes o ddiodydd wedi'u harllwys ar gyfer y rhai hynny ohonom y gwyddai fyddai'n gwerthfawrogi lwtsen i wrthsefyll gwres y dydd a oedd ar fin cyrraedd ei anterth. Fe'n hatgoffodd o'i ddyddiau iau pan fyddai'n rhedeg i ben copaon mynyddoedd Cyprus mewn ymrysonfeydd yn ystod ei ddyddiau yn y Llu Awyr. Roedd Bill Gibby, ac yntau yn ei 70au, wedi ail-fyw rhamant ei ddoe ar chweched diwrnod taith Llwybr yr Arfordir, ac ar ben ei ddigon, o lwyddo i godi diodydd o'r ffynnon ar gyfer ei gyfeillion.

Rhaid bod yn wyliadwrus wrth gerdded ar hyd prif stryd Solfach Isaf i gyfeiriad Prendergast a Felinganol oherwydd culni'r palmentydd a llif cyson y drafnidiaeth. Gwelir tystiolaeth amlwg mai pentref sy'n dibynnu ar y diwydiant twristiaeth yw Solfach mwyach gyda thai bwyta'n cynnig seigiau am brisiau fyddai'n gyfarwydd i bobl broffesiynol de-ddwyrain Lloegr. Ar un adeg roedd hen gapel y Methodistiaid Calfinaidd, Capel y Cwm, yn gartref i fyrdd o ieir bach yr haf ond bellach mae'n oriel a stiwdio i arlunydd o Giwba, Raul Speek. Yn wir, am nad oes yna fawr o Gymraeg i'w weld ar arwyddion ac enwau'r busnesau, gellid yn hawdd credu ein bod ym mherfeddion Cernyw neu Ddyfnaint.

Tra gwahanol oedd hi yn y dyddiau pan oedd y Parch. Jubilee Young, un o hoelion wyth enwad y Bedyddwyr, yn weinidog yn Felinganol ar ddechrau'r bedwaredd ganrif ar bymtheg cyn iddo symud i Seion, Llanelli. Wedyn roedd Mathonwy Davies, enillydd dwy goron genedlaethol, y naill yng Nghasnewydd yn 1897 a'r llall yn Aberpennar yn 1905, yn weinidog gyda'r Annibynwyr ac fe'i holynwyd yntau gan y bardd-bregethwr Cennech Davies, awdur 'Cadair Ddu Birkenhead' a fu'n ddarn adrodd poblogaidd ar un adeg.

Mae'r sawl sy'n astudio tafodiaith Shir Bemro'n hoff o ddyfynnu darn o waith Henry Evans, o Solfach, a gyhoeddwyd mewn rhifyn o *Cymru Fydd* yn 1889:

'... pwdi nath Shemi wrth Twm am fod lloi Twm wedi sarnu a damshel i wair e; a phan gwelodd e Twm ar ôl hynny, fe gododd i natur e, a dima fe'n stwro, ac in gweyd fod gormod o jogi arno i gau slip in i claw. Fe a'th Twm in grac show, ac fe dagodd in ombeidus, a gwedodd wrth Shemi am find a disgu i fan-gu i odro'r whied. Neidiodd Shemi ato a chrasodd e a chŵes picwarch wêdd gidag e, ac fe rhiciodd i got e pentigili. Cwmpodd Twm ar i gewn in i llaca is wêdd e'n fwd bob tamed. Yna gwelodd Shemi'r polisman in dŵad in ochor Haffesh, a fe rhows i drâd in i tir a bant ag e.'

Byddai copi o *A Glossary of the Demetian Dialect*, W. Meredith Morris wrth eich penelin o gymorth i ddeall y darn uchod, a phrin y clywch chi sgwrs gyffelyb yn y pentre heddiw. Yn wir, roedd hi'n gryn gamp perswadio trigolion cynhenid yr ardal i sgwrsio yn Gymraeg yn nhafarndai'r pentref adeg Eisteddfod Genedlaethol Tyddewi 2002 ond, o dipyn i beth, roedd rhai'n magu hyder i wneud, er yn parhau â'r arfer o sgwrsio yn Saesneg ymhlith ei gilydd. Mae 'Ysbryd Solfa', un o ganeuon un o feibion hynotaf y pentref, Meic Stevens, yn cyfeirio at y newid a fu wrth i arferion a diwylliant estron foddi'r cynhenid yn yr ardal.

> Ar lannau llwm yr aber drist,
> Wlyb diferu yn y glaw,
> Breuddwyd glas y dyddie gynt
> Mewn cof rhaid mynd nawr.
>
> Rwy'n cofio'r estron Sais yn dod
> I falu'r dyffryn hwn,
> Nes bod o'n marw.
>
> Mae Ysbryd Solfa'n galw nawr,
> Ei dolydd sydd dan droed y cawr
> A'i choed mewn carchar.

Solfach yn nyddiau'r llongau hwylio

Un arwydd amlwg o'r newid yw llwyddiant David Gray yn yr un maes ag eiddo Meic Stevens. Symudodd i Solfach gyda'i deulu, o Fanceinion, pan oedd yn naw oed ar ddiwedd y 1970au. Gwerthodd ei albwm *White Ladder*, a gyhoeddwyd gyntaf yn 1999, dros chwe miliwn o gopïau ar draws y byd. Mae'n perfformio'n amlach yn Iwerddon nag yw yng Nghymru, a phrin fod yna arlliw Cymreig o unrhyw fath ar ei gynnyrch. Llundain yw ei gartref bellach ac mae'n rhaid bod Cymreictod yr ardal yn ystod ei arddegau wedi glastwreiddio a theneuo i'r fath raddau fel nad oedd yn ddylanwad arno.

Ond un o'r hen do sy'n dal i arddel gwerthoedd ddoe yn y pentref yw Grace Davies sy'n gwybod yn dda beth yw 'gidel' ac sy wedi byw yn yr un tŷ erioed, ychydig ar draws y ffordd i Westy'r Cambrian, wedi'i hamgylchynu gan gartrefi mewnfudwyr. Ni fyddai Grace erioed wedi bod yn dyst i'r holl sesiynau byrfyfyr hynny yn y 'Cambo', pan fyddai Meic a'i fam yn canu 'Georgia' a ffefrynnau tebyg, ond byddai wedi troedio heibio ar ei ffordd i'r Capel Uchaf gannoedd o weithiau am mai yno roedd ei chalon.

'Gesum i fy ngeni a'n magu yn y tŷ hwn a 'nhad a'n nhad-cu o'm mlân i. Roedd y ddau'n seiri coed a nhad-cu wna'th rhai o bulpude capeli'r ardal. Pan oe'n i'n fach wêdd llawer o blant yn y stryd ond heddi sdim un 'ma, a dyna'r gwahaniaeth mwya dwi'n meddwl. Chlywch chi ddim sŵn plant 'ma nawr ar 'u ffordd i'r ysgol.

Ma'r tai bron i gyd yn dai gwylie yn Solfa Isha erbyn hyn a fydd dim gole i'w weld ynddyn nhw yn ystod y gaea. Ond ma oedfaon yn cael 'u cynnal yn Capel Ucha neu Mynydd Seion – i roi iddo 'i enw cywir – o hyd, a'r rheiny fynycha yn ddwyieithog erbyn hyn. Ma nifer o deuluoedd Saesneg, sy wedi symud i'r ardal, wedi ymuno â ni dros y blynydde.

Mae'n debyg bod y Gymraeg wedi gwanhau ers cyfnod yr Ail Ryfel Byd pan ddaeth cymaint o aelodau o'r lluoedd arfog i'r ardal a doedd dim bri ar addysg ddwyieithog yn y gyfundrefn addysg yr adeg hynny. Ond fe fydda i'n cynnal dosbarth gloywi Cymraeg yn y capel ar brynhawnie Llun yn y gaea am fod tua dwsin o ddysgwyr brwd yn yr ardal. Ond sdim llawer ar ôl nawr i rannu storïau am gymeriade slawer dydd. Dwi'n cofio'r sôn am H. W. Evans yn whare'r organ yn Capel y Cwm. Falle bydde 'na ddewis o ddwy dôn ar gyfer ambell emyn a bydde fe'n whare un ond yn canu'r llall! Dyn galluog iawn achos roedd e wedi gwneud model o oleudy'r Smalls, a phan fydde plant yn galw, bydde fe'n 'u hala nhw i edrych ar y model, tra bydde fe'n troi rhyw swits wedyn i oleuo'r goleudy yn ddiarwybod iddyn nhw.'

Er ei bod yn hiraethu am ddoe mae'r gyn-brifathrawes yn dal i gadw'r fflam ynghyn, a dau bererin hawddgar a rhadlon y dewch ar eu traws ychydig ymhellach i fyny'r stryd sy wrth eu boddau'n sôn am ddyddiau ddoe'r pentref yw Dai Evans ac Alan Davies – y naill yn barod â'i groeso a'i bice ar y mân, os byddwch yn ddigon ffodus i'w ddal gatre, a'r llall yn barod i rannu ei wybodaeth helaeth am ddofednod fel bridiwr ieir o fri, ac am ei gampwaith o lyfr 600 tudalen yn olrhain hanes Ysgol Castellhaidd lle bu'n brifathro ar un adeg. Ond yn yr iaith fain y mae'r llyfr, yn union fel y llyfryn a luniwyd gan Grace Davies ar achlysur dathlu daucanmlwyddiant Mynydd Seion, am mai prin fyddai'r gwerthiant a'r darllen ohonynt yn y cylch ped ysgrifennid hwy yn Gymraeg.

Mae un o'r cerddwyr yn ein plith wedi ymgartrefu yn Solfach ond nid adwaen Jane Wells, a dreuliodd y rhan fwyaf o'i hoes yng nghyffiniau Llundain, ac sy'n cerdded y Llwybr cyfan am yr eildro, y ffordd o fyw na'r gidelod a oedd yn gyfarwydd i Grace, Dai ac Alan.

Ymhellach i fyny'r dyffryn deuir i fferm Caerforiog lle dywedir bod un o esgobion Tyddewi wedi'i eni, Adam Houghton, ac un mlynedd ar bymtheg ar ôl ei benodi'n esgob fe'i gwnaed yn Ganghellor Lloegr yn 1377. Mewn cyfnod diweddar bu Meic Stevens yn byw yno pan oedd ar ei fwyaf cynhyrchiol fel cyfansoddwr yn y 1970au cynnar a cherddorion o bedwar ban byd yn ymuno â'r gymuned yno. O deithio ymhellach ar hyd y feidrioedd cul cyrhaeddir fferm Cerbid sy bellach yn bencadlys cwmni gosod bythynnod haf llwyddiannus a ffurfiwyd ar ddechrau'r 1960au. Ond yn ogystal â gosod dros 250 o fythynnod yng Nghymru, a'r mwyafrif yn Sir Benfro, mae Leonard a Margaret Rees bellach yn gosod eiddo gwyliau yn Iwerddon, Ffrainc, Yr Eidal a Morocco. Yn unol ag enw'r cwmni, *Quality Cottages,* mae'r pwyslais ar ansawdd ac fe wrthodir mwy o geisiadau nag a dderbynnir i farchnata eiddo. Cofia llu o ymwelwyr am groeso twymgalon a chymwynasgarwch parod Reggie Fagwreilw ar glos Cerbid am gyfnod o 40 mlynedd tan ei ymddeoliad yn 1988.

Roedd gan y mwyafrif o'r hen deuluoedd gysylltiad clòs â'r môr am mai dyna fyddai'n cynnig bywoliaeth ar un adeg. Dywedir bod 36 o longau yn y porthladd yn 1811 a chynifer â naw warws ar y cei, ar gyfer storio nwyddau megis ceirch, barlys, ymenyn, coed a chynnyrch amaethyddol o bob math y byddid yn ei gludo i Fryste, ac oddi yno y deuai glo, cwlwm, calch a nwyddau cyffredinol, yn ogystal ag o borthladdoedd yn Iwerddon a mannau eraill. Erbyn 1856 pylodd y fasnach ar y môr wrth i reilffyrdd ddisodli'r angen am longau masnach ond byddai ambell long yn dal i hwylio i America yn cludo ymfudwyr i wlad y gobeithient fyddai'n llifeirio o laeth a mêl. Cymerai'r daith rhwng saith wythnos a dwy wythnos ar bymtheg, yn dibynnu ar y tywydd, a hyn am bris o £3 i oedolion a 30 swllt i blant o dan 14 oed, ond disgwylid i'r teithwyr ddarparu eu bwyd eu hunain ar gyfer y daith.

Bellach y diwydiant hamdden sy'n rheoli yn yr harbwr ond nid yw'n lle i'r morwr dibrofiad angori ei ddingi a'i griwser na'i iot, am fod cerrynt dansherus yng ngheg y bae yn aml, wrth i'r llanw amgylchynu'r Garreg Ddu a Charreg Sant Eilyw a'r Gwyddelod yn eu hymyl. Yn 1773 aeth llong o'r enw *Phoebe and Mary,* a oedd ar ei ffordd o Philadelphia i Lerpwl, i drafferthion oddi ar yr arfordir gerllaw, ac er i saith o wŷr Solfach achub y rhai a oedd ar ei bwrdd, trawodd y cwch yn erbyn y Garreg Ddu wrth ddychwelyd i'r tir mawr a chollwyd trigain o fywydau. Mae'n rhaid bod yna ryw chwedl yn cysylltu'r garreg arall â'r sant a roes ei enw iddi, ac Eilyw neu Eilfyw, wrth gwrs, fedyddiodd Dewi Sant. Cysegrwyd yr eglwys leol i sant yr honnir i Ddewi farw yn ei freichiau, sef Aeddan Maeddog, a oedd, fel Eilfyw o'i flaen, yn esgob yn Iwerddon.

Wrth adael Solfach am y Gribyn, heibio i'r odynnau calch, Carn Llucheden, Ogof Halen a Charreg Dibryder, y ddelwedd arhosol sy gennyf o'r pentref â'r enw Sgandinafaidd yw gweld Meic Stevens yn nhafarn Y Llong, oriau ar ôl ei gyngerdd gorchestol ym Mhafiliwn yr Eisteddfod yn 2002, ar achlysur lansio cryno-ddisg ddwbwl o'i ganeuon, yn eistedd yn y cysgodion yn ei ddillad duon, o olwg pawb, fel petai'n ymgorfforiad o'i hen fam-gu, Mam Roza, a oedd hefyd fel petai'n treulio'i hamser mewn byd arall ar adegau – ill dau'n rhannu eu hamser rhwng byd y tywyllwch a byd y goleuni. Ai rhith neu realiti oedd y gŵr a swynodd ac a ffromodd genedl y Cymry yn ei dro? A rhaid crybwyll nad awen Meic yn unig a gyffrowyd gan wynt y môr a sawr yr heli yn Solfach oherwydd pan oedd Williams Pantycelyn yn pregethu ar destun 'Iachawdwriaeth' yn y pentref yng ngolwg y môr ni fu fawr o dro cyn cyfansoddi emyn yn defnyddio delwedd y môr.

> Mae'r iachadwriaeth fel y môr
>
> Yn chwyddo fyth i'r lan;
>
> Mae yma ddigon, digon byth
>
> I'r truan ac i'r gwan.

Rhoes y ddiod a ddarparwyd gan Bill Gibby sioncrwydd o'r newydd yn fy nghoesau ar gyfer wynebu'r un ar ddeg milltir oedd yn weddill o'r diwrnod er mwyn cyrraedd Aberllydan cyn machlud haul. Tyn am i fyny yw hi nes cyrraedd pen y Gribyn, sef yr enw am y tafod o dir rhwng dau ddyffryn, Solfach a Gwadn. Gwelir olion anheddiad Oes yr Haearn ar y pentir hwn eto ac mae'n fan da i edrych 'nôl ar Solfach ac i glician y camera. Ceir tipyn o amrywiaeth o ran esgyn a disgyn am gyfnod a gwelir bod traethell dywodlyd Gwadn yn un o'r mannau dirgel hynny y gellid treulio prynhawn yno'n bolaheulo ac ymdrochi. O'r fan hyn gellir dilyn llwybr i'r tir mawr heibio i weddillion dwy gromlech at fferm Llaneilfyw, neu St Elvis.

Honna rhai o'r myrdd llyfrau a gyhoeddwyd am Elvis Presley fod enw Saesneg y fferm yn brawf bod teulu'r 'brenin' yn hanu o'r ardal a bod y cyfenw teuluol yn gyfeiriad at Fynyddoedd y Preselau, ac i brofi ei wreiddiau Cymreig ymhellach, nodir bod enw ei efaill, Caron, a fu farw ar ei enedigaeth, yn gyfeiriad at Dregaron. Does dim pen draw i hygoeledd rhai pobl! Yn ymyl clos neu hiol y fferm gwelir gweddillion eglwys a gysegrwyd yn enw Sant Teilo a rydd gyfle arall i ddychmygu prysurdeb y canrifoedd cynnar yn y cylch ymhell cyn bod sŵn yr un peiriant silwair i'w glywed yn chwyrnu ar hyd y perci.

Yn wir, yn y cyffiniau hyn yn 1971, ac yntau'n fyfyriwr yng Nghaergrawnt, y cafodd y Patrick Thomas ifanc brofiad na fyddai'n ormodiaith i'w ddisgrifio'n dröedigaeth ysbrydol. Wrth edrych ar draws y môr cafodd un o'r eiliadau cyfriniol hynny pan fydd pob dim yn disgyn i'w le a datgeliad ebrwydd mai Duw yw awdur pob dim. Yn ystod y misoedd dilynol mireiniwyd y profiad sydyn hwnnw, yng nghyffiniau Llaneilfyw, ym mhair defosiwn wrth i Patrick benderfynu neilltuo ei fywyd i wasanaethu Crist ac ailgydio yng ngwreiddiau Cymreig y teulu trwy fwrw ati i ddysgu'r Gymraeg. Hwyrach nad cyd-ddigwyddiad oedd iddo dreulio cyfnod helaeth o'i oes yn ddiweddarach yn ficer ar Eglwys Brechfa, yng ngogledd Sir Gâr, sydd wedi'i chysegru i Sant Teilo. Ni ddylid ystyried yr un disgrifiad o'r arfordir a glywir yn ystrydeb, am y tery goleuni a phrydfethwch eneidiau pob crwydryn mewn gwahanol ffyrdd, a chyda gwahanol raddfeydd o ddwyster ac ing. Deil yr annisgwyl i ddigwydd ar draws y canrifoedd.

Gellir gwyro oddi ar y Llwybr, ar ôl troedio uwchlaw Carreg Dilys, Ogof Dwy-graig, Porth Gwyn, Porth y Bwch ac Aberwest, i gyrraedd pentir Dinas Fawr er mwyn gwerthfawrogi prydferthwch yr arfordir a'r carpedi o liw a ffurfir gan y blodau yn eu tymor, boed yn eithin melyn, moron y meysydd neu'n wialen aur. Yn y môr i gyfeiriad y gorllewin gwelwch greigiau gyda'r enwau Y Gaseg, Y Sgêr Werdd, sef y fwyaf yn y canol, a'r Sgêr Ddu, y tu hwnt iddi, neu'r Green Scar a'r Black Scar fel y'u hadwaenir ar y rhan fwyaf o fapiau, sydd yn awgrymu ein bod ar fin cyrraedd ardal lle adwaenir y rhelyw o greigiau a baeau bellach wrth eu henwau Saesneg.

Ond nes y cyrhaeddwn Niwgwl byddwn yn cerdded uwchben Ogof y Cae, Ogof Felen ac Ogof y Ffidler yn ogystal â Phorth Mynawyd a Phwll March. Mae'r ardal o ddiddordeb i'r daearegwr am fod olion hen greigiau folcanaidd i'w gweld ac o draethell Porth Mynawyd mae llwybr yn dirwyn i mewn i'r tir mawr i Cas-bwns lle cofnodwyd digwyddiad prin iawn o glywed eos yn canu dros gyfnod o 19 diwrnod ym mis Mai 1948 gan R. M. Lockley. Nododd Gerallt Gymro nad oedd yr aderyn soniarus i'w weld yng Nghymru ac, yn wir, ni nodwyd mwy na thri chofnod ohono'n canu yn yr un flwyddyn er 1948, ac ar yr ynysoedd roedd dau o'r rheiny.

Ar un adeg sŵn ansoniarus awyrennau rhyfel yn codi i hedfan o faes milwrol Breudeth gerllaw, a sefydlwyd yn y 1940au, gan ddiddymu hen gymunedau Treflodan a Llechell, fyddai'n diasbedain beunydd drwy'r awyr cyn i ddiwedd y Rhyfel Oer arwain at leihad yn y presenoldeb milwrol yno. Diflannodd yr hofrenyddion achub Sea King i Chivenor, yng ngogledd Dyfnaint, hefyd er 1994, ar ôl brwydr hir ond aflwyddiannus i geisio eu cadw trwy ddadlau bod eu presenoldeb yn anhepgor fel rhan o wasanaeth achub effeithiol a chyflym ar hyd yr arfordir, ac y byddai amser gwerthfawr yn cael ei golli pe disgwylid i hofrennydd gyrraedd Penrhyn Dewi o orllewin Lloegr ar frys.

Daw traeth hirfaith Niwgwl i'r golwg ac am fod y llanw ar drai medrwn gerdded ar ei hyd yn hytrach nag ar hyd y ffordd brysur i ailymuno â'r Llwybr yr ochr draw. Wrth ddisgyn ar hyd Llwybr, a chroesi'r drydedd sticil ar ddeg ers gadael Solfach, rhaid cymryd ennyd i wylio'r syrffwyr yn hwylio brig y tonnau obry, a theimlo'n eiddigeddus o'u gallu, a'u hymdeimlad eithaf o ryddid, mae'n siŵr, wrth feistroli teithi'r don. Wrth edrych i gyfeiriad y tir mawr gwelir mai di-lun rhywsut yw patrwm y pentref o sylwi ar y tai gwasgaredig ar hyd y tyle serth ar y llaw aswy a'r siopau gwyliau a'r meysydd gwersylla draw.

Yn wahanol i'r rhelyw o draethau mawr does yna ddim twyni tywod yma tu hwnt i'r traeth ond, yn hytrach, clawdd llydan, milltir o hyd, o gerrig tywodfaen glas, gwyrdd a llwyd llyfn wedi'u golchi i'r lan ar hyd y canrifoedd. Dengys hyn y bydd stormydd yn chwipio'r traeth yn gyson ac er bod y clawdd yn mesur hyd at ddwy droedfedd ar bymtheg mewn ambell fan gellir gweld cawod o gerrig ar hyd y ffordd pan geir y stormydd garwaf ar adeg llanw uchel. Ffurfiwyd y bancyn yn wreiddiol ar ddiwedd Oes yr Iâ gan newidiadau ym mhatrwm y trai a'r llanw a orfodai lefel y môr i godi. A phan fydd y llanw ar ei isaf nid yw'n anarferol gweld gweddillion coedwig hynafol, a fodolai dros 7,000 o flynyddoedd 'nôl, ar y traeth, ac a ddisgrifiwyd gan Gerallt Gymro yn 1172 fel 'gelli o goed duon'.

Gwelodd E. Llwyd Williams y traeth ar ei orau ac ar ei waethaf yn y 1950au.

'Anodd taro ar ddarn godidocach o draeth, a haul y bore'n euro'r tywod a phelydrau'r prynhawn yn goddef cael eu cribo gan greigiau'r gorllewin. Paradwys o draeth! … Cofiaf i mi fod yma unwaith ar brynhawn o storm ym mis Hydref, a'r môr wedi ymgynddeiriogi ac yn gwthio'r clawdd cerrig allan dros yr heol. Yr oedd fy nghefn yn ysgryd i gyd wrth ymadael â'r lle yng ngwyll y cyfnos, a chefais ddarlun o storm y pryd hwnnw sy'n hongian o flaen fy llygad o hyd.'

Wedi cyrraedd y gwaelod gwastad fe groeswn Nant Breudeth, neu Brandy, y perthyn iddi'r nodwedd amheus o fod yn ffin hwylus rhwng y Sir Benfro draddodiadol Gymraeg a'r Sir Benfro draddodiadol Saesneg. Yr hanesydd George Owen oedd y cyntaf i dynnu sylw at y rhaniad hwn a defnyddiodd y term cyfreithiol 'land-scar' a olygai 'ffin', ar sail ffos neu glawdd ar draws tir, i gyfleu'r ffenomen hon. Yn ddiweddarach mabwysiadodd rhai ysgrifenwyr a haneswyr y term 'landsker' fel gair a ddynodai rhaniad ieithyddol ac a gyfeiriai at linell a ymestynnai ar draws gwlad o Niwgwl hyd at Llanrhath neu Amroth ond nad oedd yn bod mewn gwirionedd. Bu rhai mor rhyfygus ac awgrymu bod yna ffos neu glawdd yn bodoli fel gwahanfur ieithyddol ar un adeg. Ffwlbri noeth am na ddaethpwyd erioed ar draws yr un ddogfen lle defnyddir y gair i ddynodi llinell yn gwahanu de a gogledd y sir.

Dros y canrifoedd diweddar gwnaed mwy o ddrwg nag o dda trwy orfodi meddylfryd y rhaniad anweladwy hwn ar feddyliau trigolion y sir. Achosai ymdeimlad o israddoldeb yn y naill ochr a'r llall ac, yn wir, arfer anymwybodol y Cymry Cymraeg fyddai troi i'r Saesneg bob tro y croesid y llinell anweledig. Roedd hyd yn oed yr achydd nodedig a benodwyd yn Herodr Arbennig Cymru, yr Uwchgapten Francis Jones, o Dre-fin, na fu ei hafal dros hybu llinach teulu brenhinol Lloegr, yn ffyrnig ei wrthwynebiad i'r defnydd o'r gair fel enw priod. Mynnai fod unrhyw linell bosib y gellid ei thynnu ar draws y sir i awgrymu rhaniad rhwng y de a'r gogledd yn rhy denau a phytiog i fod o unrhyw arwyddocâd gwirioneddol ac nad oedd ar unrhyw gyfrif yn haeddu'r un enw.

Dywed yn ddiflewyn ar dafod yn un o rifynnau cynnar y *Journal of the Pembrokeshire Historical Society* (Rhifyn 3), '*The conversion by some modern popular writers of the noun landsker into an alleged name for the imaginary line of demarcation is wholly without historical foundation. The noun lansker was commonly used by Tudor and Jacobean lawyers as synonymous with terms like 'mere' and 'bound' and not a single instance has been found in any document or informed book of its use as landsker for a line that divided the north from the south.*'

Does dim amheuaeth fod yna wahaniaethau rhwng pobol y mynyddoedd a phobl y gwastatir ers canrifoedd ond nid gwahaniaeth iaith yn unig mohono a chafodd yr elfen honno ei godro'n ormodol. Daeth O. M. Edwards ar ei thraws tua 1896 wrth iddo gael ei yrru o Dyddewi i gyfeiriad Hwlffordd.

'Wedi i ni adael dywedai'r gyrrwr ein bod yn nesu at y terfyn rhwng Dyfed y Saeson a Dyfed y Cymry, a chefais dipyn o hanes y ddwy genedl ganddo. Nid oedd gwleidyddiaeth Cymry Penfro wrth ei fodd a gyrrai'n enbyd at y personiaid am na ddysgent well credo iddynt. Ond dywedai eu bod yn gynnil, yn llwyddiannus, yn iach a chryf. Ond anffawd fawr oedd eu bod yn siarad Cymraeg ac yntau'n deall yr un gair.'

Ni wnaeth Waldo erioed na rhych na rhawn o'r rhaniad honedig hwn ac roedd yntau'n ddyn Sir Benfro gyfan. Gweithiodd ambell englyn llawn wit yn Saesneg naill ai am ei bicil ei hun neu fel rhan o'r gadwyn enwog hynny o englynion ar y testun 'Taten', a anfonwyd i Eisteddfod Bwlch-y-groes gan holl feibion Jacob, a Joseff 'yn mynnu cyfansoddi'n Sisneg,' am ei fod yn byw ymhlith y 'down belows'. Rhodded y gorau i'r disgrifiad *Little England Beyond Wales* unwaith ac am byth. Yr un bobl yw pobl Sir Benfro gyfan yn rhannu'r un diwylliant ond bod ganddynt ddwy iaith i'w fynegi a heddiw maent yn fwy unol nag erioed. Cladder y 'landsker' bondigrybwyll o dan y clawdd cerrig ar draeth Niwgwl neu yn siafftiau'r gweithfeydd glo y down ar eu traws pan ailgychwynnwn ein siwrnai nawr.

A tina'r meddylie a ddaw i mi wrth bwyso yn erbyn y creigiau tragwyddol ym mhen draw'r traeth tra bo'r lleill yn gyntefig fracsan eu traed yn nŵr y môr i gyfeiliant sŵn dwndwr ac afiaith yr ymwelwyr hinon haf modern.

A tybed faint o goel ddylwn ei roi i'r stori o'r ddeuddegfed ganrif am gorff Sant Caradog, yn cael ei gludo ar draws y traeth i'w gladdu yn Nhyddewi, ynghanol storom enbyd, nes bod pawb yn wlyb sopen, ond y corff a'r elor yn sych gricsyn? Ai rhan o'r propaganda i ddyrchafu gwŷr duwiol a mawrygu seintiau oedd hynny neu a oedd gwyrthiau'n ddigwyddiadau cyffredin yn yr Oesoedd Cynnar?

Un ffaith sy'n anwadadwy yw bod y Gymraeg, neu'r Frythoneg fel y'i gelwid ar y pryd, ynghyd â'r Wyddeleg, neu Goideleg fel y'i gelwid, oherwydd presenoldeb pobol y Deisi o Iwerddon, i'w clywed drwy'r sir gyfan benbaladr, a chwedlau'r Mabinogi'n cael eu hadrodd yn y ddwy iaith, a chan mai'r prif wahaniaeth rhyngddynt oedd y defnydd o'r sain 'p' yn y naill i ddynodi'r sain 'c' yn y llall, ni fyddai'n fawr o gamp i lawer fod yn ddwyieithog rhugl, yn ystod y cyfnod hwnnw rhwng diflaniad y Rhufeiniaid a dyfodiad y Normaniaid.

PENNOD 12

PARCHEDIG JAMES A GWYNFAES MATHOLWCH

Y RHOCES O DASMANIA OEDD yn arwain y fintai at ymyl y dŵr; ymddengys fod greddf cyn gryfed ag eiddo ymlusgiaid yn chwilio am garreg gynnes yng ngwenau'r haul yn arwain Kathleen McLaren at y trochion. A pha ryw reddf ddynol yw hon tybed sy'n ein tynnu at ddŵr trochiad i lanhau a phuro pob modfedd o groen? Mae'n rhaid ei fod yn waddol ysfa gyntefig sy'n brawf, yn ôl rhai anthropolegwyr, ein bod dros ganrifoedd lawer wedi esblygu o'r môr, a'n bod oll yn y bôn yn greaduriaid y moroedd. Caiff Kathleen a'r lleill, wrth i mi ryfeddu at eu llonyddwch yn ymyl y tonnau, olchi fy mriwiau a'm beiau innau hefyd, a'm hatgyfnerthu trwy'r halen iachusol i ymbaratoi ar gyfer gweddill y daith. Ac os gwna'r ewyn sgrwbio'n lân, rhaid ei fod yn eli sy'n golchi'r enaid, a'r galon hefyd. Mae ei weld a'i ddeall yr un mor bwerus â bod ynddo.

Teimlaf sioncrwydd ym modiau fy nhraed wrth gychwyn dringo i gyfeiriad Trefrân ar hyd yr hyn a adwaenid gan bererinion cynnar yn Ffordd Gymreig. Tybed ai ffoi o adfyd a wnaent wrth anelu am Dyddewi neu a oedden nhw'n wirioneddol ddisgwyl bendithion rif y gwlith ar ôl cyrraedd cysegrfan pen y daith? Rhaid eu bod yn dychwelyd yr un ffordd a hynny naill ai'n llawn o orfoledd neu â'u dyheadau wedi'u pylu gan ddadrithiad. Ni chawn wybod. Ond rhaid eu bod yn llawer mwy ysbrydol eu hanian na rhai o'r fforddolion cyfoes mae'n ofynnol i ni gamu o'r neilltu i'w galluogi i barhau ar eu rhuthr heibio. Gwisgant yr holl ddilladach angenrheidiol ar gyfer dygymod â phob newid tywydd.

Y rhychsachau diweddaraf sy wedi'u clymu ar eu cefnau ac yn glwm am eu harddyrnau mae'r gadwyn sy'n dal y map manwl yr ymddengys na fedrant fynd unman hebddo. Trueiniaid ffôl. Rhaid iddynt oedi'n frysiog bob hyn a hyn i gadarnhau bod rhyw graig neu bentir a welir gerllaw yn cyfateb i'r hyn a nodir ar y map. Yn wir, sylwaf fod gan ambell un bibell yn arwain o'r rhychsach ar y cefn at ei

217

geg a'i fod yn sugno oddi arni o bryd i'w gilydd tra pery'r brasgamu. Nid oes angen oedi i dorri syched hyd yn oed ond anodd credu mai dymunol yw'r fath hwylustod o ystyried yr amgylchiadau. Tebyg y byddant yn ymhyfrydu ar derfyn dydd eu bod wedi cerdded hyn a hyn o filltiroedd mewn hyn a hyn o amser a hwythau heb weld yr un dim gydol y diwrnod. Eu dyhead ar gyfer trannoeth fydd ceisio rhagori ar orchest y diwrnod. Eled y giwed estron â'u pastwyni perffaith o'n golwg.

Credwch neu beidio rydym nawr yn cerdded uwchben gwythïen gyfoethog o lo caled o ansawdd da sy'n ymestyn i'r môr, gwythïen y bu cloddio arni am gyfnod o tua hanner can mlynedd tan 1905. Yn ôl un amcangyfrif deil 230 miliwn tunnell heb ei gloddio a thebyg mai hynny a sbardunodd un o swyddogion Cyngor Sir Penfro i ddarogan yn 1948 y byddai yna brysurdeb eithriadol yn yr ardal erbyn 2008 ac y byddai Mynyddoedd y Preselau'n frith o goed ar gyfer eu defnyddio yn y siafftiau o dan y ddaear. Nid oedd pelen risial y Swyddog Cynllunio, J. A. Price, wedi'i rybuddio rhag y rhaib diwydiannol a ddeuai yn sgil teyrnasiad Margaret Thatcher fel Prif Weinidog yn y 1980au. Ni fyddai chwaith wedi cael ei rybuddio y byddai holl Ddic Sion Dafyddion y Blaid Lafur yn rhoi sbrag yn y dram i rwystro mesur o hunanlywodraeth i Gymru yn 1979 a fyddai wedi diogelu'r gweithfeydd glo a dur.

Mae'r llwch du a welir o dan draed mewn ambell fan yn brawf o fodolaeth gweithfeydd glo a lefelau yn y cyffiniau ar un adeg, a'r un modd y simdde frics fawr, a ddefnyddid i dynnu aer i'r siafftiau, mewn cwm cul ar y chwith. Cludid y glo mewn tramiau i Noltwn gerllaw ac oddi yno ar fadau bychain. Ac, yn sicr, nid gwamalu na gwag obeithio a wnâi J. A. Price wrth ddarogan ffyniant o'r newydd i'r gweithfeydd hyn oherwydd rhwng y ddau ryfel byd trafodwyd droeon y posibilrwydd o osod rheilffordd i gludo'r glo o Noltwn i Aberdaugledau a'i allforio oddi yno. Ond profodd y gost yn rhwystr.

Esgyn a disgyn yn igam-ogam yw hi ar hyd y Llwybr a braf hynny am na wyddys pa ddirgelwch sy'n ein haros y tu hwnt i'r troad nesaf tra bo sŵn y tonnau'n taro'r creigiau obry'n gyfeiliant i'r cerdded. Yn wir, ymddengys ambell gwmwl uwchben mor drwm nes rhoi'r argraff y medrai ddisgyn ar ein pennau'n ebrwydd. Tery'r cysgodion ar draws y gwylltineb ac wrth i'r haul ganfod ei ffordd trwy gynfasau'r cymylau ymddengys lliwiau'r eithin a'r grug a'r blodau amryliw'n fwy llachar nag erioed. Cawsom gip sydyn, mae'n rhaid, ar y goleuni hwnnw a greodd argraff ar artistiaid paent ac artistiaid geiriau yn eu tro wrth i'w belydrau ddisgleirio'n annisgwyl. Wrth fynd heibio Rickets Head a Davy Williams Haven, gan ymwrthod â'r demtasiwn i Gymreigio'r enwau Saesneg gwreiddiol gan ein bod

bellach ym mherfeddion y Benfro Saesneg, medrwn uniaethu â phrofiad Jâms
Niclas:

Eithr gwelsom oleuni
Ar awr annisgwyl o'r dydd
Plygodd y cymylau'n ôl ar ei gilydd
A llusgodd y tarth ei bwysau araf
Dros bigwrn y mynydd, gan adael
Dolydd y borfa, llethr y llus, a llwyni'r dail
Yn drwch diferion drud,
Grisial y gwlith.

O na bai George Borrow wedi tramwyo ar hyd y Ffordd Gymreig yn hytrach
nag osgoi'r de-orllewin pan deithiai trwy Gymru yn yr 1850au. Tebyg y byddai
wedi cofnodi enghreifftiau o Saesneg hynafol y trigolion gyda'i olion o eirfa
Sgandinafaidd wrth dynnu sgwrs â hwn a'r llall wrth ddrachtio ambell gwart o
gwrw yn y tafarndai. Ac, o na bai'r dyddiadurwr glew hwnnw, Frances Kilvert,
wedi'i ddenu i'r ardal ychydig yn ddiweddarach. Mae'n siŵr y byddai wedi cyfeirio
at ambell lances brydweddol yn denu ei serch am yn ail â tharo cis ar breswylwyr
y rheithordai. Byddai argraffiadau'r ddau wedi rhoi i ni demplad ar gyfer pwyso a
mesur y newid mewn ffordd o fyw erbyn heddiw.

O droi cornel, yn sydyn heb yr un rhagrybudd, ymegyr bae bychan Noltwn
o'n blaenau. Dyma'r anheddiad cyntaf i ni ddod ar ei draws ers gadael Niwgwl
ddwy filltir a hanner 'nôl, ac o ystyried y brygowthan a fu am ddwy ran i'r sir,
y naill i'r Cymro a'r llall i'r Sais, ymdeimlir rhywfaint o betruster wrth ddisgyn
i gynefin estron. Pwysleisia R. M. Lockley fod Cymro gogledd y sir, oherwydd
ei gynefin garw ac anial, yn gynnil â'i arian o'i gymharu â'r 'down below'. Roedd
yn weithiwr caletach o reidrwydd ac yn fwy annibynnol ei ffordd a hynny eto
oherwydd ei amgylchiadau. Ond roedd y naturiaethwr a anwyd yng Nghaerdydd
ac a dreuliodd gyfnodau'n byw yn nwy ran y sir hefyd wedi sylwi ar nodweddion
cyffelyb. Noda hynny yn un o'r llyfrau modern cyntaf i'w gyhoeddi am hanes y sir
gyfan yn 1957, yng nghyfres *Y Llyfrau Rhanbarthol*: 'Parodrwydd i gynorthwyo
heb ddisgwyl tâl; anallu i ddweud "na" hyd yn oed os nad yw'n fwriad yn y byd
ganddo i gyflawni'r hyn a ofynnir iddo, a diffyg synnwyr o amser sy'n arwain at
naill ai methiant i gadw oed neu gyrraedd mangre'n hwyr.'

Hwyrach, felly, nad oes angen anfon sgowt rhagblaen i Nolton obry yn null
y catrodau Americanaidd wrth ymweld â gwersylloedd yr 'Indiaid Cochion' neu'r

Brodorion Cyntaf ar y peithiau. Na, ni raid ofni brodorion Noltwn. Yn wir, does yna neb heblaw am ymwelwyr hinon haf i'w gweld ar bnawn Sul. Rhy'r pentref yr argraff nad yw wedi penderfynu ar ei dynged, a yw am fod yn bentre gwyliau go iawn neu, o bosib, yn llecyn diarffordd nad oes disgwyl i neb loetran yno'n hir. Tanlinellir yr argraff anghymen hon gan gyflwr y capel Diwygiedig Unedig, a agorodd ei ddrysau yn 1858, ond na chânt, yn ôl pob golwg, eu hagor mor gyson â chynt mwyach. Mae gwynt ceffylau cyfoes a sawr eu dom wrth y fynedfa'n gwneud i'r dychymyg lunio darlun o sut yr oedd hi pan ddeuai'r addolwyr yno yn y dyddiau cynnar ar gefn cyfrwy.

Ceir arwydd o'r amserau y tu fas wrth ddarllen y bwrdd sy'n nodi bod yna oriel yng nghefn yr adeilad yn arddangos gwaith arlunydd o'r enw Chris Tancock. Ond mae rhif ffôn y gweinidog ar yr hysbysfwrdd. Buan y dywed y Parch. Malcolm Shapland, ei bod yn fwriad gan y deunaw aelod sy'n weddill, a'r mwyafrif o'r rheiny naill ai'n perthyn i'w gilydd neu'n ddisgynyddion i'r tadau cynnar, i ddathlu'r 150 mlwyddiant a bydd yno dipyn o sbriwsio erbyn hynny. Ond tybed a fydd yno'r un cynnwrf â phan fedyddiwyd gŵr ifanc o Annibynnwr yn y môr gerllaw ym mis Mai 2006? Roedd Ethan Bruins wedi clywed ei weinidog, y Parch. Chris Gillham, yn pregethu yng Nghapel Tabernacl, Hwlffordd, am hoffter Dewi Sant o dreulio ei amser mewn dyfroedd ac roedd y syniad o fedydd trochiad, heb ymuno â'r Bedyddwyr, wedi apelio ato fel modd o gael ei dderbyn yn gyflawn aelod eglwysig.

Wrth ailgydio yn y Llwybr ac wrth bensynnu am yr hyn a fu, rhaid talu gwrogaeth i R. M. Lockley unwaith yn rhagor oherwydd mai ei fabi e'n anad neb arall yw Llwybr yr Arfordir. Ystyriai ei hun yn rhan o froc môr yr arfordir am fod ganddo dad-cu o forwr a hanai o blith y Ffleminiaid, mam-gu a oedd yn ferch i offeiriad ac er taw Sais o dras Sgotaidd oedd ei dad cafodd ei fam ei geni yn Aberdaugleddau. Mynnai nad oedd yna'r un ffordd na feidir o fewn y sir gyfan nad oedd wedi'i thramwyo na'r un bae ar hyd yr arfordir nad oedd wedi hwylio oddi yno. Pa ryfedd iddo ystyried y dasg o fapio a chynllunio Llwybr yr Arfordir yn anrhydedd ac yn bleser pur. Da cofio amdano o bryd i'w gilydd a threulio cyfnodau mewn siopau llyfrau ail-law yn chwilio am rai o'r deugain a mwy o lyfrau a gyhoeddodd yn ystod ei oes, gan fod y mwyafrif ohonynt yn ymwneud â'i brofiadau ar hyd arfordir Sir Benfro. Does dim dwywaith iddo ffoli ar y sir. Clywch ei chwilfrydedd a'i frwdfrydedd wrth iddo sôn am brofiadau plentyndod yng nghyffiniau Tyddewi yn ei glasur o lyfr, *Pembrokeshire*.

'Dewi Sant oedd y proffwyd olaf, a Christnogaeth y grefydd ddiweddaraf i gydio ym meddyliau'r bobl; ond bobman roedd yna dystiolaeth yn y cylchoedd cerrig, y cromlechi a chartrefi ar glogwyni, o grefydd a oedd filoedd o flynyddoedd yn hŷn ac o ddyn, a oedd fel ninnau, wedi addoli'r haul a'r sêr a Natur. Pan grwydrem ar hyd Penrhyn Dewi gan hela adar a blodau credwn fy mod yn gweld wynebau hirion dynion, gwragedd a phlantos Silwraidd yn syllu arnaf o blith y creigiau cyforiog o gennau. Yn eu dwylo roedd yna fwyelli a ffyn tafl garw – ac efallai mamoth blewog yn stwyrian yn y pellter ... Pwy oedd yr adeiladwyr cerrig hyn? Sut y daethon nhw yma a sut oedden nhw'n byw? Pwy oedd yma o'u blaenau? A phwy o'u blaenau hwythau? Yma, yn yr awyr agored, ymddangosai hanes fel petai wedi digwydd ddoe, ac roeddwn ar dân eisiau gwybod yr atebion.'

Mae datganiad o'r fath yn rhoi persbectif gwahanol i bwrpas y daith. Byddai'n rheitiach petai'r cerddwyr proffesiynol, y bydd yn ofynnol i ni sefyll o'r neilltu mor aml er mwyn iddyn nhw ruthro heibio, yn taflu eu mapiau manwl o'r neilltu a chario pocedlyfr yn llawn dyfyniadau ac argraffiadau megis yr uchod. Byddai oedi i fyfyrio uwchben ambell baragraff o bryd i'w gilydd yn gymorth iddyn nhw ryfeddu. Ac ni wnâi ddrwg chwaith i ystyried stori Ceffyl Dŵr Noltwn. Yn ôl y sôn daliodd un o'r ffermwyr lleol geffyl dŵr ar y traeth rhywbryd yn y ddeunawfed ganrif. Nid yw'r union fanylion ynghylch dyddiadau ac enwau wedi goroesi. Ond am wythnosau wedyn bu'n ei ddefnyddio i aredig ar ei dir nes iddo un diwrnod deimlo tynfa gwynt y môr yn ei ffroenau a charlamodd tuag ato gan neidio dros y clogwyni a thynnu'r aradr a'r aradwr ar ei ôl. Ni welwyd na'r aradr na'r gwas fferm hyd y dydd heddiw.

Oddi tanom mae ogofeydd a bwâu naturiol yn y creigiau ond peryglus fyddai ymestyn ein golygon yn ormodol dros y clogwyni am fod olion erydu ac ambell fancyn eisoes wedi colli gafael yma ac acw. O edrych draw i gyfeiriad Druidstone ni ellir peidio â sylwi ar bibell dal yn codi o'r clotas fel petai'n berisgop llong danfor. O graffu'n agosach gwelir bod rhan eang o'r bryncyn oddi tano yn wydr a bod yno dŷ byw anarferol ei wneuthuriad. Hwn yw'r annedd a lysenwyd yn 'Dŷ Teletubbies' ar ôl y cymeriadau teledu i blant ar ddiwedd y 1990au a drigai yn y ddaear. Roedd Dipsy, Laa-Laa, Po a Tinky Winky'n ffefrynnau gan fyfyrwyr prifysgol yn ogystal â babanod o dan dair oed. Bu cryn drafod ynghylch priodoldeb y cynllun cyn i'r Parc Cenedlaethol roi caniatâd i'r bargyfreithiwr a'r AS Llafur Bob Marshall-Andrews, o Gaint, i godi'r tŷ yn y bryncyn. Yn sicr nid yw'n amharu ar y dirwedd gan ei fod yn rhan ohono ac yn tyfu ohono. Mae'n rhaid ei fod yn strôc athrylithgar o gynllunio syml a'r olygfa eang o'r môr yn caniatáu i'r deiliaid ei weld yn ei holl hwyliau oriog ddydd a nos.

Wrth gyrraedd traeth Druidstone ei hun gwelwn fod yna lwybr lleidiog sy'n arwain i'r tir mawr a'i fod yn amlwg yn y cyflwr hwnnw gydol y flwyddyn am fod carnau ceffylau o stablau gerllaw yn ei ddefnyddio'n ddyddiol i gyrraedd y traeth a threulio'r boreau'n carlamu ar ei hyd. Fe'n gwaherddir rhag cerdded ar hyd y llwybr preifat sy'n arwain at Westy Druidstone; libart y preswylwyr yw hwnnw. Yn hytrach, rhaid camu ar draws nant fechan a'i hanelu am darmac cadarn y Ffordd Gymreig unwaith eto. Wrth osod eich traed ar y cerrig camu cadarn a rhydio'r afonig, cofiwch daro golwg ar y cerrig a'r dirwedd oddi amgylch. Mae mwy o brydferthwch mewn meini, mwsogl a mieri'n blith draphlith nag sy mewn lawnt las neu ardd goediog o waith dyn waeth pa mor gymen a ffrwythlon y bônt. Arall yw apêl y gwylltineb i'r llygad o'i gymharu â'r hyn sy wedi'i garco'n gywrain.

Prin bod yna'r un bae ar hyd yr arfordir lle na fu yna wreca diwyd ar ryw adeg neu'i gilydd. Dywedir bod y chwarae wedi troi'n chwerw yn y fan hon yn 1791 pan olchwyd llong yn cludo powdwr tanio i'r lan. Bu'r trigolion lleol yn cadw golwg ar ei hynt ers meitin a phan aeth yn erbyn y creigiau obry doedden nhw fawr o dro cyn dringo ar ei bwrdd er mwyn ei hysbeilio. Ond roedd y powdwr tanio wedi'i wasgaru ar hyd y llong ac ar y traeth a doedd dim angen mwy na'r sbarc lleiaf i'w gynnau. Lladdwyd nifer gan y ffrwydriad ac anafwyd tua hanner cant. Dehonglwyd y cyfan fel dialedd dwyfol ar yr arfer anghyfreithlon o ysbeilio.

Wrth fynd heibio'r 'Tŷ Teletubbies' awn heibio'r tŷ drws nesaf iddo sydd ei hun yn ddigon o ryfeddod ac yn dŷ crwn amgylcheddol, eco-gyfeillgar a chynaliadwy, yn ôl y broliant wrth y fynedfa. Cafodd ei godi'n wreiddiol fel pafiliwn crôce gan bencampwr y gamp o'r enw Harold Fowler tua 1910, ac am gyfnod bu'n eiddo i Arglwydd Kensington. Bellach fe'i haddaswyd yn adeilad sy'n 'anadlu' trwy ddefnyddio coed o bob math, yn bennaf, i'w ddiddosu, a hepgor defnydd o nwyddau cyfleus modern. Cydnabyddir cyfraniad amrywiol grefftwyr tuag at y cyfanwaith ac, yn eu plith, Ianto Doyle a Dai Mason, sydd ill dau, ar sail eu henwau, beth bynnag, yn swnio'n gymeriadau.

Brasgamwn heibio'r fynedfa i'r gwesty a sbecian arno dros y wal cyn cyrraedd y fan lle ailymunir â'r Llwybr unwaith eto. Gyda llaw, does gan enw'r fangre ddim oll i'w wneud â derwyddiaeth a rhaid peidio â'i gyfieithu'n Dredwstan yn unol ag enw'r pentref ym Mrycheiniog. Yr ynganiad lleol yw 'Drewston' ac yn ôl y sôn yr enw gwreiddiol oedd Drew's Town ar ôl gŵr o'r enw Alfred Drue, un o farchogion Harri'r I a ymsefydlodd yn yr ardal ar ddechrau'r ddeuddegfed ganrif. Does a wnelo'r llecyn ddim oll â'r Derwyddon a'u harferion aflan o ddadberfeddu cyrff a thaenu gwaed, ond mae a wnelo â barddoniaeth ddiweddar a'r farddoniaeth honno'n deyrnged i ŵr a thad a gollwyd ym mlodau ei ddyddiau. Dyma'r fan a fu'n ysbrydoliaeth i Dylan Iorwerth gyfansoddi teyrnged i gyfaill yr arferai dreulio gwyliau teuluol yn ei gwmni, cerdd a ddyfarnwyd yn deilwng o goron Eisteddfod Genedlaethol Llanelli 2000 gan y tri beirniad. Ac oes, mae yna ran i'r 'Tŷ Teletubbies' yn y dilyniant sy'n dechrau gyda'r frawddeg:

Dim ond Sais

fasa'n codi tŷ

drwy ei roi o dan ddaear.

ac yn gorffen gyda sylw sy fel petai'n rhagfynegi dyfodiad angau:

un ffenest hirgul yn gwylio

dan amrant o laswellt.

Yn aros

fel ci bwtsiwr.

Rhaid troedio'n ofalus wrth gamu trwy'r adwy am fod y fan bron yn ddieithriad yn wlyb. Rhaid bod yr un mor ofalus wrth groesi'r parc. Tebyg na chymer y defaid Soay cyrniog yr un sylw ohonoch, ond am yr asyn does wybod pa hwyliau sy arno. Hwyrach mai sefyll yn stond ddisymud megis carreg a wna ond bryd arall gall ddechrau bugunad a chwennych maldod neu refru'n fygythiol. Asyn yw asyn wedi'r cyfan. O gael llonydd manteisiwch ar y cyfle i edrych tuag at yn ôl, ac ar y gorwel i gyfeiriad y gogledd-orllewin fe welwch dŵr Castell y Garn y canodd Waldo amdano yn y gerdd 'Y Tŵr a'r Graig', a symbylwyd gan y cyhoeddiad yn 1938 y byddai'r Llywodraeth yn cyflwyno gorfodaeth filwrol a hynnny'n tristáu'r bardd o heddychwr:

Ôl hen ryfel a welais,

Y cysgod trwm lle cwsg trais,

Tua'r awyr tŵr eofn

Yn ddu rhag yr wybren ddofn

Ban a llym uwchben lli

Talgerth yng ngwynt y weilgi:

Ar dalar y wâr werin

Balch ei droed – heb weilch y drin.

Gwastad yw'r Llwybr am getyn a gorchuddir darn ohono â tharmac er hwylustod i deithwyr mewn cadeiriau olwyn. Rydym cryn bellter o'r môr ei hun mewn ambell fan ac ar ochr y tir mawr ceir ffens weiren bigog i sicrhau na wna'r gwartheg blithion grwydro ar hyd y Llwybr ac na wna defnyddwyr y Llwybr grwydro i blith y gyrroedd. Erbyn hyn, yn ôl ei harfer hwyr brynhawnol, mae Diana Green ymhell ar y blaen i'r rhelyw ohonom a dim ond wrth droi ambell gornel y gwelwn hi a'i phastwn yn y pellter. Yn unol â'i buchedd fel gwraig fferm, rhydd yr argraff ei bod yn brasgamu ar frys i moyn y da i'r glowty ar gyfer y godro nosweithiol.

Tynnir ein sylw gan brysurdeb gwenyn a rhyfeddwn at eu diwydrwydd. Yn hytrach na'u cystwyo oherwydd eu pigiadau gwenwynllyd gwerthfawrogwn eu rhan ym mhatrwm y greadigaeth. Sonia rhywun am y newyddion fod y rhywogaeth mewn perygl o ddiflannu mewn rhai rhannau o'r byd. Ar un cyfnod arferai gwenynwyr dalu ffermwyr cnydau am gael cadw eu cychod gwenyn gerllaw dros dro. Bellach, mewn rhannau helaeth o'r Unol Daleithiau, mae'r ffermwyr yn talu'r gwenynwyr i ddod â'u heidiau er mwyn sicrhau y caiff eu cnydau eu peillio a sicrhau parhad y gadwyn fwyd. Pwy feddyliai fod cyfraniad creadur mor fychan mor allweddol i'n bodolaeth waeth heb am yr holl ddatblygiadau technolegol a dyfeisiadau dyn. Mae diliau mêl yn drysor anghyffredin na all dynoliaeth fforddio eu colli. Rhwydd hynt i bob gwenynen ganfod cynhaeaf o neithdar bob cynnig.

Rhywle ar ôl mynd heibio i gyffiniau Black Point, gwelir olion caer o gyfnod Oes yr Haearn na ellir mynd yn agos ati bellach oherwydd tirlithriad, ac yn un o'r perci ceir carreg hynod rywle a elwir yn Garreg Harold. Ond mae mor fach fel na ellir ei gweld o'r Llwybr ac, wrth gwrs, mae'r ffens yn ein rhwystro rhag chwilio amdani. Mae yno rhywle cyn cyrraedd sticil neu gât rhif 232 ac mae'n debyg taw Iarll Wessex oedd Harold. Dynoda'r garreg leoliad brwydrau lle cawsom ni'r Cymry ein trechu gan ei luoedd. Ond rydyn ni yma o hyd a phrin bod diben canfod y garreg mwyach oni bai yr eir ati i'w chladdu'n llwyr o'r golwg.

Ceir sawl ffwrwm bren ar y darn hwn wedi'u gosod gan deuluoedd i gofio anwyliaid a arferai dreulio oriau'n hamddena yn y parthau. Ceir carreg goffa hefyd i hwyliwr Olympaidd sy'n ein hatgoffa pa mor greulon yw'r môr pan fydd wedi ei gynddeiriogi. Mewn ras hwylio rhwng Sydney a Hobart y collodd Glyn Charles ei fywyd yn 1998 ac yntau ond yn 33 oed. Arferai'r llanc o Hampshire dreulio llawer o'i amser yn ardal Aberllydan. Wrth ddynesu at y pentref gwyliau fe welir draw ar y gorwel brawf o'r modd mae llaw dyn wedi amharu ar waith awdur y greadigaeth wrth sylwi ar beilonau a simneiau'r purfeydd olew yn ymestyn i'r entrychion. Rhaid derbyn mai anharddu'r olygfa o raid a wnaed ond tra diflanna'r erchyllbethau o'r golwg wrth i ni ddisgyn i Aberllydan cawsom ein rhybuddio ein bod ar fin troedio ar hyd rhan o'r Llwybr Arfordirol lle mae'r gwylltineb naturiol yn rhannu lle â chreadigaethau diwydiannol dyn.

Aberllydan cyn ei ddatblygu'n gyrchfan gwyliau

Daw taith y diwrnod i ben yn y maes parcio ym mhen gogleddol y pentref ac, yn unol â'i harfer, mae Diana Green wedi diosg ei sgidiau a newid i lifrai mwy cyffyrddus. Yno hefyd i'n cyfarch mae ei gŵr, Mike, wedi cyrraedd o'u cartref ym mhentref Hebron, yn Nyffryn Taf, ar gefn beic modur pwerus na welir ei debyg ar y ffyrdd yn aml mwyach. Mae'n amlwg mai ei ddiléit yw tramwyo ar ddwy olwyn yn hytrach nag ar ddwy droed a gall sôn am aml i godwm cas a gafodd wrth i'r ceffyl haearn brofi'n anystywallt. O gofio eu bod yn byw yn Nhŷ Isaf ni allaf beidio â sawru gwynt cynnes y bara yr arferid ei bobi yno yn enw Pobyddion Beca yn nyddiau Edgar a Maisy Devonald pan ddeuai'r torthau i ddrws fy nghartref yn nyddiau plentyndod ym mhentref y Glôg bob nos Lun a nos Iau.

Ac o gofio bod y feidir sy'n arwain at eu cartref ers chwarter canrif, ar ôl iddyn nhw gefnu ar High Wycombe, yn dirwyn heibio i dalcen capel Hebron, ni fedraf beidio chwaith ag ail-fyw gwynt y pibrod a'r chwys ar y galeri yno ar adeg aml i rihyrsal Gymanfa Ganu, ac ar ddiwrnod y Gymanfa ei hun, pan ganiateid i blant yr ardal, yn swyddogol, golli diwrnod o ysgol. Diolchaf iddyn nhw'n dawel bach am ailgynnau emosiynau na wyddan nhw ddim amdanyn nhw. Dawnsiaf ar draws y palmant uwchben y traeth sy'n tynnu at filltir o hyd yn fud a dall i bob dim o'm cwmpas dan ganu 'Ti friallen fach ar lawr, dan goronog wlith y wawr'.

Yn y pen draw mae'r Galleon Inn yn ymhŵedd a chan ei bod yn ddydd Sul drachtiaf beint o gwrw cryf y Parch. Evan James. Cefais fy nal wrth y bar mewn sgwrs rhwng dau o'r ffyddloniaid yn eistedd un bob pen i'r bar bychan. Ymdebygai'r gŵr tal a chyhyrog yn y gornel i'r llun dyfrlliw o gymeriad wedi'i fframio ar y wal uwch ei ben ond nid John O'Malley mohono chwaith. Roedd y llall yn dipyn iau ac yn eistedd wrth y bar fel petai wedi'i ludio yno ers meitin. Doedd fy mhresenoldeb i'n sefyll rhyngddyn nhw'n amharu dim ar eu sgwrs fwy nag oedd y prysurdeb cyffredinol wrth weini prydau i'r llu ymwelwyr a sgrechiadau plant blinedig. Diharebu diffygion gweithwyr oedd byrdwn y sgwrs unochrog braidd yn yr iaith fain a doedd dim angen i'r gŵr iau wneud dim ond rhoi ambell broc i'r tân nawr ac yn y man.

'Nadw, wir, synna i'n cyflogi neb ar hyn o bryd. Wêdd pedwar 'da fi tan yn ddiweddar ond mwy o drafferth na'u gwerth, bachan. Ma'n well 'da fi neud y gwaith 'yn hunan a gwbod 'i fod e'n cael 'i neud yn iawn. Yffach, bydden nhw'n sefyll fan 'ny â'u dwylo yn 'u pocedi. Ddim yn gallu gweld gwaith. Na, gormod o ffwdan o lawer. Erbyn 'mod i'n cadw llygad arnyn nhw a rhedeg fan hyn a fan'co fydden i'n neud dim byd 'yn hunan 'achan. A meddylia di nawr, falle bydden i ar ben to ac yn gofyn iddyn nhw fystyn rhywbeth i fi, bachan. Ond 'na le fydden nhw fan'ny bob wip stitsh wrthi'n tecsto rhywun. Na, dim diolch, mae'n fwy diddig hebddyn nhw,' meddai'r talsyth, cyn cymryd hoe i gymryd llymaid.

'Ond beth am waith trwm nawr, shwd wyt ti'n dod i ben â hynny?' mentrodd yr iau.

'O, dwi'n câl bois miwn os bydd ishe er mae'n anodd 'u câl nhw. Fel ti'n gwbod dy hunan synno bois da'n segur. Ma digon o waith 'da nhw. Dim ond pwdrod sy'n segur 'chan. Ges i fois miwn i blastro nawr pwy ddwarnod. Wel…'

'Nethon nhw jobyn da, iti?'

'Wel, oedden nhw'n meddwl 'u bod yn dda. Ond, diawch, doedden nhw ddim yn neud y gwaith fel rocn i'n moyn iddo gâl 'i neud, t'wel. Na'r gwanieth. Na, wy'n gweud wrthot ti, synna i'n mynd i ffwdanu talu cyflog am waith wy'n gallu'i neud yn well 'yn hunan. Os wdw i'n ennill arian go lew, ma'n well 'da fi i gadw fe'n hunan, na'i roi fe i bobol sy ddim yn moyn gwitho, 'chan.'

Gyda hynny dyma'r tal yn gwacáu ei wydryn a chyhoeddi bod rhaid iddo adael a'r iau'n gwrthod ei gynnig i dalu am ddiod arall iddo. Yn ôl y tal bu'n gweithio'r rhan fwyaf o'r diwrnod, wedi bod yn y fynwent i osod blodau ar fedd ei dad ac wedi dwyn amser i gael peint. Nawr roedd rhaid iddo 'i sgidadlan hi i baratoi cinio Sul erbyn y byddai ei wraig adre o'i gwaith neu fe fyddai'n talihô. Tebyg nad oedd

Parchedig James a Gwynfaes Matholwch

Aberbach nad yw wedi newid fawr ddim

yn ymddiried yn neb arall ond fe'i hunan i goginio cinio Sul chwaith.

Braf oedd clywed nad yw pawb yn gwirioni 'run fath ac nad prydferthwch y Llwybr na'r holl hanes sydd ynghlwm wrtho sy'n gogleisio pawb. Roedd fy nhraed yn gadarn ar y ddaear unwaith eto a gwerthfawrogwn fod bagad gofalon helyntion byw a bod bob dydd yn haeddu ystyriaeth hefyd. Ymddangosai'r iau fel petai'n falch o gael ennyd o lonydd a phrin iddo gael ei gynhyrfu o wybod 'mod i wedi cerdded tua dwy filltir ar bymtheg y diwrnod hwnnw ar hyd Llwybr yr Arfordir o Gaerfai. Gofynnodd oeddwn i 'yn lleol' ac ar ôl i mi ddweud 'mod i'n dod o Faenclochog bu'n pendroni am ychydig cyn cytuno bod hynny'n 'lleol'. Erbyn i mi lyncu'r diferion olaf o'r Parchedig cefais ar ddeall ganddo fod Aberllydan wedi newid yn ddirfawr, gyda'r rhan fwyaf o'r tai yno wedi'u codi yn ystod yr hanner can mlynedd diwethaf, a bod y mwyafrif o'r trigolion yn ddieithriaid i'w gilydd. Mae'n rhaid bod yna ddigonedd o waith i faswniaid a seiri felly p'un a ydyn nhw'n cyflogi crefftwyr neu beidio i'w cynorthwyo.

Am nad yw hi'n fwy na hanner milltir i Aberbach neu Little Haven, fel sydd ar yr arwyddion a'r un modd Broad Haven o ran hynny, mentrais i fyny'r tyle. Awgryma'r wybren goch fry a'r awyr biws sy'n ymdoddi i'w gyrion y bydd yfory eto'n ddiwrnod braf a heddiw felly'n amlwg yn dirwyn i ben yn orfoleddus. Coesau bodlon blinedig a ddringai'r rhiw a disgyn eto ar hyd ffordd gul i'r pentre bach. Ar y chwith gwelwn dŷ o'r enw Pendyffryn a heriaf y darllenydd i brofi nad oes o leiaf un annedd yn arddel enw Cymraeg ymhob un o bentrefi'r hyn a elwid ar un amser yn Lloegr Fach tu hwnt i Gymru. Prin y ceir pentref twtiach yn unman gyda dyrnaid o dai bwyta'n cynnig dewis o fwyd môr a'r Ddraig Goch yn cwhwfan uwchben Gwesty'r Castell ynghanol y pentref.

Ond trawaf ar ŵr mwyn, Hen Destamentaidd yr olwg, cynrychiolydd yr ardal ar y Cyngor Sir a Rhyddfrydwr pybyr o ran ei wleidyddiaeth. Dywed Bill Philpin mai dim ond pump o frodorion y gall feddwl amdanynt sy'n byw yn y pentref mwyach a phob un o'r rheiny fel yntau wedi croesi'r pedwar ugain. Bu'n bentref gwyliau a thai haf ymhell cyn iddo ymddeol yno ar ôl treulio'i oes yn ffermio Haroldston gerllaw. Does dim amau ei hygrededd fel brodor o'r iawn ryw wrth iddo sgwrsio'n hamddenol yn llawn harddwch gwron sy'n fodlon ar ei fyd.

'Fi oedd yr olaf i gael 'i fedyddio yn yr afon yn 1941 cyn codi bedyddfaen yn y capel ond erbyn hyn mae'r bedyddio'n digwydd yn y môr fan hyn a thorf go lew yn dod i dystio i'r digwyddiad. Bedyddiwyd dau eleni a phedwar y llynedd ac, yn wir, mae'r achos yn llewyrchus yn Hephzibah. Dyw hi ddim yn anarferol gweld cymaint â 80 mewn oedfa gymun sy'n eithriadol o ystyried mai ychydig dros gant yw'r aelodaeth. Roedd yna £2,000 yn y casgliad un Sul nawr yn ddiweddar ac mae'r ddau weinidog a gyflogir yn amser llawn yn cynnal rhyw gyfarfod neu gilydd bron bob nos a hynny'n gyson yng nghartrefi'r aelodau.'

Dim ond yn ddiweddarach ar hap y deuthum i ddeall bod ei wyleidd-dra wedi'i rwystro rhag sôn iddo lunio cyfrol hynod ddarllenadwy am hanes ei gapel ar ddechrau'r 1990au ar achlysur canmlwyddiant yr achos. Yn 1930 noda fel y disgynnodd cwmwl ar yr ardal a'r capel pan ymosododd y prifathro lleol, a oedd fel pob prifathro'r cyfnod hwnnw yn un o bileri'r achos, ar Miss Edith Jones, athrawes y babanod ers 24 mlynedd, a hynny yn yr ysgol. Aeth y disgyblion adref a gwrthododd y rhieni eu hanfon i'r ysgol nes i'r ddau gael eu trosglwyddo i ysgolion eraill.

Mae'n debyg i lawer o gofnodion yn ymwneud â'r capel fynd ar goll am nifer o flynyddoedd wedi hynny a'u habsenoldeb yn dynodi nad oedd pob dim yn esmwyth yn yr ofalaeth yn ôl yr awdur. Dynoda fel y bu cwrdd eglwys yn 1978 yn trafod priodoldeb priodi pobol oedd wedi ysgaru ac i'r gynulleidfa, yn y pen draw, benderfynu gadael y mater yn nwylo'r gweinidog. Noda hefyd fel y bu'r Parch. Gwilym Davies, y gŵr a gysylltir â'r Deml Heddwch, yn weinidog am gyfnod byr ac i'r arloeswr wneud cryn argraff rhwng 1906 a 1909. Sonia hefyd fel yr oedd dyddiau cynnar y capel yn gysylltiedig â gŵr o'r enw Syr William Davies, cyfreithiwr o fri ac A S Rhyddfrydol, a gododd o dlodi i gyfoeth cyn syrthio i dlodi affwysol drachefn. Byddai ei ddyledion heddiw yn gyfwerth â £2 filiwn.

Ond synfyfyrio a wna yn fy nghwmni a thry ei olygon i'r pellter cyn i minnau ei dywys i hel atgofion am ei brofiadau fel cynghorydd sir. Edrydd y stori honno, pan oedd yn gadeirydd y pwyllgor addysg ar achlysur ailagor Ysgol Brynconin, yn Llandysilio, a neb llai na Waldo wedi cael ei wahodd i gyflawni'r gorchwyl. Clywswn droeon fod y bardd wedi anghofio am ei addewid a bu'n rhaid i rywun ei gyrchu o'i gartref ac yntau'n cyrraedd ar ffrwst, yn troi'r allwedd yn y clo'n ddiseremoni, ac yn dweud, 'dyna ni, ma'r drws wedi'i agor nawr'. Ond gadawn i Bill ddweud yr hanes.

'O, dwi'n cofio'n dda. Digon gwir na chawson ni fawr o araith ganddo wrth y drws ond dwi ddim yn siŵr a oedd disgwyl iddo wneud. Ar ôl dod mewn wedyn roedd e fel tase'n cael trafferth i ddod o hyd i eiriau. Fe eisteddodd i lawr a syllu ar 'i draed a sylweddoli ei fod yn dal i wisgo 'i slipers. Dyma fe'n troi at y plant ac yn dweud, 'dwi'n siŵr synnoch chi wedi gweld bardd Cymraeg yn agor ysgol yn 'i slipers o'r blaen ond i chi'n gweld rhain yw fy slipers gore, slipers fy stafell wely'. Chwerthin mawr wedyn a Waldo wedi torri'r garw a chawson ni araith nodedig ganddo. Roedd Waldo yn ddyn arbennig iawn, yn ddyn doeth, yn ddyn llawn gwybodaeth ac yn ddyn y sir gyfan. Byddwn yn 'i weld yn aml iawn yn cerdded yn y mannau mwya annisgwyl â'i ben yn y cymylau. Ie, dyna chi Waldo.'

Wrth ffarwelio â Bill Philpin ynghanol ei atgofion, sylweddolais mai dyma'r lle, yn ddiau, i loetran yng nghwmni gwydraid o win tra machluda'r haul, a dyna a wneuthum yn Nhafarn yr Alarch. Er ei fod yn bentref gwyliau nid yw Aberbach yn ddigon mawr i ddenu criwiau swnllyd gyda'r nos ac mae'r ffaith fod pob dim fel petai wedi'u gwasgu at ei gilydd yn rhoi i'r lle awyrgylch gartrefol. Roedd Gordon Main â'i fwng lled-rastaffaraidd, sy'n esbonio pam y geilw ei gwmni cynhyrchu yn Curlyman, wedi bod yn bodio'r papurau Sul, yn nofio yn y môr yn ôl ei arfer bob gafael, ac yn barod i draethu am ei gynefin mabwysiedig tra gorweddai ei gi hynafol, Murphy, wrth ei draed.

'Bues i'n ffodus i brynu'r caban bach o gartref yma rhyw wyth mlynedd 'nôl am £49,000 ac mae'n siŵr ei fod wedi treblu yn ei bris erbyn hyn. Dwi'n sylweddoli mai hofran ar ymylon y gymdeithas glòs ydw i ond ma' gen i ffrindie o'r un oed â mi yma. Er bod y mwyafrif o'r tai yn y ddau bentref yn dai haf ma 'na gymdeithas yma trwy'r gaeaf hefyd yn wahanol i'r hyn sy wedi digwydd i lawer o bentrefi bach tebyg. Diolch byth, ma'r Parc Cenedlaethol wedi rhwystro datblygu trwyddi draw fel sy wedi digwydd mewn rhannau o Gernyw lle mae'r perci carafannau yn strim-stram-strellach ar hyd y lle. Dwi'n sylweddoli bod yma deuluoedd sy ag hanes hir

Gordon Main a'i gi hynafol, Murphy

yn mynd 'nôl sawl cenhedlaeth a bod llawer wedi dod yma'n ddiweddar i ddechre sefydlu eu hanes yma. Ma 'na allfudo a mewnfudo wrth i'r bobol ifanc chwilio am fywyd slic dinesig a gwerthoedd materol gan gredu nad oes gan eu cynefin ddim i'w gynnig iddyn nhw, tra bo cenhedlaeth hŷn o bobol wedi dianc yma rhag y gwerthoedd ma nhw bellach yn eu hystyried yn arwynebol, ond ma nhw wedi crynhoi tipyn o arian wrth gwrs.

O'm rhan fy hun dwi'n bendant yma i aros. Ma 'na elfen ysbrydol yn perthyn i'r môr a'r bywyd gwyllt yn y cyffiniau. Pan fyddaf yn cerdded ar hyd y traethlin dwi'n teimlo 'mod i ar dir cysegredig. Mae'n bosib i chi ymgolli eich hun ar adegau trwy gerdded neu seiclo am filltiroedd heb weld neb. Fe fydden i wrth fy modd tasen i wedi cwrdd â Waldo ar achlysuron felly. Ond meddyliwch, efalle y byddaf wrthi'n golygu ffilm ar fy nghyfrifiadur yn y tŷ gan ddefnyddio'r dechnoleg ddiweddaraf, ac os nad yw'r awen yn dod, dwi'n gallu mynd i nofio yn y môr o fewn pum munud yng nghwmni ambell forlo a chan weld gwely'r môr bymtheg troedfedd oddi tanaf yn risial clir. Ma pob dim yn dod yn glir unwaith eto wedyn. Yr unig beth sy ar goll hyd yma yw'r ffaith nad wyf eto'n medru siarad Cymraeg.

Roedd fy hen fam-gu'n medru'r iaith ond cafodd ei bwnio o'i chyfansoddiad gan y system addysg a throsglwyddodd hi mohoni i'w phlant a dyna sut y collwyd yr iaith o fewn ein teulu ni o fewn un genhedlaeth,' meddai gyda dwyster.

Wrth ffarwelio â'r cynhyrchydd ffilmiau brwdfrydig, sy'n barod i droi ei law at bob dim creadigol, ac anelu i gyfeiriad Hwlffordd breciais y car yn sydyn o weld yr arwydd 'Caewch y gât, diolch' wrth fynedfa fferm Foxhill. Doedd dim amdani ond ei hagor a'i chau eto a dilyn y feidir at y clos fferm. Llundeiniwr oedd Paul Woolman a roes arwydd dwyieithog ar y gât pan brynodd y lle yn 1992, oddi wrth deulu o Gymry Cymraeg, 'fel arwydd o barch i'r wlad roedd e'n ymgartrefu ynddi', meddai. O dderbyn gwahoddiad i'w swyddfa gwelwn, o fwrw cip sydyn ar y silffoedd, ei fod wedi trwytho ei hun yn hanes y sir. Credai fod Foxhill wedi'i godi yn 1912 gydag arian y diwydiant glo lleol ac adroddodd hanesyn am was ar y fferm, ynghyd â'i dractor ac arad, yn syrthio'n garlibwns i hen siafft lo. Roedd y trawstiau a osodwyd ar ben y siafft, yn ôl pob tebyg, wedi pydru ac yn rhy wan i ddal pwysau'r offer, ond trwy lwc ni syrthiodd i'r gwaelod ac adferwyd y sefyllfa heb fawr o drafferth.

Ni fedrai Paul na'i wraig Jane sgwrsio yn Gymraeg ond roedden nhw wedi enwi eu stabal o gobiau Cymreig yn Bryncadno ac roedd yna enwau Cymraeg i bob ebol. A'r meirch a ddefnyddid at y cesig oedd Gwynfaes Culhwch a Gwynfaes Matholwch. Ymhyfrydai'r ddau fod yna lyfr o luniau lleol a oedd newydd ei gyhoeddi yn cynnwys nifer o luniau'n ymwneud â'r fferm. Ateb yn betrus a wnaeth pan ofynnais a oedd yna gymdeithas a chymdogaeth yn yr ardal.

'Wel, oes o ryw fath … ond mae'r brodorion yn tueddu i ddweud 'gadewch lonydd i ni, gadewch ni mas o bethe' pan fydd sôn am ryw brosiect neu'i gilydd. Mae'r cyfrifoldeb yn syrthio ar ysgwyddau'r ychydig brwdfrydig,' meddai.

Ymddengys nad yw tynged pentrefi de'r sir yn damed gwahanol i eiddo pentrefi gogledd y sir mewn nifer o ffyrdd o ran y gwrthdaro a all ddigwydd rhwng mewnfudwyr a brodorion. Ac o ran y Gymraeg o leiaf ni ellir ei cholli yn y parthau hyn ond yn hytrach ei hadfer. Ac mae'n amlwg nad yw cwhwfan y Ddraig Goch mewn ambell fan yn y cyffiniau heb ei arwyddocâd chwaith.

PENNOD 13

LLOFRUDDIAETH ERCHYLL A HUD YR YNYSOEDD

DOES DIM FEL AWEL fain o gyfeiriad y môr i ddadebru'r corff ben bore a chwythu'r gwe corynnod sy'n llechu yn yr ymennydd i ebargofiant. Mae'r Llwybr uwchben Aberbach gyda'r hyfrytaf ar hyd yr arfordir, yn hawdd ei gerdded, wedi'i droedio'n dda, yn ddigon pell o'r clogwyni i ganiatáu carped o dyfiant mewn ambell fan, ac yn ddigon uchel i ganiatáu golygfa ogoneddus ar ddiwrnod clir o Benrhyn Dewi i'r gorllewin draw a Mynyddoedd y Preselau i'r gogledd fry. Mewn ambell fan mae'r coediach yn cyffwrdd â'i gilydd uwchben gan ffurfio cysgod rhag haul crasboeth a chawodydd trymion. Dyma'r cyhudd a'r ymbarél perffaith. Rhaid bod yr holl goed cyll yn denu'r wiwer lwyd yn ei thro i gneua a'r drain a'r drysni'n cynnig mwyar blasus i'r cerddwr ddiwedd haf. Mantais wynebu gwyntoedd gogleddol yn hytrach na gwyntoedd de-orllewinol llawn heli o'r môr yw ennyn tyfiant trwchus.

Gwelsom dractor pwerus yn tynnu aradr chwe chwys gerllaw gan brofi cyn lleied o weithwyr sydd eu hangen ar ffermydd cyfoes o gymharu â'r dyddiau pan dynnid aradr un gwys. Gellir cochi parc jogel o faint mewn bore bellach tra byddid yn cymryd diwrnod neu ddau i drin yr un nifer o erwau hanner can mlynedd 'nôl. Rhaid i'r gwylanod fod gymaint â hynny'n fwy sydyn os am gydio yn y prydau parod o fwydon a ddarperir ar eu cyfer wrth droi'r cwysi. Ond os yw'r darlun a baentir yn swnio'n ddelfrydol braf nid felly oedd hi ar y darn hwn o'r Llwybr ym mis Gorffennaf 1989 pan sylwodd dau blismon, yn tywys cŵn trywydd, ar haid o gylion yn amgylchynu'r hyn a barodd arswyd iddynt, sef dau gorff yn madru mewn drysi. Roeddent gerllaw Eglwys y Fair Ddihalog, Talbenni, a welir o'r Llwybr a'i thwr uchel yn fynegbost i drafnidiaeth y môr. Buan y sefydlwyd ymchwiliad i lofruddiaeth ddwbl nad yw wedi'i ddatrys hyd y dydd heddiw.

Daw ein cyfaill o newyddiadurwr, David Setchfield, i'r adwy am ei fod yn ystod ei yrfa wedi llunio rhaglen radio am lofruddiaethau diweddar yng Nghymru na chawsant eu datrys hyd yma. Does dim rhaid iddo ymbalfalu am y ffeithiau am eu bod ar flaenau ei fysedd. Fe'n hysbysa fod Peter a Gwenda Dixon, o Swydd Rhydychen, yn hen gyfarwydd â'r ardal am iddynt wersylla ers blynyddoedd ar fferm Howelston gerllaw. Am nad oedden nhw wedi dychwelyd adre i Witney yn unol â'r disgwyl yn ystod penwythnos gyntaf y mis fe gysylltodd eu mab, Timothy, â'r heddlu.

Ar y dydd Mercher canlynol, ar ôl chwilio dyfal yn defnyddio cŵn, badau a hofrenyddion, y daethpwyd o hyd i'w cyrff wedi'u saethu'n gelain droeon, ei ddwylo yntau wedi'u clymu tu ôl i'w gefn a hithau'n hanner noeth yn awgrymu iddi gael ei cham-drin yn rhywiol. Ni ddaethpwyd o hyd i ddrylliau na thystiolaeth o sgarmes yn y cyffiniau ac oherwydd cyflwr y cyrff, yn sgil y tywydd crasboeth, rhaid oedd dibynnu ar olion bysedd i'w hadnabod yn ffurfiol.

O dipyn i beth cadarnhawyd bod y ddau wedi'u llofruddio y dydd Iau cynt am fod gŵr garw yr olwg wedi defnyddio cerdyn Peter Dixon i godi arian o fanc ym Mhenfro y prynhawn hwnnw. Yn ystod y tridiau nesaf cododd gyfanswm o £310 o fanciau yng Nghaerfyrddin a Hwlffordd ac, yn ôl y sôn, roedd yn seiclo o amgylch y sir. Ni ddaethpwyd o hyd iddo er i nifer o bobol gadarnhau iddyn nhw weld gŵr cyffelyb yr olwg ar yr arfordir tua'r adeg y cyflawnwyd y llofruddiaethau. Roedd y digwyddiad yn dipyn o ddirgelwch ac ni fedrai'r heddlu ddirnad beth oedd cymhelliad y llofrudd neu'r llofruddwyr. Anodd credu mai dwyn cardiau credyd oedd yr unig fwriad ac mai ar hap y cyflawnwyd y drosedd erchyll. Cafwyd tystiolaeth bod sŵn ergydion gwn wedi'u clywed ar hyd y Llwybr tua chanol y bore ar ddydd Iau, 29 Mehefin, ond ni ellid gwneud mwy na dyfalu beth oedd yr amgylchiadau a arweiniodd at farwolaethau'r ddau a oedd ar eu gwyliau yn mwynhau gogoniannau Llwybr yr Arfordir. Deil y dyfalu hyd y dydd heddiw.

Am fod Peter Dixon yn gweithio yn un o ganolfannau cyfrinachedd y Llywodraeth awgrymwyd bod a wnelo hynny â'i farwolaeth a bod brad ac ysbïo a thalu'r pwyth yn rhan o'r dirgelwch rywle yn nhraddodiad gorau'r nofelau mewn meysydd o'r fath. Amheuwyd y mab o lofruddio ei rieni am ei fod yntau ar ei wyliau yn eu cwmni am gyfnod yn ystod yr wythnos. Am fod arfau o eiddo'r IRA wedi'u darganfod wedi'u claddu yn ymyl Niwgwl beth amser yn ddiweddarach dyfalwyd mai anffawd y Dixons oedd baglu ar draws rhyw weithgaredd o eiddo'r terfysgwyr ac na fydden nhw'n hidio ffeuen ynghylch eu saethu. Ond ni lwyddodd Heddlu Dyfed-Powys i fynd â'r maen i'r wal a hynny er iddyn nhw, gyda chymorth Timothy Dixon, dynnu sylw at y digwyddiad yn flynyddol ym mis Gorffennaf am gyfnod.

Yn ystod ei ymchwil daeth David Setchfield ar draws y stori honno a adroddir yn gyson yn y cyffiniau pan grybwyllir llofruddiaethau'r Dixons ac na ŵyr neb i sicrwydd p'un ai gwir neu gau ydyw. Yn ystod misoedd y gaeaf a'r heddlu'n dal heb ganfod yr un trywydd pendant penderfynwyd y dylai un o'u plith, yn ei ddillad ei hun, dreulio peth amser yn cymysgu gyda'r trigolion yn y tafarnau lleol yn y gobaith o ganfod rhyw friwsionyn o wybodaeth berthnasol. Pan gyflwynodd y plismon cudd ei hun i un tafarnwr penodol fe'i siarsiodd na ddylai ymddwyn damed yn wahanol i'r arfer wrth drin ei gwsmeriaid a rhedeg ei dafarn. Edrychodd y tafarnwr arno'n betrusgar am yn hir a'i holi droeon a oedd yn berffaith siŵr mai dyna oedd ei ddymuniad. Na, doedd dim amheuaeth ym meddwl y plismon – gwneled y tafarnwr yn unol â'i arfer wrth drafod llymeitwyr a gweini diod gered. O ganlyniad, am fod y tafarnwr wedi'i argyhoeddi gan daerineb gŵr y gyfraith, roedd y wawr wedi hen dorri erbyn i'r bar gau y noson honno. Wedi'r cyfan, cafodd ganiatâd i ymddwyn yn ôl ei arfer.

Stori ryfedd arall yn ymwneud â'r digwyddiad oedd datganiad un o weision cyflog Cyngor Sir Penfro ar y radio yn mynnu bod y llofruddiaethau wedi bod o les i'r diwydiant ymwelwyr yn y sir. Cafodd Alan Morris ei hun mewn dŵr poeth hyd at ei geseiliau pan ddywedodd na chredai y gellid gwneud gwell ymgyrch farchnata petai £200,000 wedi'i wario, am fod y camerâu teledu yn dangos Llwybr yr Arfordir yn ei ogoniant ar bob rhaglen newyddion yn ddyddiol. Mynnai mai ymateb llawer o wylwyr pan fydden nhw'n ystyried ble i fynd ar eu gwyliau fyddai dweud 'beth am fynd i'r ardal 'na lle digwyddodd y llofruddiaethau'? Ni fu wrth ei ddesg am gyfnod ar ôl hynny. Er bod y straeon hyn yn gogleisio roedd y mwyafrif ohonom yn dal wedi ein sobri a'n syfrdanu gan y digwyddiad erchyll gerllaw a'r ffaith nad oedd wedi'i ddatrys. Dywedwst oeddem am gyfnod wedyn nes i naill ai Derek Rowland neu Rob Knowles, y tywysyddion, ein goleuo ynghylch rhyw agwedd arall yn ymwneud â'r olygfa ysblennydd neu i ni glywed ganddynt hanesyn yn ymwneud â'r dirwedd.

Cyffroir y synhwyrau gan wynt gwartheg newydd eu godro a thail gwartheg wedi'i grasu yn yr haul. Porant yn fodlon ddigyffro wrth ymyl ffens y Llwybr ac yn ddi-sŵn oni bai am y dannedd yn rhwygo'r borfa. Ymhen rhyw getyn fe fyddan nhw'n gorwedd yn un haid i gnoi cil a hynny eto'n llawen ddi-stŵr heb yr un fref. Arall yw'r profiad sy'n cyffroi y pâr o Seland Newydd a saif yn stond fel delwau'n edrych ar draws y môr. Rhyfeddant at yr olygfa glir ar draws y bae a'r ffaith nad yw dwylo dyn i'w weld wedi andwyo'r un darn o dirwedd ar hyd yr arfordir gyferbyn. Fe'u hatgoffir o rannau o'u mamwlad ac maen nhw ar dân am weld morlo'n bolaheulo obry. Un o ryfeddodau eraill y darn hwn o arfordir yw lliwiau'r creigiau sy'n amrywio o'r cochlyd cynnes i'r tywyll sgleiniog yr olwg. A fu rhywun yn eu hiro â phaent?

Disgynna'r Llwybr i Mill Haven ar ôl mynd heibio i faeau Brandy a Dutch Gin sydd yn ôl eu henwau'n awgrymu bod a wnelo'r ardal â'r fasnach smyglo ar un adeg, a bod yna ogofâu cyfleus ar gael i storio nwyddau anghyfreithlon. Ceir olion o Oes yr Haearn yn y cyffiniau ac odyn galch o gyfnod diweddar ac er taw caregog yw'r traeth gellid yn hawdd treulio orig yn y gilfach dawel. Byddai'n demtasiwn, petawn yn nofiwr hyderus a chryf, i groesi at St Bride's Stacks gerllaw a'i hamgylchynu'n hamddenol ar drywydd y mulfrain a'r morloi ond, hwyrach, y byddai cerrynt terfol a drifft y llanw'n fy mhlagio. Gwell cadw ar dir sych, ac edmygu o hirbell na mentro i ddyfroedd twyllodrus.

Byddwn fawr o dro cyn cyrraedd bae cyffelyb, ond ychydig yn fwy, sef Sain Ffraid neu Saint Bride, a honnir mai Brigid o Kildare oedd hi, un o gyfoeswyr Dewi, ac er bod rhai o'r farn na wnaeth erioed adael Iwerddon dywed eraill iddi sefydlu lleiandy yn y fan hon ac, yn ddiweddarach, bod eglwys wedi ei chysegru yn y fangre yn ei henw yn ogystal ag un ar bymtheg o rai eraill ar draws Cymru. Cymaint oedd ei dylanwad yn ystod ei hoes nes ei hurddo'n abades ac roedd ganddi awdurdod dros esgob wrth reoli lleiandy a mynachlog ar y cyd. Parodd ei dylanwad am rai canrifoedd yn ôl y chwedlau a adroddir amdani. Pan ddefnyddiwyd hen adfail ei heglwys ar y traeth i halltu pysgod rywbryd rhwng y ddeuddegfed a'r bedwaredd ganrif ar ddeg dywedir iddi fynegi ei dicter o'i bedd a daeth y cyflenwad o sgadan i ben yn sydyn a doedd bywydau'r pysgotwyr ddim mor ddiogel â chynt ar y môr. Tebyg mai cyfuniad o ofergoeliaeth a chamddealltwriaeth ynghylch buchedd seintiau oedd yn gyfrifol am hynny. Dethlir Gŵyl Santes Brîd ar ddiwrnod cyntaf Mis Bach ac ymddengys fod yr eglwys bresennol, ar ôl ei hadnewyddu'n llwyr yn yr 1860au yn cael ei defnyddio'n gyson. Golchwyd yr eglwys wreiddiol i'r môr mewn storm pan oedd wedi'i lleoli lle gwelir olion yr odyn galch ar y traeth. Yna, rhyw ugain llath i'r dwyrain o'r fan, gwelir olion beddau cerrig o'r cyfnod Cristnogol cynnar.

O fynd heibio i'r eglwys bresennol at y toiledau cyhoeddus mae'n werth galw heibio'r adeilad drws nesaf a gall Derek draethu'n huawdl am y gwaith adnewyddu a wnaed i adfer yr hen dŷ pwmp a gyflenwai ddŵr i'r 'castell' mawr draw am ei fod ef ei hun wedi torchi llewys yno fel un o Gyfeillion y Parc Cenedlaethol. Bu wrthi bob dydd Mawrth am bron i flwyddyn gron ym mlwyddyn y milflwyddiant. Ond o wasgu arno am unrhyw brosiectau eraill y bu'n glwm â nhw yn enw'r Cyfeillion fe dynn anadl ddofn cyn cyhoeddi na fu'n Gyfaill am gyfnod hir, ac, yna, yn ei ddull dihafal direidus ei hun, traetha'n huwadl am y syrffed a deimlai mewn cyfarfodydd pan drafodid manion megis pwy fyddai'n dosbarthu taflenni i'r fan a'r fan a phwy fyddai'n llyfu stampiau ar ba amlenni. Wedi'r cyfan, dyn y gweithredu a'r cynfas eang yw Derek Rowland.

O ailgydio yn y Llwybr eir ar hyd wal ffin tiroedd ysblennydd Gwesty Santes Brîd sy'n lletŷ gwyliau i bobol â chyfrifon banc yr un mor ysblennydd. Arferai fod yn rhan o ystad Barwniaid Kensington a ymestynnai dros ddeuddeng milltir i Hwlffordd yn y dyddiau cyn cyflwyno tollau marwolaeth. Dyma deulu o fyddigions o'r iawn ryw'n rhannu eu hamser rhwng Llundain a'r ystad yn unol â phatrwm y tymhorau hela a chwarae polo. Llwyddodd Dorothy Willcock i gyfleu hanes lliwgar y teulu mewn llyfryn hynod o ddarllenadwy o'r enw *St Brides Pembrokeshire.* Rhenty'r plasty a wnâi'r Pedwerydd Barwn, William Edwardes, wrth Gilbert David Harries o Lanunwas, ger Solfach, a oedd yn un o ddisgynyddion teulu'r Philippiaid. Etifeddodd yr ystad oddi wrth deulu'r Laugharne yn 1715. Bu farw'r Barwn yn ddisymwth yn 61 oed yn 1896 pan gafodd drawiad ar y galon wrth ddringo dros ffens pan oedd yn saethu grugieir ar un o stadau'r Alban. Fel ei dad-cu a'i hen dad-cu o'i flaen bu'n cynrychioli Hwlffordd fel aelod seneddol gan wasanaethu fel Chwip yn Llywodraeth Rhyddfrydol W. E. Gladstone am chwe blynedd ond pan ddiddymwyd ei etholaeth o dan y Ddeddf Diwygio Seneddol 1884 aflwyddiannus fu ei ymgais i gipio sedd Hornsey yn Llundain. Ond eto doedd bywyd ddim yn ddu i gyd oherwydd fe'i dyrchafwyd i Dŷ'r Arglwyddi a bu'n dal nifer o swyddi dylanwadol yn ymwneud â'r Teulu Brenhinol.

Yn union fel pob un o'i ragflaenwyr, William oedd enw'r Pumed Barwn Kensington hefyd, ac ar sail incwm o tua £60,000 o'r eiddo yn Llundain llwyddodd i brynu'r ystad yn Sir Benfro yn 1899. Flwyddyn yn ddiweddarach cafodd ei anafu yn Rhyfel y Boer a bu farw mewn ysbyty yn Bloemfontein yn 32 oed. Fe'i claddwyd yn yr eglwys leol gan Esgob Tyddewi gyda chynhorthwy y rheithor lleol â'r enw rhyfeddol, y Parch. Herbert Castillion Hingeston-Randolph. Dychwelodd tri o'r brodyr i'r angladd o Dde Affrica, Vancouver a British Columbia i ymuno â phum chwaer a brawd arall. Un o'r brodyr, Hugh Edwardes, oedd y Barwn nesaf a bu yntau'n dilyn gyrfa filwrol yn Rhyfel y Boer a'r Rhyfel Byd Cyntaf. Yn ogystal, gwariodd yn helaeth ar ehangu a moderneiddio'r plasty a hynny trwy werthu llawer o eiddo yn Llundain. Addurnwyd ystafelloedd gwely'r gwesteion yn ôl lliwiau penodol ac amhosib fyddai anwybyddu'r holl bennau anifeiliaid cyrniog, yn hongian ar furiau'r ystafelloedd ar y llawr. Yn wir, safai eirth wrth y cadeiriau moethus ac o dan draed roedd crwyn anifeiliaid yn garpedi mân. Saethwyd llawer o'r anifeiliaid yn Affrica ac India gan aelodau o'r teulu.

Ond byr y parod yr ysblander hwn oherwydd, ar ôl ailwampio'r cartref, penderfynodd y Chweched Barwn werthu'r holl eiddo, gan gynnwys y tiroedd. Serch hynny, prynodd gaban hela yn Druidston yn dŷ haf neu gartref gwledig er mwyn cadw cysylltiad â'r ardal. Er taw Llundain oedd pencadlys y teulu bellach roedd ei gysylltiad lleol yn ddigonol i'r Barwn gael ei ethol i uchel swyddi'r Seiri Rhyddion yn Ne Cymru. Pan fu farw yn 1938 roedd pob cyfrinfa yn y Dalaith wedi anfon plethdorchau i'w angladd yn Eglwys San Brîd. Amcangyfrifid bod yn agos at 500 o gynrychiolwyr gwahanol gyfrinfeydd yn y cyfarfod coffa a gynhaliwyd yn Eglwys Sant Pedr, Caerfyrddin. 'Nôl yn 1920, pan werthwyd yr eiddo, roedd cyfanswm y rhent blynyddol a godid ar y dwsin o ffermydd, 22 o dyddynnod a 40 o fythynnod yr ystad, yn £2,900.

Wrth i'r ystad gael ei darnio fe ddefnyddiwyd yr adeilad hwn o Oes Fictoria'n ysbyty ar gyfer plant a ddioddefai o'r diciáu, am gyfnod, am fod yr aer yn glir yno. Un o'r cleifion ifanc oedd y cyn-Archdderwydd Jâms Niclas. Yna, am gyfnod o tua ugain mlynedd tan 1970, fe'i defnyddiwyd yn ysbyty ar gyfer yr henoed cyn codi Ysbyty Llwynhelyg yn Hwlffordd. Gwnawn yn fawr o'r cyfle i anadlu'r awyr bur i'n hysgyfeint ar hyd y darn hwn o'r Llwybr sydd ar y cyfan yn wastad am bellter o ddwy filltir tan i ni gyrraedd Traeth Musselwick.

Ym Mhenrhyn Nab daethpwyd o hyd i olion gweithdy trin fflint o'r cyfnod Neolithig tua 5,000 cc ac mae'r creiriau, sy'n cynnwys darnau o fwyeill a saethau, i'w gweld bellach yn Amgueddfa Dinbych-y-pysgod. Byddai'r fflint wedi'i fewnforio o Iwerddon, yn ôl pob tebyg, a'r arfau gorffenedig wedyn yn cyrraedd rhannau craill o'r wlad ar hyd tramwyfeydd y cyfnod ar fôr a thir. Yn ôl y disgwyl bellach lle bynnag y gwelir pentir ceir olion caer Oes yr Haearn ac nid yw Tower Point gerllaw yn eithriad yn hynny o beth. Unwaith eto mae lliwiau'r creigiau'n dal y llygad ac yn amrywio o'r Hen Dywodfaen Goch rhuddgoch i'r Ordoficaidd fonddu a bron pob lliw arall rhwng y ddau. Nytha gwylanod y graig ar y creigiau hyn ac o edrych i gyferiad y tir mawr yng nghyffiniau sticil neu glwyd 219 gwelir olion yn ymwneud â rhyfeloedd y ddwy ganrif ddiwethaf. Defnyddiwyd y darn tir hwn gan yr Awyrlu yn ystod yr Ail Ryfel Byd ar gyfer hyfforddi peilotiaid awyrennau bomio Halifax wrth iddyn nhw daro targedau tua 400 llath mas yn y môr.

Presenoldeb y Lluoedd Arfog, a'r Awyrlu'n benodol, fu'n gyfrifol am yr hyn a elwid yn Driongl Aberllydan am fod wnifeintoedd o bobol yn honni iddyn nhw weld bodau dynol rhyfedd a soseri hedfan yn y cyffiniau'n gyson. Mewn gwirionedd, diffoddwyr tân yn gwisgo dillad asbestos ac offer anadlu – a'r rheiny'n goleuo a thywynnu yn y tywyllwch – yn cynnal ymarferion oedd yr esboniad am yr UFOs bondigrybwyll, yn ôl swyddog milwrol Americanaidd a fu'n treulio cyfnod yn y 1980au ar safle milwrol Breudeth. A'r esboniad syml ynghylch soseri'n hofran a siglo oedd awyrennau Harrier yn esgyn a disgyn yn unionsyth pan gynhelid ymarferion yn ystod y nos.

Ond nid pawb sy'n llyncu'r esboniad hwnnw a gwell gan lawer gredu mai gweision ffermydd yr ardal oedd yn cael ychydig o hwyl ar draul hygoeledd pobol. Ers i'r presenoldeb milwrol gilio ar ôl cyfnod y Rhyfel Oer ni chofnodwyd digwyddiadau o'r fath er deil yn anodd esbonio honiad dosbarth cyfan o blant Ysgol Gynradd Aberllydan iddynt 'weld' soser hedfan yn glanio ar dir yr ysgol. Er nad oedd yr un o'r athrawon, nac oedolyn arall yn y cyffiniau, wedi gweld yr olygfa, cymaint oedd cyffro a thaerineb y plant nes oedd yn rhaid eu credu.

O gyrraedd Traeth Musselwick mae'n werth chweil mentro am dro i bentref Marloes gan gofio nad yw'r trigolion dros y blynyddoedd wedi llwyddo i ddarbwyllo'r byd mawr oddi allan eu bod bob amser wedi'u pobi'n gyflawn. Arferid adrodd hanesyn am ddynion Marloes yn treulio dau ddiwrnod i gerdded i Hwlffordd. Byddent yn cerdded hanner y ffordd ar y diwrnod cyntaf, yn mynd adre i gysgu dros nos, yn cerdded hyd at lle roedden nhw wedi cyrraedd y noson cynt ben bore ac yna'n cerdded hanner arall y daith i'r dref. Tebyg y gwnelent yr un peth ar y ffordd adref. Hwyrach nad oedd y darlun yn gwbl gamarweiniol o gofio mai dyma'r pentref mwyaf gorllewinol yng Nghymru ac am ei fod yn anghysbell, ac nad oedd yn ofynnol i'r un teithiwr fynd trwyddo i gyrraedd unman arall, prin byddai'r ymwelwyr yno, ac o'r herwydd nid oedd fawr o gysylltiad rhyngddynt a'r byd mawr yn yr hen ddyddiau.

Tystia E. Llwyd Williams iddo yntau sylwi ar smaldod y bobol ac iddo glywed gŵr mewn cyfarfod cyhoeddus yno'n esbonio bod y siaradwr blaenorol wedi achub y blaen arno trwy ddefnyddio ieithwedd amaethyddol. 'Does gen i ddim i'w ddweud nawr. Y mae Mr Philpin wedi dod i mewn i 'mharc i, wedi'i aredig e i gyd a 'ngadel i heb ddim ond y dalar!' Roedd gan y trigolion hefyd enw am gasglu gelennod ar gyfer y byd meddygol, a phrin yr ystyrid hynny'n waith dymunol pan dreulid oriau'n stwnsian mewn gweundiroedd gwlybion. Ymhellach, doedd sylwadau Llyfrau Gleision y Comisiwn Brenhinol yn 1847 ddim yn glodforus o fuchedd y bobol gan ddwevd ei bod yn arfer ganddyn nhw i glymu ffaglau wrth gynffonnau ceffylau a'u cerdded 'nôl a blaen uwchben y creigiau er mwyn denu llongau i'w haped.

Ai cadarnhau'r darlun uchod a wna hanes cynnar yr ymdrechion i sefydlu achos y Bedyddwyr yn y pentref oherwydd roedd David Jones, Caerdydd, yn drwm ei lach yn 1840 pan gyhoeddodd *Hanes y Bedyddwyr yn Neheubarth Cymru*. 'Hyd yma mae Marloes wedi bod yn lle anffrwythlon iawn, ac megys corff y farwolaeth ar eglwysi Bedyddiedig y Sir. Nid wyf yn meddwl i lai na mil o bunnau gael eu casglu at y lle hwn, ac etto nid yw yn ddiddyled. Nid wyf yn cofio bod erioed mewn cyfarfod tri-misol na misol heb fod rhyw gŵyn ynddo o Farloes.'

Byr a helbulus fu arhosiad y gweinidogion cynnar yn yr ofalaeth. Daeth Reynold Rogers o'r Blaenau, yn Sir Fynwy, yn 1821 a dychwelodd i'r sir honno ar ôl dwy flynedd. Troes Sem Evans o Flaenffos, ger Crymych, ei olygon tuag at Aberdaugleddau ac yna Caerfaddon a Westbury ac ymddengys i John Daniel o'r Felingwm, ger Caerfyrddin, roi'r gorau iddi hefyd er iddo aros yn yr ardal. 'Nid yw ei Feistr wedi gweled yn dda i beri i lawer o lwyddiant i gydfyned â'i lafur,' oedd dyfarniad David Jones amdano. Yr hyn sy'n ddiddorol am y tri uchod yw ei bod yn ymddangos yn lled sicr, o ystyried eu cefndiroedd, eu bod ill tri'n Gymry Cymraeg. Ond waeth beth oedd y diffygion cynnar mae Capel Moriah, Marloes, yn dal i agor ei ddrysau ar y Sul. Ac mae enwau anheddau megis Cri'r Wylan a Tŷ Gwyn, i enwi dim ond dau, yn dystiolaeth bod gan y Gymraeg rhyw fath o droedle yn y pentref y mae ei enw, yn ôl y damcaniaethu, yn deillio o 'Moelrhos' neu o'r gair 'marl' sy'n ddisgrifiad o bridd yr ardal.

O fwrw golwg ar enwau'r ffermydd yn yr ardal does yna ddim sy'n awgrymu bod yna lygriadau o enwau Cymraeg wedi digwydd. East Hook, West Hook, Maryborough, Hasguard, Mullock a Pearson yw enwau rhai o'r ffermydd er tybed ai'r un yw'r 'Tre' yn 'Trehill' a 'Trewarren' a arferai ddynodi anheddiad yn yr Oesoedd Canol? Ta beth, byddai John Lewis, Pearson, bob amser yn falch o'r cyfle i barablu yn Gymraeg a sôn am ei fagwraeth yn ardal Llanboidy pan fyddwn yn galw heibio i baratoi eitem gogyfer â'r radio neu'r teledu am y daten gynnar. Rhan o'r ddefod bob amser fyddai ei glywed, ar ôl gorffen ein dyletswyddau, yn dweud, 'arhoswch funud nawr i fi ga'l bwceded bach o dato i chi fynd 'da chi'. Byddai blas anghyffredin ar y tato hynny wedi'u berwi o fewn awr neu ddwy ar ôl eu codi o'r pridd a thwlpyn o fenyn yn toddi ar eu pennau. Bu farw John Lewis, y ffermwr rhadlon, mewn damwain erchyll ar glos ei fferm, ac yn goffâd iddo, mae addurn o fflam yn codi o gwpan cymun, o waith y pensaer cadwriaethol, Wyn Jones, ar glwyd porth Eglwys San Brîd.

O ystyried natur ynysig yr ardal a'r dylanwad Sgandinafaidd a Ffleminaidd cynnar mae'n rhaid bod y dafodiaith hynod yn frith o eiriau anghyffredin ar un adeg, ac yn dal ar gof rhai o'r trigolion hyn hwyrach: 'furze' am 'gorse/eithin', 'slop' am dwll mewn clawdd, 'clanching' am grasfa a 'caffle' am raff yn glymau i gyd. Yn goron ar y cyfan cawn Lilian Sayce yn y 1950au'n darlunio sgwrs rhwng dau'n cyfarfod ar y ffordd i'r farchnad:

'Here auld on wert tha'gwain?' hola'r forwyn.

'Aw by gawsh ou art tha maid? Thart lookin' main shonk today!' ateba'r gwas.

'Aw I'm middlin 'boy. Heave over if thar't gwain ter town I'm comin up there with thee.'

'Ay, ay, come thee on. We'll go in all a both and all beleishers.'

Byddai'n hawdd torri tua phedair milltir oddi ar y daith wrth gerdded at Draethau Marloes. Ond wedyn trwy beidio â cherdded oddi amgylch Pentir Marloes byddem yn ein hamddifadu ein hunain o rai o'r golygfeydd prydferthaf a mwyaf hynod ar hyd yr holl arfordir ar ddiwrnod braf. Cerddwn yn lled sionc hyd at Martins Haven ac yno y gwelais hi gyda'i gwallt yn bleth a'i chorff fel petai wedi'i greu ar gyfer nofio fel pysgodyn. Hon oedd fy môr forwyn a'i henw oedd Saana Isojunno. Roedd hi'n treulio'r haf yno'n gwneud gwaith ymchwil ac yna'n dychwelyd i'r Ffindir. Oedd, roedd ei henw cyntaf wedi'i fenthyca o eirfa'r bobol aborijini yng ngogledd pell ei gwlad, y Sami, ac roedd hithau'n dipyn o gymysgfa o ran ei gwaed meddai. Fe'i dychmygwn yn nofio'r holl ffordd adref pan ddeuai ei gwaith ymchwil i ben. Ond yn wahanol i'r môr forwynion a welwyd ar achlysuron cynt ar hyd yr arfordir, roedd gan hon gyfeiriad e-bost. Mae technoleg fodern wedi cyrraedd aneddleoedd trigolion y dyfnderoedd hyd yn oed. Diflannodd o'm golwg megis atgof.

Mae yna gryn dipyn o fynd a dod yn Martins Haven am mai oddi yma y croesir y filltir a hanner i Ynys Sgomer ac i Ynys Sgogom sydd yn ei hymyl. Ynys Sgomer yw'r fwyaf o'r ynysoedd gan ymestyn dros 700 erw, ac Ynys Sgogom dros 240 erw. Gan amlaf bydd deifwyr tanddwr gyda'u hoffer trwsgl yr olwg yn hofran o amgylch y bae bychan, ac ar y ffordd o'r bae gwelir swyddfeydd y Warchodfa Natur ar y dde. Mae Caban Lockley, sy bellach yn siop yno yn gwerthu tipyn o bopeth sy'n berthnasol i'r ardal. Yma hefyd yr arferai'r artist Ray Howard-Jones dreulio cyfnodau helaeth o'i bywyd yn paentio tirluniau wedi'u hysbrydoli gan yr arfordir a'r ynysoedd. Bu farw yn 93 oed yn Llundain yn 1996. Ni all neb sy wedi treulio cyfnodau'n sugno awyrgylch y rhan hon o'r wlad i'w gyfansoddiad beidio â'i uniaethu ei hun â'i lluniau dramatig hi'n llawn lliwiau cynnes sy'n cyfleu ysbrydolrwydd y gwylltineb; edmygwch ei llun sy'n dwyn y teitl *Y Morlo*. Fe'i ganwyd yn Lloegr o dras Cymreig ond fe'i magwyd ym Mhenarth ac yn ôl y sawl a'i hadwaenai roedd yn llawn gwrthgyferbyniadau, ac o'r farn iddi ddioddef fel artist am ei bod yn ddynes. Dyna pam y ffeiriodd ei henw bedydd, Rosemary, am yr enw mwy gwrywaidd, Ray.

O gadw ein traed ar dir sych deuwn at gaban gwylio Gwylwyr y Glannau 189 troedfedd uwchben y môr ym mhen eithaf y pentir sy'n eiddo i'r Ymddiriedolaeth Genedlaethol. Dyma fan delfrydol i loetran ar ddiwrnod braf i werthfawrogi'r golygfeydd syfrdanol. Nid felly ar ddiwrnod gwyntog am nad oes yna gysgod o unrhyw fath ar hyd yr hyn a elwir yn Barc y Ceirw. Ni chafodd coed na llwyni erioed droedle yn nannedd y gwyntoedd de-orllewinol llawn heli yn y fan hon. Yn ôl y sôn bwriad byddigions yr Edwardes, Barwniaid Kensington, ar ôl prynu'r tir yn y ddeunawfed ganrif, oedd cartrefu ceirw yma a'u cadw fel addurniadau'n fwy na dim. Aed ati i godi wal gerrig uchel ar draws y tir o Martins Haven i Kenney Slip yn 1847 ond does dim tystiolaeth bod ceirw wedi'u cadw yno erioed ac anodd credu y bydden nhw wedi goroesi yno'n hir.

Tynnir fy sylw gan haid o adar duon yn cynnal cymanfa aflafar trwy gylchynu ei gilydd yn yr awyr rhyw hanner can troedfedd oddi wrthyf. Ymuna rhagor â'r ddefod ac yna disgynna twr ohonynt i'r ddaear ond gan ddal i wynebu ac amgylchynu ei gilydd a pharhau i grawcian yn sgrechlyd. O na bawn yn medru dirnad eu hiaith? Ai cynddaredd sy'n eu meddiannu neu ai rhyw ddefod chwareus sy ar y gweill? Maen nhw'n rhy bell i ffwrdd i nodi pa fath o frain yn union ydyn nhw. Rhaid ymgynghori â'r arbenigwraig adaryddol yn ein plith, Karen Meatyard.

'Mae'n ddigon posib mai brain coesgoch oedden nhw am mai nhw yw'r mwyaf chwareus a chymdeithasgar o holl deulu'r brain. Ma nhw wrth eu boddau'n chwarae yn y gwynt, yn cystadlu â'i gilydd gan weu patrymau wrth hedfan a gollwng eu hadenydd yn sydyn. Mae fel petaen nhw am feistroli'r gwynt a'i ddal. Os oedden nhw'n clegar wedyn, wel, ma nhw, fel pob teulu mawr estynedig, yn cwympo mas weithiau ac yn cadw stwr. Mae bob amser yn hyfrydwch eu gweld a'u clywed yn heidiau stwrllyd yn gwau trwy'i gilydd.'

Mae'r darn hwn yn gyforiog o draethau bychain nad yw'n hawdd nac yn bosib eu cyrraedd o'r tir mawr. Yma a thraw try'r hyn a ymddengys yn garreg lwyd yn y dŵr yn forlo sy'n bolaheulo wrth i'r haul greu myrdd o sêr aflonydd ar wyneb y tonnau. Byddai'n werth chweil llogi taith mewn cwch ar hyd y darn hwn er mwyn gwerthfawrogi mawredd arswydus y creigiau a'r traethau. Byddai hofran mewn awyren uwchben, yn arbennig ar draws yr ynysoedd, yn cynnig dimensiwn arall eto. Dyna'r Tair Simdde fel y'u gelwir, yn ymestyn hyd at 100 troedfedd dalsyth o uchder, sy'n gymysgedd o haenau o dywodfeini a cherrig llaid ac yn hen gyfarwydd â wynebu gwyntoedd gaeafol geirwon. Ond ym mis Tachwedd 1954 ni lwyddodd y bedwaredd simnai i wrthsefyll rhyferthwy gwynt yn symud ar gyflymdra o 130 m.y.a. a chollodd ei chopa.

Mae'n bosib cerdded at Ynys Gateholm ar lanw isel ond fe ddilynwn ni'r llwybr o Watery Bay heibio i'r Hostel Ieuenctid ac at faes parcio o eiddo'r Ymddiriedolaeth Genedlaethol lle gadawsom ein cerbydau'r bore hwnnw. Ac os yw'r llanw ar drai mae'n bosib y gwelir darnau o haearn yn codi o'r tywod sef gweddillion rhodlong o'r enw'r *Albion* a aeth i drafferthion yn y fan yn 1837. Llwyddodd 50 o deithwyr i grafu i'r lan ynghyd â 180 o foch na fuont yn hir cyn eu bod wedi'u gosod yn nhylcau'r ardal, a phawb am fisoedd wedyn yn bwyta bacwn a chawl blasus ffwl pelt. Mae'r darn hwn yn nefoedd i ddaearegwyr am fod yma gymysgedd o gerrig clai Silwraidd a thywodfaen goch ers dros 400 miliwn o flynyddoedd. Gwêl y llygaid cyfarwydd ffawltiau di-ri yn rhedeg o'r gogledd i'r de wedi'u ffurfio ers 240 miliwn o flynyddoedd. Dyna sydd i gyfrif am yr holl ogofâu a bwâu sy'n gysgod rhag haul tanbaid.

Wrth ddringo'r llwybr a rhag canolbwyntio'n ormodol ar yr hyn a ddeil yn galed a garw ers miliynau o flynyddoedd, tâl i ni gofio y byddai yna synau pobol yn gymysg ag eiddo adar ac anifeiliaid i'w clywed yn y fangre ers o leiaf rhai miloedd o flynyddoedd. Daeth archeolegwyr o hyd i olion 130 o gabanau crwn ar Gateholm, wedi'u gosod naill ai mewn rhesi hirion neu o amgylch closydd yn dyddio o gyfnod yr Oes Haearn. Daethpwyd o hyd i grochenwaith Rhufeinig yma a darn arian Carausius o'r drydedd ganrif yn ogystal â phìn efydd Gwyddelig o'r chweched ganrif. Mwy na thebyg bu yma gymuned fynachaidd yn ystod y canrifoedd dilynol, Cristnogion asetig cynnar wedi encilio i lecynnau diarffordd ond hawdd eu cyrraedd trwy fordwyo.

Wrth i gysgodion ddechrau disgyn ac awgrym o nudden grynhoi draw atgoffwn ein hunain o'r hud a'r lledrith a berthyn i'r ynysoedd yng ngolwg y Cymro, yn arbennig Gwales neu Grassholm, sy'n swatio tu ôl i Ynys Sgomer. Tybed a fyddai trigolion y canrifoedd cynnar yn y parthau'n adrodd straeon o gwmpas coelcerthi o dân? Am y seithwyr a ddychwelodd o Iwerddon a phen y cawr Bendigeidfran yn eu meddiant a threulio pedwar ugain mlynedd ar Ynys Gwales heb heneiddio a heb ofid am yr un dim? Ac nid ar un eisteddiad yr adroddid Ail Gainc y Mabinogi – mae'n siŵr y byddent yn mireinio'r dweud ac yn ychwanegu at y ffantasi gyda phob cyflwyniad. Ond daeth y Norsmyn heibio tua'r ddeuddegfed ganrif a chipio Gwales y dychymyg a'i throi'n Grassholm ac aeth yr Annwfn o lawenydd tragwyddol hwn yn angof dros dro. Ond onid yw'n bosib ei adfer a byw y tu hwnt i ffiniau amser o hyd y dwthwn hwn, petai dim ond am ennyd?

Does yna ddim parc ffantasi ar Ynys Gwales heddiw yn dangos y trigolion yn wynebu drws caeedig Aberhenfelen, yn arswydo rhag ei agor a gorfod derbyn yr anorfod o golli eu hieuenctid a wynebu gofidiau unwaith eto. Yn wir, mae'n anodd credu bod dyn erioed wedi byw ar y ddwy erw ar hugain o ynys am fwy nag ychydig o ddyddiau ar y tro am nad oes yno ddŵr gloyw. Ond mae'r mulfrain gwynion wedi'i gwneud yn gymaint o gartref a hynny nes eu bod fel un smotyn mawr gwyn o bell ar ddiwrnod clir ac yn gwmwl gwyn wrth hedfan oddeutu. Credir iddyn nhw ddechrau nythu yma yn yr 1860au ar ôl cael eu herlid oddi ar Ynys Wair ym Môr Bryste, ac amcangyfrifir bod dros 28,000 o barau'n nythu yno bellach gan greu poblogaeth o 114,000 yn anterth yr haf.

Mae'r ynys yn eiddo i'r Gymdeithas Frenhinol er Diogelu Adar er 1947 ac wedi'i dyfarnu'n Warchodfa Natur Genedlaethol. Brolia cwmnïau'r badau sy'n trefnu teithiau i'w chyffiniau nad oes golygfa debyg o ran haid o adar yn unman yng Nghymru. Wel, bydded i bob ornitholegydd fwynhau'r profiad. Gwell gen i gau fy llygaid a dychmygu'r lle'n Annwfn hudolus ac ymhyfrydu yn ein hanes a'n gallu i wau straeon rhyfeddol na goddef y sŵn byddarol a sawr y giwana drewllyd sy'n codi o'r creigiau.

Mae Ynys Sgomer yn ddigon o ryfeddod i'r adarwr a'r naturiaethwr ac yn anheddfan ers Oes yr Haearn. Bu'n gyrchfan i fordwywyr cynnar, yn ôl pob tebyg, am fod darganfyddiadau archeolegwyr yn awgrymu na fyddai gan yr ynys yr adnoddau i gynnal anghenion trigolion parhaol y cannoedd o gytiau sydd ar ochr ddeuheuol yr ynys – mae'n rhaid bod llawer ohonyn nhw, felly, at ddefnydd ymwelwyr. Ynys Sgomer fyddai'n cyflenwi anghenion teithwyr y canrifoedd cynnar yn union fel y gwnâi Aberdaugleddau mewn canrifoedd diweddarach, ac mae'n bosib bod yr amrywiaeth o adar a ddenid yno yn y cyfnod cynnar yn cynnig cig parod a modd o fwydo'r ymwelwyr. Heddiw, wrth gwrs, does dim lle tebyg yng Ngogledd Ewrop o ran gwylio adar am fod tua 30 o rywogaethau i'w gweld yno gan gynnwys dros 100,000 o barau o adar pâl Manaw – rhai doniol yr olwg, sy'n dod mas o'u tyllau gyda'r nos.

Anodd gwybod sut y gellir amcangyfrif, heb sôn am gyfrif, y boblogaeth adaryddol ond pan gyhoeddodd Christopher John Wright *A Guide to the Pembrokeshire Coast Path*, ar ddiwedd y 1980au, mentrodd nodi niferoedd yr adar magu fesul parau:

17,000 pâr o wylanod coesddu,

6,500 o adar y pâl yn nythu ar y creigiau,

5,000 o wylanod cefnddu yn nythu ynghanol clychau'r gog,

3,000 o heligogod,

2,000 o wylanod brych,

500 o adar drycin yn nythu ar gerrig ar hyd y muriau,

12 o filidowcars fydd yn sefyll â'u hadenydd ar led,

7 o fulfrain gwyrddion.

Yn ychwanegol mae yno ddegau o'r adar a gysylltir â'r tir mawr gan gynnwys tylluanod, gylfinirod, hebogau tramor, cigfrain, brain coesgoch, jac-y-dos, pibyddion y waun, ehedyddion, a thinwenod yn ogystal â heidiau o adar mudol yn eu tro.

Does yna ddim anifeiliaid rheibus na choed ar yr ynys ac felly mae llawer o adar a fyddai fel arfer yn nythu ar goed yn gwneud hynny'n ddiogel ar y ddaear. Er bod cwningod yno does yna'r un gwnigen yn mynd i wrthsefyll aderyn pâl pan fydd am feddiannu twll i nythu. Does gan y gwningen ddim amddiffynfa rhag pig main adar pâl Manaw. Ymhlith y llygod mân ar yr ynys mae'r llygoden goch – *clethrionomys glareolus skomerensis* – a ystyrir yn unigryw i'r lle, ond camp i chi ddod ar ei thraws.

A dyna i chi olygfa i'w thrysori yw gweld dros gant o forloi, yn nhymor magu yn yr hydref, yn bolaheulo ymysg ei gilydd o amgylch y creigiau oddi ar yr ynys. Ac nid hesb na diffrwyth mo'r ynys o ran ei blodau chwaith ac fe wêl y llygaid craff wnifeintoedd ohonyn nhw'n garpedi lliwgar megis llygaid llo mawr, gludlys arfor, dail y sgyrfi, ac yna'r glustog Fair yn amrywio yn ei lliw o binc golau i ruddgoch tywyll a'r lliwiau hynny'n cael eu dwysáu yn ôl nerth y goleuni. Gall y cyfarwydd ychwanegu at y rhestr gan gyfeirio at glust y gath, clafrllys, blodyn y bugail a gwallt y forwyn yn eu tymor.

Cyflogir warden parhaol ar yr ynys bellach ond yn ystod y rhan helaethaf o'r bedwaredd ganrif ar bymtheg roedd yna denantiaid yn ffermio'r ynys, ac yn nyddiau Edward Robinson yn yr 1840au byddent yn dal rhwng 6,000 ac 8,000 o gwningod bob blwyddyn. Byddai hynny ynddo'i hun yn darparu mwy na digon o incwm i dalu'r rhent. Sefydlodd y gŵr gweddw o Romford yn Essex yrr o geirw coch a haid o ieir Cochin-China pur ar yr ynys, a byddai'n gwahodd byddigions yno i saethu'r ffesantod a'r petris wedi'u magu at y diben. Yn unol â'r arfer ar y pryd byddai yntau'n saethu adar prin a ddeuai heibio ar eu rhawd a'u gosod mewn casys gwydr.

Ei olynydd oedd ei fab-yng-nghyfraith a roes y gorau i yrfa ar y môr yn 1861 ac mae'r dyddiaduron manwl y bu'n eu cadw yn ystod ei 30 mlynedd ar yr ynys wedi goroesi. Arferai'r Capten Vaughan Palmer Davies gadw dyletswydd deuluol bob bore cyn brecwast a chynnal oedfa ddefosiynol ar y Sul. Ei ddull o gysylltu â'r tir mawr oedd codi polyn mawr wrth ymyl y tŷ gyda chlwmpyn o rug arno i ddynodi bod angen i un o fechgyn teulu Edwards o Farloes rwyfo drosodd. Byddai'n clymu dau glwmpyn o rug pan fyddai angen gof a thri chlwmpyn pan fyddai angen meddyg. Bu'n rhentu Sgogom gerllaw am gyfnod hefyd ar gyfer pori merlod, ceirw coch a defaid yn ogystal â dal cwningod. Ond ni fyddai'n croesi i Sgogom yn aml am y byddai'n cadw llygad ar y creaduriaid yno trwy gyfrwng y sbienddrych pwerus a ddefnyddiai mewn dyddiau cynt ar y môr.

Rhoddodd y gorau i'r denantiaeth yn 1892 pan oedd yn 66 oed ar ôl cyfres o gynaeafau gwlyb a dirwasgiad cyffredinol mewn ffermwriaeth wrth i fwy a mwy o gigoedd a chynnyrch llaeth gael eu mewnforio. Ar droad y ganrif prynwyd Ynys Sgomer gan Arglwydd Kensington, ar ôl iddi fod ym mherchnogaeth teulu'r Philippiaid o Sandyhaven a Haythog am ddwy ganrif. Aeth yntau ati i saethu bron pob dim a symudai ar yr ynys gan gynnwys y morloi oddi amgylch, er mawr foddhad i bysgotwyr, gan werthu eu crwyn ar gyfer gwneud gwasgodydd, bagiau a gwregysau cetris. Yn 1922 prynwyd Sgomer, ynghyd â Gwales, gan ddeintydd wedi ymddeol o'r enw Walter Sturt a phan briododd ei ferch â mab i ffermwr a melinydd lleol, Reuben Codd, gwelwyd llewyrch amaethyddol am gyfnod yno.

Roedd Reuben yn wir fab y tir, yn wybodus am fywyd gwyllt a hen draddodiadau gwerin, ac am ei fod yn ddiharebol o gryf hefyd fe'i hystyrid yn dipyn o arwr. Ond bu'n rhaid iddo yntau ildio yn ystod un o'r tymhorau'n fuan ar ôl yr Ail Ryfel Byd pan fethodd â chael pris am gnwd da o datws cynnar mewn marchnad anwadal. Gwerthodd Reuben yr ynys a symud 'nôl i'r tir mawr yn 1950 ac yna, naw mlynedd yn ddiweddarach, darbwyllwyd y perchennog newydd, Leonard Lee, diwydiannwr o Ganolbarth Lloegr, i werthu'r eiddo i'r Warchodfa Natur. Yr olaf i ffermio Ynys Sgogom, a hynny am saith mlynedd tan 1912, oedd cymeriad nodedig o'r enw Jack 'Bulldog' Edwards. Ganwyd ei ferch hynaf ar yr ynys am i'r fam fethu â chroesi i'r tir mawr pan oedd ar fin esgor oherwydd storm enbyd ac mae'n debyg taw hynny oedd y cymhelliad penna i roi'r gorau i ffermio yno cyn i'r ferch nesaf gael ei geni.

Yn 1927 cymerwyd y denantiaeth oddi ar ystad Castell Dale, hwythau wedi bod yn berchen yr ynys er 1740, gan ddeintydd o Gaerdydd o'r enw H. W. Shellard ynghyd â'i fab-yng-nghyfraith, R. M. Lockley. Bu ef wrthi'n ddyfal yn astudio a chroniclo hanes bywyd gwyllt yr ynys yn ystod y deuddeng mlynedd y bu'n byw yno, gan gyflwyno ei brofiadau yn y cyfrolau *Dream Island* ac *Island Days*. Rhoddwyd y gorau i ffermio'r ynys yn 1940 ac ers hynny bu'n warchodfa natur a'r adar mwyaf lluosog o dipyn yno yw'r adar pâl Manaw. Noson gymylog ar ddiwedd yr haf pan nad oes lleuad sydd orau i wylio'r adar hyn. Bydd yr oedolion yn dychwelyd i glwydo yn eu heidiau a'r cywion yn dod mas o'u tyllau i baratoi am y daith i Dde America.

Ond digon i'r diwrnod ei ddaioni ei hun ac wrth i'r dydd droi'n nos ac awgrymu'r cyfnewidiadau hynny sy'n bosib i dywys y dychymyg a'r synhwyrau, i lu o gyfeiriadau ar sail profiadau'r diwrnod, rhaid diosg yr esgidiau, chwilio am enllyn maethlon a diod fywiol, cyn chwennych cwsg a breuddwydio'r holl gybolfa'n gynnwrf sy'n uno'r corff, yr enaid a'r ysbryd. Erbyn hyn, mae tramwyo Llwybr yr Arfordir yn bererindod nad oes modd rhoi'r gorau iddi. Rydym yn un â rhythmau pererinion oesoedd a fu a fynnai gyrraedd eu nod deued law neu hindda, drycin neu wres tanbaid. Daw pennill un o emynau W. Rhys Nicholas i hofran yn y cof:

> Tyrd atom ni, Arweinydd pererinion,
> dwg ni i ffordd llesâd;
> tydi dy hun sy'n tywys drwy'r treialon,
> O derbyn ein mawrhad.

Awn amdani eto yn y man.

ARLLWYS OLEW
A MEIBION MILFFWRD

M AE'N FORE ARALL SY'N cynnig cyfle o'r newydd i fynd mewn i'r awyr iach am y diwrnod ynghanol gwylltineb Marloes ar ôl gadael y cerbydau ger y cei yn Aberdaugleddau. Wedi rhyw hanner milltir o ystwytho fe ddychwel y patrwm cerdded i gyhyrau pawb a phan afaela'r rhythm yn y coesau gall y meddwl ehedeg gan adael y corff i gyflawni ei orchwyl. Ni fedraf ysgwyd y freuddwyd ryfedd a wnaeth darfu ar fy nghwsg am na fedraf ddeall ei harwyddocâd. Roedd yna griw ohonom yn dychwelyd o ryw dref neu'i gilydd ac ar ei chyrion gwelwn fod ein cyrchfan rhyw dri lled parc i ffwrdd yn y pellter er doedd na lled na hyd y perci'n aros yn sefydlog. Gwelwn fod yna greadur lled wyllt, glas a gwinau'r olwg, megis bustach o'r cynfyd, yn boichen ar hyd y perci a pha beth bynnag yn union oedd gwyddwn o leiaf ei fod yn dynodi perygl a rhwystr rhag i ni gyrraedd pen ein siwrnai. Deuai i'r golwg nawr ac yn y man cyn diflannu ac ymddangos mewn rhyw fan arall – er nad oeddwn wedi'i weld yn carlamu yno oni bai bod awgrym o niwl yn ei gysgodi tra symudai. Rhaid oedd disgyn rhyw ddeg troedfedd dros wal o'r parc cyntaf i'r ail ac yna croesi ffos ddofn i'r trydydd ac at y clawdd pellaf a phen y siwrnai.

Pan nad oedd y creadur i'w weld penderfynais fentro a rhedeg nerth esgyrn fy nhraed gan synhwyro bod y creadur yn rhywle yn y pellter ar fy ngwarthaf, ac y medrai ymddangos ar amrant mewn un man ac yna'r eiliad nesaf mewn man arall, heb roi'r argraff ei fod wedi carlamu na hyd yn oed ddefnyddio ei goesau mewn unrhyw fodd i symud o'r naill le i'r llall. Roeddwn yn rhedeg dwmbwr dambar ar y gwaered a hynny heb golli fy ngwynt. Cyrhaeddais y terfyn ac roedd y creadur bellach wrth fy ysgwydd yn ymddangos yn rhannol ddynol erbyn hyn ac yn chwerthin yn wawdlyd. O edrych dros y terfyn beth a welwn ond dwnsiwn a diddymdra diddiwedd a doedd dim troi 'nôl. A oeddwn yn wynebu Annwfn? A oeddwn ar fin treulio cyfnod diamser yno? Nis gwn; dihunais. Penderfynais hepgor poenydio fy hun. Cysurais fy hun trwy ddyfalu mai dyna sut y daeth elfennau o straeon y Mabinogi i fodolaeth trwy gyfuniad o freuddwydion a dychymyg. Roeddwn wedi blasu rhin y creu yn ystod y canrifoedd cynnar. Medrwn ddychwelyd rhywbryd eto, hwyrach, i roi enw i'r creadur a dyfalu beth a ddigwyddodd wedyn – fel y byddai'r storïwyr cynnar wedi gwneud mae'n siŵr. Am y tro medrwn ddychwelyd i'r presennol.

Wrth fynd heibio hen faes awyr Dale daw gwynt gwair yn gweiro'n donnau cryf i'm ffroenau gan fy arwain eto ar adenydd dychymyg i ddyddiau plentyndod pan oedd profiad cynaeafu'n gyfystyr â'r haf, a chymdogaeth yn dod ynghyd i sicrhau cludo'r byrnau i'r sièd wair cyn delai'r diferion glaw. Oni bai am rwystr y ffens buaswn yn disgyn ar fy mhedwar i wynto'r gwair os nad yn rhowlio ynddo fel y gwnawn yn grwt yng nghwmni eraill ohonom oedd ar ein prifiant. Am y tro rhaid bodloni ar anadlu'n drwm y sawr a ddeffry'r cof am yr hyn a fu gan wybod mai peiriannau a'r lleiafswm o ddwylo fyddai'n cywain y cae hwn cyn diwedd y dydd. Rhaid cofio fy mod ynghanol cwmni na fedr werthfawrogi fy nhuchan a'm hiraethu.

Erbyn cyrraedd Bae Westdale gall fod yn demtasiwn i gerdded y siwrnai fer ar draws y tir heibio Castell Dale a'i nythod brain i mewn i'r pentref a heibio Haulwen, gan brofi unwaith eto nad oes yr un o'r pentrefi arfordirol hyn heb dystiolaeth o fodolaeth y Gymraeg pa mor denau bynnag y bo; yn wir, enw'r tŷ drws nesaf yw Golwg-y-maes. Ac ar ddiwrnod gwyntog, neu pan ymddengys ei bod yn codi'n storm, da o beth bod lloches yn ei chynnig ei hun, ac anelu am glydwch y dafarn yw'r nod. Gellid ailafael yn y Llwybr wedyn ar ôl hepgor dros bum milltir ohono o gwmpas Penrhyn Santes Anne sydd, fel arfer yn cynnig awel fain os nad gwyntoedd sy'n ei gwneud hi'n anodd troedio a chadw ar eich traed.

O gadw at y Llwybr mae'r darn cyntaf yn dipyn o dreth ar y fegin nes cyrraedd pen y pentir a safle caer o'r Oes Haearn yn dyddio 'nôl tua chan mlynedd cyn Crist ond, yna, deuwn at olion milwrol mwy diweddar o gyfnod yr Ail Ryfel Byd ar safle Kete. Yno sefydlwyd gorsaf radar ac ysgol feteoregol a fu yn gweithredu tan 1960. Wrth nesu at y penrhyn gwelwn olygfeydd o hafan Aberdaugleddau yn ei holl ogoniant modern o lanfeydd anferth ac adeiladau yn ymestyn i'r dŵr. Yno'n ogystal mae tanceri a llongau anferth ymhell y tu hwnt i freuddwydion pob Llychlynnwr a gyrhaeddodd yr ardal yn y canrifoedd cynnar mewn badau bregus.

Ymddengys yn bictiwr o dangnefedd heddiw ond arall yw'r olygfa pan rua storm fel y digwyddodd ym mis Medi 1866 pan darodd saith o longau mawrion

Gorchuddiwyd yr arfordir gan yr olew crai a ollyngwyd o'r Sea Empress

yn erbyn y creigiau wrth geisio hwylio i'r hafan a chollwyd llawer o fywydau. Er bod yr hafan gyda'r dyfnaf o'i fath yn y byd erys peryglon creigresi wrth y fynedfa ger Penrhyn Santes Ann ac, felly, chwaraeodd y goleudy ran allweddol yn sicrhau diogelwch llongau yn y gorffennol, gyda chymorth y tynfadau sy wedi tywys y tanceri mawrion i angori yn ystod y degawdau diwethaf. Ond mae fy synhwyrau'n drech na mi eto tra traetha'r tywyswyr am hanes y goleudy dros y canrifoedd wrth i'm ffroenau lenwi ag atgofion y sawr olew a oedd yn dew dros y penrhyn am gyfnod ym mis Chwefror 1996 pan aeth y tancer *Sea Empress* i drafferthion.

Ar nos Iau, Chwefror 15, roeddwn yn gwylio pantomeim yn Theatr y Gromlech, Crymych, heb feddwl y buaswn ymhen ychydig oriau yn dyst i ddigwyddiad cyffelyb a barodd am yn agos i bythefnos. Wrth i fore Gwener ddyddio roeddwn yn syllu dros ymyl y dibyn ar dancer 147,000 tunnell yn gollwng olew fel gwaed yn pistyllio o archoll ar ôl rhwygo rhannau o'i chorff ar y creigiau. Am dridiau rhwystrwyd pob ymdrech i'w thynnu oddi ar y creigiau gan wyntoedd geirwon. Yn nyddiau cynnar darlledu byw, yno roedd uned newyddion teledu Sky yn darlledu'r cwbl yn fyw, er gwaethaf rhybuddion nad oedd yn ddiogel i neb aros ar ben y creigiau oherwydd y perygl o ffrwydrad. Symudwyd preswylwyr y tai gerllaw o'u cartrefi a rhoddwyd yr un cynnig i ddeiliad Fferm Brunt, uwchben y creigiau, ond roedd Huw Davies yntau'n ddigon jycôs i aros yn ei unfan ac yntau prin yn ymwybodol o'r ddrama ar y môr obry.

Os oedd ffyrnigrwydd y tywydd yn rhwystro ymdrechion y tynfadau doedd hi'n fawr o gymorth nad oedd capten y *Sea Empress*, y Rwsiad Eduard Bolgov, na'r un o'i griw, yn siarad Saesneg, na neb o blith staff Awdurdod Porthladd Aberdaugleddau yn siarad Rwsieg. Roedd yn rhaid dibynnu ar gyfieithydd i gyfathrebu dros y radio wrth geisio cydlynu'r ymdrechion i dynnu'r tancer oddi ar y creigiau. Pan ddaeth tynfad mwy nerthol i gynorthwyo cododd y broblem ieithyddol ei phen unwaith eto am mai Tsieinead oedd wrth y llyw ac ofer fu ymdrechion cogydd o dŷ bwyta Tseineaidd lleol, Paul Chung, i gynorthwyo am nad oedden nhw'n siarad yr un math o Tsieinëeg. Dyna le roeddwn innau ynghanol degau o newyddiadurwyr yn darlledu mewn amrywiaeth o ieithoedd yn ceisio gwneud synnwyr o'r hyn a oedd yn digwydd trwy gyfrwng y Gymraeg. Ces fy chwarter awr o anfarwoldeb un noson wrth gael fy holi gan Beti George o'r stiwdio yng Nghaerdydd a minnau yn y fagddu, goleuadau'r llong yn y cefndir, y gwynt yn chwipio'n ddidrugaredd, a hithau'n bwrw eirlaw'n drwm, a gwynt yr olew bron yn ddigon i fy nhagu. Disgrifir hyn yng ngeirfa teledu'n ddarlledu 'rhywiol' am ei fod yn gofiadwy yng ngolwg y gwylwyr.

Cynhelid cynadleddau i'r wasg yn gyson yn y ganolfan yn Aberdaugleddau, a minnau'n gwibio 'nôl a blaen oddi yno i'r Penrhyn ac ambell draeth lle roedd effaith yr olew trwchus i'w weld eisoes ar fywyd gwyllt. Ar y dydd Mercher cafodd y *Sea Empress*, o'r diwedd, ei symud i ddiogelwch glanfa yn y porthladd. Caffaeliad yn ystod y gwibio hwnnw oedd presenoldeb gŵr barfog o Gymro Cymraeg a weithiai i'r Cyngor Sir, nad oeddwn wedi'i weld cynt ac nas gwelais wedyn, wrth y fynedfa i'r Penrhyn. Penderfynwyd atal ymwelwyr rhag heidio i weld y trychineb a dyletswydd y gŵr barfog oedd caniatáu pobol berthnasol yn unig i fynd i'r fan. Tra byddai'n ofynnol i bob newyddiadurwr arall roi ei fanylion ar bob achlysur, roedd fy ngweld innau'n dod o bellter yn sicrhau y byddai'n agor y glwyd led y pen, ar ôl ein cyfarfyddiad cyntaf. Gwyddai, mae'n amlwg, pa mor dyngedfennol y gallai pob munud fod wrth ruthro i baratoi i ddarlledu. Diolch ddyn barfog na wn dy enw.

Collwyd 72,000 tunnell o olew crai o grombil y llong i'r môr, ac er gwaethaf ymdrechion hofrenyddion yn chwistrellu cemegion arno i geisio ei deneuo, golchwyd tunelli lawer ar hyd y traethau'r holl ffordd i'r dwyrain hyd Bentywyn. Golygfeydd truenus oedd gweld adar y môr wedi'u gorchuddio gan olew trwchus a defnyddiwyd delweddau o'r fath i ddarlunio'r trychineb ar draws y byd. Ond o ganlyniad i waith dygn gweithwyr y Cyngor Sir yn crafu a chodi'r olew ar ôl pob llanw roedd y traethau'n lân a thywodlyd erbyn dechrau'r haf. Profodd amser mor wydn yw natur a'i bod yn bosib hyd yn oed i enghreifftiau prin o fywyd y môr oroesi'r fath lanastr a chryfhau eto.

Ymhen blwyddyn, pan gyhoeddwyd adroddiad yr ymchwiliad i'r digwyddiad, nodwyd mai camgymeriad ar ran y peilot oedd yn bennaf cyfrifol am y methiant i dynnu'r *Sea Empress* oddi ar y creigiau, a bod yna 38 o gamgymeriadau eraill wedi'u cyflawni. Ond byddai'r peilot yntau'n taeru bod ei waith yn anos nag arfer am fod llond swyddfa o ddynion mewn siwtiau'n cynrychioli'r gwahanol gwmnïau oedd â bys yn y briwes ariannol yn ei atal rhag gwneud yr hyn a oedd yn reddfol iddo. Ym mis Ionawr 1996 plediodd Awdurdod Porthladd Aberdaugleddau'n euog i gyhuddiad o achosi llygredd a chafodd orchymyn i dalu dirwy o £4 miliwn er i'r swm gael ei ostwng i £750,000 ar apêl. Am gyfnod ar ôl y trychineb gwaharddwyd pysgota o amgylch yr arfordir a thalwyd £46 miliwn o iawndal i 226 o fusnesau gwyliau yn ogystal â dros £6 miliwn i bysgotwyr môr am ddifetha eu bywoliaeth.

Daw'r atgofion 'nôl yn blith draphlith wrth droedio'r borfa fras uwchben y clogwyni: yr Arglwydd Goshen, y Gweinidog Morwrol, yn colli amynedd mewn cynhadledd i'r wasg wrth i ribidirês o ohebwyr ei holi faint o olew roedd e'n credu byddai'n arllwys i'r môr cyn y gellid symud y *Sea Empress* oddi ar y creigiau, ac yntau'n eu hannog i holi William Hill, y bwcis; Gary Bevan yn dweud wrth y genedl mai 'sgwaru gweryd' fyddai yn ôl pob tebyg oni bai bod ei gyflogwr, fel llawer i gontractwr amaethyddol arall, wedi cael eu tynnu i mewn i gludo'r mochyndra du oddi ar y traethau a minnau'n gorfod esbonio i lawer mai 'gweryd' oedd 'achles'; taro ar draws Siân Lloyd, dynes y tywydd, yn y Griffin Inn, yn Dale, am fod ITN wedi'i hanfon i ddarlledu ei phroffwydoliaeth tywydd yn fyw o'r Penrhyn; dygymod â'r dasg arferol o ganfod pobol i'w cyfweld yn Gymraeg a chael bonws ar y nos Fercher pan symudwyd y llong oddi ar y creigiau wrth weld llond lle o gefnogwyr rygbi Hendy-gwyn yng Nghlwb Rygbi Aberdaugleddau; ac yna'r rhyddhad y bore hwnnw pan welwyd y *Sea Empress* yn malwodi heibio i Benrhyn Santes Anne ar ei ffordd i gael ei thrwsio yn Belfast.

Rhaid mai rhyw deimladau cymysg felly oedd yn gogordroi yn fy meddwl ac yn fy atal rhag ychwanegu at draethu cryno Derek Rowland am drychineb y *Sea Empress*. Nid oeddwn am ychwanegu trwy weiddi 'roeddwn i yno'. O gofio am ei gefndir yn y lluoedd arfog a'r ddisgyblaeth mewn trefnusrwydd sy'n deillio o hynny, nid rhyfedd ei fod wedi darllen holl fanylion yr ymchwiliad ac yn medru tadogi'r gwendidau. Am ei fod yn ddyn yr awyrlu roedd y ffaith bod awyrennau Dakotas o Iwerddon wedi bod wrthi am wyth niwrnod yn ddi-baid yn chwystrellu'r olew o ddiddordeb mawr iddo. Gwyddai eu bod yn hen ac wrth siarad amdanyn nhw fel petaen nhw'n anifeiliaid anwes rhyfeddai eu bod wedi llwyddo i gyflawni eu gorchwylion. Ac yn unol â'i arfer, cyn ein gorchymyn i ailgydio yn y cerdded, roedd ganddo friwsionyn o wybodaeth a fyddai'n ein gogleisio. Pan benderfynwyd rhoi'r adeilad o eiddo Trinity House gerllaw ar werth fe'i prynwyd gan dri dyn lleol am £33,000 ac yna ei werthu, ar ôl ei atgyweirio a'i ailwampio, am £600,000. A doedd hynny, meddai, yn ei ddull dihafal ei hun, ddim yn elw rhy ddrwg ar sail buddsoddiad cychwynnol o £11,000 yr un.

Daw cyfle arall i ddiflannu o'r presennol a dyfalu ynghylch digwyddiad hanesyddol arall, pan nad oedd yr un criw teledu yno i'w gofnodi, wrth fynd rownd y gornel a chyrraedd Bae'r Felin nad yw prin yn haeddu ei ddisgrifio'n fae. Mae'n debyg bod yr haul yn machlud pan laniodd Harri Tudur ar y traeth ar nos Sul, 7 Awst 1485, ynghyd â rhai miloedd o filwyr Ffrengig a Llydewig. Dychmygwch y swn a'r swae a'r cyffro wrth i'r hanner cant a mwy o longau angori un ar ôl y llall a dadlwytho eu cargo o hapfilwyr a'r rheiny'n rhydio eu ffordd i'r tir mawr. Gŵr a anwyd yng Nghastell Penfro oedd Harri ac yn chwarter Cymro o leiaf o ran gwaed. Rhoddodd ei fryd ar ailgydio yng nghoron Lloegr yn enw'r Lancastriaid yn dilyn goruchafiaeth yr Iorciaid adeg Rhyfel y Rhosynnau a gorseddu Richard III yn 1483.

Yn ôl brudwyr megis Dafydd Llwyd o Fathafarn roedd dychweliad Harri Tudur, ar ôl ymron i 15 mlynedd o alltudiaeth, yn cynrychioli gobeithion y Cymry, a llwyddwyd i ddenu milwyr Cymreig i rengoedd ei fyddin yn ystod y saith niwrnod dilynol wrth ymdeithio i gyfeiriad maes y gad yn Bosworth. Os nad oedd criwiau teledu yno ar y pryd, fel sy'n arferol bellach mewn rhyfeloedd modern, o leiaf ailgrëwyd y digwyddiad mewn rhaglen deledu nodedig a gyflwynwyd gan un o fechgyn athrylithgar Sir Benfro, Kenneth Griffith, a'i chynhyrchu gan y Cardi glew, John Hefin, *The Road to Bosworth*.

Un o'r ffactorau dros fuddugoliaeth Harri a'i ddyrchafiad yn Harri'r VII oedd cefnogaeth Syr Rhys ap Tomos, Arglwydd y Deheubarth a oedd wedi marchogaeth draw o Gastell Caeriw i groesawu Harri. Byddid wedi disgwyl i Syr Rhys rwystro a threchu Harri fel gelyn am ei fod wedi tyngu llw o ufudd-dod i'r brenin. Ond byrhoedlog oedd oes addewidion a theyrngarwch o'r fath yng ngwleidyddiaeth yr Oesoedd Canol gan fod y pwys mwyaf ymhob sefyllfa'n cael ei roi ar fuddiannau a grym yr unigolyn. Mater o hwylustod gwleidyddol oedd tyngu llwon. Cadno cyfrwys oedd Syr Rhys a diau fod Harri wedi addo'n dda iddo yn gyfnewid am ei gefnogaeth mewn gohebiaeth cyn hwylio o Lydaw. Ond roedd mater y llw i'r Brenin yn dal i'w boeni am iddo addo 'na fyddai Harri'n cyrraedd y wlad ond dros fy nghorff' pan drafodwyd y posibilrwydd o ddychweliad y Lancastriad, a hanai o deulu Tuduriaid Môn, yn llys Richard III.

Ond roedd yna oleuni oherwydd doedd e ddim wedi dweud 'dros fy nghorff marw' ac, felly, yn ôl yr hanes sy wedi goroesi, gorweddodd Syr Rhys o dan Bont Mullock gerllaw tra cerddai Harri drosti; roedd diplomyddiaeth o fath wedi'i chyflawni a Syr Rhys heb dorri ei air i'r Brenin hyd yn oed os oedd wedi cefnu arno. Tebyg bod y pardwn a roddwyd iddo gan Esgob Tyddewi ar sail y ffaith mai tyngu anudon oedd arfer y Brenin, beth bynnag, yn rhywfaint o gysur i'r Cymro hefyd, ac aeth Syr Rhys ati wedyn i godi byddin o tua mil o filwyr o Ystrad Tywi, ac ymunwyd â lluoedd Harri yng nghyffiniau Amwythig i orymdeithio tuag at Bosworth lle lladdwyd y brenin ar Awst 22. Trwy hynny sefydlwyd llinach Tuduriaid Penmon ar orsedd Lloegr tan farwolaeth Elisabeth I yn 1603.

Cyn pen dim o dro aethom heibio i oleufa 160 troedfedd o uchder a'r hyn a elwir yn Flocws Gorllewinol. Arferai fod yn rhan o'r arfogaeth gogyfer â delio ag ymosodiadau posib gan Ffrancwyr neu Sbaenwyr mewn cyfnod diweddar, pan fyddai pob ymosodiad o'r fath yn digwydd o'r môr ac nid o'r awyr. Fe'i codwyd yn yr 1850au ar gost o £45,000 a hynny ar gyfer garsiwn o 80 o filwyr gyda dwsin o ynnau at eu defnydd petai angen. Bellach mae yno oleuadau cryfion y gellir eu gweld dros bellter o bum milltir yn ystod y dydd a 19 milltir yn ystod y nos. Wrth daro'r llygaid ar Fae Watwick, dychmygwch ddarganfod trysor a fu ar goll ers cantoedd am ei fod yn un arall o'r traethau tywodlyd, cudd hynny sy'n britho'r arfordir. Hawdd fyddai ei hawlio'n eiddo i chi eich hun am nad yw'r rhelyw o ymwelwyr hinon haf yn debyg o'i ganfod na'i chwennych ar ôl ei ganfod am nad oes yno'r un cyfleuster arferol a gysylltir â thraeth. Ond mae'r hanfodion yno pan fyddo'r haul yn gwenu.

Mae Caer Dale, ym mhen eithaf y pentir, bellach yn cynnig cyrsiau ar amrywiol agweddau ar fyd natur ac yn arbennig ar fywydeg y môr. Gogoniant y darn hwn o'r arfordir yw'r amrywiaeth o ran profiad cerdded; ambell ddarn serth yn esgyn a disgyn, darn arall yn tramwyo trwy goedwig yn llawn coed sycamor ac yna darn agored yn rhoi cyfle i werthfawrogi'r hafan a sylweddoli nad heb reswm y gosodir nifer o fwâu ar ei thraws o gofio bod angen tywys tanceri a llongau fferi i'r naill ochr a'r llall yn Aberdaugleddau a Phenfro. Hawdd fyddai dannod dyfeisgarwch dyn o sylwi ar simneiau anferth y purfeydd olew sy ar un olwg yn anharddu'r dirwedd ond rhaid cydnabod mai pitw yw'r datblygiadau hyn o gymharu â'r modd mae adeiladau anferth wedi trawsnewid tirwedd rhai o borthladdoedd mawr y byd megis Efrog Newydd, Hambwrg a Shanghai. Oni bai amdanyn nhw fyddai yna fawr o gyflogaeth yn yr ardal i gadw ieuenctid yn eu cynefin a hybu economi'r sir gyfan.

Wrth ddisgyn i bentref Dale ar hyd y ffordd darmac gwelir, trwy'r rhwyllau rhwng deiliach y coed, arwydd arall o gyfoeth yr ardal o sylwi ar y degau o fadau pleser sy wedi'u hangori obry. Nid rhyfedd bod yna fusnes wedi'i sefydlu yn y pentref sy'n ymwneud â chwaraeon dŵr o bob math. Bydd ei ddrysau ar agor drwy'r dydd ac yn cynnig enllyn hefyd yn ogystal â'r offer syrffio a'r gwisgoedd nofio tanddwr ond bydd y Swyddfa Bost wedi cau os na chyrhaeddwch y drws cyn hanner dydd. Ta waeth, erbyn hynny bydd Tafarn y Griffin ar y gornel wedi agor ei ddrysau.

Droeon bûm yn falch o straffaglu at y bar i dorri syched a threulio cyntun yn pendrymu beth i'w wneud nesaf ar ôl diwrnod caled o gerdded. Dyna'r tro hwnnw roeddwn wedi cerdded o Aberbach, wedi hepgor y darn o amgylch y pentir lleol gan wybod fod gen i ddeng milltir dda arall cyn cyrraedd fy nghar yn Aberdaugleddau a hithau eisoes wedi troi pump o'r gloch. Ar ôl tywallt fy mheint o seidr i lawr fy nghorn gwddf heb iddo gyffwrdd â'r ochrau, a sychu fy ngweflau, dyma fi'n holi'r gwŷr wrth y bar a wydden nhw am wasanaeth bws fyddai'n dod trwy'r pentref cyn iddi nosi. Fe'm cyfeiriwyd at daflen ar silff y ffenestr ac, yn wir, yn ôl yr wybodaeth, medrwn gael fy nghodi gan fws ymhen yr awr a'm cludo 'nôl i Milffwrd. Roedd hynny'n gysur os nad oeddwn am fod yn arwrol a cherdded gweddill y daith yn y tywyllwch erbyn cyrraedd pen y siwrnai a'r traed yn dioddef yn imbed o bothelli a chlwyfau.

Gofynnais i'r crwt a safai wrth fy ymyl yn disgwyl ei dro i gael ei weini i edrych ar y daflen rhag fy mod yn camddarllen yr amserlen a minnau bron yn dyfalu'r hyn a welwn heb fy sbectol. Cadarnhaodd mai am hanner awr wedi chwech y byddai'r bws yn cyrraedd. O sgwrsio ymhellach a sylweddoli fy mhicil cynigiodd ddewis arall i mi:

'Croeso i chi gael lifft nôl 'da fi a'n fêt,' meddai.

'O, wel, diolch yn fowr, fe wna i ystyried y cynnig yn sicr. Pryd fyddwch chi'n mynd?' myntwn yn eiddgar.

'Fe af i gael gair gyda fy mêt nawr' oedd byrdwn yr ateb wrth iddo gario dau wydryn peint mas tu fas. Dychwelodd ymhen fawr o dro gan godi ei fodiau a dweud fod pob dim yn iawn.

'Ŷn ni wedi bod yn pysgota tipyn a byddwn ni'n mynd i bysgota 'to nes mlân ond fydd hi ddim yn broblem i fynd â chi draw i Milffwrd yn y cwch.'

'Pysgota … ?'

'Ie, ŷn ni wedi dala cwpwl bach yn barod … ma' cwch bach 'da ni.'

'Cwch … ?'

'Ie, fyddwn ni fowr o dro'n mynd â chi draw. Fe rodda i waedd arnoch chi pan fyddwn ni'n barod.'

Roedd hyn yn gofyn am ystyriaeth ddwys. O leiaf roedd y môr yn llonydd ond doedd llanc ifanc mewn fflip fflops, ei freichiau yn gylchoedd tatŵ, ac yn gwisgo dillad hamdden, ddim yn edrych fel pysgotwr profiadol. Paid â bod yn rhagfarnllyd nawr meddyliwn ond roedd rhaid meddwl am ddiogelwch a gwyddwn na fyddai dim i boeni yn ei gylch mewn teithio ar fws. Codais beint arall a'i sipian yn araf a chadw llygad ar y cloc ar yr un pryd. Roedd y bwriad o gerdded gweddill y daith eisoes wedi mynd yn angof. Ceisiais eistedd yn lled gysurus gan bwyso fy mhen ar fy nwylo wedi'u plethu uwchben fy mhastwn a ddaliwn o'm blaen.

Am yn ail â phwyso a mesur fy nhynged ceisiwn wrando ar bytiau o'r sgwrs rhwng y ffyddloniaid wrth y bar a oedd yn amlwg, yn unol ag arfer crefftwyr ledled y wlad, yn methu mynd adref ar ddiwetydd heb gymryd llymaid a dodi'r byd yn ei le. Clywais sôn am Sid ac Iris Brooks a fu â rownd laeth yn yr ardal am 35 mlynedd heb golli'r un diwrnod ar wahân i'r diwrnod pan gynhaliwyd seremoni raddio eu mab ym Mhontypridd. Clywais sôn am aelod o'r bad achub lleol nad oedd wedi'i weld ers tro a'r esboniad am hynny oedd y cywilydd oedd arno am iddo orfod galw'r bad allan pan aeth i drafferthion ei hun yn y bae. Doedd hynny ddim yn cynnig llawer o gysur i mi o ystyried yr hyn a oedd i ddod a chollais ddiddordeb yn y sgwrs yn ogystal â cheisio dynwared yr acen leol yn fy meddwl.

Daeth fy mhartner newydd 'nôl i mewn yn cario dau wydryn gwag. Roeddwn yn gyfarwydd â sŵn llusgo ei fflip fflops ar y llawr cerrig erbyn hyn cyn i mi godi fy mhen i'w gyfarch.

'Barod i fynd?' myntwn gan gydio yn fy rhychsach o wneuthuriad Indiaid yr Altiplano.

'O, na, na, ymlacia, ŷn ni'n mynd i ga'l bobo un 'to. Gyda llaw beth yw dy oedran di?'

Tra ceisiwn ddyfalu beth yn union oedd arwyddocâd y cwestiwn cefais fy arbed rhag ei ateb ar unwaith wrth i'w ffôn mudol ganu, a bu'n rhaid iddo gamu mas i ddelio â'r alwad. Roedd yn sgwrs led faith a phan ddaeth 'nôl esboniodd mai ei bartner oedd yn holi ei hynt ac iddo geisio ei thawelu trwy ddweud y byddai ganddyn nhw bysgod braf i swper. Holodd eto,

'Ie, beth yw dy oedran? Ma rhaid dy fod ti dros hanner cant.'

'Wel, wdw, yn nes at drigain na hanner cant erbyn hyn,' a minnau'n dal mewn penbleth ynghylch beth oedd gan hynny i'w wneud â phris wyau.

'Na fe, roeddwn i'n meddwl, wyt ti tua'r un oedran â'n cwch bach ni. Ma fe'n gwch bach iawn dim ond bod ishe gwneud tamed bach o waith arno fe.'

Erbyn hynny roeddwn wedi talu am ei ddiod ac fe'm dwrdiodd am wneud hynny gan bwysleisio nad oedd angen i mi dalu am y ffafr, ond esboniais mai dyna'r lleiaf y medrwn ei wneud i gydnabod ei haelioni. Wrth gario'r gwydryn at ei gyfaill, a eisteddai ar y wal tu fas holodd dros ei ysgwydd a oeddwn yn dal yn awyddus i gymryd mantais o'i gynnig. Atebais yn betrusgar fod hynny'n dibynnu p'un a fydden nhw'n barod i hwylio neu beidio cyn y byddai'r bws yn cyrraedd. Roeddwn am gadw fy opsiynau'n agored ond ni soniais fod clywed am oed a chyflwr y cwch wedi fy ngwneud i'n bryderus. Ond wedyn cofiais fod Nick Thorpe wedi ffawdheglu o gwmpas yr Alban pentigily trwy ddibynnu ar haelioni teithwyr môr ac wedi byw i ddweud ei hanes mewn llyfryn ac, felly, doeddwn i ddim yn mynd i wrthod yr hyn a oedd erbyn hyn yn her.

Ymhen y rhawg dychwelodd fy nghyfaill yng nghwmni ei fêt ac oedden, roedden nhw'n barod i hwylio nawr ond roedd un mater bach i'w drefnu eto: roedd rhaid prynu gwerth £20 o ddiodydd potel a chael bocs i'w cario'n ddiogel o'r dafarn i'r cwch. Gofynnwyd am agorwr potel yn y fargen hefyd ond gwrthodwyd y cais hwnnw er buan y dangosodd fy nghyfaill na fyddai hynny'n anfantais wrth iddo gnoi caead un o'r poteli â'i ddannedd a'i boeri o'r neilltu. Euthum i'r tŷ bach gan sylweddoli nad oedd gwaredigaeth bellach a fy mod ar fin profi'r hyn a fyddai'n antur a dweud y lleiaf. Fe'u dilynais i gyfeiriad y cwch gyda'm rhychsach a'm pastwn fel petawn yn barod i wynebu storm debyg i honno ar Fôr Tiberias slawer dydd. A gwir a ddywedwyd mai bychan oedd y cwch am nad oedd yn fwy na botwm o beth o'i gymharu â'r lleill oedd wedi'u hangori oddi amgylch.

Sylwais fod yna ddwy gadair wen ynghlwm yn ei gilydd yn y pen blaen ac amneidiais i eistedd arnynt ond cefais fy narbwyllo nad doeth fyddai hynny. Yn wir, cadeiriau ysgafn a ddefnyddir mewn gerddi, gan amlaf, oedd y ddwy, a doedden nhw ddim wedi'u hoelio yn y llawr ac, felly, deallwn mai sigledig fyddai hi ar y gorau o geisio cadw cydbwysedd wrth eistedd arnyn nhw pa mor llyfn bynnag fyddai'r môr. Roedd lefel y sedd dipyn yn uwch nag erchwyn y cwch ac roedd hynny ynddo'i hun yn wahoddiad parod i ddiwel yn garlibwns dros yr ochr i'r dŵr o deimlo'r ysgytwad lleiaf. Doedd dim caban ar y cwch hynafol.

Taniwyd y peiriant gan y dieithriaf o'r ddau ac esboniodd fod yr injan yn diffodd yn sydyn o bryd i'w gilydd. Eisteddais felly ar y pen blaen yn wynebu'r ddau a chydio'n dynn holbidag yn y rheilen isel nes bod fy nwylo bron yn dolurio. Ni welwn lle roeddwn yn mynd a phenderfynais gadw fy ngolwg wedi'i hoelio ar y dirwedd greigiog a'r glesni uwch ei ben oherwydd goroesi'r daith oedd fy nod yn hytrach na'i mwynhau. O bryd i'w gilydd gofynnai'r dieithriaf i mi a oeddwn yn dioddef o salwch môr. Atebais fy mod wedi yn y gorffennol a chyda hynny dyma fe'n rhoi pabwyr iddi nes bo'r cwch yn sboncio'n sydyn yn ei flaen gan daflu fy nghyfaill ar ei gefn i ganol y poteli diodydd. Gwyddwn beth oedd i'w ddisgwyl bob tro y gofynnai'r cwestiwn nawr a rhaid oedd llyncu poeri, dal fy anadl, a chanolbwyntio ar beidio â gollwng gafael ar y rheiliau wrth daro yn erbyn ton ar ôl ton. Ni chyfaddefais nad oeddwn yn fawr o nofiwr. Y peth diwethaf ar fy meddwl oedd cynnal sgwrs a da o beth oedd clywed y ddau'n toethan â'i gilydd am getyn.

'Hei, gan bwyll, wyt ti'n mynd yn rhy glou. Wyt ti'n gwbod bod gwaharddiad cyflymdra ffordd hyn,' meddai fy nghyfaill.

'Sneb yn mynd i ddweud wrtha i beth i'w wneud na pha gyflymdra dwi'n gallu gwneud. Sdim un cwmni mowr yn berchen arna i. Galla i neud fel dwi'n moyn,' meddai'r dieithriaf gan ailadrodd hyn droeon fel mantra.

Dechreuodd pethau boethi rhwng y ddau pan ddaethpwyd yn agos at y lanfa a hithau'n amlwg fod y dieithriaf am fynd oddi tani yn hytrach nag o'i chwmpas. Plediwyd arno i arafu gan fygwth pob math o ddirwyon a gwaharddiadau y gellid eu gosod arno gan Awdurdod y Porthladd, ac fe ildiodd i ddeisyfiadau fy nghyfaill mewn pryd i fynd rhwng coesau'r lanfa'n ddidramgwydd ar gyflymdra o bum milltir yr awr gysurus yn hytrach na'r 20 milltir yr awr felltigedig cynt.

O fewn fawr o dro roeddem wedi cyrraedd porthladd Aberdaugleddau a'm siwrnai ar ben ond roedd rhaid cyrraedd y lan eto cyn y medrwn yngan ochenaid o ryddhad. Doedd dim ysgol i gydio ynddi a'i dringo. Roedd yn rhaid i mi dynnu fy hun i ben cwch arall a chamu oddi ar hwnnw i'r cei. Paid â rhuthro nawr meddwn wrthyf fy hun wrth i'm coesau deimlo fel petaen nhw wedi treulio ugain awr ar y môr ac nid ugain munud. Gan bwyll bach mae mynd ymhell wrth i'r cwch bychan, nad oedd yn fwy na'r cwtsh dan stâr lleiaf, lolian 'nôl a blaen a'r ddau gymwynaswr yn amlwg am gael fy ngwared er mwyn parhau â'u pysgota a chyflawni'r dasg o wacáu'r poteli. Teflais fy rhychsach a'm ffon i'r lan ac astudio'r dasg oedd yn fy aros yn ofalus cyn ei chyflawni. Roeddwn ar dir sych o'r diwedd ac yn fwy diolchgar am hynny na fyddai'r ddau fyth yn ei ddychmygu. Gofynnais i'r ddau am eu henwau ond prin y medrwn eu clywed nawr wrth i'r dieithriaf danio'r peiriant eto a'm cyfaill ddelio â galwad ffôn arall gan ei bartner. Ffarweliais â meibion Milffwrd gan sylweddoli'n sydyn nad oedd yr un siaced na gwregys achub ar gyfyl y cwch.

Ond rwy'n dal yn Dale ac yn atgoffa fy hun o'r achlysur hwnnw ar nos Sul, 20 Mehefin, 2000, pan oeddwn yma'n cofnodi un o ffolinebau pennaf dathliadau'r milflwyddiant. Neilltuwyd £100,000 i gludo carreg las dair tunnell o bwysau o Garn Meini ar y Preselau'r holl ffordd i Gôr y Cewri yng ngorllewin Lloegr, er mwyn efelychu'r hyn a gredai rhai oedd wedi digwydd dros ddwy fil o flynyddoedd 'nôl. Roedd rhan helaeth o'r 240 milltir o daith ar ddŵr ac eisoes digwyddodd sawl anffawd, fel y byddai wedi digwydd adeg y daith wreiddiol mae'n siŵr, ond y tro hwn digwyddodd yr anffawd eithaf a roes derfyn ar y bwriad. Roedd un o'r pump o strapiau a gadwai'r garreg yn ei lle ar y curragh, a wnaed yn arbennig ar gyfer y daith, wedi torri a'r garreg wedi llithro i'r dwfn. Er i long forwrol godi'r garreg o wely'r môr un ar ddeg diwrnod yn ddiweddarach roedd yr holl strach a gafwyd eisoes yn profi nad oedd yn ddiogel parhau â'r daith, a chanfuwyd cartref i'r garreg yn y Gerddi Botaneg Cenedlaethol ger Llanarthne yn y diwedd.

Rhaid cerdded wedyn ar hyd y ffordd fawr am tua hanner milltir cyn cyrraedd maes parcio Pickleridge ar y dde lle gwelir cyfarwyddyd ynghylch y llanw a'r ffordd orau o groesi'r Gann i Musselwick. Os yw'r llanw mas ni chymer fwy na rhyw filltir a hanner i groesi'n unionsyth ar draws y graean a'r cerrig camu ar draws y rhyd, ond fel arall rhaid cerdded tair milltir a hanner ar hyd y ffordd fawr cyn ailymuno â'r Llwybr. Doeth yw astudio'r teidiau cyn mentro ar hyd y darn hwn ac ychwanegu pum munud at amser y llanw uchel yn Aberdaugleddau. Gellir croesi'r darn hwn yn ddiogel hyd at ddwy awr cyn llanw isel. Fe welwch yr un cyfarwyddyd ar yr ochr draw yn cyfeirio at yr hyn rydych newydd ei gerdded. Camddarllenais y cyfarwyddyd un tro a chredu ei fod yn cyfeirio at y darn nesaf o'r arfordir i gyfeiriad Aberdaugleddau.

Cerddais yn dalog ar hyd y traeth a dechrau cripian dros y creigiau yn benderfynol o arbed fy nghoesau rhag cerdded yr un filltir yn fwy nag oedd yn rhaid. Fe'm tarodd yn rhyfedd unwaith neu ddwy nad oedd neb arall nac yn fy nilyn nac yn dod i'm herbyn. Ond mentrais arni am filltir dda gan gadw golwg i weld a oedd yna lwybr rhywle yn mynd dros y graig i gyfeiriad lle credwn roedd y Llwybr. Ond, na, dim yn tycio, a rhaid oedd dal ati gan gredu, hwyrach, erbyn cyrraedd y gornel nesaf y byddwn yn cyrraedd un o'r traethau bach cuddiedig hynny. Ond, na, doedd hynny ddim i fod chwaith. Cadwn lygad ar y môr yntau rhag ofn bod yna arwyddion ei fod am orchuddio'r rhan fwyaf o'r creigiau'n sydyn ond rhyw lolian yn ei unfan a wnâi ac roeddwn o'r farn na fyddai'n gorchuddio'r creigiau uchaf beth bynnag. Medrwn lochesu yno petai'n dod i'r gwaethaf ac aros yno dros nos petai'n rhaid ac, yn wir, roedd rhyw ysbryd o antur yn cyniwair ynof yn gymysg ag ofn. Ni fyddwn yn galw'r gwasanaethau achub meddyliwn a chyffesu fy ffolineb ond, yn hytrach, yn wynebu'r ddrycin gan wybod y byddai gennyf stori i'w hadrodd wedyn. Ond cofiwn, ar yr un pryd, bod gennyf ffôn mudol a allai fod yn gymorth mewn cyfyngder eithaf.

Dyna'r meddyliau wrth sgathru dros greigiau a wnâi cadw fy nhraed yn anos ac yn anos. Roedd yn rhaid camu dros ambell ddibyn a chwilio'n ofalus am lefydd i osod fy nhraed. Gwyddwn pe bawn yn colli gafael a chael codwm cas y gallai fy anturiaeth ddod i ben a byddwn yno ar drugaredd yr elfennau nes y deuai rhywun o hyd i mi'n fyw neu yn farw. Wrth i'r creigiau gulhau ac wrth i minnau sylweddoli bod angen sgiliau'r dringwr profiadol i'w croesi, penderfynais mai priodol fyddai troi 'nôl a chydnabod fy ffolineb. Teimlwn ryw ias oer ar hyd fy meingefn o glywed sgrechiadau'r adar rywle'r ochor draw. Sŵn gwae a glywn yn eu hoernadu.

Ond beth petawn i'n mentro un darn anodd arall hyd yn oed os oedd y cwymp i'r môr yn serth? Efallai mai yno y byddai'r waredigaeth a minnau, yn ysbryd y fforwyr cynnar, wedi mentro, llwyddo a darganfod. Ond, na, rhaid oedd cydnabod, ar ôl dychwelyd heb weld yr un einioes byw, bod yn rhaid ailymuno â'r Llwybr a bod hwnnw gryn bellter o ben y creigiau, ac na fyddwn wedi cyraedd Monk Haven heb hefyd nofio rhan o'r ffordd. Ar ryw olwg gwastraffais ddwy awr ond wedyn mae'n rhaid bod rhyw ddaioni wedi deillio o'r profiad o geisio adnabod fy hunan yn llwyrach, er rhaid cyfaddef, na fedraf feddwl am yr un rhinwedd chwaith.

Gwell canolbwyntio heddiw ar y cerdded a chydnabod y rheidrwydd i fod yn effro'n ddi-baid a chadw pob synnwyr yn finiog rhag cyflawni cam gwag, ac er mwyn gwerthfawrogi pob gogoniant. Byddwch yn wastadol effro oherwydd ni thâl i fod yn gysglyd a swrth. Gwrandewch ar y siffrwd yn y drain a'r eithin gerllaw, sylwch ar liw tanbaid yr ysgallyn, gwelwch ehediad sydyn aderyn a chlywch ei gri, cofiwch am batrwm y blodeuyn er mwyn ei adnabod eto o'i weld mewn llyfr os nad ydych mewn cwmni a all roi enw iddo, a bwriwch olwg nawr ac yn y man i gyfeiriad y môr. Mae rhywbeth yn digwydd gydol yr amser ond ni wnawn sylwi ar y digwydd o ymgolli mewn rhyw feddyliau astrus. Dyna'r pâr o fursennod glas yn hedfan fel un o'n blaenau o lwyn i lwyn. Mae'n rhaid eu bod yn cydmaru. Oes, mae rhywbeth i'w ryfeddu ato'n gyson o wybod sut i edrych a gwrando, gweld a chlywed.

Mae yna gyfle yn Monk Haven hefyd i ddyfalu sut oedd hi yma yn yr oesoedd cynnar am mai dyma gychwyn y Ffordd Gymreig y byddai pererinion yn ei thramwyo i Dyddewi. Dyma lle bydden nhw'n glanio ar ôl hwylio o Lydaw a Chernyw ac yna'n cerdded y rhan olaf o'r daith ar hyd y tir rhag mynd i drybini ar hyd y creigresi cudd a'r teidiau sydyn o amgylch yr ynysoedd. Gellir gweld a chlywed y dynion garw'r olwg yn llygad a chlust y dychymyg yn diolch i Dduw am eu diogelwch cyn belled cyn mentro'r rhan olaf o'r siwrnai'n llawn cyffro a thangnefedd.

O ddilyn y llwybr sy'n arwain at y tir mawr ar hyd y dyffryn cul eir heibio o fewn dim o dro hen eglwys Sant Isan wedi'i hamgylchynu gan goed. Credir iddi gael ei sefydlu gan Isan yn y chweched ganrif ac iddo yntau gael ei benodi gan ei ewythr, Teilo, yn Esgob Tyddewi i olynu Dewi yn 589. Mae'n rhaid ei bod felly'n gyrchfan gan y pererinion hynny oedd am gyfarwyddo â naws gysegredig yr ardal wrth nesáu at Dyddewi. Credir bod yma gymuned fynachaidd o bwys yn ystod Oes y Seintiau a bod corff Sant Caradog wedi'i gludo oddi yma i'w gladdu yn Nhyddewi.

Ffolineb o Oes Fictoria a adwaenir wrth yr enw Malakov yw'r tŵr wrth ymyl y traeth a godwyd gan swyddog milwrol a fu'n ymladd yn Rhyfel y Crimea, ac mae'r wal uchel yn y cyffiniau yn ffurfio rhan o ffin ystad fawr Trewarren. O'r fan hon hyd at Sandy Haven bydd yn rhaid mynd dros neu drwy o leiaf bymtheg o sticilau neu glwydi. Uwchben Bae Linsdway mae pentref St Ishmael's, neu Llanisan-yn-rhos, ac yn y bae hwn yr aeth tancer olew o'r enw *Dona Marika* i drafferthion yn 1973. Bu yno am 13 wythnos cyn y llwyddwyd i'w symud. Ar y pentiroedd gwelir olion ceyrydd Oes yr Haearn yn ogystal ag adeiladau mwy diweddar yn ymwneud ag amddiffyn a diogelwch yr hafan.

Addaswyd nifer o'r rhain yn anheddau byw erbyn hyn ac ar un achlysur, a minnau'n sychedig, gwelwn ddynes mewn gwyn yn ffenestr un o'r tai. Ar un eiliad roedd i'w gweld a'r eiliad nesaf roedd wedi diflannu ac yna dychwelai a diflannai am yn ail. Cefais fy nhynnu'n nes ac yn nes gan yr hyn na wyddwn a oedd yn ddynes neu'n ddrychiolaeth ond ymddangosai ei gwisg yn glaerwyn bob tro y'i gwelwn. Roedd yn fy mryd i ofyn am wydraid o ddŵr ond erbyn i mi gyrraedd y tŷ doedd dim arwydd o fywyd i'w weld yn unman. Ai'r haul oedd yn chwarae mig â mi neu a oedd yno ddynes ledrithiol yn rhywle? Digwyddodd, darfu'r ddynes yn y ffenestr ac ni ddaw yn ôl.

Disgynnir i Sandy Haven ar hyd llwybr coediog arall a da o beth yw cyrraedd y fangre yn ystod y ddwyawr y naill ochr a'r llall i'r trai er mwyn croesi'r cerrig camu ar y traeth, neu fe fydd yn rhaid wynebu pedair milltir o gerdded ar hyd y ffordd fawr o amgylch pentref Herbrandston er mwyn ailymuno â'r Llwybr. Mae'r cilcyn bach hwn gyda'r hyfrytaf ar hyd yr holl arfordir. Ceir tua hanner dwsin o dai yma ond does dim i'w weld na'i deimlo yma ar wahân i dawelwch a thangnefedd. Rhyw hanner canllath o'r traeth gwelir olion odyn galch ac adfeilion tŷ'r odynwr bron yn gudd yn y tyfiant. Rhydd y coed talsyth oddi amgylch urddas a gogoniant i'r llecyn gan eich gorfodi i sefyll yn syfrdan stond. Clywch sŵn yr adar neu gyffro deilen yn yr awel.

Ni allaf beidio â dychmygu y byddai'r llecyn hwn ar doriad gwawr yn nefoedd i Waldo Williams, y cyfrinydd, fel yr oedd cyffiniau Castell Pictwn ger uniad y ddwy Gleddau gerllaw Millin. Priodol i mi ar un achlysur, pan oedd y llanw'n gorchuddio'r cerrig camu, oedd galw am wasanaeth nai'r bardd, Teifryn, o'i gartref yn Hakin, i'm cyrchu 'nôl i Aberdaugleddau. Nid rhyfedd bod yr arlunydd, Graham Sutherland, wedi ffoli ar y lle gan ddweud ei fod yn gyforiog o afiaith, o dywyllwch a goleuni, o ddadfeilio ac o fywyd, ac nad oedd yn ymwybodol bod y fath gyferbyniad o'r elfennau hyn mewn bod yn yr un llecyn bychan arall.

Yn rhannol oherwydd lletchwithdod amseriadau'r llanw daw'r daith swyddogol i ben cyn ei bod yn ofynnol croesi'r cerrig a dechreuir trannoeth yr ochr draw ar lan dwyreiniol Sandy Haven. Ond wrth syllu i gyfeiriad y cerrig gwyddem fel criw hyd yn oed yn yr hafan gysgodol ac afieithus hon fod golygfeydd ysblennydd y dyddiau cyntaf wedi'n gadael dros dro am ein bod nawr ar fin cyrraedd calon ddiwydiannol yr hafan. Dechreua rhai ohonom duchan yn jogel a hynny nid yn unig oherwydd blinder ond am fod y golygfeydd eang a'r gwylltineb oesol nawr o'n hôl.

PENNOD 15

Y Purfeydd, y Morfilod a'r Crynwyr

WRTH GODI PAC AR y nawfed diwrnod rhaid cofio bod yr hen a'r newydd yn cyfoesi hyd yn oed os yw'r newydd yn tra-arglwyddiaethu o ran maint a dylanwad. Rhwng Mun's Mouth a Kilroom ceir olion caer yr Oes Haearn ond uwchben gwelir prysurdeb y diweddaraf o'r datblygiadau mawr sy'n cynnig cyflogaeth a hwb i economi'r ardal, sef safle storio'r nwy hylif a fewnforir o Qatar. Caiff y tanwydd ei drosi'n hylif trwy ei rewi i dymheredd o -16°C sy'n golygu fod y lle sydd ei angen i'w gadw 600 gwaith yn llai na phetai yn ei ffurf naturiol. Caiff ei gludo wedyn mewn fflyd o danceri anferth wedi'u hadeiladu'n bwrpasol i South Hook ac yna ei drosi 'nôl yn nwy cyn ei ddosbarthu ar hyd y pibellau grìd. Fe'i hystyrir gyda'r glanaf o danwyddau am ei fod yn ddi-liw ac yn ddi-sawr ac yn debyg o gyflenwi 20 y cant o anghenion nwy'r Deyrnas Gyfunol.

Gynt roedd yna 122 o danciau ar y safle'n storio olew crai a phump ohonyn nhw'n medru dal 25 miliwn o alwyni ac yn mesur 282 troedfedd ar draws a 64 troedfedd mewn uchder. Roedd hynny yn nyddiau presenoldeb cwmni olew Esso, y cyntaf o'r cwmnïau mawr rhyngwladol i godi purfa yn yr ardal ar ddiwedd y 1950au, ar gost o £60 miliwn. Ond tanlinellwyd y peryglon o ran diogelwch sydd ynghlwm â'r diwydiant olew pan ddigwyddodd ffrwydriad ar fwrdd y tancer gyntaf un i gyrraedd glanfa Esso gyda chyflenwad o olew crai o'r Dwyrain Canol ar fore Sadwrn, 9 Mehefin 1960. Lladdwyd un aelod o'r criw ac anafwyd tri arall a bu rhaid i wragedd rhai o'r uchelswyddogion a fu'n cymryd rhan yn y dathliadau blymio i'r dŵr yn eu dillad nos wrth i'r tân gydio.

Bu'n gwmni da a hael ei gyflogau i gannoedd o bobol nes bu'n rhaid cau'r burfa yn 1983, ar ôl 23 blynedd o brosesu olew crai. Y rheswm yn rhannol oedd cwymp o 40 miliwn i tua 15 miliwn o dunelli'r flwyddyn yn y galw am olew tanwydd ar safleoedd cynhyrchu trydan. Roedd y cwmni newydd fuddsoddi £130 miliwn

262

ar gyfleusterau newydd yn eu purfa yn Fawley, ger Southampton, ar y pryd, a barnwyd nad oedd diben cynnal ail burfa hefyd.

Does dim modd anwybyddu'r olion milwrol o ganol y bedwaredd ganrif ar bymtheg. Codwyd Caer South Hook ar gost o £48,000 ar gyfer garsiwn o 180 o filwyr yn barod i danio 20 o ynnau pe deuai'r gelyn o fewn golwg. Gyferbyn, o fewn hanner milltir yn y dŵr, lleolir Caer Stack Rock lle gwariwyd £96,000 ar godi adeilad yn cynnwys 50 o ystafelloedd ar ddau lawr gyda tho concrid i gartrefu garsiwn o 168 o filwyr yn barod i danio 23 o ynnau. Bellach mae'n eiddo preifat, wedi'i gofnodi'n heneb ac ar un adeg fe'i gwerthwyd am bunt.

Wrth gerdded o dan adeiladwaith glanfa'r safle LNG (*Liquified Natural Gas*) ni ellir peidio â rhyfeddu at anferthedd y datblygiad hyd yn oed os yw'n serio'n anesmwyth ar ymwybod sy'n dyheu am weld adnoddau cynhesach a meddalach na haearn a dur wrth dramwyo Llwybr yr Arfordir. Mae'n debyg ei fod yn 3,000 troedfedd o hyd a phan oedd ar waith gan Esso gellid angori a dadlwytho pum tancer ar yr un pryd. Yr un yw hyd y lanfa nesaf a ddefnyddir gan ElfMurco, yr unig gwmni olew sy'n dal i weithredu'r ochr hon i'r hafan bellach, a gellir angori tri thancer ar yr un pryd yno. Gosodwyd 13 o bibellau'n ymestyn bron i ddwy filltir o'r lanfa i burfa'r cwmni yn Robeston gerllaw er mwyn derbyn yr olew crai. Ni welir y burfa o'r Llwybr mwyach ond gwelwyd tyrau uchel y simneiau'n hollti'r ffurfafen droeon yn y pellter yn ystod y ddau ddiwrnod blaenorol o gerdded.

Cerddir am getyn wrth ymyl cloddiau trwchus ac yna ar darmac cyn disgyn i Fae Gelliswick sy'n gyforiog o gerrig ond yn boblogaidd o ran hwylio a chwaraeon dŵr. Rydym bellach yn bendifaddau mewn ardal drefol a rhaid cerdded heibio i ystadau tai Hubberston a Hakin. Eto fyth mae yma gaer amddiffyn a gomisiynwyd gan y Prif Weinidog Palmerston a oedd yn ei dydd y mwyaf o'i bath o blith yr 11 a godwyd yn y cyffiniau, yn cartrefu 250 o filwyr ynghyd â 28 o ynnau. Rhaid brasgamu'n hytrach na cherdded ling-di-long bellach i gyfeiriad y cei i gael hoe. Awn heibio Arsyllfa Hakin ger y cae chwarae a fwriadwyd i fod yn rhan o goleg mathemategol, sef breuddwyd Charles Francis Greville, un o sefydlwyr Aberdaugleddau. Fe'i codwyd fel tŵr wythonglog deulawr gyda chromen arsyllu fechan ar ei ben yn mesur 19 troedfedd ar draws. Ond ni chafodd telesgop erioed ei osod ynddo a does dim sôn iddo gael ei ddefnyddio fel arsyllfa na chwaith fel ysgol fordwyo yn unol â'r bwriad.

Codwyd yr ystadau hyn yn y 1960au i gartrefu'r holl weithwyr a ddenwyd i'r purfeydd olew lleol. Ganrif ynghynt, oherwydd amlder pysgotwyr a morwyr Cymraeg eu hiaith yn y cylch, cynhelid oedfaon Cymraeg cyson yng Nghapel

263

Rehoboth, yr Annibynwyr, yn Hakin, am gyfnod rhwng 1840 ac 1864. Ond wrth i'r rheilffyrdd ddisodli'r dyfrffyrdd ar gyfer cludo nwyddau, lleihau a wnâi presenoldeb y Cymry Cymraeg yn yr ardal. Gan na châi'r iaith ei throsglwyddo o'r naill genhedlaeth i'r llall ymhlith y Cymry oedd wedi ymsefydlu yma, penderfynwyd yn unfrydol i droi'r capel yn 'achos Saesneg'.

Daw'r Llwybr i ben yn swyddogol wrth dafarn y Kings Arms yn Nhrwyn Hakin ac oddi yno gellir cerdded ar hyd rhan o'r harbwr a arferai fod yn gwch gwenyn o brysurdeb pan oedd y diwydiant pysgota yn ei anterth. Cyn y Rhyfel Byd Cyntaf roedd Aberdaugleddau ymhlith y porthladdoedd pysgota mwyaf ym Mhrydain, ond oherwydd gorbysgota a chyfyngu ar hawliau pysgota o dan reolau'r Gymuned Ewropeaidd, gwelwyd gostyngiad yn nifer y llongau pysgota a gofrestrwyd, o 97 yn 1950 i 12 erbyn 1972. Does dim gwynt pysgod i'w deimlo'n dew yn yr awyr mwyach na chwaith sŵn a swae'r gwerthu ben bore. Ac nid yw'r pysgotwr Gerald Lewis, a oedd mor barod i arddel ei wreiddiau cynnar yng Ngheinewydd, i'w weld yma mwyach. Ni flinai ar adrodd straeon am smaldod bois y Cei.

Glywsoch chi honno am ddau o fechgyn y Cei'n sgwrsio un bore? 'Jiw, bachan, a welest ti'r lleuad newy 'na neithwr?' mynte'r naill wrth y llall. 'Wel, naddo 'chan, oen i'n digwydd bod lan yn Aberystwyth neithwr,' oedd yr ateb. A beth am honno wedyn am y ddau bysgotwr yn dychwelyd o Aberystwyth un noson? Penderfynodd yr hynaf y byddai'n cael napyn am ei fod wedi cael noson go drwm yn nhafarnau'r dref gan adael y gwaith o lywio'r cwch yn nwylo ei bartner ifanc.

'Wel, shwd fydda i'n gwbod pwy ffordd i fynd?' holodd y prentis.

'Wyt ti'n gweld y seren 'na lan fan 'co? 'Na gyd sy ishe ti i neud nawr yw dilyn honna,' oedd y cyfarwyddyd. Ond ymhen rhyw awr roedd y boi bach wedi drysu a dim dewis ganddo ond dihuno'r meddwyn o'i drwmgwsg.

'Ŷch chi'n gwbod y seren 'na wedoch chi wrtha i i'w dilyn?'

'Ie.'

'Wel, ma hi wedi diffodd. Oes seren arall y galla i ei dilyn hi?'

Distawodd y cwbl bellach ac er pob ymdrech a buddsoddiad bu rhaid ildio i'r anorfod. Bellach does ond ychydig o longau pysgota o Sbaen yn angori yn y cei er mwyn dadlwytho eu helfeydd a'u hanfon ar lorïau'n syth bìn i'r marchnadoedd. Troes Aberdaugleddau o fod yn borthladd diwydiannol i fod yn borthladd pleser. Cychod o bob maint a phris sy wedi'u hangori ar y cei gogleddol bellach, yn ymyl y nifer cynyddol o siopau a thai bwyta crand sy'n denu'r trigolion i hamddena. Hyd yn oed yn ystod haul canol bore mae'r byrddau wedi'u gosod ar y palmant a phobl yn sipian eu coffi. Dyma fan da i gwrdd â Teifryn Williams, sy'n gymaint o seiclwr â'i ewythr, ac sy wedi byw ym Mryn Iago ger Pont Hakin gerllaw yn ddigon hir i nabod y dref a'i phobol fel cefn ei law. Roedd cadw busnes yn gwerthu rhannau a hurio cerbydau yn rhoi cyfle iddo adnabod pobol o bob gradd a chefndir wrth drin yr amrywiol gwsmeriaid.

'Pan fyddi di'n gofyn i bobol Aberdaugleddau ble ma nhw'n byw fyddan nhw byth yn dweud 'Aberdaugleddau' ond yn hytrach Hubberston, Steynton, Pill neu Hakin neu le bynnag. A dweud y gwir sdim cymaint â hynny o dai ym mhrif strydoedd y dref. A wedyn y gwahaniaeth mawr dwi wedi'i weld ers symud yma ar ddiwedd y 1970au yw'r agwedd at y Gymraeg. Fydde fawr neb yn meddwl am fynd ati i ddysgu'r iaith yr adeg hynny ond nawr ma tipyn o fynd ar y dosbarthiade. Dwi wedi bod yn cynnal dosbarth yng Nghastell Gwalchmai bob nos Fercher ers tipyn. Cofia, fe fydda i'n dal i dynnu coes y sawl sy'n mynd lan uwchlaw Hwlffordd i wneud yn siŵr ei fod yn cario'i basbort ...'

Ac fel petai i brofi pa mor eang yw cylch ei gydnabod yn Aberdaugleddau pwy ddaw heibio i rannu bwrdd â Teifryn ond Johanna Walters, yr awdures Wyddelig a chyn-leian, o Steynton. Deuthum i ddeall ei bod yn dal i roi pwys ar fyfyrdod a'i bod wedi trefnu encil a roddai bwyslais ar ddistawrwydd ar Ynys Bŷr yn ddiweddar i aelodau o Sangha Bede Griffiths – mudiad wedi ymrwymo i chwilio am y gwirionedd sy yng nghalon pob crefydd. Gwyddwn hefyd y medrai Teifryn draethu'n helaeth am ei brofiadau yn rhai o leiandai Iwerddon, am ei fod yr un mor hoff o'r wlad ag oedd ei ewythr, a'i fod wedi cadw mewn cysylltiad â'r Chwaer Bosco a fu'n gymaint o gymar ysbrydol i Waldo. Roedd Johanna wedi'i chythruddo gan arwydd clwb nos oedd ar fin agor yn Ninbych-y-pysgod a ddangosai leian yn codi ei dillad i arddangos ei bronnau noeth.

Gadawaf y ddau i drafod yr hyn sy'n dragwyddol a chroesaf y ffordd i gyfarch gwell wrth Meurig Caffrey, o Gilfynydd, sy'n cadw siop siandler yn y dociau, ond rhaid aros yn hir cyn cael cyfle i dorri gair am ei fod yn rhoi'n helaeth o'i amser i sgwrsio â phob cwsmer. Er ei fod yn protestio nad yw'n gwneud arian o'r busnes ac y byddai'n falch petai rhywun yn ei gyflogi rhag ei fod yn gorfod ysgwyddo cymaint o gyfrifoldeb, anodd ei ddychmygu y tu ôl i gownter yn un o'r siopau cadwyn lle byddai disgwyl iddo ganolbwyntio ar y gwerthu ac ymwrthod â'r demtasiwn i ddod i adnabod y cwsmer. O leiaf mae gwrando arno'n traethu'n rhoi cyfle i mi werthfawrogi ei lais soniarus a fyddai'n bendifaddau'n addas ar gyfer gofynion y pulpud, mewn cyfnod pan oedd bri ar bregethu.

O leiaf gallaf fod yn sicr y bydd gan y Capten Dewi Howells a'i wraig, Joan, amser i sgwrsio yn eu cartref yn Heol Siarl drws nesaf i Gapel Tabernacl. Er ei fod dros ei bedwar ugain deil y Cardi o Ystumtuen yn effro a bywiog o ran corff ac yn hamddenol a phwyllog o ran ei leferydd, ac yn gliper â'i ddwylo i drwsio sugnwyr llwch y gymdogaeth. Ers ymddeol yn 62 oed ym 1989, pan oedd yn rheolwr cyffredinol y cwmni tynfadau, does yr un bore wedi mynd heibio heb iddo edrych trwy ei delesgop pwerus ar weithgareddau'r porthladd o'r ystafell fyw.

'Dwi'n teimlo fel taswn i ar bont y llong t'wel. Wrth gwrs, ma 'na newidiade mawr wedi digwydd. 'Nôl yn y 1970au roedd chwe tynfad yn gweithio yma'n tywys y tanceri olew i mewn ac allan o'r harbwr ac un tynfad arall wedyn wastad ar alw. Heddi dim ond tair tynfad sy'n gweithio ac os bydd angen un arall mae'n rhaid iddi ddod 'ma o un o'r porthladdoedd mawr arall ar hyd yr arfordir. Cofia ma ambell i long fel y *Knutsen* mas mynco nawr bron yn gallu llywio ei hunan i mewn a mas o'r harbwr. Dwi'n gweld bod ambell i long bleser fawr yn dod mewn 'ma nawr 'fyd. Dyna'r *Boadicea* y diwrnod o'r blaen a'r teithwyr wedyn yn dod i'r lan mewn cwch bach.'

'Ond beth am hynt Capel y Tabernacl drws nesa nawr a chithe'n flaenor yno?'

'O, 'machgen bach i. Ma lle i eistedd 300 yn y capel a pan ddethon ni 'ma yn 1961 roedd llewyrch ar bethe. Roedd cynulleidfaoedd da o dros gant yn yr oedfaon a dros 40 ohonon ni yng Nghymdeithas y Dynion ar nosweth waith wedyn 'ny. Ma'r cyfarfodydd yn ystod yr wythnos wedi hen ddibennu a byddwn yn lwcus os bydd 14 mewn oedfa ar y Sul, pedwar ohonon ni'n ddynion a'r gweddill yn wragedd, a finne gyda'r ifanca yn eu plith. Dwi'n ofni mai dod at ein gilydd o ran y gwmnïaeth ŷn ni'n benna ... ma crefydd wedi dibennu rhywsut ... ma pêl-droed yn fwy o grefydd heddi. 'Na fe, fel'na ma hi t'wel, ond ma'r trai a'r llanw'n dal i ddigwydd bob dydd ...'

A phan nad yw Manchester United yn chwarae gartref mae'n ddigon tebygol y down ar draws gŵr o'r enw Crasher – sy'n mynnu cael ei gydnabod wrth yr enw hwnnw a'r enw hwnnw'n unig. Mynychodd dros 200 o'r gêmau cartref yn ddi-dor yn ogystal â nifer helaeth oddi cartre a llawer o'r rheiny dramor. Ymhyfryda iddo gael ei holi ar un o raglenni S4C rhywdro am ei ffanatigiaeth a gresynai na fyddai wedi medru cyfrannu yn Gymraeg ond, ar yr un pryd, ymhyfryda fod ganddo dylwyth yn Nyffryn Aman sy'n medru'r iaith. Ac am ei fod yn trefnu teithiau i Theatr y Breuddwydion ac yn gyrru'r bws mini ei hun gan amlaf mae'n rhannu ei ddiléit ag eraill. Gwn o brofiad fod Crasher yn trin yr achlysuron hynny yn ddim llai nag ymarferion milwrol o ran trefniant a disgyblaeth. Ni chaniatâ i neb smygu ar y bws ond golyga hynny bod rhaid oedi'n aml ar hyd y daith er mwyn i'r rhelyw dynnu mwgyn sydyn ar ochr y draffordd rywle.

Mynna hefyd fod y criw'n tolio o ran y caniau cwrw a waceir, o leiaf ar y ffordd i fyny, ac mae terfyn ar yr iaith gwrs y gwna ei goddef. Cyrhaeddir mewn da bryd i flasu'r awyrgylch ac i ganiatáu Crasher ei hun fargeinio â chydnabod am docynnau ar gyfer gêmau'r dyfodol. Nodwedd o'r daith i fyny yw ei fynych alwadau ffôn i hwn a'r llall er mwyn trefnu cyfarfod a phwrcasu neu gyfnewid tocynnau yn ôl y galw. Wrth barcio rhoddir cyfarwyddiadau ar sut i ganfod y bws ar ôl y gêm a phwysleisir yr angen i fod yn chwimwth er mwyn bod gyda'r cyntaf i adael y ddinas ar ôl y gêm. Ond y rhyfeddod pennaf yw'r ffaith mai yn ôl eu llysenwau yr adwaenir y mwyafrif o'r cefnogwyr pybyr eraill hefyd. Dyna i chi Springer, Limo a Quavers er enghraifft.

Er y cefnogaeth a'r ewyllys da tuag at y Gymraeg yn Aberdaugleddau does yna'r un uned nac ysgol cyfrwng Cymraeg wedi'i sefydlu yn y dref hyd yn hyn. Rhaid i'r rhieni sy'n chwennych addysg gynradd o'r fath i'w plant eu hanfon ar daith o saith milltir i Ysgol Glan Cleddau, yn Hwlffordd, a thaith dipyn hwy i Ysgol y Preseli, yng Nghrymych, i gael addysg uwchradd ddwyieithog. Camarweiniol ar ryw olwg yw'r ffaith bod canran y boblogaeth sy'n medru'r Gymraeg gyda'r isaf yn ne'r sir oherwydd, o drosi 5 y cant yn niferoedd, canfyddir bod tua 750 o'r trigolion yn medru'r iaith, sydd yn ail o ran nifer y siaradwyr i Hwlffordd, ac mae'r nifer yn cynyddu.

Ond does dim prinder cymeriadau brith a diddorol yn y dref a'r cyffiniau a thebyg bod hynny i'w briodoli i'r ffaith fod cynifer wedi'u denu i'r ardal wrth ddilyn y dorth ac wedi magu teuluoedd yma. Dyna i chi Reg Scott, y Gwyddel, sy'n adrodd y straeon rhyfeddaf am ei yrfa naill ai yn Saesneg neu yn Sbaeneg yn ôl y galw, ac a arferai yrru draw i'r hen wlad pan oedd yn ei 90au. A beth am Dai Crymych wedyn a briododd ei ferch-yng-nghyfraith? Am ei fod eisoes yn dad-cu i'w phlentyn ac yna'n dad i'w phlentyn a yw'r ddau grwt felly'n hanner brodyr ac yn wncwl a nai?

Ta waeth, ar un o'r ystadau diwydiannol yn Thornton, ger rhai o'r adeiladau lle golchwyd yr holl adar môr hynny a lygrwyd gan olew adeg trychineb y *Sea Empress,* mae gweithdy Paul Jenkins, y trwsiwr cerbydau. Yr un Paul Jenkins a garcharwyd am chwe blynedd am ei ran yn yr ymgais honno i fewnforio cyffuriau ar hyd arfordir gogleddol y sir a alwyd yn *Operation Seal Bay* gan yr heddlu. Deil i wisgo clustdlws, sydd efallai'n waddol y dyddiau cyffrous hynny yn y 1980au, a rhydd y trwch o farf ddu wedi'i thorri'n grop olwg y môr-leidr iddo ond mynna fod llawer o fanylion y cyfnod hwnnw wedi mynd yn angof erbyn hyn.

'Dwi'n cofio bod ar draeth bychan yn agos i Draeth Coch, ar ôl bod yn gweithio yn y gell danddaearol yno, a gwylwyr y glanne lleol yn dod i dorri gair â mi. Roedd rhaid i fi feddwl yn gyflym am ryw gelwydd i'w ddweud pam roeddwn i yn y cyffinie a dwi'n cofio meddwl ar y pryd nad oedden nhw'n fy nghredu. Roeddwn i'n synhwyro bod rhywbeth ar fin digwydd a rhaid oedd dringo oddi yno'n go sydyn a hynny er bod yn gas gen i uchder. Ond er i fi ddiflannu o'r ardal ar y pryd roedd yr heddlu'n galw 'da fi o fewn ychydig ddiwrnode,' meddai wrth grafu celloedd y cof.

'Ond roedd y bwriad yn uchelgeisiol a gwerth miloedd lawer o bunne o ganabis yn debygol o gael ei storio yn y gell ar y traeth?'

'Nawr, ma rhaid i fi gyfadde nad oeddwn i'n gwybod fawr ddim am y bwriade tan yr achos llys. Ar y cyrion oeddwn i ac wedi cael fy nhynnu i mewn i wneud ychydig o waith ar y cychod. Roeddwn wedi cael fy nghyflwyno i Robin Boswell trwy ffrind i ffrind ac wedi gwneud tipyn o waith ar ei gychod. Roeddwn yn gwybod bod ganddo dipyn o gychod a thipyn go lew o arian ac yn synhwyro bod rhywbeth efallai'n amheus yn ei gylch. Ond does gen i ddim syniad beth yw ei hanes e na'r un o'r lleill erbyn heddi. Dydyn ni ddim wedi cadw mewn cysylltiad. Dydyn ni ddim wedi cael aduniadau a dydyn ni ddim yn anfon cardie Nadolig at ein gilydd.'

'Oeddech chi'n eu hystyried yn droseddwyr peryglus o gofio am eu proffil rhyngwladol?'

'A dweud y gwir, o edrych nôl, dydw i ddim yn gweld y criw yn ddynion drwg nac yn droseddwyr yn yr ystyr arferol. Doedden nhw ddim yn ddynion cas. Doedden nhw ddim yn cario dryllie, ac ati, fel ma cymaint o droseddwyr heddi. Roedden nhw'n ddynion clyfer iawn, a'r ffordd dwi'n edrych arni, anturiaethwyr oedden nhw, anturiaethwyr yn gweld cyfle i greu ychydig bach o gyffro. Nawr, taswn i'n gwybod beth oedd eu bwriade nhw, fe fydden i'n sicr wedi dweud wrthyn nhw i beidio â bod mor esgeulus ac agored eu hagwedd. Doedden nhw ddim yn sylweddoli bod ffermwyr a phobol cefn gwlad yn sylwi ar ymddygiad anarferol ac yn dechre holi cwestiyne. Dyna oedd eu mistêc mawr nhw. Ar sail beth glywes i wedyn, roedd y Daniad yna, Berg-Arnbak, yn hynod o glyfer. Sgwn i oedd rhai o'r Llychlynwyr 'ny ddaeth i'r ardaloedd hyn ganrifoedd cyn hynny'r un mor alluog?'

'Ond fe gawsoch chi gyfnod go helaeth o garchar – chwe blynedd am eich rhan yn y cynllwyn?'

'Wel, do, rhaid cyfaddef hynny ac er i fi apelio yn erbyn y ddedfryd ches i ddim llawer wedi'i dynnu i ffwrdd. Ond roedd e'n gyfnod diddorol. Dysges i lot yn y carchardai bues i ynddyn nhw a dwi ddim yn sôn am y gwahanol greffte fel gwaith mecanic a phaentio ac addurno nawr. Roeddwn i ynghanol troseddwyr cyffurie eraill a falle bydde saith neu wyth o ieithoedd yn cael eu siarad. Nifer ohonyn nhw o Dde America heb gael fawr o addysg ac wedi eu dedfrydu i gyfnode hir am fod yn ddim mwy na miwlod – wedi'u tynnu oddi ar y stryd a chael addewid o arian mawr am gario cyffurie ar awyren. Roedd un bachan dwi'n ei gofio wedyn o Dwrci. Roedd hwnnw'n ŵr bonheddig wedi cael addysg dda. Roedd hi'n bleser bod yn ei gwmni. Roedd e'n beilot awyrenne ac wedi cael ei ddal â chyffurie yn ei feddiant am fod un o ferched yr awyren wedi rhoi pecyn ym mhoced ei got heb yn wybod iddo.'

'Ond ma'r cyfnod hwnnw a'r byd hwnnw y tu ôl i chi nawr?'

'O, odi, odi. Er, yr hyn sy'n rhyfedd, ar ôl i fi sefydlu'r busnes fan hyn ches i ddim llonydd gan yr heddlu. Pan oedd rhyw gyrch neu'i gilydd ar y gweill fe fydden nhw'n chwilio pob twll a chornel yn y garej. Fe fues i'n meddwl sgrifennu llyfr am y cyfnod ar un adeg, ond, 'na fe, dwi wedi anghofio llawer o'r manylion ac wedi colli cysylltiad â'r lleill. A dwi'n dal ddim yn hollol siŵr beth oedd bwriad y gell o dan y traeth, cofiwch. Roedd rhai'n meddwl y bydde hi'n cael ei defnyddio fel rhyw fath o warws neu sgubor i storio canabis. Ond synna i'n credu hynny. Y cychod a'r offer môr oedd yn bwysig. Mwy na thebyg byddai'r rheiny'n cael eu defnyddio i gymryd cyffurie oddi ar y llonge mas yn y môr a threfnu i'w dosbarthu cynted â phosib wedyn. Y broblem fawr, wrth gwrs, yn y cyfnod hwnnw, oedd glanio'r cyffurie'n ddiogel ond erbyn heddi mae'r sefyllfa'n hollol wahanol am fod offer mwy soffistigedig gan wylwyr y glanne a'r heddlu,' meddai wrth gydio mewn sbaner arall.

Gadawn Paul Jenkins a'i ben o dan foned y fan mae'n ei thrwsio'n gwbl gyfreithlon bellach yn hytrach na gosod gwaelodion ffals ar fadau a cherbydau fel y gwnâi ar un adeg ar archiad Robin Boswell. Gŵr arall yn yr ardal na ddylid colli'r cyfle i ddod i'w adnabod yw Mike Stoddart, ond does dim rhaid ei gyfarfod yn y cnawd er mwyn ei adnabod, oherwydd gellir ymweld â'i wefan o dan enw *Old Grumpy* sy'n cael ei diweddaru bob nos Fawrth. Ar wahân i sôn am ei hoffter o win Merlot a'i orchestion garddwriaethol bydd y Geordie o dras yn ei dweud hi'n go lym am rai o'i gyd-gynghorwyr sir. Yn wir, ymddengys ei bod yn genhadaeth bywyd ganddo i amau gonestrwydd, didwylledd, ac ymddygiad amryw o'r rheiny sy o bosib yn gwyro oddi ar y canllawiau cydnabyddedig ac yn syrthio'n fyr o'r safonau disgwyliedig yn ei olwg. Yn wir, nid yw'n fyr o chwennych cymorth yr Ombwdsman a'r Ddeddf Rhyddid Gwybodaeth i gryfhau ei achos o bryd i'w gilydd. Mae'r cyn-olygydd papur wythnosol lleol, sy'n atgoffa ei ddarllenwyr yn gyson iddo astudio am radd yn y gyfraith, yn hawlio ambell fuddugoliaeth wrth fod yn ddraenen bigog yn ystlys y grymoedd sy'n rhedeg Cyngor Sir Penfro.

Ni ellir ffarwelio ag Aberdaugleddau heb o leiaf alw heibio Tŷ Cwrdd y Crynwyr a godwyd yn 1811 a lle bu Waldo'n addoli'n gyson o 1953 tan ei farwolaeth gan dynnu maeth o'r pwyslais a roddid ar dawelwch ac ysgogiadau'r galon yn hytrach na'r pregethu nerthol a oedd yn nodweddiadol o'r pulpud Cymreig. Yn wir, mae a wnelo addoldy'r Crynwyr â datblygiad cynnar y dref. Cyn y bedwaredd ganrif ar bymtheg doedd Aberdaugleddau'n ddim mwy na chlwstwr o fythynnod pysgotwyr. Roedd y tir, ers cyfnod Diddymu'r Mynachlogydd, yn eiddo i deulu'r Barlow o Slebets a phriododd Catherine, yr aeres, â gŵr o'r enw Syr William Hamilton yn 1758. Ar ôl ei marwolaeth hi yn 1782 aeth Syr William, ynghyd â'i nai, Charles Frances Greville, mab Iarll Warwick, ati i wario'r cyfoeth a etifeddodd i ddatblygu'r tir ar sail Deddf Seneddol Aberdaugleddau 1790.

Denwyd nifer o helwyr morfilod o Nantucket, o gyffiniau Efrog Newydd, i ymsefydlu yn yr ardal. Roedden nhw wedi dioddef erledigaeth adeg y Rhyfel Cartref yn America, am eu bod yn gwrthod rhyfela, yn unol â'u cred fel Crynwyr. Ar y pryd roedd galw mawr am olew morfilod yn danwydd i gynnau goleuadau strydoedd Llundain. Rhoddwyd addewid o ddarn o dir iddynt i godi Tŷ Cwrdd cyn iddyn nhw gyrraedd yn 1793, ac aeth y pysgotwyr ati i hela ym Môr y De tan i'r galw am olew morfilod ddiffygio pan ddatblygwyd nwy glo i gynnau lampau. Cynhelir oedfaon cyson yn y Tŷ Cwrdd o hyd ac, ar achlysur dathlu canmlwyddiant geni Waldo Williams yn 2004, cynhaliwyd oedfa arbennig i gofio ei fywyd, a thair blynedd yn ddiweddarach agorwyd estyniad i'r adeilad gan Lywydd y Cynulliad, yr Arglwydd Dafydd Elis Tomos.

Roedd anturiaeth ac uchelgais yng ngwythiennau Syr William a'i nai, Charles, a doedd dim pen draw i'r hyn a oedd yn bosib yn eu golwg. Yn annisgwyl, pan oedd yn 61 oed yn 1791, ailbriododd y gŵr a oedd yn Gennad Prydeinig yn Llys Naples â merch 26 oed o'r enw Emma Hamilton. Cafodd hi ei chyflwyno iddo gan ei nai ac, yn wir, roedd ei briod newydd yn byw o dan ofal Charles yn Aberdaugleddau. Ond erbyn 1802, er bod cyfaill Syr William, yr Arglwydd Nelson, wedi ymserchu yn yr Emma ieuanc, ymddengys nad oedd hynny'n achosi cymhlethdod gan i'r tri gydddathlu pedwerydd pen-blwydd Brwydr Nîl yn Aberdaugleddau pan gynhaliwyd regata, ffair fawr a sioe amaethyddol wedi'u trefnu, wrth gwrs, gan Charles Greville.

Roedd Nelson, wrth gwrs, yn 'arwr cenedlaethol' a doedd y ffaith mai ond un fraich oedd ganddo, ei fod wedi colli'r rhan fwyaf o'i ddannedd ac yn dioddef o byliau erchyll o beswch yn mennu dim ar ei apêl yng ngolwg merch a gipiwyd o buteindy'n 21 oed i fod yn feistres i nifer o ddynion cefnog Llundain. Pan oedd ar un o'i ymweliadau â'r dref cyhoeddodd y llyngesydd taw'r hafan leol, heblaw am Trincomalee yn Ceylon, neu Sri Lanka heddiw, oedd yr harbwr naturiol gorau yn y byd. Bu farw Syr William ymhen y flwyddyn a rhoddwyd rhwydd hynt i berthynas Nelson ac Emma. Ymhen y rhawg ailenwyd y Peter Cross's Inn yn Westy Arglwydd Nelson, er clod iddo am ei eiriau caredig, a deil yn lle o bwys heddiw.

Roedd Emma, gyda llaw, eisoes wedi rhoi genedigaeth i blentyn y llyngesydd yn 1801 a'i galw'n Horatia, ac roedd yn feichiog eto yn 1803, ac yntau wedi dychwelyd i'r môr ond bu farw'r rhoces fach o fewn ychydig fisoedd ar ôl ei geni, a'i thad wedyn o fewn dwy flynedd. Ymddengys i'r Fonesig Hamilton wedyn neilltuo ei hamser a'i hegnïon yn gwario ei holl arian i geisio cynnal safon foethus o fyw, a'r canlyniad oedd iddi dreulio blwyddyn yng ngharchar am beidio â thalu ei dyledion.

Ar ôl hynny dihangodd i Ffrainc gan droi at y ddiod, a bu farw mewn tlodi yn Calais yn 54 oed yn 1815, ei hymweliad ag Aberdaugleddau erbyn hynny, mae'n siŵr, yn ddim mwy nag atgof niwlog. Ond gall yr hanesydd a'r rhamantydd, wrth sipian ei beint ym mar Gwesty Arglwydd Nelson, ddychmygu presenoldeb un o ferched harddaf ei chyfnod yn tynnu sylw ac yn destun siarad trigolion y fro. Priododd ei merch, Horatia, â'r Parch. Philip Ward, ac ar ôl rhoi genedigaeth i ddeg o blant bu fyw nes ei bod yn 80 oed. Tybed beth oedd hynt y nythaid o blant a thybed a oedd y tair rhoces wedi etifeddu prydferthwch eu mam-gu?

Fodd bynnag, roedd golygon Charles Greville ar ddatblygu Aberdaugleddau yn hytrach na bodloni chwiwiau gweddw ei ewythr. Er iddo ef ei hun ymserchu ynddi am gyfnod mae'n debyg mai ei fwriad yn y lle cyntaf wrth ei 'chynnig' i'w ewythr oedd ceisio sicrhau na fyddai'n ailbriodi ac y byddai yntau felly'n etifeddu cyfoeth Syr William. Ar yr un pryd, o gael gwared ar Emma, roedd yn chwennych dod o hyd i etifeddes gyfoethog yn wraig iddo'i hun. Roedd Syr William eisoes wedi cytuno i glirio unrhyw ddyledion a ddeilliai o fenter ei nai 'yn gyfnewid' am gwmni Emma.

Yn 1793 rhoes y Bwrdd Llyngesol gytundeb i Charles Greville i adeiladu llongau rhyfel a gwnaeth hynny gyda chymorth ffoadur o Ffrancwr o'r enw Jean-Louis Barralier, a oedd yn ddrafftsmon a pheiriannydd o fri. Aeth y ddau ati i godi dociau a thref ar batrwm sgwarog o dair prif stryd yn rhedeg yn gyfochrog a nifer o strydoedd bychain ar eu traws ar onglau sgwâr. Deil y patrwm hyd heddiw ac enwau dwy o'r prif strydoedd yw Hamilton a Charles ac nid anodd dyfalu'r cysylltiadau tra bo mân strydoedd megis Nantucket a Starbuck yn cyfeirio at y Crynwyr cynnar. Ond roedd yna drafferthion ariannol di-ri o ran adeiladu'r llongau ac er na roes Greville y gorau i'w freuddwyd bu farw yn 1809 heb ei gwireddu.

Daeth ei frawd, Roger Fulke, i'r adwy ond am iddo wrthod adnewyddu prydles yr iard longau, penderfynodd y Morlys fwrw ati i godi iard longau ar draws yr Hafan gan roi bodolaeth i Ddoc Penfro. Yn wir, ni chwblhawyd dociau Milffwrd tan 1888, bron ganrif ers sefydlu'r dref, ac ar ôl hynny y daeth i fri fel porthladd pysgota. Ond i'r Cymro mae'r porthladd wedi'i gysylltu'n annatod â chân werin sy'n adrodd rhan o drybestod pob rhyfel, sef colli bywydau. Wrth gerdded ar hyd Teras Hamilton i gyfeiriad y Rhath a heibio'r gofeb farmor a godwyd gan bobol o Ostend, gydag arysgrif yn Saesneg a Belgeg, i gydnabod y croeso a'r nodded a gawsant yn lleol yn ystod y Rhyfel Byd Cyntaf, llafarganaf y geiriau i gyfeiliant gitâr ddychmygol:

Roedd pawb ar y cei yn Aberdaugleddau,

Yn oer ac yn wlyb yn y gwynt a'r glaw mân...

Gerllaw, gyferbyn â Neuadd y Seiri Rhyddion, ceir cofeb rhyfel anferth yn cynnwys cerfluniau o filwyr arfog yn eu llawn hyd a rhydd hynny ddwyster ychwanegol i eiriau Meic Stevens ...

Ddaeth neb yn ôl i adrodd yr hanes,

Neb ond y gwynt a ganodd ei gân,

Dim ond gwylanod a llygad y gelyn

A welodd y morwyr yn llosgi mewn tân.

Wrth godi pac a'i hanelu hi i gyfeiriad y dwyrain eir heibio cerflun efydd nodedig o bysgotwr sy'n dynodi rhan o waddol y dref, ac o ddilyn arwyddion y fesen wedi'u gosod yn go uchel ar byst tu hwnt i afael fandaliaid, awn trwy ardal Castle Pill a disgyn ar hyd heol gul i ymyl y dŵr, heibio i adeilad gwag a arferai fod yn ffatri gychod, cyn cyrraedd y ffordd B4325. Tuedd llawer yw hepgor y darn hwn a gyrru o Aberdaugleddau i ben eithaf Doc Penfro ac ailgydio yn Llwybr yr Arfordir yno, ond byddwch ar eich colled o wneud hynny am fod rhannau o'r pedair milltir at Bont Cleddau nid yn unig yn hudolus ond yn gyferbyniad rhwng yr hen a'r newydd, rhwng y ddoe digyfnewid a'r heddiw byrhoedlog. Wrth ymuno â'r ffordd fawr gellir naill ai ei dilyn ar hyd y rhiw am hanner milltir nes gwelir arwydd Llwybr yr Arfordir unwaith eto neu fynd ar draws ar archiad arwydd y fesen, er y bydd hwnnw yn ôl pob tebyg wedi'i rhannol dorri, a dilyn y rheilen ar ochr y dŵr yn hytrach nag ar hyd y feidir.

Yn naturiol mae'r gwylltineb a welir ar hyd y llwybr hwn yn amgenach na'r tarmac sy'n rhaid ei droedio ar hyd y ffordd fawr. Ac o gael eich tywys ar hyd y rhan hon o'r daith gan Teifryn Williams cewch wybod am hanesion hynod lled gyfoes am ddeiliaid y gwahanol dai yr eir heibio iddynt gan gynnwys eu helbulon a'u llwyddiannau, a'r rheiny'n ymwneud ag arian yn ogystal â materion y galon. Ond hyd yn oed petaech ar eich pen eich hun ni fedrwch beidio â rhyfeddu at y gwrthgyferbyniad o fod mewn llannerch gudd un funud ac yna ar dirwedd o ddatblygiad modern oeraidd y funud nesaf. Byddwch yn cyfnewid cysgod coed hynafol yn gordeddog o eiddew am olygfa swreal o danciau anferth, ffens rydlyd a bylchog, a phibellau dur sgleiniog.

O gerdded ar hyd feidir Fferm Venn, heibio iet y clos ac ar hyd y llwybr lle cyffyrdda'r canghennau uwchben, hwyrach y clywir rhyw beiriant amaethyddol yn chwyrnu y tu draw i'r clawdd ac, yna, deuir i olau dydd eto wrth anelu ar draws gweirglodd, a dyna pryd y gwna eu hanferthedd eich taro wrth ddynesu o fewn tafliad carreg atynt. Mae'n debyg bod mwy o'r tanciau o'r golwg o dan y ddaear nag sydd i'w weld a chanlyniad y ceibio priddi wneud lle iddyn nhw yw'r bryniau cyfagos yr ochr draw sy'n cuddio'r hafan rhagddoch. Ar ôl tramwyo trwy goedlan gudd arall a dilyn y ffens hynafol am i fyny deuir i olwg y dŵr a gwelir bod hen lanfa cwmni olew Gulf obry wedi'i hymestyn a'i thrwsio gan gwmni hylif nwy naturiol y Ddraig sy bellach yn defnyddio'r safle 450 cyfer a agorwyd yn burfa olew yn 1968.

Amcangyfrifir bod rhwng 71,000 a 165,000 metrau ciwbig o'r tanwydd yn cael ei ddadlwytho o fewn 24 awr oddi ar y llongau sy'n angori wrth y lanfa, trwy ei anfon ar hyd y pibellau enfawr i'r tanciau trwchus ac, yna, ar ôl ei drosi'n nwy eto, dosberthir hyd at 700,000 metr ciwbig ohono fesul awr, eto, ar hyd pibellau sy wedi'u gosod ar draws De Cymru i Ganolbarth Lloegr. Ond roedd cwmni Gulf yr un mor arloesol yn ei ddydd am ei fod yn cynhyrchu cemegion yn ogystal â thanwydd, yn ots i'r purfeydd eraill. Arferai gynhyrchu benzene a cyclohexane ar gyfer y diwydiannau plastig a neilon nes i gystadleuaeth gan burfeydd eraill ar draws Ewrop ei orfodi i roi'r gorau iddi yn 1981, a blwyddyn yn ddiweddarach rhoddwyd y gorau i gynhyrchu tanwydd hefyd. Ar ôl hynny storio olew a wneid ar y safle gan gyflenwi traean o'r olew roedd ei angen ar Orsaf Bŵer Penfro'r ochor draw i'r hafan trwy ei anfon ar hyd pibellau o dan wely'r môr.

Wrth groesi un o'r pontydd dur rhwyllog fry uwchben y ffordd fe'n hatgoffir gan ein harbenigwr ar lofruddiaethau taw ychydig i mewn i'r tir mawr mae ffermdy Scoveston Park lle llofruddiwyd brawd a chwaer ychydig ddyddiau cyn y Nadolig yn 1985, a deil y llofrudd â'i draed yn rhydd. Edrydd David Setchfield y ffeithiau moel am dynged Richard a Helen Thomas, ill dau wedi'u saethu a'r ffermdy wedi'i roi ar dân, ond daethpwyd o hyd i ddigon o dystiolaeth o'i gorff i gadarnhau iddo gael cyfathrach rywiol wrywgydiol cyn ei farwolaeth. Roedd yr achos yn un dyrys a doedd yna ddim cymhelliad amlwg dros gyflawni'r drosedd am na ellid profi i sicrwydd fod rhywbeth wedi'i ddwyn.

Bu'n gyfnod gofidus i wrywgydwyr cudd y sir dros y Nadolig hwnnw wrth i'r heddlu eu holi ynghylch eu symudiadau yn ystod y diwrnodau cyn yr ŵyl. Er y datblygiadau ym maes DNA yn y cyfamser ni ellir hyd yn hyn ond dyfalu beth a ddigwyddodd. Sobreiddir y cerddwyr gan yr amgylchiadau a cheisia ambell dditectif amatur o'n plith ddatrys y dirgelwch trwy awgrymu fod y chwaer, a oedd yn addolwraig selog yn Eglwys Steynton gerllaw, wedi troi ar ei brawd ar ôl dod i wybod am ei arferion rhywiol ac yntau wedyn yn ei gynddaredd wedi ei saethu hi cyn saethu ei hun. Hola arall oni fyddai DNA oddi ar yr hadlif yng nghorff Richard Thomas wedi dod o hyd i'r llofrudd erbyn hyn neu o leiaf i'r partner rhywiol hyd yn oed os nad hwnnw oedd y llofrudd.

Wrth gyrraedd llannerch arall disodlir yr awydd i ddatrys dirgelwch gan ryfeddod y coed ynn yn wyrdd o ddail a wna i ni ddychmygu ein bod ymhell o gyrraedd datblygiadau gwareiddiad modern a dychmygwn y dail yn glustog ar lawr yn yr hydref a ninnau'n swishan trwy'r modfeddi o drwch ohonynt. Dengys y dom moch daear yma ac acw fod yna greaduriaid ar wahân i ninnau sy'n gwerthfawrogi'r cynefin hwn.

Cyn pen fawr o dro down i bentref Llanstadwel ac enw un o'r tai ysblennydd cyntaf ar y dde yw Tŷ Pen y Graig sydd, yn ôl Teifryn, yn eiddo i un o deulu adnabyddus Bonnell o Lanelli a grynhodd geiniog fach dda iddo'i hun trwy sefydlu nifer o archfarchnadoedd llwyddiannus, ac yna eu gwerthu i gwmnïau archfarchnadoedd mawr am bris da, pan oedd y rheiny am dagu cystadleuaeth. Daw Llwybr yr Arfordir i ben yn swyddogol wrth dalcen Tafarn y Fferi ond mae'n rhaid mai'r pentref cysglyd hwn yw un o emau cudd yr holl arfordir.

Ceir yma nifer o fythynnod traddodiadol yr olwg yn ogystal â thai crand yn dystiolaeth bod mewnfudwyr eisoes wedi canfod y lle ond hawdd dychmygu'r dyddiau pan oedd yn bentref pysgota a gwynt heli'r môr i'w deimlo yn nôr pob drws … 'hei di ho di hei di hei di ho a'r gwynt i'r drws bob bore'. Ceir yma eglwys

Marchnad bysgod yn Neyland ar ddechrau'r ugeinfed ganrif

nobl gyda thŵr sgwâr yn yr arddull Seisnig ac wedi'i chysegru i fynach o'r enw Tudwal, a oedd yn adnabyddus yn Llydaw hefyd, lle bu farw yn 564. Rheithor nodedig am 38 mlynedd tan 1911, pan ymddeolodd yn 83 oed, oedd y Parch. Lacy Henry Rumsey a oedd yn llinach Dug Marlborough ond, yn anad dim, yn ddyn hynod o ddysgedig ym meysydd cerddoriaeth, ieithoedd a'r clasuron.

Wrth gamu o gysgod Llanstadwel down i dref Neyland neu Aberdaugleddau Newydd fel y'i gelwid ar un adeg pan oedd gan Syr Isambard Kingdom Brunel obeithion mawr o ran yr ardal ac ef ei hun yn 1856. Dyna pryd y cyrhaeddodd cledrau ei reilffordd y fangre gyda'r bwriad o sefydlu porthladd a fyddai'n fan cyswllt â llongau'n hwylio i Iwerddon os nad i America. Codwyd gwesty enfawr sy'n fflatiau bellach a gwnaed wagenni rheilffyrdd yn lleol. Gan fod y llongau'n cyrraedd o Iwerddon cyn amled â phum gwaith yr wythnos, mae'n rhaid bod y lle'n fwrlwm o fywyd ac asbri wrth iddyn nhw ollwng angor. Ond byr y parhaodd y llewyrch ar ôl i'r rheilffordd gyrraedd Doc Penfro'r ochr draw yn 1864 ac wedi trosglwyddo trafnidiaeth y môr i Iwerddon i Abergwaun yn 1906. Roedd honno'n ergyd farwol a buan y dirywiodd y diwydiant pysgota; caewyd y gwaith cynhyrchu wagenni a gyda chau'r rheilffordd yn gyfan gwbl yn 1955 a diddymu'r gwasanaeth fferi i'r ochr draw yn 1975 doedd Neyland yn ddim ond cysgod o'r hyn ydoedd gynt. Does ond angen tro sydyn o gwmpas y strydoedd i sylweddoli mai olion hen ddoe sydd i'w gweld a does yna fawr o raen na bywiogrwydd i'w weld mwyach.

Y Cyng. Parch. William Powell yn y canol

Ond deil i geisio gwneud defnydd o'r dŵr ac mae'r holl gychod pleser sy wedi'u hangori wrth ymyl y clwb hwylio yn dyst fod peth arian yn cael ei ddenu o hyd. Mae'r cerflun efydd nodedig o Brunel hefyd yn brawf nad yw ei ymdrechion wedi mynd yn angof ac, yn wir, mae hanes yr ardal wedi'i groniclo'n drwyadl, a hynny'n bennaf gan Simon Hancock sy'n ddyn y dref o'i gorun i'w sawdl. Gwasanaethodd y dref mewn amryfal ffyrdd ers ei ethol i gynrychioli'r Blaid Lafur ar Gyngor Tref Neyland yn 1987 ac yntau ond yn 22 oed, a pharhau'n ddi-dor ers hynny gan gynrychioli ei buddiannau ar Gyngor Sir Penfro ac Awdurdod y Parc Cenedlaethol hefyd yn ei dro. Ysgrifennodd yn helaeth am gapeli a gweinidogion y dref:

'Codwyd pedwar capel mawr yma gan y Presbyteriaid, y Wesleaid, yr Annibynwyr a'r Bedyddwyr yn ail hanner y bedwaredd ganrif ar bymtheg pan oedd y dref yn llawn bwrlwm ac ar ei thyfiant, ac roedd gweinidogaeth y Parch. William Powell gyda'r Annibynwyr dros 37 mlynedd tan 1925 yn nodedig. Hanai o Ddowlais a'i wraig o Lanfechell, Ynys Môn, ac fel Cymro Cymraeg byddai'n mynychu cyfarfodydd yn yr eglwysi Cymraeg yng ngogledd y sir yn gyson. Yn wir dywedir y byddai'n torri allan i weddïo yn Gymraeg yn aml yn ystod cyfarfodydd Diwygiad 1904–5. Ar wahân i'w alluoedd amlwg fel diwinydd roedd hefyd yn trefnu ymgyrchoedd codi arian er mwyn rhannu bwyd ymhlith y tlodion ar adegau o argyfwng.

'Roedd ar flaen y gad o ran achos dirwest ac yn Rhyddfrydwr twymgalon. Pan gafodd y cynrychiolydd lleol ar Gyngor Sir Penfro, John Coram, ei garcharu am anonestrwydd, etholwyd y Parch. Powell yn ei le yn 1903 a bu'n aelod am ddeng mlynedd. Doedd dim dwywaith ei fod yn arweinydd o fewn cymdeithas a'i fod yn troi ei ffydd Gristnogol yn ffydd ymarferol ymhlith ei bobl. Gweinidog nodedig arall yn yr un mowld gyda'r Bedyddwyr yng nghapel Bethesda oedd y Parch. T. L. Parry a oedd hefyd yn gynghorydd sir am ddeng mlynedd yn ystod ei weinidogaeth rhwng 1929 a 1945. Cododd rhif yr aelodaeth yn ystod ei gyfnod o 103 i 182 a phrin y gallai fod wedi dringo'n uwch o fewn y Cyngor Sir na chael ei ddewis yn Gadeirydd y Pwyllgor Addysg. Roedd yntau hefyd yn medru'r Gymraeg a'i fab oedd yr Arglwydd Gordon Parry a fu'n gadeirydd y Bwrdd Croeso am gyfnod …

'Ond a yw drysau'r pedwar capel ar agor heddiw ac ydyn nhw'n cynnal gweinidog yr un bellach?

'Capel yr Annibynwyr – hen gapel William Powell – yw'r unig un sy wedi cau, a'i droi'n fflatiau erbyn hyn. Yn wir, mae'r Bedyddwyr yn dal i gyflogi gweinidog ac mae rhif yr aelodaeth wedi cynyddu o ddyrnaid i dros 80 yn ystod y blynyddoedd diwethaf. Dwi'n digwydd bod yn Ysgrifennydd y Wesleaid yn y dref a rhyw 20 o aelodau sy gyda ni ac 'ŷn ni'n rhannu gweinidog – yntau'n byw yn Ninbych-y-pysgod. Rhywbeth tebyg yw hanes Capel Zion y Presbyteriaid.'

Gadawn Simon i barhau i chwilota am yr ychydig hanes nad yw'n gwybod amdano am Neyland a'r cyffiniau a mentro i weld un o hynafgwyr y dref sy'n dalp o hanes ei hun. Er bod Steffan Griffith yn frodor o Flaenau Ffestiniog treuliodd y rhan helaethaf o'i oes yn athro Gwyddoniaeth yn Ysgol Uwchradd Doc Penfro gan groesi ar y fferi'n ddyddiol. Bu'n addoli'n selog yn Nhŷ'r Crynwyr yn Aberdaugleddau, a does ond eisiau crybwyll yr enw 'Waldo' a bydd ei lygaid yn pefrio.

'Dwi'n ei gofio fo'n dda yn dod atom am y tro cyntaf yn 1953 ac yn ryw chwerthin yn rhyfadd o glywed un o'r plant yn ateb rhyw gwestiwn roeddwn i wedi'i ofyn. Byddai'n dod yn selog wedyn ar ei feic ac ar y trên. Ia, roedd rhwbath yn rhyfadd iawn amdano wyddoch chi … yn debyg i Ghandi rhywsut. Byddai'n poeni am gyflwr y ddynoliaeth i'r byw. Ac yn un am ddadl, ew, wiw i chi ddeud dim byd yn groes iddo weithia. Fydda fo'n dod aton ni i'r tŷ fan hyn wedyn pan oedd o'n lletya gerllaw. Isio defnyddio'r bath fydda fo am fod gŵr y lle lodjins yn cadw glo yn y bath mae'n debyg. Ia, rhyw betha fel'na dwi'n ei gofio amdano fo. Dyn arbennig iawn,' meddai, gan gofio iddo, pan oedd yn 96 oed, fynychu nifer o'r achlysuron i ddathlu canmlwyddiant geni Waldo led-led Sir Benfro yn 2004.

Rhaid i ninnau anelu am Bont Cleddau trwy gerdded i ben draw'r Promenâd ac ar hyd Heol Picton ac yna Heol Cambrian cyn croesi ar hyd llwybr uwchben yr allt i'r ffordd A477 a cherdded y 900 llath ar draws y bont sydd 120 troedfedd uwchlaw'r dŵr. Cofier tan iddi gael ei hagor yn 1975 byddai taith mewn cerbyd o Neyland i Ddoc Penfro yn daith 28 milltir ac roedd ei chodi ar gost o £12 miliwn yn y pen draw, a hynny bedair gwaith yn fwy na'r amcangyfrif gwreiddiol, yn angenrheidiol o ran economi de'r sir. Doedd ei chodi ddim heb ei helbulon am fod pedwar o weithwyr wedi'u lladd a phump wedi'u hanafu pan gwympodd darn o'r bont yn 1970. Bu'n rhaid rhoi'r gorau i'r gwaith am ddwy flynedd er mwyn ailddylunio'r adeiledd.

Byddai'r fferi'n cludo 24 o gerbydau a 250 o deithwyr ar y tro ond amcangyfrifir bellach bod 4,000,000 o gerbydau'n croesi'r bont yn flynyddol ond does dim disgwyl i'r ychydig sy'n croesi ar droed dalu'r un ddimai goch y delyn o doll. Nid yw o reidrwydd yn brofiad pleserus os oes yna drafnidiaeth drom ar y pryd a thebyg y dylid ceisio osgoi'r siwrnai pan fydd hi'n derfyn diwrnod gwaith rhag i sawr y tanwydd a mwg eich mogi a'ch tagu. Wedi cyrraedd y pen draw trowch i'r dde heibio i westy Pont Cleddau a chadw yn eich blaen nes cyrraedd cyffiniau Hobbs Point, lle'r arferai'r fferi gyrraedd o'r ochr draw, ac anelu am yr adeilad brics coch ar y dde i derfynu taith y diwrnod. Yr adeilad hwn yn Noc Penfro yw pencadlys Awdurdod Parc Cenedlaethol Arfordir Penfro a'r Awdurdod yw'r unig Barc Cenedlaethol nad yw ei brif swyddfa wedi ei lleoli o fewn y Parc ei hun.

Erbyn cyrraedd maes parcio'r swyddfa yng nghwmni pererinion y daith swyddogol roedd y rhelyw o'r gweithwyr wedi mynd adref a neb yno i'n croesawu'n swyddogol gyda gwydraid o siampaen, a da hynny am fod traul y diwrnodau'n dechrau dweud ar fy nhraed erbyn hynny. Roedd fy mryd ar gyrchu pa foddion posib a oedd ar gael yn y fferyllfa agosaf er mwyn lleddfu'r boen. Gyda chymorth a chyngor Ken a Diana aed i chwilio ar hyd y dref, ond roedd nifer o'r siopau posib a fyddai'n gwerthu cadachau neu hufen a phlastar wedi cau, ac roedd y fferyllfa nid anenwog honno yn y stryd fawr ar fin cau hefyd, ond herciais i gyfeiriad y silffoedd priodol. Doedd yna'r un cwsmer arall yno ac roedd yn amlwg o glywed y sgwrsio rhwng y staff bod nifer ohonyn nhw ar fin troi tuag adref. Ni wn ai rhwystredigaeth y diwrnod oedd yn gyfrifol am ddatganiad uchel un o'r merched wrth y fferyllwyr yn yr iaith fain ond daliodd fy sylw: "Ŷch chi'n siarad Cymraeg nawr a ma hwn a'r llall yn siarad Cymraeg. Jiw, jiw, ma pawb yn siarad Cymraeg nawr. Sdim modd osgoi'r iaith yn unman. Ma hi ar hysbysebion a bob man, a'r Cynulliad yna yng Nghaerdydd sy ar fai,' meddai'n uchel ei chloch.

Ni chlywn yr un llais arall yn torri ar ei thraws, yn wir, cymaint y baldorddai prin fod yna siawns i neb arall gael gair i mewn ar ei echel. Euthum at y cownter a sylwi mai'r enw ar fathodyn y crwt a'm hwynebai oedd Geraint. Mentrais ddweud fy neges yn Gymraeg a heb betruso fe'm hatebodd yn Gymraeg fel pe bai hynny'r peth mwyaf naturiol i wneud gydol y dydd yn Noc Penfro. "Na fe, 'na fe, ma hwn'co'n siarad Cymraeg a chwbl nawr,' meddai llais y ddynes mewn anghrediniaeth. Sylweddolais mai rhyfeddu a wnâi ac nid achwyn fel yr oeddwn wedi tybio ar y dechrau yn unol ag arfer trigolion yr ardal slawer dydd o leiaf. Ond ymddengys fod y rhod yn troi a chofiais fod yna uned Gymraeg gref yn Ysgol Gynradd Gelli Aur ym Mhenfro erbyn hyn, a bod o leiaf dri o aelodau gwreiddiol y grŵp dwyieithog Gorky's Zygotic Mynci'n hanu o'r ardal.

Teimlai fy nhraed dipyn yn ysgafnach yn barod a gyda chymorth Geraint cefais hyd i ddefnyddiau a fedrai leddfu'r anesmwythyd ymhellach pan fyddwn yn bwyta pryd o fwyd â'm traed yn socian mewn padellaid o ddŵr yn llawn wablin o dan y bwrdd. Teimlwn innau'n fodlon fy mod wedi llwyddo i gwblhau diwrnod arall o gerdded tua 17 milltir a rhannwn falchder y ddynes a glywais ei llais ond na welais ei hwyneb bod y Gymraeg yn ailgydio yn ardal Penfro ac yn cael croeso a rhwydd hynt i wneud hynny.

PENNOD 16

PRYDEINDOD AC UN FUNUD FWYN

CHWERY AWEL Y BORE'N ogleisiol ar ein hwynebau wrth i ni frasgamu ar hyd ymyl y dŵr a heibio'r adeiladau newydd sy'n gymysg â'r hen wrth i ni Ddoc Penfro, fel pob tref arall o'i bath, geisio'i hailddiffinio'i hun yn fasnachol ac yn bensaernïol er mwyn denu siopwyr ac ymwelwyr. Ond does dim prinder o'r hen a hwnnw'n gysylltiedig â'r cyfnod milwrol morwrol. Ar ôl cerddediad sionc ar hyd y rhodfa fe'n tywysir ar draws pont dramwy uwchben y dŵr yn y pen pellaf i amgueddfa filwrol yn Nhŵr Martello. Mae'r adeilad crwn yn ddigon o ryfeddod ond rhaid cyfaddef bod gennyf fwy o ddiddordeb yn sgerbydau'r ddau fad sy'n lolian yn y dŵr obry na'r bidogau a geriach y rhyfeloedd, er cymaint ymdrech a dyfalbarhad y gwirfoddolwyr sy'n gyfrifol am yr amgueddfa. Gwibiaf o ystafell i ystafell ac i fyny ac i lawr y grisiau troellog mewn chwinciad heb fwy na sbecian ar y twmbwriach a'r wybodaeth yn ymwneud ag amddiffyn, ymosod a lladd gwŷr a llanciau, er mwyn trechu gelyn a dal gafael ar rym. Gadewais yr adeilad gan adael y lleill i werthfawrogi'r arfau a rhyfeddu at yr wybodaeth am yr oriau duon yn hanes y ddynoliaeth. Dyheaf am ddychwelyd at wir ogoniant y llwybr arfordirol lle teyrnasa prydferthwch a rhyferthwy natur wyllt.

Gwell gennyf petawn wedi treulio fy amser, er cynhared y dydd, yn siop sglodion a physgod adnabyddus Brown's yn y gobaith y cawn fy ngweini gan Connie Brown, fel y gwnâi ar ei phen-blwydd yn 100 gyda chymorth ei mab, Hilton, 72 oed, ym mis Awst 2007, ac fel y bu'n gwneud yn gyson chwe diwrnod yr wythnos ers agor y siop yn 1928. Neu petai heb agor rhown gynnig ar alw yn The Flying Boat Inn, yn Heol y Frenhines gerllaw, sy'n ei disgrifio ei hun fel yr unig dafarn ddwyieithog yn Ne Penfro, yn ôl yr hysyseb ym mhapur bro'r ardal, *Dan y Landsker*. Ond eto mae enw tafarn Colin Jones, cyd-ddisgybl yn Ysgol y Preseli, yn gyfeiriad at bresenoldeb yr awyrennau môr Sunderland yn y dociau yn ystod yr Ail Ryfel Byd.

Connie Brown yn gweini sglodion a physgod ar ei chanfed pen-blwydd

Does dim modd osgoi'r cysylltiadau â'r rhyfeloedd Prydeinig o ddeall mai'r rheiny a roes i'r dref gyfnodau o ffyniant, ac mai helbulus fu ei hanes economaidd mewn cyfnodau o heddwch.

Mae'r placiau ar hyd wal ddeuddeg troedfedd o uchder y dociau yn nodi'r prysurdeb a fu yno o ran adeiladu llongau dros gyfnod o ddwy ganrif a dychmygwch cynifer â dwy fil o weithwyr yn gadael trwy'r gatiau ar ddiwedd shifft yn y 1930au. Dyna i chi rialtwch yn ogystal â her i'r tafarndai eu disychedu. O ddilyn y placiau ar hyd y Llwybr Trefol cewch ddarlun cyflawn o hanes y dref a adwaenid wrth yr enw Paterchurch cyn sefydlu Dociau'r Llynges yma yn 1814. O fewn dwy flynedd roedd y llongau rhyfel *Valorous* a'r *Ariadne* wedi'u hadeiladu a'u lansio. Rhaid cydnabod bod gan y dociau enw am arloesedd a chrefft heb eu hail ac am gyfnod maith roedd ymhlith y mwyaf blaengar o'u bath o ran datblygiadau technolegol gan arbrofi â gyriad ager, llafnau troi a chladin metel. Erbyn canol y ganrif roedd y lle'n ferw gwyllt o weithgaredd amrywiol yn ymwneud ag adeiladu llongau a phresenoldeb milwrol.

O ganlyniad i ansicrwydd gwleidyddol ar y cyfandir, yn ystod teyrnasiad Napoleon Bonaparte yn Ffrainc, datblygodd Doc Penfro yn fangre milwrol o

281

bwys. Ofnai'r Prif Weinidog, yr Arglwydd Palmerston, y byddai'r gelyn yn sicr o ymosod ar yr Hafan, a dyna pam yr awdurdododd godi nifer o amddiffynfeydd mewn mannau strategol, a sicrhau presenoldeb milwyr parhaol yn y cyffiniau. Ond ni fu'n rhaid eu defnyddio erioed i gadw'r gelyn draw ac erbyn heddiw fe'u gelwir yn Ffolinebau Palmerston. Pan gyrhaeddodd y rheilffordd yn 1864 doedd dim rhaid dibynnu ar longau i gludo nwyddau crai a gwelwyd llewyrch o'r newydd wrth i longau rhyfel a masnachol gael eu hadeiladu. Dros gyfnod o 112 mlynedd adeiladwyd dros 260 o longau o bob math gan gynnwys un llong ryfel i Ymerawdwr Siapan, Hi Yei, yn 1877, yn iard fechan Pîl Jacob ger Pennar.

Pan gaewyd yr iard longau gan y Morlys yn 1926 gwelwyd cyfnod o galedi economaidd wrth i chwarter y boblogaeth golli'u gwaith bron dros nos. O fewn pum mlynedd roedd y boblogaeth wedi gostwng o tua 15,000 i 12,000 ond, ar ryw olwg, daeth achubiaeth erbyn yr Ail Ryfel Byd pan glustnodwyd y dref yn brif bencadlys yr Iwerydd o ran cartrefu llongau tanddwr ac awyrennau a fyddai'n gwarchod dyfroedd Môr Iwerydd. Oherwydd hynny roedd yr ardal yn darged dilys i'r gelyn, wrth gwrs, a byddai awyrennau rhyfel yr Almaenwyr yn hofran uwchben yn gyson gan achosi cryn ddifrod ym mis Gorffennaf 1940 a'r mis Mehefin canlynol yn benodol. Disgynnodd eu bomiau ar ben tanceri tanwydd enfawr ar un achlysur a gwelwyd y mwg yn y ffurfafen o bellter maith am ddyddiau lawer. Caewyd prif safle'r Llynges yn 1946 a safle llongau hedfan yr Awyrlu yn 1959 ac ers hynny defnyddiwyd yr iard longau gan fân gwmnïau llongau ynghyd â chwmni fferi sy'n cynnig gwasanaeth cludo a theithio ddwywaith y dydd i Iwerddon. Gwariwyd £8 miliwn ar adeiladu terfynfa'r gwasanaeth fferi ac fe'i hagorwyd yn swyddogol yn 1979 gan Ysgrifennydd Gwladol Cymru, Nicholas Edwards, yn y dyddiau pan nad oedd gan Gymru fesur o ymreolaeth.

Tyn am i fyny yw hi ar hyd Stryd Penfro heibio nifer o siopau digon di-raen yr olwg er mwyn ailgydio yn Llwybr yr Arfordir. Mae yma lwybr eto'n hytrach na tharmac, er o fewn byr o dro, dychwelir at lain galed pan gyrhaeddir adfail Barics Amddiffyn a godwyd yn 1855 ar gost o £80,000 ar gyfer lletya 500 o filwyr. Fe'n goleuir gan Derek ynghylch hynodrwydd ac arwyddocâd yr adeilad sgwâr a amgylchynwyd gan ffos ddofn a wal anferth wedi'i rhybedu fel na fo tir gwastraff wrth ei godre. Ofnaf mai mater o ddŵr ar gefn hwyad oedd y rhan fwyaf o'r wybodaeth i mi gan gynnwys y ffaith bod y rhyfelwr, y Cadfridog Gordon o Khartoum, wedi ymweld â'r fangre a bod yr actor Arthur Lowe, y Capten Mannering anfarwol yn y gyfres gomedi deledu *Dad's Army*, wedi bod yn lletya yno. Mae'n rhaid fy mod yn dioddef o byliau enbyd o resynu ynghylch yr anghenraid i baratoi at ryfela.

Eir heibio i res o dai newydd crand ar hyd stryd sy'n arddel yr enw Golygfa'r Preseli ac, yn wir, ar ddiwrnod clir mae mynyddoedd gogledd y sir i'w gweld yn eglur yn y pellter. Gwn bellach nad tynnu fy nghoes a wnâi Hywel Macdiarmid pan ddywedai ei fod yn talu gwrogaeth i'r mynyddoedd o'i gartref bob bore. Pe bawn yn cnocio ar ddrws rhif 17 mae'n siŵr y caem groeso twymgalon ond rhaid bwrw ati i gerdded am fod gwres y dydd ar ein gwarthaf. A beth bynnag, byddai rhywbeth yn chwithig o weld Hywel mewn dillad cyffredin gan fy mod bob amser wedi'i gyfarfod ac yntau'n gwisgo cilt, sanau trwchus a chapan priodol ar gyfer canu'r pibgodau Albanaidd. Ers ymddeol, ar ôl teithio'r byd fel peiriannydd gyda'r Awyrlu, does yna'r un dysgwr mwy brwdfrydig yn Ne Penfro. Parod yw i atgoffa'r sawl a wrendy bod ei hen hen fam-gu, a oedd yn byw yng Nghaeriw gerllaw, yn wraig uniaith Gymraeg, a bod sgwrs ei dad-cu bob amser yn frith o ymadroddion Cymraeg.

O fynd rownd y gornel deuwn i hen strydoedd y dref gyda'u rhesi o fythynnod isel tra saif Capel Bethany'r Bedyddwyr ar gyffordd Heol y Gogledd a Heol Treowen fel anghenfil pensaernïol ond, serch ei olwg di-raen, gwelir arwyddion y deil i gael ei ddefnyddio. O fewn dim o dro deuwn at lwybr garw yn ymyl ystad o dai newydd sy'n dirwyn ar hyd dyffryn isel trwy nifer o berci hynod o fwdlyd mewn ambell fan, waeth pa mor sych yw'r hin, am fod gwartheg fynychaf yn pori yno. Maen nhw'n chwennych cysgod o dan y coed rhag cylion a'r robin gyrrwr blinderus o bryd i'w gilydd ac felly'n stablan yn eu hunfan beunydd. Yn wir, bu presenoldeb haid o fustych mewn un parc yn fodd o ychwanegu sawl cufydd at fy maintioli yng ngolwg rhai o'r gwragedd ymhlith y criw. Fel hyn y bu: wrth i'r criw ohonom groesi ar hyd gwaelod y cae yn strim-stram-strellach cododd un o'r bustych, ym mhen uchaf y cae, ei ben. Gwnaeth un neu ddau arall yr un modd a phenderfynodd un o'u plith fugunad. Cyn pen fawr o dro roedden nhw oll yn carlamu ar hyd y gwaered gyda'u cynffonnau yn yr awyr ac yn bugunad fel petaen nhw'n cael eu gyrru gan griw o gowbois ar y paith.

Penderfynodd y gwragedd ei heglu ar ras am y sticil yn y gornel gan ofni am eu bywydau. Sefais innau'n stond rhyngddyn nhw a'r creaduriaid anystywallt yn dod ar wib gan roi'r argraff nad oedd arafu nac oedi'n bosib nes taro'r clawdd gwaelod yn garlibwns. Yn wir, dwi'n siŵr fy mod wedi ymestyn gam neu ddau ymlaen tuag atyn nhw gan ddal yn holbidag yn fy mhastwn a'i chwifio yn yr awyr. Pan oedden nhw yn fy nghlyw mentrais 'whoo fach' neu ddwy go bendant ac, wrth gwrs, fel y disgwyliwn, safodd yr ugain ohonyn nhw o fewn rhyw bum llath i mi gan ddangos mai chwilfrydedd ac nid ymosod oedd eu cymhelliad dros ruthro tuag atom. Sefais yn eu mysg a chyn pen fawr o dro rhoes y mwyaf powld o'u plith y gorau i ffroeni'r awyr a rhyw ymestyn eu gyddfau tuag ataf a chanfod blewyn glas blasus wrth eu traed. Nid oeddwn am wadu honiad y gwragedd bod gennyf allu arbennig i sibrwd ag anifeiliaid na chwaith eu cred fod pob un o'r creaduriaid yn darw peryglus a'u bod oll wedi cael dihangfa wyrthiol ac na fydden nhw, yn ôl pob tebyg, wedi gallu parhau ar y daith oni bai am fy ngwrhydri. Roedd y ddau dywysydd yn ddigon doeth i beidio ag amharu ar fy eiliad o anfarwoldeb.

Wrth sbecian drwy'r coed a phan ddeuem at fwlch lle rhedai rhewyn i afon Penfro gwelem adeilad ysblennydd Castell Penfro'r ochr draw. Ond er ei fod yn edrych mor drawiadol gadarn gyda'i furiau uchel, rhaid cofio ei fod yn symbol o'n gorthrwm. Caer amrwd o balisâd stanciau a thyweirch oedd y castell cyntaf a godwyd gan Arnwlff de Montgomery yn enw'r goresgynwyr Normanaidd tua 1100, ond am fod yna gwter ddofn yn amgylchynu'r gaer o glogwyn i glogwyn ac afon oddi tani, roedd ganddi fanteision amlwg i'w hamddiffyn rhag ymosodiadau gelynion. Aflwyddiannus fu ymdrechion y gwrthryfelwyr Cymreig i feddiannu'r castell er iddo fod o dan warchae am gyfnod a phe bai ymdrechion cynghreiriaid y brodyr Bleddyn, Iorwerth a Maredudd ap Bleddyn, ac yn ddiweddarach Uchtryd ab Edwin a Hywel ap Gronw, wedi llwyddo tebyg y byddai hanes y rhan yma o'r wlad wedi bod yn dra gwahanol yn ystod y canrifoedd dilynol.

Dywedir bod Gerald de Windsor, pan oedd ar ei gythlwng, wedi twyllo'r Cymry trwy daflu darnau o'i bedwar porchell olaf dros y muriau er creu'r argraff ei fod uwchben ei ddigon. Roedd eisoes wedi caniatáu i'r ymosodwyr weld llythyr o'i eiddo a 'gollwyd' yn nodi nad oedd angen cynhorthwy arno ac roedd y gawod o borc ond yn cadarnhau ei gryfder yng ngolwg y Cymry hygoelus. Afraid dweud bod cyfundrefn ysbïo a chasglu gwybodaeth gudd y Cymry cynhenid yn amlwg yn ddiffygiol ac, o'r herwydd, oni ellir dweud mai dyna'r eiliad ddiffiniol, pan wasgarwyd y cig moch, y sefydlwyd 'Lloegr Fach Tu Hwnt i Gymru'? Profodd y castell yn gadarnle gwleidyddol i'r Normaniaid a chwaraeodd ran amlwg yng ngwleidyddiaeth Lloegr yn ystod yr Oesoedd Canol. Gwanychwyd Cymreictod yr ardaloedd oddi amgylch gan benderfyniad Harri I i sefydlu trefedigaeth o Ffleminiaid yn y cyffiniau yn 1105 gan sicrhau nawdd y goron iddyn nhw rhag ymosodiadau'r Cymry. Disodlwyd y Gymraeg gan y Fflemeg am gyfnod. Dyfarniad E. Llwyd Williams am y castell oedd 'na wnâi llawer o'r hanes ddim namyn porthi ein balchder afiach'.

Dirwyn y rhan olaf o'r Llwybr at Benfro ar hyd glan yr afon heibio i dai moethus a sgubor o adeilad sy'n cynnwys bwyty cysurus ar y llawr gwaelod. Er bod yna ddigonedd o le i loetran ac eistedd yn yr awyr agored o amgylch y bont, saif tafarn y Royal George yr ochr draw â'i ddrws yn ymhŵedd, a phrin i mi erioed fod mor ddiolchgar am wydraid o seidr ar ganol y bore. Mentrais dynnu fy sgidiau mewn cilfach a thynnu fy sanau, gan achosi cryn fraw i Ken a Bill wrth iddyn nhw syllu ar y pothelli niferus roeddwn yn eu hymgeleddu â phlastar ac eli. Prin bod yr un bys yn rhydd o bothell neu chwydd. Roedd yn ofynnol bwrw ati i aildrefnu fy nhraed yn gyffyrddus a phrin fod angen fawr o berswâd y byddai ail wydraid o seidir yn hwyluso cyflawni'r gamp.

Lefain pellach yn y blawd oedd gwrando ar un o gyn-gydweithwyr Ken yng Ngorsaf Bŵer Penfro, Harold Murray, yn paldaruo wrth y bar gydag acen y 'down below' yn dew ar ei wefusau. Ymddengys fod 'Cwcw', fel y'i gelwid ar sail llysenw ei dad, yn un glew am dynnu dadl mewn tafarn, a phe na fedrai wneud hynny o fewn deng munud o godi peint yna roedd yn anhwylus. Mae'n rhaid i bob tafarn llwyddiannus wrth gymeriad o'r fath i bryfocio'r mwyaf dywedwst o gwsmeriaid. Ni theimlwn y gwres yn fy nhraed, a'm llethai ychydig ynghynt, wrth wrando arno. Unig siom yr ymweliad â'r werddon hon oedd clywed y dafarnwraig yn cyhoeddi'n dalog ei bod yn ystyried ei hun yn Brydeinwraig rhonc a hynny er na threuliodd nemor ddim o'i hoes y tu hwnt i'r ardal. Doedd dim modd ei pherswadio i arddel Cymreictod. Tebyg, o ystyried yr holl wladychu a fu yn yr ardal dros y canrifoedd, nad oes modd osgoi rhywfaint o sgitsoffrenia wrth ddiffinio cenedligrwydd.

Am ei fod yng nghysgod y castell a ffordd brysur yr A4139 yn mynd heibio ei dalcen trwy'r dref, mae'n rhaid bod y Royal George wedi bod yn dyst i bob cynnwrf a fu ym Mhenfro dros y canrifoedd. A pha beth gwell i gyffroi'r dychymyg ynghylch prysurdeb Penfro a Doc Penfro ddoe na llyfr 700 tudalen y cyfreithiwr o Lundain, Richard Rose, sef *Pembroke People* sy'n ffrwyth ymchwil tu hwnt o drwyadl ac yn nodedig am drefnusrwydd y cyflwyno. Ymchwiliodd bob dogfen bosib ers dechrau cadw cofnodion yn gynnar yn y bedwaredd ganrif ar bymtheg er mwyn cyflwyno darlun cyflawn o deuluoedd y cyfnod a'u bucheddau rhwng 1800 ac 1837.

Cyfeiria'n helaeth at ddyddiadur y Casglwr Trethi, Mathew Campbell, cefnder yr Arglwydd Cawdor, sy'n cyflwyno darlun hynod am fywyd ymhlith haenau isaf cymdeithas gan gynnwys ei ymwneud cyson â phuteiniaid. Ceir manylion am fywydau troseddwyr, crefftwyr, masnachwyr a gweinidogion yr efengyl. Ar sail hynny y gwelir yr unig frawddeg Gymraeg yn y gyfrol, sef dyfyniad o un o lyfrau'r cyfnod, *Enwogion Cymreig*, yn disgrifio un o weinidogion yr Annibynwyr yn y dref, a hanai o Rodiad-y-brenin ger Tyddewi, y Parch. Thomas Harries, a fu farw yn

1845. Cyfaddefa Richard Rose na ddaeth ei holl waith ymchwil ar draws unrhyw dystiolaeth i awgrymu bod gan y Gymraeg droedle, na swyddogol na chyhoeddus, yn yr ardal yn ystod y cyfnod hwnnw.

Ond does dim dwywaith fod y mwyafrif o weinidogion capeli Anghydffurfiol yr ardal yn y cyfnod hwnnw'n hanu o ardaloedd Cymraeg ac yn cyfrannu at y bywyd Cymraeg o bryd i'w gilydd. Brodor o Ben-sarn yn Sir Aberteifi oedd y Parch. Lewis Evans, gweinidog capel Gershom, y Methodistiaid Calfinaidd, yn Noc Penfro yn 1853, a bu ei ragflaenydd, y Parch. John Davies, yn gweinidogaethu ymhlith y Cymry yng ngogledd Lloegr, a chyn diwedd ei oes sefydlodd gapel Cymraeg, Ebenezer, yng Nghasnewydd. Henry Williams, o Langloffan, oedd gweinidog cyntaf achos y Bedyddwyr ym Mhenfro pan gafodd ei ordeinio yn 1836. Gweinidog yr Annibynwyr yn Albion Square, Doc Penfro, am ddeuddeng mlynedd tan ei farwolaeth yn 1869, oedd y Parch. E. L. Shadrach, mab yr enwog Azariah Shadrach. Ymddengys mai ei orchest bennaf yn Noc Penfro oedd aros yno nes iddo farw oherwydd dros gyfnod o 46 mlynedd ordeiniwyd wyth o weinidogion a chymharol fyr fu arhosiad saith ohonyn nhw. Ymfudodd un a addysgwyd yn America, y Parch. C. J. Evans, i Balestina ar ôl tair blynedd. Un nodwedd a wna eich taro am y capeli sy'n dal ar eu traed yn y ddwy dref yw eu bod oll yn eglwysi cadeiriol o gapeli o ran maint.

Os nad amlygodd y Gymraeg ei hun ym mywyd cyhoeddus yr ardal rhaid nodi mai ym Mhenfro yr eginodd un o gylchgronau llên Saesneg pennaf Cymru, yr *Anglo-Welsh Review*, o dan yr enw *Dock Leaves*, yn 1949, gan griw o athrawon. Y golygydd am y 12 mlynedd gyntaf oedd Raymond Garlick, a anwyd yn Llundain, ond a ymserchodd yng Nghymru pan oedd yn fyfyriwr ym Mangor, a bu'n dadlau'n gryf trwy gydol ei olygyddiaeth fod gan Gymru draddodiad o ysgrifennu yn Saesneg ers diwedd y bymthegfed ganrif. Ond yr ysgogydd pennaf oedd ei brifathro yn Ysgol Ramadeg Penfro, Roland Mathias, a roes i'r cylchgrawn ei deitl amwys. Cymaint oedd brwdfrydedd y gŵr ieuanc nes iddo gyflwyno'r Gymraeg yn amserlen yr ysgol, a hynny'n gam mentrus ar y pryd gan nad oedd ysgolion de'r sir erioed wedi dysgu'r iaith, ac fe ymunodd â'r dosbarth ei hun fel disgybl.

Gweinidog ifanc Capel Trinity, yr Annibynwyr, yn Noc Penfro, ar y pryd, oedd y Parch. Alun Page, o Gwm Llynfi, ac roedd yn un o gyfranwyr y rhifyn cyntaf un o'r cylchgrawn. Lluniodd erthygl ar T. S. Eliot ar sail sgwrs roedd wedi'i thraddodi gerbron y criw bychan fyddai'n cyfarfod yng nghartrefi ei gilydd i drafod llenyddiaeth. Er bod ganddo nifer o Gymry Cymraeg ymhlith ei aelodau i'w alluogi i gynnal sgwrs â nhw yn ei famiaith, roedd o'r farn bod trafod unrhyw beth Cymreig, hyd yn oed, yn wrthun i'r rhelyw o drigolion y Doc ar y pryd. Bu'n hel rhywfaint o atgofion am ei bedair blynedd yno mewn rhifyn o'r cylchgrawn *Taliesin* yn 1982: 'I lawer o'r brodorion rhyw le annelwig oedd y Gymru Gymraeg. Pobl y dociau brenhinol oeddent a dyna'u cynhysgaeth: traddodiad Nelson a'r rhyfel yn erbyn Napoleon, teuluoedd y crefftwyr a luniai longau rhyfel yr Ymerodraeth Brydeinig. Sôn am Brydeindod! Doedd Cymru ddim yn bod iddynt,' oedd ei dystiolaeth. Wedi'r cyfan roedd gwreiddiau llawer o'r teuluoedd mewn mannau megis Plymouth a Devonport am fod eu teidiau wedi ymfudo oddi yno i ddefnyddio eu crefft yn yr ierdydd llongau lleol.

Wrth baratoi i godi pac a bwrw golwg ar y castell unwaith yn rhagor ni ellir llai na chydymdeimlo ag ymdrechion Owain Glyndŵr i'w feddiannu yn enw'r genedl Gymreig ar ddechrau'r bymthegfed ganrif pan oedd yr adeilad fwy neu lai mor gadarn ag yw heddiw. Mae'r gorthwr ei hun yn rhyw chwe metr o drwch ar ei waelod ac yn ymestyn dros gan troedfedd o uchder ac iddo bedwar llawr, sy'n ei wneud yn un o'r rhai mwyaf o blith holl gestyll Ewrop. Ac mae'n rhaid bod yna gryn swae a stŵr yma yn ystod Rhyfel Cartref Lloegr pan fu'r adeilad o dan warchae am saith wythnos yn ystod haf 1648. Doedd teyrngarwch ddim heb ei bris ac ar ôl cefnogi Oliver Cromwell a'r Seneddwyr am saith mlynedd penderfynodd John Poyer, ceidwad Castell Penfro, nad oedd ei dueddiadau Piwritanaidd, wedi'r cyfan, yn ei rwystro rhag ochri gyda'r Brenhinwyr, a'r un modd yr Uwch-Gadfridog Rowland Laugharne a'r Lefftenant Cyrnol Rice Powell. Ond mae'n debyg fod a wnelo penderfyniad Poyer i droi ei got â'r ffaith nad oedd wedi'i ddigolledu am ei wariant yn amddiffyn Castell Penfro ym mlynyddoedd cynnar y rhyfel ac roedd yn fyddar i bob cais gan y Seneddwyr i ildio'r castell i gynrychiolwyr y llywodraeth.

Yn ddiddorol roedd yntau hefyd wedi cythruddo'r byddigions lleol a'r rheiny'n ei gyhuddo o gamddefnyddio arian cyhoeddus, o ymddwyn yn unbenaethol, ac o slochian. Ac roedd mater bach o ddyled o £720, neu £90,000 yn nhermau arian heddiw, am fwydydd a nwyddau a gyflenwyd iddo o Balas Llandyfái pan oedd yn amddiffyn y castell yn ystod y blynyddoedd blaenorol. Am fod Oliver Cromwell wedi'i gythruddo i'r byw gan ymddygiad y cefnogwr a droes yn fradwr, penderfynodd arwain y gwarchae ar y castell ei hun gyda chymorth 6,000 o filwyr. Disgwyliai Poyer am gymorth milwrol beunydd ac yn ôl y sôn roedd ei geffylau'n gorfod bwyta'r gwellt oddi ar y toeon a'i gefnogwyr yn gorfod byw ar hanner pwys o gig y dydd a'r un swm o fara. Dywedwyd ei fod mewn cyflwr mor druenus nes iddo ddweud wrth ei ddynion am ei grogi pe na bai cymorth yn cyrraedd yn fuan. Ond erbyn Gorffennaf 11 bu'n rhaid iddo gydnabod nad oedd cefnogaeth o blith y Brenhinwyr yn debygol ac nad oedd ganddo ddewis ond ildio os am osgoi tywallt gwaed pan fyddai milwyr Cromwell yn ymosod a goresgyn. Wedi'r cyfan, roedd ei ddynion yn bygwth ei adael fesul heidiau ac yn gopsi ar y cwbl roedd yn dioddef yn enbyd o'r gymalwst. Cafodd Poyer, Laugharne a Powell eu herlyn mewn llys milwrol yn Llundain a'u dedfrydu i farwolaeth ond Poyer oedd yr unig un o'r tri i gael ei saethu yn y pen draw.

Wrth ddilyn y llwybr ar hyd yr afon o dan y muriau trwchus ni ellir peidio â dychmygu'r trwst a fyddai yma wrth gludo'r cerrig o gwarfeydd lleol, a'r bwrlwm yn y dref pan fyddai'r holl seiri maen yn gwario eu cyflogau yn ystod teyrnasiad yr Iarll William Marshall a'i feibion, dros gyfnod o ugain mlynedd ar ddiwedd y ddeuddegfed ganrif a dechrau'r ganrif ddilynol. Yn ddiweddarach codwyd mur o amgylch y dref ynghyd â thair prif fynedfa'n amddiffyniad ychwanegol ac roedd rhaid i Cromwell ddygymod â hynny yn ystod ei warchae. Am gyfnod o bron 400 can mlynedd roedd y castell a'r cyffiniau yn Iarllaeth Balatin ac roedd y mesur hwnnw o annibyniaeth a gynhwysai hawliau sofraniaeth yn amlygu Penfro fel mangre gwleidyddol o bwys yn y patrwm Prydeinig ac yn fodd o orseddu Seisnigrwydd yr ardal. Hwyliodd yr Iarll Richard Strongbow oddi yma gyda byddin o saethyddion Cymreig i goncro Iwerddon yn 1148 a'r un modd Henri'r II yn 1172. Daeth breintiau'r Iarllaeth i ben yn 1536 gyda chyflwyno Deddf Uno Cymru a Lloegr a gyflwynwyd gan Harri'r VIII ac fe hawliwyd y castell gan y goron.

Clywir sŵn ymwelwyr y tu ôl i'r muriau trwchus a hyd yn oed sgrech iasoer plentyn yn y dwnsiwn sy'n ein hatgoffa mai yn y castell hwn y treuliodd Harri Tudur bedair blynedd ar ddeg cyntaf ei fywyd cyn dianc i Lydaw ac, yna, ddychwelyd yn 1485, pan oedd yn 28 oed, i hawlio coron Lloegr ar Faes Bosworth. Mae'n rhaid bod y castell yn gartref ysblennydd yn ôl safonau'r oes yn y cyfnod hwnnw â phob moethusrwydd wrth law, a'r deiliaid yn gloddesta ar y cigoedd a'r gwinoedd gorau yng nghwmni gwahoddedigion o blith y byddigions lleol a thu hwnt. Byddai hynny yn ei dro yn cynnal cyflenwyr a masnachwyr lleol a thra byddai'r Ieirll yn diddanu gwesteion a chyflogi milwyr byddai'r economi lleol yn ffynnu.

Yn wir, un o'r byddigions lleol a benderfynodd gymryd y castell o dan ei adain yn 1928 ar ôl cyfnod o segurdod o ryw 40 mlynedd. Aeth yr Uwchfrigadydd Syr Ivor Philipps, KCB DSO, o Neuadd Cosheston gerllaw, ati gydag afiaith i adfer rhannau helaeth o'r adeilad. Cyn hynny roedd y cyfreithiwr, yr hynafiaethydd, yr hyrwyddwr rheilffyrdd a'r adferwr cestyll, J. R. Cobb, o Aberhonddu, wedi treulio tair blynedd yn cloddio ac adfer rhannau o'r adeilad yn yr 1880au wedi iddo fod yn segur ers ymron 250 mlynedd. Wedi dyddiau'r Uwchfrigadydd rhoddwyd y castell yn nwylo ymddiriedolwyr, a'i wneud yn eiddo cyhoeddus, a thrwy hynny ei ddiogelu, a'i wneud yn gyfrwng i ymwelwyr a haneswyr geisio dirnad a gwerthfawrogi'r dyddiau ysblennydd, a'r cythryblus, a fu y tu fewn i'r muriau.

Wrth i ni amgylchynu'r mawredd pensaernïol a threthi'r dychymyg wrth synhwyro'r sawrau, y gwisgoedd a'r ieithoedd a glywid oddeutu dros y canrifoedd, deuwn i gyffiniau Monkton, neu Gil-maen, a rhywfaint o gerdded ar darmac eto cyn canfod y Llwybr go iawn. Oddi tanom ar lan yr afon mae Ogof Cat's Hole sy'n ymestyn dros gan troedfedd i mewn i'r calchfaen. Yno daethpwyd o hyd i dystiolaeth fod pobloedd yn byw yn y cyffiniau ymhell cyn codi'r castell. Pan gloddiwyd yno yn 1908, hyd at ddyfnder o bedair troedfedd, daethpwyd o hyd i lif a chŷn o Oes yr Efydd yn ogystal â phenglog ac esgyrn mammoth a hiena, sy'n awgrymu bod bywyd yn yr ardal yn ymestyn mor bell yn ôl ag Oes yr Iâ, beth bynnag. Tebyg mai'r ogof oedd canolbwynt yr ardal ar un cyfnod wrth i ddynion blewog cynnar dramwyo ar hyd yr afon mewn cychod amrwd a hela ar hyd y coedwigoedd trwchus gerllaw am anifeiliaid ac adar i'w rhostio yn yr ogof gyda'r nos.

Awn heibio Eglwys Priordy Sant Niclas a Sant Ioan sy'n dyddio 'nôl i gyfnod y Norman, Arnulph de Montgomery, a lwyddodd i wrthsefyll ymosodiadau'r Cymry a phenderfynu rhoi'r eglwys yn rhodd i fynaich Benedictaidd, o Seez yn Normandi, yn 1098, yn unol ag arfer goresgynwyr y cyfnod. Hwyrach fod yna glas Celtaidd yn y fangre hyd yn oed cyn dyfodiad y Normaniaid ond ar ôl i Harri'r VIII chwalu'r mynachlogydd yn yr unfed ganrif ar bymtheg gwaethygodd cyflwr yr eglwys fynachaidd yng Nghil-maen nes i'r Parch. David Bowen, ficer y plwyf, fwrw ati i adfer yr adfail rhwng 1878 ac 1887. Parodd y dylanwad Seisnig yn gryf gan fod y ffenestr ddeheuol wedi'i gosod i gofio ymweliad y Brenin Edward VIII, y Frenhines Alexandria a'r Dywysoges Fictoria yn 1902, a gosodwyd ffenestri eraill gan Gyfrinfa Castellmartin o'r Seiri Rhyddion, sy'n cynnwys amrywiaeth o symbolau a gysylltir â'r mudiad cyfrin yn gymysg â chymeriadau o'r Hen Destament.

O gerdded drwy'r pentref eir heibio i gae pêl-droed Gwenoliaid Duon Cil-maen lle'n aml y gwelir Keith McNiffe yn chwythu'r chwiban. Mae'n werth mynychu ambell gêm bêl-droed yn unswydd i'w weld yn rheoli gwaeth pwy yw'r ddau dîm sy'n wynebu ei gilydd. Gwna'n siŵr o'r cychwyn cyntaf nad oes amau pwy sy'n ben waeth pa safon o bêl-droed y disgwylir iddo ei reoli. Edrydd y rheol air am air fel y'i cofnodir yn y llyfr pe clyw'r amheuaeth leiaf ynghylch penderfyniad o'i eiddo, ac os pery'r amau ni phetrusa ynghylch tynnu cerdyn coch neu felyn o'i boced a dyfarnu cic rydd neu gic o'r smotyn yn ôl y galw. Yn wir, os clyw rhywun yn y dorf yn amau ei gefndir, neu'n dymuno rhyw anffawd iddo, nid yw'n ddim iddo atal y chwarae a chael gair gyda'r cyfaill i'w roi ar ben ei ffordd ac, yn aml iawn, ei gynorthwywyr ar yr ystlysau bydd ei feibion ei hun, Stuart a Daniel.

O gofio ei fod hefyd yn gynghorydd tref, ac wedi bod yn gadeirydd yn ei dro, hawdd dychmygu nad oedd yna fawr o wastraffu amser pan fyddai Keith McNiffe yn y gadair, a bod cymalau'r rheolau sefydlog yn wybyddus iddo. Geill hefyd adrodd aml i stori am ei gyfnod fel gwirfoddolwr gydag Ambiwlans Sant Ioan ac yn arbennig pan oedd angen ei bresenoldeb i hebrwng carreg las y milflwyddiant o'r Preselau ar ei thaith arfaethedig drychinebus i Gôr y Cewri. Ond deil i chwythu'r chwiban pan fydd blaenwr yn camsefyll neu gefnwr yn rhychu'n hytrach na thaclo. Diau na chollodd y ddisgyblaeth a ddaeth i'w ran pan oedd yn gogydd yn y fyddin.

Ond ym mis Ebrill 2008 denodd cryn sylw iddo'i hun ar sail ei allu fel dyfarnwr a hynny yn Llys Ynadon Hwlffordd. Cyffesodd y dylai fod wedi hysbysu'r awdurdodau ynghynt ei fod wedi ail-gydio mewn dyfarnu ar ôl salwch difrifol ac na ddylai barhau i hawlio budd-dal anabledd difrifol. Dros gyfnod o ddwy flynedd dyfarnodd 67 o gemau a hawlio dros £9,200 o fudd-dal a oedd ond yn deilwng i'r sawl na fedrai brin gerdded heb gymorth. Dangoswyd lluniau fideo ohono yn y Llys yn rhedeg gyda lluman yn ei law mor chwimwth â Wali Tomos. Roedd Keith McNiffe wedi dyfarnu gemau Cynghrair Cymru yn ogystal â Chynghrair Gorllewin Cymru ac i wneud hynny roedd yn ofynnol iddo brofi y medrai redeg 50 metr mewn llai nag wyth eiliad, 200 metr mewn llai na 32 eiliad a 2,400 metr mewn llai na 12 munud.

Un o swyddogion Cymdeithas Dyfarnwyr Pêl-droed Sir Benfro sy'n trefnu dyletswyddau Keith McNiffe a'i feibion yw Pedr McMullen, sy'n byw ym Mhenfro ers tua 30 mlynedd, ac sy wedi treulio ei yrfa'n dysgu mewn ysgolion Cymraeg ar ôl dysgu'r iaith ei hun yn ei gynefin yng Nghaerdydd. Am iddo fod yn gynghorydd tref a chynghorydd dosbarth am gyfnod maith daeth i adnabod pobol ei ardal fabwysiedig yn dda a gwelodd eu Cymreictod yn tyfu. Ymfalchïa fod teuluoedd sy'n byw yn ei ymyl yn Stryd Williamston nid yn unig yn anfon eu plant i'r uned Gymraeg leol ond hefyd yr holl ffordd i Ysgol y Preseli, yng Nghrymych, i gael addysg uwchradd ddwyieithog.

'Dês i i fyw fan hyn yn fwriadol oherwydd roeddwn i'n gweld y label 'Lloegr Fach Tu Hwnt i Gymru' yn her i geisio'i ddileu. A dwi'n meddwl, erbyn hyn, dyw pobol Penfro ddim mor barod i arddel y label achos ma nhw'n fwy ymwybodol o'u Cymreictod ac yn dangos diddordeb iach yn yr iaith Gymraeg, ac yn teimlo 'u bod nhw'n rhan o Gymru. Oes, ma uned Gymraeg yn Ysgol Gelli Aur ond y trueni yw na chafodd ei sefydlu fel ysgol Gymraeg gyflawn.

Wrth ddim ond tyrchu o dan yr wyneb mae'n bosib gweld fod y Gymraeg yn gryf yn yr ardal ar un adeg. Ma'r holl enwe sy wedi'u llygru dros y blynyddoedd yn dangos hynny; dyna chi'r cae pêl-droed a chriced yn Crickmarren, wel, Crug-y-maharen yw hwnna ac mae'r un peth yn wir am lawer o'r ffermydd, er enghraifft Treiestyn oedd Eastington, Trecastell oedd Castleton, ac mae'n rhaid gen i mai Pwll rhywbeth oedd Bullwell Bay a Bullslaughter Bay. Bydd rhaid i fi chwilio mewn hen ddogfenne rywbryd i weld sut cafodd yr enwe hyn 'u llygru dros y blynydde. Ond ma enwe fel Trebowen a Phwllcrochan, neu 'Pullcrohan', fel ma'r brodorion yn 'i ddweud, a Phen-yr-hollt, wedi goroesi, wrth gwrs.

Ond dwi'n meddwl mai'r hyn sy wedi rhoi'r mwyaf o bleser i mi oedd sylweddoli fy mod, yn ystod fy nwy flynedd gyntaf yn yr ardal, yn cysgu yn yr un ystafell ag y bu Waldo'n cysgu ynddi. Roedd fy landledi yn 2 Eastback Street yn adrodd straeon am Willie Jenkins, Hoplas, yn galw i weld Waldo'n fynych. Roedd hi'n credu bod y ddau'n ddynion rhyfedd ond yn rhyfedd mewn rhyw ffordd neis. Yn wahanol i ffermwyr eraill doedd Willie Jenkins byth am gael y gorau ar ei gymdogion a'i gyd-ffermwyr. Roedd bob amser yn moyn gweld tegwch wrth daro bargen, a doedd Waldo, wrth gwrs, ddim am gymryd mantais o neb. Dyna chi deyrnged hyfryd oeddwn i'n meddwl i ddau ddyn arbennig iawn. Fe fyddai wedi bod yn ddiddorol gallu clustfeinio ar y sgyrsiau rhyngddyn nhw.'

Erbyn cyrraedd Melin Quoits byddwn wedi ailymuno â'r Llwybr unwaith eto ac angen greddf ewig i ddringo ambell ripyn serth. Bydd ambell lannerch goediog yn ein gwneud yn ddall a byddar i unrhyw weithgaredd ar y ddyfrffordd. Oddi tanom gwelir pentref bychan Bentlass ac oddi yno yr arferai fferi groesi i Ddoc Penfro, yn y dyddiau pan nad oedd pontydd wedi'u codi. Wrth ddychwelyd un pnawn ym mis Chwefror 1889 aeth saith o wragedd i'w haped yn yr afon. Arferent groesi i mofyn pecynnau pae eu gwŷr o glwydi'r dociau ar ddydd Gwener ac yna siopa yn y farchnad cyn dychwelyd i'w cartrefi ym mhentrefi ochr ddeheuol yr hafan. Mae'n debyg ei bod yn ddiwrnod garw a phan olchodd ton dros ochr y cwch cododd un o'r gwragedd ar ei thraed mewn arswyd, a chyn pen dim collodd y cychwr reolaeth o'r cwch yn wyneb y llanw cryf a thaflwyd pawb i'r dŵr. Gŵyr y cyfarwydd fod yna gerrynt nerthol bob amser yn y llif ynghanol yr afon p'un a yw ar drai neu beidio.

Ar ôl cyrraedd fferm Brownslade rhaid dilyn y feidir at y ffordd fawr a cherdded ar darmac am getyn eto cyn troedio ar dir i gyfeiriad fferm Lambeeth sy'n gartref teuluol i Carl Llewelyn, y joci llwyddiannus a enillodd ras y Grand National dros y clwydi ar ddau achlysur ar gefn Party Politics ac Earth Summit. Fel y gellid disgwyl gwelir ceffylau coesau hirion yn pori yn y perci gerllaw ac maen nhw'n ddigon dof a busneslyd i garlamu tuag atom i gyfarch gwell. Ond mewn cyfnod cynt roedd William Hall, Lambeeth, gymaint o dan ddylanwad y tadau Methodistaidd cynnar nes iddo fynychu sasiwn, ar o leiaf un achlysur, yn Llangeitho, yn yr 1820au, ac anfonodd ei ddau fab i ysgolia yng Nghaerfarchell, ger Tyddewi, er mwyn iddyn nhw fedru pregethu trwy gyfrwng y Gymraeg. Prin y byddai'r teulu a fynychai gapel Wallaston Green, ym mhentref Pwllcrochan gerllaw, yn medru rhagweld yr adeg honno'r holl newidiadau a ddeuai i'r ardal o fewn canrif a hanner, ac y byddai'r pentref yn cael ei draflyncu gan y datblygiadau. Gwelir olion un o'r rheiny oddi tanom, sef yr orsaf bŵer a oedd yn un o gyflogwyr pennaf y sir gyfan ar un adeg.

Roedd Ken James a'i gyfaill Terry Beynon, a ymunodd â ni am y diwrnod, yn fwy na pharod i draethu am y safle lle'r arferent weithio. Dymchwelwyd y simdde fawr 750 troedfedd gan arbenigwyr datgymalu o Awstralia ym mis Tachwedd 2000, ond erys y ddau brif adeilad lle'r oedd y trydan yn cael ei drin. Ar ôl treulio wyth mlynedd yn ei pharatoi ar gost o £110 miliwn, fe'i hystyrid yn un o'r mwyaf o'i bath yn Ewrop a ddibynnai ar olew tanwydd trwm i'w chynnal, pan gafodd ei hagor yn swyddogol yn 1973 gan Brif Weinidog y Deyrnas Gyfunol, Edward Heath. Deuai'r olew ar hyd pibellau o burfeydd cyfagos Texaco a Gulf.

Roedd gan yr orsaf y gallu i gynnal 2,000 megawat o drydan wedi'i rannu rhwng pedwar generadur-tyrbo a bwyler 500 megawat ac, yna, yn ychwanegol roedd pedwar generadur-tyrbo 25 megawat wrth gefn ac roedd y gallu hwn meddid bron yn ddigon i ddiwallu holl anghenion trydanol De Cymru gyfan. Ond yr un mor ddiddorol â'r ystadegau oedd hanesion Ken a Terry am yr awyrgylch yn y cantîn ymhlith y 600 a weithiai yno, y gofal a gymerid i gynnal a chadw'r tirwedd o amgylch y safle 480 acer, y llyn bychan a grëwyd gan rai o'r gweithwyr yn eu horiau hamdden ac sy'n dal yno wrth ymyl y Llwybr, ac, wrth gwrs, y cymdeithasu a ddigwyddai ar ôl oriau gwaith.

Ond erbyn dechrau'r 1990au roedd perchnogion yr orsaf, National Power, yn awyddus i gyfnewid y tanwydd olew am danwydd tipyn rhatach a fyddai'n eu galluogi i werthu trydan yn rhatach. Y tanwydd o dan ystyriaeth oedd tanwydd hylif orimwlsiwn a fyddai'n cael ei fewnforio o Venezuela. Yn ôl dogfen yn amlinellu'r bwriad, a baratowyd yn Gymraeg hefyd, y prif newidiadau i'r pwerdy, o gael caniatâd y llywodraeth, fyddai: 'adeiladu gwaith datswlffwreiddio nwy carthion sy'n defnyddio gypswm calchfaen i dynnu swlffwr deuocsid o'r nwyon llosg, addasu'r pedwar bwyler, trwy osod "llosgyddion NOx isel" i leihau ocsidau nitrogen; cysylltu dyodyddion electrostatig wrth bob bwyler i dynnu llwch o'r nwyon llosg'.

Addawyd y byddai rheolaeth yr allyriadau gyda'r mwyaf llym posib ond roedd y lobi amgylcheddol yn weithgar ac yn dadlau nad oedd tanwydd bryntach i'w gael, ac na ellid sicrhau diogelwch yr amgylchedd gwaeth pa fesurau a osodid yn eu lle. Yr amgylcheddwyr a orfu a chaewyd yr orsaf yn 1997. Bellach mae cynlluniau ar droed i wario £800 miliwn ar orsaf bŵer newydd a fydd yn defnyddio tanwydd nwy o'r terfynellau LNG ar draws yr hafan. Ond amheua Cyfeillion y Ddaear effeithlonrwydd yr holl brosiect yng nghyd-destun y newid hinsawdd byd-eang ac ofna eraill na all y trefniadau diogelwch mwyaf llym atal y posibilrwydd o ymosodiadau terfysgol ar orsaf o'r fath.

Doedd adeiladu'r orsaf wreiddiol, na'r purfeydd, ddim heb eu peryglon iechyd, ac yn ystod y blynyddoedd diwethaf hawliodd nifer o weithwyr, neu deuluoedd cyn-weithwyr a fu farw, iawndaliadau chwe ffigwr mewn nifer o achosion am iddyn nhw ddioddef o ganser asbestos wrth ddelio â sgaffaldiau a phibellau. Yn ogystal â'r achosion niferus o mesothelioma honnodd nifer o feddygon y cylch fod nifer anarferol o uchel o blant yr ardal yn dioddef o asthma pan oedd yr orsaf bŵer yn gweithio a hynny oherwydd yr allyriadau o'r simdde fawr.

A rhaid cyfaddef, wrth gyrraedd yr eglwys ym Mhwllcrochan, sy bellach yn swatio yng nghesail purfa olew Texaco, neu Chevron fel y'i gelwir nawr, na ellir osgoi'r sawr sur yn yr awel a ddaw o gyfeiriad y safle fry. Nid sawr cyffelyb i eiddo blodau gwyllt mohono a rhaid nad yw'n wynt i sefyllian yn hir yn ei gwmni os ydych am ddiogelu eich iechyd. Mae drws yr eglwys wedi'i gloi er 1982, ddeunaw mlynedd ar ôl agor y burfa gerllaw gan y Fam Frenhines, Elizabeth, ond ymddengys fod rhywun yn cynnal a chadw'r fynwent, a chodwyd llwybrau pren ar ffurf drysfa yn ogystal â llwybrau natur yn y cyffiniau, ar gost y cwmni olew, er mor anghydweddol ŷnt. Ond dyma gynefin Terry Beynon a chofia am gymdeithas yma yn nyddiau ei blentyndod.

'Byddai fy nhad yn sôn llawer am yr ardal. Gadawodd yr ysgol fan hyn yn 14 oed i fynd i was'naethu ar fferm draw yn Angle a chysgu uwchben stâl y tarw, a chadw'n gynnes yng ngwres y tarw oddi tano wedyn. Byddai'n newid 'i gyflogwr wedyn yn Ffair Gyflogi Gŵyl Mihangel Penfro a bu'n gweithio ar Fferm Popton am getyn cyn symud i weithio ar Ystad Stangbwll. Ond bydde 'nhad wastad yn pysgota lawr fan hyn yn Martin's Haven ac yn adrodd storie wedyn am y bobol oedd yn byw yn y bythynnod sy wedi'u dymchwel erbyn hyn. Bydde fe'n sôn am bysgotwr a fydde'n rhedeg gwasanaeth fferi o Bullwell Bay gerllaw i Aberdaugleddau. Rhyw noson niwlog daeth dieithryn ato'n gofyn iddo groesi i'r ochr draw ac wrth groesi cafodd y pysgotwr ei drywanu a'i daflu dros yr ymyl. Daethpwyd o hyd i'w gorff a daeth yr heddlu o hyd i'r dieithryn a chafodd hwnnw 'i grogi yn y pen draw. Dwi am edrych mewn i'r hanes rhyw ddiwrnod er mwyn cael gafael ar y ffeithie.

Ond dwi wedi bod yn twrio am hanes y teulu, a ma tair os nad pedair cenhedlaeth o'r Beynons wedi'u claddu ym mynwent Pwllcrochan. Ma 'na gofnodion am y Beynons yn yr eglwys yn mynd 'nôl at 1705 ond synna i wedi llwyddo i olrhain yr ach mor bell â hynny. Wedyn ma lle i gredu bod fy hen hen dad-cu'n hanu o Eglwyslwyd ger Arberth. Ond beth sy'n ddiddorol yw bod yna Siencyn ap Einion yn byw ym Mhlasty Henllan – Hentland heddiw – yn yr unfed ganrif ar bymtheg ac mae'n ddigon posib 'mod i'n ddisgynnydd teulu o fyddigions.

Sdim dwywaith bod yna fwrlwm yma slawer dydd ac yn ôl y sôn byddai'r ffermwyr yn cymdeithasu'n frwd fan hyn tu fas i'r eglwys ar ôl yr oedfa fore Sul. Gallwch ddychmygu'r ceffyle a'r ceirt fydde yma, a bydde'r ffermwyr yn defnyddio hen eirie fel 'leet' am nant, 'harken' am gwrandewch, 'dysel' am ysgall, a 'glaster' am ddŵr yn gymysg â llaeth. Dwi inne'n dal i ddweud 'grip' am ymyl y ffordd a sdim pawb yn fy neall. Wedyn bydde sipsiwn i'w gweld yn gyson a llawer ohonyn nhw'n byw yng Nghware Cat's Hole: y Boswells, y Lovells, Roberts a'r Prices.'

Mae'n rhaid mai'r ychydig filltiroedd nesaf yw'r diflasaf o'r holl Lwybr er nad yw'n ddarn heb ei rinweddau chwaith a da o beth bod gennym gwmni Terry Beynon i'n tywys 'nôl i'r gorffennol o olwg yr hagrwch cyfoes. Wrth gerdded ar hyd ymyl ffens y burfa olew gellir sbecian ar draws yr hafan a sylwi ar yr hyn na ellid ei weld oddi tanom pan oeddem yn cerdded o Aberdaugleddau i Lanstadwel. Mae'r hen adeilad storio arfau a fu yn nwylo'r Weinyddiaeth Amddiffyn, ac a fwriadwyd i fod yn waith dur yn ddiweddar, i'w weld yn union gyferbyn yn Black Pill, ac yn segur unwaith yn rhagor, ar ôl i ymgais arall i wario £50 miliwn ar sefydlu cynllun i drosi olew coginio'n fiodisel, a chynnig gwaith i 80, fynd i'r gwellt. Wedyn ar ymyl y dŵr rhaid troedio'n ofalus o dan lwyfan y lanfa a phibellau anferth sy'n gweryru yn y gwynt cyn cydio yn y Llwybr trwy goed a thyfiant trwchus ond sy mor gul â llwybr llewpart mewn jyngl mewn ambell fan. Hyd yn oed os na ellir gweld y lanfa filltir a hanner o hyd ar hyd pob cam does dim amau ei bod hi yno o glywed sŵn y peiriannau sy'n gysylltiedig â thynfadau, a'r gwaith o angori'r tanceri mawrion, pump ohonyn nhw ar yr un pryd petai angen.

Clywyd sŵn a oedd yn diasbedain ar draws yr hafan ar brynhawn Sul, 24 Gorffennaf, 1994, pan gafwyd ffrwydrad mor nerthol yn uned trawsnewidydd catalytig y burfa, a ddefnyddid i gynhyrchu tanwyddau ysgafnach na'r cyffredin o'r olew crai, nes chwalu ffenestri tai ar hyd y rhodfa yn Aberdaugleddau, yn ogystal ag anafu 26 o weithwyr ar y safle. Bu rhaid i'r cwmnïau olew, Texaco a Gulf, dalu dirwyon a chostau o dros £1 miliwn yn sgil yr ymchwiliad a ddaeth i'r casgliad na ellid gosod bai ar neb yn unigol ond roedd yna fai corfforaethol am fethu â delio â phroblem a achoswyd yn wreiddiol gan fellt. Yn fras roedd ugain tunnell o nwy a hylif fflamadwy wedi teithio ar hyd pibellau na ddylen nhw deithio ar eu hyd ac roedd y cyfuniad hylosg wedi cynnau ger uned wresogi gan greu pelen o dân a fu'n llosgi am ddeuddydd cyn y llwyddwyd i'w ddiffodd. Dyfarnwyd symiau o iawndal sylweddol i nifer o'r gweithwyr ymhen amser am iddyn nhw ddadlau bod y trawma o fod ar y safle'r bore hwnnw wedi effeithio ar eu gallu i weithio a chanolbwyntio. Ac i roi amcan pellach o'r symiau anferthol o arian mae'n rhaid i'r cwmnïau olew rhyngwladol eu gwario ar eu datblygiadau, roedd y trawsnewidydd catalytig wedi costio £400 miliwn i'w roi yn ei le yn 1984, ond, wedyn, cynhyrchid cymaint â 2.2 miliwn o alwyni o danwydd ysgafn yn ddyddiol i'w werthu er mwyn cyfiawnhau'r buddsoddiad.

Byddwch yn ofalus wrth osod eich traed ar y Llwybr sy'n arwain at lecyn agored, ger Caer Popton oherwydd, bron yn ddieithriad, bydd perchnogion cŵn wedi parcio eu ceir yno a'r cyfryw anifeiliaid, sy'n annwyl yng ngolwg eu meistri mae'n siŵr, yn lled ddihidiol lle maen nhw'n gwneud eu busnes. Ac mae Caer Popton eto, fel y tybiasoch, mae'n siŵr, yn rhan o Ffolinebau Palmerston, a does dim pall ar frwdfrydedd Derek yn datgelu'r manylion. Gwariwyd £90,227 ar ei adeiladu rhwng 1859 a 1864 a gosodwyd 31 o ynnau yno gydag 11 ohonyn nhw mewn gorchuddion dur ac roedd garsiwn o 274 o filwyr yn yr adeilad siâp hecsagon afreolaidd.

Cyflwynwyd y ffeithiau'n dwt a diwastraff yn ôl yr arfer ac ychwanegodd fod yr adeilad wedi'i ddefnyddio'n ganolfan weinyddol terfynell tanceri British Petroleum ar ddechrau'r 1960au, pan fydden nhw'n trosglwyddo'r olew crai ar hyd pibell yn ymestyn 60 milltir ar hyd y tir i'w purfa yn Llandarsi, ger Castellnedd, fesul 11,000 tunnell yr awr gan gymryd tua deg awr i gwblhau'r siwrnai. Byddai'r daith yn croesi dwsin o briffyrdd a 37 o afonydd ar y ffordd gan gynnwys afon Tywi mewn man lle roedd yn ymledu hyd at 1,500 troedfedd ar lanw uchel. Ar ôl i'r cwmni ymadael â'r ardal yn 1985, wedi i'r diwydiant olew gael ei daro gan ddirwasgiad byd-eang, defnyddiwyd yr adeilad fel canolfan ymchwil yn llawn labordai gan un o'r asiantaethau natur a bellach mae'n archifdy ar gyfer cwmni Texaco.

O'm rhan fy hun, wrth i'm traed gyhoeddi nad oedden nhw'n bwriadu cerdded yr un filltir arall, ac wrth i mi draflyncu'r dŵr oer a gadwai Cled yng nghist ei gar, doedd yr un ffaith filwrol yn apelio ataf. Tebyg na fyddwn wedi cynhesu rhyw lawer at un o esboniadau Rob Knowles o'i lyfr bach du ynghylch priodd-ddull neu ffurf ymadrodd Americanaidd neu Saesneg cyfarwydd. Gwyddwn fod rhywbeth yn fy nghorddi ers oedi am bicnic sydyn ym mynwent Eglwys Fair, Pwllcrochan. Gwelswn garreg fedd yno gydag enw fferm Hoplas arni, a chofiais yn sydyn am arwyddocâd yr enw yn fy ymwybod: ar glos y fferm y cafodd Waldo ei ysgwyd i gyfansoddi'r gerdd 'Cofio', ac yntau'n hôl da i'w godro, yng nghwmni ei gyfaill mawr, Willie Jenkins. Roedd Willie'n heddychwr cadarn ac yn sosialydd o argyhoeddiad a safodd droeon dros y Blaid Lafur mewn etholiadau seneddol yn Sir Benfro. Dymuniad pennaf Waldo oedd cyflwyno'r gyfrol *Dail Pren* i'w gyfaill fel arwydd o'i edmygedd tuag ato ond ni fynnai'r anrhydedd hwnnw. Rhaid chwilio am y fferm, sydd rywle yn y cyffiniau, tra bo'r haul yn paratoi i fachlud, a tawel sibrwd 'Un funud fach cyn elo'r haul o'r wybren …'

Wrth ymadael â Popton eir heibio'r hyn sy'n weddill o bentref Rhoscrowther, sydd o fewn tafliad carreg i'r burfa olew, ac oherwydd hynny y penderfynodd Texaco 'brynu' y' pentref cyfan am £2 filiwn, ar ôl y ffrwydriad yn 1994, rhag bod yr ychydig deuluoedd yn byw mewn ofn y digwyddai trychineb gwaeth. Cysegrwyd yr eglwys yno i Sant Tegfan a dywedir iddo hwylio o'r fan mewn cwrwgl yr holl ffordd i Wlad yr Haf a byw yno fel meudwy nes i bagan o Ddaniad dorri ei ben yn 706. Ond er mawr syndod i'r bwyellwr, cododd ei ben oddi ar y llawr a'i gario o dan ei gesail, fel y byddai seintiau'n ei wneud, wrth gwrs.

Ac, yn wir, ar y ffordd i Roscrowther, sy'n arwain at glwydi'r burfa olew, trowch i'r chwith yn union gyferbyn â'r ffordd sy'n dirwyn o Bwllcrochan a safle'r hen orsaf bŵer ac, yna, o fewn hanner milltir, ar y chwith, gwelwch ben feidir fferm Hoplas. Bydd y pridd coch ar ei hyd yn ernes o dir âr cyfoethog y fferm a buan y synhwyrwch fod yr awyrgylch ar y clos yr un mor gyfoethog o ran cyffroi'r awen, yn arbennig pan ddychmygwch noson ddi-stŵr o haf yn y dyddiau pan nad oedd yna'r un datblygiad modern yn y cyffiniau; mae'n rhaid bod hynt Sant Tegfan hefyd ym mhlet a phlyg llinellau Waldo rywle.

LOCH SHIEL
A BARA LAWR

D IGON DIENAID YW'R FILLTIR neu ddwy gyntaf o Gaer Popton ar fore'r unfed bore ar ddeg o'r daith am ein bod yn troedio ar darmac serch bod rhywun yn sôn am ddarganfod gogoniant Fferm Bowett, y Morisiaid, ar gyrion pentref Hundleton y noson cynt. Rhoddwyd disgrifiad o blasty â'i furiau wedi'u gorchuddio ag eiddew trwchus wedi'i amgylchynu gan erddi'n llawn rhododendrons, tresi aur a choed magnolia, ynghyd â llyn llonydd a oedd yn ychwanegu at yr ymdeimlad o dangnefedd. Soniwyd yr un mor frwdfrydig a chanmoliaethus am y croeso twymgalon, yr ystafelloedd chwaethus, a'r brecwast cyflawn. Fel pe bai hynny heb fod yn ddigon, cafwyd cyfle i gerdded ar hyd coedlan hynafol ben bore lle roedd clychau'r gog yn dal yn garthen las a'r garlleg gwyllt yn gryf ei sawr.

Medrwn innau ychwanegu fod rhan o'r fferm laeth 250 cyfer, sydd yn nwylo'r teulu ers tair cenhedlaeth, yn cwmpasu Llwybr yr Arfordir ar ei godreon, a bod un o'r rhocesi, Kirsty, nid yn unig wedi dysgu Cymraeg ond yn bennaf cyfrifol am sefydlu'r bysiau gwennol hynny, boed Roced Poppit neu Gwibiwr Pâl, y gwelwn hwy o bryd i'w gilydd yn gwibio 'nôl a blaen yn cludo cerddwyr at eu cyrchfannau ar hyd yr arfordir. Erbyn esbonio mai dyna bennaf cymwynas Lonydd Glas at dwristiaeth yn Sir Benfro ac erbyn dihysbyddu'r holl holi am y llety ym Mowett cyrhaeddwyd terfyn y tarmac.

Rydym yn amgylchynu Bae Angle ac er bod y llanw ar drai ni chawsom ein temtio i gymryd toriad ar draws y traeth lleidiog. Tebyg y byddem yn talu'n ddrud petaem wedi syrthio i'r demtasiwn am mai ymbalfalu am droedle cadarn fyddem wrth geisio osgoi camu hyd at ein bigyrnau yn y llaid a hynny waeth pa adeg o'r flwyddyn yw hi. Dilynwn ymyl y bae siâp aren ar hyd y perci heibio olion dwy odyn galch cyn mentro ar hyd darn uchaf caregog y traeth am y rhan olaf, ac yna cerdded ar hyd feidir darmac ynghanol coed i gyfeiriad y pentref. Gall cerdded y darn hwn o'r arfordir liw nos fod yn gyforiog o ramant ac o arswyd wrth i'r cysgodion ddisgyn ac yna holl oleuadau'r purfeydd olew draw ymddangos megis canhwyllau rhwng y canghennau i gyfeiliant oernadu'r adar rhydio gerllaw.

Ceir yr argraff ar unwaith mai pentref tawel a chysglyd yw Angle a hawdd deall ei fod tan yn ddiweddar yn lled anghysbell. Ai dyna sydd i gyfrif am barodrwydd pawb a welwn i'n cyfarch yn llawen? Perthyn rhyw gyfaredd bodlon i'r lle fel petai yna fawr o bris yn cael ei roi ar nac amser na phrysurdeb ar hyd yr un stryd llawn bythynnod hynod. Gall frolio ei orffennol a dangos peth wmbreth o'i olion. Oddi amgylch gwelir nifer o berci hirion, cul, sy'n waddol y dull maenoraidd o ffermio yng nghyfnod y Normaniaid. Perthyn tarddiad enw'r lle, a yngenir gan lawer o'r brodorion yn 'Nangle', i'r cyfnod hwnnw am fod hen weithredoedd yn cyfeirio at '*in angulo*', sy'n golygu tir ar ongl neu mewn cornel, ac roedd yna dirfeddianwyr o'r enw y 'de Nangles' neu 'de Angulos' yma yn y drydedd ganrif ar ddeg. Ar ddechrau'r ganrif honno roedd Gerallt Gymro yn rheithor yma ac, o bosib, yn unol ag arfer y cyfnod, yn penodi ficer i gyflawni'r gwaith yn ei le tra byddai'n pererindota.

Codwyd tŵr Eglwys Mair Ddihalog yn y bedwaredd ganrif ar ddeg ond bu'n rhaid adfer gweddill yr adeilad yn y bedwaredd ganrif ar bymtheg a chamddehongliad o'r Beibl a arweiniodd at ddynodi Moses yn gwisgo cyrn yn un o'r ffenestri lliw. Codwyd capel at ddefnydd pysgotwyr a llongwyr yng nghefn yr hen fynwent yn 1447 gan Edmund Shirburn, a thu ôl i'r allor garreg gwelir darlun o Grist yn cerdded ar ddŵr yn ei wisgoedd offeiriadol â'i freichiau ar led, mewn ystum o gariad ynghanol bywyd pentrefol Angle, ynghyd â dau angel gwarcheidiol yn cadw llygad ar ffiniau'r pentref. Rhodd y teulu Mirehouse, perchnogion ystad Angle, ar ddechrau'r ugeinfed ganrif, oedd y llun, a chodwyd cofgolofn i gofio un o'r meistri gan ddeiliaid yr ystad yn 1846, sydd i'w weld gyferbyn â'r Swyddfa Bost a hen westy trillawr y Globe gyda'i golofnau cadarn. Yn wir, deil y teulu i chwarae rhan amlwg ym mywyd y gymdogaeth o dan arweiniad y 'mishtir' presennol, John Allen-Mirehouse, nad i'w weld yn aml heb ei bibell, capan mynd-ar-drywydd-carw, a gwasgod teilwng o fonheddwr cefn gwlad a addysgwyd yn Eton. Does ond angen galwad ffôn mudol sydyn a pharod yw i draethu am ei ardal ac am ei deulu.

'O oes, mae 'na dipyn o fywyd cymdeithasol yn y pentre o hyd. Fy nhaid gododd y neuadd ar yr amod na fyddai'n cael 'i defnyddio at ddibenion gwleidyddiaeth, crefydd nac ar gyfer yfed alcohol, a'r pentrefwyr oedd â'r cyfrifoldeb o'i chynnal a'i chadw, a hynny'n drefniant digon teg. Byddai papure dyddiol yn cael 'u cadw yno ar un adeg a'r syniad oedd rhoi cyfle i'r trigolion wella'u hunain. Bu rhywfaint o ymladd yno ar un achlysur, mae'n debyg, pan dorrwyd un o'r amode. Ond y newid pennaf yn yr ardal yw diflaniad y fferm deuluol yn godro 150 o wartheg, mwya'r piti, am fod hynny'n magu annibyniaeth, gyda'r tad a'r mab yn cydffermio. Busnes yw ffermio nawr a rhaid godro rhwng 500 a 1,000 o wartheg os am dalu ffordd a hynny'n golygu newid ar ffordd o fyw, gwaetha'r modd.'

'Odych chi, felly, fel teulu, yn berchen ar dipyn o dir yn yr ardal o hyd, ac odych chithe, wedyn, wedi etifeddu tipyn o anian eich hynafiaid?'

'Yn hollol, hwyrach fod gennym bortffolio o tua 20 i 30 o dai yn ein meddiant o hyd. Penderfynodd fy nhad-cu werthu'r rhan fwyaf o'r bythynnod am 'i fod o'r farn 'i bod yn beth da i ddyn fod yn berchen ar 'i gartref 'i hun. Cofiwch, hwyrach fod gan gost cynnal a chadw, a rheole trethiant ar y pryd, rywbeth i'w wneud â hynny. Ond roedd e'n gredwr cryf y dyle'r gweithiwr fwynhau safon da o fyw ac os oedd busnes yn llewyrchus dyle gael bonws ond pe na bai pethau cystal dyle fe fod yn barod i dderbyn gostyngiad yn 'i gyflog. Dwi inne wastad wedi meddwl y dylai hynny fod yn weithredol ym myd diwydiant heddiw.

Yn sicr, fe fu aelode o'r teulu, yn mynd 'nôl chwech neu saith cenhedlaeth, yn byw bywyd llawn a chyfrannu at ffyniant Angle. Ma 'na sôn am un ohonyn nhw, cyn setlo lawr, yn teithio tipyn o'r byd, fel roeddech chi'r adeg honno rhwng 25 a 40 oed. Treuliodd gyfnod yn Rhyfel y Boer a chael amser wrth 'i fodd yn ôl y sôn, ar wahân i'r ffaith bod rhyw Iseldirwr wedi ceisio 'i erlyn am rywbeth neu gilydd. Dwi ddim yn siŵr ai fe wedyn briododd merch Esgob Fisher o Salisbury. Roedd yna duedd ymhlith bechgyn y teulu ar un adeg i briodi merched clerigwyr. Fy hun, fe briodes Miss Lloyd, gan gredu bod ganddi gysylltiad â'r banc o'r un enw, a theimlo'n hynod siomedig pan sylweddolais nad oedd, ond, na, na, rydyn ni wedi bod yn gwbl ddiddig a diddan gyda'n gilydd.

Dwi inne wedyn wedi bod yn ddigon ffodus i fod yn gynghorydd dosbarth a sir er 1979 ac yn Uchel Siryf Dyfed yn 1998-9 ac roedd hynny, ar wahân i fod yn hynod o gostus, yn ddiddorol iawn o ran yr holl bobol wnes i 'u cyfarfod. Wrth gwrs, roedd fy mam yn aelod o'r hen Gyngor Sir Benfro a dwi'n cofio fel y bydde hi'n mynd i'r cyfarfod yn Hwlfforrdd yn y bore tra byddai fy nhad yn siopa a'r ddau'n cwrdd am ginio yn y Bristol Trader wedyn. Eu syniad nhw oedd fy anfon i'r coleg amaeth yn Cirencester gan gredu y byddai'n baratoad da i mi ar gyfer byw yng nghefn gwlad. Fy hun, buaswn wedi ymuno â'r fyddin neu'r llynges, falle, oherwydd mantais hynny fyddai fy mod yn cael fy nhalu hefyd, ac yn cael chwarae gyda llong ar yr un pryd. Ond, dyna fe, am fy mod yn gwisgo sbectols, hwyrach na fuaswn wedi cael fy nerbyn.'

Wrth groesi trwy'r fynwent deuwn wyneb yn wyneb â Thŷ'r Tŵr, sy'n dyddio o'r bedwaredd ganrif ar ddeg ac a oedd, mae'n rhaid, yn rhan o gastell neu dŷ wedi'i amgylchynu gan ffosydd gyda mynediad i'r llawr cyntaf ar hyd pont godi. Ewch i fyny'r grisiau sy wedi'u gosod mewn modd a fyddai'n ei gwneud yn haws i gleddyfwr llaw dde i amddiffyn nag y byddai i gleddyfwr llaw dde i ymosod. Gerllaw hefyd gwelir colomendy bychan, cromennog, sydd eto'n ychwanegu at yr ymdeimlad o hirhoedledd yn y cyffiniau, ac wrth ailgydio yn y Llwybr, bwriwch lygad yn ôl i gyfeiriad y dŵr a hwyrach y gwelwch ysgerbydau llongau'r dyddiau a fu. Roedd y sgwner *Progress* ymhlith y cyflymaf o'i bath yn ei dydd a ddychwelai o Newfoundland gyda helfa o benfras, a'r badlong dwy hwylbren, *Mary Jane,* oedd y llong olaf a adeiladwyd yn Jacob's Pill ym Mhennar yn 1869. Ni ellir peidio â loetran am ychydig wrth dafarn The Old Point waeth pa amser o'r dydd yw hi. Dyma un o dafarnau mwyaf nodedig a hanesyddol Sir Benfro sy'n denu heidiau o ymwelwyr bob haf yn ogystal â chamerâu teledu'n gyson.

Beth sy'n well na diod oer ganol dydd ar un o'r meinciau tu fas i'r dafarn yn dychmygu sut oedd hi pan oedd y môr-leidr nodedig, John Chalice, yn rheoli'r arfordir yn yr ail ganrif ar bymtheg, gan ddefnyddio tafarn y pentref yn bencadlys, a hwnnw'n eiddo i'r swyddog tollau lleol ym Mhenfro, George Clerk. Tebyg mai'r Old Point oedd y dafarn honno gan ei bod yma ers o leiaf yr unfed ganrif ar bymtheg ac wedi bod yn gysylltiedig â'r criw bad achub ers tro byd. Honnwyd bod yno dân cwlwm, ar un adeg, na chawsai ei ddiffodd dros gyfnod o 300 mlynedd, a hynny'n rhannol er mwyn sicrhau y byddai gwŷr y bad achub yn medru cynhesu waeth pa adeg o'r dydd neu'r nos fydden nhw'n galw heibio. Dywedir y byddai tafarnwr o Wyddel, George Cooper, yn rhoi rhwydd hynt iddyn nhw dorri syched yn yr oriau mân, ar ôl delio â galwad frys. Byddai'n taflu'r allwedd o ffenestr y llofft, ar yr amod y bydden nhw'n talu eu dyledion drannoeth.

Dyfarnwyd tair medal arian am wrhydri gwŷr lleol cyn sefydlu'r orsaf bad achub cyntaf yn 1868. Nofiodd William Field trwy frigdonnau i achub dwsin o bobol oddi ar long ddeufast o'r enw *Felicita,* a deunaw mlynedd yn ddiweddarach mentrodd Thomas Landells mewn cwch bychan i achub wyth o bobol oddi ar y sgwner *Maria,* a dyfarnwyd y drydedd fedal arian i John Large, a beryglodd ei fywyd i gerdded trwy'r tonnau i achub tri pherson o'r llong ddeufast *Harmony* a oedd wedi ei tharo'n deilchion.

Yn wir, bu bron i ninnau fod yn dystion i wasanaeth y gwŷr achub lleol wrth i John Vickery, gŵr Fran, fynd i drafferthion wrth geisio bwrw angor yn Angle er mwyn ymuno â ni am ginio. Roedd yntau a'i bartner wedi hwylio o amgylch y penrhyn o Freshwater East ond heb ragweld yr anhawster a achosir gan dafod o raean yng ngheg y bae ar adegau penodol o'r llanw. Bu'n rhaid iddyn nhw ill dau ildio am y tro a bodloni ar chwifio eu breichiau arnom o'r cwch cyn dychwelyd ar hyd yr un siwrnai ar y môr. Wedi'r cyffro ar y dŵr roedd ein tywyswyr, Derek, Rob a Kim, yn awyddus i ni godi pac unwaith eto a'i hanelu hi ar drywydd y Llwybr. Aem heibio i adfail yr hen orsaf bad achub, y gellir mynd ato trwy dwll yn y clawdd, ac a gafodd ei defnyddio tan 1927 ac, yna, o fewn byr o dro, gwelwn do gwyrdd yr orsaf newydd ar y dde oddi tanom, sydd yn ei lle er 1992. Wrth ei hymyl gwelir adeilad yr ail orsaf bad achub ond mae'n taith ni'n dirwyn i'r chwith trwy glwyd ac ar hyd ychydig o berci cyn cyrraedd llennyrch coediog a blodeuog gan wneud i ni deimlo ein bod yng nghôl mam natur unwaith eto. Y tu cefn i ni, tu hwnt i'n golygon, mae holl fwrlwm peirianyddol yr hafan mwyach. Does dim nam i'w weld ar y dirwedd wrth i ninnau ddychwelyd at ogoniant naturiol yr arfordir a chael cwmni defaid a bustych yn hytrach na thanceri a glanfeydd.

Er y gellid cerdded y pellter byr ar hyd y ffordd rhwng Angle a Bae Gorllewin Angle byddai hynny nid yn unig yn cafflo ond yn ein hamddifadu o dair milltir o gerdded sy'n ein hatgoffa o'r math o olygfeydd a adwaenem yn ystod dyddiau cyntaf y daith. Oddi tanom mewn un man gwelwn olion adeiladau concrid a deallwn eu bod yn perthyn i'r cyfnod milwrol pan ofnid ymosodiadau o'r môr. Arferai cledrau rheilffordd redeg heibio er mwyn cludo ffrwydron rhyfel ac roedd yn amlwg y gellid lletya cryn dipyn o filwyr yn yr ystafelloedd sy wedi'u cuddio yn y prysgwydd erbyn hyn. Yn wir, mae'r llanast a'r sbwriel dynol sy wedi'i daenu oddi amgylch yn gwneud i mi dybio mai dyma un o'r lleoliadau a ddefnyddiwyd i gynnal pob math o drythyllwch rhywiol honedig ar ddechrau'r 1990au. Ar sail datganiadau a wnaed gan fachgen mewn gofal maeth i ddechrau ac, yna, gan ferch yn ei harddegau, a rhai 'cyffesiadau' gan oedolion, cyhuddwyd un ar ddeg o ddynion ac un ddynes o gyflawni gweithredoedd rhywiol torfol yn erbyn plant mewn llecynnau amrywiol ar hyd yr arfordir.

Ond yn yr achos, yn Llys y Goron Abertawe yn 1994, gollyngwyd y cyhuddiadau yn erbyn saith o'r diffynyddion ar ôl sylweddoli na ellid rhoi pwys ar lawer o'r dystiolaeth a gyflwynwyd gan yr erlyniad, yn arbennig wrth i dystion allweddol honni iddyn nhw wneud eu datganiadau gwreiddiol o dan bwysau gan weithwyr cymdeithasol, a mynnai'r pump a garcharwyd nad oedd sail i'r cyhuddiadau yn eu herbyn. Ni ddatgelwyd enwau'r un o'r diffynyddion er mwyn gwarchod y deunaw plentyn a roddwyd mewn gofal, ond gŵyr trigolion cylch Penfro'n dda pwy oedd y pedoffiliaid honedig. Hyd y gwyddys ni chafodd yr un ohonyn nhw ei erlid yn lleol sy'n awgrymu'n gryf bod yr heddlu a'r gwasanaethau cymdeithasol wedi bod yn orfrwdfrydig i brofi honiadau nad oedden nhw'n ddim ond honiadau yng ngolwg pobol Penfro.

Er, teg dweud i ddiffynnydd 43 oed gyfaddef iddo gam-drin ei ferch ei hun yn rhywiol pan oedd hi'n 12 oed ond roedd yn gwadu bod yna gylch dieflig o bobol yn cyflawni troseddau rhywiol torfol yn erbyn plant ar draethau ac mewn sguboriau diarffordd. Diddymwyd y ddedfryd o saith mlynedd o garchar a roddwyd i ddiffynnydd arall gan farnwr yn y Llys Apêl ond aflwyddiannus fu apeliadau pump diffynnydd arall yn erbyn cyfanswm o 46 mlynedd o garchar.

Rhag pendrymu'n ormodol ar ochr dywyll bywyd gwerthfarogwn o'r newydd y glesni a'r gwyrddni sy'n ein hamgylchynu ond, o fewn byr o dro, deuwn at un arall o'r ceyrydd rhyfel diweddar hynny sy'n ein hatgoffa unwaith eto o agwedd annynol dyn tuag at ei gyd-ddyn. Mynna'r haneswyr milwrol fod Caer Bae'r Capel gyda'r mwyaf hynod o'i bath wedi'i chodi rhwng 1868 ac 1870 ar gost o £13,784 i gartrefu 65 o filwyr a'i haddasu yn 1900 ar gyfer defnyddio gynnau trymach na'r reifflau blaenorol. Mae'r gaer yn hynod oherwydd ei maint a'r ffos ddofn a dorrwyd o'i hamgylch i atal ymosodiadau o'r tir. Y newyddion cyffrous i rai o'r cerddwyr yw'r bwriad i'w hadnewyddu i'w chyflwr gwreiddiol, a'i chadw'n amgueddfa filwrol, ond ofnaf na allaf beidio â dymuno'n dawel fach i mi fy hun mai rheitiach fyddai ei dymchwel, a phob un debyg iddi o blith Ffolinebau Palmerston, rhag eu bod o ran golwg a chysylltiadau'n difwyno harddwch yr arfordir. Ni fedraf rannu'r diddordeb yn nerth y gynnau a phellter eu cyrhaeddiad ergydio a'u gallu dinistriol. Gresynaf eu bodolaeth yn ogystal â'u holion.

Cerddwn gyda sioncrwydd i gyfeiriad y Trwyn lle gorwedd Ynys Thorn lle mae yno eto fyth gaer o Oes Fictoria a godwyd ar gost o £85,000 rhwng 1852 ac 1859 i gartrefu 100 o filwyr a fyddai'n medru ergydio i bob cyfeiriad. Ond ers y 1930au gwnaed ymdrechion, o bryd i'w gilydd, i'w defnyddio'n westy ond yr anhawster pennaf yw sicrhau mynediad hwylus, ac aflwyddiannus, hyd yn hyn, fu pob cais cynllunio i greu rhyw fath o gerbyd cebl rhwng yr ynys a'r tir mawr. Ar draws, gyferbyn, gwelwn Benrhyn Santes Ann a dynoda hynny felly ein bod wrth geg dwyreiniol yr hafan ac ar fin ffarwelio â phrysurdeb modern Aberdaugleddau'n grwn.

Rhyfeddwn at y modd y ffurfiwyd yr hafan tua 20,000 o flynyddoedd 'nôl wrth i ddŵr ac iâ foddi'r dyffryn i'r fath ddyfnder a chreu cynifer o gyfleoedd i ddyfeisgarwch dyn yn ddiweddarach. Ffarweliwn â'r hafan gyda rhywfaint o ryddhad, tebyg i eiddo'r milwyr Ffrengig hynny yn 1797 a ddihangodd o garchar castell Penfro gyda chymorth dwy roces leol, Anne Beach ac Eleanor Martin, disgynyddion y Normaniaid efallai, a'i sgidadlan hi ar gwch o eiddo'r Arglwydd Cawdor – a 'ddigwyddai fod wrth law'– 'nôl i Ffrainc. Ond pan saif Derek yn dalsyth gan daro ei bastwn ar y llawr gwyddom ei bod yn werth gwrando ar y stori. Y stori sydd ganddo uwchben Ynys Thorn yw helynt chwisgi'r *Loch Shiel.*

Ar Ionawr 30, 1894, tarodd y *Loch Shiel* yn erbyn y creigiau obry ar ei ffordd o'r Alban i Adelaide yn Awstralia, ac ar ei bwrdd roedd 7,500 o focsys chwisgi a 7,000 o focsys cwrw yn ogystal â chyflenwad helaeth o ddeinameit. Llifai'r môr i'r llong yn gyflymach nag y gellid ei waredu a bu'n rhaid gwlychu matras mewn paraffîn a'i gynnau er mwyn tynnu sylw'r bad achub. Lansiwyd y bad ac achubwyd pob un o'r criw o 27, ond doedd y stori ddim ar ben. Wrth i'r llong ddatgymalu golchwyd ei chargo i'r lan ac er bod y swyddogion tollau yn y cyffiniau, llwyddodd y trigolion lleol i gludo cannoedd o'r bocsys oddi ar y traethau a'u cuddio yn y llefydd mwyaf annhebygol. Ond roedd yna ochr fwy difrifol i'r stori wrth i dad a mab foddi yn ceisio tynnu bocs o'r dŵr a bu farw gŵr arall o feddwdod ac oerfel ar ôl gorwedd mewn clawdd dros nos. Siomwyd eraill pan agorwyd y bocsys roedden nhw wedi'u cludo i'r lan o ganfod mai powdwr gwn oedd ynddyn nhw. Ond ni lwyddwyd i achub pob potel o'r môr oherwydd yn 1999 daeth deifwyr o hyd i hanner dwsin o boteli cwrw dros gant oed ar wely'r môr, ac o bryd i'w gilydd daw ambell botel i'r

Deil Angle yn bentref tawel

303

golwg o hyd o ryw guddfan neu'i gilydd a oedd wedi mynd yn llwyr angof.

Wrth nesáu at Fae Gorllewinol Angle gwelwn fod y tirlun yn ymdebygu i'r hyn roeddem yn gyfarwydd â'i weld ar hyd rhannau gorllewinol yr arfordir. Ceir digon o dywod i'w wneud yn atyniadol i deuluoedd a dengys y meysydd carafannau gerllaw ein bod yn libart y twristiaid unwaith eto. Pan fydd y llanw ar drai daw wnifeintoedd o byllau creigiog i'r golwg sy'n denu sylw'r chwilotwr a does yna'r un diferyn o'r olew a gollwyd adeg trychineb y *Sea Empress* i'w weld yma bellach a hynny er gorchuddio'r holl draeth ar y pryd gan y düwch dudew. Mae hynny'n glod i allu natur i oroesi ac ymgryfhau o'r newydd yn wyneb adfyd oherwydd ofnwyd ar y pryd y byddai math prin o seren fôr yn diflannu, ond erys yma o hyd.

Arwydd o ling-di-longrwydd bywyd yn y fangre yw'r stori honno a adroddir am griw o newyddiadurwyr yn disgwyl yn ddiamynedd i siop leol agor ben bore, a'r ddynes yn dadfolltio'r drws yn hamddenol gan fethu deall pam fod ganddi res o gwsmeriaid a hithau ond yn fis Chwefror. Na, doedd hi ddim wedi clywed gair am ddifwyno'r traethau gan olew wedi'i sarnu oddi ar dancer enfawr ar raglenni newyddion y bore bach, a doedd hi ddim am gael ei chynhyrfu ynghylch y mater rhyw lawer chwaith.

Dyma le dymunol i gymryd hoe a chymryd mantais o'r caffi sydd wrth y traeth. Gerllaw gwelir olion y gwaith brics a fu'n llewyrchus ar un adeg wrth i wŷr o Swydd Stafford lunio'r fricen wreiddiol ac, wrth gwrs, roedd yna odyn galch yma er mwyn llosgi'r garreg galch yn wrtaith i'r ffermwyr. Ac mewn cyfnod cynt, tua 3,500 o flynyddoedd 'nôl, dadlwythwyd yma gyflenwadau o gopr a fewnforiwyd o Fynyddoedd Wiclo, yn Iwerddon. Dros y blynyddoedd daethpwyd o hyd i gallestri lawer ar hyd y penrhyn sy'n dyst o bresenoldeb dynol ac o grefftwyr wrthi'n naddu arfau amrwd at ddibenion eu bywoliaeth a'u goroesiad yn yr ardal ers yr Oesoedd Cynnar. Ond yn yr unfed ganrif ar hugain gall dynion neilltuo amser i ymblesera yn ogystal ag ymroi i gadw corff ac enaid ynghyd ac un o'r pleserau hynny, wrth gwrs, yw troedio Llwybr yr Arfordir. Oddi yma dringir ar hyd parc neu ddau a daw llwyni drain ac eithin i'r amlwg yn ogystal â hen sticil ddur neu ddwy gyda grisiau concrid o boptu iddynt.

Daw tystiolaeth o bresenoldeb milwrol diweddar i'r fei unwaith eto wrth sylwi ar yr hyn sy'n weddill o Flocws Dwyreiniol Angle, gwarchodfeydd gynnau, a slabiau concrid yn dynodi bod gan yr Awyrlu faes awyr yn y cyffiniau yn ystod yr Ail Ryfel Byd. Bu'n rhaid i un o awyrennau môr Sunderland Awyrlu Awstralia ddisgyn yn sydyn ar borfa fan hyn yn hytrach nag ar ddŵr ym mis Mai 1943. Gan amlaf peilotiaid o Wlad Tsiec fyddai'n hedfan awyrennau Spitfires neu Hurricanes o'r fangre er mwyn hebrwng a gwarchod llongau ym Môr Iwerydd. Bellach, oni ellir cael gwared ar yr olion hyn, os nad oes defnydd amgenach iddyn nhw, rhag eu bod yn difwyno prydferthwch naturiol yr arfordir? O leiaf roedd ceyrydd Oes yr Haearn y gwelir eu holion ar Ynys y Defaid a rhwng Baeau Gorllewin a Dwyrain Pickard yn aneddleoedd gydag amddiffynfeydd yn gymaint i gadw anifeiliaid rheibus draw ag oedden nhw i atal llwythau eraill rhag eu goresgyn.

Mae'r darn hwn yn cynnig her i gerddwyr am fod nifer o bantiau serth sy'n gofyn am droedio gofalus ar y gwaered ac sy'n dreth ar y fegin ar i fyny. Oes yna hanner dwsin ohonyn nhw cyn cyrraedd Freshwater East dywedwch? Pan ddaw'r traeth i'r golwg yn y pellter gwyddom ein bod yng nghalon gwylltineb yr arfordir unwaith eto gyda glesni'r môr ar y naill law a holl liwiau byd natur ar y llaw arall yn gefnlen nad oes mo'i debyg, a ninnau mor ddistadl yn eu cwmni. Dyma draeth o dywod euraid yn ymestyn at y dŵr heb arlliw o gerigos yn unman ac yna twyni'n gymysg â hesg yn ymestyn i'r tir mawr. Dyma draeth gwyntog a hoff gyrchfan syrffwyr sy'n chwennych marchogaeth tonnau anferth wrth i bob ymchwydd a ddaw o'r Iwerydd daro'r traeth yn ddidrugaredd. Oherwydd y cerrynt nerthol nid yw'n ddiogel nofio yn unman a'r un modd gall y tywod eich sugno mewn ambell fan pan fydd y llanw ar drai.

Dyw hi ddim syndod fod yna drychinebau wedi digwydd yn y fan hon a'r gwaethaf ohonynt oll yn 1943 pan gollwyd 70 o lyngeswyr ifanc. Roedd dwy long glanio arfau a gynnau ar eu ffordd i Falmouth pan aed i drafferthion mewn tywydd garw ym Mae Ceredigion. Am ryw reswm sy'n dal yn ddirgelwch, gwrthodwyd caniatâd i'r llongau gysgodi yn Abergwaun nac Aberdaugleddau. Erbyn cyrraedd Freshwater roedd y môr ar ei fwyaf cynddeiriog ac roedd gwylwyr ar y lan yn ddiymadferth i atal y ddwy rhag suddo. Yr un mor ddiymadferth oedd nifer o slŵps y Llynges yn wyneb y môr garw a'r tonnau anferthol. Ceisiodd HMS *Rosemary* daflu rhaff at un o'r llongau ond y canlyniad fu iddi hithau hefyd fynd i drafferthion a chollwyd bywydau'r morwyr oedd ar ei bwrdd. Dim ond tri pherson a oroesodd o'r llongau glanio a rhaid mai dyna'r trychineb gwaethaf o'i fath ar hyd yr arfordiroedd yn ystod cyfnod y rhyfel. Nid rhyfedd na fu'r awdurdodau'n awyddus i ddatgelu llawer o fanylion am y digwyddiad oherwydd eu hesgeulustod yn gwrthod caniatâd i'r llongau lochesu mewn dyfroedd cymharol dawel.

Dyw hi ddim syndod fod y twyni, neu'r 'burrows' fel y'u gelwir yn lleol, wedi'u dynodi'n Safleoedd o Ddiddordeb Gwyddonol Neilltuol a gwyddys eu bod yn gyforiog o lecynnau sy'n dyddio o'r cyfnod Mesolithig a'r Oes Efydd ac, o bryd i'w gilydd, daw cnwd o arfau Neolithig i'r golwg. Yn wir, daethpwyd o hyd i 7,700 o

Cabannau sychu gwymon yn Freshwater West

gallestri yn y maes parcio gyferbyn â'r caban bychan to gwellt yn y pen gogleddol. Mae'r caban siâp llythyren A yn ddigon o ryfeddod a chodwyd tua ugain ohonyn nhw nôl yn y 1920au er mwyn sychu tomenni o wymon cyn eu golchi a'u berwi a'u rhoi ar fyrddau brecwast fel moethyn o'r enw bara lawr. Am ei fod yn llawn maeth ac yn gyforiog o fitaminau roedd galw mawr amdano ymhlith glowyr a wynebai oriau meithion yng nghrombil y ddaear. Rhaid ei fwyta gyda chig moch neu ei goginio mewn blawd ceirch er mwyn llwyr werthfawrogi ei flas.

Y gwragedd fyddai'n mynd ati yn y bore bach i gribinio'r creigiau am wymon ac yna'n ei osod mewn sachau a'u cario'n ddeheuig ar eu pennau i'r cabanau. Cesglid hyd at gan pwys y dydd, ac ar ôl ei osod ar loriau'r cabanau byddai'n rhaid ei droi'n gyson rhag iddo lwydo, cyn y delai cart a cheffyl neu gart ac asyn Newman a Reuben Cousins heibio bob dydd Llun i'w gludo i Benfro, a'i anfon ar drên i Abertawe. Yr olaf i gyflawni'r gwaith yn amser llawn, a hynny am 50 mlynedd ers iddi adael yr ysgol yn 14 oed, oedd Audrey Hicks. Clywid llais Lil Rees wedyn, un arall o'r casglwyr, ar y radio'n gyson tan iddi farw yn 92 oed yn 1975, yn disgrifio'r grefft mewn tafodiaith gref. Codi'r cabanau'n unig fyddai cyfraniad y gwŷr a hynny trwy ddefnyddio broc môr ar gyfer y ffrâm ac yna'r hesg môr a adwaenid wrth yr enw 'nodwyddau', a dyfai yn y twyni, ar y to. Roedd gosod drws a chlo arno hefyd yn angenrhaid. Wrth ddychmygu ffordd o fyw sy wedi diflannu daw ein diwrnod o gerdded i ben a ninnau'n bendifaddau wedi cefnu ar hagrwch a synau datblygiadau modern ac wedi adfeddiannu'r cyntefig a'r digyfnewid. Sylwodd Eirwyn George ar y ddeuoliaeth:

Ar lanw'r chwedegau
daeth duwiau Cyfalaf i hawlio'r culfor.
Onid oedd genau'r afon yn llawn o'u budreddi?
Eto,
dôi'r haf hynafol i boblogi'r traethau
o Angle i San Ffraid,
a'r gwenyg yn sgrialu dros y graean
fel cân ewynfriw.

Ond cyn canu'n iach am y diwrnod rhaid dychwelyd i bentref dioglyd Angle a blasu rhin yr oesoedd a'r naws hwnnw gyda'r nos a ddywed i ddiawl â thrybestod a rhuthr bywyd wrth ddrachtio peint yn yr Hibernian. Mae'r machlud yn eiddo i ni a rhown y gorau i bob prysurdeb a fyn ddefnyddio pob eiliad o'r dydd i'r eithaf. Ymddengys fod yr ychydig ffyddloniaid sydd wrth y bar mewn cytgord â'u hamgylchedd am nad oes rhaid iddynt wrth sgwrsio dibaid i gynnal cyfeillgarwch. Holir hynt hwn a'r llall o bryd i'w gilydd a chlywir atebion a sylwadau o edmygedd a chollfarnu a thynnu coes trwyddi draw. Mentra Ken James holi un neu ddau am hynt rhai o'i gyn-gydweithwyr yn yr orsaf bŵer y gwyddai eu bod yn byw yng nghyffiniau'r pentref. Oedd, roedd rhywun neu'i gilydd mor gymwynasgar ac yn gymaint o ben tost bigitlyd ag erioed meddai'r gŵr pen moel. Ni fedrai wrthod cyfle i gyflawni gorchwyl â'i ddwylo ond roedd pryd y byddai'n cadw at ei addewid a gofyn am dâl yn fater arall, yn ôl y moelyn.

'Fedrwch chi ddim gofyn i rywun arall wneud y gwaith neu fe fydd e'n pwdu a bywyd ddim yn werth byw wedyn. Fe fydda i'n talu am ambell bryd o fwyd iddo fe fan hyn er mwyn 'i gadw fe'n hapus. Falle bydd e'n llawn stŵr bryd arall ac yn diarhebu pawb a phopeth ond fydda i ddim yn cymryd sylw o'r gwalch, na fydda wir. Dwi wedi mynd yn rhy hen i gael fy nghynhyrfu nawr. Gadewch lonydd iddo ac fe ddaw e at ei goed mor sicr â chân cloc y gwcw. Ma fe'n halen y ddaear yn y bôn,' meddai'n athronyddol gan gymryd llymaid arall o'i beint.

'O, wel, synno fe wedi newid dim 'te,' mentrodd Ken.

'Nadi wir, newid dim,' meddai'r moelyn yn gopsi ar sgwrs a gadarnhaodd fod yna gymuned glòs yn y pentref o hyd.

BUGEILIO A MILWRIO CASTELLMARTIN

G ALL Y DARN NESAF o gerdded fod yn ddryslyd a dibynna'r union Lwybr a ddilynir ar hwyliau'r Weinyddiaeth Amddiffyn am ein bod nawr yng nghyffiniau Gwersyll Castellmartin. Wrth adael Freshwater West a dringo'r rhiw heibio i'r caban sychu gwymon mae'n anorfod ein bod yn cerdded ar darmac am getyn. Yna, os byddwch wedi galw heibio pencadlys y gwersyll milwrol ym Merrion gerllaw, a chael y dogfennau angenrheidiol wedi'u harchwilio, gellir torri i mewn i'r tir mawr trwy glwyd ar hyd y ffens mewn byr o dro. Ond os nad yw hynny wedi'i drefnu, yna, rhaid cerdded am bellter, neu gwell fyth, yrru at Stack Rocks gan obeithio na fydd y fyddin yn tanio yn y cyffiniau hynny chwaith a'r clwydi ar gau. Dim ond ar adegau penodol o'r flwyddyn megis penwythnosau gwyliau banc, ac ambell benwythnos arall, y caniateir cerdded ar hyd y darn hwn o tua tair i bedair milltir ar hyd ymyl y môr, a rhaid gwneud cais rhag blaen i'r awdurdodau er mwyn sicrhau'r hawl.

Mae hierarchiaeth y fyddin yn hoff o roi'r argraff eu bod yn gwneud cymwynas wrth adael i feidrolion gerdded nawr ac yn y man ar dir sy gan amlaf yn waharddedig, a mawr a llafurus yw'r gwaith papur sy'n rhaid ei gyflawni a'i wirio er lles diogelwch. Mae'r ymweliad â'r fynedfa ben bore yn ddrama ynddi'i hun ac, wrth gwrs, does dim brys ar y swyddogion i gyflawni eu dyletswyddau, a gwyddom ninnau mai ganddyn nhw mae'r llaw uchaf waeth faint o duchan a chwyno a wnawn o orfod oedi yn y bws. Dyma lle y daw Derek i'w elfen wrth ddelio â'r swyddogion milwrol, ac am y gŵyr yn dda beth yw'r drefn ac y cymer cryn amser i wirio dros ugain o ddogfennau, mentra ar un o'i storïau doniol sy medde fe yn berffaith wir.

'Wel, roeddwn i'n aelod o bwyllgor rygbi'r Lluoedd ac yn cyfarfod deirgwaith y flwyddyn. Y tro hwn y Fyddin oedd yn croesawu cynrychiolwyr y Llynges a'r

Awyrlu yn Bister. Nawr, y cadeirydd oedd yr Air Vice-Marshall Tony Mason ac fe feddyliodd rhywun y byddai'n syniad rhybuddio'r milwr wrth y fynedfa fod swyddog pwysig yn cyrraedd am ddeg o'r gloch. Popeth yn iawn. Dyma'r Corporal yn rhybuddio'r sawl a oedd ar ddyletswydd. Ond roedd yna ryw deimlad nad oedd y milwr bach efallai wedi llwyr ddeall arwyddocâd yr ymweliad gan un o'r uchel swyddogion ac, felly, dyma'r Sarjant yn mynd lawr i gael gair yn 'i glust. Ond roedd yna bryder o hyd ac, felly, dyma'r Sarjant Major yntau, hefyd, yn mynd lawr i briffio'r pŵr dab ac, yn wir, erbyn tua 9.30 a.m. roedd pob copa walltog o swyddog – saith neu wyth ohonyn nhw – wedi cael gair gyda'r squaddie ifanc nes 'i fod yn dechrau drysu. Am ddeg o'r gloch dyma'r cerbyd crand yma'n cyrraedd y fynedfa a'r milwr yn gofyn i'r gyrrwr, 'Ai Mason yw'ch enw chi?' ac yn cael yr ateb. 'Ie'. Dyma fe'n 'i gynghori ar unwaith, 'Taswn i'n eich lle chi fe fyddwn i'n 'i g'leuo hi oddi yma cyn gynted â phosib achos ma pob diawl a'i frawd yn whilo amdanoch chi'r bore 'ma'! Ac ma honna'n wir achos Tony Mason 'i hun wnaeth 'i dweud hi wrthon ni dros ginio.'

Ond bant â ni dros dir sy'n gymharol wastad a heb lwybr fel y cyfryw i'n gorfodi i gerdded mewn rhes, un ar ôl y llall, fel petaem ddefaid ar fynydd. Does yna fawr o gysgod chwaith petai'n wyntog, a sylwir ar yr ychydig lwyni, yma a thraw, wedi'u plygu bron yn sgwâr i gyfeiriad y dwyrain. Anodd gwrthsefyll gwyntoedd y gorllewin o Fôr Iwerydd ar hyd y parthau hyn, a phe byddem yn y cyffiniau yn ystod misoedd y gaeaf gwelem mai bustych a gwartheg magu caled fyddai ar hyd y perci, a'r rheiny'n aml iawn yn dibynnu ar fwyd llwy am fod y tir yn brin o flewyn glas. Tan yn hwyr yn y gwanwyn bydd miloedd o ddefaid Mynydd y Preseli i'w gweld ar hyd y mwyafrif llethol o'r 5,800 o erwau'r Weinyddiaeth Amddiffyn. Dyma ddull modern yr hafod a'r hendre o amaethu, sef pori ar dir uchel yn yr haf a phori ar dir isel yn y gaeaf a rhaid i'r ffermwyr deithio 'nôl a blaen o ben ucha i ben isa'r sir yn gyson i fugeilia, yn enwedig yn ystod y tymor wyna.

Yr hyn sy'n eironig yw bod gan y ffermwyr yr hawl i bori'r llethrau o Foel Drygarn i Foel Eryr o hyd oherwydd tua'r un adeg ag y meddiannwyd y tiroedd hyn gan y Swyddfa Ryfel, roedden nhw hefyd yn awyddus i feddiannu 16,000 erw o'r Preselau i'w defnyddio'n faes ymarfer milwrol parhaol. Arweiniwyd brwydr ddygn i wrthsefyll y bwriad gan weinidogion Anghydffurfiol yn ystod y cyfnod hwnnw, fel bygythiad i warineb, a chyfansoddodd Waldo rai o'i gerddi mwyaf grymus am Gymru o'i alltudiaeth yn Lloegr. Erbyn heddiw gwelir disgynyddion y ffermwyr hynny yn un rhan o'r sir a fu'n gwrthwynebu, yn elwa o bresenoldeb adran ryfela'r wladwriaeth mewn rhan arall o'r sir. Hwyarch, os nad yw'r ymadawiad blynyddol 'nôl i'r bryniau wedi'i gwblhau y down ar draws rhai o'r ffermwyr neu ambell ddafad strae na lwyddodd y cŵn i'w corlannu.

O weld dafad gyda nod clust o hollti'r dde, gloyfi'r aswy lawr a bwlch tri thoriad odano gwyddem mai eiddo Cerwyn Davies, Fferm y Capel, fyddai, a phe dôi dafad i'r golwg gyda nod clust o gwennol dan y dde, bwlch plyg dano, cwart dan yr ase a llun yr allwedd dano, yna, gwyddem mai dafad Mair Davies, Glynsaithmaen, fyddai hi, a phe gwelid dafad yn ei hymyl gyda nod gloifi'r dde lan, bwlch plyg arno a thwll yn yr aswy, yna, gwyddem mai Denzil Jenkins, Fronlas, fyddai piau honno. Ar un adeg cofrestrwyd 123 o wahanol doriadau ar gyfer preiddiau'r Preselau gan ddefnyddio termau megis 'picwarch', 'prenllunswch' a 'careion' i ddynodi'r toriadau. A phetai Cerwyn, Mair a Denzil, ac eraill o blith bugeiliaid Mynachlog-ddu wrth law, diau y medren nhw draethu'n huawdl am rai o'r hen fugeiliaid wrth gael eu hatgoffa am nodau clust eu defaid.

Ac ar wahân i'r gwahaniaeth ieithyddol medren nhw hefyd nodi'r gwahaniaeth rhwng pobloedd y ddwy ardal ac esbonio pam y bu hynny'n fodd o wrthsefyll militariaeth mewn un ardal ond ildio i'w ddymuniad yn y llall. Yn syml, roedd ffermwyr y mynyddoedd yn berchen ar eu ffermydd ac, felly, yn medru gwrthsefyll, ond eiddo i ystadau mawrion, megis Ystad Cawdor yn bennaf, oedd ffermydd y godreon ac felly'r meistri tir oedd yn gwneud y penderfyniadau. Dyna roes i Waldo y syniad o sôn am 'fur fy mebyd, fy magwrfa, wrth fy nghefn ym mhob annibyniaeth barn' wrth esbonio cymaint y golygai daear ei blentyndod iddo.

Mewn gwirionedd, defnyddiwyd y ddwy ardal fel meysydd ymarfer milwrol dros dro yn ystod yr Ail Ryfel Byd ac er i diroedd Castellmartin gael eu defnyddio i amaethu am ychydig wedyn, fe'u prynwyd gan y Weinyddiaeth Amddiffyn yn 1948, ac erbyn 1951 câi ei ddefnyddio fel maes ymarfer tanio pan oedd rhyfela ar y gweill yn Korea. Yn y 1960au gwnaed trefniant i'r Panzers, milwyr byddin Gorllewin yr Almaen, i ddefnyddio'r maes ar gyfer ymarfer eu tanciau rhyfel, a gwaddol y cyfnod hwnnw yw'r arwyddion dwyieithog a welir hwnt ac yma o hyd, Saesneg ac Almaeneg. Daeth y trefniant hwnnw i ben yn 1996 ond nid cyn i lawer o'r milwyr adael eu hôl ar y boblogaeth frodorol, fel y gwnaeth y Normaniaid a'r Ffleminiaid a'r Gwyddelod mewn cyfnodau cynt, trwy briodi merched lleol. Mae'r ddau danc rhyfel, Romulus a Remus, bygythiol yr olwg, wrth fynedfa'r gwersyll ym Merrion, y naill yn pwyso 65 tunnell a'r llall 33 tunnell, yn waddol y cyfnod hwnnw, a'u presenoldeb, mae'n siŵr, yn atgoffa'r trigolion lleol o'r sŵn byddarol yn ystod yr oriau a neilltuwyd ar gyfer tanio.

Rhyw feddyliau felly sy'n gogordroi yn fy meddwl wrth i wynt yr heli gryfhau yn fy ffroenau, a ninnau nawr yn haul y bore yn brasgamu heibio i Linney Head, ac yn sylwi ar nifer o fwâu a mordyllau yn y creigiau, yn dyst o erwinder y môr ar hyd y darn hwn o arfordir dros y canrifoedd. Ond does dim modd osgoi'n llwyr olion paratoi at ryfela am fod ambell danc wedi'i ddinistrio'n ulw yn gorwedd mewn ffos a sieliau'n gorwedd yn strim-stram-strellach yn y gwair yn gymysg â seigenni sych o ddom da. Dinistriwyd bythynnod a ffermdai hefyd trwy eu defnyddio'n dargedau, a chymaint haws, meddyliwn, fyddai gwerthfawrogi gogoniant digyfnewid yr arfordir o waith y Creawdwr pe na byddai cymaint o ddinistr o waith dyn o fewn ein gorwelion. A ddaw'r dydd pan na fydd angen y tiroedd hyn at bwrpas paratoi ar gyfer rhyfela ac y cânt eu defnyddio unwaith eto ar gyfer tyfu cnydau a phesgi anifeiliaid heb ymyrraeth sŵn tanio?

Dyma gynefin y fuwch ddu Castellmartin gyda'i mwng hir a'i chyrnau llydan a thebyg na wnaeth neb fwy dros hybu ei thras na John Mirehouse a fu'n ffermio Fferm Brownslade ar ddiwedd y ddeunawfed ganrif. Byddai eraill yn efelychu ei hwsmonaeth wrth iddo ddyfeisio ffyrdd o ddygymod â'r gwyntoedd heillton trwy godi muriau cysgodol yn hytrach na phlannu coed, a bencydd o bridd yma ac acw i'r un pwrpas. Torrodd gronfa ddŵr fawr gan drefnu i'r dŵr lifo ar hyd pibellau i lynnoedd bychain ar draws 150 erw o dir pori. Ond ei orchest fawr oedd sychu 274 erw o dir corsiog a'i ddefnyddio i godi amrywiaeth o gnydau megis maip, llafur, a had rêp a chael ei gydnabod yn un o ffermwyr mwyaf mentrus a llwyddiannus ei gyfnod. Nid heb reswm y dyfarnwyd Medal Aur y Gymdeithas er Hybu'r Celfyddydau, Gwyddoniaeth a Masnach iddo yn 1800 am y modd gwyddonol yr aeth ati i sychu ei dir. Ac nid heb reswm chwaith yr oedd yn uchel ei barch ymhlith ei denantiaid a'r tlodion am iddo fynnu gostwng prisiau bwydydd angenrheidiol adeg Rhyfeloedd Napoleon yn hytrach na bodloni i alw'r milisia i gadw trefn yn nhref Penfro a'r pentrefi oddi amgylch. Ni chredai mewn codi cyflogau am y prydrai y byddai hynny, yn ôl y teithiwr Benjamin Malkin, yn chwyddo balchder ei weithwyr ac yn berygl i'w moesau.

Nid yw Brownslade yn ddim namyn adfeilion bellach a chyflwr y tiroedd yn ddim ond cysgod o'r hyn a oedd ddau gan mlynedd nôl. Ond rhag paldaruo'n ormodol am yr anrheithio a fu, parod yw'r naturiaethwr a'r botanegydd i'n goleuo na fu swyddogaeth militariaeth yn yr ardal yn ddrwg i gyd. Clustnodwyd tua 25 y cant o'r tir yn Safleoedd o Ddiddordeb Gwyddonol Eithriadol, ac am nad oedd y tir yn cael ei amaethu yn y cyfnod pan oedd plaleiddiaid a gweryd artiffisial yn gyffredin, dadleuir bod planhigion a blodau brodorol wedi goroesi'n naturiol, a bod botanegwyr yn eu seithfed nef yn crwydro'r paith. Mae'r pori tymhorol wedyn, yn ogystal â chyfyngu ymlediad yr eithin, y prysg a'r porfâu hir, hefyd yn rhoi gwrtaith naturiol i'r tir. Pa gynefin sy'n well i flodau gwyllt, a'r cynefin hwnnw yn ei dro'n bodloni lliaws o drychfilod, ieir bach yr haf, adar, a mamaliaid bychain?

Mae'n rhaid mai dyma'r rhan ddiflasaf o'r holl Lwybr Arfordirol am nad oes pleser mewn cerdded ar hyd cae gwastad yn ddiddiwedd fel petaem ar y paith neu yn yr anialwch a'r pellter rhyngom a'r gorwel yn aros yr un waeth faint a gerddwn. Does dim amdani, er mwyn torri ar yr undonedd, ond dynwared y ffermwyr hynny yr adwaenwn sydd oll ag osgo unigryw wrth gydio mewn pastwn a chroesi'r clos, cylchu'r ydlan, cerdded gweirglodd a cherdded mart. Prin fod 'run ohonyn nhw 'run fath wrth naill ai lusgo neu gloffi un goes, camu'n fân ac yn fuan efallai, neu ryw ysgwyd o un ochr i'r llall fel petaen nhw'n cerdded dros wyau. Gwnaf yn siŵr nad wyf yn rhy agos at y cerddwyr eraill wrth i mi ymgolli yn fy hurtrwydd.

Deil Holly James i gerdded mor sionc ag erioed heb oedi i adennill ei gwynt nac ychwaith i sychu dafnyn o chwys. Yn wir, dyw hi'n ddim iddi gario ei rhychsach ei hun yn ogystal ag eiddo ei mam, Jean, am filltiroedd lawer. Tebyg y medrai wneud y tro heb y mynych oedi a wna'r rhelyw ohonom a'r ysbeidiau a neilltuir i sôn am dameidiau diddorol gan y tywyswyr. Byddai Holly wedi gorffen pob diwrnod o gerdded yn gynnar yn y prynhawn petai'n mynd ati ar ei liwt ei hun, debyg iawn, a hynny, wedyn, yn ei galluogi i seiclo ymhellach na'r deuddeng milltir a wna'n gyson gyda'r nos, rhag ei bod yn colli ystwythder a stamina, ar ôl dim ond deunaw milltir o gerdded. Wedi'r cyfan, mae'n rhaid i weithiwr ym maes fferyllol yn Llundain, sy'n cymryd rhan mewn cystadlaethau seiclo pellteroedd, bedlo yn ogystal â cherdded. O am gael bod yn ifanc a heini unwaith eto heb fod yna'r un bothell na chorn ar fysedd y traed yn peri gofid!

Ond rhaid clatsho arni a derbyn gair y gwybodusion bod y rhan hon o'r arfordir yn apelio'n fawr at ddaearegwyr oherwydd patrymau'r creigiau ac, yn wir, ni ellir gwadu hynodrwydd ambell grugyn o greigiau. Yn ôl yr arbenigwyr ceir cyfundrefn o ogofâu yn y cyffiniau, na ellir sicrhau mynediad iddynt oll mwyach oherwydd yr erydu a fu dros y canrifoedd. Mewn un man, Pen-yr hollt, sy'n un o'r ychydig enwau Cymraeg a oroesodd ar hyd y darn hwn o arfordir, gwelir ffosilau lu ym mhlygion yr haenau o galchfaen, sy'n dystiolaeth o hanes cynnar y ddaear. Mae'r ardal hefyd yn frith o dystiolaeth am anheddau cynnar, ceyrydd pentir a chladdfeydd, ac yn gymharol ddiweddar daethpwyd o hyd i feddau cist mewn un man. 'Nôl yn 1928 daethpwyd o hyd i arch yn Corston yn cynnwys olion o ddyn â dagr efydd wrth ei wregys y bernir ei fod yno er 1,600 cc. Ceir rhai meini hirion yn y cyffiniau yn ogystal â Choeten y Diafol ger ffordd y B4319 a ddisgrifir yn ddolmen yn hytrach na chromlech am fod ganddi faen gwastad ar ei phen. Ac wrth fynd heibio i Fae Bulliber tybed ai Pwll Berw oedd yr enw gwreiddiol; ni ellir ond dyfalu bellach.

Prin y daw haneswyr y dyfodol o hyd i dystiolaeth o afael Anghydffurfiaeth yn yr ardal tra bo tyrau o leiaf dair eglwys wladol, Warren, Sant Twynell, a Sant Petrox, i'w gweld o bell ar y ffurfafen; yn wir, lleolir pum eglwys o fewn chwe milltir i'w gilydd yn y cylch. Yn wir, a wyddoch chi am gapel rhywle rhwng Gilead, yn Maidenwells, a chyffiniau Maenorbŷr? Am fod y rhan fwyaf o'r ffermwyr a'r tyddynwyr yn ddeiliaid yr ystadau mawrion a'r perchnogion yn Eglwyswyr rhonc, yn manteisio ar y ffafrau a ddeuai o fod yn perthyn i eglwys a oedd yn gysylltiedig â'r wladwriaeth, roedd disgwyl i'r tenantiaid bledio teyrngarwch yn yr un modd. Ond wrth gyrraedd cyffiniau Pont-y creigiau neu'r Bont Werdd ac Elegug Stacks ac edrych am yn ôl ar y rhan hon o'r tirwedd, sy gan amlaf wedi'i wahardd i gerddwyr, ni allaf lai nag adleisio'r gerdd 'Daw'r Wennol'.

Arswydai Waldo pan glywai am ymyrraeth militariaeth ar unrhyw ran o dir Sir Benfro a theimlai reidrwydd i fynegi hynny ar ffurf cerddi. Ysgrifennwyd hon yn 1939 ac ynddi mynega'r ffydd y bydd y wennol rhyw ddiwrnod yn dychwelyd i nythu ym mondo'r ffermydd a wacäed ar y pryd er mwyn gwasanaethu dibenion rhyfel. Mae'n rhaid gen i fod yr ymdeimlad hwnnw o arswyd a'r pangfeydd a ddioddefai yn enw'r ddynoliaeth wedi'i gipio gan yr arlunydd, Meirion Jones, mewn portread craff, maint corff ohono yn ei gwman yn syllu i ddiddymdra mewn cywilydd. Adleisio teimladau ei gyfaill a wnâi E. Llwyd Williams wrth sgrifennu am yr ardal: 'Clywson lawer o bryd i'w gilydd am yr "hud ar Ddyfed", ond mae melltith yma hefyd … chwe mil o erwau brasaf daear Dyfed o dan olwynion cerbydau'r fall yn y fro hon. Lle y bu gwenith mae llaib gynnau.'

Gan amlaf bydd cerddwyr yn ailgydio yn y Llwybr yn y fan hon ac ni ellir peidio â rhyfeddu at ryferthwy natur wrth edrych dros y clogwyni. Dywedir bod yma amrediad llanw o 25 troedfedd sy'n creu cerrynt nerthol ac nid rhyfedd bod eu taro cyson wedi naddu bwa a dwy golofn uchel o galchfaen naturiol, y naill yn 130 troedfedd uwchben trawiad y tonnau a'r llall yn 150 troedfedd, ond ychydig yn is na'r clogwyni uwch ei phen. O ble y daw'r gair 'elegug'? Ai Cymraeg ynteu Fflemaidd yw ei darddiad ynteu a yw'n gymysgedd o'r ddwy iaith? Does dim dwywaith mai cyfeirio at yr aderyn gwylog, heligog, chwilog-hwilog, neu *guillemot* yn Saesneg, a wna, a hynny am fod miloedd ohonyn nhw'n nythu ar ben y creigiau ers canrifoedd â'r giwana gwyn yn dyst o hynny. Yn is i lawr bydd y llurs yn nythu ac yn is i lawr ymhellach yr wylan goesddu a welwn yn gyson ar golofnau creigiog ar hyd y darn hwn. Byddai taith mewn cwch ar hyd y parthau hyn yn ychwanegu at ein gwerthfawrogiad o fawredd yr hyn sy tu hwnt i wneuthuriad dyn rhwng Bae Flimston heibio i Moody Nose, Bae Bullslaughter, Mewnsford Point a Newtown Saddle a hwythau'n gyforiog o ogofâu ac ambell fwa.

Deil y cerdded ar hyd y gwastad heb na thro na phant a hynny gryn lathenni o'r clogwyni ac ni fedraf feddwl am yr un ffermwr arall mwyach i efelychu ei gerddediad er difyrrwch i mi fy hun. Ymddengys nad oes yna fawr o straeon perthnasol i'w hadrodd chwaith, ar wahân i'r esboniadau diddorol am darddiad priod-ddulliau yn llyfr Rob, nes y cyrhaeddwn Llam yr Heliwr – un o'r cilfachau niferus hynny sy'n bwyta i mewn i'r tir a'r cwymp obry yn 130 troedfedd. Yn wir, dyna a ddigwyddodd i heliwr yn dianc rhag erlidwyr yn ceisio casglu dyledion, mae'n debyg, ac ar ôl synnu at gamp ei geffyl yn neidio ar draws y ceunant, dychwelodd yn ddiweddarach i lawn werthfawrogi ei orchest. Pan welodd ddyfnder y dwnsiwn cafodd cymaint o abwth nes iddo farw yn y fan a'r lle. Gwelir ceudyllau rhyfeddol yn y cyffiniau yn dioddef ergydion dibaid y môr wrth i'r dŵr lifo o un i'r llall trwy gyfres o fwâu. Fe'n rhybuddir droeon i beidio â mentro'n rhy agos at yr ymyl, er nad yw'r gwynt yn hyrddiol, a chofiwn fod milwr ifanc o'r enw Graham Thomas, wedi syrthio i'w farwolaeth yn y cyffiniau yn 1990. Pwyll piau.

Cyn pen fawr o dro wrth i ni ystyried ein hanfarwoldeb ein hunain deuwn at Gapel Sant Gofan lle dywedir i leidr Gwyddelig lochesi yno rhag ei ddialydd a chymaint oedd edifeirwch Gofan nes iddo godi'r capel, sy'n mesur ugain troedfedd wrth ddeuddeg, a threulio gweddill ei oes mewn gweddi ac ympryd. Camp i chi rifo'r grisiau ar y ffordd i lawr ac yna eu rhifo eto ar y ffordd i fyny a chael yr un cyfanswm bob tro. Cofier bod yna risiau y tu draw i'r capel hefyd. Ond dywed eraill mai un o farchogion Arthur, neu hyd yn oed Cofen, gwraig un o dywysogion y chweched ganrif o Forgannwg, sydd a wnelo â'r capel gwreiddiol. Dywed eraill, eto fyth, taw Gobham, un o gyfoedion Dewi Sant, oedd wedi llochesu yma, rhag môr-ladron oedd ar ei warthaf, pan agorodd hollt yn y graig i'w alluogi i guddio nes iddyn nhw fynd heibio a chredir iddo farw yma yn 586, o bosib. Yn sicr, pwy bynnag fu yma, prin y medrai ddewis man mwy anghyfannedd ac yn fwy o her i dueddiadau meudwyaidd. Cyffrowyd Eirwyn George gan awyrgylch y fangre:

> Disgynnwn dros risiau gwyrgam y canrifoedd
> i deimlo'r sancteiddrwydd yn yr oerni llaith
> wrth allor o garreg,
> lle plyg y mulfrain eu pennau yn y tawelwch
> fel mynaich yn cydaddoli.

Nid oes cwmni yma ond y môr
sy'n llafarganu o amgylch creigiau'r oesoedd,
a ffenestr hirgul yn ymrithio'r machlud
yn wyrth o olau dan fwa'r gangell . . .
fel wyneb Crist yn syllu o'r tywyllwch.

Wrth gwrs, roedd yma ffynnon yn meddu ar y galluoedd i iachâu ac yn wir roedd dwy yma ar un adeg. Sychodd yr un o dan y capel er, yn ôl y sôn, gadewid casgliad o ffyn baglau yn y fan yn rheolaidd, ganrif neu ddwy yn ôl, yn dyst i allu'r sawl a oedd wedi'i barlysu i gerdded eto. Dywedir hefyd fod cloch arian yr eglwys wedi'i dwyn, bod cwch y lladron wedi troi drosodd mewn storm a bod y gloch wedi'i dychwelyd o wely'r môr gan nymffiaid. Fe'i cuddiwyd o dan un o'r meini ar y traeth ac os llwyddir i daro'r garreg benodol honno fe glywch y gloch yn canu. Gwell codi pac rhag i haul y prynhawn effeithio'n ormodol ar ein hygoeledd ond cofiwch ei bod yn lled sicr taw yn y drydedd ganrif ar ddeg y codwyd yr adeilad yn ei ffurf bresennol.

Cyn pen fawr o dro deuwn at ddiwedd y daith am y diwrnod yn Broad Haven neu Broad Haven South, fel y'i gelwir weithiau, rhag ei gamgymryd am y traeth o'r un enw ac o brydferthwch cyffelyb y cyfeiriwn ni ato fel Aberllydan. Gadawsom aruthredd y creigiau o'n hôl heb weld yr un adyn yn mentro eu dringo fesul modfedd gan ddal wrth raffau er mwyn eu hatal rhag disgyn i ebargofiant – rhaid wrth ganiatâd gan y Weinyddiaeth Amddiffyn er mwyn cyflawni'r gamp. Ar un adeg pan fentrai ambell ddringwr ar hyd y creigiau heb ganiatâd roedd yn ofynnol i'r milwyr ei gorlannu a'i dywys i'r pencadlys i'w holi'n dwll i ganfod ai ysbïwr mentrus oedd yn eu plith ai peidio.

Edrydd Jim Perrin hanesyn amdano yntau a Joe Brown yn dringo yn y cyffiniau pan oedden nhw'n iau gan fod mor ddihidiol â cherddorion roc wrth i heli'r môr dasgu drostynt ar wyneb y graig a greddf a menter y cyhyrau a'r gwythiennau yn eu cynnal. Dau jynci dringo go iawn yn byw ar adrenalin y perygl am wythnosau wedyn gan chwennych y profiad o herio'r elfennau dro ar ôl tro, a phrin fod yr her honno'n finiocach yn unman nag uwchben crochanau creigiog cyffiniau Broad Haven. Rîff gitâr oedd hongian ar raff uwchben pelydrau'r haul yn llosgi glesni'r môr obry a chanol colyn tywyllwch oedd syllu i fogail ceudwll wrth chwilio am yr hollt lleiaf i ddal y pwysau. Nid rhyfedd bod rhai o gampau Jim a'i ffrindiau'n chwedlonol a'u bod wedi bathu enwau i'r dringfeydd lleol sy wedi ennill eu lle ar fapiau dringo.

O'm rhan fy hun bodlon wyf ar gerdded yn sigledig ar dir gwastad i gyfeiriad

Bosherston, oedi wrth ddrws Tafarn Sant Gofan i edmygu wal gerrig Fferm Buckspool a ymddengys fel petai'n ymestyn am filltiroedd, cyn chwennych peint o gwrw gofiaid i fwrw lludded, edmygu'r pen tarw ar y wal draw, a pharatoi am wledd o blith y danteithion amrywiol a nodir ar y bwrdd du. Bu'n ddiwrnod o brofiadau cymysg, o alw i gof hen wayw, o arswydo, a dyheu am newid a wêl y wennol hithau'n dychwelyd i diroedd lle na bydd rhaid i ddyn, boed amaethwr neu ymwelydd haf, gymryd sylw o'r un faner goch wrth gyflawni eu gorchwylion. Ymdoddi'n un a wna cleber y brodorion a'r ymwelwyr, sy'n parablu mewn amryw o acenion ac ieithoedd, a gorseddir brawdgarwch.

Wrth dafoli'r awyrgylch a'r seigiau, a wlychir â mesur helaeth o win, da o beth yw cofio bod yr arlunydd o heddychwr Cristnogol, Arthur Giardelli, wedi ymgartrefu yn Warren gerllaw er 1969, a'i fod wedi dibynnu ar ysbrydoliaeth y môr i'w gynnal. Roedd gweld stormydd geirwon yr Iwerydd yn ei atgoffa o'r un peth na all dyn ei reoli, a cheisiodd gyfleu holl hwyliau oriog y môr yn ei waith haniaethol gan dynnu sylw dro ar ôl tro at y modd y gwnaed y creigiau a'r cregyn mor llyfn gan rythmau'r môr. Tery'r dirwedd o amgylch yr arfordir bawb mewn ffyrdd gwahanol ond does dim amau ei bŵer na'i hud a'i ledrith, hyd yn oed os amherir ar y gwerthfawrogi gan ymyrraeth nad yw'n gosod bri ar y gynneddf ddynol o bryd i'w gilydd.

LILÏAU, CAWDORIAID A GERALLT

Mae'n werth ymweld â Llynnoedd Bosherston yn ystod pob un o'r pedwar tymor oherwydd ni chewch eich siomi gan y golygfeydd ysblennydd a'r naws tangnefeddus naill ai pan ddeffra'r dydd neu pan rydd ei ben ar obennydd. Bydd yr holl lilïau yn eich syfrdanu yn yr haf a'r bywyd gwyllt yn atodlen i'r gwynder a'r gwyrddni ar draws y dŵr, ac yna'r eira ar frigau noeth ynghyd â'r tawelwch llethol yn cael ei dorri gan benhwyad yn codi i'r wyneb yn eich cyfareddu yn nhrymder gaeaf. Ond waeth pa dymor yw hi, ond i chi ddal ychydig hadau ar gledr eich llaw, fydd hi ddim yn hir cyn y daw robin goch boldew o rywle i fwyta ei wala tra bydd ei gyfoedion yn canu'n llon yn y brigau. Llynnoedd i loetran ar eu hyd yw'r rhain ac nid i frasgamu heibio iddynt ar gychwyn y trydydd diwrnod ar ddeg o gerdded.

Gorchest teulu breiniol y Cawdoriaid, a hanai o'r Alban yn wreiddiol, yw'r llynnoedd sy'n ymestyn ar draws 80 erw ac wedi eu diogelu rhag y môr gan farian uchel o dywod a mur a godwyd gan y teulu yn y ddeunawfed ganrif pan oedden nhw'n berchen ar Ystad Ystangbwll, yn ymestyn dros 16,000 erw, ond yr Ymddiriedolaeth Genedlaethol yw perchen y llynnoedd bellach er 1977. Ewch yno yn y bore bach a hwyrach y gwelwch ddyfrgwn yn chwarae ar ymyl un o'r llynnoedd. Haedda'r lle fod yn gysylltiedig â'n chwedlau cynnar: onid yn y fan hon y derbyniodd y Brenin Arthur ei gleddyf, Caledfwlch, o law'r feinwen yn y llyn? Pwy fydd mor hy â gwadu hynny? Yn sicr, nid yw'r fan yn cyfyngu ar y dychymyg. Boddwyd tri dyffryn i greu'r clytwaith o lynnoedd a rhydd y gelltydd oddi amgylch yr argraff, am eiliad, ein bod rywle ynghanol llynnoedd enfawr Gogledd Canada ymhell o gysgod pob gwareiddiad.

Mater o hap a damwain oedd cysylltiad cynnar y Cawdoriaid â theulu'r Lort yn Ystangbwll. Ar ddiwedd yr ail ganrif ar bymtheg roedd Gilbert Lort ac etifedd castell ac ystadau'r Cawdor yn yr Alban, Alexander Campbell, yn gyd-fyfyrwyr yng Nghaergrawnt. Roedd yn haws i Alexander deithio i'r gorllewin gyda'i gyfaill a hwylio ar long wedyn i'r Alban pan fyddai am fynd adref adeg gwyliau yn hytrach na theithio'r holl ffordd ar y goets fawr. Yn ystod un o'r mynych ymweliadau hynny, ac yntau wedi'i atal rhag hwylio am rai wythnosau oherwydd y tywydd garw, y blodeuodd cyfeillgarwch rhyngddo a chwaer Gilbert, a buan y priodwyd Elizabeth ac yntau, gan ei alluogi i ychwanegu'r Ystad at ei eiddo helaeth.

Ar un adeg roedd yna 300 o ystafelloedd yn y plasty lleol ysblennydd a godwyd yn 1735 a'i ehangu yn 1845 ond dymchwelwyd yr adeilad yn 1963 gan y pumed Iarll Cawdor, John Duncan Vaughan Campbell. Sylweddolodd nad oedd modd ei gynnal a'i gadw ac yntau wedi methu â pherswadio llywodraeth y dydd i gyflwyno Deddf Adeiladau Hanesyddol a fyddai'n ei alluogi i gael grantiau i gadw'r plasty ar ei draed; ond erys yr hen stablau yn ganolfan gynadledda a gweithgareddau awyr agored bellach. Yno o hyd mae'r adeilad o furiau trwchus lle arferid hongian yr holl ddofednod, y cwningod a'r ceirw y byddai eu hangen beunydd ar gyfer y gwledda, a phrin y byddai'r un hoelen fyth yn wag.   .

Yr enwocaf o'r teulu oedd John Campbell, a ddyrchafwyd i Dŷ'r Arglwyddi yn 1796 wedi iddo wasanaethu fel aelod seneddol Aberteifi am ddeunaw mlynedd. Ystyrid ef yn dirfeddiannwr ac yn amaethwr blaengar, ac yn sicr doedd dim yn ormod i'r teulu o ran sicrhau moethusrwydd a hwylustod. Y Campbell hwn a alwyd i erlid y Ffrancwyr yn Abergwaun yn 1797 a'i fenter ef oedd sefydlu catrawd o farchfilwyr adeg Rhyfeloedd y Chwyldro yn Ffrainc. Dywedir bod un o'r Ieirll wedi mentro ar Daith Fawreddog o amgylch Ewrop, yn unol ag arferiad y byddigions, yng nghwmni etifedd Ystad y Gelli Aur yn Nyffryn Tywi. Penderfynodd y ddau ewyllysio eu heiddo i'w gilydd ar ddechrau'r siwrnai oherwydd peryglon teithio'r cyfnod hwnnw. Dychwelodd y ddau'n holliach a dinistriodd John Vaughan ewyllys ei gyfaill, ond nid felly'r Albanwr, a phan fu farw'r Cymro'n ddietifedd, hawliodd yr Iarll ei holl eiddo trwy gyflwyno'r ewyllys o ddyddiau eu hieuenctid.

Ond gadawn i weision y neidr yn y twyni tu hwnt i'r llynnoedd dynnu ein sylw oddi ar y dyddiau a fu a dringwn i ben y clogwyni i olwg y môr unwaith eto gan ryfeddu at ddyfnder y tywod o'n hamgylch a'r modd y gellir ei ridyllu'n gawodydd mân trwy ein bysedd. Ai Ken soniodd am ei brofiad yn gweld haid o fagïod liw nos wrth ymyl un o'r tyrchfeydd dywedwch? Profiad i'w drysori mae'n siŵr ar noson hwyr o haf wrth i'r tonnau daro traeth Broad Haven obry a hwyrach lleuad lawn yn goleuo fry uwchben. Peidiwch â chael eich temtio i nofio at Graig yr Eglwys am fod y pellter yn fwy nag y tybiwch ac mae'r dyfroedd o'i chwmpas yn dywyll ac yn oer.

Gwelir holl amrywiaeth creigiog yr arfordir ar hyd y filltir neu ddwy nesaf, yn arbennig pe byddem yn teithio mewn cwch heibio i Drwyn Cyfrwy a Bae Cyfrwy, nad yw'n ymddangos y gellir ei gyrraedd ond o'r môr. Dyma'r ardal sy'n denu'r dringwyr hynny sy'n cael boddhad wrth ddringo craig unionsyth a hynny efallai trwy fordwll ynghanol cawod o ewyn. Dyw'r frawdoliaeth ddringo ddim yn cydnabod neb yn ddringwr o'r iawn ryw oni bai ei fod wedi rhoi cynnig ar fordwll y Crochan gerllaw. Dyma gynefin y llursod, y gwylogod a gwylanod y graig ac fe'n hysbysir bod yr olion tyrchu yn y tir yma ac acw yn brawf bod y frân goesgoch neu frân Arthur hithau hefyd yn y cyffiniau yn chwilio am enllyn yn y pridd. Mae'r awel yn fain ac yn iachus a chyn pen dim disgynnwn yn araf trwy allt goediog er mwyn sawru ei gogoniant hithau cyn taro ar ryfeddod o draeth o'r enw Barafundle; a fu erioed ei odidocach?

I bob pwrpas hwn oedd traeth preifat y Cawdoriaid a gellir eu dychmygu, ynghyd â'u gwesteion, gyda chymorth y gweision a'r morynion, yn ymlwybro i lawr am bicnic ac yn ymdrochi mewn tipyn o steil yn null ysblennydd Oes Fictoria. Fy nghyngor innau fyddai i chi gadw lleoliad y traeth hwn yn gyfrinach a thywys ffrindiau yma o bryd i'w gilydd gan ei gyflwyno fel eich traeth personol chi eich hun nad ydych yn fodlon ei rannu â neb ond gyda'r ychydig dethol. Mae'n filltir o daith gerdded dda i'w gyrraedd o gyfeiriad Cei Ystangbwll draw a'r unig gyfaddawd â'r byd modern yw'r rhes o risiau sy'n disgyn iddo o'r pen dwyreiniol. Ni chewch yr un fan hufen iâ yma ac nid rhyfedd i feirdd diweddar gael eu hudo yma. Trawyd John Tripp, y bardd o Fargoed, gan sawr y gwymon a oedd mor gryf nes y gallai wacáu'r ffermydd cyfagos, gorfodi'r gwylanod i roi'r gorau i hedfan a gyrru'r gwartheg ymhell i'r tir mawr. Doedd trefnusrwydd swyddfa a chynhesrwydd tref yn ddim o'i gymharu â hudoliaeth yr holl froc môr ar ddiwrnod o haf:

> It is a proud and stubborn line of rock,
>
> impatient under moon channels,
>
> waiting for the late Atlantic lash,
>
> turning a storm-eye on frivollers
>
> but welcoming the rough-weather guest.

Cyhoeddwyd y gerdd mewn cyfrol o 56 o gerddi, a olygwyd gan Tony Curtis, o dan y teitl *The Poetry of Pembrokeshire*, yn 1989, ond gallai'r nifer fod yn fwy petai R. S. Thomas wedi cytuno i gyfrannu. Gwell oedd gan y *guru* llenyddol wrthod am nad oedd rhan o'r teitl o leiaf yn Gymraeg. Nodweddiadol o'r mân lenorion yn y cyffiniau oedd Roger Lort a gyhoeddodd *Epigrammatum Liber Primus*, sef detholiad o epigramau Lladin, yn 1646.

Tebyg y dylid crybwyll fod un o feibion cyfoes enwocaf yr ardal, Euros Childs, wedi defnyddio *Barafundle* yn deitl un o gryno-ddisgiau gorau'r grŵp roc dwyieithog Gorky's Zygotic Mynci, a ffurfiwyd ganddo ef a'i chwaer, Megan, ymhlith eraill, pan oedden nhw'n teithio'n ddyddiol yr holl ffordd o Freshwater East i Ysgol Bro Myrddin, ger Caerfyrddin, i gael addysg uwchradd ddwyieithog. Hwyrach nad yw'n syndod bod Euros bellach fel artist unigol yn cael ei ystyried yn berfformiwr ecsentrig am fod ei dad yn aelod o'r grŵp La Volta, sy'n chwarae cerddoriaeth ganoloesol gan ddefnyddio tua 30 o offerynnau – yn cynnwys pibgorn, chwythgorn a chrymgorn. Teg dweud hefyd i'r tad fod yn aelod o gôr cymysg ac i Euros yntau fod yn aelod o gôr eglwysig. Does ond angen sbec sydyn ar gasgliad helaeth o wahanol gyfrolau o *Wisden* – Beibl y cricedwyr, ar y silffoedd ym Mhenfeidr i sylweddoli bod Lynne Childs yn gricedwr brwd hefyd, a'r diléit yn para ac yntau'n 64 oed bellach.

'Wel, yn anffodus bu'n rhaid i drydydd tîm Ystangbwll dynnu mas o Gynghrair Sir Benfro eleni. Ar un adeg y llynedd roedd tri neu bedwar ohonon ni dros 60 oed a sawl un o'r lleill yn gryts ysgol. A phan fethwyd â chael tîm ynghyd ar gyfer gêm olaf y tymor, wel, dyna hi wedyn, roedd rhaid cwpla. Ma'r dynion sy'n eu 30au ac yn barod i whare criced ar benwythnose'n brin bellach am fod natur bywyd teuluol wedi newid. 'Nôl yn y 1970au roedd y gwragedd adref yn hytrach nag yn mynd mas i weithio a bydden nhw a'r plant wedyn yn dod draw i'r llain griced ar b'nawn Sadwrn ac yn helpu gyda pharatoi'r te. Fe fydde fe'n achlysur cymdeithasol pryd 'ny ond nawr y penwythnose yw'r unig adeg ma'r teulu gyda'i gilydd. Ond 'na fe, dwi wedi whare bob tymor ers hanner can mlynedd a ma dou dîm 'ma o hyd. Falle bydd yr ail dîm yn brin ambell b'nawn Sadwrn, gawn ni weld. Synna i'n gweud fy mod yn rhoi'r gore iddi o'm gwirfodd, ond falle na fydda i'n cael fy newis.'

'Fe fuoch chi'n brifathro'r ysgol gynradd yn lleol am 30 mlynedd ac mae'n dal ar agor ond tan pryd?'

'Wel, ie, cwestiwn da. Dim ond tua thraean y 80 o ddisgyblion sy'n byw o fewn dalgylch yr ysgol nawr. Sdim llawer o deuluoedd ifanc yn yr ardal a hynny am fod llai o blant ym mhentrefi'r dalgylch nag a fu ar un adeg. Fe fues i ar un adeg yn teithio i nifer o wledydd Ewrop yn astudio gwahanol ddulliau o ddysgu. Dwi newydd glywed fod yr ysgol wledig roeddwn yn mynd iddi yn yr Almaen yn mynd i gau a hynny am yr un rhesymau cymdeithasol ag sy'n bygwth newid y ffordd o fyw yn Ystangbwll. Wrth gwrs, roedd nifer o blant Almaenig gyda ni fan hyn ar un adeg – 20 ar yr un pryd un tro heb air o Saesneg – pan oedd y Panzers yng Nghastellmartin, a dwi wrthi ar hyn o bryd yn ceisio dysgu Almaeneg mewn dosbarth yn Ninbych-y-pysgod bob wythnos. Na, dyw hi ddim yn argoeli'n dda o ran dyfodol tymor hir yr ysgol.'

'Mae'r lolfa fan hyn yn edrych draw ar y gorwel i'r gorllewin ac mae'n rhaid bod yna fachludoedd hudol i'w gweld o'r gadair freichie?'

'O, digon gwir. Dwi wedi cadw cofnod o lawer ohonyn nhw dros y blynyddoedd achos ma pob un ychydig yn wahanol. Ma ambell fachlud yn odidog ond synna i wedi gweld y fflach sydyn yna o wyrdd sy i'w weld yn achlysurol wrth i'r haul daro'r gorwel. Bydd rhaid i fi ddal ati i gadw llygad…'

Ymlaen â ni a finne'n addo i fi'n hunan y bydda i'n dychwelyd yn unswydd i Barafundle rhyw ddiwrnod. O fewn byr o dro deuwn i Gei Ystangbwll sy eto'n rhan o greadigaeth y Cawdoriaid a fyddai'n ei ddefnyddio i allforio calch a mewnforio nwyddau yn amrywio o lo i win – a mesur helaeth ohonynt o gofio bod angen gwresogi 50 o ystafelloedd gwely a disychedu wnifeintoedd o westeion. Heddiw bwyty sydd yma a hwnnw'n gwneud yn fawr o'i fonopoli economaidd o ran ei brisiau er ei fod yn ofynnol i'r cwsmeriaid ddioddef gwynt carthffosiaeth yn amlach na pheidio. Gadawn y Cei a dringo i lecyn lle gwelir tiroedd pori breision ar y naill law a chreigiau ysgithrog ar y llall. Gwelir parlwr godro ac adeiladau ffermdraw ond heb yr un ffermdy – sy'n atgyfnerthu'r ffaith mai busnes yw ffermio mwyach ac nad oes angen tŷ fferm yn ganolog i'r holl weithgareddau.

Dyma lle y daw cochni'r graig i'r amlwg unwaith yn rhagor wrth i ni gefnu ar y garreg galchfaen a rhaid wrth ddaearegwr o'r iawn ryw i esbonio pam y gorwedd rhai creigiau'n unionsyth tra bo eraill yn gorwedd ar draws yng nghyffiniau Trwyn Greenala lle gwelir olion caer Oes yr Haearn. Ond onid yw'r creigiau, ar wahân i'r modd y tery goleuni ar eu lliwiau, yn anniddorol? Ni fedrwch anwesu eich hun mewn creigiau fel y gwneir yn nhrochion y môr; mae'r naill yn ddisymud a'r llall yn aflonydd, a does yna ddim digwydd i'w weld yn y naill fel sydd yn y llall beunydd. Dolurio a wna caledwch y graig ond iacháu a wna meddalwch y môr ond eto mae'r naill yn ategu'r llall. Ymsefydlodd y creigiau hyn yn eu lle gan symudiad y ddaear mewn ardal sydd heddiw'n cyfateb i Lydaw, a hynny ar ddiwedd y cyfnod Carbonifferaidd 250 o filiynau o flynyddoedd 'nôl, pan wasgwyd rhan ddeheuol y pentir yn erbyn y darn gogleddol hwnnw oedd eisoes yn ei le ers y symudiad Caledonaidd dros 400 miliwn o flynyddoedd 'nôl. Yna, rhyw 17 miliwn o flynyddoedd 'nôl llifodd y môr dros y dirwedd, a byth ers hynny erydwyd y creigiau'n araf bach. Onid yw pob dim yn digwydd mor araf ac o fewn ffrâm amser na ellir ei amgyffred? Nid yw miliwn o flynyddoedd ond megis chwinciad yng ngolwg y daearegwr pybyr.

Ta waeth, awn yn ein blaenau gan gerdded yn dalog ar hyd tir agored gan oedi wrth Drwyn Trewent, a syllu i gyfeiriad y tir mawr i weld a ellir lleoli Fferm Gorllewin Trewent, lle yr arferid cynnal rhai o gyfarfodydd criw llengar *Dock Leaves* yn nyddiau Gwen a Wili Anderssohn, ac yna syllu i gyfeiriad y môr i gofio am ddigwyddiad diweddar pan gollodd dynes a'i chi eu bywydau yn y cyffiniau o ganlyniad i gynhyrfu nwydau: fel hyn y bu.

Ar brynhawn o Ebrill yn 1999, ar ôl treulio peth amser yng ngwely ei chariad, penderfynodd Ann Day wahodd ei gŵr am dro ar hyd yr arfordir i drafod yr ysgariad roedd hi'n ei fynnu. Roedd yr athrawes ysgol gynradd 47 oed am i'w gŵr i adael y cartref priodasol ym mhentref Llandyfái gerllaw – arferai ef daflu'r ddisgen dros Loegr pan oedd yn iau, ac roedd wyth mlynedd yn hŷn na hi. Ond doedden nhw ddim yn gweld llygad yn llygad a doedd yr athro dyniaethau mewn ysgol uwchradd ddim yn barod i gytuno i'r fath drefniant. Ni wyddys i sicrwydd beth ddigwyddodd ond yn bendifaddau ni wirfoddolodd Ann Day na Jess, y Labrador, i neidio dros y clogwyni. Ymhen ychydig oriau cysylltodd Denis Day â'r heddlu i ddweud nad oedd ei wraig wedi dychwelyd adref ond o dipyn i beth cyfaddefodd ei fod yn ei chwmni uwchben y clogwyni. Golchwyd yr hyn a oedd yn weddill o'i hysgerbwd i'r lan ar Draeth Telpyn, ger Llanrhath, dros ddeufis yn ddiweddarach. Pan ddaeth yn fater o achos llys cafwyd Denis Day yn euog o ddynladdiad ond tra ystyrid pa gosb y dylid ei rhoi iddo, fe'i rhyddhawyd ar fechnïaeth, ac yn ystod y cyfnod hwnnw bu'n aros yng nghartref ei fam-yng-nghyfraith, Joan Bingham, yn Llanllieni. Cafodd ddedfryd o 30 mis o garchar ac, wrth gwrs, mae wedi ei ryddhau ers tro bellach.

Ceir golygfeydd ysblennydd i'r dwyrain a'r gorllewin o Drwyn Trewent ond ceidw pawb yn ddigon pell o ymyl pob dibyn nes y cyrhaeddwn y rhipyn sy'n disgyn i Freshwater East, a chan fod hanes y Cawdoriaid yn dew yn yr ardal hon goddefwch un stori arall am John Campbell yn 1801, bedair blynedd wedi iddo ddelio â'r Ffrancwyr ym Mhencaer. Cafodd achlust un bore fod smyglwyr yn dadlwytho gwirodydd ar draeth Freshwater East, a gyda chymorth tri o ddynion nad oedden nhw wedi'u harfogi, aeth yno ar fyrder gyda'r bwriad o'u harestio. Dihangodd y smyglwyr wrth weld y ceffylau a meddiannwyd y casgenni o frandi ond doedd hi ddim yn fuddugoliaeth mor rhwydd â hynny.

Dychwelodd llond dau fad o smyglwyr a dihirod a bwrw ati i ymosod ar Iarll Cawdor a'i ddynion gyda phoceri a phastynau ond doedd yr Iarll ddim yn un i ildio ar chwarae bach. Er iddo gael ei daro i'r llawr fe gododd ac erlid yr ymosodwyr.

Ond, eto, doedd y fuddugoliaeth ddim wedi'i sicrhau. Aed ag un o'r smyglwyr a ddaliwyd i Drewent gerllaw ond, o fewn fawr o dro, amgylchynwyd yr adeilad gan ei gyfeillion a llwyddwyd i'w ryddhau. Er cyhoeddi gwarant yn galw am arestio'r dihirod ni ddygwyd 'run ohonyn nhw o flaen ei well. Mae'n rhaid bod yna flas go felys ar y brandi hwnnw ar daflod pwy bynnag a'i hyfodd.

Deuwn i Freshwater East sy'n un arall o draethau euraid yr arfordir gyda digonedd o greigiau a thwyni i gadw'r plentyn mwyaf chwilfrydig yn ddiddig. Ond gwelodd y pentref sawl brwydr gynllunio dros y degawdau ac mae'r trigolion yn benderfynol o atal unrhyw ddatblygiad sydd yn eu tyb nhw'n debyg o fasnacheiddio'r cyrchfan gwyliau. Ond mae'r hen gyfaill cynllunio hwnnw 'cynsail' weithiau'n clymu dwylo Awdurdod y Parc Cenedlaethol a'r cynseiliau hynny'n aml yn ymestyn 'nôl i'r dyddiau pan nad oedd yna'r fath beth â rheolau cynllunio. Draw uwchben y traeth fe welwch nifer o gabanau yma ac acw mewn cyflwr digon gwantan heb eu trwsio rhyw lawer ers eu codi yn y 1930au. Yn y cyfnod hwnnw hoff arfer pobol gefnog y trefi oedd codi bwthyn ger y môr ond canlyniad hynny, yn ôl Christopher John Wright, yw 'aflendid gweledol' a phrin fod yr un awdur arall sy wedi galw heibio wedi'i gyfareddu gan y llecyn. Ymddengys mai'r dyfarniad cyffredinol amdanynt yw 'casgliad o gabanau a byngalos salw' ac, yn wir, ni chredai E. Llwyd Williams fod y lle'n haeddu sylw hyd yn oed. Mae'n debyg mai'r hen enw am y rhan uchaf o'r pentref, beth bynnag, oedd Porth Lliw sy wedi'i lygru'n Portclew erbyn heddiw, a Lliw yw'r nant sy'n rhedeg i'r môr.

Cymysg yw'r teimladau ynghylch llecyn sy'n amlwg yn gwingo yn erbyn cortynnau datblygiad wrth i ni oedi i giniawa ynghanol y twyni. Dyma gynefin Fran Vickery, pan nad yw yn ei chartref ar gyrion Bryste, a hynny yn un o'r fflatiau a welir yn yr adeilad gwyn fry ar y llethr. Cefnoga'r garfan leol sy'n bwrw golwg fanwl ar bob cais cynllunio a gyflwynir i'r Parc Cenedlaethol gan wrthwynebu pob cais yr ofnir y byddai'n hagru'r ardal ymhellach. Deil Joan Bird yn wyneb cyfarwydd yng nghyfarfodydd Pwyllgor Rheoli Datblygu'r Awdurdod, yn barod i eiriol dros brydferthwch y tyrchfeydd yn wyneb pob datblygiad afluniaidd. Ond daw hen gyfaill i daith Llwybr yr Arfordir i'n cyfarch dros ginio, sef Alwyn Price o Benfro, yn gwisgo het gantel lydan megis Awstraliad yn y gwylltir.

'Roedd parcmyn y Parc yn tywys y teithie cyntaf un ac yn cyfnewid cyfrifoldeb pan fyddid yn cyrraedd terfyn 'u tiriogaeth unigol. Penderfynodd yr Awdurdod wedyn na fedren nhw neilltuo'r parcmyn am bythefnos gyfan i wneud y gwaith tywys, a dyna lle daeth Mary Wright, o Fryste, a finne i'r adwy ynghanol y 1980au. Roedd y ddau ohonon ni'n gwneud llawer o waith gwirfoddol ar hyd y Llwybr ac am ryw 20 mlynedd wedyn fe fuon ni'n tywys y daith. Mae'n debyg ein bod ni'n hollol wahanol am fod Mary'n drefnus gyda'i gwaith ymchwil ac yn un am gadw at amser tra byddwn i'n dueddol o ddweud y byddem yn aros am ginio tua marcie un o'r gloch, os byddem yn awchu am fwyd; ond roedd y ddau ohonon ni'n gweithio'n dda gyda'n gilydd hyd yn oed os oedd ychydig o natur jycôs Sir Benfro yn perthyn i fi.

Nawr, dwi wedi cerdded bobman sydd yna i'w gerdded yn Sir Benfro, ac ychydig ar hyd Bannau Brycheiniog, ond tra bo'r rheiny'n lled wastad mae yna fwy o amrywiaeth lawer o esgyn a disgyn ar hyd Llwybr yr Arfordir, ac mae rhywbeth gwahanol i'w weld tu hwnt i bob penrhyn. Dwi wastad wedi credu mai doethach yw cerdded o'r de i'r gogledd, hynny yw o Amroth i Poppit, am fod y prifwyntoedd a'r haul y tu ôl i chi. Dyw'r gwynt ddim yn eich wyneb na'r haul yn eich llygaid wedyn a medrwch weld lliwie pob dim yn 'u gogoniant ac nid eu cysgodion, a fydd mo'ch llygaid yn dwrhau. Efallai mai'r darn gogleddol yw'r mwyaf gwyllt ac mae'r Llwybr o amgylch Tyddewi wedyn wedi'i dreulio'n dda, a chamgymeriad llawer yw hepgor y darn o Dale i Angle am 'u bod yn credu 'i fod yn rhy ddiwydiannol. Ond mae yna ddarnau hyfryd yng nghyffiniau Aberdaugleddau, Neyland a Phenfro a hyd yn oed os ydych o'r farn 'i fod yn rhy ddiwydiannol, yna bydd profiad ohono'n gwneud i chi werthfawrogi'r gwylltineb cymaint yn well.'

Daw'n bryd codi pwn unwaith eto a'i mentro hi ar hyd y traeth ond llesg yw'r symud rhwng y twmpathau tywod am y llathenni cyntaf ar ôl y cyntun a roddwyd i'r coesau. Wrth esgyn yr ochr draw ac o edrych 'nôl i gyfeiriad y dwyrain, gwelir nad yw'r pentref gwyliau yn y pellter yn ychwanegu dim o ran ei olwg at y dirwedd. Ond ymlaen y bo'r nod ac mae'n rhaid nad oes hafal y tair milltir nesaf at Faenorbŷr o ran yr holl Lwybr rhwng y Traeth Gwyn a Llanrhath. Rydym 'nôl ynghanol eithin a rhedyn, ac wrth i'r Llwybr ddirwyn droedfeddi o ben y dibyn ar lechwedd does dim ond ehangder y môr i'w weld; glesni a gwyrddni'n ymdoddi'n un. Nid y lleiaf o'r gogoniannau yw'r ffaith bod yna nifer o bentiroedd o'n blaenau ac na wyddom beth sy y tu draw i'r un ohonyn nhw. Chwilfrydedd yn anad dim sy'n ein gyrru i fyny ac i lawr pob rhilog. Awn heibio i swildod Bae Swanlake tua hanner ffordd, braidd heb ystyried mai yma y tynnwyd llawer o'r lluniau hynny o ferched lled noeth a welir ar galendrau moduro byth a hefyd, a rhaid paratoi am yr hyrfa nesaf i fyny gan roi'r argraff nad yw'r ymdrech yn dreth ar y fegin. Balch fyddwch o gyrraedd traeth Maenorbŷr i gael eich gwynt atoch a threulio orig yn ystyried rhan allweddol mab enwocaf y pentref yn creu ein hunaniaeth fel Cymry.

Deil y castell presennol a godwyd yn y ddeuddegfed a'r drydedd ganrif ar ddeg, yn ôl pob tebyg, yn urddasol yr olwg a hynny am na chafodd ei ddifrodi yn ystod yr un rhyfel na sgarmes wleidyddol. Yma, yn 1146, mewn adeilad nad oedd mor ysblennydd hwyrach, y ganwyd Gerallt Gymro neu Gerald Cambrensis, a hawdd y medrai arddel enw Cymraeg a Ffrengig-Normanaidd am fod ei ach yn gymysg ac yntau'n manteisio ar hynny i'r eithaf. Norman rhonc oedd ei dad, William de Barri, ond roedd ei fam, Angharad, yn ferch i'r nodedig Nest, merch Rhys ap Tewdwr, Tywysog y Deheubarth, tan ei farwolaeth yn 1093. Ond roedd yna waed Normanaidd yng ngwythiennau Angharad hefyd am mai ei thad oedd Gerald o Windsor, castellydd Penfro ac arweinydd y Normaniaid yn y de-orllewin.

Esgorodd Nest ar bedwar plentyn arall o eiddo Gerald a bu un o'r tri mab, David FitzGerald, yn Esgob Tyddewi am 28 mlynedd. Teg nodi, er mwyn dangos cymhlethdod llinach Gerallt, fod ei fam-gu hefyd wedi esgor ar blant gan dri Norman arall gan gynnwys y brenin Henry I ac, ar ben hynny, er mawr ddicter i'w gŵr, Gerald, ymserchodd mewn Cymro o'r enw Owain ap Cadwgan, mab Tywysog Ceredigion, ar ôl cyfarfod ag ef mewn Eisteddfod yn Aberteifi yn 1108 yn ôl y sôn. Nid rhyfedd bod gan Gerallt gysylltiadau eang a fu'n gymorth iddo gydol ei yrfa er nad yn ddigon dylanwadol chwaith i wireddu ei freuddwyd uchelgeisiol o sefydlu Archesgobaeth Tyddewi ac yntau'n Archesgob arni.

Does dim dwywaith ei fod yn ddyn galluog, dysgedig a hirben a fedrai roi cyfrif da ohono'i hun yn y cylchoedd uchaf. Cyn ei benodi'n gaplan Henry II, a'i anfon gyda'r Tywysog John yn 1184 i goncro Iwerddon, roedd Gerallt wedi treulio cyfnod yn fyfyriwr ac yn ddarlithydd ym Mhrifysgol Paris ac mewn abaty Fenedictaidd yng Nghaerloyw cyn hynny. Ffrwyth yr ymweliad ag Iwerddon oedd dau lyfr a ystyrir yn brif ffynhonnell hanes y wlad yn yr Oesoedd Canol. Ond ei glasur o'n rhan ni'r Cymry yw ei *Itinerarium Kambriae*, sef hanes taith trwy Gymru yn 1188 yng nghwmni'r Archesgob Baldwin wrth iddynt recriwtio milwyr i'r Drydedd Groesgad yn enw Archesgobaeth Caergaint a reolai esgobaethau Cymru.

Rhaid i ni fod yn fythol ddiolchgar i'r llyfr hwn, a ysgrifennwyd yn Lladin yn ôl arfer y dydd, am ddisgrifiadau o natur cymeriad y Cymry, a doedd yr awdur ddim yn fyr o ddweud nad oedd pob nodwedd i'w chlodfori.

'Fe'i barnant yn beth iawn ymroddi'n ddyfal i anrheithio, a byw ar ysbeilio, ar ddwyn ac ar ladrata pen-ffordd, nid yn unig yn eu hymwneuthur â phobloedd estron a gelynion iddynt, ond hefyd yn eu plith eu hunain. Hefyd, pan welir cyfle i wneuthur niwed, ni roddant ystyriaeth i gyfamodau heddwch a chyfeillgarwch, gan osod rhwymedigaeth llw ac arfoll yn ail beth i fudr elw. Lle y trawant ar ddiwallrwydd, a gallu ohonynt arfer eu hawdurdod, y maent yn fwyaf haerllug eu hawliau.'

Ond dengys cyfieithiad Thomas Jones fod yna rinweddau'n perthyn i'r Cymry hefyd, yng ngolwg Gerallt Gymro, ac y gallwn ymfalchïo yn ein cyndeidiau a'n tras. Tybed a yw'r rhinweddau'n dal yn wir heddiw; barnwch chi ar ôl darllen rhai o sylwadau Gerallt.

'Y mae'r gwragedd yn ogystal â'r dynion, yn y genedl hon, â'u gwallt wedi ei dorri'n gylch wrth eu clustiau a'u llygaid. Cymerant, ymhlith y bobl o'r ddau ryw, ofal manylach o'u dannedd nag y gwna'r un genedl a welsom. Arfera'r gwŷr eillio eu barfau, ac eithrio eu trawswch yn unig. Hefyd, y mae'n genedl o ddeall treiddgar a chraff. Trwy ddawn eu hathrylith gyfoethog, rhagorant ym mha astudiaeth bynnag y rhoddant eu bryd arni. Ac y mae'r genedl hon i gyd yn gyffredinol yn fwy deallus a chraffach ei meddwl na'r cenhedloedd eraill sydd yn trigo mewn hinsawdd orllewinol.

Rhoes natur iddynt i gyd yn gyffredinol, i'r distadlaf ymhlith y werin megis i'r gwŷr mawr, ehofndra wrth siarad, ac ymddiried wrth ateb yng ngŵydd tywysogion a phendefigion ym mhob math o helynt, dawn naturiol nad yw gan y Saeson na'r Almaenwyr. Dyheant fwyaf, yn anad popeth arall, am linach rywiog ac ardderchowgrwydd achau. Ac felly, mwy dymunol ganddynt briodasau gyda theuluoedd bonheddig, na chyda rhai cefnog neu gyfoethog. Y mae hyd yn oed y distadlaf o'r werin yn ofalus am ei daflen achau; ac edrydd oddi ar gof, ac yn rhugl, ei achau hyd at y chweched neu hyd yn oed y seithfed genhedlaeth, ac ymhell y tu hwnt i hynny.'

Beth amdani? Onid rheitiach gwrando ar farn Gerallt amdanom nag eiddo ambell Lundeiniwr o Sais cyfoes unllygeidiog na fyddai'n meiddio dilorni ambell genedl arall yn yr un modd ag y poerir llysnafedd didostur arnom? Ond wedyn onid traethu rhinweddau sy'n gyffredin i bob cenedl a wnâi Gerallt? Onid yr un yw dyn ar bum cyfandir? Eto roedd ei holl deithio a chymysgu â chenhedloedd eraill wedi dysgu iddo, mae'n siŵr, fod yna wahaniaethau a nodweddion a berthynai i'r Cymry a'u gwnâi'n wahanol ac y dylid hybu'r arwahanrwydd hwnnw. Anodd gennyf gadw golwg ar y syrffwyr yn marchogaeth brig y tonnau tra mwynheir ysbaid ar y traeth. Byddar wyf hefyd i'r cleber a'r clindarddach o'm hamgylch wrth ddychmygu'r Gerallt ifanc, ganrifoedd lawer 'nôl, yn dysgu hwiangerddi yng nghôl ei fam ar lawnt y castell draw, ac yn arddangos tueddiadau eglwysig pan oedd yn ddim o beth.

Y duedd honno a roes iddo'r penderfyniad maes o law i herian goruchafiaeth Lloegr trwy ddiplomyddiaeth a pherswâd yn hytrach na thrwy arfau a dichell i geisio sicrhau hunaniaeth eglwysig i'r Cymry. Nid milwr na thywysog yn ymrafael am dir oedd Gerallt a gwelai fod yna ddulliau eraill o hybu arwahanrwydd y Cymry heblaw rhyfela, ac er iddo brofi'n aflwyddiannus yn ei ymdrech bersonol dangosodd y ffordd, ac yn hynny o beth talodd Gwenwynwyn, Tywysog Powys, deyrnged uchel iddo: 'Llawer a mawrion yw'r rhyfeloedd a frwydrasom ni, Gymry, yn erbyn Lloegr, ond nid oedd un mor fawr a ffyrnig â'r eiddo ef yn erbyn y Brenin a'r Archesgob, pryd y gwrthsafodd holl nerth Lloegr er anrhydedd Cymru.'

Yn wahanol i'w ewythr doedd hi ddim yn fwriad gan Gerallt bledio ufudd-dod llwyr i Gaergaint petai wedi'i benodi i'w olynu'n Esgob Tyddewi yn 1176 ac yntau'n 31 oed ac yn Archddiacon Brycheiniog ar y pryd. Ond datgysylltu'r eglwys oedd ei nod a sefydlu Tyddewi yn archesgobaeth o'r iawn ryw a chafodd gefnogaeth Llywelyn Fawr a broffwydodd y byddai enw Gerallt Gymro fyw tra byddai Cymru'n bod. Yn wir, cymaint oedd ei awch a'i sêl dros sefydlu archesgobaeth Gymreig nes iddo wrthod esgobaethau yn Iwerddon yn ogystal ag yn Llandaf a Bangor.

Ond brenhinoedd Lloegr a wnâi'r penodiad a doedd Henry II, na chwaith Richard I na'r Brenin John yn ddiweddarach, ddim am roi sêl bendith ar benodiad a allai wanhau gafael y wladwriaeth Seisnig yng Nghymru. Serch hynny, nid ar chwarae bach yr ildiai Gerallt ei uchelgais, ac ar anogaeth ei gefnogwyr yn Nhyddewi teithiodd i Rufain deirgwaith i geisio sicrhau cefnogaeth y Pab ond er dadlau ei achos doedd dim yn tycio, a threuliodd weddill ei fywyd yn teithio a llenydda tan ei farwolaeth yn 78 oed. Hawdd maddau iddo am fynnu nad oedd harddach llecyn yng Nghymru gyfan na Maenorbŷr.

Diau y gellid treulio awr yn loetran yn y pentref a cheisio dychmygu'r llynnoedd llawn pysgod, y berllan a'r winllan, a'r prysurdeb a ddarluniai Gerallt o amgylch y castell ond digon yw ceisio tafoli gweithredoedd y dyn ac ystyried ei ddycnwch a'i ddyfalbarhad, ar sail dysg a chenadwri, yn ysbrydoliaeth i barhau i gyflawni yn enw cenedl nad oedd yntau fel Eingl-Norman bob amser yn gysurus yn ei harddel. Tlotach fyddem fel Cymry heb gyfraniad Gerallt Gymro yn diffinio ein hunaniaeth a dengys ei fywyd mai o blith y mwyaf annisgwyl o feibion dynion, yn aml iawn, y daw ymwared, achubiaeth ac arweiniad. Na, nid oes arnaf awydd ymweld â'r castell er mwyn gwerthfawrogi ei fywyd yn helaethach am fod tiriogaeth ei gyflawniad yn dipyn ehangach. Awn amdani heibio i Drwyn yr Offeiriad a'r siambr gladdu ac i gyfeiriad Traeth Presipe gan atgoffa fy hun o'r prynhawn hwnnw yr euthum ar hyd y darn hwn ynghanol cawodydd o gesair a gwynt nerthol a oedd, fe dybiwn, yn drosiad o'r anawsterau a wynebodd Gerallt Gymro wrth geisio gwireddu ei uchelgais. A pha gerddwr gwerth ei halen sy'n cyfyngu ei brofiad o Lwybr yr Arfordir i dywydd teg beth bynnag? Rhaid wynebu'r garw yn ogystal â'r llyfn os am adnabod y Llwybr yn ei holl hwyliau a'i dymer oriog.

Ni chawn fynd at Drwyn yr Hen Gastell am ei fod yn rhan o diriogaeth y Weinyddiaeth Amddiffyn ond medrwn syllu o hirbell a dychmygu pobloedd Oes yr Haearn yn cartrefu yno yn eu cytiau crwn gan ddefnyddio arfau tipyn llai soffistigedig i'w hamddiffyn eu hunain na'r taflegrau cyfoes sy'n cael eu hergydio i gyfeiriad y môr. Gall Derek ein goleuo ynghylch pwysigrwydd yr ymarfer o danio'r arfau dinistriol a dieflig hyn ac wfftia'r gwrthwynebiad lleol i ymestyn oriau ymarfer i gynnwys ychydig oriau tanio liw nos. Yn wir, fe'i cynhyrfwyd i'r fath raddau nes iddo anfon llythyrau i'r wasg yn lleol gan ddadlau y byddai'r sŵn a ddioddefid o ganlyniad i'r ymestyn oriau yn bris bychan iawn i'w dalu pe bai hynny, yn y pen draw, yn fodd o leihau'r nifer o filwyr a ddychwel at eu mamau o faes y gad mewn bagiau.

Wrth gerdded o amgylch weiren y gwersyll milwrol i gyfeiriad Hostel Ieuenctid Skrinkle, gwell gennyf innau gofio mai ym mhlasty Awelon gerllaw y trigai Morwyth Rees a oedd yn un o hoelion wyth criw *Dock Leaves*. Barnaf fod y croeso a roddai ar ei haelwyd i'r aelodau llengar wedi cyfrannu'n helaeth at ein hunaniaeth rhagor nag arfau rhyfel a ddefnyddir yn amlach na pheidio at ddibenion trais a goruchafiaeth. Daw taith y diwrnod i ben yn sŵn taflegryn yn gwibio uwch ein pennau gan hollti'r wybren a minnau'n rhy flinedig, yn feddyliol ac yn gorfforol, i hyrwyddo rhagoriaeth dulliau heddwch dros ddulliau rhyfel i atal y byd rhag troi'n bedyll.

PENNOD 20

AUGUSTUS, KENNETH A ROSCOE

Teimlir rhyw nerfusrwydd beichiog wrth barcio'r car ar fore olaf y daith bythefnos o gerdded ym mhen draw Llanrhath. Mae'r un disgwylgarwch i'w deimlo ymhlith y criw wrth deithio yn y bws 'nôl i Skrinkle. Mae yna deimlad fod rhywbeth ar fin dod i ben a hynny nid yn gymaint yn ollyngdod ond yn orfoledd. Rydym o fewn ychydig oriau ac ychydig filltiroedd o gyrraedd y nod a chyflawni dyhead. Sioncrwydd ac nid plwm sy yng nghyhyrau'r coesau wrth wynebu'r 14 milltir a dychmygu sut bydd hi am bump o'r gloch. Pa ots os yw hi'n bwrw glaw mân? Deued tân a brwmstan, a ni phylir yr awch i ddal ati heddiw. Rydym fel haid o wyddau wedi'u gollwng o'u twlc ben bore. Does dim edrych 'nôl y dwthwn hwn.

O Skrinkle i Drwyn Giltar ceir holl nodweddion gogoniant Llwybr yr Arfordir o gerdded ar ymyl agennau dwfn ac yna trwy drwch o redyn ac eithin yn ogystal â thir agored wedi'i bori'n fân gan ddefaid, ac oherwydd trwch y calch achlesol yn y tir mae'r darnau anghysbell yn drwch o flodau gwyllt beunydd. O dan Drwyn Lydstep ceir creigiau unionsyth sy'n nefoedd i abseilwyr a dringwyr, y byddai llawer yn amau eu sadrwydd, yn arddel enwau megis Brazen Buttress, Whitesheet Rock a Mother Carey's Kitchen. Wrth ddisgyn trwy allt goediog clywn sŵn adar yn gwibio'n aflonydd o gangen i gangen, a thrwy'r deiliach i gyfeiriad y dwyrain ac er gwaethaf y niwlen denau, gwelwn holl ehangder Bae Caerfyrddin; mae'r allt gyfan yn effro i'r byd a'i bethau ac yn deffro'n fôr o gân.

Cyrhaeddwn draeth caregog Lydstep a'r maes carafannau helaeth sy'n ei amgylchynu ac nas gwelir o bellter am ei fod mewn pant naturiol. Ar lan y dŵr pan oedd y llanw ar ei anterth y cofiaf weld ffeirad yn ei 90au yn cael ei drochiad dyddiol waeth pa mor arw oedd yr hin. Byddai'n diosg ei ddillad yn ei gerbyd ac yn cerdded yr ychydig lathenni i'r dŵr a byddai gwlychad sydyn un don ac yntau

Dinbych-y-pysgod mewn dyddiau fu

yn ei gwrcwd yn y fan yn ddigon. Dychwelai at y car ac at y dasg lafurus o sychu ei hun ac ailwisgo ond roedd y ddefod ddyddiol wedi'i chwblhau ac yntau ar ben ei ddigon. Rhaid bod ewyn y greadigaeth yn gyfystyr iddo â'r ysbryd hwnnw a'i golchai'n lân o bob rhyw bechod blinderus.

Yn y cyffiniau hyn y ceir newid dramatig yn natur y creigiau am fod yna ffawtlin yn gwahanu'r garreg galchfaen garbonifferaidd i'r dwyrain a'r garreg dywodfaen goch Ddefonaidd i'r gorllewin. O edrych 'nôl heibio i'r penrhyn gwelir dwy wanas o galchfaen yn ymwthio i'r môr ac o'u cwmpas ceir cildraethau bychain yn ogystal ag ogofâu a bwâu naturiol; bydd y daearegwr yn rhyfeddu at y modd y gwna'r calchfeini oleddu i wahanol gyfeiriadau ar hyd y darn hwn o arfordir. Does dim pall ar y tonnau obry'n taro'n ddidrugaredd yn garped o ewyn yn erbyn y creigiau disyfl. Daw ffurf Ynys Bŷr ac Ynys Santes Marged yn fwyfwy i'r golwg wrth i'r cymylau wasgaru ac ambell lafnyn o olau gwan dreiddio i'r golwg er nad yw eto'n ddigon o abwyd i berswadio pawb i ddiosg eu dillad glaw.

Wrth groesi'r traeth bydd eich llygaid yn chwilio'n daer am gydiad y llwybr yn y pen draw a thebyg na wnewch ei weld nes eich bod ar ei ben wrth ymyl un o'r carafannau sefydlog ac, yna, dringo fydd hi nes eich bod tua 120 troedfedd uwchben y môr. Deuwn i gyffiniau rhagor o dir o eiddo'r Weinyddiaeth Amddiffyn, ac os bydd yna faner goch yn cwhwfan, bydd yn rhaid cerdded i mewn i'r tir mawr i gyfeiriad pentref Penalun, lle ganwyd Teilo Sant yn ôl y sôn. Eto i gyd anaml y digwydd hynny, a gellir gweld olion y ffosydd y bu'n rhaid i filwyr eu torri wrth baratoi ar gyfer torri rhai cyffelyb ar faes y gad go iawn yn Ffrainc. Deuwn at dwyni tywod a marchwellt talsyth yng nghyffiniau Trwyn Giltar y gellir dilyn llwybr i'w ben a chael golwg fanylach ar y ddwy ynys ac, yna, o droi i gyfeiriad y gogledd-ddwyrain daw adeiladau tal Dinbych-y-pysgod i'r golwg, gan roi'r argraff ei bod efallai'n dref prifysgol neu o leiaf yn dref urddasol a chanddi dipyn o feddwl ohoni'i hun.

Ond cyn ei chyrraedd rhaid tramwyo ar hyd dwy filltir a hanner o draeth godidog na fedrwch ei groesi hyd yn oed yn nhrymder gaeaf yng ngolau dydd heb gyfarch gwell i rywun a fydd yn mynd am dro. Yn anterth yr haf gall fod yn fater o gerdded yn igam-ogam i osgoi'r myrdd torheulwyr a phlant fydd wedi colli pob swildod wrth fracsan ar hyd ymyl y dŵr. Gellir hefyd, os dymunir, gerdded uwchben y maes golff sy gyda'r gorau yng Nghymru, a hyd yn oed pe baech am ddadlau hynny o beth, ni fedrech o leiaf wadu nad oes yr un cwrs hynach yng Nghymru, am ei fod wedi'i ddatblygu er 1888, a bellach yn fangre aml i dwrnameint mawreddog.

Tu hwnt iddo ceir tir corsiog a ffurfiwyd trwy godi murglawdd i atal llanw'r môr rhag llifo ar hyd Dyffryn Rhydeg. Gosodwyd cledrau'r rheilffordd ar ben y clawdd yn 1865. Golyga hynny y bydd afon Rhydeg, sy'n llifo o dan y bryniau tywod bellach, yn codi i'r wyneb ar adegau o wlybaniaeth enbyd, a rhydd ei cheulannau cudd gynefin i ddegau o blanhigion a blodau sy'n ffafrio lleithder. Sgwn i ai yn y cyffiniau hyn y deuir ar draws y genhinen Pedr – *narcissus obvallaris* – sy'n unigryw i Ddinbych-y-pysgod? Fe'i henwyd gan R. A. Salisbury yn 1796 a hynny am nad oedd wedi gweld yr un ddaffodil tebyg iddi yn unman ond yn ne-orllewin Ffrainc ac ardaloedd y Pyreneau. Pan flodeua yn ei thymor ymddengys yn euraidd felyn o ran lliw, yn ymestyn hyd at ddeg modfedd, a chanddi drwmped sy'n hirach na'r petalau. Tu hwnt gwelir maes carafannau enfawr Kiln Park a enwyd ar ôl yr odynnau calch y dywedir i'r pensaer John Nash gynllunio rhai ohonyn nhw gan greu nifer o fynedfeydd bwaog trawiadol.

Wrth rodio ar hyd Traeth y De i'w ben draw awn heibio rhes o westyau crand uwchben a godwyd yn ystod Oes Fictoria pan ddaeth treulio gwyliau ar lan y môr yn ffasiynol ymhlith y byddigions. Gwelir bod gan nifer o'r gwestyau eu grisiau eu hunain ar gyfer disgyn i'r traeth a byddai hynny'n rhoi rhyw gymaint o breifatrwydd i deuluoedd. Yn ddiweddarach, pan ganiatawyd gwyliau gyda phae i'r werin bobol y blodeuodd Dinbych-y-pysgod o'r newydd, a bu'n rhaid darparu degau o feysydd carafannau yn y cyffiniau ar gyfer teuluoedd glowyr a gweithwyr diwydiannau trymion a ffatrïoedd gweithfeydd y de-orllewin. Yn hynny o beth roedd y dref yn ei hanterth fel cyrchfan gwyliau yn ystod ail hanner yr ugeinfed ganrif. Ni chyhoeddid yr un llyfr taith am Dde Cymru heb grybwyll Dinbych-y-pysgod ac, yn wir, cyhoeddodd yr athro hwnnw mewn ysgol fonedd, S. P. B. Mais, ddyddiadur ar sail ei arhosiad yn y dref yn 1948 o dan y teitl *Little England Beyond Wales*. Yr hyn a'i blinai'n bennaf oedd y ffaith nad oedd y tafarndai ar agor ar y Sul i'w mynychu ar ôl addoli mewn oedfa eglwysig. Ond ymddengys fod y mynych ymweliadau â Hafod-y-Werydd, cartref yr Aelod Seneddol, Uwchgapten Gwilym Lloyd George, a'i deulu, yn Feidr Heywood, wedi gwneud iawn am hynny.

Deuwn at Ynys Santes Catherine, a enwyd ar ôl nawddsantes y nyddwyr, ac arni adeiladwyd caer fel amddiffynfa tua'r un cyfnod â'r adeiladau cyffelyb a godwyd o amgylch Aberdaugleddau. Cedwid garsiwn o 60 o filwyr yma ond ni fu'n rhaid iddyn nhw danio'r un o'r 11 o ynnau i erlid neb. Ar ôl ciniawa ar un o'r seddau ar fryst y bryncyn ger safle'r seindorf, trown ein golygon oddi wrth y traeth tuag at y dref, a pha le gwell i loetran ynddo am awren a chrwydro'r strydoedd yn hamddenol. Ynghanol yr haf ni chawn ein poeni gan drafnidiaeth ar hyd strydoedd canol y dref mwyach am fod mynediad i gerbydau, ar wahân i ddelio â materion brys, wedi'i gyfyngu i ben bore a hwyr y nos. Blinder yn y gorffennol oedd cerdded ar hyd y prif strydoedd am fod y palmentydd mor gul a'r cerddwyr bob amser mor niferus. Erbyn hyn, ychwanegwyd naws gyfandirol i Ddinbych-y-pysgod wrth i'r dorf swagro ar ganol y ffordd heb boeni am gyrn cerbydau'n canu byth a beunydd o'i hôl.

Er Seisnigrwydd diweddar y dref cysylltir un o'r darnau cynharaf o farddoniaeth Gymraeg â'r ardal:

Addwyn gaer y sydd ar glawr gweilgi…

Dinas diachor, môr o'i chylchyn.

Galaru am farwolaeth Bleiddudd ap Erbin, Tywysog Dyfed, a wnâi'r bardd anhysbys o'r nawfed ganrif a chanu clodydd haelioni ei lys yn ogystal â harddwch ei leoliad. Roedd presenoldeb y Normaniaid yn amlwg yn y dref erbyn y ddeuddegfed ganrif ond chwalwyd y castell droeon gan y Cymry: gan feibion Gruffydd ap Rhys, Maredydd a Rhys, yn 1153 er mwyn dial ar y Normaniaid am glwyfo eu brawd Cadell, wrth iddo ddychwelyd o'i hela yng Ngallt Coedrath; gan ei ŵyr, Maelgwn, yn 1187 pan oedd llawer o'r Normaniaid lleol wedi ymuno â'r Rhyfeloedd Sanctaidd a chan Llywelyn ein Llyw Olaf yn 1260.

Yn ystod teyrnasiad Edward III cryfhawyd yr amddiffynfeydd yn wyneb goresgyniad posib y Ffrancwyr yn 1377 ond chwalwyd y dref unwaith eto gan gefnogwyr Owain Glyndŵr yn 1405. Codwyd muriau uchel a nifer o fwâu i amgylchynu'r dref pan ofnid bygythiad y Sbaenwyr ond cafodd lonydd rhag ymosodiadau milwrol tan gyfnod y Rhyfel Cartref pan lwyddodd milwyr Oliver Cromwell i feddiannu'r dref yn 1648. Deil rhan o'r muriau a'r 'pum bwa' yn un o brif atyniadau anarferol Dinbych-y-pysgod, ar ôl gwrthsefyll sawl ymdrech i'w dymchwel pan farnwyd iddyn nhw oroesi eu defnyddioldeb; ond yn bensaernïol ac yn hanesyddol byddai'r dref yn dipyn tlotach hebddyn nhw bellach. Ewch am dro a chwiliwch amdanyn nhw.

Gellir yn hawdd dreulio awr dda yn yr amgueddfa ar fryncyn y castell ac o ran ei maint prin bod ei rhagorach yn unman. Ar ddiwrnod gwlyb pan nad yw'n ddymunol crwydro'r strydoedd bychain blith draphlith i flasu'r awyrgylch, byddwch yn sicr o ganfod holl hynodrwydd a gogoniant y dref yn yr amgueddfa o safbwynt daearegol ac archeolegol yn ogystal â'i hanes, a gorau oll os yw Sue Baldwin ar ddyletswydd i'ch goleuo. Fe agorwyd yr amgueddfa yn 1878 a hynny'n bennaf er mwyn cadw casgliad rhyfeddol o hynafiaethau ficer Gumfreston, y Parch. Gilbert Smith. Rhyfeddwch at yr esgyrn anifeiliaid a'r arfau a ganfuwyd yn yr ogofâu calchfaen, y casgliad o gregyn môr a hyd yn oed rhai o arfau'r goresgynwyr Ffrengig yn 1797 heb sôn am lyfrau Robert Recorde a lluniau o waith y brawd a'r chwaer, Augustus a Gwen John.

Ganwyd Recorde yn 1510 a honnir iddo ddyfeisio'r arwydd mathemategol am 'hafal', sef =, yn ogystal ag arloesi ym maes Algebra pan gyhoeddodd *Whetstone of Witte* yn 1557. Credir iddo fod yn feddyg i'r teulu brenhinol hefyd ond bu farw mewn carchar yn 1558 ar ôl cael ei ddiswyddo fel Arolygydd Cyffredinol Gweithfeydd Mwyn Arian yn Lloegr ac Iwerddon. Diweddarwyd ei lyfr cyntaf, *The Grounde of Artes,* a gyhoeddwyd yn 1540, ac a oedd yn gyflwyniad i faes mathemateg ar gyfer y dyn cyffredin, gan John Dee, rheithor lleol am gyfnod cyn ei benodi'n Astrolegydd y Frenhines, a chyhoeddwyd 26 o argraffiadau ohono cyn 1662.

Tanlinellir y Seisnigrwydd a'r ymdeimlad o arwahanrwydd i'r Benfro Gymraeg gan deitl llyfr hanes Edward Laws, *The History of Little England Beyond Wales and the Non-Kymric Colony Settled in Pembrokeshire* a gyhoeddwyd yn 1888. Ganwyd yr awdur yn Llys Landyfái ond bu'n byw yn Ninbych-y-pysgod am hanner canrif gan dreulio'i amser yn chwilota ym meysydd hanes, hynafiaethau ac archeoleg. Roedd ei lyfr 458 tudalen yn nodedig nid yn unig am ei fanylder ond am y

Augustus John

modd diflewyn-ar-dafod y disgrifia rai o'r bobol amlwg a'r ffaith ei fod yn defnyddio'r termau *Little England* a *Little Englanders* bron yn ddieithriad. Ar sail ei addysgu yn Ysgol Fonedd Rugby a Choleg Wadham, Rhydychen, ac iddo ddal comisiwn yng Nghatrawd 35 (Royal Sussex), fe'i hystyriai'i hun gyda'r mwyaf Seisnig o Saeson Oes Fictoria. Does dim dwywaith iddo wneud cymaint â neb i hyrwyddo'r syniad o *Anglia Transwallina* a esgorwyd gan yr hynafiaethydd o Sais a ddysgodd Gymraeg, William Camden, yn 1586.

Roedd Augustus John yn llawer mwy adnabyddus na'i chwaer yn ystod eu hoes a hynny'n bennaf oherwydd ei ffordd fohemaidd o fyw yn hytrach na'i waith fel arlunydd. Byw yn y cysgodion mewn tlodi ym Mharis, ac yn feistres i'r cerflunydd, Auguste Rodin, am gyfnod, fu hanes Gwen, ond erbyn heddiw rhoddir cymaint os nad mwy o fri ar ei darluniau hi nag ar eiddo ei brawd. Yn un o'r cyfresi cardiau poblogaidd hynny am bobol enwog a roddid ym mhecynnau te Brooke Bond ar un adeg, nododd Virginia Shankland fod Augustus wedi taro ei ben ar graig wrth nofio, ac mai dyna a'i gwnaeth yn athrylith. Ni wnaeth yr arlunydd erioed wadu hynny gan awgrymu i'r 'dröedigaeth' ddigwydd oddi ar Drwyn Giltar yn 1897 ac yntau'n 19 oed wrth iddo blymio i'r dŵr yng nghwmni ei chwaer; dychwelodd i Goleg Celf Slade yn Llundain ar ôl hynny gyda chapan melfed du ar ei ben i guddio'r graith. O dipyn i beth datblygodd ddiddordeb ym mywydau sipsiwn, yn ogystal â chreu enw iddo'i hun yn ddiweddarach yn peintio porteadau o enwogion y dydd.

Yn ei gyfrol hunangofiannol gyntaf, *Chiaroscuro*, edrydd Augustus ei hanes yng nghwmni dau gyd-fyfyriwr, Ambrose McEvoy a Benjamin Evans, yn llogi cart ac asyn yn Ninbych-y-pysgod i fynd i wersylla yn Solfach, a'r helyntion digon bohemaidd a ddaeth i'w rhan. Pan lansiodd Michael Holryd ei gofiant iddo yn Amgueddfa Dinbych-y-pysgod, yng nghwmni ei wraig, y nofelydd Margaret Drabble, a hwy ill dau'n smygu trwy ddalwyr sigarennau, cafwyd cip ar y math o gymdeithas ffroenuchel roedd gan y mab i gyfreithiwr o leiaf un goes ynddi. Roedd yn amlwg, o ddarllen tudalennau cyntaf y cofiant, nad oedd yna fawr o olwg ar feithrin unrhyw gysylltiadau Cymraeg ar aelwyd yr Augustus a'r Gwen ifanc, serch ei henw Cymraeg hi. Pan fu'n rhaid i'w mam deithio i chwennych rhywfaint o ryddhad i'r gwynegon affwysol a ddioddefai, rhoddwyd y gofal o'u magu yn nwylo dwy fodryb, a cham cyntaf Rosina a Leah Smith, a hwythau'n aelodau selog o Fyddin yr Iachawdwriaeth, oedd cael gwared ar y nyrs Gymraeg ei hiaith o'r Preselau, na chaiff ei henw nag union leoliad ei chartref eu nodi. Ond roedd hi'n rhy faldodus tuag at y plant a hyd yn oed wedi mynd â nhw i aros yn ei chartref ar un achlysur – wnâi hynny ddim o'r tro.

Byddai cyfieithu disgrifiad Michael Holroyd o'r awyrgylch yn y bwthyn ar y mynydd yn colli tipyn o'r naws y mae'n ei gyfleu.

'… *they would sit wide-eyed over their bowls of cawl, stare at the dark-bearded woodmen with their clogs, thin-pointed and capped with brass, and argue on the way home whether their feet were the same shape. Few of these men knew a word of English. Old pagan festivals, long-forgotten elsewhere, still flourished, and on certain dates the children were given sprigs of box plant amd mugs of water, and told to run along the stone flags of the streets asperging, with complete impunity, any strangers they met. These were practices of which Aunts Rosina and Leah could not approve.* '

Gwelwch blac ar fur y tŷ lle cafodd Augustus ei eni draw ar yr Esplanade uwchlaw Traeth y De.

Gŵr yn yr un mowld oedd un arall o feibion hynotaf y dref, sef yr actor a'r cynhyrchydd ffilmiau dogfen, Kenneth Griffith, na fedrai atal ei hun rhag bod yn ddraenen barhaol yn ystlys y sefydliad. Fe'i magwyd gan ei dad-cu am fod ei rieni, i bob pwrpas, wedi troi eu cefnau arno pan oedd yn chwe mis oed, a rhaid bod hynny rywsut wedi cyfrannu at ei ddicter a'i anallu i fod yn ddiplomyddol. Mentrodd nifer o gwmnïau teledu ei gomisiynu i wneud rhaglenni dogfen ond ni ellid eu darlledu pob un oherwydd eu cynnwys dadleuol a dadlennol a Griffith ei hun yn gwrthod ildio'r un fodfedd ar yr hyn roedd yn ei ystyried yn wirionedd ac yn gywirdeb creadigol. Yr enghraifft bennaf oedd ei bortread dogfennol o Michael Collins, arweinydd Byddin Gweriniaethol Iwerddon, a lofruddiwyd yn 1922, o dan y teitl *Hang Out Your Brightest Colours: The Life and Death of Michael Collins*. Fe'i gwnaed yn 1972 ond ni chafodd ei dangos tan 1994 am y byddai wedi 'annog anhrefn' yn ôl yr Awdurdod Darlledu Annibynnol.

Ni chyfaddawdod Griffith a bu ffilm ddogfen arall am arweinwyr cynnar yr IRA, *Curious Journey*, yn casglu llwch am bedair blynedd nes ei dangos yn 1980 a hynny nid ar deledu ond mewn gŵyl ffilmiau. Ar un achlysur cafodd ei orchymyn i adael Iran gan Weinidog Tramor y wlad pan oedd yn cynhyrchu ffilm am dri gŵr doeth y Beibl, a gwrthododd gorsaf deledu'r wladwriaeth yn India ddangos ei ffilm am Pandit Nehru, prif weinidog cyntaf y wlad. Gan amlaf byddai'n cyflwyno'r ffilmiau hyn ei hun ac roedd ei afiaith yn heintus a'i allu i gyfleu pob dim gyda'r fath arddeliad yn ei wneud yn un o haneswyr mwyaf ymroddedig ei gyfnod o fewn ei ddewis gyfrwng. Ymddangosodd mewn mwy na 80 o ffilmiau hefyd gan chwarae cymeriadau ecsentrig gan amlaf megis 'y dyn gorffwyll' yn *Four Weddings and a Funeral* a'r gweinidog yn *The Englishman Who Went Up a Hill But Came Down a Mountain*. Bu farw'n 84 oed yn 2006 yn ddiedifar na wnaeth erioed atal ei dafod siswrnaidd a chafodd ei gladdu ym mynwent yr eglwys ym Mhenalun. Roedd ganddo bump o blant o'i dair priodas.

O fewn tafliad carreg i Sgwâr y Castell dewch ar draws un o'r nifer o blaciau a welir hwnt ac yma yn y dref ac mae'r llechen hon yn dynodi mai yma y lluniodd Mary Anne Evans y nofel *Adam Bede* a'i chyhoeddi dan yr enw George Eliot. Roedd Mary Anne yn gymar i George Henry Lewes a dreuliodd gyfnod yn yr ardal yn astudio bywyd y môr ar hyd y traethau ar gyfer ei gyfrol *Seaside Studies*. Dywedir iddo fod yn hynod o flin pan na chynigiwyd bocs tun iddo i'w alluogi i anfon anemone oren prin at gyfaill ac iddo fod yn fwy blin fyth pan stampiodd y bostfeistres y bocs cardbord gyda'r fath nerth nes gwasgu'r cynnwys yn yfflon. Sylwch wedyn ar y dyfyniad mewn Groeg uwchben drws Tŷ Laston ar Sgwâr y Castell ei hun sydd, o'i gyfieithu, yn cyhoeddi, 'y môr a ylch holl ddrygioni'r ddynolryw', ac sy'n ddigon priodol o ystyried yr arferai'r adeilad fod yn faddondy cyhoeddus a gynlluniwyd gan y pensaer S. P. Cockerell ar ddechrau'r bedwaredd ganrif ar bymtheg ar archiad y Sgotyn, Syr William Paxton. Ef hefyd a sicrhaodd gyflenwad dŵr i'r dref ar sail y cyfoeth a ddaeth i'w ran yn India.

Porthladd canoloesol wedi dirywio'n enbyd oedd Dinbych-y-pysgod cyn i S.

P. Cockerell a Syr William Paxton fwrw ati'n egnïol i'w drawsnewid yn hafan gwyliau yn llawn o dai moethus ar ben y clogwyni gan ddenu pobol megis y bardd Walter Savage Landor i dreulio peth amser yma'n ymserchu yn 'Nancy Jones a'i gwallt euraid', a'i gefnder, yr arlunydd Charles Norris, i ymsefydlu yma a bwrw ati i gofnodi'r golygfeydd ar gynfas a chyhoeddi *Etchings of Tenby*.

Nid ofer fyddai talu ymweliad ag Eglwys y Santes Fair sydd ei hun yn amgueddfa nodedig. Ond wrth anelu amdani galwch heibio i'r tŷ Tuduraidd a oedd yn eiddo i fasnachwr cefnog ac sydd wedi'i ail-greu gan yr Ymddiriedolaeth Genedlaethol ar batrwm yr hyn a fyddai yn y bymthegfed ganrif. Ceir nifer o ddelwau yn yr eglwys o bobol a fyddai o bosib wedi byw yn y tŷ a welsoch oherwydd masnachwr a maer y dref oedd Thomas White, fel ei fab John, y naill yn marw yn 1482 a'r llall yn 1507 ac yn feiri 13 o droeon rhyngddyn nhw. Am iddo gynorthwyo'r Harri Tudur ifanc i ddiengyd i Ffrainc, trwy ei guddio yn ei seler win am gyfnod yn 1471, cafodd Thomas White holl diroedd y goron yn y cyffiniau yn rhodd ar ôl i Harri ddychwelyd a chipio coron Lloegr ar Faes Bosworth bedair blynedd ar ddeg yn ddiweddarach. Dengys yr arddelwau y tad a'r mab yn gorwedd â'u pennau ar baen a'u traed ar hydd. Ar baneli alabastr gerllaw dangosir eu gwragedd a'u plant ill dau. Ceir y cerflun mwyaf o ddigon yng Nghapel Sant Niclas o Margaret Mercer, gwraig gyntaf Tomos ap Rees, a fu farw wrth esgor yn 1610; ar ôl iddi briodi'n 18 oed, ddeuddeng mlynedd ynghynt, esgorodd ar ddeg o blant. Un o'r coffadwriaethau mwyaf diddorol yw'r eiddo Peggy Davies, a fu farw yn y tresi yn 82 oed o apoplecsi, ac am gyfnod o 42 mlynedd bu'n gweini'r gwragedd a ddeuai i'r dref i ymdrochi.

O ran maint mae'r eglwys yn ail yn unig yn Sir Benfro i'r Eglwys Gadeiriol yn Nhyddewi ac yn mesur 145 troedfedd ar ei hyd a 80 troedfedd ar ei thraws. Ymestyn y tŵr hyd at 83 troedfedd ac ar ei ben gwelir meindwr carreg wythonglog yn mesur 69 troedfedd sy'n dirnod ar gyfer morwyr. Awgrym arall o faint yr adeilad, a ddywedir ei fod o ran pensaernïaeth o arddulliau Perpendicwlar a Seisnig, yw'r ffaith bod yno le ar gyfer 1,500 ar eu heistedd, ac mae'r cerfiadau o bysgod, creaduriaid chwedloniaeth, y wynebau grotésg, a hyd yn oed môr-forwyn yn dal drych a chrib yn nho'r gangell, i'w hedmygu. Tebyg bod hyn i gyd yn arwydd o gyfoeth ymhlith teuluoedd breiniol y dref ar un adeg ac yn yr un modd mae capeli'r Anghydffurfwyr yn fawr ac urddasol, ac os na chynhaliwyd gwasanaethau Cymraeg yn yr un ohonyn nhw'n rheolaidd, mae'n rhaid bod nifer o'r gweinidogion a sefydlwyd ynddynt yn Gymry Cymraeg, yn unol â'r patrwm yn nhrefi eraill y sir. Ceir peth tystiolaeth fod y Methodistiaid yn cynnal gwasanaethau Cymraeg tua'r 1860au am fod cynifer o deuluoedd Cymraeg eu hiaith ymhlith y gweithwyr rheilffordd oedd wedi symud i fyw yn y dref.

Dywedir bod brawd Howell Harries, John, wedi'i arestio am bregethu yng nghefn rhyw dŷ yn 1745 ond bod y cwnstabl wedi cydsynio â'i gais i gwpla'r bregeth cyn ei dywys oddi yno. Chafodd Thomas Taylor, un o ddilynwyr John Wesley, fawr o groeso yn 1761 pan gafodd ei atal rhag pregethu'n gyhoeddus ben bore Sul, ond er ei ddwyn gerbron yr ynadon a'i orchymyn i adael y dref, roedd yn pregethu gerbron torf llawer mwy erbyn dau o'r gloch. Pan ddaeth John Wesley ei hun i'r dref ddwy flynedd yn ddiweddarach cafodd groeso mawr, heb yr un gwrthwynebiad, ac yn 1804 y codwyd capel gan y Methodistiaid Wesleaidd yn ddigon mawr i eistedd 300 o addolwyr.

Roedd lle i 600 yng nghapel Deer Park y Bedyddwyr ac ym misoedd yr haf, ar un adeg, byddai'r ymwelwyr yn chwyddo'r gynulleidfa at yr ymylon. Penderfynodd arweinwyr yr eglwys wrthwynebu hyfforddiant bocsio yn y dref yn 1936 ond cysylltir enw Deer Park, ymhlith y to hŷn, yn anad neb gyda'r Parch. J. Lumley Williams a fu'n weinidog yno am 44 mlynedd tan ei ymddeoliad yn 1974. Deil Cymdeithas y Cymmrodorion i gyfarfod yn gyson ond disgwylir i bwy bynnag a wahoddir i'w hannerch i draethu'n helaeth yn Saesneg erbyn hyn tra caiff nifer cynyddol o blant yr ardal addysg trwy gyfrwng y Gymraeg yn uned Gymraeg yr ysgol gynradd

Gwelir nifer helaeth o siopau sy'n darparu ar gyfer ymwelwyr, a'r rheiny'n cynnig nwyddau cymharol rad, tra bo nifer o'r adeiladau mwy, a arferai fod yn westyau crand, naill ai wedi cau neu wedi colli eu graen, sy'n awgrymu'r newid a fu yn natur yr ymwelwyr a ddenir. Nid cyrchfan benodol i deuluoedd boneddigaidd mohono bellach ac rydych yn fwy tebygol o weld heidiau meddw partïon cynpriodi ar hyd y dref ar benwythnosau yn hytrach na chyplau'n cerdded law yn llaw min nos. Mae hyn yn arwain at wrthdaro mynych rhwng landlordiaid am ymestyn oriau yfed tan yr oriau mân a'r heddlu a'r awdurdod trwyddedu yn awyddus i gyfyngu ar yr oriau yfed a chadw'r heddwch.

Petai gennych amser ar eich dwylo byddai'n werth chweil prynu copi o'r papur wythnosol, *Tenby Observer*, nad yw'n annhebyg i bapur bro o ran manylder y sylw a roddir i ddigwyddiadau lleol, ac sy wedi'i gyhoeddi er 1853, a bob mis cyhoeddir atodiad sy'n llawn o newyddion ddoe. Mae newyddiadurwyr yn ddyledus i un cyn-berchennog, Frank Mason, am iddo ymladd achos Uchel Lys yn sicrhau hawl i gynrychiolwyr y wasg fynychu cyfarfodydd awdurdodau lleol, a gwnaed hynny'n Ddeddf Seneddol yn 1908. Ond pwy yn well i roi golwg i ni ar y Dinbych-y-pysgod cyfoes na'r Cynghorydd Michael Williams sy wedi cynrychioli buddiannau'r dref ar awdurdodau lleol yn enw Plaid Cymru'n ddi-dor ers ei ethol yn 1967.

'Sdim dwywaith mai'r dyn a ddylanwadodd fwyaf arnaf oedd y *maverick* hwnnw Wynne Samuel, un o hoelion wyth Plaid Cymru. Roedd Wynne yn glerc y cyngor fan hyn, yn ddyn deallus a gwybodus ac yn fargyfreithiwr ond eto'n gwneud pethe rhyfedd weithie, ac yn rhyfedd iawn dwi'n byw yn 'i hen gartref, Gwernos.'

'Ond sut le yw Dinbych-y-pysgod i aelod o Blaid Cymru fyw ynddo erbyn hyn?'

'Wel, mae'n siŵr y bydd yna dŷ'n cael 'i werthu am filiwn o bunne yn Ninbych-y-pysgod cyn hir fel sy wedi digwydd yn Saundersfoot ac mae'r tai teras yn gwerthu am £200,000 yn barod. Ma hyd yn oed strydoedd ynghanol y dref yn llawn o dai sy'n ailgartrefi a does dim golau i'w weld ynddyn nhw yn y gaeaf. Sdim gobaith gan barau ifanc i brynu tai. Ma gwahaniaeth rhwng tai sy'n ail gartrefi a thai gwyliau oherwydd mae'r naill yn wag y rhan fwyaf o'r amser a'r llall mewn defnydd a'r defnyddwyr yn cyfrannu at yr economi.

Nawr, dyw'r elfen iaith ddim yn ffactor fan hyn ond ma 'na gymuned sy'n cael 'i thanseilio a'i dinistrio. Dyna pam bod gen i gydymdeimlad â safbwynt Seimon Glyn a mudiad Cymuned lan yn Llŷn. Dwi'n ceisio perswadio'r Parc Cenedlaethol nawr i gefnogi'r syniad y dyle prynwyr sy am droi tai yn ail gartrefi ofyn am ganiatâd newid defnydd. Mae'n bosib y gellid gwrthod y ceisiade cynllunio hynny wedyn os yw'r ganran o ail gartrefi mewn ardal benodol yn debyg o niweidio'r gymuned. Prin yw'r bobl frodorol sy ar ôl ynghanol y dref ac mae'r Saeson sy'n symud i mewn ac yn ffurfio mudiade tebyg i *Tenby Town Walls Resident Association* yn dod â'u gwerthoedd estron gyda nhw a'u gorfodi ar y brodorion.'

'Oeddech chi'n gyfarwydd â Kenneth Griffith?'

'Roedd gen i lot o amser i Kenneth. Doedd e ddim yn hidio beth fyddai'n 'i ddweud na chwaith pwy fydde'r cwmni. Dwi'n 'i gofio'n rhoi bathodyn Sinn Fein i fi rywbryd ac yn betio £5 na fyddwn i yn 'i wisgo ar fy nghot am fis cyfan. Fe fu'n rhaid iddo dalu'r £5 i mi, ac fe wnaeth.'

Deuwn yn ôl i gyffiniau'r harbwr i ailgrynhoi ar gyfer yr hyrfa olaf i gyfeiriad Llanrhath. Mae diwedd y daith yn llythrennol o fewn ein golygon bellach ac mae'n rhaid bod y bwa'r arch mwyaf rhyfeddol a welsom erioed, yn codi o Draeth y Gogledd ac yn disgyn yn y môr bron o fewn ein gafael, yn rhyw fath o argoel o ddiddanwch wrth i ni amgylchynu'r bryncyn. A fu ei decach ar dir a môr erioed? Rhaid croesi i Ynys Bŷr rywbryd arall ond da o beth yw ein hatgoffa ein hunain o'i hynodrwydd fel ynys y mynachod. Cymer rhyw ugain munud i groesi'r ddwy filltir i'r ynys sy'n adnabyddus am fod yn gartref i gymuned grefyddol. Honnir bod yr abad cyntaf, Piro, wedi boddi ar ôl syrthio yn ei fedd-dod yn 521 pan oedd Archesgob Dubricius o Landaf yn treulio encil yno, ac iddo yntau benodi Samson, un o ddisgyblion syber a sobor Illtyd Sant, i'w olynu; yn ddiweddarach hwyliodd Sant Samson i Lydaw a chafodd ei ddyrchafu'n Esgob Dol erbyn iddo farw yno yn 565.

Yn 1113 rhoddodd Henry I yr ynys yn nwylo'r teulu Normanaidd, Fitzmartin, a oedd eisoes wedi meddiannu rhannau helaeth o ogledd Sir Benfro ac wedi denu mynachod Benedictaidd o Abaty Tiron i ymsefydlu yn Llandudoch. Cysylltwyd Ynys Bŷr â'r abaty, ger Aberteifi, am y 400 mlynedd nesaf nes diddymwyd y mynachlogydd gan Harri VIII yn 1534. Tan 1612 roedd yr ynys yn eiddo i deulu'r Bradshaw o Lanandras ac ar ôl hynny cafodd ei gwerthu droeon a cheisiodd pob perchennog osod ei farc arni mewn rhyw fodd neu'i gilydd. Ar ôl ei phrynu wrth Iarll Warwick yn 1798 cododd Thomas Kynaston blasty ger y priordy, a datblygodd ei fab, Cabot, ddiwydiant chwareli ar yr ynys yn ogystal ag ar Ynys Marged gerllaw, tra troes James Wilson Hawksley, a'i fab, James Taylor, eu golygon at ffermio'r tir. Codwyd tai gwydr, ac yn ogystal â chadw creaduriaid neilltuwyd tua 70 o erwau ar gyfer tyfu llysiau ac aed ati i'w gwerthu ar hyd trefi'n ymestyn o Ddoc Penfro i Abertawe gan eu cludo ar fadlong 75 tunnell o'u heiddo. Ond profodd y dirwasgiad amaethyddol yn drech ar ddiwedd y bedwaredd ganrif ar bymtheg ac, yna, am dair blynedd bu Dick Smith-Cunningham yn hwylio'r stemar 20 tunnell, *Firefly*, rhwng yr ynys a'r tir mawr nes i hynny eto brofi'n amhroffidiol.

Ailgyneuwyd y diddordeb yng ngorffennol mynachaidd yr ynys pan gafodd ei phrynu gan gaplan Ysgol Harrow a hanai o Gaerdydd, y Parch. W. Done Bushell, yn 1897, a bwriodd yntau ati i adfer rhai o'r adeiladau. Yn 1906 gwerthodd yntau'r ynys i ŵr ifanc o'r enw Benjamin Fearnley Carlyle a oedd eisoes wedi ffurfio brawdoliaeth o Fenedictiaid Anglicanaidd Diwygiedig ac yntau wedi'i benodi'n Abad Aelred yn Abaty Painsthorpe yn Swydd Efrog. Aelred a'i gyd-fynachod a adeiladodd y rhan fwyaf o'r adeiladau presennol gan gynnwys eglwys yr abaty rhwng 1910 a 1912 ond pan droes Aelred at yr Eglwys Gatholig yn 1913 collodd y gymuned lawer o'i chefnogaeth ariannol. Bu'n rhaid iddo yntau ymddiswyddo yn 1921 a symudodd i Ogledd America gan adael y gymuned mewn strach ariannol, a bu'n rhaid i'r mynachod werthu'r ynys yn 1926 er mwyn talu eu holl ddyledion.

Prynwyd yr ynys gan Urdd y Sistersiaid Diwygiedig ac ymsefydlodd nifer o fynachod o Abaty Chimay yng Ngwlad Belg ar Ynys Bŷr a deil aelodau'r Urdd yno gan fyw bywyd syml o addoli a ffermio, a hynny'n bennaf mewn mudandod. Ar adegau penodol o'r dydd cewch fynd i lofft yr eglwys ac edrych i lawr ar y gymuned o fynachod yn cyflawni eu hordinhadau a'u dyletswyddau crefyddol. Ond ni chaniateid i wragedd fynd i mewn i'r adeiladau sy'n rhan o'r fynachlog ac, yn wir, pan arferid trefnu teithiau o amgylch y fynachlog byddai'n ofynnol i'r gwragedd oedi wrth ambell ddrws tra byddai'r gwrywod yn croesi'r trothwy. Ond er y rheidrwydd i barchu rheol yr abaty roedd yna gryn gwyno ymhlith y gwragedd a'r chwiorydd yn nyddiau brwydro dros gydraddoldeb pan ddiflannai'r gwŷr a'r brodyr. Gydag amser a gyda datblygiad technoleg daethpwyd i gyfaddawd trwy ddarparu fideo o'r tywyll leoedd ac felly disodlwyd y teithiau tywys gan gyfleusterau dehongli slic a phlesiwyd pawb. Ni fu'r blynyddoedd cyntaf yn hawdd i'r Urdd a gwanychwyd eu nifer yn ystod yr Ail Ryfel Byd pan gafodd nifer ohonyn nhw eu galw i wasanaethu ym myddin Gwlad Belg. Yn wir, nid cyn 1959 y cafodd ei chysegru'n Abaty o'r iawn ryw.

Daethpwyd â thrydan i'r ynys yn 1965 trwy gebl tanddwr ac mae gan bob un o oddeutu deugain o drigolion yr ynys, ac eithrio'r mynachod, yr holl gysuron modern sydd i'w cael mewn cartrefi ar y tir mawr. Deil y mynachod i godi am dri o'r gloch y bore ar gyfer offrymu eu gweddïau boreol ac yna gwaith a gweddi yw hi tan cwmplin am wyth yr hwyr. Ond croesewir ymwelwyr fyrdd yn ystod misoedd yr haf a'u hannog i brynu'r persawr a'r perlysiau a wneir o lafant, eithin a blodau'r ynys yn ystod misoedd y gaeaf, yn ogystal â siocled sy wedi'i gynhyrchu ar yr ynys a hynny gan Frank Miller, sy'n hanu o Dinas ger Abergwaun.

'Trwy hap y desum i i'r ynys. Mab ffarm wdw i a bydde'n da ni yn Aberrhigian wastad yn mynd lawr i'r môr pan fydde'r tywydd yn dwym. Fe fues i yn yr ysbyty am saith wythnos a chael gofal da gan nyrs o'r enw Teresa. Wel, fuon ni fawr o dro cyn priodi a hynny ar yr ynys gan fod fy mam-yng-nghyfreth yn byw yno. Wên ni wastad yn poeni'r Tad Robert os galle fe gynnig gwaith i ni. Ac yn wir, wedi rhyw chwech mis ma fe'n cynnig gwaith i fi i neud siocled ond wêdd dim clem 'da fi ar y pryd. Wêdd hynny yn 1985 a dwi wedi bod yn neud siocled byth ers hynny.'

'Ai mater o wasgu botyme peirianne modern yw hi i gynhyrchu'r siocled?' holais.

'Wel, nage, er bod peirianne 'da ni ma'r siocled yn cael 'i wneud yn y ffordd draddodiadol. Menyn coco yw'r unig beth fyddwn ni'n ychwanegu at y gymysgedd. Wrth gwrs, rysáit siocled Gwlad Belg yw e am fod y mynachod yn dod o'r wlad honno'n wreiddiol. Ma Bethan, y roces, yn gwitho 'da fi ar hyn o bryd.'

'Wês yna gyfnode pan fyddwch chi'n ffaelu gadael yr ynys?'

'Wi'n meddwl taw tair wythnos wêdd y cyfnod hira i ni ffaelu gadel yr ynys.

Ma pawb yn paratoi ar gyfer cyfnode fel 'ny. Ma 'na groesi 'nôl a mlân sawl gwaith y dydd yn yr haf wrth gwrs ond mae'n dibynnu ar y tywy yn y gaea. Synno hi'n anarferol i dri diwrnod fynd heibo pan na fydd bad yn galler croesi o'r tir mowr. Ond wedyn ma tŷ 'da ni ar y tir mowr ym Mhenalun nawr yn ogystal ag un ar yr ynys. Wêdd rhaid trefnu hynny i wneud hi'n fwy hwylus i'r tri phlentyn fynd i'r ysgol uwchradd.'

Prentis yw pob mynach am y ddwy flynedd gyntaf ac, yna, o ddal ati, rhaid iddo dreulio tair blynedd arall yn ymwrthod â phethau'r byd cyn caiff ei dderbyn yn aelod cyflawn o'r Urdd. O edrych draw ar Ynys Bŷr rhaid cydnabod bod buchedd y mynachod yn hybu nerth ysbrydol. Cafodd llawer eu denu yno dros dro ar encil i brofi'r awyrgylch ysbrydoledig, yn eu plith yr Ymherawdr Haile Selassie, y ceinlythrennydd a'r bardd David Jones, Mervyn Stockwood, Esgob Southwark, Togo o Abergwaun a Johanna Walters o Aberdaugleddau.

Wrth amgylchynu bryncyn y castell awn heibio'r orsaf bad achub ysblennydd a godwyd ar gost o £5.84 miliwn a'i hagor yn 2006, ynghyd â chysegru bad newydd gwerth £2.5 miliwn, rhodd ewyllys Haydn Miller o Kettering yn Northants, sy'n medru teithio ar gyflymdra o 25 not. Cyn pen fawr o dro rydym 'nôl ar Sgwâr y Castell yng nghyffiniau'r harbwr, ond yn hytrach na cherdded ar y ffordd awn heibio Capel St Julian, y morwyr a'r pysgotwyr, a chanfod y llwybr tarmac sy'n dirwyn uwchben Traeth y Gogledd. Sylwir ar unwaith pa mor gysgodol yw'r traeth hwn o'i gymharu â'r llall lle gwna'r gwyntyn lleiaf chwythu cawod o dywod ar hyd yr wyneb.

Buan yr wyf yn fyddar i swae fy nghyd-gerddwyr wrth i mi edrych ar y traeth trwy lens sepia y cof a gweld unwaith eto drigolion Tegryn, Hermon a'r Glôg yn dyrrau cysurus ar y traeth ar ddiwrnod trip yr Ysgol Sul. Gwelaf Alun Ifans, brawd y prifardd Tomi, yn trefnu gêm griced ymhlith y cryts a minnau yn eu plith yn gorfod rhedeg bellter i ddal y bêl. Mae'r genhedlaeth hŷn yn hepian cysgu am yn ail â thynnu coesau ei gilydd cyn magu plwc i fynd at y dŵr 'pan ddaw'r teid miwn i olchi'n trâd i ni ga'l gweud ein bod ni wedi bod yn nŵr y môr 'no'. Ar ôl awr o gwrso a gwau trwy ein gilydd ar hyd ehangder y traeth roedd blas anghyffredin ar y brechdanau letys ac wy hynny, a baratowyd y noson gynt, hyd yn oed oes oedd gronynnau tywod yn gymysg â'r menyn. Pan ddaeth hi'n law trwm un flwyddyn cofiaf weld fy ffilm gyntaf yn sinema'r dref a chael ofn wrth weld John Wayne ar ei geffyl fel petai'n dod amdanom yn garlibwns ar y sgrin fawr. Pa Ysgol Sul o blith holl gapeli siroedd y gorllewin na fu yn Ninbych-y-pysgod dros y blynyddoedd? Dringodd aml i bâr o goesau bychan blinedig y grisiau o'r traeth ym machlud y diwrnodau hafaidd cofiadwy hynny pan oedd cymdeithas yn gymdeithas.

Rhaid i ninnau nawr ddringo'r un grisiau i'r promenâd a throi ar hyd y Crofft uwchben y traeth i ailymuno â Llwybr yr Arfordir, ond cyn ffarwelio â Dinbych-y-pysgod da o beth yw edrych 'nôl i gyfeiriad yr harbwr ac ar y darlun hwnnw a welwyd ar ddegau o gardiau post: yr harbwr cysgodol, y badau bychain â'r adeiladau tal wedi'u peintio'n las a phinc yn gefnlen iddo ac yna'r cymylau lliw mwg yn symud ar ras i ddatgelu gwybren las. Deil disgrifiad Ward Lock yn y gyfres Red Guides, *Tenby and South Wales,* yn wir.

Waldo yn ei siwt ymdrochi

'The picturesqueness of the sea-front, the rocks and the splendid sands, the marvellous colour of the water, ranging from the deepest blue to the most delicate green, the wealth of sunshine, the freshness of the air, all have their part in making visitors love the little town'.

Ai'r poblogrwydd hwn tybed a gymhellodd E. Llwyd Williams i ymwrthod â'r demtasiwn o 'ddilyn y dorf a mynd gyda'r ceir pen-wrth-gynffon i Ddinbych-y-pysgod'? Wrth grwydro ar hyd Sir Benfro yn y 1950au, gwell oedd ganddo'r encilion a'i hanelu hi heibio i gyrion y dref i gyfeiriad Penalun. O'm rhan fy hun bwriaf fy llygaid ar hyd y creigiau er mwyn ceisio dyfalu ai yma yn rhywle y tynnwyd y llun hwnnw o Waldo yn ei ddillad ymdrochi a welir yn y gyfrol *Bro a Bywyd* sy'n gwneud iddo ymddangos fel un o ddarpar sêr y sgrîn fawr? Yn sicr fe fu'n nofio yn y môr yma cyn annerch cyfarfod etholiadol Plaid Cymru yn y dref yn 1959; tebyg na wnaeth yr un o'r ymgeiswyr eraill hynny. Ond bu un arall o feirdd y sir, Eirwyn George, yma'n ddigon hir i brofi'r naws gyda'i gamera geiriau:

Obry,

o dan feranda'r gwestai ucheldrem
sy'n syllu drwy sêr eu llygaid
ar gynffon y cychod amryliw yn hollti'r basddwr
a'r tangnef gwyrddlas ar gaeau Ynys Bŷr
mae teyrnas hirfelyn yr haf.

Torheulwyr llednoeth yn aeddfedu'n y swnd,
cyfarth y cŵn boddhaus yn brathu'r morwynt,
barcutod yn chwifio'u cynffonnau yn yr awyr,
a'r cestyll undydd yn dalp o freuder ein byw
yn nheyrnas hirfelyn yr haf.

Rhaid cerdded ar darmac am getyn cyn cyrraedd y Llwybr go iawn ar hyd Feidr Waterwynch. Tybed a yw'r cwpan coffi Ynys y Barri hwnnw, yr ymddengys nad oes neb yn ei berchnogi, yn dal ar ben rheilen ar drothwy Allen's View? Dyma Lwybr yr Arfordir yn ei ogoniant unwaith eto'n amrywiaeth o bantiau coediog ac ambell sgawt ar draws perci. Edmygwch y deri a'r sycamor yn gymysg â'r llarwydd a'r Sitka bythwyrdd, ac yna darn sydyn agored uwchben y môr a darn arall sydd mae'n rhaid gyda'r mwyaf serth o'r holl 186 o filltiroedd. Er bod yno risiau wedi'u gosod i hwyluso'r cerdded ni wna ond y mwyaf heini gyrraedd y copa heb oedi; dyma lle daw pastwn yn gefn i ddyn. Ymddengys fod y tair milltir rhwng Dinbych-y-pysgod a Saundersfoot yn cynnwys holl rinweddau'r arfordir o gofio nad oes godidocach traeth na Thraeth Monkstone y gellir ei gyrraedd ar hyd grisiau serth. Yn anterth y dydd ceir cysgodion oer y coedlannau a haul crasboeth y mannau agored am yn ail. Nid yw'n amhosib cerdded o'r naill dref i'r llall ar hyd y traeth, neu o leiaf cryn bellter i'r ddau gyfeiriad heibio i amrywiaeth o faeau bychain, creigiau a chilfachau, ond rhaid bod yn wyliadwrus o amserau'r llanw.

Mae'r darn hwn yn nodedig am ei nadroedd ac edrydd Ken James hanesyn amdano'i hun yn dod wyneb yn wyneb â neidr fawr ddu ar y Llwybr na wnaeth oedi i'w hastudio a'i hadnabod ond myned o'r ochr arall heibio yn syth bìn. Adroddir am y gŵr hwnnw a welodd wiber wedyn yn anelu at wyneb y graig i folaheulo ac yntau'n mynnu ei thynnu 'nôl i ganol y drain a'r drysi droeon nes i'r neidr golli amynedd a'i frathu. Wrth iddo gael triniaeth yn yr ysbyty cafodd gyfle i ystyried na ddylid amharu ar reddf byd natur pan fydd yr heulwen yn annog diosg croen. Ar ryw olwg gwesteion ydyn ni yn eu cynefin nhw.

Wrth ddynesu at Saundersfoot gwelir olion y diwydiant glo mewn ambell fan er gwaethaf y tyfiant sy'n gorchuddio'r fynedfa i un o'r siafftiau. O edrych draw tu hwnt i Saundersfoot gwelir Hean Castle, y mae'n rhaid ei fod yn llygriad o 'Hen Gastell' yn arbennig o ddeall mai 'hayne' yw'r ynganiad lleol, sy'n eiddo i deulu o farwniaid glo er 1899. Yn ôl y sôn, byddai'r Arglwydd Merthyr cyntaf yn anfon ei ddannedd i lawr mewn dysgl ar ddisgynydd a dynnid gan raff y peth cyntaf yn y bore i gael eu siamffro. Pan ddeuir at nant fechan disgynnir i'r traeth a rhaid bwrw golwg ar ryfeddod y creigiau wrth gerdded y chwarter milltir at y cei. I'r sawl sy'n deall, mae'r anticlin yn enghraifft nodedig o blygiant eithafol lle gorfodwyd haenau o greigiau ar ben ei gilydd nes codi'n bigyn llym ond erydwyd y creigiau meddal ar y gwaelod nes creu ogof yn y dywodfaen – Ogof Ladi fel y'i gelwir.

Rhaid gadael y traeth trwy fynedfa gul i'r harbwr am fod rhyd yn ein rhwystro rhag cerdded o'i amgylch ar hyd y tywod i'r traeth. Gwelir ar unwaith mai prysurdeb haf a geir yn Saundersfoot a bod pob twll a chornel ac adeilad wedi'u defnyddio at y diben hwnnw, a chael a chael yw hi ar unrhyw brynhawn tesog i ganfod lle parcio yn ymyl y môr. Gwna'r criw ohonom orchest o'r ffaith mai hwn yw'r toriad prynhawn diwethaf, a chwerw-felys yw blas yr hufen iâ. Mentraf innau i Westy St. Brides 'nôl ar y rhiw uwchben petai ond i sefyll ar y balconi am ennyd i weld holl ehangder lledrithiol y traeth a'r bae. Mae'r ddringfa serth yn rhan o'r hunanboenydio sydd yn obsesiwn ar y daith bellach a'r pastwn yn werth ei bwysau mewn aur wrth duchan y llatheidiau olaf.

Mae'r perchennog, Anthony Evans o Lanpumsaint, yn rhannu ei amser rhwng gofalu am anghenion y cwsmeriaid cefnog sy'n defnyddio'r gwesty a gofalu am gwsmeriaid newynog bwyty'r Mermaid wrth y fynedfa i'r traeth sy hefyd yn eiddo i'w deulu. Ymhyfrydai ei dad-yng-nghyfraith iddo ddechrau o ddim ac iddo, o dipyn i beth, brynu'r mwyafrif o'r safleoedd allweddol ar lan y môr er mwyn diwallu anghenion yr ymwelwyr. Nid oedd David Williams yn brin o'r gallu i ymestyn hygoeledd pwy bynnag a wrandawai arno i'r eithaf fel y gwnaeth y bore hwnnw yn y caffi wrth y fynedfa i'r prif faes parcio sydd hefyd yn eiddo iddo. O'i holi ynghylch cyfrinach ei lwyddiant tynnodd fy sylw at linyn a oedd i'w weld trwy ddrws y gegin ar draws y nenfwd. Mynnai fod bagiau te'r diwrnod yn cael eu hongian arni ar begiau dros nos i sychu cyn eu defnyddio eto drannoeth, a hynny am bum noson yn olynol cyn eu taflu.

Wrth sipian fy nghoffi *cappuccino* a'm llygaid yn lled gau ni allaf beidio â chlustfeinio ar sgwrs cwsmeriaid eraill. Galwodd y tair dynes ganol oed heibio am de prynhawn a does dim pall ar eu sgwrs ynghylch y gwyliau, dillad, ac anrhegion a ddaeth i'w rhan drwy law eu gwŷr. Pan ddihysbyddir y pwnc hwnnw eir ar drywydd atgofion o benwythnosau'n chwarae golff a'r meysydd buon nhw'n ymweld â nhw a'r bobol a gyfarfuwyd dros y blynyddoedd. Dadebrais pan glywais un o'r lleisiau'n dweud, 'Ferched, pan fyddwn ni'n hen dyna'r unig beth fydd ganddon ni fydd ein hatgofion i'n cynnal trwy'r dydd crwn'. Codais yn sŵn y gwirionedd annisgwyl a tharo trem sydyn ar yr holl ddarluniau drudfawr sy'n harddu'r muriau ac sy'n profi nad sgwad rygbi Cymru yw'r unig gwsmeriaid sy'n cael eu denu i aros yma.

Mae'n rhaid bod Saundersfoot wedi newid yn ddirfawr ers yr 1830au pan ddywedodd un sylwedydd wrth baratoi i agor capel cyntaf yr Annibynwyr: 'roedd y trigolion yn ddiarhebol am eu hanwybodaeth a'u hanghrefyddoldeb'. Cafwyd chwech o bregethau ar ddiwrnod yr agoriad ym mis Mai 1838, a sgwn i a oedd o leiaf un ohonyn nhw'n cael ei thraddodi yn Gymraeg. Mae'r ffaith bod y Parch. Henry Rees, gweinidog Capel Bethany'r Methodistiaid Calfinaidd, yn cael ei ganmol am drefnu un o'r Eisteddfodau gorau erioed yn yr ardal ar ddechrau'r ugeinfed ganrif yn awgrymu nad oedd y traddodiadau Cymraeg yn llwyr estron. Mae'n bryd ailymuno â'r criw a hwythau'n gwyniasu am ailgydio yn y cerdded.

Ond pwy yw hwn sy'n cerdded yn hamddenol ar hyd y cei gan guddio'i hun y tu ôl i bâr o sbectols tywyll ond neb llai nag Alun Owen, mab y mynydd, a dreuliodd dros ddeugain mlynedd yng ngolwg y môr yn Saundersfoot, a phrin yr aeth diwrnod heibio yn ystod y cyfnod hwnnw pan na fu'n cerdded rhan o'r Llwybr.

'Digon gwir, dim ond pum munud o wâc o'r tŷ a bant â finne a'r ci, naill ai i gyfeiriad Amroth neu Ddinbych-y-pysgod a hynny ymhob tywydd, glaw neu hindda. Wedyn pan fues i'n gweitho i'r Ymddiriedolaeth Genedlaethol wêdd rhaid cerdded pishyn go lew ohono'n aml, yn enwedig pan fues i'n cadw golwg ar bâr o hebogied tramor yn nythu ar y creigie. O na, wên i byth yn blino ar y Llwybr. Ond, cofiwch, bydde lot yn aros 'ma ar 'u gwylie ac yn meddwl cerdded draw i Ddinbych-y-pysgod ambell ddiwrnod yn lle mynd 'da'r bws, ac yn gorfod troi 'nôl mas o bwff. Ma' rhaid i chi baratoi'ch hunan ar gyfer y siwrne o ran gwisgo'n gwmws a bod yn barod am y lan a'r lawr, gwlei.'

Yn ei amser bu Alun 'Lleban' yn athro Bywydeg, yn organydd campus, ac yn actiwr mân rannau ar raglenni cynnar S4C, ond prin y gwna ei wyleidd-dra ganiatáu iddo sôn am ei fynych ymweliadau â'r Unol Daleithiau bellach i ddarlithio ar agweddau o athroniaeth a'i ddiddordeb mewn ffiseg cwantwm. Cyhoeddwyd llyfr o'i eiddo gan wasg yn Arizona o dan y teitl *Expanding Awareness* ac ysgrifennodd un arall o dan y teitl *Looking for Eternity* sy'n barod i'w gyhoeddi. Llecha syniadau astrus y tu ôl i'r sbectol dywyll a'r rheiny wedi'u mowldio a'u mireinio yn ystod mynych deithiau ar hyd Llwybr yr Arfordir yng nghwmni'r gwynt a'r glaw a'r heulwen.

Wrth ffarwelio â'r gŵr o bentref Hermon, ger Crymych, a cherdded ar hyd y Strand gwelir patrwm cledrau'r tramiau a gludai'r glo caled i'r harbwr i'w allforio mewn llongau sgwner, ysgraffau a badlongau i Fryste, Iwerddon a Ffrainc, ac roedd y lein fach gul yn gweithredu tan i'r lofa olaf gau yn 1939. Roedd y diwydiant yn ei anterth yn yr 1880au pan allforid cymaint â 100,000 tunnell ambell flwyddyn. Dywedir bod dros 200 miliwn tunnell yn dal heb ei gloddio ond doedd y gwythiennau ddim mor gyfoethog ag eiddo maes glo'r de ac roedd hi'n fwy trafferthus a chostus felly i godi glo o ansawdd da i'r wyneb. Ym mhen draw'r Strand, wrth y fynedfa i'r twnnel y mae'n rhaid cerdded trwyddo, ceir un arall o'r tai hynny ac iddo enw Cymraeg nad oes yr un pentref ar hyd y daith yn amddifad ohonyn nhw. O gyrraedd golau dydd ym mhen draw'r twnnel rydym yn Coppet Hall lle yr arferid llwytho'r glo ar lanw isel yn y ddeunawfed ganrif cyn codi'r harbwr yn 1829. Bydd y traeth hwn yn denu'r tyrfaoedd ar ddiwrnod braf ond rhaid i ni gerdded trwy dwnnel arall a arferai eto fod yn gysylltiedig â'r diwydiant glo. Gosodwyd rhwydi ar hyd ei do ac ar y creigiau bob pen iddo oherwydd y perygl o lithriad.

Ar ôl brasgamu i'r pen draw cerddwn ar lwybr cadarn, llydan, a adwaenir wrth yr enw Taith y Glowyr, am dri chwarter milltir, ar hyd ymyl traeth sy'n gyforiog o resi o greigiau yn ffurfio pob math o batrymau cyn cyrraedd Wiseman's Bridge. Dywedir bod ymarferiad ar gyfer glaniadau D-Day wedi'u cynnal yma yn 1943 a bod arweinydd lluoedd rhyfel yr Unol Daleithiau, Dwight Eisenhower, Prif Weinidog Prydain, Winston Churchill, ac arweinydd lluoedd rhyfel Prydain, Iarll Montgomery, yn dyston i'r digwyddiad. Rhyw filltir i mewn i'r tir mawr gwelir olion gwaith haearn Stepaside a oedd yn ei anterth ynghanol y bedwaredd ganrif ar bymtheg ac yn cynhyrchu dros 4,000 tunnell o haearn crai'n flynyddol i'w allforio a'i ddefnyddio'n lleol. Mae'n debyg bod gwaith haearn arall yn nes at Wiseman's Bridge yn cynhyrchu nwyddau metel ar gyfer glofeydd, llongau a pheiriannau amaethyddol tan ganol y 1920au. Awn heibio i'r dafarn yn y pen draw, sy'n dwyn enw'r pentref – a chredir bod yna Andrew Wiseman yn berchen ar dir yma fel Arglwydd ffiwdal yn 1324 – a cherdded ar darmac am i fyny am getyn eto heibio Heddwch, a thai eraill sy'n arddel enwau Cymraeg, nes cyrraedd camfa fodern y'i hagorir mewn dull sy'n ots i'r cyffredin ond yn ddigon hwylus.

Yr awdur toreithiog Roscoe Howells

Does ond dwy filltir cyn cyrraedd pen y siwrnai a phrin fod neb am oedi i glywed perorasiwn gan yr un o'r tywyswyr mwyach. Cerddwn ar hyd feidir goediog sy'n ddigon llydan i gymryd rhai o gerbydau gwaith y Parc Cenedlaethol, er y gellir cerdded ar hyd y perci agored yn nes at y môr a'r golygfeydd eang o Fae Caerfyrddin, yn gymysg â'r cwningod fydd yn gwibio yma ac acw. O gymryd y llwybr trwy'r perci bydd yn rhaid wynebu darn serth a llithrig i lawr i Lanrhath neu Earwere i roi iddo ei enw Llychlynnaidd, ond o gadw at y feidir, sy'n ffordd dramwy i seiclwyr hefyd, mae'r disgyn yn llawer mwy graddol. Gwelir bod y pentref o ran lleoliad yn debyg iawn i Niwgwl ac yn llygad pob storm a ddaw o'r môr, a'r un modd ar adeg llanw eithriadol o isel gwelir olion gelltydd Coedrath yn dyddio 'nôl cyn belled â 5,000 cc. Er mwyn ceisio lliniaru'r gwaethaf o'r stormydd codwyd morglawdd concrid ar hyd y tu blaen a chyfres o raniadau ar y traeth ei hun fel petai'n cael ei rannu'n randiroedd.

Does dim prinder enwau Cymraeg ar dai yn y pentref gan gynnwys Glanymor, cartref yr awdur toreithiog Roscoe Howells, ac ni fyddai'n anarferol ei weld yn eistedd yn y ffenestr ffrynt yn syllu ar y môr a roes cymaint o ysbrydoliaeth iddo mae'n siŵr, yn arbennig wrth lunio ei nofelau a seiliwyd ar ddigwyddiadau o fewn ei filltir sgwâr. Ond er y ceir blas o dafodiaith de'r sir yn ei drioleg hanesyddol fe'u cyhoeddwyd mewn cyfnod pan nad oedd gweisg yn rhoi bri ar olygu'r hyn a gyhoeddid ganddynt. Serch hynny, roedd neb llai na'r Athro Glanmor Williams yn barod i ganu clodydd ei gronicl o hanes Ynys Bŷr. Canmolai barodrwydd yr awdur i chwilota'n drwyadl a'i ddawn i ddweud stori ond, ar yr un pryd, roedd y llenor Byron Rogers, mewn cyflwyniad i gyfrol o eiddo Howells yn olrhain hanes Amroth, yn cyfeirio at yr elfennau cwerylgar a ddeuai i'r amlwg wrth i'r awdur ddelio â biwrocratiaeth a'r hyn a welai yn styfnigrwydd awdurdodau lleol a haerllugrwydd corfforaethau mawrion. Ysgrifennodd Howells druth at benaethiaid cwmni cynhyrchu papur tŷ bach un tro yn gresynu eu bod yn caniatáu i'w cynnyrch gael

Llanrhath neu Amroth mewn dyddiau fu

ei daflu ar hyd meysydd pêl-droed gan gryts ifanc a'i fod yn bygwth rhoi'r gorau i'w ddefnyddio. Mynnai fod rhagorach papur tŷ bach, sychad fesul sychad, ar y farchnad.

Mynnai fod saer lleol o'r enw Bill Frost, a oedd yn byw drws nesaf iddo, wedi adeiladu awyren a'i hedfan o'i ben a'i bastwn ei hun yn 1896, wyth mlynedd cyn i'r brodyr Wright gyflawni'r gamp, ac fe ysgrifennodd lyfr i brofi hynny. Ond yn ôl ein harbenigwr ni, Derek Rowland, roedd arbenigwyr hedfan yn yr Awyrlu, a welodd y cynlluniau gwreiddiol, o'r farn na fyddai'r fath 'awyren' erioed wedi codi oddi ar y ddaear. Yn wir, yr unig dro y rhoddwyd y peiriant ar brawf ni lwyddodd i godi'n ddigon uchel i osgoi taro clawdd ym mhen draw'r cae. Ond mae'r wybodaeth a ddaeth i'r fei wrth ymchwilio'r cefndir a chwilio am bapurau Bill Frost ei hun yn rhyfeddol, petai ond am y dadleniad ynghylch rhan adar cawell yn atal papurau allweddol rhag gweld golau dydd. Ond hyd yn oed wedyn prin bod codi peiriant i uchder o ddeg troedfedd am ddeuddeng eiliad yn gyfystyr â hedfan.

Ofer darllen ei gyhoeddiadau hanesyddol lleol i ganfod lle'r Gymraeg ym mywyd yr ardal dros y canrifoedd, ar wahân i'w gyfeiriad mai 'croggan' oedd yr enw a ddefnyddid i ddisgrifio'r ymwelwyr a ddeuai o 'up the Welsh' ar ddyddiau o haf, a thebyg mai rhefru a difyrio a wnâi o glywed am arfer Cyngor Sir Penfro o ddefnyddio Llanrhath yn gyfieithiad swyddogol o enw'r pentref ar sail tystiolaeth B. G. Charles am enw cynnar yr ardal. Perthyn Roscoe Howells i'r hen do a arddelai feddylfryd fod y Gymraeg yn niwsans, yn ddiwerth ac yn fygythiad i gynnydd, a hynny debyg a'i harweiniodd i'm dwrdio a'm bychanu pan atebais y ffôn rywdro yn Gymraeg ac yntau ar y pen arall. Tebyg nad cyd-ddigwyddiad ei fod naill ai'n fwriadol esgeulus neu'n ddihidiol wrth ddefnyddio'r sillafiad 'Maenchlochog' droeon yn ei lyfr yn olrhain hanes Llanrhath/Amroth.·

Er cystal dawn dweud Roscoe Howells ar bapur gwell gen i fel 'croggan' f'atgoffa fy hun o ddawn dweud un o'r mwyaf o'r deudwyr, Wil Canän, yn sôn amdano'i hun yn cyrchu calch o Eglwyslwyd, uwchlaw Llanrhath, er mwyn ceisio melysu tiroedd sur godre'r Preselau. Mynnai Wil ei fod yn yrrwr cart a cheffyl mor felltigedig nes ei fod yn aml yn cyrraedd yr odyn ben bore â phen rhywun yn sownd yn adenydd yr olwynion. Ond ni chafodd erioed ei gyhuddo o lofruddiaeth meddai am y byddai'n taflu'r pennau i ganol tân yr odyn cyn i neb arall eu gweld. Bryd arall mynnai fod rhan o'r llwyth wedi sarnu wrth groesi rhyd ar adeg llif trwm ar y ffordd adref a'i fod ymhen pum munud yn clywed sŵn morloi'n boichen draw yng Ngwlad yr Haf am fod y calch yn dolurio eu llygaid. Dro arall roedd tidiau lledr y ceffyl blaen wedi ymestyn cymaint ynghanol cawod o law taranau nes ei fod chwarter milltir ar y blaen i'r gaseg yn y siafft a'r tidiau wedi teneuo i'r eithaf, ond wrth i Wil bendrymu beth i'w wneud, daeth haul eirias i'r golwg nes i'r tidiau dynhau o'u rhan eu hunain a thynnu'r gaseg, y llwyth, ac yntau, ymlaen dros y rhipyn at y ceffyl blaen. Oedd, roedd yna brofiadau rhyfedd yn digwydd i Wil Canän a hynny, am ryw reswm, pan na fyddai neb arall wrth law i fod yn dyst.

Erbyn i ninnau gyrraedd y pen draw wrth y ffin â Sir Gaerfyrddin a'r plac sy'n dynodi man cychwyn, neu fan gorffen, Llwybr yr Arfordir a osodwyd gan Wynford Vaughan Thomas, rhoddir i bob un ohonom dystysgrif i brofi ein bod wedi cyflawni'r gamp o gerdded y Llwybr cyfan yn ddi-dor. Ond caton pawb gwelaf fod rhyw ysgrifenyddes yn swyddfa'r Parc Cenedlaethol wedi camsillafu 'Maenclochog' ar fy nhystysgrif. Trychineb. Cyflafan. Ond, wir, does ond angen tynnu sylw Derek Rowland at y brycheuyn a chaf addewid y bydd y mater wedi'i gywiro a thystysgrif arall yn fy meddiant o fewn ychydig ddyddiau. Bu mor driw â'i air a dyna pam yr haedda ei enwebu'n Gymro anrhydeddus. Hynny a'r ffaith y gall adrodd y stori honno am un o'i gyd-genedl yn ceisio creu argraff ar y Cymry yn ei hoff dafarn yn Dinas, o'r funud y daeth trwy'r drws. Mynnai brynu diod i bawb ac yn naturiol roedd yn fawr ei stŵr a'i swae a gofynnodd beth oedd y term cyfatebol Cymraeg am 'cheers', gan ynganu'r 'ee' fel 'ê', a chael ateb fel bwled gan un o'r Cymry taw 'stole' oedd y term priodol. A dyna fu'r llwncdestun yn *Ship Aground* byth wedyn.

Daeth y daith i ben. Mae'n bryd gwasgaru a ffarwelio. Cyflawnodd pawb ei orchest ei hun am ba resymau bynnag oedd yn eu cymell. Bydd rhai am gyflawni'r gamp eto neu o leiaf am ymweld â rhannau o'r Llwybr cymaint yw'r atyniad a'r gafael. Bydd rhai wedi canfod nerth ac ymroddiad na wyddent eu bod yn bodoli yn eu cyfansoddiad. Bydd y profiad wedi galluogi rhai i waredu ofnau a phryderon a galluogi eraill i werthfawrogi anferthedd y greadigaeth o'r newydd os nad wedi rhoi cip ar fawredd unigedd. I rai bydd y daith ond yn rhan o'r bererindod nad yw fyth yn cwpla. Bydd Derek yn treulio mynych orig yng nghwmni Cled yn trafod a thafoli a pharatoi ar gyfer y daith y flwyddyn nesaf tra bydd Rob yn myfyrio uwchben cerddi R. S. Thomas yn baratoad ar gyfer cerdded llwybrau Penllŷn, a Kim yn chwennych rhagor o brofiad tywys er mwyn trefnu ei theithiau ei hun.

O'm rhan fy hun chwenychaf y profiad unwaith eto o gerdded o Fwêl Drygarn i Fwêl Eryr er mwyn edrych i lawr ar y sir gyfan gan wybod fy mod wedi cerdded ei therfynau a chan wybod mai un sir unol yw Sir Benfro. Nid oes 'dwy ochr' bellach. Nid yw'r 'landsker' yn bod. Chwalwyd y mwyafrif o'r cestyll Normanaidd. Nid oes iddynt rym namyn symbolau mwyach. Does dim gwahanfur gweithredol. Nid oes yna 'Loegr Fach Tu Hwnt i Gymru'. Does ond Sir Benfro sy'n rhan o Gymru ac sy'n gyfoethog o ran ei doe ac o ran yr hyn sy ganddi i'w gynnig yfory. Cofiwn mai gŵr o Sir Benfro, o'i gorun i'w sawdl, ac yn ysgrifennu yn Lladin, a gofnododd eiriau hen ŵr Pencader yn datgan na fydd fyth taw ar y Gymraeg waeth pwy fydd ein meistri gwleidyddol; bellach mae'r grym gwleidyddol yn ein dwylo ni ein hunain.

Wrth ganu'n iach disgyn y niwl a'r glaw mân yn amdo amdanom fel petai'n ein gwahodd i ddychmygu cwrwgl un o'r seintiau cynnar yn dyfod o gyfeiriad Llydaw trwy wawl denau o haul ar ei bererindod yntau, a chan fraidd wlychu ein hymennydd a'n heneidiau i'n tywys i werthfawrogi'r holl brofiadau yn ein seiadau dirgel.

Llyfryddiaeth

Operation Seal Bay, Pat Molloy, Gomer 1986

The Ancient Borough of Newport in Pembrokeshire, Dillwyn Miles, Cyngor Sir Dyfed 1995

No Destination: An Autobiography, Satish Kumar, Resurgence 1992

The Mariners of Newport (Pembrokeshire), Dillwyn Miles, Gwasg Dinefwr 2006

Cofiant Tre-fin, Brinley Richards, Gwasg Tŷ John Penry 1963

Porth-gain & Abereiddy, A Century of Industry, Peter B. S. Davies, Merrivale Press

Exploring the Pembrokeshire Coast, Phil Carradice, Gomer 2002

Blodeugerdd Sir Benfro, Rachel Philipps James, Cyhoeddiadau Clebran 1986

Portrait of Pembrokeshire, Dillwyn Miles, Robert Hale 1984

Swyn Sir Benfro, Alun Ifans, Y Lolfa 2000

Llynnoedd a Cherddi Eraill, Eirwyn George, Gwasg Gwynedd 1996

The Pembrokeshire Coastal Path, Dennis Kelsall, Cicerone 2003

Amroth: A Brief History, Roscoe Howells, Gomer 2000

The History of the South Pembrokeshire C. M. Churches, William Evans MA / Oscar S. Symond BA, Wrecsam 1913

The Story of the Milford Haven Waterway, Sybil Edwards, Logeston Press 2001